suhrkamp taschenbuch
wissenschaft 609

Georg Wilhelm Friedrich Hegel
Werke 9

Georg Wilhelm Friedrich Hegel

Enzyklopädie der philosophischen Wissenschaften im Grundrisse 1830

Zweiter Teil
Die Naturphilosophie
Mit den mündlichen Zusätzen

Suhrkamp

Auf der Grundlage der *Werke* von 1832-1845 neu editierte Ausgabe
Redaktion Eva Moldenhauer und Karl Markus Michel

12. Auflage 2023

Erste Auflage 1986
suhrkamp taschenbuch wissenschaft 609

Umschlag nach Entwürfen von
Willy Fleckhaus und Rolf Staudt
Druck und Bindung: C. H. Beck, Nördlingen
Printed in Germany
ISBN 978-3-518-28209-0

www.suhrkamp.de

INHALT

Zweiter Teil
Die Naturphilosophie
§ 245–376

ENZYKLOPÄDIE DER PHILOSOPHISCHEN WISSENSCHAFTEN IM GRUNDRISSE (1830)

Zweiter Teil

DIE NATURPHILOSOPHIE

Einleitung

Zusatz. Man kann vielleicht sagen, daß zu unserer Zeit die Philosophie sich keiner besonderen Gunst und Zuneigung zu erfreuen habe, wenigstens nicht der ehemaligen Anerkennung, daß das Studium der Philosophie die unentbehrliche Einleitung und Grundlage für alle weitere wissenschaftliche Bildung und Berufsstudium ausmachen müsse. Aber soviel läßt sich wohl ohne Bedenken als richtig annehmen, daß die *Naturphilosophie* insbesondere unter einer bedeutenden Abgunst liege. Ich will mich nicht weitläufig darüber verbreiten, inwiefern solches Vorurteil gegen die Naturphilosophie insbesondere gerecht ist; doch kann ich dasselbe auch nicht ganz übergehen. Es ist allerdings geschehen, was bei einer großen Anregung nicht auszubleiben pflegt, daß die *Idee der Naturphilosophie,* wie sie in neueren Zeiten sich aufgetan hat, man kann sagen in der ersten Befriedigung, welche diese Entdeckung gewährt hat, von ungeschickten Händen roh ergriffen worden, statt durch die denkende Vernunft gepflegt zu werden, und nicht sowohl von ihren Gegnern als von ihren Freunden breit und platt geschlagen worden ist. Sie ist vielfältig, ja größtenteils in einen äußerlichen Formalismus verwandelt und in ein begriffloses Instrument für die Oberflächlichkeit des Gedankens und eine phantastische Einbildungskraft verkehrt worden. Ich will die Ausschweifungen, zu denen die Idee oder vielmehr ihre totgemachten Formen gebraucht worden sind, nicht näher charakterisieren. Ich habe vor längerer Zeit in der Vorrede zur *Phänomenologie des Geistes* mehr darüber gesagt. Es ist dann nicht zu verwundern gewesen, daß ebensowohl das sinnigere Naturanschauen als der rohe Empirismus, ein durch die Idee geleitetes Erkennen sowohl als der äußere abstrakte Verstand solchem ebenso barocken als anmaßenden Getue den Rücken zugewendet haben, welches selbst rohen Empirismus und unverstandene Gedankenformen, völlige Willkür der Einbildung und die gemeinste Weise, nach oberflächlicher Analogie zu verfahren, chaotisch vermengt und solches Gebräue für die Idee, Vernunft, Wissenschaft, für göttliches Erkennen, und den Mangel an aller Methode und Wissenschaftlichkeit für den höchsten Gipfel der Wissenschaftlichkeit ausgegeben hat. Durch solche Schwindeleien ist die Naturphilosophie, überhaupt die Schellingsche Philosophie in Mißkredit gekommen.

Ein ganz anderes aber ist es, um solcher Verirrung und Mißkennung der Idee willen die Naturphilosophie selbst zu verwerfen. Es geschieht nicht selten, daß Mißbrauch und Verkehrung der

Philosophie denjenigen, welche vom Hasse gegen die Philosophie befangen sind, erwünscht ist, weil sie das Verkehrte gebrauchen, um die Wissenschaft selbst zu verunglimpfen, und ihr gegründetes Verwerfen des Verkehrten auch nebuloserweise dafür geltend machen wollen, daß sie die Philosophie selbst getroffen haben.

Es könnte zunächst in Rücksicht auf die vorhandenen *Mißverständnisse und Vorurteile* gegen die Naturphilosophie zweckmäßig scheinen, den *wahren* Begriff dieser Wissenschaft aufzustellen. Dieser Gegensatz, den wir zunächst vorfinden, ist jedoch als etwas Zufälliges und Äußerliches anzusehen; und jene ganze Art können wir sogleich auf die Seite gestellt sein lassen. Solche mehr polemisch werdende Abhandlung ist für sich nicht erfreulich; was belehrend daran wäre, fällt teils in die Wissenschaft selbst, teils wäre es nicht so belehrend, um den in einer Enzyklopädie überhaupt schon beschränkten Raum für den reichen Stoff derselben noch mehr zu beengen. Es bleibe also bei der schon gemachten Erwähnung; sie kann als eine Art Protestation gegen diese Manier erscheinen, als eine Verwahrung, daß solches Naturphilosophieren – das oft glänzend, auch unterhaltend, wenigstens zum Staunen hinreißend erscheint und die befriedigen kann, welche ein brillantes Feuerwerk in der Naturphilosophie zu schauen zu bekennen wagen, wobei sie den Gedanken ruhen lassen können – in dieser Darstellung nicht zu erwarten sei. Was wir hier treiben, ist nicht Sache der Einbildungskraft, nicht der Phantasie; es ist Sache des Begriffs, der Vernunft.

Nach *dieser* Rücksicht ist also vom Begriffe, der Bestimmung, Art und Weise der Naturphilosophie hier nicht zu sprechen. Aber es ist überhaupt gehörig, der Abhandlung einer Wissenschaft die Bestimmung dessen voranzuschicken, was ihr Gegenstand und Zweck ist und was in ihr und wie es in ihr betrachtet werden soll. Der Gegensatz der Naturphilosophie gegen eine verkehrte Weise derselben fällt von selbst hinweg, wenn wir ihren Begriff näher bestimmen. Indem die Wissenschaft der Philosophie ein Kreis ist, von dem jedes Glied seinen Vorgänger und Nachgänger hat, in der Enzyklopädie die Naturphilosophie aber nur als *ein* Kreis im Ganzen erscheint, so liegt das Hervorgehen der Natur aus der ewigen Idee, ihre Erschaffung, der Beweis sogar, daß notwendig eine Natur sei, im Vorhergehenden (§ 244); wir haben es hier als bekannt vorauszusetzen. Wollen wir überhaupt bestimmen, was Naturphilosophie sei, so verfahren wir am besten, indem wir sie gegen das abscheiden, gegen was sie bestimmt ist; denn zu jedem Bestimmen gehören zwei. Zunächst finden wir sie in einem eigentümlichen Verhältnisse zur Naturwissenschaft überhaupt, zur Physik, Naturgeschichte, Physiologie; sie ist selbst Physik, aber *rationelle Physik.* An diesem Punkte ist es, daß wir sie aufzufassen und insbesondere ihr Verhältnis zur Physik festzustellen haben. Man kann hierbei die Vorstellung haben, dieser Gegensatz sei neu. Die Naturphilosophie wird etwa zunächst als eine neue Wissenschaft betrachtet; dies ist freilich in einem Sinne richtig, im anderen aber nicht. Denn sie ist alt, so alt als die Naturbetrachtung überhaupt (sie ist von dieser nicht unterschieden), ja sogar älter als die Physik, wie denn z. B. die Aristotelische Physik weit mehr Naturphilosophie als Physik ist. Erst den neueren Zeiten gehört eine Trennung beider voneinander an. Diese Trennung sehen wir schon in der Wissenschaft, welche in der Wolffischen Philosophie als Kosmologie von der Physik unterschieden worden ist und eine Metaphysik der Welt oder der Natur sein sollte, die sich jedoch auf ganz abstrakte Verstandesbestimmungen beschränkte. Diese Metaphysik ist allerdings von der Physik entfernter gewesen, als es das ist, was wir jetzt unter Naturphilosophie verstehen. Zuallererst muß über diesen Unterschied von Physik und Naturphilosophie sowie über ihre Bestimmung gegeneinander bemerkt werden, daß beide nicht so weit auseinanderliegen, als man es zunächst nimmt. Die Physik und Naturgeschichte heißen zunächst empirische Wissenschaften und geben sich dafür, ganz der Wahrnehmung und Erfahrung anzugehören und auf diese Weise der Naturphilosophie, der Naturerkenntnis aus dem Gedanken, entgegengesetzt zu sein. In der Tat aber ist das erste, was gegen die empirische Physik zu zeigen ist, dieses, daß in ihr viel mehr Gedanke ist, als sie zugibt und weiß, daß sie besser ist, als sie meint, oder, wenn etwa gar das Denken in der Physik für etwas Schlimmes gelten sollte, daß sie schlimmer ist, als sie meint. Physik und Naturphilosophie unterscheiden sich also nicht wie Wahrnehmen und Denken voneinander, sondern nur *durch die Art und Weise des Denkens*; sie sind beide denkende Erkenntnis der Natur.

Dies ist es, was wir *zuerst* betrachten wollen, und zwar, wie das Denken zunächst in der Physik ist; hierauf haben wir *zweitens* zu betrachten, was die Natur ist, und dann *drittens* die Einteilung der Naturphilosophie zu geben.

Betrachtungsweisen der Natur

Zusatz. Um den *Begriff der Naturphilosophie* zu finden, haben wir *zuerst* den Begriff der Naturerkenntnis überhaupt anzugeben und *zweitens* den *Unterschied von Physik und Naturphilosophie* zu entwickeln.

Was ist die Natur? Diese Frage überhaupt wollen wir uns durch die Naturkenntnis und Naturphilosophie beantworten. Wir finden die Natur als ein Rätsel und Problem vor uns, das wir ebenso aufzulösen uns getrieben fühlen, als wir davon abgestoßen werden: angezogen, [denn] der Geist ahnt sich darin; abgestoßen von einem Fremden, in welchem er sich nicht findet. Von der Verwunderung, sagt daher Aristoteles, hat die Philosophie angefangen.[1] Wir fangen an wahrzunehmen, wir sammeln Kenntnisse über die mannigfaltigen Gestaltungen und Gesetze der Natur; dies geht in ein unendliches Detail hinaus, hinauf, hinunter, hinein, schon für sich; und eben weil kein Ende darin abzusehen ist, so befriedigt uns dieses Verfahren nicht. Und in allem diesem Reichtum der Erkenntnis kann uns die Frage von neuem kommen oder erst entstehen: Was ist die Natur? Sie bleibt ein Problem. Indem wir ihre Prozesse und Verwandlungen sehen, so wollen wir ihr einfaches Wesen erfassen, diesen Proteus nötigen, seine Verwandlungen einzustellen und sich uns zu zeigen und auszusprechen, so daß er uns nicht bloß vielfache, immer neue Formen vorhalte, sondern auf einfachere Weise in der Sprache zum Bewußtsein bringe, was er *ist*. Diese Frage nach dem *Sein* hat einen vielfachen Sinn und kann oft bloß den des Namens haben, wie wenn gefragt wird: Was *ist* dies für eine Pflanze?, oder den Sinn der Anschauung, wenn der Name gegeben ist; wenn ich nicht weiß, was eine Bussole ist, so lasse ich mir dies Instrument zeigen und sage, jetzt weiß ich, was eine Bussole ist. Ebenso hat das »*Ist*« den Sinn des Standes, wenn wir fragen: Was ist dieser Mann? Aber dies ist die Bedeutung nicht, wenn wir fragen: Was ist die Natur? In welchem Sinne wir dies hier fragen, indem wir die Philosophie der Natur kennenlernen wollen, dies ist es, was wir hier untersuchen wollen.

Wir könnten sogleich den Flug in die philosophische Idee nehmen, sagend, die Philosophie der Natur soll uns die Idee der Natur geben. Fingen wir so an, so könnte dies undeutlich werden. Denn wir müssen die Idee selbst als konkret auffassen und so ihre verschiedenen Bestimmungen erkennen und dann zusammenfassen; um daher die Idee zu erhalten, müssen wir eine Reihe von Bestimmungen durchgehen, durch die uns die Idee erst wird. Nehmen wir nun diese Bestimmungen in Formen auf, die uns bekannt sind, und sagen, wir wollen uns denkend zur Natur verhalten, so gibt es zunächst noch andere Weisen, sich zu ihr zu verhalten, die ich nicht um der Vollständigkeit willen anführen will, sondern weil wir darin die Bausteine oder Momente finden werden, die zur Erkenntnis der Idee notwendig gehören und uns vereinzelt in

1 *Metaphysik*, I, 2, 982 b ff.

anderen *Naturbetrachtungsweisen* eher zum Bewußtsein kommen. Dadurch werden wir den Punkt herbeiführen, an dem das Eigentümliche unseres Unternehmens sich heraushebt. Wir verhalten uns zur Natur teils praktisch, teils theoretisch. Bei der theoretischen Betrachtung wird sich uns ein Widerspruch zeigen, der uns drittens zu unserem Standpunkte leiten wird; dadurch, daß wir zur Auflösung des Widerspruchs das dem praktischen Verhältnis Eigentümliche hinzunehmen müssen, wird es sich zur Totalität integrieren und mit dem theoretischen vereinigen.

§ 245

Praktisch verhält sich der Mensch zu der Natur als zu einem Unmittelbaren und Äußerlichen selbst als ein unmittelbar äußerliches und damit sinnliches Individuum, das sich aber auch so mit Recht als *Zweck* gegen die Naturgegenstände benimmt. Die Betrachtung derselben nach diesem Verhältnisse gibt den endlich-*teleologischen* Standpunkt (§ 205). In diesem findet sich die richtige Voraussetzung (§ 207–211), daß die Natur den absoluten Endzweck nicht in ihr selbst enthält; wenn aber diese Betrachtung von besonderen *endlichen* Zwecken ausgeht, macht sie diese teils zu Voraussetzungen, deren zufälliger Inhalt für sich sogar unbedeutend und schal sein kann, teils fordert das Zweckverhältnis für sich eine tiefere Auffassungsweise als nach äußerlichen und endlichen Verhältnissen, – die Betrachtungsweise des Begriffs, der seiner Natur nach überhaupt und damit der Natur als solcher immanent ist.

Zusatz. Das praktische Verhalten zur Natur ist durch die Begierde, welche selbstsüchtig ist, überhaupt bestimmt; das Bedürfnis geht darauf, die Natur zu unserem Nutzen zu verwenden, sie abzureiben, aufzureiben, kurz, sie zu vernichten. Hier treten näher sogleich zwei Bestimmungen hervor. α) Das praktische Verhalten hat es nur mit einzelnen Produkten der Natur oder mit einzelnen Seiten dieser Produkte zu tun. Die Not und der Witz des Menschen hat unendlich mannigfaltige Weisen der Verwendung und Bemeisterung der Natur erfunden. Sophokles sagt so:

. . . οὐδὲν ἀνθρώπου δεινότερον πέλει . . .
. . . ἄπορος ἐπ' οὐδὲν ἔρχεται.[2]

2 *Antigone*, V. 334, 360: »Nichts ist ungeheurer als der Mensch . . . Unbewandert. Zu nichts kommt er.«

Welche Kräfte die Natur auch gegen den Menschen entwickelt und losläßt, Kälte, wilde Tiere, Wasser, Feuer – er weiß Mittel gegen sie, und zwar nimmt er diese Mittel aus ihr, gebraucht sie gegen sie selbst; und die List seiner Vernunft gewährt, daß er gegen die natürlichen Mächte andere natürliche Dinge vorschiebt, diese jenen zum Aufreiben gibt und sich dahinter bewahrt und erhält. Aber der Natur selbst, des Allgemeinen derselben, kann er auf diese Weise nicht sich bemeistern, noch es zu seinen Zwecken abrichten. β) Das andere im praktischen Verhalten ist, daß, da unser Zweck das Letzte ist, nicht die natürlichen Dinge selbst, wir sie zu Mitteln machen, deren Bestimmung nicht in ihnen selbst, sondern in uns liegt, wie wenn wir z. B. die Speisen zu Blut machen. γ) Was zustande kommt, ist unsere Befriedigung, unser Selbstgefühl, welches gestört wurde durch einen Mangel irgendeiner Art. Die Negation meiner selbst, die im Hunger in mir ist, ist zugleich vorhanden als ein Anderes, als ich selbst bin, als ein zu Verzehrendes; mein Tun ist, diesen Gegensatz aufzuheben, indem ich dies Andere mit mir identisch setze oder durch Aufopferung des Dinges die Einheit meiner mit mir selbst wiederherstelle.

Die vormals so beliebte teleologische Betrachtung hat zwar die Beziehung auf den Geist zugrunde gelegt, aber sich nur an die äußerliche Zweckmäßigkeit gehalten und den Geist in dem Sinne des endlichen und in natürlichen Zwecken befangenen genommen; um der Schalheit solcher endlichen Zwecke willen, für welche sie die natürlichen Dinge als nützlich zeigte, ist sie um ihren Kredit, die Weisheit Gottes aufzuzeigen, gekommen. Der Zweckbegriff ist aber der Natur nicht bloß äußerlich, wie wenn ich sage: »Die Wolle der Schafe ist nur dazu da, damit ich mich kleiden könne«; da kommen denn oft läppische Dinge heraus, indem z. B. die Weisheit Gottes bewundert wird, daß er, wie es in den Xenien[3] heißt, Korkbäume für Bouteillenstöpsel, oder daß er Kräuter gegen verdorbene Mägen und Zinnober zur Schminke wachsen lasse. Der Zweckbegriff, als den natürlichen Dingen innerlich, ist die einfache Bestimmtheit derselben, z. B. der Keim einer Pflanze, der der realen Möglichkeit nach alles enthält, was am Baum herauskommen soll, also als zweckmäßige Tätigkeit nur auf die Selbsterhaltung gerichtet ist. Diesen Begriff des Zwecks hat auch Aristoteles schon in der Natur erkannt, und diese Wirksamkeit nennt er die *Natur eines Dinges*; die wahre teleologische Betrachtung – und diese ist die höchste – besteht also darin, die Natur als frei in ihrer eigentümlichen Lebendigkeit zu betrachten.

---

3 vgl. *Xenien von Goethe und Schiller*, Nr. 15, »Der Teleolog«

§ 246

Was *Physik* genannt wird, hieß vormals *Naturphilosophie* und ist gleichfalls *theoretische,* und zwar *denkende* Betrachtung der Natur, welche einerseits nicht von Bestimmungen, die der Natur äußerlich sind, wie die jener Zwecke, ausgeht, andererseits auf die Erkenntnis des *Allgemeinen* derselben, so daß es zugleich in sich *bestimmt* sei, gerichtet ist – der Kräfte, Gesetze, Gattungen, welcher Inhalt ferner auch nicht bloßes Aggregat sein, sondern, in Ordnungen, Klassen gestellt, sich als eine Organisation ausnehmen muß. Indem die Naturphilosophie *begreifende* Betrachtung ist, hat sie dasselbe *Allgemeine,* aber *für sich* zum Gegenstand und betrachtet es in seiner *eigenen, immanenten Notwendigkeit* nach der Selbstbestimmung des Begriffs.

Von dem Verhältnis der Philosophie zum Empirischen ist in der allgemeinen Einleitung die Rede gewesen. Nicht nur muß die Philosophie mit der Naturerfahrung übereinstimmend sein, sondern die *Entstehung* und *Bildung* der philosophischen Wissenschaft hat die empirische Physik zur Voraussetzung und Bedingung. Ein anderes aber ist der Gang des Entstehens und die Vorarbeiten einer Wissenschaft, ein anderes die Wissenschaft selbst; in dieser können jene nicht mehr als Grundlage erscheinen, welche hier vielmehr die Notwendigkeit des Begriffs sein soll. – Es ist schon erinnert worden, daß, außerdem daß der Gegenstand nach seiner *Begriffsbestimmung* in dem philosophischen Gange anzugeben ist, noch weiter die *empirische* Erscheinung, welche derselben entspricht, namhaft zu machen und von ihr aufzuzeigen ist, daß sie jener in der Tat entspricht. Dies ist jedoch in Beziehung auf die Notwendigkeit des Inhalts kein Berufen auf die Erfahrung. Noch weniger ist eine Berufung zulässig auf das, was *Anschauung* genannt worden und was nichts anderes zu sein pflegte als ein Verfahren der Vorstellung und Phantasie (auch der Phantasterei) nach *Analogien,* die zufälliger oder bedeutender sein können und den Gegenständen Bestimmungen und Schemata nur *äußerlich* aufdrücken (§ 231 Anm.).

Zusatz. Beim theoretischen Verhalten ist α) das erste, daß wir von den natürlichen Dingen zurücktreten, sie lassen, wie sie sind, und uns nach ihnen richten. Wir fangen hierbei von sinnlichen Kenntnissen der Natur an. Wenn die Physik indessen nur auf Wahrnehmungen beruhte und die Wahrnehmungen nichts wären als das Zeugnis der Sinne, so bestände das physikalische Tun nur im Sehen, Hören, Riechen usw., und die Tiere wären auf diese Weise auch Physiker. Es ist aber ein Geist, ein Denkendes, welches sieht, hört usw. Sagten wir nun, im Theoretischen entlassen wir die Dinge frei, so bezieht sich dies nur zum Teil auf die äußeren Sinne, da diese selbst teils theoretisch, teils praktisch sind (§ 358); nur das Vorstellen, die Intelligenz hat dies freie Verhalten zu den Dingen. Zwar können wir sie auch nach jenem nur Mittel-Sein betrachten; aber dann ist das Erkennen auch nur Mittel, nicht Selbstzweck. β) Die zweite Beziehung der Dinge auf uns ist, daß sie die Bestimmung der Allgemeinheit für uns bekommen oder daß wir sie in etwas Allgemeines verwandeln. Je mehr des Denkens in der Vorstellung wird, desto mehr verschwindet von der Natürlichkeit, Einzelheit und Unmittelbarkeit der Dinge: durch den sich eindrängenden Gedanken verarmt der Reichtum der unendlich vielgestalteten Natur, ihre Frühlinge ersterben, ihre Farbenspiele erblassen. Was in der Natur von Leben rauscht, verstummt in der Stille des Gedankens; ihre warme Fülle, die in tausendfältig anziehenden Wundern sich gestaltet, verdorrt in trockene Formen und zu gestaltlosen Allgemeinheiten, die einem trüben nördlichen Nebel gleichen. γ) Diese beiden Bestimmungen sind nicht nur den beiden praktischen entgegengesetzt, sondern wir finden das theoretische Verhalten innerhalb seiner selbst widersprechend, indem es unmittelbar das Gegenteil von dem zu bewirken scheint, was es beabsichtigt. Nämlich wir wollen die Natur erkennen, die wirklich ist, nicht etwas, das nicht ist; statt sie nun zu lassen und sie zu nehmen, wie sie in Wahrheit ist, statt sie wahrzunehmen, machen wir etwas ganz anderes daraus. Dadurch, daß wir die Dinge denken, machen wir sie zu etwas Allgemeinem; die Dinge sind aber einzelne, und der Löwe überhaupt existiert nicht. Wir machen sie zu einem Subjektiven, von uns Produzierten, uns Angehörigen, und zwar uns als Menschen Eigentümlichen; denn die Naturdinge denken nicht und sind keine Vorstellungen oder Gedanken. Nach der zweiten Bestimmung, die sich uns vorher zuerst darbot, findet eben diese Verkehrung statt; ja, es könnte scheinen, daß, was wir beginnen, uns sogleich unmöglich gemacht wird. Das theoretische

Verhalten beginnt mit der Hemmung der Begierde, ist uneigennützig, läßt die Dinge gewähren und bestehen; mit dieser Stellung haben wir sogleich zwei, Objekt und Subjekt, und die Trennung beider festgesetzt, ein Diesseits und ein Jenseits. Unsere Absicht ist aber vielmehr, die Natur zu fassen, zu begreifen, zum Unsrigen zu machen, daß sie uns nicht ein Fremdes, Jenseitiges sei. Hier also tritt die Schwierigkeit ein: Wie kommen wir Subjekte zu den Objekten hinüber? Lassen wir uns beigehen, diese Kluft zu überspringen, und wir lassen dazu uns allerdings verleiten, so denken wir diese Natur; wir machen sie, die ein Anderes ist als wir, zu einem Anderen, als sie ist. Beide theoretischen Verhältnisse sind auch unmittelbar einander entgegengesetzt: wir machen die Dinge zu allgemeinen oder uns zu eigen, und doch sollen sie als natürliche Dinge frei für sich sein. Dies also ist der Punkt, um den es sich handelt in betreff der Natur des Erkennens, – dies das Interesse der Philosophie.

Die Naturphilosophie ist aber in so ungünstigen Verhältnissen, daß sie ihr Dasein beweisen muß; um sie zu rechtfertigen, müssen wir sie auf Bekanntes zurückführen. Von der Auflösung des Widerspruchs des Subjektiven und Objektiven ist eine eigentümliche Gestalt zu erwähnen, die auch bekannt ist teils aus der Wissenschaft, teils aus der Religion, in dieser aber ein Vergangenes ist, und am kürzesten die ganze Schwierigkeit beseitigt. Die Vereinigung beider Bestimmungen nämlich ist das, was man den *ursprünglichen Stand der Unschuld* nennt, wo der Geist mit der Natur identisch ist und das geistige Auge unmittelbar im Zentrum der Natur steht, während der Standpunkt der Trennung des Bewußtseins der Sündenfall aus der ewigen göttlichen Einheit ist. Diese Einheit wird vorgestellt als eine ursprüngliche Anschauung, eine Vernunft, die zugleich in einem Phantasie ist, d. h. sinnliche Gestalten bildend und eben damit die sinnlichen Gestalten vernünftigend. Diese anschauende Vernunft ist die göttliche Vernunft; denn Gott, haben wir das Recht zu sagen, ist das, wo Geist und Natur in Einheit ist, die Intelligenz zugleich auch Sein und Gestalt hat. Die Exzentrizitäten der Naturphilosophie haben zum Teil ihren Grund in einer solchen Vorstellung, daß, wenn auch die jetzigen Individuen sich nicht mehr in diesem Zustande des Paradieses befinden, es doch noch Sonntagskinder gebe, denen Gott die wahrhafte Erkenntnis und Wissenschaft im Schlafe mitteile; oder daß der Mensch, auch ohne Sonntagskind zu sein, wenigstens durch den Glauben daran sich in solche Momente versetzen könne, wo das Innere der Natur von selbst ihm unmittelbar offenbar sei, wenn er nur sich einfallen lasse, Einfälle zu haben, d. i. seine Phantasie walten lasse, um prophetisch das Wahre auszusprechen. Dieses

Erfülltsein, von dem man weiter keine Quelle angeben kann, ist überhaupt als die Vollendung des wissenschaftlichen Vermögens angesehen worden; und man fügt etwa hinzu, daß solcher Zustand vollkommener Wissenschaft der jetzigen Geschichte der Welt vorhergegangen sei und daß uns, nach dem Abfall aus dieser Einheit, in Mythen, in der Tradition oder in anderen Spuren noch einige Trümmer und ferne Dämmerungen jenes geistigen Lichtzustandes übriggeblieben seien, an die sich die weitere Bildung des Menschengeschlechts in der Religion angeknüpft habe und von denen aus alle wissenschaftliche Erkenntnis ausgegangen sei. Wenn es dem Bewußtsein nicht saurer gemacht würde, die Wahrheit zu erkennen, sondern man sich nur auf den Dreifuß zu setzen und Orakel zu sprechen brauchte, so wäre freilich die Arbeit des Denkens gespart.

Um kurz anzugeben, worin der Mangel solcher Vorstellung liegt, so muß zunächst freilich dies zugegeben werden, daß etwas Hohes darin ist, das ihr auf den ersten Blick große Empfehlung gibt. Diese Einheit der Intelligenz und der Anschauung, des Insichseins des Geistes und seines Verhaltens zur Äußerlichkeit, muß aber nicht Anfang, sondern Ziel, nicht eine unmittelbare, sondern eine hervorgebrachte Einheit sein. Eine natürliche Einheit des Denkens und Anschauens ist die des Kindes, des Tiers, die man höchstens Gefühl, aber nicht Geistigkeit nennen kann. Der Mensch aber muß vom Baume der Erkenntnis des Guten und Bösen gegessen haben, durch die Arbeit und Tätigkeit des Gedankens hindurchgegangen sein, um nur als Überwinder dieser Trennung seiner von der Natur zu sein, was er ist. Jene unmittelbare Einheit ist so nur abstrakte, ansichseiende Wahrheit, nicht die wirkliche Wahrheit; nicht nur der Inhalt muß das Wahre sein, sondern auch die Form. Die Auflösung des Zwiespalts muß die Gestalt haben, daß ihre Form die wissende Idee sei, und die Momente der Auflösung müssen im Bewußtsein selber nachgesucht werden. Es kommt nicht darauf an, der Abstraktion und Leerheit zuzugehen, sich ins Nichts des Wissens zu flüchten; sondern das Bewußtsein muß sich erhalten, indem wir die Annahmen, durch welche der Widerspruch entstand, durch das gewöhnliche Bewußtsein selbst widerlegen wollen.

Die Schwierigkeit, d. i. die einseitige Annahme des theoretischen Bewußtseins, daß die natürlichen Dinge uns gegenüber beharrend und undurchdringlich seien, wird direkt widerlegt durch das praktische Verhalten, in welchem dieser absolut idealistische Glauben liegt, daß die einzelnen Dinge nichts an sich sind. Der Mangel der Begierde ist von der Seite, daß sie sich zu den Dingen verhält, nicht der, daß sie gegen die Dinge realistisch ist, sondern allzu idealistisch. Der philosophische wahrhafte Idealismus besteht in nichts anderem als eben in der Bestimmung, daß die Wahrheit der Dinge ist, daß sie als solche unmittelbar einzelne, d. i. sinnliche, – nur Schein, Erscheinung sind. Über eine in unseren Zeiten grassierende Metaphysik, nach welcher wir die Dinge darum nicht erkennen, weil sie absolut fest gegen uns sind, könnte man sich ausdrücken, daß nicht einmal die Tiere so dumm sind als diese Metaphysiker; denn sie gehen auf die Dinge zu, greifen, erfassen, verzehren sie. Dieselbe Bestimmung liegt in der aufgezeigten zweiten Seite des theoretischen Verhaltens, nämlich daß wir die natürlichen Dinge denken. Die Intelligenz familiarisiert sich mit den Dingen freilich nicht in ihrer sinnlichen Existenz; aber dadurch, daß sie dieselben denkt, setzt sie deren Inhalt in sich, und indem sie der praktischen Idealität, die für sich nur Negativität ist, sozusagen die Form hinzufügt, die Allgemeinheit, gibt sie dem Negativen der Einzelheit eine affirmative Bestimmung. Dieses Allgemeine der Dinge ist nicht ein Subjektives, das uns zukäme, sondern vielmehr, als ein dem transitorischen Phänomen entgegengesetztes Noumen, das Wahre, Objektive, Wirkliche der Dinge selbst, wie die Platonischen Ideen, die nicht irgendwo in der Ferne, sondern als die substantiellen Gattungen in den einzelnen Dingen existieren. Erst wenn man dem Proteus Gewalt antut, d. h. sich an die sinnliche Erscheinung nicht kehrt, wird er gezwungen, die Wahrheit zu sagen. Die Inschrift des Schleiers der Isis: »Ich bin, was war, ist und sein wird, und meinen Schleier hat kein Sterblicher gelüftet«, schmilzt vor dem Gedanken. »Die Natur«, sagt daher Hamann mit Recht, »ist ein hebräisch Wort, das mit bloßen Mitlautern geschrieben wird, zu dem der Verstand die Punkte setzen muß.«[4]

Hat nun auch die empirische Naturbetrachtung diese Kategorie der Allgemeinheit mit der Naturphilosophie gemein, so schwankt sie doch zuweilen dazwischen, ob dies Allgemeine subjektiv oder objektiv sei; man kann oft sagen hören, diese Klassen und Ordnungen mache man nur zum Behufe des Erkennens. Dies Schwanken kommt noch weiter darin vor, daß man Merkmale aufsucht, nicht in der Meinung, daß sie die wesentlichen objektiven Bestimmungen der Dinge seien, sondern [daß sie] nur zu unserer Bequemlichkeit dienen, um uns die Dinge daran zu merken. Wenn's weiter nichts wäre, so könnte man z. B. als Merkmal des Menschen das Ohrläppchen angeben, welches sonst kein Tier hat; da fühlt man aber sogleich, daß eine solche Bestimmung nicht hinreicht, das Wesentliche am Menschen zu erkennen. Ist jedoch das Allgemeine als Gesetz, Kraft, Materie bestimmt, so will man dies doch nicht

4 *Brief an Kant* (Beilage), Ende Dez. 1759

für eine äußere Form und subjektive Zutat gelten lassen; sondern den Gesetzen schreibt man objektive Wirklichkeit zu, die Kräfte sind immanent, die Materie die wahrhafte Natur der Sache selbst. Ähnliches auch gibt man etwa zu bei den Gattungen, z. B. daß diese nicht so eine Zusammenstellung von Ähnlichem, eine von uns gemachte Abstraktion seien, daß sie nicht nur Gemeinschaftliches haben, sondern das eigene innere Wesen der Gegenstände selbst seien, die Ordnungen auch nicht bloß zur Übersicht für uns seien, sondern eine Stufenleiter der Natur selbst bilden. Die Merkmale sollten ebenfalls das Allgemeine, das Substantielle der Gattung sein. Die Physik selbst sieht diese Allgemeinheiten als ihren Triumph an; man kann sogar sagen, daß sie leider nur zu sehr in diese Verallgemeinerung gehe. Man nennt die jetzige Philosophie Identitätsphilosophie; diesen Namen kann man mit viel größerem Rechte dieser Physik zuschreiben, welche nur Bestimmtheiten wegläßt, indem sie z. B. in der heutigen Elektro-Chemie Magnetismus, Elektrizität und Chemismus durchaus als eins ansieht. Es ist der Mangel der Physik, daß sie zu sehr im Identischen ist; denn die Identität ist die Grundkategorie des Verstandes.
Die Naturphilosophie nimmt den Stoff, den die Physik ihr aus der Erfahrung bereitet, an dem Punkte auf, bis wohin ihn die Physik gebracht hat, und bildet ihn wieder um, ohne die Erfahrung als die letzte Bewährung zugrunde zu legen; die Physik muß so der Philosophie in die Hände arbeiten, damit diese das ihr überlieferte verständige Allgemeine in den Begriff übersetze, indem sie zeigt, wie es als ein in sich selbst notwendiges Ganzes aus dem Begriff hervorgeht. Die philosophische Weise der Darstellung ist nicht eine Willkür, auch einmal zur Veränderung auf dem Kopf zu gehen, nachdem man eine lange Weile auf den Beinen gegangen ist, oder sein Alltagsgesicht auch einmal bemalt zu sehen; sondern weil die Weise der Physik den Begriff nicht befriedigt, darum wird weiter fortgeschritten.
Das, wodurch sich die Naturphilosophie von der Physik unterscheidet, ist näher die Weise der Metaphysik, deren sich beide bedienen; denn Metaphysik heißt nichts anderes als der Umfang der allgemeinen Denkbestimmungen, gleichsam das diamantene Netz, in das wir allen Stoff bringen und dadurch erst verständlich machen. Jedes gebildete Bewußtsein hat seine Metaphysik, das instinktartige Denken, die absolute Macht in uns, über die wir nur Meister werden, wenn wir sie selbst zum Gegenstande unserer Erkenntnis machen. Die Philosophie überhaupt hat als Philosophie andere Kategorien als das gewöhnliche Bewußtsein; alle Bildung reduziert sich auf den Unterschied der Kategorien. Alle Revolutionen, in den Wissenschaften nicht weniger als in der Welt-

geschichte, kommen nur daher, daß der Geist jetzt zum Verstehen und Vernehmen seiner, um sich zu besitzen, seine Kategorien geändert hat, sich wahrhafter, tiefer, sich inniger und einiger mit sich erfassend. Das Ungenügende nun der physikalischen Denkbestimmungen läßt sich auf zwei Punkte zurückführen, die aufs engste zusammenhängen. α) Das Allgemeine der Physik ist abstrakt oder nur formell; es hat seine Bestimmung nicht an ihm selbst oder geht nicht zur Besonderheit über. β) Der bestimmte Inhalt ist eben deswegen außer dem Allgemeinen, damit zersplittert, zerstückelt, vereinzelt, abgesondert, ohne den notwendigen Zusammenhang in ihm selbst, eben darum nur als endlicher. Haben wir z. B. eine Blume, so bemerkt der Verstand ihre einzelnen Qualitäten; die Chemie zerreißt und analysiert sie. Wir unterscheiden so Farbe, Gestalt der Blätter, Zitronensäure, ätherisches Öl, Kohlenstoff, Wasserstoff usw.; nun sagen wir, die Blume besteht aus allen diesen Teilen.

Encheiresin naturae nennt's die Chemie,
Spottet ihrer selbst und weiß nicht wie.
Hat die Teile in ihrer Hand,
Fehlt leider nur das geistige Band,

wie Goethe sagt.[5] Der Geist kann nicht bei dieser Weise der Verstandesreflexion stehenbleiben; und man hat zwei Wege, darüber hinauszugehen. α) Der unbefangene Geist, wenn er lebendig die Natur anschaut, wie wir dies häufig bei Goethe auf eine sinnige Weise geltend gemacht finden, so fühlt er das Leben und den allgemeinen Zusammenhang in derselben: er ahnt das Universum als ein organisches Ganzes und eine vernünftige Totalität, ebenso als er im einzelnen Lebendigen eine innige Einheit in ihm selbst empfindet; bringen wir aber auch alle jene Ingredienzien der Blume zusammen, so kommt doch keine Blume heraus. So hat man in der Naturphilosophie die Anschauung zurückgerufen und sie über die Reflexion gesetzt; aber das ist ein Abweg, denn aus der Anschauung kann man nicht philosophieren. β) Die Anschauung muß auch gedacht werden, jenes Zerstückelte zur einfachen Allgemeinheit denkend zurückgebracht werden; diese gedachte Einheit ist der Begriff, welcher die bestimmten Unterschiede, aber als eine sich in sich selbst bewegende Einheit hat. Der philosophischen Allgemeinheit sind die Bestimmungen nicht gleichgültig; sie ist die sich selbst erfüllende Allgemeinheit, die in ihrer diamantenen Identität zugleich den Unterschied in sich enthält.

Das wahrhaft Unendliche ist die Einheit seiner selbst und des Endlichen; und das ist nun die Kategorie der Philosophie und da-

---

5 *Faust*, 1. Teil, Studierzimmer, V. 1940–41 u. 1938–39

her auch der Naturphilosophie. Wenn die Gattungen und Kräfte das Innere der Natur sind und gegen dies Allgemeine das Äußere und Einzelne das Verschwindende ist, so fordert man noch als dritte Stufe das Innere des Innern, welches nach dem Vorhergehenden die Einheit des Allgemeinen und Besonderen wäre.

»*Ins Innre der Natur*«,
O du Philister! –
»*Dringt kein erschaffner Geist.*«
Mich und Geschwister
Mögt ihr an solches Wort
Nur nicht erinnern!
Wir denken: Ort für Ort
Sind wir im Innern.
»*Glückselig, wem sie nur*
Die äußre Schale weist!«
Das hör ich sechzig Jahre wiederholen,
Ich fluche drauf, aber verstohlen;
Sage mir tausend tausendmale:
Alles gibt sie reichlich und gern;
Natur hat weder Kern
Noch Schale,
Alles ist sie mit einem Male;
Dich prüfe du nur allermeist,
Ob du Kern oder Schale seist.[6]

Mit dem Erfassen dieses Innern ist die Einseitigkeit des theoretischen und praktischen Verhaltens aufgehoben und zugleich beiden Bestimmungen Genüge geleistet. Jenes enthält eine Allgemeinheit ohne Bestimmtheit, dieses eine Einzelheit ohne Allgemeines; das begreifende Erkennen ist die Mitte, in welcher die Allgemeinheit nicht ein Diesseits in mir gegen die Einzelheit der Gegenstände bleibt, sondern indem es sich negativ gegen die Dinge verhält und sich dieselben assimiliert, findet es die Einzelheit ebenso darin, läßt die Dinge gewähren und sich frei in sich bestimmen. Das begreifende Erkennen ist so die Einheit des theoretischen und praktischen Verhaltens: die Negation der Einzelheit ist als Negation des Negativen die affirmative Allgemeinheit, die den Bestimmungen Bestehen gibt; denn die wahrhafte Einzelheit ist zugleich Allgemeinheit in sich selbst.

Was die Einwendungen betrifft, die gegen diesen Standpunkt gemacht werden können, so ist die nächste, daß gefragt werden

6 Goethe, *Zur Morphologie*, 1 Bd., 3. Heft, Stuttgart u. Tübingen 1820, S. 304; unter dem Titel »Allerdings« und dem Untertitel »Dem Physiker« in die Gedichtsammlung »Gott und Welt« aufgenommen.

kann: Wie kommt das Allgemeine dazu, sich selbst zu bestimmen? Wie kommt das Unendliche heraus zur Endlichkeit? In konkreter Gestalt ist die Frage die: Wie ist Gott dazu gekommen, die Welt zu schaffen? Man stellt sich zwar vor, Gott wäre ein Subjekt, eine Wirklichkeit für sich, fern von der Welt; aber solche abstrakte Unendlichkeit, solche Allgemeinheit, die außerhalb des Besonderen wäre, wäre selbst nur die *eine* Seite, somit selbst ein Besonderes, Endliches. Es ist die Bewußtlosigkeit des Verstandes, gerade die Bestimmung aufzuheben, die er setzt, und also das Gegenteil von dem zu tun, was er will; das Besondere sollte vom Allgemeinen getrennt sein; gerade ist aber das Besondere dadurch im Allgemeinen gesetzt und somit nur die Einheit des Allgemeinen und Besonderen vorhanden. Gott hat zweierlei Offenbarungen, als Natur und als Geist; beide Gestaltungen Gottes sind Tempel desselben, die er erfüllt und in denen er gegenwärtig ist. Gott als ein Abstraktum ist nicht der wahrhafte Gott, sondern nur als der lebendige Prozeß, sein Anderes, die Welt zu setzen, welches, in göttlicher Form gefaßt, sein Sohn ist; und erst in der Einheit mit seinem Anderen, im Geist, ist Gott Subjekt. Dies ist nun die Bestimmung und der Zweck der Naturphilosophie, daß der Geist sein eigenes Wesen, d. i. den Begriff in der Natur, sein Gegenbild in ihr finde. So ist das Naturstudium die Befreiung seiner in ihr; denn er wird darin, insofern er nicht auf ein Anderes sich bezieht, sondern auf sich selbst. Es ist dies ebenso die Befreiung der Natur; sie ist an sich die Vernunft, aber erst durch den Geist tritt diese als solche an ihr heraus in die Existenz. Der Geist hat die Gewißheit, die Adam hatte, als er Eva erblickte: »Dies ist Fleisch von meinem Fleisch; dies ist Gebein von meinem Gebein.« So ist die Natur die Braut, mit der der Geist sich vermählt. Aber ist diese Gewißheit auch Wahrheit? Indem das Innere der Natur nichts anderes als das Allgemeine ist, so sind wir, wenn wir Gedanken haben, in diesem Innern der Natur bei uns selbst. Wenn die Wahrheit im subjektiven Sinn die Übereinstimmung der Vorstellung mit dem Gegenstande ist, so heißt das Wahre im objektiven Sinne die Übereinstimmung des Objekts, der Sache mit sich selbst, daß ihre Realität ihrem Begriffe angemessen ist. Ich in meinem Wesen ist der Begriff, das mit sich selbst Gleiche, durch alles Hindurchgehende, welches, indem es die Herrschaft über die besonderen Unterschiede behält, das in sich zurückkehrende Allgemeine ist. Dieser Begriff ist sogleich die wahrhafte Idee, die göttliche Idee des Universums, die allein das Wirkliche ist. So ist Gott allein die Wahrheit, das unsterbliche Lebendige, nach Platon, dessen Leib und Seele in eins genaturt sind. Die erste Frage ist hier: Warum hat Gott sich selbst bestimmt, die Natur zu erschaffen?

Begriff der Natur

§ 247

Die Natur hat sich als die Idee in der Form des *Andersseins* ergeben. Da die *Idee* so als das Negative ihrer selbst oder *sich äußerlich* ist, so ist die Natur nicht äußerlich nur relativ gegen diese Idee (und gegen die subjektive Existenz derselben, den Geist), sondern die *Äußerlichkeit* macht die Bestimmung aus, in welcher sie als Natur ist.

Zusatz. Ist Gott das Allgenügende, Unbedürftige, wie kommt er dazu, sich zu einem schlechthin Ungleichen zu entschließen? Die göttliche Idee ist eben dies, sich zu entschließen, dieses Andere aus sich herauszusetzen und wieder in sich zurückzunehmen, um Subjektivität und Geist zu sein. Die Naturphilosophie gehört selbst zu diesem Wege der Rückkehr; denn sie ist es, welche die Trennung der Natur und des Geistes aufhebt und dem Geiste die Erkenntnis seines Wesens in der Natur gewährt. Dies nun ist die Stellung der Natur im ganzen; ihre Bestimmtheit ist dies, daß die Idee sich selbst bestimmt, d. h. den Unterschied in sich setzt, ein Anderes, aber so, daß sie in ihrer Unteilbarkeit unendliche Güte ist und dem Anderssein ihre ganze Fülle erteilt und mitgibt. Gott bleibt sich also in seinem Bestimmen gleich; jedes dieser Momente ist selbst die ganze Idee und muß als die göttliche Totalität gesetzt werden. Das Unterschiedene kann unter dreierlei Formen gefaßt werden: das Allgemeine, das Besondere und das Einzelne. Einmal bleibt das Unterschiedene aufbehalten in der ewigen Einheit der Idee; das ist der λόγος, der ewige Sohn Gottes, wie es Philon faßte. Zu diesem Extrem ist das andere die Einzelheit, die Form des endlichen Geistes. Als Rückkehr in sich selbst ist zwar die Einzelheit Geist, aber als Anderssein mit Ausschließung aller anderen endlicher oder menschlicher Geist; denn andere endliche Geister als Menschen gehen uns nichts an. Indem der einzelne Mensch zugleich in Einheit mit dem göttlichen Wesen gefaßt wird, so ist er der Gegenstand der christlichen Religion; und das ist die ungeheuerste Zumutung, die an denselben gemacht werden kann. Die dritte Form, die uns hier angeht, die Idee in der Besonderheit, ist die Natur, die zwischen beiden Extremen liegt. Diese Form ist die erträglichste für den Verstand: der Geist ist als der für sich existierende Widerspruch gesetzt, denn die unendlich freie Idee und sie in der Form der Einzelheit sind in objektivem Widerspruche; in der Natur ist der Widerspruch nur an sich oder für uns, indem das Anderssein als ruhige Form an der Idee erscheint.

In Christus ist der Widerspruch gesetzt und aufgehoben, als Leben, Leiden und Auferstehen; die Natur ist der Sohn Gottes, aber nicht als der Sohn, sondern als das Verharren im Anderssein, – die göttliche Idee als außerhalb der Liebe für einen Augenblick festgehalten. Die Natur ist der sich entfremdete Geist, der darin nur *ausgelassen* ist, ein bacchantischer Gott, der sich selbst nicht zügelt und faßt; in der Natur verbirgt sich die Einheit des Begriffs.
Die denkende Naturbetrachtung muß betrachten, wie die Natur an ihr selbst dieser Prozeß ist, zum Geiste zu werden, ihr Anderssein aufzuheben, – und wie in jeder Stufe der Natur selbst die Idee vorhanden ist; von der Idee entfremdet, ist die Natur nur der Leichnam des Verstandes. Die Natur ist aber nur an sich die Idee, daher sie Schelling eine versteinerte, andere sogar die gefrorene Intelligenz nannten; der Gott bleibt aber nicht versteinert und verstorben, sondern die Steine schreien und heben sich zum Geiste auf. Gott ist Subjektivität, Tätigkeit, unendliche Aktuosität, worin das Andere nur momentan ist und an sich in der Einheit der Idee bleibt, weil es selbst diese Totalität der Idee ist. Ist die Natur die Idee in der Form des Andersseins, so ist, nach dem Begriffe der Idee, die Idee darin nicht, wie sie an und für sich ist, obgleich nichtsdestoweniger die Natur eine der Weisen der Idee ist, sich zu manifestieren, und darin vorkommen muß. Daß diese Weise der Idee aber die Natur sei, das ist das zweite, was zu erörtern und zu erweisen ist; zu dem Ende müssen wir eine Vergleichung anstellen, ob jene Definition der Vorstellung entspricht, was in der Folge vorkommen wird. Übrigens hat sich die Philosophie nicht um die Vorstellung zu bekümmern, noch braucht sie in jeder Rücksicht zu leisten, was die Vorstellung fordert, denn die Vorstellungen sind beliebig; aber im allgemeinen müssen beide doch übereinstimmen.
Es ist bei dieser Grundbestimmung der Natur die Beziehung derselben auf die metaphysische Seite bemerklich zu machen, welche in Gestalt der Frage nach der *Ewigkeit der Welt* abgehandelt worden ist. Es könnte scheinen, daß wir hier die Metaphysik auf der Seite liegen lassen könnten; es ist jedoch hier die Stelle, sie vorzunehmen, und es hat nichts Bedenkliches, denn sie führt nicht in Weitläufigkeiten und ist gleich abgetan. Indem nämlich die Metaphysik der Natur, als die wesentliche Gedankenbestimmtheit ihres Unterschiedes, diese ist, daß die Natur die Idee in ihrem Anderssein ist, so liegt darin, daß sie wesentlich ein Ideelles ist oder das, was nur als relativ, nur in Verhältnis zu einem Ersten seine Bestimmtheit hat. Die Frage nach der Ewigkeit der Welt (diese verwechselt man mit der Natur, da sie doch eine Kollektion des Geistigen und Natürlichen ist) hat erstens den Sinn der Zeit-

vorstellung, einer Ewigkeit, wie man es heißt, einer unendlich langen Zeit, so daß sie keinen Anfang in der Zeit gehabt; zweitens liegt darin, daß die Natur als ein Unerschaffenes, Ewiges, für sich selbständig Gott gegenüber vorgestellt wird. Was das zweite betrifft, so ist dies durch die Bestimmtheit der Natur, die Idee in ihrem Anderssein zu sein, entfernt und gänzlich beseitigt. Was das erste betrifft, so ist, nach Entfernung des Sinnes der Absolutheit der Welt, nur die Ewigkeit in Beziehung auf die Zeitvorstellung vorhanden.

Hierüber ist zu sagen: α) die Ewigkeit ist nicht vor oder nach der Zeit, nicht vor der Erschaffung der Welt, noch wenn sie untergeht; sondern die Ewigkeit ist absolute Gegenwart, das Jetzt ohne Vor und Nach. Die Welt ist erschaffen, wird erschaffen jetzt und ist ewig erschaffen worden; dies kommt in der Form der Erhaltung der Welt vor. Erschaffen ist die Tätigkeit der absoluten Idee; die Idee der Natur ist, wie die Idee als solche, ewig. β) Bei der Frage, ob nun die Welt, die Natur in ihrer Endlichkeit einen Anfang in der Zeit habe oder nicht, hat man die Welt oder die Natur überhaupt vor der Vorstellung, d. i. das Allgemeine; und das wahrhaft Allgemeine ist die Idee, von der schon gesagt worden, daß sie ewig. Das Endliche aber ist zeitlich, hat ein Vor und Nach; und wenn man das Endliche vor sich hat, so ist man in der Zeit. Es hat einen Anfang, aber keinen absoluten; seine Zeit fängt mit ihm an, und die Zeit ist nur des Endlichen. Die Philosophie ist zeitloses Begreifen, auch der Zeit und aller Dinge überhaupt, nach ihrer ewigen Bestimmung. Hat man so den absoluten Anfang der Zeit entfernt, so tritt die entgegengesetzte Vorstellung einer unendlichen Zeit ein; unendliche Zeit aber, wenn sie noch als Zeit, nicht als aufgehobene Zeit vorgestellt wird, ist noch von der Ewigkeit zu unterscheiden. Sie ist nicht diese Zeit, sondern eine andere Zeit, und wieder eine andere, und immer eine andere (§ 258), wenn der Gedanke das Endliche nicht in das Ewige auflösen kann. So ist die Materie ins Unendliche teilbar; d. i. dies ist ihre Natur, daß, was als Ganzes gesetzt wird, als Eins schlechthin sich selbst äußerlich, ein Vieles in sich sei. Aber sie ist nicht in der Tat ein Geteiltes, so daß sie aus Atomen bestände; sondern dies ist eine Möglichkeit, die nur Möglichkeit ist, d. h. dieses Teilen ins Unendliche ist nicht etwas Positives, Wirkliches, sondern nur ein subjektives Vorstellen. Ebenso ist die unendliche Zeit nur eine Vorstellung, ein Hinausgehen, das im Negativen bleibt; ein notwendiges Vorstellen, solange man in der Betrachtung des Endlichen als Endlichen bleibt. Gehe ich aber zum Allgemeinen über, zum Nichtendlichen, so habe ich den Standpunkt verlassen, auf welchem Einzelheit und deren Abwechslung stattfindet. In der

Vorstellung ist die Welt nur eine Sammlung von Endlichkeiten; wird sie aber als Allgemeines, als Totalität gefaßt, so fällt die Frage vom Anfang sogleich weg. Wo der Anfang zu machen, ist also unbestimmt; es ist ein Anfang zu machen, aber er ist nur ein relativer. Man geht darüber hinaus, aber nicht ins Unendliche, sondern nur zu einem weiteren Anfang, der freilich auch nur ein bedingter ist; kurz, es ist nur die Natur des Relativen ausgedrückt, weil wir im Endlichen sind.
Dies ist diese Metaphysik, die zwischen abstrakten Bestimmungen herüber und hinüber geht, die sie für absolut nimmt. Eine runde, positive Antwort läßt sich auf die Frage nicht geben, ob die Welt ohne Anfang in der Zeit sei oder einen Anfang habe. Eine runde Antwort soll heißen, daß *entweder* das eine *oder* das andere sei. Die runde Antwort ist vielmehr, daß die Frage, dies Entweder-Oder, nichts taugt. Seid ihr im Endlichen, so habt ihr ebenso Anfang als Nichtanfang; diese entgegengesetzten Bestimmungen kommen dem Endlichen zu in ihrem Widerstreite, ohne Auflösung und Versöhnung; und so geht es unter, weil es der Widerspruch ist. Das Endliche hat ein Anderes vor sich; im Verfolg des endlichen Zusammenhangs muß man dies Vor aufsuchen, z. B. in der Geschichte der Erde oder Menschen. Da kommt man an kein Ende, ebenso als man mit jedem Endlichen zu einem Ende kommt; über die Vielheit des Endlichen hat die Zeit ihre Macht. Das Endliche hat einen Anfang, dieser Anfang ist aber nicht das Erste; das Endliche ist selbständig, aber diese Unmittelbarkeit ist ebenso beschränkt. Verläßt die Vorstellung dies bestimmte Endliche, welches ein Vor oder Nach hat, und geht zur leeren Vorstellung der Zeit über oder zur Welt überhaupt, so treibt sie sich in leeren Vorstellungen, d. i. bloß abstrakten Gedanken herum.

§ 248

In dieser Äußerlichkeit haben die Begriffsbestimmungen den Schein eines *gleichgültigen Bestehens* und der *Vereinzelung* gegeneinander; der Begriff ist deswegen als Innerliches. Die Natur zeigt daher in ihrem Dasein keine Freiheit, sondern *Notwendigkeit* und *Zufälligkeit.*

Die Natur ist darum nach ihrer bestimmten Existenz, wodurch sie eben Natur ist, nicht zu vergöttern, noch sind Sonne, Mond, Tiere, Pflanzen usf. vorzugsweise vor menschlichen Taten und Begebenheiten als Werke Gottes zu betrachten und anzuführen. – Die Natur ist *an sich,* in der Idee göttlich, aber wie sie *ist*, entspricht ihr Sein ihrem Begriffe nicht; sie ist vielmehr der *unaufgelöste Widerspruch*. Ihre Eigentümlichkeit ist das *Gesetztsein*, das Negative, wie die Alten die *Materie* überhaupt als das *non-ens* gefaßt haben. So ist die Natur auch als der *Abfall* der Idee von sich selbst ausgesprochen worden, indem die Idee als diese Gestalt der Äußerlichkeit in der Unangemessenheit ihrer selbst mit sich ist. – Nur dem Bewußtsein, das selbst zuerst äußerlich und damit unmittelbar ist, d. i. dem *sinnlichen* Bewußtsein, erscheint die Natur als das Erste, Unmittelbare, Seiende. – Weil sie jedoch, obzwar in solchem Elemente der Äußerlichkeit, Darstellung *der Idee* ist, so mag und soll man in ihr wohl die Weisheit Gottes bewundern. Wenn aber *Vanini*[7] sagte, daß ein Strohhalm hinreiche, um das Sein Gottes zu erkennen, so ist jede Vorstellung des Geistes, die schlechteste seiner Einbildungen, das Spiel seiner zufälligsten Launen, jedes Wort ein vortrefflicherer Erkenntnisgrund für Gottes Sein als irgendein einzelner Naturgegenstand. In der Natur hat das Spiel der Formen nicht nur seine ungebundene, zügellose Zufälligkeit, sondern jede Gestalt für sich entbehrt des Begriffs ihrer selbst. Das Höchste, zu dem es die Natur in ihrem Dasein treibt, ist das *Leben*; aber als nur natürliche Idee ist dieses der Unvernunft der Äußerlichkeit hingegeben, und die individuelle Lebendigkeit ist in jedem Momente ihrer Existenz mit einer ihr anderen Einzelheit befangen; dahingegen in jeder geistigen Äußerung das Moment freier allgemeiner Beziehung auf sich selbst enthalten ist. – Ein gleicher Mißverstand ist es, wenn Geistiges überhaupt geringer geachtet wird als Naturdinge, wenn *menschliche Kunstwerke* natürlichen Dingen deswegen nachgesetzt werden, weil zu jenen das Material von außen genommen werden müsse und weil sie nicht lebendig seien. Als ob die geistige Form nicht eine

7 Lucilio Vanini, 1585–1619, wegen Gotteslästerung verbrannt.

höhere Lebendigkeit enthielte und des Geistes würdiger wäre als die natürliche Form, die Form überhaupt nicht höher als die Materie, und in allem Sittlichen nicht auch das, was man Materie nennen kann, ganz allein dem Geiste angehörte, als ob in der Natur das Höhere, das Lebendige, nicht auch seine Materie von außen nähme. – Die Natur bleibe, gibt man ferner als ihren Vorzug an, bei aller Zufälligkeit ihrer Existenzen ewigen Gesetzen getreu; aber doch wohl auch das Reich des Selbstbewußtseins! was schon in dem Glauben anerkannt wird, daß eine Vorsehung die menschlichen Begebenheiten leite; – oder sollten die Bestimmungen dieser Vorsehung im Felde der menschlichen Begebenheiten nur zufällig und unvernünftig sein? – Wenn aber die geistige Zufälligkeit, die *Willkür*, bis zum *Bösen* fortgeht, so ist dies selbst noch ein unendlich Höheres als das gesetzmäßige Wandeln der Gestirne oder als die Unschuld der Pflanze; denn was sich so verirrt, ist noch Geist.

Zusatz. Die unendliche Teilbarkeit der Materie heißt nichts anderes, als daß sie ein sich selbst Äußerliches ist. Die Unermeßlichkeit der Natur, welche zunächst den Sinn in Erstaunen setzt, ist eben diese Äußerlichkeit. Weil jeder materielle Punkt von allen anderen vollkommen unabhängig zu sein scheint, so hat die Begrifflosigkeit die Herrschaft in der Natur, die ihre Gedanken nicht zusammenbringt. Sonne, Planeten, Kometen, Elemente, Pflanzen, Tiere stehen einzeln für sich selbst da. Die Sonne ist ein gegen die Erde anderes Individuum, das nur die Schwere mit den Planeten verbindet. Erst im Leben kommt es zur Subjektivität, zum Gegenteil des Außereinander; Herz, Leber, Auge sind für sich keine selbständigen Individuen, und vom Körper abgerissen verfault die Hand. Der organische Körper ist noch das Mannigfaltige, Außereinanderseiende; aber jedes Einzelne besteht nur im Subjekt, und der Begriff existiert als die Macht jener Glieder. So kommt der Begriff, der in der Begrifflosigkeit nur ein innerlicher ist, erst im Leben als Seele zur Existenz. Die Räumlichkeit des Organismus hat gar keine Wahrheit für die Seele, sonst müßten wir soviel Seelen haben als Punkte; denn die Seele fühlt an jedem Punkte. Man muß sich durch den Schein des Außereinander nicht täuschen lassen, sondern erkennen, daß die Außereinanderseienden nur eine Einheit ausmachen; die Himmelskörper scheinen nur selbständig, sie sind Wächter *einer* Flur. Weil aber die Einheit in der Natur eine Beziehung scheinbar Selbständiger ist, so ist die Natur nicht frei, sondern nur notwendig und zufällig. Denn Notwendigkeit ist Untrennbarkeit von Unterschiedenen, die noch gleichgültig erscheinen; daß aber die Abstraktion des Außersichseins auch zu ihrem Rechte kommt, ist die Zufälligkeit, die äußerliche Notwendigkeit, nicht die innere Notwendigkeit des Begriffs. Man hat in der Physik viel von *Polarität* gesprochen; dieser Begriff ist ein großer Fortschritt der Physik in ihrer Metaphysik, denn der Gedanke der Polarität ist eben nichts anderes als die Bestimmung des Verhältnisses der Notwendigkeit zwischen zwei Verschiedenen, die Eines sind, insofern mit dem Setzen des einen auch das andere gesetzt ist. Diese Polarität schränkt sich nur auf den Gegensatz ein; durch den Gegensatz ist aber auch die Rückkehr aus dem Gegensatz als Einheit gesetzt, und das ist das Dritte. Dies ist es, was die Notwendigkeit des Begriffs mehr hat als die Polarität. In der Natur, als dem Anderssein, gehört zur ganzen Form der Notwendigkeit auch das Quadrat oder die Vierheit, z. B. in den vier Elementen, vier Farben usf., und weiter die Fünfheit, z. B. in den Fingern, den Sinnen; im Geiste ist die Grundform der Notwendigkeit die Dreiheit. Es existiert in der Natur die Totalität der Disjunktion des Begriffs als Vierheit darum, weil das Erste die Allgemeinheit als solche ist, das Zweite oder der Unterschied aber in der Natur selbst als ein Gedoppeltes erscheint, indem in der Natur das Andere für sich als Anderes existieren muß, so daß die subjektive Einheit der Allgemeinheit und Besonderheit das Vierte ist, das dann auch eine besondere Existenz gegen die drei anderen hat; ja, indem die Monas und die Duas selbst die ganze Besonderheit ausmachen, so kann die Totalität des Begriffs selbst zur Fünfheit fortgehen.

Die Natur ist das Negative, weil sie das Negative der Idee ist. Jakob Böhme sagt, Gottes erste Geburt sei Luzifer, – dieses Lichtwesen habe sich in sich hineinimaginiert und sei böse geworden; das ist das Moment des Unterschiedes, das Anderssein, festgehalten gegen den Sohn, der das Anderssein in der Liebe ist. Solche Vorstellungen, die wild im orientalisierenden Geschmack vorkommen, haben ihren Grund und ihre Bedeutung in der negativen Natur der Natur. Die andere Form des Andersseins ist die Unmittelbarkeit, welche darin liegt, daß das Unterschiedene abstrakt für sich besteht. Dieses Bestehen ist aber nur momentan, kein wahrhaftes Bestehen; nur die Idee besteht ewig, weil sie Anundfürsichsein, d. i. Insichzurückgekehrtsein ist. Die Natur ist in der Zeit das Erste, aber das absolute Prius ist die Idee; dieses absolute Prius ist das Letzte, der wahre Anfang, das *A* ist das *Ω*.

Das Unmittelbare halten die Menschen oft für das Vorzüglichere, beim Vermittelten stellt man sich das Abhängige vor; der Begriff hat aber beide Seiten: er ist Vermittlung durch Aufhebung der Vermittlung, und so Unmittelbarkeit. So spricht man von einem unmittelbaren Glauben an Gott; das ist aber die degradierte Weise des Seins, nicht die höhere, wie denn auch die ursprünglichen, ersten Religionen Naturreligionen waren. Das Affirmative in der Natur ist das Durchscheinen des Begriffs; die nächste Weise, wie der Begriff seine Macht zeigt, ist die Vergänglichkeit dieser Äußerlichkeit; ebenso sind alle Existenzen aber auch *ein* Leib, in dem die Seele wohnt. Der Begriff manifestiert sich in diesen Riesengliedern, aber nicht als sich selbst; dies geschieht nur im Geiste, daß der Begriff existiert, wie er ist.

§ 249

Die Natur ist als ein *System von Stufen* zu betrachten, deren eine aus der andern notwendig hervorgeht und die nächste Wahrheit derjenigen ist, aus welcher sie resultiert, aber nicht so, daß die eine aus der andern *natürlich* erzeugt würde, sondern in der inneren, den Grund der Natur ausmachenden Idee. Die *Metamorphose* kommt nur dem Begriff als solchem zu, da dessen Veränderung allein Entwicklung ist. Der Begriff aber ist in der Natur teils nur ein Inneres, teils existierend nur als lebendiges Individuum; auf dieses allein ist daher die *existierende* Metamorphose beschränkt.

Es ist eine ungeschickte Vorstellung älterer, auch neuerer Naturphilosophie gewesen, die Fortbildung und den Übergang einer Naturform und Sphäre in eine höhere für eine äußerlich-wirkliche Produktion anzusehen, die man jedoch, um sie *deutlicher* zu machen, in das *Dunkel* der Vergangenheit zurückgelegt hat. Der Natur ist gerade die Äußerlichkeit eigentümlich, die Unterschiede auseinanderfallen und sie als gleichgültige Existenzen auftreten zu lassen; der dialektische Begriff, der die *Stufen* fortleitet, ist das Innere derselben. Solcher nebuloser, im Grunde sinnlicher Vorstellungen, wie insbesondere das sogenannte *Hervorgehen* z. B. der Pflanzen und Tiere aus dem Wasser und dann das *Hervorgehen* der entwickelteren Tierorganisationen aus den niedrigeren usw. ist, muß sich die denkende Betrachtung entschlagen.

Zusatz. Die Betrachtung der Nützlichkeit der natürlichen Dinge hat die Wahrheit in sich, daß sie nicht an und für sich absoluter Zweck sind; diese Negativität ist ihnen aber nicht äußerlich, sondern das immanente Moment ihrer Idee, das ihre Vergänglichkeit und Übergehen in eine andere Existenz, zugleich aber in einen höheren Begriff bewirkt. Der Begriff setzt alle Besonderheit auf allgemeine Weise zumal in die Existenz. Es ist völlig leer, die Gattungen vorzustellen als sich nach und nach in der Zeit evolvierend; der Zeitunterschied hat ganz und gar kein Interesse für den Gedanken. Wenn es allein ums Aufzählen zu tun ist, dem Sinn überhaupt die Reihe der Lebendigen nacheinander vorzuführen, wie sie sich in allgemeine Klassen teilen, es sei, daß sie immer entwickelter, reicher an Bestimmungen und Inhalt werden, und dabei somit von der dürftigsten [Bestimmung] angefangen wird, oder es sei in umgekehrter Richtung, so hat dies immer ein allgemeines Interesse. Es ist eine Ordnung überhaupt, wie schon in der Einteilung der Natur in die drei Reiche, und es ist besser, als wenn ich alles untereinandermenge; was sogleich für den Sinn überhaupt, den ahnenden Begriff etwas Zurückstoßendes hätte. Aber man muß nicht meinen, daß man eine solche trockene Reihenfolge dynamisch mache oder philosophisch oder begreiflicher, oder wie man es nennen will, wenn man die Vorstellung von Hervorgehen gebraucht. Die tierische Natur ist die Wahrheit der vegetabilischen, diese der mineralogischen; die Erde ist die Wahrheit des Sonnensystems. In einem System ist das Abstrakteste das Erste, das Wahre jeder Sphäre das Letzte; ebenso ist es aber nur das Erste einer höheren Stufe. Die Ergänzung einer Stufe aus der andern ist die Notwendigkeit der Idee, und die Verschiedenheit der Formen muß als eine notwendige und bestimmte aufgefaßt werden. Aus dem Wassertier ist aber nicht natürlich ein Landtier hervorgegangen, dieses nicht in die Luft geflogen, noch der Vogel dann etwa wieder zur Erde zurückgefallen. Will man die Stufen der Natur miteinander vergleichen, so ist es wohl richtig, wenn man bemerkt, daß dieses Tier *eine* Herzkammer, jenes zwei hat; aber man muß dann nicht sagen, es sind Stücke hinzugekommen, als wenn dies geschehen sei. Ebensowenig muß man die Kategorie früherer Stufen zur Erklärung der anderen Stufen gebrauchen; das ist ein formeller Unfug, wie wenn man sagt, die Pflanze ist Kohlenstoffpol, das Tier Stickstoffpol.

Die zwei Formen, in denen der Stufengang der Natur gefaßt worden, sind *Evolution* und *Emanation*. Der Gang der Evolution,

die vom Unvollkommenen, Formlosen anfängt, ist, daß zuerst Feuchtes und Wassergebilde waren, aus dem Wasser Pflanzen, Polypen, Molusken, dann Fische hervorgegangen seien, dann Landtiere; aus dem Tiere sei endlich der Mensch entsprungen. Diese allmähliche Veränderung nennt man Erklären und Begreifen, und diese von der Naturphilosophie veranlaßte Vorstellung grassiert noch; aber dieser quantitative Unterschied, wenn er auch am leichtesten zu verstehen ist, so erklärt er doch nichts. Der Gang der Emanation ist dem Morgenlande eigen; sie ist eine Stufenfolge der Verschlechterung, die vom Vollkommenen, von der absoluten Totalität, von Gott anfängt: er habe erschaffen, und Fulgurationen, Blitze, Abbilder von ihm seien hervorgetreten, so daß das erste Abbild ihm am ähnlichsten sei. Diese erste Produktion habe wieder tätig gezeugt, aber Unvollkommeneres, und so fort herunter, so daß jedes Erzeugte immer wieder erzeugend gewesen sei, bis zum Negativen, zur Materie, zur Spitze des Bösen. Die Emanation endet so mit dem Mangel aller Form. Beide Gänge sind einseitig und oberflächlich und setzen ein unbestimmtes Ziel. Der Fortgang vom Vollkommeneren zum Unvollkommeneren ist vorteilhafter, denn man hat dann den Typus des vollendeten Organismus vor sich; und dies Bild ist es, welches vor der Vorstellung dasein muß, um die verkümmerten Organisationen zu verstehen. Was bei ihnen als untergeordnet erscheint, z. B. Organe, die keine Funktionen haben, das wird erst deutlich durch die höheren Organisationen, in welchen man erkennt, welche Stelle es einnimmt. Das Vollkommene muß nun, wenn es vorteilhafter sein soll, nicht nur in der Vorstellung, sondern auch als existierend sein.
Auch bei der Vorstellung der Metamorphose wird *eine* Idee zugrunde gelegt, welche in allen verschiedenen Gattungen, ebenso in den einzelnen Organen beharre, so daß sie nur Umbildungen der Form des einen und desselben Typus sind. So spricht man auch von der Metamorphose eines Insekts, indem z. B. Raupe, Puppe und Schmetterling ein und dasselbe Individuum sind; bei den Individuen freilich ist die Entwicklung eine zeitliche, aber bei der Gattung ist dies anders. Wenn die Gattung auf besondere Weise existiert, so sind zugleich die anderen Weisen der Existenz gesetzt; insofern Wasser ist, ist zugleich auch Luft, Feuer usw. gesetzt. Die Identität festzuhalten ist wichtig, das andere ist aber, den Unterschied [festzuhalten]: dieser ist zurückgestellt, wenn nur von quantitativer Veränderung die Rede ist; und das macht die bloße Vorstellung der Metamorphose ungenügend.
Es fällt hierher die Vorstellung von den *Reihen*, welche die natürlichen Dinge, besonders die lebendigen bilden. Der Trieb, eine Notwendigkeit solchen Fortgangs zu erkennen, führt darauf, ein

Gesetz der Reihe zu finden, eine Grundbestimmung, die, indem sie Verschiedenheit setze, sich zugleich in dieser wiederhole und zugleich dadurch eine neue Verschiedenheit erzeuge. Aber so ist das Bestimmen des Begriffs nicht beschaffen, eben nur immer wieder durch einen neuen gleichförmig bestimmten Zusatz sich zu vermehren und immer dasselbe Verhältnis aller Glieder untereinander zu beobachten. Es hat dem Fortschritte des Begreifens der Notwendigkeit der Gestaltungen wohl eben dieser Umstand der Vorstellung einer Reihe von Stufen und dergleichen besonders geschadet. Wenn so die Planeten, die Metalle oder die chemischen Körper überhaupt, die Pflanzen, Tiere in Reihen gestellt und ein Gesetz solcher Reihen gefunden werden soll, so ist dies eine vergebliche Bemühung, weil die Natur ihre Gestaltungen nicht so in Reih und Glied stellt und der Begriff nach qualitativer Bestimmtheit unterscheidet, insofern aber nur Sprünge macht. Der vormalige Spruch oder das sogenannte Gesetz: *non datur saltus in natura,* paßt für die Diremtion des Begriffs durchaus nicht; die Kontinuität des Begriffs mit sich selbst ist ganz anderer Natur.

§ 250

Der *Widerspruch* der Idee, indem sie als Natur sich selbst äußerlich ist, ist näher der Widerspruch einerseits der durch den Begriff gezeugten *Notwendigkeit* ihrer Gebilde und deren in der organischen Totalität vernünftigen Bestimmung, – andererseits deren gleichgültigen Zufälligkeit und unbestimmbaren Regellosigkeit. Die Zufälligkeit und Bestimmbarkeit von außen hat in der Sphäre der Natur ihr Recht. Am größten ist diese Zufälligkeit im Reiche der konkreten Gebilde, die aber als Naturdinge zugleich nur *unmittelbar* konkret sind. Das *unmittelbar* Konkrete nämlich ist eine Menge von Eigenschaften, die außereinander und mehr oder weniger gleichgültig gegeneinander sind, gegen die eben darum die einfache für sich seiende Subjektivität ebenfalls gleichgültig ist und sie äußerlicher, somit zufälliger Bestimmung überläßt. Es ist die *Ohnmacht* der Natur, die Begriffsbestimmungen nur abstrakt zu erhalten und die Ausführung des Besonderen äußerer Bestimmbarkeit auszusetzen.

Man hat den unendlichen Reichtum und die Mannigfaltigkeit der Formen und vollends ganz unvernünftigerweise die Zufälligkeit, die in die äußerliche Anordnung der Naturgebilde sich einmischt, als die hohe Freiheit der Natur, auch als die Göttlichkeit *derselben* oder wenigstens die Göttlichkeit *in* derselben gerühmt. Es ist der sinnlichen Vorstellungsweise zuzurechnen, Zufälligkeit, Willkür, Ordnungslosigkeit für Freiheit und Vernünftigkeit zu halten. – Jene Ohnmacht der Natur setzt der Philosophie Grenzen, und das Ungehörigste ist, von dem Begriffe zu verlangen, er solle dergleichen Zufälligkeiten begreifen – und, wie es genannt worden, konstruieren, deduzieren; sogar scheint man die Aufgabe um so leichter zu machen, je geringfügiger und vereinzelter das Gebilde sei*. Spuren der Begriffsbestimmung werden sich allerdings bis in das Partikulärste hinein verfolgen, aber dieses sich nicht durch sie erschöpfen lassen. Die Spuren dieser Fortleitung und inneren Zusammenhangs werden den Betrachter oft überraschen, aber demjenigen insbesondere überraschend oder vielmehr unglaublich scheinen, der in der Natur- wie in der Menschengeschichte nur Zufälliges zu sehen gewohnt ist. Aber man hat darüber mißtrauisch zu sein, daß solche Spur nicht für Totalität der Bestimmung der Gebilde genommen werde, was den Übergang zu den erwähnten Analogien macht.

In der Ohnmacht der Natur, den Begriff in seiner Ausführung festzuhalten, liegt die Schwierigkeit und in vielen Kreisen die Unmöglichkeit, aus der empirischen Betrachtung feste Unterschiede für Klassen und Ordnungen zu

* Herr *Krug* hat in diesem und zugleich nach anderer Seite hin ganz naiven Sinne einst die Naturphilosophie aufgefordert, das Kunststück zu machen, *nur* seine Schreibfeder zu deduzieren.[8] – Man hätte ihm etwa zu dieser Leistung und respektiven Verherrlichung *seiner* Schreibfeder Hoffnung machen können, wenn dereinst die Wissenschaft so weit vorgeschritten und mit allem Wichtigeren im Himmel und auf Erden in der Gegenwart und Vergangenheit im Reinen sei, daß es nichts Wichtigeres mehr zu begreifen gebe.

8 vgl. Hegels Aufsatz »Wie der gemeine Menschenverstand die Philosophie nehme, – dargestellt an den Werken des Herrn Krug«. *Kritisches Journal der Philosophie*, Bd. I, Stück 1, 1802. → Bd. 1

finden. Die Natur vermischt allenthalben die wesentlichen Grenzen durch mittlere und schlechte Gebilde, welche immer Instanzen gegen jede feste Unterscheidung abgeben, selbst innerhalb bestimmter Gattungen (z. B. des Menschen) durch Mißgeburten, die man einerseits dieser Gattung zuzählen muß, denen andererseits aber Bestimmungen fehlen, welche als wesentliche Eigentümlichkeit der Gattung anzusehen wären. – Um dergleichen Gebilde als mangelhaft, schlecht, mißförmig betrachten zu können, dafür wird ein fester Typus vorausgesetzt, der aber nicht aus der Erfahrung geschöpft werden könnte, denn diese eben gibt auch jene sogenannten Mißgeburten, Mißförmigkeiten, Mitteldinge usf. an die Hand: er setzte vielmehr die Selbständigkeit und Würde der Begriffsbestimmung voraus.

§ 251

Die Natur ist *an sich* ein lebendiges Ganzes; die Bewegung durch ihren Stufengang ist näher dies, daß die Idee sich als das *setze*, was sie *an sich* ist; oder, was dasselbe ist, daß sie aus ihrer Unmittelbarkeit und Äußerlichkeit, welche der *Tod* ist, *in sich* gehe, um zunächst als *Lebendiges* zu sein, aber ferner auch diese Bestimmtheit, in welcher sie nur Leben ist, aufhebe und sich zur Existenz des Geistes hervorbringe, der die Wahrheit und der Endzweck der Natur und die wahre Wirklichkeit der Idee ist.

Zusatz. Die Entwicklung des Begriffs nach ihrer Bestimmung, nach dem Ziel oder auch, wenn man will, Zweck, ist zu fassen als ein Setzen dessen, was er an sich ist: daß diese Bestimmungen seines Inhalts zur Existenz kommen, manifestiert werden, aber zugleich nicht als unabhängige, selbständige seien, sondern als Momente, die in seiner Einheit bleiben, als ideelle, d. i. gesetzte. Dieses Setzen kann somit gefaßt werden als eine Äußerung, Heraustreten, Auslegung, Außersichkommen, insofern sich die Subjektivität des Begriffs verlöre in dem Außereinander seiner Bestimmungen. Aber er erhält sich in ihnen als ihre Einheit und Idealität; und dies Herausgehen des Zentrums an die Peripherie ist daher ebensosehr, von der umgekehrten Seite angesehen, ein Resumieren dieses

Heraus in die Innerlichkeit, ein Erinnern, daß er es sei, der in der Äußerung existiert. Von der Äußerlichkeit daher angefangen, in welcher der Begriff zuerst ist, ist sein Fortschritt ein Insichgehen ins Zentrum, d. h. die ihm unangemessene Existenz der Unmittelbarkeit, Äußerlichkeit zur subjektiven Einheit, zum Insichsein zu bringen; nicht so, daß der Begriff sich daraus herausziehe und sie als eine tote Schale liegen lasse, sondern vielmehr, daß die Existenz als solche in sich sei oder dem Begriffe angemessen, daß das Insichsein selbst existiere, welches das Leben ist. Der Begriff will die Rinde der Äußerlichkeit zersprengen und für sich werden. Das Leben ist der zu seiner Manifestation gekommene Begriff, der deutlich gewordene, ausgelegte Begriff, dem Verstande aber zugleich am schwersten zu fassen, weil für ihn das Abstrakte, Tote, als das Einfachste, am leichtesten zu fassen ist.

Einteilung

§ 252

Die Idee als Natur ist:

I. in der Bestimmung des Außereinander, der unendlichen *Vereinzelung*, außerhalb welcher die Einheit der Form, diese daher als eine *ideelle*, nur *an sich* seiende und daher nur *gesuchte* ist, die *Materie* und deren ideelles System, – *Mechanik*;

II. in der Bestimmung der *Besonderheit*, so daß die Realität mit immanenter Formbestimmtheit und an ihr existierender Differenz gesetzt ist, ein Reflexionsverhältnis, dessen Insichsein die natürliche *Individualität* ist, – *Physik*;

III. in der Bestimmung der *Subjektivität*, in welcher die realen Unterschiede der Form ebenso zur *ideellen* Einheit, die sich selbst gefunden und für sich ist, zurückgebracht sind, – *Organik*.

Zusatz. Die Einteilung geht von dem Standpunkte des Begriffes, wie er in seiner Totalität gefaßt ist, aus und gibt die Diremtion desselben in seine Bestimmungen an; und indem er in dieser Diremtion seine Bestimmungen auslegt und ihnen eine jedoch nur momentane Selbständigkeit gibt, realisiert er sich hierin und setzt sich hiermit selbst als Idee. Es ist aber der Begriff, welcher ebensowohl seine Momente auslegt und sich in seine Unterschiede gliedert, als er diese so selbständig erscheinenden Stufen zu ihrer Idealität und Einheit, zu sich zurückführt und in der Tat so erst sich zum konkreten Begriffe, zur Idee und Wahrheit macht. Es scheinen sich daher zwei Wege, wie der Einteilung, so auch des wissenschaftlichen Ganges darzubieten: der eine, der von dem konkreten Begriffe anfinge, und dieser ist in der Natur das Leben, dasselbe für sich betrachtete und von ihm auf seine Äußerungen, die es als selbständige Naturkreise aus sich hinauswirft und sich darauf als auf andere, darum aber abstraktere Weisen seiner Existenz bezieht, geführt würde und mit dem gänzlichen Absterben des Lebens endigte. Der andere Weg ist der umgekehrte, welcher mit der nur erst unmittelbaren Weise, in welcher der Begriff existiert, mit dem letzten Außersichsein desselben anfängt und mit seinem wahrhaften Dasein, der Wahrheit seiner ganzen Exposition endigt. Jener erste Weg kann mit dem Gange in der Vorstellung der Emanation verglichen werden, der zweite mit dem Gange, der in der Vorstellung der Evolution genommen wird (§ 249 Zusatz). Jede dieser Formen für sich ist einseitig, sie sind zugleich; der ewige göttliche Prozeß ist ein Strömen nach zwei entgegengesetzten Richtungen, die sich schlechthin in Einem begegnen und durchdringen. Das Erste, geben wir ihm auch den höchsten Namen, ist nur ein Unmittelbares, wenn wir auch ein Konkretes meinen. Indem die Materie z. B. als unwahre Existenz sich negiert und eine höhere Existenz entsteht, so ist einerseits, vermittels einer Evolution, die frühere Stufe aufgehoben, andererseits bleibt sie aber im Hintergrunde und wird durch Emanation wieder erzeugt. Die Evolution ist so auch Involution, indem die Materie sich zum Leben involviert. Vermöge des Triebes der Idee, für sich selbst zu werden, wird das Selbständige Moment, wie z. B. die Sinne des Tiers, objektiv äußerlich gemacht, die Sonne, die lunarischen, kometarischen Körper sind; schon im Physischen verlieren diese Körper ihre Selbständigkeit, obgleich sie noch dieselbe Gestalt mit einiger Veränderung haben, und sind so die Elemente; das subjektive Sehen, herausgeworfen, ist die Sonne, der Geschmack das Wasser, der Geruch die Luft. Da es aufs Setzen der Begriffsbestimmungen ankommt, so müssen wir nicht mit der wahrhaften Sphäre, sondern vom Abstraktesten anfangen.

Die Materie ist die Form, in welcher das Außersichsein der Natur zu ihrem ersten Insichsein kommt, dem abstrakten Fürsichsein, das ausschließend und damit eine Vielheit ist, welche ihre Einheit, als das fürsichseiende Viele in ein allgemeines Fürsichsein zusammenfassend, in sich zugleich und noch außer sich hat, – die Schwere. In der Mechanik ist das Fürsichsein noch keine individuelle ruhende

Einheit, die das Mächtige wäre, die Vielheit unter sich zu bringen. Der schweren Materie kommt daher noch keine Individualität zu, in welcher die Bestimmungen gehalten würden; und weil die Bestimmungen des Begriffs noch einander äußerlich sind, so ist der Unterschied ein gleichgültiger oder nur quantitativ, nicht qualitativ, und die Materie als bloße Masse formlos. Beim individuellen Körper in der Physik ist die Form erreicht, und damit haben wir sogleich erstens die Enthüllung der Schwere als die Herrschaft des Fürsichseins über die Mannigfaltigkeit, das kein Streben mehr ist, sondern zur Ruhe gekommen ist, wenn auch zunächst nur auf erscheinende Weise: jedes Atom des Goldes z. B. enthält alle Bestimmungen oder Eigenschaften des ganzen Goldes, und die Materie ist an ihr selbst spezifiziert und partikularisiert. Die zweite Bestimmung ist, daß hier noch die Besonderheit als qualitative Bestimmtheit und das Fürsichsein als der Punkt der Individualität in eins fällt, also der Körper endlich bestimmt ist; die Individualität ist noch an einzelne ausschließende spezifische Eigenschaften gebunden, noch nicht auf totale Weise vorhanden. Wird ein solcher Körper in den Prozeß gebracht, so hört er auf zu sein, was er ist, wenn er solche Eigenschaften verliert; die qualitative Bestimmtheit ist also affirmativ gesetzt, nicht zugleich auch negativ. Das Organische ist die Natur-Totalität, eine fürsichseiende Individualität, die sich in sich zu ihren Unterschieden entwickelt, aber so, daß erstens diese Bestimmungen zugleich konkrete Totalitäten sind, nicht nur spezifische Eigenschaften; zweitens bleiben sie auch qualitativ gegeneinander bestimmt und werden so als endliche vom Leben ideell gesetzt, das sich selbst im Prozesse dieser Glieder erhält. So haben wir mehrere Fürsichsein, die aber zum fürsichseienden Fürsichsein zurückgeführt werden, das als Selbstzweck die Glieder unterjocht und zu Mitteln herabsetzt; die Einheit des qualitativen Bestimmtseins und der Schwere, die sich selbst im Leben findet.

Jede Stufe ist ein eigentümliches Naturreich, und alle scheinen für sich zu bestehen; die letzte ist aber die konkrete Einheit aller früheren, wie überhaupt jede folgende die niederen an ihr hat, ebenso aber auch sie, als ihre unorganische Natur, sich gegenübersetzt. Die *eine* Stufe ist die Macht der anderen, und das ist gegenseitig; hierin liegt der wahre Sinn der *Potenzen*. Das Unorganische sind die Potenzen gegen das Individuelle, Subjektive, – das Unorganische zerstört das Organische; aber ebenso ist das Organische wiederum die Macht gegen seine allgemeinen Mächte, Luft, Wasser, welche, wie immer freigelassen, auch reduziert und assimiliert werden. Das ewige Leben der Natur ist erstens, daß die Idee sich in jeder Sphäre darstelle, wie sie sich in solcher Endlichkeit darstellen kann, gleichwie jeder Wassertropfen ein Bild der Sonne gibt; das zweite ist die Dialektik des Begriffs, welche die Schranke dieser Sphäre durchbricht, indem er sich mit solchem unangemessenen Elemente nicht begnügen kann und notwendig in eine höhere Stufe übergeht.

Erste Abteilung der Naturphilosophie
Die Mechanik

§ 253

Die Mechanik betrachtet:

A. Das ganz abstrakte Außereinander, – *Raum und Zeit.*

B. Das *vereinzelte* Außereinander und dessen Beziehung in jener Abstraktion, – *Materie* und *Bewegung*, – *endliche* Mechanik.

C. Die *Materie* in der Freiheit ihres an sich seienden Begriffs, in der *freien Bewegung*, – *absolute* Mechanik.

Zusatz. Das Außersichsein zerfällt sogleich in zwei Formen, einmal als positiv, der Raum, dann als negativ, die Zeit. Das erste Konkrete, die Einheit und Negation dieser abstrakten Momente, ist die Materie; indem diese auf ihre Momente bezogen ist, sind sie selbst aufeinander bezogen, in der Bewegung. Ist diese Beziehung nicht äußerlich, so haben wir die absolute Einheit der Materie und Bewegung, die sich selbst bewegende Materie.

A
Raum und Zeit

a. Der Raum

§ 254

Die erste oder unmittelbare Bestimmung der Natur ist die abstrakte *Allgemeinheit ihres Außersichseins*, – dessen vermittlungslose Gleichgültigkeit, *der Raum.* Er ist das ganz ideelle *Nebeneinander*, weil er das Außersichsein ist, und schlechthin *kontinuierlich*, weil dies Außereinander noch ganz *abstrakt* ist und keinen bestimmten Unterschied in sich hat.

Es ist vielerlei über die Natur des Raums von je vorgebracht worden. Ich erwähne nur der *Kantischen* Bestimmung, daß er wie die Zeit eine *Form* der *sinnlichen An-*

schauung sei. Auch sonst ist es gewöhnlich geworden, zugrunde zu legen, daß der Raum nur als etwas Subjektives in der Vorstellung betrachtet werden müsse. Wenn von dem abgesehen wird, was in dem Kantischen Begriffe dem subjektiven Idealismus und dessen Bestimmungen angehört, so bleibt die richtige Bestimmung übrig, daß der Raum eine bloße Form, d. h. eine *Abstraktion* ist, und zwar die der unmittelbaren *Äußerlichkeit.* – Von *Raumpunkten* zu sprechen, als ob sie das positive Element des Raums ausmachten, ist unstatthaft, da er um seiner Unterschiedslosigkeit willen nur die Möglichkeit, nicht das *Gesetztsein* des Außereinanderseins und Negativen, daher schlechthin kontinuierlich ist; der Punkt, das Fürsichsein, ist deswegen vielmehr die und zwar in ihm gesetzte *Negation* des Raums. – Die Frage wegen der Unendlichkeit des Raums entscheidet sich gleichfalls hierdurch (§ 100 Anm.). Er ist überhaupt reine *Quantität,* nicht mehr nur dieselbe als logische Bestimmung, sondern als unmittelbar und äußerlich seiend. – Die Natur fängt darum nicht mit dem Qualitativen, sondern mit dem Quantitativen an, weil ihre Bestimmung nicht wie das logische Sein das Abstrakt-Erste und Unmittelbare, sondern wesentlich schon das in sich *Vermittelte,* Äußerlich- und Anderssein ist.

Zusatz. Indem unser Verfahren dies ist, nach Feststellung des durch den Begriff notwendigen Gedankens, zu fragen, wie er in unserer Vorstellung aussehe, so ist die weitere Behauptung, daß dem Gedanken des reinen Außersichseins in der Anschauung der Raum entspreche. Irrten wir uns auch hierin, so ginge das nicht gegen die Wahrheit unseres Gedankens. In der empirischen Wissenschaft hat man den umgekehrten Weg einzuschlagen; in ihr ist die empirische Anschauung des Raums das erste, und dann erst kommt man auf den Gedanken des Raums. Um zu beweisen, daß der Raum unserem Gedanken gemäß sei, müssen wir die Vorstellung des Raums mit der Bestimmung unseres Begriffs vergleichen. Die Erfüllungen des Raums gehen den Raum selbst nichts an; die Hier sind eins neben dem andern, ohne sich zu stören. Das Hier ist noch nicht Ort, sondern nur Möglichkeit des Ortes; die Hier sind vollkommen dasselbe, und diese abstrakte Vielheit – ohne wahrhafte

Unterbrechung und Grenze – ist eben die Äußerlichkeit. Die Hier sind auch unterschieden; aber der Unterschied ist ebenso kein Unterschied, d. h. es ist der abstrakte Unterschied. Der Raum ist also Punktualität, die aber eine nichtige ist, vollkommene Kontinuität. Setzt man einen Punkt, so unterbricht man den Raum; aber der Raum ist schlechthin dadurch ununterbrochen. Der Punkt hat nur Sinn, insofern er räumlich ist, also gegen sich und anderes äußerlich ist; das Hier hat in ihm selbst wieder ein Oben, Unten, Rechts, Links. Was nicht mehr in ihm selbst äußerlich wäre, nur gegen Andere, wäre ein Punkt; aber den gibt es nicht, weil kein Hier ein Letztes ist. Stelle ich den Stern auch noch so weit, so kann ich darüber hinausgehen; die Welt ist nirgends mit Brettern zugenagelt. Dieses ist die vollkommene Äußerlichkeit des Raumes. Das Andere des Punkts ist aber ebenso Außersichsein als er, und daher sind beide ununterschieden und ungetrennt; der Raum ist jenseits seiner Grenze als seines Andersseins noch bei sich selbst, und diese Einheit im Außereinander ist die Kontinuität. Die Einheit dieser beiden Momente, der Diskretion und Kontinuität, ist der objektiv bestimmte Begriff des Raums; dieser Begriff ist aber nur die Abstraktion des Raums, die man oft für den absoluten Raum ansieht. Man denkt, dieses ist die Wahrheit des Raums; der relative Raum ist aber etwas viel Höheres, denn er ist der bestimmte Raum irgendeines materiellen Körpers; die Wahrheit des abstrakten Raumes aber ist vielmehr, als materieller Körper zu sein.

Eine Hauptfrage der Metaphysik war, ob der Raum für sich real sei oder nur eine Eigenschaft der Dinge. Sagt man, er ist etwas Substantielles für sich, so muß er wie ein Kasten sein, der, wenn auch nichts darin ist, sich doch als ein Besonderes für sich hält. Der Raum ist aber absolut weich, er leistet durchaus keinen Widerstand; von etwas Realem fordern wir aber, daß es unverträglich gegen Anderes sei. Man kann keinen Raum aufzeigen, der Raum für sich sei; sondern er ist immer erfüllter Raum und nie unterschieden von seiner Erfüllung. Er ist also eine unsinnliche Sinnlichkeit und eine sinnliche Unsinnlichkeit; die Naturdinge sind im Raume, und er bleibt die Grundlage, weil die Natur unter dem Bande der Äußerlichkeit liegt. Sagt man wie Leibniz, der Raum sei eine Ordnung der Dinge, die die νοούμενα nichts angehe, und er habe seine Träger an den Dingen, so werden wir gewahr, daß, wenn man die Dinge wegnimmt, die den Raum erfüllen, doch die räumlichen Verhältnisse auch unabhängig von den Dingen bleiben. Man kann wohl sagen, er sei eine Ordnung, denn er ist allerdings eine äußerliche Bestimmung; aber er ist nicht nur eine äußerliche Bestimmung, sondern vielmehr die Äußerlichkeit an ihm selbst.

§ 255

Der Raum hat, als an sich Begriff, überhaupt dessen *Unterschiede* an ihm, [und zwar] α) unmittelbar in seiner Gleichgültigkeit als die bloß *verschiedenen,* ganz bestimmungslosen drei *Dimensionen.*

Die Notwendigkeit, daß der Raum gerade drei Dimensionen hat, zu deduzieren, ist an die Geometrie nicht zu fordern, insofern sie nicht eine philosophische Wissenschaft ist und ihren Gegenstand, den Raum mit seinen allgemeinen Bestimmungen, voraussetzen darf. Aber auch sonst wird an das Aufzeigen dieser Notwendigkeit nicht gedacht. Sie beruht auf der Natur des Begriffs, dessen Bestimmungen aber in dieser ersten Form des Außereinander, in der *abstrakten* Quantität, ganz nur oberflächlich und ein völlig leerer Unterschied sind. Man kann daher nicht sagen, wie sich *Höhe, Länge* und *Breite* voneinander unterscheiden, weil sie nur unterschieden sein *sollen,* aber noch keine Unterschiede *sind*; es ist völlig unbestimmt, ob man eine Richtung Höhe, Länge oder Breite nennt. – Die *Höhe* hat ihre nähere Bestimmung an der Richtung nach dem Mittelpunkte der Erde; aber diese konkretere Bestimmung geht die Natur des Raums für sich nichts an. Jene vorausgesetzt, ist es auch noch gleichgültig, dieselbe Richtung Höhe oder Tiefe zu nennen, so wie für Länge und für Breite, die man oft auch Tiefe heißt, nichts dadurch bestimmt ist.

§ 256

β) Aber der Unterschied ist wesentlich bestimmter, qualitativer Unterschied. Als solcher ist er 1. zunächst die *Negation* des Raums selbst, weil dieser das unmittelbare *unterschiedslose* Außersichsein ist, der *Punkt.* 2. Die Negation ist aber Negation *des Raums,* d. i. sie ist selbst räumlich; der Punkt als wesentlich diese Beziehung, d. i. als sich aufhebend, ist die *Linie,* das erste Anders-, d. i. Räumlich*sein* des Punktes; 3. die Wahrheit des Andersseins ist aber die Negation der

Negation. Die Linie geht daher in *Fläche* über, welche einerseits eine Bestimmtheit gegen Linie und Punkt, und so Fläche überhaupt, andererseits aber die aufgehobene Negation des Raums ist, somit Wiederherstellung der räumlichen Totalität, welche nunmehr das negative Moment an ihr hat; – *umschließende Oberfläche,* die einen *einzelnen* ganzen Raum absondert.

Daß die Linie nicht aus Punkten, die Fläche nicht aus Linien besteht, geht aus ihrem Begriffe hervor, da die Linie vielmehr der Punkt als *außer sich* seiend, nämlich sich auf den Raum *beziehend* und sich aufhebend, die Fläche ebenso die aufgehobene, außer sich seiende Linie ist. – Der Punkt ist hier als das Erste und Positive vorgestellt und von ihm ausgegangen worden. Allein ebenso ist umgekehrt, insofern der Raum in der Tat dagegen das Positive ist, die Fläche die erste Negation und die Linie die zweite, die aber, als die zweite, ihrer Wahrheit nach sich auf sich beziehende Negation, der Punkt ist; die Notwendigkeit des Übergangs ist dieselbe. An die Notwendigkeit dieses Übergangs wird nicht gedacht in dem äußerlichen Auffassen und Definieren des Punkts, der Linie usf.; doch vorgestellt, aber als etwas Zufälliges, wird jene erste Art des Übergehens in der Definitionsweise, daß, wenn der Punkt sich *bewege,* die Linie entstehe, usf. Die weiteren Figurationen des Raumes, welche die Geometrie betrachtet, sind fernere qualitative Begrenzungen einer Raumabstraktion, der Fläche, oder eines begrenzten ganzen Raums. Es kommen darin auch Momente der Notwendigkeit vor, daß z. B. das Dreieck die erste geradlinige Figur ist, daß alle anderen Figuren auf sie oder auf das Quadrat zurückgeführt werden müssen, wenn sie bestimmt werden sollen, und dergleichen. – Das Prinzip dieser Zeichnungen ist die Verstandesidentität, welche die Figurationen zur *Regelmäßigkeit* bestimmt und damit die Verhältnisse begründet, welche dadurch zu erkennen möglich wird.

Im Vorbeigehen kann bemerkt werden, daß es ein sonderbarer Einfall *Kants* war, zu behaupten, die Definition *der geraden Linie*, daß sie der kürzeste Weg zwischen zwei Punkten sei, sei ein synthetischer Satz; denn mein *Begriff* vom *Geraden* enthalte nichts von Größe, sondern nur eine Qualität.[1] In diesem Sinne ist jede Definition ein synthetischer Satz; das Definitum, *die gerade Linie*, ist nur erst die Anschauung oder Vorstellung, und die Bestimmung, daß sie der kürzeste Weg zwischen zwei Punkten sei, macht erst den *Begriff* aus (wie er nämlich in solchen Definitionen erscheint, s. § 229). Daß der *Begriff* nicht schon in der *Anschauung* vorhanden ist, ist der Unterschied von beiden, der die Forderung einer Definition herbeiführt. Daß aber jene Definition analytisch ist, erhellt leicht, indem die gerade Linie sich auf die Einfachheit der Richtung reduziert, die Einfachheit aber, in Beziehung auf *Menge* genommen, die Bestimmung der *geringsten* Menge, hier des kürzesten Weges, gibt.

Zusatz. Nur die gerade Linie ist die erste Bestimmung der Räumlichkeit, an sich sind die krummen Linien sogleich in zwei Dimensionen; beim Kreise haben wir die Linie in der zweiten Potenz. Als zweite Negation hat die Fläche zwei Dimensionen; denn zum Zweiten gehören ebensogut zwei als zur *Zwei.*

Die Wissenschaft der Geometrie hat zu finden, welche Bestimmungen folgen, wenn gewisse andere vorausgesetzt sind; die Hauptsache ist dann, daß die vorausgesetzten und abhängigen *eine* entwickelte Totalität ausmachen. Die Hauptsätze der Geometrie sind die, wo ein Ganzes gesetzt ist und dieses in seinen Bestimmtheiten ausgedrückt ist. In Ansehung des Dreiecks gibt es zwei solcher Hauptsätze, wodurch die Bestimmtheit des Dreiecks vollendet ist. α) Wenn wir je drei Stücke eines Dreiecks nehmen, worunter eine Seite sein muß (man hat da drei Fälle), so ist das Dreieck vollkommen bestimmt. Die Geometrie nimmt dann auch den Umweg von zwei Dreiecken, die unter diesen Umständen kongruent sein sollen; das ist dann die leichtere Vorstellung, die aber ein Überfluß ist. Das Wahrhafte ist dieses, daß wir zu dem Satze nur *ein* Dreieck brauchen, welches ein solches Verhältnis in ihm selbst sei, daß, wenn die ersten drei Teile desselben bestimmt

1 vgl. *Kritik der reinen Vernunft*, B 16

sind, so sind es auch die drei übrigen; das Dreieck ist bestimmt durch zwei Seiten und einen Winkel oder durch zwei Winkel und eine Seite usw. Die Bestimmtheit oder der Begriff sind die drei ersten Stücke; die drei anderen Stücke gehören zur äußeren Realität des Dreiecks und sind für den Begriff überflüssig. In solchem Setzen ist die Bestimmung noch ganz abstrakt und nur die Abhängigkeit überhaupt da; denn es fehlt noch das Verhältnis der bestimmten Bestimmtheit, wie groß die Stücke des Dreiecks seien. Das ist β) im Pythagoreischen Lehrsatz erreicht; er ist die vollkommene Bestimmtheit des Dreiecks, weil nur der rechte Winkel vollkommen bestimmt ist, indem sein Nebenwinkel ihm gleich ist. Dieser Satz ist daher vor allen anderen Sätzen ausgezeichnet als ein Bild der Idee; es ist ein Ganzes da, das sich in sich geteilt hat, wie jede Gestalt in der Philosophie als Begriff und Realität in sich geteilt ist. Dieselbe Größe haben wir einmal als das Quadrat der Hypotenuse, dann geteilt als die Quadrate der Katheten. Eine höhere Definition des Kreises als die Gleichheit der Radien ist, daß der Unterschied an ihm betrachtet werde; und so ist seine völlige Bestimmtheit erreicht. Das geschieht in der analytischen Behandlung, und es ist nichts anderes vorhanden, als was im Pythagoreischen Lehrsatze; die Katheten sind Sinus und Kosinus – oder Abszisse und Ordinate –, die Hypotenuse ist der Radius. Das Verhältnis dieser Drei ist die Bestimmtheit, aber nicht eine einfache wie in der ersten Definition, sondern ein Verhältnis Unterschiedener. Mit dem Pythagoreischen Lehrsatze schließt auch Euklid sein erstes Buch; nachher geht das Interesse daher auch darauf, Verschiedenes auf Gleiches zurückzuführen. So schließt Euklid das zweite Buch damit, das Rektangel auf das Quadrat zurückzuführen. Wie zu einer Hypotenuse eine unendliche Menge rechtwinkliger Dreiecke möglich ist, so zu einem Quadrate eine Menge Rektangel; der Ort für beides ist der Kreis. Dies ist die Weise, wie die Geometrie, als abstrakte Verstandeswissenschaft, wissenschaftlich verfährt.

b. Die Zeit

§ 257

Die Negativität, die sich als Punkt auf den Raum bezieht und in ihm ihre Bestimmungen als Linie und Fläche entwickelt, ist aber in der Sphäre des Außersichseins ebensowohl *für sich* und ihre Bestimmungen darin, aber zugleich als in der Sphäre des Außersichseins setzend, dabei als gleichgültig[2] gegen das ruhige Nebeneinander erscheinend. So für sich gesetzt, ist sie die *Zeit*.

Zusatz. Der Raum ist die unmittelbare daseiende Quantität, worin alles bestehen bleibt, selbst die Grenze die Weise eines Bestehens hat; das ist der Mangel des Raums. Der Raum ist dieser Widerspruch, Negation an ihm zu haben, aber so, daß diese Negation in gleichgültiges Bestehen zerfällt. Da der Raum also nur diese innere Negation seiner selbst ist, so ist das Sichaufheben seiner Momente seine Wahrheit; die Zeit ist nun eben das Dasein dieses beständigen Sichaufhebens, in der Zeit hat der Punkt also Wirklichkeit. Der Unterschied ist aus dem Raume herausgetreten, heißt: er hört auf, diese Gleichgültigkeit zu sein, er ist für sich in seiner ganzen Unruhe, nicht mehr paralysiert. Diese reine Quantität, als für sich daseiender Unterschied, ist das an sich selbst Negative, die Zeit; sie ist die Negation der Negation, die sich auf sich beziehende Negation. Die Negation im Raume ist Negation an einem Anderen; das Negative kommt so im Raume noch nicht zu seinem Rechte. Im Raume ist die Fläche zwar Negation der Negation; aber ihrer Wahrheit nach ist sie vom Raum unterschieden. Die Wahrheit des Raumes ist die Zeit, so wird der Raum zur Zeit; wir gehen nicht so subjektiv zur Zeit über, sondern der Raum selbst geht über. In der Vorstellung ist Raum und Zeit weit auseinander, da haben wir Raum und dann *auch* Zeit; dieses »Auch« bekämpft die Philosophie.

§ 258

Die Zeit, als die negative Einheit des Außersichseins, ist gleichfalls ein schlechthin Abstraktes, Ideelles. – Sie ist das Sein, das, indem es *ist, nicht* ist, und indem es *nicht* ist, *ist*; das *angeschaute* Werden, d. i. daß die zwar schlechthin *momentanen*, d. i. unmittelbar sich aufhebenden Unterschiede als *äußerliche*, d. i. jedoch *sich* selbst äußerliche, bestimmt sind.

Die Zeit ist wie der Raum eine *reine Form* der *Sinnlichkeit* oder des *Anschauens*, das unsinnliche Sinnliche, – aber wie diesen, so geht auch die Zeit der Unterschied der Objektivität und eines gegen dieselbe subjektiven Bewußtseins nichts an. Wenn diese Bestimmungen auf Raum und

2 W: ». . . ebensowohl für sich, ihre Bestimmungen jedoch darin zugleich als in der Sphäre des Außersichseins setzend, dabei aber als gleichgültig . . .«

Zeit angewendet werden, so wäre jener die abstrakte Objektivität, diese aber die abstrakte Subjektivität. Die Zeit ist dasselbe Prinzip als das Ich = Ich des reinen Selbstbewußtseins; aber dasselbe oder der einfache Begriff noch in seiner gänzlichen Äußerlichkeit und Abstraktion, – als das angeschaute bloße *Werden*, das reine Insichsein als schlechthin ein Außersichkommen.

Die Zeit ist ebenso *kontinuierlich* wie der Raum, denn sie ist die abstrakt *sich auf sich beziehende* Negativität, und in dieser Abstraktion ist noch kein reeller Unterschied.

In der Zeit, sagt man, *entsteht* und *vergeht* alles; wenn von *allem*, nämlich der Erfüllung der Zeit, ebenso von der Erfüllung des Raums abstrahiert wird, so bleibt die leere Zeit wie der leere Raum übrig, – d. i. es sind dann diese Abstraktionen der Äußerlichkeit gesetzt und vorgestellt, als ob sie für sich wären. Aber nicht *in* der Zeit entsteht und vergeht alles, sondern die Zeit selbst ist dies *Werden*, Entstehen und Vergehen, das *seiende Abstrahieren*, der alles gebärende und seine Geburten zerstörende *Kronos*. – Das Reelle ist wohl von der Zeit verschieden, aber ebenso wesentlich identisch mit ihr. Es ist beschränkt, und das Andere zu dieser Negation ist *außer* ihm; die Bestimmtheit ist also an ihm sich *äußerlich* und daher der Widerspruch seines Seins; die Abstraktion dieser Äußerlichkeit ihres Widerspruchs und der Unruhe desselben ist die Zeit selbst. Darum ist das Endliche vergänglich und *zeitlich*, weil es nicht, wie der Begriff, an ihm selbst die totale Negativität ist, sondern diese als sein allgemeines Wesen zwar in sich hat, aber ihm nicht gemäß, *einseitig* ist, daher sich zu derselben als zu seiner *Macht* verhält. Der Begriff aber, in seiner frei für sich existierenden Identität mit sich, Ich = Ich, ist an und für sich die absolute Negativität und Freiheit, die Zeit daher nicht seine Macht, noch ist er in der Zeit und ein Zeitliches, sondern *er* ist vielmehr die Macht der Zeit, als welche nur diese Negativität als Äußerlichkeit ist. Nur das Natürliche ist darum der Zeit untertan, insofern es endlich ist; das Wahre dagegen, die Idee, der Geist, ist *ewig*. – Der Begriff der Ewigkeit muß aber nicht negativ so gefaßt werden als die Abstraktion von der Zeit, daß sie außerhalb derselben gleichsam existiere; ohnehin nicht in dem Sinn, als ob die Ewigkeit *nach* der Zeit komme; so würde die Ewigkeit zur Zukunft, einem Momente der Zeit, gemacht.

Zusatz. Die Zeit ist nicht gleichsam ein Behälter, worin alles wie in einen Strom gestellt ist, der fließt und von dem es fortgerissen und hinuntergerissen wird. Die Zeit ist nur diese Abstraktion des Verzehrens. Weil die Dinge endlich sind, darum sind sie in der Zeit; nicht weil sie in der Zeit sind, darum gehen sie unter, sondern die Dinge selbst sind das Zeitliche; so zu sein ist ihre objektive Bestimmung. Der Prozeß der wirklichen Dinge selbst macht also die Zeit; und wenn die Zeit das Mächtigste genannt wird, so ist sie auch das Ohnmächtigste. Das Jetzt hat ein ungeheures Recht, – es *ist* nichts als das einzelne Jetzt; aber dies Ausschließende in seiner Aufspreizung ist aufgelöst, zerflossen, zerstäubt, indem ich es ausspreche. Die *Dauer* ist das Allgemeine dieses Jetzt und jenes Jetzt, das Aufgehobensein dieses Prozesses der Dinge, die nicht dauern. Dauern Dinge auch, so vergeht die Zeit doch und ruht nicht; hier erscheint die Zeit als unabhängig und unterschieden von den Dingen. Sagen wir aber, die Zeit vergeht doch, wenn auch Dinge dauern, so heißt das nur: wenn auch einige Dinge dauern, so erscheint doch Veränderung an anderen Dingen, z. B. im Laufe der Sonne, und so sind die Dinge doch in der Zeit. Die allmähliche Veränderung ist dann die letzte seichte Zuflucht, um den Dingen doch Ruhe und Dauer zuschreiben zu können. Stände alles still, selbst unsere Vorstellung, so dauerten wir, es wäre keine Zeit da. Die endlichen Dinge sind aber alle zeitlich, weil sie der Veränderung über kurz oder lang unterworfen sind; ihre Dauer ist mithin nur relativ.

Die absolute Zeitlosigkeit ist von der Dauer unterschieden; das ist die *Ewigkeit*, die ohne die natürliche Zeit ist. Aber die Zeit selbst ist in ihrem Begriffe ewig; denn sie, nicht irgendeine Zeit, noch Jetzt, sondern die Zeit als Zeit ist ihr Begriff, dieser aber selbst, wie jeder Begriff überhaupt, das Ewige und darum auch absolute Gegenwart. Die Ewigkeit wird nicht sein, noch war sie; sondern sie *ist*. Die Dauer ist also von der Ewigkeit darin unterschieden, daß sie nur relatives Aufheben der Zeit ist; die Ewigkeit ist aber unendliche, d. h. nicht relative, sondern in sich reflektierte Dauer. Was nicht in der Zeit ist, ist das Prozeßlose; das Schlechteste und das Vortrefflichste ist nicht in der Zeit, dauert. Das Schlechteste, weil es eine abstrakte Allgemeinheit [ist], so Raum, so Zeit selbst, die Sonne, die Elemente, Steine, Berge, die unorganische Natur überhaupt, auch Werke der Menschen, Pyramiden; ihre Dauer ist kein Vorzug. Das Dauernde wird höher geachtet als das bald Vergehende; aber alle Blüte, alle schöne Lebendigkeit hat einen frühen Tod. Aber auch das Vortrefflichste dauert, nicht bloß das unlebendige, unorganische Allgemeine, sondern auch das andere Allgemeine, das in sich Konkrete, die Gattung, das Gesetz, die Idee, der Geist. Denn wir müssen unterscheiden, ob etwas der ganze Prozeß ober nur ein Moment des Prozesses ist. Das Allgemeine als Gesetz hat auch einen Prozeß in sich selbst und lebt nur als Prozeß; aber es ist nicht Teil des Prozesses, nicht im Prozesse, sondern enthält seine zwei Seiten und ist selbst prozeßlos. Nach der Seite der Erscheinung tritt das Gesetz in die Zeit, indem die Momente des Begriffs den Schein der Selbständigkeit haben; aber in ihrem Begriffe verhalten sich die ausgeschlossenen Unterschiede als ausgesöhnt und in den Frieden zurückgenommen. Die Idee, der Geist ist über der Zeit, weil solches der Begriff der Zeit selbst ist; das ist ewig, an und für sich, wird nicht in die Zeit gerissen, weil es sich nicht in seiner einen Seite des Prozesses verliert. Im Individuum als solchem ist es anders, es ist einerseits die Gattung; das schönste Leben ist das, welches das Allgemeine und seine Individualität vollkommen zu *einer* Gestalt vereinigt. Dann ist das Individuum aber auch vom Allgemeinen geschieden, und so ist es eine Seite des Prozesses, die Veränderlichkeit; nach diesem sterblichen Momente fällt es in die Zeit. Achill, die Blüte des griechischen Lebens, Alexander der Große, diese unendlich kräftige Individualität, halten nicht aus; nur ihre Taten, ihre Wirkungen bleiben, d. i. die durch sie zustande gebrachte Welt. Das Mittelmäßige dauert und regiert am Ende die Welt; auch Gedanken hat diese Mittelmäßigkeit, schlägt damit die vorhandene Welt breit, tilgt die geistige Lebendigkeit, macht sie zur bloßen Gewohnheit, und so dauert's. Ihre Dauer ist eben, daß sie in der Unwahrheit besteht, nicht ihr Recht erlangt, dem Begriffe nicht seine Ehre gibt, die Wahrheit sich nicht an ihr als Prozeß darstellt.

§ 259

Die Dimensionen der Zeit, die *Gegenwart, Zukunft* und *Vergangenheit,* sind das *Werden* der Äußerlichkeit als solches und dessen Auflösung in die Unterschiede des Seins als des Übergehens in Nichts und des Nichts als des Übergehens in Sein. Das unmittelbare Verschwinden dieser Unterschiede in die *Einzelheit* ist die Gegenwart als *Jetzt,* welches als die Einzelheit *ausschließend* und zugleich schlechthin *kontinuierlich* in die anderen Momente, selbst nur dies Verschwinden seines Seins in Nichts und des Nichts in sein Sein ist.

Die *endliche* Gegenwart ist das *Jetzt* als *seiend* fixiert, von dem *Negativen,* den abstrakten Momenten der Vergangenheit und Zukunft, als die konkrete Einheit, somit als das Affirmative unterschieden; allein jenes Sein ist selbst nur das abstrakte, in Nichts verschwindende. – Übrigens kommt es in der Natur, wo die Zeit *Jetzt* ist, nicht zum *bestehenden* Unterschiede von jenen Dimensionen; sie sind notwendig nur in der subjektiven Vorstellung, in der *Erinnerung* und in der *Furcht* oder *Hoffnung.* Die Vergangenheit aber und Zukunft der Zeit als in der *Natur seiend* ist der Raum, denn er ist die negierte Zeit; so ist der aufgehobene Raum zunächst der Punkt und für sich entwickelt die Zeit.

Der *Wissenschaft des Raums,* der *Geometrie,* steht keine solche *Wissenschaft der Zeit* gegenüber. Die Unterschiede der Zeit haben nicht diese *Gleichgültigkeit* des Außersichseins, welche die unmittelbare Bestimmtheit des Raums ausmacht; sie sind daher der Figurationen nicht, wie dieser, fähig. Diese Fähigkeit erlangt das Prinzip der Zeit erst dadurch, daß es paralysiert, ihre Negativität vom Verstande zum *Eins* herabgesetzt wird. – Dies tote Eins, die höchste Äußerlichkeit des Gedankens, ist der äußerlichen Kombination, und diese Kombinationen, die Figuren der *Arithmetik,* sind wieder der Verstandesbestimmung nach Gleichheit und Ungleichheit, der Identifizierung und des Unterscheidens fähig.

Man könnte noch weiter den Gedanken einer *philosophischen Mathematik* fassen, welche dasjenige aus Begriffen erkennte, was die gewöhnliche mathematische Wissenschaft aus vorausgesetzten Bestimmungen nach der Methode des

Verstandes ableitet. Allein da die Mathematik einmal die Wissenschaft der endlichen Größenbestimmungen ist, welche in ihrer Endlichkeit festbleiben und gelten, nicht übergehen sollen, so ist sie wesentlich eine Wissenschaft des Verstandes; und da sie die Fähigkeit hat, dieses auf eine vollkommene Weise zu sein, so ist ihr der Vorzug, den sie vor den anderen Wissenschaften dieser Art hat, vielmehr zu erhalten und weder durch Einmischung des ihr heterogenen Begriffs noch empirischer Zwecke zu verunreinigen. Es bleibt dabei immer offen, daß der Begriff ein bestimmteres Bewußtsein sowohl über die leitenden Verstandesprinzipien als über die Ordnung und deren Notwendigkeit in den arithmetischen Operationen sowohl als in den Sätzen der Geometrie begründe.

Es würde ferner eine überflüssige und undankbare Mühe sein, für den Ausdruck der *Gedanken* ein solches widerspenstiges und inadäquates Medium, als Raumfiguren und Zahlen sind, gebrauchen zu wollen und dieselben gewaltsam zu diesem Behufe zu behandeln. Die einfachen ersten Figuren und Zahlen eignen sich ihrer Einfachheit wegen, ohne Mißverständnisse zu *Symbolen*, die jedoch immer für den Gedanken ein heterogener und kümmerlicher Ausdruck sind, angewendet zu werden. Die ersten Versuche des reinen Denkens haben zu diesem Notbehelfe gegriffen; das *pythagoreische* Zahlensystem ist das berühmte Beispiel davon. Aber bei reicheren Begriffen werden diese Mittel völlig ungenügend, da deren *äußerliche* Zusammensetzung und die Zufälligkeit der Verknüpfung überhaupt der Natur des Begriffs unangemessen ist und es völlig zweideutig macht, welche der vielen Beziehungen, die an zusammengesetzteren Zahlen und Figuren möglich sind, festgehalten werden sollen. Ohnehin verfliegt das Flüssige des Begriffs in solchem äußerlichen Medium, worin jede Bestimmung in das gleichgültige Außereinander fällt. Jene Zweideutigkeit könnte allein durch die *Erklärung* gehoben werden. Der wesentliche Ausdruck des Gedankens ist alsdann diese Erklärung, und jenes Symbolisieren ein gehaltloser Überfluß.

Andere mathematische Bestimmungen, wie das *Unendliche*, *Verhältnisse desselben*, das *Unendlichkleine*, *Faktoren*, *Potenzen* usf., haben ihre wahrhaften Begriffe in der Philosophie selbst; es ist ungeschickt, sie für diese aus der Mathematik hernehmen und entlehnen zu wollen, wo sie begrifflos, ja so oft sinnlos aufgenommen werden und ihre Berichtigung und Bedeutung vielmehr von der Philosophie zu erwarten haben. Es ist nur die Trägheit, die, um sich das Denken und die Begriffsbestimmung zu ersparen, ihre Zuflucht zu Formeln, die nicht einmal ein unmittelbarer Gedankenausdruck sind, und zu deren schon fertigen Schematen nimmt.

Die wahrhaft philosophische Wissenschaft der Mathematik als *Größenlehre* würde die Wissenschaft der *Maße* sein; aber diese setzt schon die reelle Besonderheit der Dinge voraus, welche erst in der konkreten Natur vorhanden ist. Sie würde aber wohl wegen der *äußerlichen* Natur der Größe die allerschwerste Wissenschaft sein.

Zusatz. Die Dimensionen der Zeit machen das Bestimmte der Anschauung vollständig, indem sie den Begriff der Zeit, welcher das Werden ist, für die Anschauung in seiner Totalität oder Realität setzen, die darin besteht, daß die abstrakten Momente der Einheit, welche das Werden ist, jedes für sich als das Ganze gesetzt sind, aber unter entgegengesetzten Bestimmungen. Diese beiden Bestimmungen sind so jede selbst als Einheit des Seins und Nichts; sie sind aber auch unterschieden. Dieser Unterschied kann nur der des Entstehens und Vergehens sein. Einmal, in der Vergangenheit (dem Hades), ist das Sein die Grundlage, von der angefangen wird; die Vergangenheit ist wirklich gewesen als Weltgeschichte, Naturbegebenheiten, aber gesetzt unter der Bestimmung des Nichtseins, das hinzutritt. Das andere Mal ist es umgekehrt; in der Zukunft ist das Nichtsein die erste Bestimmung, das Sein die spätere, wenngleich nicht der Zeit nach. Die Mitte ist die indifferente Einheit beider, so daß weder das eine noch das andere das Bestimmende ausmacht. Die Gegenwart ist nur dadurch, daß die Vergangenheit nicht ist; umgekehrt hat das Sein des Jetzt die Bestimmung, nicht zu sein, und das Nichtsein seines Seins ist die

Zukunft; die Gegenwart ist diese negative Einheit. Das Nichtsein des Seins, an dessen Stelle das Jetzt getreten ist, ist die Vergangenheit; das Sein des Nichtseins, was in der Gegenwart enthalten ist, ist die Zukunft. Im positiven Sinne der Zeit kann man daher sagen: Nur die Gegenwart ist, das Vor und Nach ist nicht; aber die konkrete Gegenwart ist das Resultat der Vergangenheit, und sie ist trächtig von der Zukunft. Die wahrhafte Gegenwart ist somit die Ewigkeit.

Der Name Mathematik könnte übrigens auch für die philosophische Betrachtung des Raums und der Zeit gebraucht werden. Wenn man aber die Figurationen des Raumes und des Eins philosophisch behandeln wollte, so würden sie ihre eigentümliche Bedeutung und Gestalt verlieren; eine Philosophie derselben würde etwas Logisches oder auch etwas von einer anderen konkreten philosophischen Wissenschaft werden, je nachdem man den Begriffen eine konkretere Bedeutung erteilte. Während die Mathematik nur die Größenbestimmung an diesen Gegenständen, und von diesen auch, wie erinnert, nicht die Zeit selbst, sondern nur das Eins in seinen Figurationen und Verbindungen betrachtet, so wird in der Bewegungslehre zwar die Zeit auch ein Gegenstand dieser Wissenschaft, aber die angewandte Mathematik ist überhaupt keine immanente Wissenschaft, eben weil sie die Anwendung der reinen Mathematik auf einen gegebenen Stoff und dessen aus der Erfahrung aufgenommene Bestimmungen ist.

c. Der Ort und die Bewegung

§ 260

Der Raum ist in sich selbst der Widerspruch des gleichgültigen Auseinanderseins und der unterschiedslosen Kontinuität, die reine Negativität seiner selbst und das *Übergehen zunächst in die Zeit.* Ebenso ist die Zeit, da deren in eins zusammengehaltene entgegengesetzte Momente sich unmittelbar aufheben, das unmittelbare *Zusammenfallen* in die Indifferenz, in das ununterschiedene Außereinander oder *den Raum.* So ist an diesem die *negative* Bestimmung, der *ausschließende* Punkt, nicht mehr nur an sich dem Begriffe nach, sondern *gesetzt* und in sich *konkret* durch die totale Negativität, welche die Zeit ist; – der so konkrete Punkt ist *der Ort* (§ 255, 256).

Zusatz. Sehen wir auf die Exposition des Begriffs der Dauer zurück, so ist diese unmittelbare Einheit des Raums und der Zeit schon der Grund, wodurch sie sind; denn das Negative des Raums ist die Zeit, – das Positive, das Sein der Unterschiede der Zeit ist der Raum. Aber beide sind darin mit ungleichem Werte gesetzt, oder ihre Einheit ist nur dargestellt als Bewegung des Übergehens des einen in das andere, so daß der Anfang und die Realisierung und das Resultat auseinandertreten. Aber das Resultat spricht eben dies aus, was ihr Grund und ihre Wahrheit ist. Das Dauernde ist die Sichselbstgleichheit, worein die Zeit zurückgegangen; sie ist der Raum, denn dessen Bestimmtheit ist das gleichgültige Dasein überhaupt. Der Punkt ist hier, wie er in Wahrheit ist, nämlich als ein Allgemeines; der Punkt ist eben darum als ganzer Raum, als Totalität der Dimensionen. Dies Hier ist nun ebensowohl Zeit, ist eine Gegenwart, welche unmittelbar sich aufhebt, ein Jetzt, das gewesen ist. Das Hier ist zugleich Jetzt; denn es ist der Punkt der Dauer. Diese Einheit des Hier und Jetzt ist der Ort.

§ 261

Der Ort, so die *gesetzte* Identität des Raumes und der Zeit, ist zunächst ebenso der gesetzte *Widerspruch,* welcher der Raum und die Zeit, jedes an ihm selbst, ist. Der Ort ist die räumliche, somit gleichgültige *Einzelheit* und ist dies nur als *räumliches Jetzt,* als Zeit, so daß der Ort unmittelbar gleichgültig gegen sich als *diesen,* sich äußerlich, die Negation seiner und ein *anderer Ort* ist. Dies *Vergehen* und *Sichwiedererzeugen* des Raums in Zeit und der Zeit in Raum, daß die Zeit sich räumlich als *Ort,* aber diese gleichgültige Räumlichkeit ebenso unmittelbar *zeitlich* gesetzt wird, ist die *Bewegung.* – Dies Werden ist aber selbst ebensosehr das in sich Zusammenfallen seines Widerspruchs, die *unmittelbar identische daseiende* Einheit beider, die *Materie.*

Der Übergang von der Idealität zur Realität, von der Abstraktion zum konkreten Dasein, hier von Raum und Zeit zu der Realität, welche als *Materie* erscheint, ist für den Verstand unbegreiflich und macht sich für ihn daher immer äußerlich und als ein Gegebenes. Die geläufige Vorstellung ist, Raum und Zeit als *leer,* gleichgültig gegen ihre Erfüllung und doch immer als voll zu betrachten, sie als *leer* von *außen her* mit der Materie *erfüllen* zu lassen, und einerseits auf diese Weise die materiellen Dinge als gleichgültig gegen Raum und Zeit und andererseits zugleich als wesentlich räumlich und zeitlich anzunehmen.

Was von der Materie gesagt wird, ist, α) daß sie *zusammengesetzt* ist; – dies bezieht sich auf ihr abstraktes Außereinander, den Raum. – Insofern bei ihr von der Zeit und überhaupt von aller Form abstrahiert wird, ist von ihr behauptet worden, daß sie ewig und unveränderlich ist. Dies folgt in der Tat unmittelbar; aber eine solche Materie ist auch nur ein unwahres Abstraktum. β) Die Materie ist *undurchdringlich* und leistet *Widerstand,* ist ein Fühlbares, Sichtbares usf. Diese Prädikate sind nichts anderes, als daß die Materie teils für die bestimmte Wahrnehmung, überhaupt *für ein Anderes,* teils aber ebensosehr *für sich* ist. Beides sind die Bestimmungen, welche sie eben als die *Identität* des Raums und der Zeit, des unmittelbaren *Außereinander* und der *Negativität* oder der als *für sich* seienden Einzelheit hat.

Der *Übergang der Idealität in die Realität* kommt auch auf ausdrückliche Weise in den bekannten mechanischen Erscheinungen vor, daß nämlich die Idealität die Stelle der Realität und umgekehrt vertreten kann; und es ist nur die Gedankenlosigkeit der Vorstellung und des Verstandes daran schuld, wenn für sie aus dieser Vertauschbarkeit beider ihre Identität nicht hervorgeht. Beim *Hebel* z. B. kann *Entfernung* an die Stelle der *Masse* und umgekehrt gesetzt werden, und ein Quantum vom ideellen Moment bringt dieselbe Wirkung hervor als das entsprechende Reelle. – In der *Größe der Bewegung* vertritt ebenso die *Geschwindigkeit,* welche das quantitative Verhältnis nur von Raum und Zeit ist, die *Masse,* und umgekehrt kommt dieselbe reelle Wirkung hervor, wenn die Masse vermehrt und jene verhältnismäßig vermindert wird. Ein Ziegelstein für sich erschlägt einen Menschen nicht, sondern bringt diese Wirkung nur durch die erlangte Geschwindigkeit hervor, d. i. der Mensch wird durch *Raum* und *Zeit* totgeschlagen. – Die Reflexionsbestimmung von *Kraft* ist es hier, was, einmal für den Verstand fixiert, als ein Letztes dasteht und ihn hindert, weiter nach dem Verhältnisse ihrer Bestimmungen zu fragen. Aber dies wenigstens schwebt vor, daß die *Wirkung* der Kraft etwas Reelles, Sinnfälliges ist und daß *in der Kraft* dasselbe ist, was in ihrer *Äußerung*, und daß eben *diese Kraft ihrer reellen Äußerung nach* durch das Verhältnis der ideellen Momente, des Raums und der Zeit, erlangt wird.

Es gehört ferner zu dieser begrifflosen Reflexion, die sogenannten Kräfte als der Materie *eingepflanzt,* d. i. als ihr ursprünglich *äußerlich* anzusehen, so daß eben diese Identität der Zeit und des Raums, welche bei der Reflexionsbestimmung von *Kraft* vorschwebt und welche in Wahrheit das *Wesen* der Materie ausmacht, als etwas ihr *Fremdes* und *Zufälliges,* von außen in sie Gebrachtes, gesetzt ist.

Zusatz. Ein Ort weist nur auf einen anderen hin, hebt so sich selbst auf und wird ein anderer; aber der Unterschied ist ebenso ein aufgehobener. Jeder Ort ist für sich nur dieser Ort, d. h. sie sind einander gleich; oder der Ort ist das schlechthin allgemeine Hier. Es nimmt etwas seinen Ort ein, es verändert ihn; es wird also ein anderer Ort, aber es nimmt vor wie nach seinen Ort ein und kommt nicht aus ihm heraus. Diese Dialektik, die der Ort an ihm hat, sprach Zenon aus, indem er die Unbeweglichkeit aufzeigte: Bewegen wäre nämlich, seinen Ort verändern, aber der Pfeil kommt nicht aus seinem Ort heraus. Diese Dialektik ist eben der unendliche Begriff, der das Hier ist, indem die Zeit an ihm selbst gesetzt ist. Es sind drei unterschiedene Örter: der jetzt ist, der nachher einzunehmende, und der verlassene; das Verschwinden der Dimensionen der Zeit ist paralysiert. Aber es ist zugleich nur *ein* Ort, ein Allgemeines jener Örter, ein Unverändertes in aller Veränderung; es ist die Dauer, wie sie unmittelbar nach ihrem Begriffe ist, und sie ist so die Bewegung. Daß die Bewegung dieses ist, was erörtert worden, erhellt für sich selbst; dieser ihr Begriff entspricht ihrer Anschauung. Ihr Wesen ist, die unmittelbare Einheit des Raums und der Zeit zu sein; sie ist die durch den Raum reale, bestehende Zeit oder der durch die Zeit erst wahrhaft unterschiedene Raum. So wissen wir, zur Bewegung gehört Raum und Zeit; die Geschwindigkeit, das Quantum von Bewegung ist Raum in Verhältnis zu bestimmter Zeit, die verflossen ist. Man sagt auch: Bewegung ist Beziehung von Raum und Zeit; die nähere Weise dieser Beziehung war aber zu begreifen. Erst in der Bewegung hat nun Raum und Zeit Wirklichkeit.

Wie die Zeit die einfache formelle Naturseele, nach Newton der Raum das Sensorium Gottes ist, so ist die Bewegung der Begriff der wahren Seele der Welt; wir sind gewohnt, sie als Prädikat, Zustand anzusehen; aber sie ist in der Tat das Selbst, das Subjekt als Subjekt, das Bleiben eben des Verschwindens. Aber daß sie als Prädikat erscheint, ist eben ihre unmittelbare Notwendigkeit, selbst zu erlöschen. Die geradlinige Bewegung ist nicht die Bewegung an und für sich, sondern einem Anderen unterworfen, worin sie zum Prädikate geworden oder Aufgehobenes, Moment ist. Die Wiederherstellung der Dauer des Punktes, als entgegengesetzt seiner Bewegung, ist die Wiederherstellung des Orts als unbewegten. Dieser wiederhergestellte Ort aber ist nicht der unmittelbare, sondern der aus der Veränderung zurückgekommene und das Resultat und der Grund der Bewegung; indem er als Dimension ist, d. h. entgegengesetzt den anderen Momenten, ist er der Mittelpunkt. Diese Rückkehr der Linie ist die Kreislinie: das Jetzt und Vor- und Nachher, das sich mit sich zusammenschließt, die Gleichgültigkeit dieser Dimensionen, so daß das *Vor* ebensosehr ein Nachher ist als das *Nach* ein *Vor*. Dies ist erst die notwendige im Raum gesetzte Paralyse derselben. Die Kreisbewegung ist die räumliche oder bestehende Einheit der Dimensionen der Zeit. Der Punkt geht auf einen Ort, der seine Zukunft ist, und verläßt einen, der das Vorbei ist; aber das, was er nach sich hat, ist zugleich das, wohin er erst kommen wird; und beim Vor, zu dem er gelangt, war er schon. Sein Ziel ist der Punkt, der seine Vergangenheit ist; es ist die Wahrheit der Zeit, daß nicht die Zukunft, sondern die Vergangenheit das Ziel ist. Die sich auf den Mittelpunkt beziehende Bewegung selbst ist die *Fläche*, die Bewegung als das synthetische Ganze, worin ihre Momente: ihr Erloschensein im Mittelpunkt, sie selbst, und ihr Beziehen auf das Erlöschen, die Radien des Kreises, bestehen. Aber diese Fläche selbst bewegt sich, wird ihr Anderssein, ganzer Raum, – oder das Zurückgekehrtsein in sich, der ruhende Mittelpunkt wird allgemeiner Punkt, worin das Ganze sich in Ruhe versenkt. Es ist nämlich die Bewegung in ihrem Wesen, welche die Unterscheidung des Jetzt, Vor und Nach, ihre Dimensionen oder ihren Begriff aufgehoben hat. In dem Kreise sind sie eben in eins; er ist der wiederhergestellte Begriff der Dauer, die in sich erloschene Bewegung.

Es ist die *Masse* gesetzt, das Dauernde, das sich durch sich selbst verdichtet hat und die Bewegung als ihre Möglichkeit zeigt.
Wir haben nun sogleich dies in der Vorstellung: Indem Bewegung ist, so bewegt sich etwas; dieses dauernde Etwas ist aber die Materie. Raum und Zeit sind mit Materie erfüllt. Der Raum ist seinem Begriffe nicht angemessen; es ist daher der Begriff des Raumes selbst, der in der Materie sich Existenz verschafft. Man hat oft mit der Materie angefangen und Raum und Zeit dann als Formen derselben angesehen. Das Richtige daran ist, daß die Materie das Reale an Raum und Zeit ist. Aber diese müssen uns wegen ihrer Abstraktion hier als das Erste vorkommen; und dann muß sich zeigen, daß die Materie ihre Wahrheit ist. Wie es keine Bewegung ohne Materie gibt, so auch keine Materie ohne Bewegung. Die Bewegung ist der Prozeß, das Übergehen von Zeit in Raum und umgekehrt; die Materie dagegen die Beziehung von Raum und Zeit als ruhende Identität. Die Materie ist die erste Realität, das daseiende Fürsichsein; sie ist nicht nur abstraktes Sein, sondern positives Bestehen des Raums, aber als ausschließend anderen Raum. Der Punkt *soll* auch ausschließen, er tut es aber noch nicht, denn er ist nur abstrakte Negation. Die Materie ist ausschließende Beziehung auf sich und somit die erste reale Grenze im Raum. Das, was die Erfüllung der Zeit und des Raumes genannt wird, das Greifbare, Fühlbare, was Widerstand leistet, in seinem Sein-für-Anderes für sich selbst ist, dies ist erreicht in der Einheit der Zeit und des Raumes überhaupt.

B
Materie und Bewegung
Endliche Mechanik

§ 262

Die Materie hält sich gegen ihre Identität mit sich, durch das Moment ihrer Negativität, ihrer abstrakten *Vereinzelung*, auseinander; die *Repulsion* der Materie. Ebenso wesentlich ist, weil diese Verschiedenen ein und dasselbe sind, die negative Einheit dieses außereinanderseienden Fürsichseins; die Materie ist somit kontinuierlich, – ihre *Attraktion*. Die Materie ist untrennbar beides und negative Einheit dieser Momente, Einzelheit, aber als gegen das *unmittelbare* Außereinander der Materie noch *unterschieden* und darum selbst noch *nicht* als *materiell gesetzt, ideelle* Einzelheit, *Mittelpunkt, – die Schwere.*

Kant hat unter anderem auch das Verdienst, durch seinen Versuch einer sogenannten *Konstruktion* der Materie, in seinen *Metaphysischen Anfangsgründen der Naturwissenschaft*[2a], den Anfang zu einem *Begriff* der Materie gemacht und mit diesem Versuche den Begriff einer *Naturphilosophie* wiedererweckt zu haben. Er hat aber dabei die Reflexionsbestimmungen von *Attraktivkraft* und *Repulsivkraft* als gegeneinander feste angenommen und wieder, indem aus ihnen die *Materie* hervorgehen sollte, diese als ein *Fertiges* vorausgesetzt, so daß es schon Materie ist, was attrahiert und repelliert werden soll. Ausführlicher habe ich die in dieser Kantischen Exposition herrschende Verwirrung in meinem *System der Logik,* 1. Bd., 1. Teil, S. 119 ff.[3], dargestellt. – Übrigens ist erst die schwere Materie die Totalität und das Reelle, an dem Attraktion und Repulsion stattfinden kann; sie hat die ideellen Momente des Begriffs, der Einzelheit oder Subjektivität. Deswegen sind sie nicht als selbständig oder als Kräfte für sich zu nehmen; die Materie resultiert aus ihnen nur als Begriffsmomenten, aber ist das Vorausgesetzte für ihre Erscheinung.

Die *Schwere* ist von der bloßen *Attraktion* wesentlich zu unterscheiden. Diese ist nur überhaupt das Aufheben des Außereinanderseins und gibt bloße Kontinuität. Hingegen die Schwere ist die Reduktion der auseinanderseienden, ebenso kontinuierlichen Besonderheit zur Einheit als negativer Beziehung auf sich, der *Einzelheit, einer* (jedoch noch ganz abstrakten) *Subjektivität.* In der Sphäre der ersten *Unmittelbarkeit* der Natur ist aber die außersichseiende Kontinuität noch als das *Bestehende* gesetzt; es

---

2a vgl. Zweites Hauptstück: »Metaphysische Anfangsgründe der Dynamik«

3 Erstausgabe von 1812. Vgl. die überarbeitete Fassung von 1830/31, → Bd. 5, S. 200 ff.

ist erst in der physischen, in welcher die materielle Reflexion-in-sich beginnt. Die *Einzelheit* ist daher als Bestimmung der Idee zwar vorhanden, aber hier *außer dem Materiellen*. Die Materie ist daher erstens wesentlich selbst *schwer*; es ist dies nicht eine äußerliche, von ihr auch trennbare Eigenschaft. Die Schwere macht die Substantialität der Materie aus, diese selbst ist das Streben nach dem – aber (dies ist die andere wesentliche Bestimmung) *außer ihr* fallenden – *Mittelpunkt*. Man kann sagen, die Materie werde vom Mittelpunkte *attrahiert*, d. h. ihr außereinanderseiendes kontinuierliches Bestehen negiert; aber wenn der Mittelpunkt selbst materiell vorgestellt wird, so ist das Attrahieren nur gegenseitig, zugleich ein Attrahiertwerden, und der Mittelpunkt wieder ein von ihnen Verschiedenes. Der Mittelpunkt ist aber nicht als materiell zu nehmen; denn das Materielle ist eben dies, seinen Mittelpunkt *außer sich* zu setzen. Nicht dieser, sondern dies Streben nach demselben ist der Materie immanent. Die Schwere ist sozusagen das Bekenntnis der Nichtigkeit des Außersichseins der Materie in ihrem Fürsichsein, ihrer Unselbständigkeit, ihres Widerspruchs.

Man kann auch sagen, die Schwere ist das *Insichsein* der Materie, in diesem Sinne, daß, eben sofern sie noch nicht Mittelpunkt, Subjektivität an ihr selbst ist, sie noch unbestimmt, unentwickelt, unaufgeschlossen ist, die Form noch nicht materiell ist.

Wo der Mittelpunkt liege, ist durch die schwere Materie, deren Mittelpunkt er ist, determiniert; insofern sie Masse ist, ist sie bestimmt, und damit ihr Streben, welches das und somit ein bestimmtes Setzen des Mittelpunktes ist.

Zusatz. Die Materie ist räumliche Entfernung, leistet Widerstand, stößt sich dabei von sich selbst ab; das ist die Repulsion, wodurch die Materie ihre Realität setzt und den Raum erfüllt. Die Vereinzelten, welche voneinander repelliert werden, sind aber alle nur Eins, viele Eins; sie sind eins, was das andere. Das Eins stößt sich nur von sich selbst ab; das ist das Aufheben der Entfernung der Fürsichseienden, die Attraktion. Beides zusammen macht als

Schwere den Begriff der Materie aus; die Schwere ist das Prädikat der Materie, welches die Substanz dieses Subjekts ausmacht. Die Einheit der Schwere ist nur ein Sollen, eine Sehnsucht, das unglückseligste Streben, zu dem die Materie ewig verdammt ist; denn die Einheit kommt nicht zu sich selbst, sie erreicht sich nicht. Wenn die Materie das erreichte, was sie in der Schwere sucht, so schwitzte sie in einen Punkt zusammen. Die Einheit kommt hier noch nicht zustande, weil die Repulsion ein ebenso wesentliches Moment der Materie ist als die Attraktion. Die dumpfe, finstere Einheit wird nicht frei; indem die Materie aber dennoch das Ineinssetzen der Vielen zu ihrer Bestimmung hat, so ist sie nicht so dumm als die Philosophen-sein-Wollenden, welche Eins und Vieles auseinanderhalten und hierin von der Materie widerlegt werden. Die beiden Einheiten der Repulsion und Attraktion, obgleich die untrennbaren Momente der Schwere, vereinen sich dennoch nicht zu einer ideellen Einheit; erst im Licht kommt es, wie wir später sehen werden, zur Existenz dieser Einheit für sich. Die Materie sucht einen Ort außerhalb der Vielen; und da noch kein Unterschied unter den Suchenden ist, so ist nicht zu sehen, warum eins näher wäre als das andere. Sie sind in gleichen Abständen in der Peripherie, der gesuchte Punkt ist das Zentrum, und dies nach allen Dimensionen ausgedehnt, so daß die nächste Bestimmung, zu der wir kommen, die *Kugel* ist. Die Schwere ist eine Weise der Innerlichkeit der Materie, nicht ihre tote Äußerlichkeit; diese Innerlichkeit hat indessen hier noch nicht ihre Stelle, sondern jetzt ist die Materie noch das Innerlichkeitslose, der Begriff des Begrifflosen.

Diese zweite Sphäre, die wir jetzt zu betrachten haben, ist daher die endliche Mechanik, weil hier die Materie ihrem Begriffe noch nicht angemessen ist. Diese Endlichkeit der Materie ist das Unterschiedensein der Bewegung und der Materie als solcher; endlich ist also die Materie, insofern ihr Leben, die Bewegung, ihr äußerlich ist. Einmal ruht der Körper, oder die Bewegung wird ihm von außen mitgeteilt; der erste Unterschied, der an der Materie als solcher ist, ist dieser; und dieses wird dann durch seine Natur, die Schwere, aufgehoben. Hier haben wir also die drei Bestimmungen der endlichen Mechanik: *erstens* die träge Materie, *zweitens* den Stoß und *drittens* den Fall, der den Übergang zur absoluten Mechanik macht, wo die Materie auch in ihrer Existenz dem Begriffe gemäß ist. Die Schwere kommt der Materie nicht nur an sich zu, sondern insofern das Ansich schon erscheint; das ist der Fall, wo also die Schwere erst eintreten wird.

a. Die träge Materie

§ 263

Die Materie hat zunächst als bloß allgemein und unmittelbar nur einen *quantitativen* Unterschied und ist besondert in verschiedene Quanta, – *Massen,* welche in der oberflächlichen Bestimmung eines Ganzen oder Eins *Körper* sind. Gleichfalls unmittelbar ist der Körper von seiner Idealität unterschieden und ist zwar *wesentlich* räumlich und zeitlich, aber als *im* Raume und *in* der Zeit, und erscheint als deren gegen diese Form gleichgültiger *Inhalt.*

Zusatz. Die Materie erfüllt den Raum, heißt nichts weiter als, sie ist eine reale Grenze im Raum, weil sie als Fürsichsein ausschließend ist, was der Raum als solcher nicht ist. Mit dem Fürsichsein tritt sogleich die Bestimmung der Vielheit ein, die aber ein ganz unbestimmter Unterschied ist, noch nicht ein Unterschied der Materie an ihr selbst; die Materien sind ausschließend gegeneinander.

§ 264

Nach der Raumbestimmung, in welcher[4] die Zeit aufgehoben ist, ist der Körper *dauernd,* nach der Zeitbestimmung, in der das gleichgültige räumliche Bestehen aufgehoben ist, *vergänglich*; überhaupt ein ganz *zufälliges* Eins. Er ist zwar die beide Momente in *ihrer Entgegensetzung* bindende Einheit, *Bewegung*; aber als gegen Raum und Zeit (vorh. §), so gegen deren Beziehung (§ 261), die Bewegung, gleichgültig, ist sie ihm *äußerlich,* wie seine Negation derselben, die Ruhe, – er ist *träge.*

Die Endlichkeit des Körpers, seinem Begriffe nicht gemäß zu sein, besteht in dieser Sphäre darin, daß er als Materie nur die *abstrakte* unmittelbare Einheit der Zeit und des Raums, nicht aber in *einem* deren entwickelte, unruhige Einheit, die Bewegung als *immanent* an ihm gesetzt ist. – In dieser Bestimmung wird der Körper in der physikalischen Mechanik überhaupt genommen, so daß es Axiom

4 AB: »welchem« – C: »welche«

derselben ist, daß der Körper schlechthin nur durch eine *äußerliche Ursache* in Bewegung als in einen *Zustand* und ebenso in Ruhe versetzt werde. Es schweben der Vorstellung dabei nur die *selbstlosen* Körper der Erde vor, von welchen jene Bestimmungen allerdings gelten. Aber dies ist nur die unmittelbare und eben damit *abstrakte* und endliche Körperlichkeit. Der Körper *qua* Körper heißt dies Abstraktum des Körpers. Aber die Unwahrheit dieser abstrakten Existenz ist im konkret existierenden Körper aufgehoben, und dies Aufheben beginnt schon am selbstlosen Körper gesetzt zu sein. Unstatthafterweise werden die Bestimmungen der Trägheit, Stoß, Druck, Anziehen, Fall usf., aus der gemeinen Mechanik, der Sphäre der endlichen Körperlichkeit und der damit *endlichen Bewegung,* in die absolute übergetragen, in welcher die Körperlichkeit und die Bewegung vielmehr in ihrem freien Begriffe existiert.

Zusatz. Die Masse, unmittelbar gesetzt, hat die Bewegung als *Widerstand* an ihr, denn diese Unmittelbarkeit ist Sein-für-Anderes. Das reale Moment des Unterschiedes ist außer ihr; die Bewegung ist als dieser Begriff oder als aufgehoben an ihr. Die Masse, in diesem Sinne fixiert, heißt träge; nicht so, daß das Ruhen damit ausgedrückt würde. Die Dauer ist Ruhe in der Beziehung, daß sie, als Begriff, ihrer Realisierung, der Bewegung, entgegengesetzt wird. Die Masse ist die Einheit der Momente der Ruhe und Bewegung; beide sind als aufgehoben in ihr, oder sie ist gleichgültig gegen beides, ebensowohl der Bewegung als der Ruhe fähig und für sich keins von beiden. Sie für sich ruht weder, noch bewegt sie sich, sondern tritt nur von einem Zustand in den anderen durch äußeren Anstoß; d. h. Ruhe und Bewegung sind durch ein Anderes in sie gesetzt. Insofern sie ruht, ruht sie und geht nicht durch sich selbst in Bewegung über; ist sie in Bewegung, so ist sie eben in Bewegung und geht nicht für sich in Ruhe über. *An sich* ist die Materie träge, d. h. sie als ihr Begriff, der ihrer Realität entgegengesetzt ist. Daß ihre Realität so sich abgesondert hat und sie gegenübergetreten [ist], dies ist erst ihre aufgehobene Realität oder [das,] wo[rin] sie nur als Abstraktion existiert; und diese Abstraktion ist es immer, was das Ansich und Wesen bei denjenigen heißt, welchen die sinnliche Wirklichkeit das Reale und die Form der Abstraktion das Ansich ist.

Während also die endliche Materie die Bewegung von außen erhält, so bewegt die freie Materie sich selbst; sie ist also unendlich innerhalb ihrer Sphäre, denn im ganzen steht die Materie auf der Stufe der Endlichkeit. So ist der sittliche Mensch in den Gesetzen frei, und nur dem unsittlichen sind sie äußerlich. Jede Sphäre existiert in der Natur nicht bloß in ihrer Unendlichkeit, sondern selbst als endliches Verhältnis. Die endlichen Verhältnisse, wie Druck und Stoß, haben den Vorteil, daß sie unserer Reflexion bekannt und daß sie durch die Erfahrung ausgemacht sind. Der Mangel ist nur, daß andere Verhältnisse unter diese ausgemachte Regel subsumiert werden. Man meint, wie es bei uns im Hause zugeht, so soll es auch im Himmel zugehen. Die endlichen Verhältnisse können nun aber nicht eine Sphäre in ihrer Unendlichkeit darstellen.

b. Der Stoß

§ 265

Der träge Körper, äußerlich in Bewegung, die eben hiermit endlich ist, gesetzt und so auf einen anderen bezogen, macht momentan mit diesem *einen* Körper aus, denn sie sind Massen von nur quantitativem Unterschiede; die Bewegung ist auf diese Weise *eine* beider Körper (*Mitteilung der Bewegung*). Aber ebensosehr leisten sie sich Widerstand, indem jeder gleichfalls als unmittelbares Eins vorausgesetzt ist. Dies ihr *Fürsichsein*, das durch das Quantum der Masse weiter besondert ist, gegeneinander ist ihre relative *Schwere*, – *Gewicht* als die *Schwere* einer quantitativ besonderen Masse (extensiv als eine Menge schwerer Teile, – intensiv als bestimmter *Druck*, s. § 103 Anm.), welches als die reale Bestimmtheit mit der ideellen, der quantitativen Bestimmtheit der Bewegung, der *Geschwindigkeit*, *eine* Bestimmtheit (*quantitas motus*) ausmacht, innerhalb deren jene beiden gegenseitig die Stellen voneinander vertreten können (vgl. § 261 Anm.).

Zusatz. Das zweite auf diesem Standpunkte ist, daß die Materie in Bewegung gesetzt werde und sich in dieser Bewegung berühre. Weil die Materie gegen den Ort gleichgültig ist, so folgt, daß es auch geschieht, daß die Materie bewegt wird. Dies ist zufällig;

alles Notwendige wird hier in der Weise der Zufälligkeit gesetzt; daß die Bewegung der Materie auch in der Existenz notwendig sei, werden wir erst später sehen. Im Stoß zweier Körper aufeinander sind beide als sich bewegend anzusehen, denn es ist der Kampf um *einen* Ort. Der Stoßende nimmt den Ort des Ruhenden ein, dieser, der Gestoßene, erhält seinen Ort, bewegt sich also ebenso, will den Ort wieder einnehmen, in den der andere sich gesetzt hat. Indem die Massen aber einander stoßen und drücken und kein leerer Raum dazwischen ist, so ist es nun in dieser *Berührung*, daß die Idealität der Materie überhaupt beginnt; und das ist das Interesse zu sehen, wie diese Innerlichkeit der Materie hervortritt, wie es überhaupt immer das Interesse ist, daß der Begriff zur Existenz komme. Daß nämlich die Massen sich berühren, d. i. füreinander sind, heißt nichts anderes als: es sind zwei materielle Punkte oder Atome in *einem* Punkte oder in Identität, ihr Fürsichsein ist *nicht* Fürsichsein. Die Materien mögen noch so hart und spröde vorgestellt werden, man mag sich vorstellen, es bleibe noch etwas zwischen ihnen, – sobald sie einander berühren, haben sie Gesetztsein in Einem, wie klein man sich auch diesen Punkt denken will. Das ist die höhere existierende materielle Kontinuität, nicht die äußerliche, bloß räumliche, sondern die reale. Ebenso ist der Zeitpunkt Einheit der Vergangenheit und Zukunft: zwei sind in Einem, und indem sie in Einem sind, sind sie auch nicht in Einem. Die Bewegung ist eben dies, an *einem* Orte zu sein und zugleich an einem anderen Orte, und ebenso nicht an einem anderen, sondern nur an diesem Orte zu sein.

Daß die Massen, wie sie in Einem sind, ebenso auch für sich sind, das ist das andere Moment der Repulsion; oder die Materie ist elastisch. Daß das Eins nur die Oberfläche ist oder das Ganze kontinuierlich ist, darin liegt, daß der Körper vollkommen *hart* ist. Aber indem nur das Ganze Eins ist, das Eins also nicht gesetzt ist, so weicht der Körper schlechthin oder ist absolut *weich*. Aber sein Ganzes verlassend, ist er um ebenso intensiveres Eins. Gerade die Weichheit, das Aufheben seiner verbreiteten, außer sich seienden Kraft ist, indem sie in sich zurückgegangen, ihre Wiederherstellung. Die unmittelbare Verkehrung dieser beiden Seiten ist die *Elastizität*. Das Weiche ist auch repellierend, elastisch; es weicht zurück, aber nur *so* weit: aus *einem* Orte kann es nicht vertrieben werden. Damit erscheint uns zunächst das Fürsichsein der Materie, wodurch sie sich behauptet, als Innerlichkeit (die auch Kraft genannt wird) gegen ihre Äußerlichkeit, d. h. hier Sein-für-Anderes, d. i. In-ihr-Sein eines Anderen. Die Idealität des Fürsichseins ist, daß ein Anderes sich in der Masse geltend macht und sie sich in Anderem. Es zeigt sich diese Bestimmung der Idealität, die von außen zu

kommen schien, als das eigene Wesen der Materie, das selbst zugleich ihrer Innerlichkeit angehört; deswegen geht die Physik zur Reflexionsvorstellung der Kraft über.
Die Stärke des Stoßes als Größe der Wirksamkeit ist nur dies, womit die Materie ihr Fürsichsein erhält oder widersteht, denn Stoß ist ebenso Widerstand; Widerstand heißt aber eben Materie. Was Widerstand leistet, ist materiell und ist umgekehrt insofern materiell, als es Widerstand leistet; der Widerstand ist die Bewegung beider Körper; bestimmte Bewegung und bestimmter Widerstand sind dasselbe. Die Körper wirken nur aufeinander, insofern sie selbständig sind, und dies sind sie nur vermittels der Schwere. Die Körper leisten so nur durch ihre Schwere einander Widerstand; diese Schwere ist aber nicht die absolute Schwere, die den Begriff der Materie ausdrückt, sondern die relative. Das eine Moment des Körpers ist sein Gewicht, womit er bei seinem Streben nach dem Mittelpunkt der Erde auf einen anderen drückt, der ihm Widerstand leistet; Druck ist also Bewegung, die Trennung von der anderen Masse aufzuheben. Das andere Moment des Körpers ist die in ihm gesetzte Bewegung in der Richtung einer Transversale, die von dem Suchen des Mittelpunkts abweicht. Die Größe seiner Bewegung ist bestimmt durch diese beiden Momente: die Masse und die Bestimmtheit jener Bewegung als Geschwindigkeit. Setzen wir diese Größe als ein Inneres, so ist es das, was wir Kraft nennen; diesen Staat von Kräften können wir jedoch entbehren, denn die Lehrsätze der Mechanik darüber sind sehr tautologisch. Weil es *eine* Bestimmtheit ist, die Bestimmtheit der Kraft, so haben wir zwar dieselbe Wirksamkeit der Materie, wenn die Menge der materiellen Teile mit der Geschwindigkeit oder umgekehrt vertauscht wird (denn die materielle Wirksamkeit ist nur als sich bewegend), doch darf der ideelle Faktor nur teilweise, nicht gänzlich an die Stelle des reellen treten, und umgekehrt. Die Masse sei 6 Pfund, die Geschwindigkeit 4, so ist die Kraft 24; sie ist es ebenfalls, wenn 8 Pfund sich mit der Geschwindigkeit 3 bewegen usw., wie die Länge des Arms auf der einen Seite des Hypomochlion, wo das Gewicht hängt, der Masse das Gleichgewicht auf der andern Seite hält, wo die Last hängt. Druck und Stoß sind die beiden Ursachen der äußerlichen mechanischen Bewegung.

§ 266

Dies Gewicht, als intensive Größe in einem Punkt konzentriert *im* Körper selbst, ist sein *Schwerpunkt*; aber der Körper ist als schwer dies, seinen Mittelpunkt *außer sich* zu setzen und zu haben. Stoß und Widerstand wie die durch sie gesetzte Bewegung haben daher eine substantielle Grundlage in einem den einzelnen Körpern gemeinschaftlichen, außer ihnen liegenden *Zentrum,* und jene ihre äußerlich gesetzte, akzidentelle Bewegung geht in die *Ruhe,* in diesem Mittelpunkt, über. Diese Ruhe ist zugleich, indem das Zentrum außer der Materie ist, nur ein *Streben* nach dem Zentrum und, nach dem Verhältnisse der in Körper besonderten und gemeinschaftlich dahin strebenden Materie, ein *Druck* derselben aufeinander. Dies Streben, im Verhältnisse des *Getrenntseins* des Körpers durch einen relativ-leeren Raum von dem Mittelpunkt seiner Schwere, ist der *Fall,* die *wesentliche* Bewegung, in welche jene akzidentelle dem Begriffe nach *übergeht,* wie der Existenz nach in Ruhe.

Für die *äußerliche,* die endliche Bewegung ist es der Grundsatz der Mechanik, daß ein Körper, der ruht, in Ewigkeit ruhen, und der in Bewegung ist, in Ewigkeit sich fortbewegen würde, *wenn er nicht* durch eine *äußerliche* Ursache von dem einen Zustand in den anderen versetzt würde. Dies heißt nichts anderes als Bewegung und Ruhe nach dem *Satze der Identität* (§ 115) ausgesprochen: Bewegung *ist* Bewegung, und Ruhe *ist* Ruhe; beide Bestimmungen sind gegeneinander ein Äußerliches. Diese Abstraktionen der Bewegung für sich und der Ruhe für sich nur sind es, welche die leere Behauptung von einer *ewig* sich fortsetzenden Bewegung, *wenn nicht* – usf., hervorbringen. Der Satz der Identität, der ihre Grundlage ist, ist für sich an seinem Orte [§ 115] in seiner Nichtigkeit gezeigt worden. Jene Behauptung hat keinen *empirischen* Grund; schon der Stoß als solcher ist durch die Schwere, d. i. die Bestimmung des Fallens bedingt. Der *Wurf* zeigt die *akzidentelle* Bewegung gegen die *wesentliche* des Falls; aber die Abstraktion, der Körper *qua* Körper, ist unzertrennlich verknüpft mit seiner Schwere, und so drängt sich bei dem Wurf diese Schwere von selbst auf, in Betracht gezogen werden zu müssen. Der Wurf als abgesondert, *für sich existierend,* kann nicht aufgezeigt werden. Das Beispiel für die Bewegung, die von der *vis centrifuga* herkommen soll, ist gewöhnlich der Stein, der in einer Schleuder, von der Hand im Kreise bewegt, immer das Streben, sich von ihr zu entfernen, zeige (Newton, *Philosophiae naturalis principia mathematica,* Defin. V). Aber es ist nicht darum zu tun, daß eine solche Richtung *existiere,* sondern daß sie *getrennt von der Schwere für sich* existiere, wie sie in der *Kraft* vollends verselbständigt vorgestellt wird. Newton versichert ebendaselbst, daß eine bleierne Kugel *in coelos abiret et motu abeundi pergeret in infinitum*[5], *wenn* (freilich: *wenn*) man ihr *nur* die gehörige Geschwindigkeit erteilen könnte. Solche Trennung der äußerlichen und der wesentlichen Bewegung gehört weder der Erfahrung noch dem Begriffe, nur der abstrahierenden Reflexion an. Ein anderes ist es, sie, was notwendig ist, zu *unterscheiden* sowie mathematisch sie als getrennte Linien zu verzeichnen, als getrennte quantitative Faktoren zu behandeln usf., ein anderes, sie als physisch selbständige Existenzen zu betrachten.*

* *Newton* (ibid. Defin. VIII) sagt ausdrücklich: »Voces Attractionis, Impulsus vel Propensionis cuiuscunque in centrum, indifferenter et pro se mutuo promiscue usurpo, has vires *non Physice,* sed *Mathematice* tantum considerando. Unde *caveat* lector, ne per huiusmodi voces cogitet me *speciem* vel *modum* actionis *causamve* aut *rationem Physicam* alicubi definire vel centris (quae sunt puncta *Mathematica*) vires *vere* et *Physice* tribuere; si forte aut centra trahere, aut vires centrorum esse dixero.« [»Die Benennung: Anziehung, Stoß oder Hinneigung gegen den Mittelpunkt nehme ich ohne Unterschied und untereinander vermischt an, indem ich diese Kräfte nicht im physischen, sondern nur im mathematischen Sinne betrachte. Der Leser möge daher aus Bemerkungen dieser Art nicht schließen, daß ich die Art und Weise der Wirkung oder die physische Ursache erklären oder auch daß ich den Mittelpunkten (welche geometrische Punkte sind) wirkliche und physische Kräfte beilege, indem ich sage: die Mittelpunkte ziehen an, oder es finden Mittelpunktskräfte statt.« Übers. J. Ph. Wolfers.] Allein durch die Einführung der Vorstellung von Kräften hat *Newton* die Bestimmungen aus der physikalischen Wirklichkeit hinweggerückt und sie *wesentlich* verselbständigt. Zugleich hat er selbst von physikalischen Gegenständen in diesen Vorstellungen allenthalben gespro-

5 ». . . in den Himmel entwiche und diese Bewegung ins Unendliche fortsetzte«

Es soll aber auch bei solchem Fliegen der Bleikugel ins Unendliche von dem Widerstande der Luft, der *Reibung*, abstrahiert werden. Daß ein *Perpetuum Mobile*, nach der Theorie noch so richtig berechnet und bewiesen, [zu] seiner Zeit, die nicht ausbleibt, zur Ruhe übergeht, dabei wird von der Schwere abstrahiert und das Phänomen ganz der *Reibung* zugeschrieben. Eben diesem Hindernisse wird die allmähliche Abnahme der *Pendelbewegung* und ihr endlicher Stillstand zugeschrieben; es wird von der Pendelbewegung gleichfalls gesagt, daß sie ohne Aufhören fortdauern würde, *wenn* die Reibung entfernt werden könnte. Dieser Widerstand, den der Körper in seiner akzidentellen Bewegung erfährt, gehört allerdings zur notwendigen Erscheinung seiner Unselbständigkeit. Aber wie der Körper Hindernisse findet, in den Mittelpunkt seines Zentralkörpers zu gelangen, ohne daß diese Hindernisse sein Drücken, seine Schwere, aufhöben, so hemmt jener Widerstand der Reibung die Wurfbewegung des Körpers, ohne daß damit dessen Schwere weggefallen wäre oder die Reibung deren Stelle verträte. Die Reibung ist ein Hindernis, aber nicht die *wesentliche* Hemmung der äußerlichen, akzidentellen Bewegung. Es bleibt, daß die endliche Bewegung unzertrennlich mit der Schwere verbunden ist und als akzidentell für sich in die Richtung der letzteren, der substantiellen Bestimmung der Materie, übergeht und ihr unterliegt.

Zusatz. Hier tritt nun die Schwere selbst als das Bewegende ein, Bewegung überhaupt aber in der Bestimmung, jene Trennung, d. i. Entfernung vom Zentrum aufzuheben. Hier ist die Bewegung, als sich selbst erzeugend, eine Bewegung, deren Bestimmtheit in der Erscheinung durch sie selbst gesetzt ist. Die erste Bestimmtheit ist die Richtung, die andere das Gesetz des Falls. Die *Richtung* ist die Beziehung auf das Eins, das in der Schwere gesucht wird und

chen, und so wird denn auch in den nur *physisch*, nicht metaphysisch seinsollenden Darstellungen des sogenannten Weltgebäudes von solchen *gegeneinander selbständigen* und unabhängigen Kräften, deren Attraktionen, Stößen u. dgl. als von physischen Existenzen gesprochen und sie nach der Grundlage des Satzes der Identität behandelt.

vorausgesetzt ist, – ein Suchen, das nicht ein Herumsuchen, ein unbestimmtes Hin- und Hergehen im Raume ist; sondern eben die Materie setzt sich dies Eins im Raume als einen Ort, den sie aber nicht erreicht. Dies Zentrum ist nicht nur sich gleichsam als ein Kern vorhanden, um welchen sich dann die Materie nur sammelte oder dahin angezogen würde, sondern die Schwere der Massen erzeugt solches Zentrum; materielle Punkte, sich suchend, haben eben damit sich einen gemeinsamen Schwerpunkt gesetzt. Die Schwere ist das Setzen eines solchen Eins; jede besondere Masse ist das Setzen desselben, sie sucht in ihr selbst ein Eins und sammelt ihr ganzes quantitatives Verhältnis zu anderen in *einen* Punkt. Dies subjektive Eins, das nur suchend ist das objektive Eins, ist der Schwerpunkt eines Körpers. Jeder Körper hat einen Schwerpunkt, um als Zentrum sein Zentrum in einem Anderen zu haben; und die Masse ist ein solches wirkliches Eins oder Körper, insofern sie einen Schwerpunkt hat. Der Schwerpunkt ist die erste Realität des Eins der Schwere, das Streben, worin das ganze Gewicht des Körpers sich zusammenfaßt; damit die Masse ruhe, muß ihr Schwerpunkt unterstützt sein. Es ist so gut, als ob das Übrige des Körpers gar nicht wäre; seine Schwere ist ganz in den einen Punkt zurückgegangen. Dieser Punkt als Linie, von der jeder Teil diesem Eins angehört, ist der *Hebel,* der Schwerpunkt als Mitte sich teilend im Endpunkte, deren Kontinuität die Linie ist. Ebenso ist das Ganze dieses Eins der Schwere; die Oberfläche macht das Eins aus, das aber als Ganzes in den Mittelpunkt zurückgenommen ist. Was hier in Dimensionen sich auseinanderlegt, ist unmittelbar Eins, – oder die Schwere macht sich so zum ganzen einzelnen Körper.
Jede einzelne Masse ist nun solcher Körper, der nach seinem Zentrum, dem absoluten Schwerpunkt, strebt. Insofern die Materie ein Zentrum bestimmt, nach ihm strebt, dieses Zentrum ein Einheitspunkt ist, die Materie aber Vieles bleibt, so ist sie bestimmt als Außersichkommen aus ihrem Orte. So ist sie Außersichkommen ihres Außersichseins; dies ist, als Aufheben der Äußerlichkeit, die erste wahrhafte Innerlichkeit. Alle Masse gehört solchem Zentrum an, und jede einzelne Masse ist ein Unselbständiges, Zufälliges gegen dies Wahre. In dieser Zufälligkeit liegt nun, daß eine einzelne Masse von diesem Zentralkörper getrennt werden kann. Insofern zwischen beiden eine andere spezifische Masse ist, die dem Körper in seiner Richtung nach dem Zentrum weichen würde, so ist er durch dieselbe nicht abgehalten, und er bewegt sich; oder es tritt die Bestimmung ein, daß ein Körper nicht unterstützt ist und daß er fällt. Die Ruhe, zu welcher der Fall die äußere Bewegung bringt, ist zwar immer noch Streben;

sie ist aber nicht zufällig, noch bloß Zustand oder äußerlich gesetzt wie die erste Ruhe. Die Ruhe, die wir jetzt haben, ist die durch den Begriff gesetzte Ruhe, wie der Fall, als die durch den Begriff gesetzte Bewegung, die äußere zufällige Bewegung aufhebt. Die Trägheit ist hier verschwunden, indem wir zum Begriff der Materie gekommen sind. Indem jede Masse als schwer nach dem Mittelpunkt strebt und also drückt, so ist die Bewegung nur eine versuchte Bewegung, die sich in der anderen Masse geltend macht und sie ideell setzt, wie jene ebenso die erste ideell setzt, indem sie Widerstand leistet und sich erhält. In der endlichen Mechanik werden beide Arten von Ruhe und Bewegung auf gleiche Stufe gestellt. Man reduziert alles auf Kräfte, die im Verhältnis stehen und verschiedene Richtung und Geschwindigkeit haben; die Hauptsache ist dann das Resultat daraus. So stellt man die Bewegung des Falls, die durch die Kraft der Schwere gesetzt ist, und die Kraft des Wurfs auf gleiche Stufe.

Man stellt sich vor: würde eine Kanonenkugel mit größerer Kraft losgeschossen, als die Kraft der Schwere wäre, so würde sie in der Tangente entfliehen, – *wenn* der Widerstand der Luft nicht wäre, setzt man hinzu. Ebenso würde der Pendel ins Unendliche schwingen, wenn nicht die Luft widerstände. »Der Pendel«, sagt man, »fällt im Kreisbogen. Zur senkrechten Richtung gekommen, hat er durch diesen Fall eine Geschwindigkeit erhalten, mit der er auf der andern Seite wieder im Bogen ebenso hoch steigen muß, als er vorher war, und so also sich beständig hin und her bewegen muß.« Der Pendel hat einerseits die Richtung der Schwere; durch das Aufheben hat man ihn von der Richtung der Schwere entfernt und ihm eine andere Determination gegeben. Diese zweite Determination ist die, wodurch die Seitenbewegung gesetzt ist. Nun wird behauptet: »Durch den Widerstand kommt es *hauptsächlich*, daß die Schwingungsbogen immer kleiner werden und der Pendel endlich zur Ruhe kommt, da sonst die Schwingungsbewegung *an sich* ohne Ende fortdauern würde.« Die Bewegung der Schwere und die transversale Bewegung sind aber nicht zwei Arten gegeneinander, sondern die erste ist die substantielle, worein die zweite, zufällige untergeht. Die Reibung ist aber selbst nicht zufällig, sondern Folge der Schwere, wenn man sie auch vermindern kann. Dies hat [Louis Benjamin] Francoeur (*Traité élémentaire de méchanique,* [Paris 1801] p. 175, n. 4–5) erkannt, wenn er sagt: »Le frottement ne dépend pas de l'étendue des surfaces en contact, le poid du corps restant le même. Le frottement est proportionnel à la *pression.*«[6] Reibung ist also

6 »Die Reibung hängt nicht von der Ausdehnung der in Berührung befind-

Schwere in der Form äußeren Widerstandes, – Druck als gemeinschaftliches Ziehen nach dem Mittelpunkt. Um nun beim Pendel die unstete Bewegung des Körpers zu verhindern, muß er an etwas anderes festgemacht werden; dieser materielle Zusammenhang ist notwendig, stört aber seine Bewegung, und dadurch entsteht die Reibung. So ist diese selbst ein notwendiges Moment in der Konstruktion eines Pendels; sie kann nicht weggebracht, noch weggedacht werden. Stellt man sich vor, wie es ohne sie wäre, so ist das eine leere Vorstellung. Weiter ist es aber nicht bloß die Reibung, welche eine Pendelbewegung zur Ruhe bringt; wenn die Reibung auch aufhörte, so muß der Pendel doch zur Ruhe kommen. Die Schwere ist die Macht, welche den Pendel durch den Begriff der Materie zur Ruhe bringt; sie erhält als das Allgemeine das Übergewicht über das Fremde, und die Schwingung hört in der Linie des Falles auf. Diese Notwendigkeit des Begriffs erscheint aber in dieser Sphäre der Äußerlichkeit als ein äußerliches Hindernis oder als Reibung. Ein Mensch kann totgeschlagen werden, dieses Äußerliche ist aber zufällig; das Wahrhafte ist, daß der Mensch durch sich selbst stirbt.

Die Kombinationen des Falls mit der zufälligen Bewegung, z. B. beim Wurf, gehen uns hier nichts an; wir haben das Aufheben der zufälligen Bewegung für sich zu betrachten. Beim Wurf ist die Größe der Bewegung ein Produkt aus der Kraft des Wurfs und dem Gewicht der Masse. Dasselbe Gewicht aber ist zugleich Schwere; indem sie als das Allgemeine das Übergewicht erhält, überwindet sie die in ihr gesetzte Bestimmtheit. Der Körper wird nur durch die Schwere geworfen; er geht dabei aus von der bestimmten, kehrt aber in die allgemeine zurück und wird bloßes Fallen. Diese Rückkehr setzt eine weitere Bestimmtheit an der Schwere, oder die Bewegung noch näher eins mit der Schwere. Das Gewicht ist in der Wurfbewegung nur ein Moment der bewegenden Kraft, oder es ist das Übergehen der außer der Schwere liegenden Kraft in sie gesetzt. Nach diesem Übergang ist die Schwere nunmehr die ganze bewegende Kraft; sie hat das Prinzip der Bewegung zwar noch außer ihr, aber ganz formal als bloßen Anstoß, wie im Falle als reines Entfernen. Der Wurf ist auf diese Weise Fall, die Pendelbewegung aber zugleich Fall und Wurf. Die Schwere ist Entfernung von sich selbst, Vorstellung ihrer als sich selbst entzweiend, – aber alles noch äußerlich. Der befestigte Punkt, das Entfernen von der Linie des Falls, das Entfernthalten des bewegten Punkts, die Momente der wirklichen Bewegung

---

lichen Flächen ab, solange das Gewicht des Körpers gleichbleibt. Die Reibung ist dem *Druck* proportional.«

gehören einem Anderen an. Die Rückkehr in die Linie des Falls aus dem Wurfe ist selbst Werfen und die Schwingung des Pendels das fallend sich[7] erzeugende Aufheben des Wurfs.

c. *Der Fall*

§ 267

Der Fall ist die *relativ-freie* Bewegung, *frei,* indem sie durch den *Begriff* des Körpers gesetzt, die Erscheinung seiner eigenen Schwere ist; sie ist ihm daher *immanent.* Aber sie ist zugleich als die nur *erste* Negation der Äußerlichkeit *bedingt*; die *Entfernung* von dem Zusammenhange mit dem Zentrum ist daher noch die *äußerlich* gesetzte, *zufällige* Bestimmung.

Die Gesetze der Bewegung betreffen die *Größe,* und zwar wesentlich der verflossenen Zeit und des in derselben durchlaufenen Raums; es sind unsterbliche Entdeckungen, die der Analyse des Verstandes die höchste Ehre machen. Ein Weiteres ist der nicht empirische *Beweis* derselben, und auch dieser ist von der mathematischen Mechanik gegeben worden, so daß auch die auf Empirisches sich gründende Wissenschaft mit dem bloß empirischen *Weisen* (Monstrieren) nicht zufrieden ist. Die Voraussetzung bei diesem apriorischen Beweise ist, daß die Geschwindigkeit im Fall *gleichförmig* beschleunigt *ist*; der Beweis aber besteht in der Verwandlung der *Momente* der *mathematischen* Formel in *physikalische* Kräfte, in eine *beschleunigende* Kraft, welche in jedem Zeitmoment einen (denselben) Impuls mache*, und in eine Kraft der *Trägheit,* welche die in

* Es ließe sich sagen, daß diese sogenannte *beschleunigende* Kraft ihren Namen sehr uneigentlich führe, da die von ihr herrühren sollende Wirkung in jedem Zeitmomente *gleich* (konstant) ist, – der *empirische* Faktor in der Größe des Falls, die *Einheit* (die 15 Fuß an der Oberfläche der Erde). Die Beschleunigung besteht allein in dem *Hinzusetzen* dieser empirischen Einheit in jedem Zeitmoment. Der sogenannten Kraft der *Trägheit* dagegen kommt wenigstens auf dieselbe Weise die *Beschleunigung* zu; denn es wird ihr zugeschrieben, daß ihre Wirkung die *Dauer* der am Ende jedes Zeit-

7 W: »fallende, sich«

jedem Zeitmomente erlangte (größere) Geschwindigkeit fortsetze, – Bestimmungen, die durchaus ohne empirische Beglaubigung sind, so wie der Begriff nichts mit ihnen zu tun hat. Näher wird die Größenbestimmung, welche hier ein *Potenzen*verhältnis enthält, auf die Gestalt einer *Summe* zweier voneinander unabhängiger Elemente gebracht und damit die qualitative, mit dem Begriffe zusammenhängende Bestimmung getötet. Zu einer *Folge* aus dem so bewiesen sein sollenden Gesetze wird gemacht, *daß in der gleichförmig beschleunigten Bewegung die Geschwindigkeiten den Zeiten proportional seien.* In der Tat ist dieser Satz aber nichts als die ganz einfache Definition der gleichförmig beschleunigten Bewegung selbst. Die schlecht-gleichförmige Bewegung hat die durchlaufenen Räume den Zeiten proportional; die *beschleunigte* ist [die], in der die *Geschwindigkeit* in jedem der folgenden Zeitteile größer wird, die *gleichförmig* beschleunigte Bewegung somit [die], in der die Geschwindigkeiten den verflossenen Zeiten proportional sind; also $\frac{v}{t}$ d. i. $\frac{s}{t^2}$. Dies ist der einfache wahrhafte Beweis. – v ist die Geschwindigkeit *überhaupt*, die noch *unbestimmte*; so ist sie *zugleich* die *abstrakte*, d. i. schlecht-gleichförmige. Die Schwierigkeit, die [bei] jenem Beweisen vorkommt, liegt darin, daß v zunächst als unbestimmte Geschwindigkeit überhaupt in Rede steht, aber sich im mathematischen Ausdruck als $\frac{s}{t}$, d. i. schlecht-gleichförmige, präsentiert. Jener Umweg des von der mathematischen Exposition hergenommenen Beweisens dient für dies Bedürfnis, die Geschwindigkeit als die schlecht-gleichförmige $\frac{s}{t}$ zu nehmen und von ihr zu $\frac{s}{t^2}$ überzugehen. In dem Satze, daß

moments *erlangten Geschwindigkeit* sei, d. i. daß sie ihrerseits diese Geschwindigkeit zu jener empirischen Größe *hinzufüge;* und zwar sei diese Geschwindigkeit am Ende jedes Zeitmoments *größer* als am Ende des vorhergehenden.

die Geschwindigkeit den Zeiten proportional ist, ist die Geschwindigkeit zunächst überhaupt gesagt; so wird sie überflüssigerweise mathematisch als $\frac{s}{t}$, die schlecht-gleichförmige gesetzt, so die Kraft der Trägheit hereingebracht und ihr dies Moment zugeschrieben. Damit aber, daß sie den Zeiten proportional sei, ist sie vielmehr als die gleichförmig beschleunigte $\frac{s}{t^2}$ bestimmt, und jene Bestimmung von $\frac{s}{t}$ hat hier keinen Platz und ist ausgeschlossen.*

Das Gesetz des *Falles* ist gegen die abstrakte gleichförmige Geschwindigkeit des toten, von außen bestimmten Mechanismus ein *freies* Naturgesetz, d. h. das eine Seite in ihm hat, die sich aus dem *Begriffe* des Körpers bestimmt. Indem daraus folgt, daß es aus diesem muß abgeleitet werden können, so ist dieses sich vorzusetzen und der Weg

* *Lagrange* geht nach seiner Weise in der *Théorie des fonctions* [*analytiques*, Paris 1797], 3me partie, »Application de la Théorie à la Mécanique«, Ch. I, den einfachen, ganz richtigen Weg; er setzt die mathematische Behandlung der Funktionen voraus und *findet* nun in der *Anwendung* auf die Mechanik, für $s=ft$, in der Natur ft *auch* bt^2; $s=ct^3$ präsentiere sich in der Natur nicht. Hier ist mit Recht keine Rede davon, einen *Beweis* von $s=bt^2$ aufstellen zu wollen, sondern dies Verhältnis wird als in der Natur sich *findend* aufgenommen. Bei der Entwicklung der Funktion, indem t zu $t+\vartheta$ werde, wird der Umstand, daß von der sich für den in ϑ durchlaufenen Raum ergebenden Reihe nur die zwei ersten Glieder gebraucht werden können und die anderen wegzulassen seien, auf seine gewöhnliche Weise für das analytische Interesse erledigt. Aber jene zwei ersten Glieder werden für das Interesse des Gegenstandes nur gebraucht, weil nur sie eine reelle Bestimmung haben (ibid. 4, 5.: »on voit que les fonctions primes et secondes se présentent *naturellement* dans la mécanique où elles ont une valeur et une signification déterminées« [»man sieht also, daß die erste und zweite Ableitung von selbst in der Mathematik erscheinen, wo sie bestimmte Werte und Bedeutungen haben«]). Von hier fällt Lagrange wohl auf die *Newtonschen* Ausdrücke von der abstrakten, d. i. schlecht-gleichförmigen Geschwindigkeit, die der Kraft der Trägheit anheimfällt, und auf die beschleunigende Kraft, womit auch die Erdichtungen der Reflexion von einem unendlich kleinen Zeitraum (dem ϑ), dessen Anfang und Ende hereinkommen. Aber dies hat keinen Einfluß auf jenen richtigen Gang, der diese Bestimmungen nicht für einen *Beweis des Gesetzes* gebrauchen will, sondern dieses, wie hier gehörig, aus der Erfahrung aufnimmt und dann die mathematische Behandlung darauf anwendet.

anzugeben, wie das Galileische Gesetz, *daß die durchlaufenen Räume sich wie die Quadrate der verflossenen Zeiten verhalten,* mit der Begriffsbestimmung zusammenhängt.

Dieser Zusammenhang ist aber als einfach darin liegend anzusehen, daß, weil hier der Begriff zum Bestimmen kommt, die Begriffsbestimmungen der Zeit und des Raums gegeneinander *frei* werden, d. i. ihre *Größenbestimmungen* sich nach denselben verhalten. Nun ist aber die *Zeit* das Moment der *Negation,* des Fürsichseins, das Prinzip des Eins, und ihre Größe (irgendeine empirische Zahl) ist im Verhältnisse zum Raum als die *Einheit* oder als Nenner zu nehmen. Der *Raum* dagegen ist das *Außereinandersein,* und zwar *keiner anderen* Größe als eben der Größe der Zeit; denn die Geschwindigkeit dieser *freien* Bewegung ist dies, daß Zeit und Raum nicht *äußerlich,* nicht zufällig gegeneinander sind, sondern beider *eine* Bestimmung ist. Die als der Form der Zeit, der Einheit, entgegengesetzte Form des Außereinander des Raums, und ohne daß irgendeine andere Bestimmtheit sich einmischt, ist das *Quadrat,* – die Größe *außer sich kommend,* in eine zweite Dimension sich setzend, sich somit vermehrend, aber nach *keiner anderen als ihrer eigenen* Bestimmtheit, – diesem Erweitern sich selbst zur Grenze machend und in ihrem Anderswerden so sich nur auf sich beziehend.

Dies ist der Beweis des Gesetzes des Falls aus dem *Begriffe* der Sache. Das *Potenzen*verhältnis ist wesentlich ein *qualitatives* Verhältnis und ist allein das Verhältnis, das dem Begriffe angehört. – Noch ist auch in Beziehung auf Nachfolgendes hinzuzufügen, daß, weil der *Fall* zugleich noch Bedingtheit in der Freiheit enthält, die Zeit nur abstrakte Einheit als die *unmittelbare* Zahl bleibt, so wie die Größenbestimmung des Raums nur zur zweiten Dimension gelangt.

Zusatz. Nur das Suchen des Zentrums ist im Fall die absolute Seite; nachher werden wir sehen, wie das andere Moment, die

Diremtion, das Unterscheiden, das Versetzen des Körpers in das Nichtunterstützen, auch aus dem Begriffe kommt. Im Fall sondert sich die Masse nicht von selbst ab; aber abgesondert kehrt sie in die Einheit zurück. Die Fallbewegung macht so den Übergang und steht in der Mitte zwischen der trägen Materie und der Materie, in der ihr Begriff absolut realisiert ist, oder der absolut freien Bewegung. Während die Masse, als der bloß quantitative gleichgültige Unterschied, ein Faktor der äußeren Bewegung ist, so hat hier, wo die Bewegung durch den Begriff der Materie gesetzt ist, der quantitative Unterschied der Massen als solcher keinen Sinn; sie fallen als Materien überhaupt, nicht als Massen. Beim Falle kommen die Körper nämlich bloß als schwer in Betracht, und ein großer ist so schwer als ein kleiner, d. h. einer von geringerem Gewicht. Wir wissen wohl, eine Flaumfeder fällt nicht wie eine Bleikugel; doch kommt dies vom Medium her, welches weichen muß, so daß die Massen sich nach der qualitativen Verschiedenheit des Widerstands verhalten. Ein Stein fällt z. B. schneller in der Luft als im Wasser; aber im luftleeren Raum fallen die Körper auf gleiche Weise. Galilei hat diesen Satz aufgestellt und ihn Mönchen vorgetragen; nur *ein* Pater hat sich in seiner Weise darein gefunden, indem er sagte, Schere und Messer kämen zugleich zur Erde; so leicht ist es aber nicht, die Sache zu entscheiden. Solche Erkenntnis ist mehr wert als tausend und abertausend sogenannter glänzender Gedanken.

Die empirische Größe ist, daß der Körper in einer Sekunde etwas über 15 Fuß fällt; in anderen Breiten tritt jedoch eine kleine Verschiedenheit ein. Fällt der Körper zwei Sekunden, so hat er nicht das Doppelte, sondern das Vierfache, 60 Fuß durchlaufen: in drei Sekunden 9 × 15 Fuß usf. Oder ist ein Körper 3 Sekunden, der andere 9 gefallen, so verhalten sich die durchlaufenen Räume nicht wie 3 : 9, sondern wie 9 : 81. Die schlechthin gleichförmige Bewegung ist die gemeine mechanische Bewegung; die ungleichförmig beschleunigte Bewegung ist willkürlich; die gleichförmig beschleunigte Bewegung ist erst gesetzliche, lebendige Naturbewegung. Also mit der Zeit nimmt die Geschwindigkeit zu; d. i. $t : \frac{s}{t}$ d. i. $s : t^2$. Denn $s : t^2$ ist dasselbe als $\frac{s}{t^2}$. In der Mechanik beweist man dies mathematisch, indem man die sogenannte Kraft der Trägheit durch ein Quadrat und die sogenannte beschleunigende Kraft durch ein daran gefügtes Dreieck bezeichnet; dies ist von Interesse und vielleicht notwendig für die mathematische Darstellung; aber es ist nur durch sie und ist eine gequälte Darstellung. Diese Beweise setzen immer das voraus, was sie beweisen sollen. Man beschreibt dann wohl, was vorgeht; die

Vorstellung der Mathematik geht aus dem Bedürfnis hervor, das Potenzenverhältnis in ein trätableres zu verwandeln, z. B. auf Addition oder Subtraktion und auf Multiplikation zurückzuführen; so wird die Fallbewegung in zwei Teile zerlegt. Diese Teilung ist aber nichts Reales, sondern eine leere Fiktion und nur zum Behufe der mathematischen Darstellung.

§ 268

Der Fall ist das nur abstrakte Setzen eines *Zentrums*, in dessen Einheit der Unterschied der partikularen Massen und Körper sich als aufgehoben setzt; Masse, Gewicht hat daher in der Größe dieser Bewegung keine Bedeutung. Aber das einfache Fürsichsein des Zentrums ist als diese *negative* Beziehung auf sich selbst wesentlich *Repulsion* seiner selbst; – *formelle* Repulsion in die vielen ruhenden Zentra (*Sterne*); – *lebendige* Repulsion, als Bestimmung derselben nach *den Momenten des Begriffs* und wesentliche Beziehung dieser hiernach unterschieden gesetzten Zentra aufeinander. Diese Beziehung ist der *Widerspruch* ihres selbständigen Fürsichseins und ihres in dem Begriffe Zusammengeschlossenseins; die Erscheinung dieses Widerspruches ihrer Realität und ihrer Identität ist die Bewegung, und zwar *die absolut freie Bewegung*.

Zusatz. Der Mangel des Gesetzes des Falls liegt sogleich darin, daß wir in dieser Bewegung den Raum erst in der ersten Potenz auf abstrakte Weise als Linie gesetzt sehen; das kommt daher, weil die Bewegung des Falls auch eine bedingte Bewegung ist, wie sie eine freie ist (s. vorh. §). Der Fall ist nur die erste Erscheinung der Schwere, weil die Bedingung als Entfernung vom Zentrum noch zufällig, nicht durch die Schwere selbst bestimmt ist. Diese Zufälligkeit hat noch hinwegzufallen. Der Begriff muß der Materie ganz immanent werden; das ist das dritte Hauptstück, die absolute Mechanik, die vollkommen freie Materie, die in ihrem Dasein ihrem Begriffe vollkommen angemessen ist. Die träge Materie ist ihrem Begriffe ganz unangemessen. Die schwere Materie als fallend ist ihrem Begriffe nur teilweise angemessen, nämlich durch das Aufheben der Vielheit, als das Streben der Materie nach *einem* Ort als Mittelpunkt. Aber das andere Moment, das Differentsein des Orts in sich selbst, ist noch nicht durch den Begriff gesetzt; oder es fehlt dies, daß die attrahierte Materie sich als schwere noch nicht repelliert hat, die Diremtion in viele Körper noch nicht das Tun der Schwere selbst ist. Solche Materie, die als Viele ausgedehnt und zugleich in sich kontinuierlich ist, den Mittelpunkt in sich hat, – diese muß repelliert werden; das ist die reale Repulsion, wo das Zentrum dies ist, sich selbst zu repellieren, zu vervielfältigen, die Massen also als viele gesetzt sind, jede mit ihrem Zentrum. Das logische Eins ist unendliche Beziehung auf sich selbst, welche Identität mit sich, aber als sich auf sich beziehende Negativität, somit Abstoßen von sich selbst ist; das ist das andere im Begriffe enthaltene Moment. Zur Realität der Materie gehört, daß sie sich setze in den Bestimmungen ihrer Momente. Der Fall ist das einseitige Setzen der Materie als Attraktion; das Weitere ist, daß sie nun auch als Repulsion erscheine. Die formale Repulsion hat auch ihr Recht; denn die Natur ist eben dies, ein abstraktes vereinzeltes Moment für sich bestehen zu lassen. Solches Dasein der formellen Repulsion sind die Sterne, als noch ununterschieden, überhaupt viele Körper, die hier aber noch nicht als leuchtend in Betracht kommen, was eine physikalische Bestimmung ist.

Wir können meinen, es sei Verstand im Verhalten der Sterne zueinander; sie gehören aber der toten Repulsion an. Ihre *Figurationen* können Ausdruck wesentlicher Verhältnisse sein; sie gehören aber nicht der lebendigen Materie an, wo der Mittelpunkt sich in sich unterscheidet. Das Heer der Sterne ist eine formelle Welt, weil nur jene einseitige Bestimmung geltend gemacht ist. Dies System müssen wir durchaus nicht dem Sonnensystem gleichstellen, welches erst das System realer Vernünftigkeit ist, was wir am Himmel erkennen können. Man kann die Sterne wegen ihrer Ruhe verehren; an Würde sind sie aber dem konkreten Individuellen nicht gleichzusetzen. Die Erfüllung des Raums schlägt in unendlich viele Materien aus; das ist aber nur das erste Ausschlagen, das den Anblick ergötzen kann. Dieser Licht-Ausschlag ist so wenig bewundernswürdig als einer am Menschen oder als die Menge von Fliegen. Die Stille dieser Sterne interessiert das Gemüt näher, die Leidenschaften besänftigen sich beim Anschauen dieser Ruhe und Einfachheit. Diese Welt hat aber auf dem philosophischen Standpunkt nicht das Interesse, das sie für die Empfindung hat. Daß sie in unermeßlichen Räumen als Vielheit ist, sagt für die Vernunft gar nichts; das ist das Äußerliche, Leere, die negative Unendlichkeit. Darüber weiß sich die Vernunft erhoben; es ist dies eine bloße negative Bewunderung, ein Erheben, das in seiner Beschränktheit steckenbleibt. Das Vernünftige in Ansehung der Sterne ist, die Figurationen zu fassen, in denen sie gegeneinander gestellt sind. Das Ausschlagen des Raumes in abstrakte Materie geht selbst nach einem inneren Gesetze vor, daß die Sterne Kristallisationen vorstellten, die eine innere Verbindung hätten. Die Neugierde, wie es da aussieht, ist ein leeres Interesse. Über die Notwendigkeit dieser Figurationen ist nun nicht viel zu sagen. Herschel[8] hat in Nebelflecken Formen gesehen, die auf Regelmäßigkeit hindeuten. Die Räume, die von der Milchstraße entfernter sind, sind leerer; so ist man darauf gekommen (Herschel und Kant), daß die Sterne die Figur einer Linse bilden. Das ist etwas ganz Unbestimmtes, Allgemeines. Die Würde der Wissenschaft muß man nicht darin setzen, daß alle mannigfaltigen Gestaltungen begriffen, erklärt seien; sondern man muß sich mit dem begnügen, was man in der Tat bis jetzt begreifen kann. Es gibt vieles, was noch nicht zu begreifen ist; das muß man in der Naturphilosophie zugestehen. Das vernünftige Interesse bei den Sternen kann sich jetzt nur in der Geometrie derselben zeigen; die Sterne sind das Feld dieser abstrakten unendlichen Diremtion, worin das Zufällige einen wesentlichen Einfluß auf die Zusammenstellung hat.

C
Absolute Mechanik

§ 269

Die *Gravitation* ist der wahrhafte und bestimmte *Begriff* der materiellen Körperlichkeit, der zur *Idee realisiert* ist. Die *allgemeine* Körperlichkeit urteilt sich wesentlich in *besondere* Körper und schließt sich zum Momente der *Einzelheit* oder Subjektivität als erscheinendes Dasein in der *Bewegung* zusammen, welche hierdurch unmittelbar ein System *mehrerer Körper* ist.

Die allgemeine Gravitation muß für sich als ein tiefer Gedanke anerkannt werden, wenn er schon Aufmerksamkeit und Zutrauen vornehmlich durch die damit verbundene quantitative Bestimmung auf sich gezogen [hat] und seine Bewährung auf die vom Sonnensystem bis auf die Erscheinung der Haarröhrchen herab verfolgte *Erfahrung* gestellt worden ist, so daß er, in der Sphäre der

8 Friedrich Wilhelm Herschel, 1738–1822, Astronom, entdeckte 1781 den Uranus.

Reflexion gefaßt, auch nur die Bedeutung der Abstraktion überhaupt und konkreter nur die der *Schwere* in der Größenbestimmung des Falls, nicht die Bedeutung der im § angegebenen, in ihrer Realität entwickelten Idee hat. Unmittelbar widerspricht die Gravitation dem Gesetze der Trägheit, denn vermöge jener strebt die Materie *aus sich selbst* zur anderen hin. – Im *Begriffe* der *Schwere* sind, wie gezeigt, selbst die beiden Momente des Fürsichseins und der das Fürsichsein aufhebenden Kontinuität enthalten. Diese Momente des Begriffs erfahren das Schicksal, als besondere Kräfte, entsprechend der Attraktiv- und Repulsivkraft, in näherer Bestimmung als *Zentripetal-* und *Zentrifugalkraft* gefaßt zu werden, die wie die Schwere *auf die Körper agieren,* unabhängig voneinander und zufälligerweise in einem Dritten, dem Körper, zusammenstoßen sollen. Hierdurch wird, was am Gedanken der allgemeinen Schwere Tieferes wäre, wieder zunichte gemacht, und so lange kann Begriff und Vernunft nicht in die Lehre der absoluten Bewegung eindringen, als die so gepriesenen Entdeckungen der *Kräfte* darin herrschend sind. In dem Schlusse, welcher die *Idee* der Schwere enthält – sie selbst nämlich als den Begriff, der durch die Besonderheit der Körper in die äußerliche Realität sich aufschließt und zugleich in deren Idealität und Reflexion-in-sich, in der Bewegung sich *mit sich selbst zusammengeschlossen* zeigt –, ist die vernünftige Identität und Untrennbarkeit der Momente enthalten, welche sonst als selbständig vorgestellt werden. – Die Bewegung als solche hat überhaupt schlechthin nur im Systeme *mehrerer,* und zwar nach verschiedener *Bestimmung* zueinander im Verhältnis stehender Körper Sinn und Existenz. Diese nähere Bestimmung im Schlusse der Totalität, der selbst ein System von drei Schlüssen ist, ist im Begriffe der Objektivität angegeben (s. § 198).

Zusatz. Das Sonnensystem ist zunächst eine Menge von selbständigen Körpern, die sich wesentlich aufeinander beziehen, schwer sind, sich aber in dieser Beziehung selbst erhalten und ihre Einheit in ein Anderes außer ihnen setzen. So ist die Vielheit nicht mehr unbestimmt, wie bei den Sternen, sondern der Unterschied ist gesetzt; und die Bestimmtheit desselben ist allein die von absolut allgemeiner Zentralität und von besonderer Zentralität. Aus diesen zwei Bestimmungen folgen die Formen der Bewegung, worin der Begriff der Materie erfüllt ist. Die Bewegung fällt in den relativen Zentralkörper, welcher allgemeine Bestimmtheit des Orts in sich ist; zugleich ist der Ort desselben auch nicht bestimmt, insofern er sein Zentrum in einem Anderen hat; und diese Unbestimmtheit muß ebenso Dasein haben, während der an und für sich bestimmte Ort nur einer ist. Den besonderen Zentralkörpern ist es daher auch gleichgültig, an welchem Ort sie sind; und das kommt so zur Erscheinung, daß sie ihr Zentrum suchen, d. h. ihren Ort verlassen und sich an einen anderen Ort setzen. Das Dritte ist dieses: zunächst könnten sie gleich weit von ihrem Zentrum entfernt sein; wären sie das, so wären sie voneinander nicht entfernt. Bewegten sie sich dabei zugleich alle in derselben Bahn, so wären sie gar nicht voneinander unterschieden, sondern sie wären ein und dasselbe, jeder nur die Wiederholung des anderen, und ihre Verschiedenheit somit ein leeres Wort. Das Vierte ist dieses, daß, indem sie ihren Ort in verschiedener Entfernung voneinander verändern, sie durch eine Kurve in sich zurückkehren; denn nur dadurch stellen sie ihre Selbständigkeit gegen den Zentralkörper dar, sowie ihre Einheit mit dem Mittelpunkt dadurch, daß sie sich in derselben Kurve um ihn herum bewegen. Als selbständig gegen den Zentralkörper halten sie sich aber auch an ihrem Ort und fallen nicht mehr auf ihn.

Es sind hiernach überhaupt drei Bewegungen vorhanden: α) die mechanische, von außen mitgeteilte, welche gleichförmig ist; β) die halb bedingte, halb freie des Falls, wo das Getrenntsein eines Körpers von seiner Schwere noch zufällig gesetzt ist, aber die Bewegung schon der Schwere selbst angehört; γ) die unbedingt freie Bewegung, deren Hauptmomente wir angegeben haben, die große Mechanik des Himmels. Diese Bewegung ist eine Kurve; da ist es gleichzeitig, daß sich die besonderen Körper einen Zentralkörper setzen und daß sie durch den Zentralkörper gesetzt sind. Das Zentrum hat keinen Sinn ohne die Peripherie, noch die Peripherie ohne das Zentrum. Dieses läßt die physikalischen Hypothesen verschwinden, welche bald vom Zentrum, bald von den besonderen Körpern ausgehen und bald diese, bald jenes als das Ursprüngliche setzen. Jede Ansicht ist notwendig, aber einzeln ist sie einseitig; die Diremtion in Unterschiedene und das Setzen der Subjektivität ist *ein* Actus, eine freie Bewegung, nichts

Äußeres wie Drücken und Stoßen. An der Schwere, sagt man, sehe man, daß die Attraktivkraft eine für sich reale Kraft sei, welche man aufzeigen kann. Die Schwere, als fallen machend, ist zwar der Begriff der Materie, aber als abstrakt, noch nicht als sich in sich dirimierend; der Fall ist eine unvollständige Erscheinung der Schwere, also nicht real. Die Zentrifugalkraft, als das Entfliehenwollen in der Richtung der Tangente, soll läppischerweise den Himmelskörpern durch ein Werfen auf die Seite, eine Schwungkraft, einen Stoß zukommen, den sie von Haus aus erhalten hätten. Solche Zufälligkeit der äußerlich beigebrachten Bewegung, wie wenn ein Stein an einem Faden, den man schräg wirft, dem Faden entfliehen will, gehört der trägen Materie an. Man muß also nicht von Kräften sprechen. Wollen wir Kraft sagen, so ist es *eine* Kraft, deren Momente nicht als zwei Kräfte nach verschiedenen Seiten hinziehen. Die Bewegung der Himmelskörper ist nicht ein solches Hin- und Hergezogensein, sondern die freie Bewegung; sie gehen, wie die Alten sagten, als selige Götter einher. Die himmlische Körperlichkeit ist nicht eine solche, welche das Prinzip der Ruhe oder Bewegung außer ihr hätte. »Weil der Stein träge ist, die ganze Erde aber aus Steinen besteht und die anderen himmlischen Körper eben dergleichen sind«, ist ein Schluß, der die Eigenschaften des Ganzen denen des Teils gleichsetzt. Stoß, Druck, Widerstand, Reibung, Ziehen und dergleichen gelten nur von einer anderen Existenz der Materie als die himmlische Körperlichkeit. Das Gemeinschaftliche beider ist freilich die Materie, so wie ein guter Gedanke und ein schlechter beide Gedanken sind, aber der schlechte nicht darum gut, weil der gute ein Gedanke ist.

§ 270

Was die Körper, in welchen der Begriff der Schwere frei für sich realisiert ist, betrifft, so haben sie zu Bestimmungen ihrer unterschiedenen Natur die Momente ihres Begriffs. Einer ist also das *allgemeine* Zentrum der abstrakten Beziehung auf sich selbst. Diesem Extreme steht die *unmittelbare,* außersichseiende, zentrumlose *Einzelheit,* als gleichfalls selbständige Körperlichkeit erscheinend, entgegen. Die *besonderen* aber sind, die sowohl in der Bestimmung des Außersichseins als zugleich des Insichseins stehen, Zentra für sich sind und sich auf den ersten als auf ihre wesentliche Einheit beziehen.

Die *planetarischen* Körper sind als die unmittelbar *kon-*

kreten in ihrer Existenz die vollkommensten. Man pflegt die Sonne für das Vortrefflichste zu nehmen, insofern der Verstand das Abstrakte dem Konkreten vorzieht, wie sogar die Fixsterne höher geachtet werden als die Körper des Sonnensystems. – Die zentrumlose Körperlichkeit, als der Äußerlichkeit angehörig, besondert sich an ihr selbst zum Gegensatze des *lunarischen* und *kometarischen* Körpers.

Die *Gesetze* der absolut-freien Bewegung sind bekanntlich von *Kepler* entdeckt worden; eine Entdeckung von unsterblichem Ruhme. *Bewiesen* hat Kepler dieselbe in dem Sinne, daß er für die empirischen Data ihren *allgemeinen* Ausdruck gefunden hat (§ 227). Es ist seitdem zu einer allgemeinen Redensart worden, daß *Newton* erst die Beweise jener Gesetze gefunden habe. Nicht leicht ist ein Ruhm ungerechter von einem ersten Entdecker auf einen anderen übergegangen. Ich bemerke hierüber folgendes:

1. *daß* von den Mathematikern zugestanden wird, daß die Newtonschen Formeln sich aus den Keplerschen Gesetzen ableiten lassen. Die ganz unmittelbare Ableitung ist aber einfach diese: Im dritten Keplerschen Gesetz ist $\frac{A^3}{T^2}$ das Konstante. Dies als $\frac{A \cdot A^2}{T^2}$ gesetzt und mit Newton $\frac{A}{T^2}$ die allgemeine Schwere genannt, so ist dessen Ausdruck von der Wirkung dieser sogenannten Schwere im umgekehrten Verhältnisse des Quadrats der Entfernungen vorhanden.

2. daß der Newtonsche Beweis von dem Satze, daß ein dem Gravitationsgesetze unterworfener Körper sich in einer *Ellipse* um den Zentralkörper bewege, auf eine *konische Sektion* überhaupt geht, während der Hauptsatz, der bewiesen werden sollte, gerade darin besteht, daß die Bahn eines solchen Körpers *nicht ein Kreis oder sonst eine konische Sektion*, sondern *allein die Ellipse* ist. Gegen jenen Beweis für sich (*Princ. Math.* l. I, Sect. II, prop. 1) sind ohnehin Erinnerungen zu machen; auch braucht die Analysis denselben, die Grundlage der Newtonschen Theorie, nicht mehr. Die Bedingungen, welche die Bahn

des Körpers zu einem *bestimmten* Kegelschnitte machen, sind in der analytischen Formel *Konstanten*, und deren Bestimmung wird auf einen *empirischen* Umstand, nämlich eine besondere Lage des Körpers in einem bestimmten Zeitpunkte und die *zufällige* Stärke eines *Stoßes*, den er ursprünglich erhalten haben sollte, zurückgeführt; so daß der Umstand, welcher die krumme Linie zu einer Ellipse bestimmt, außerhalb der bewiesen sein sollenden Formel fällt, und nicht einmal daran gedacht wird, ihn zu beweisen.

3. daß das Newtonsche Gesetz von der sogenannten Kraft der Schwere gleichfalls nur aus der Erfahrung durch Induktion aufgezeigt ist.

Es ist nichts als der Unterschied zu sehen, daß das, was Kepler auf eine einfache und erhabene Weise in der Form von *Gesetzen der himmlischen Bewegung* ausgesprochen, Newton in die *Reflexionsform* von *Kraft der Schwere*, und zwar derselben, wie im Falle das Gesetz ihrer Größe sich ergibt, umgewandelt hat. Wenn die Newtonsche Form für die analytische Methode ihre Bequemlichkeit nicht nur, sondern Notwendigkeit hat, so ist dies nur ein Unterschied der mathematischen Formel; die Analysis versteht es längst, den Newtonschen Ausdruck und die damit zusammenhängenden Sätze aus der Form der Keplerschen Gesetze abzuleiten (ich halte mich hierüber an die elegante Exposition in Francoeurs *Traité élémentaire de Mécanique* [Paris 1801], Liv. II, Ch. II, n. IV). – Überhaupt stellt die ältere Manier des sogenannten Beweisens ein verworrenes Gewebe dar aus *Linien* der bloß geometrischen Konstruktion, welchen eine physikalische Bedeutung von *selbständigen Kräften* gegeben wird, und aus leeren Reflexionsbestimmungen von der schon erwähnten *beschleunigenden Kraft* und *Kraft der Trägheit*, vornehmlich dem Verhältnisse der sogenannten Schwere selbst zur Zentripetalkraft und Zentrifugalkraft usw.

Die Bemerkungen, die hier gemacht sind, bedürften einer

weitläufigeren Auseinandersetzung, als in einem Kompendium Platz haben kann. Sätze, die mit dem Angenommenen nicht übereinstimmen, erscheinen als Behauptungen und, indem sie so hohen Autoritäten widersprechen, als etwas noch Schlimmeres, nämlich als Anmaßungen. Das Angeführte jedoch sind nicht sowohl Sätze als bare Fakta, und die geforderte Reflexion ist nur diese, daß die Unterscheidungen und Bestimmungen, welche die mathematische Analysis herbeiführt, und der Gang, den sie nach ihrer Methode zu nehmen hat, ganz von dem zu unterscheiden ist, was eine physikalische Realität haben soll. Die Voraussetzungen, der Gang und die Resultate, welche die Analysis nötig hat und gibt, bleiben ganz außerhalb der Erinnerungen, welche den *physikalischen* Wert und die *physikalische* Bedeutung jener Bestimmungen und jenes Gangs betreffen. Hierauf ist es, daß die Aufmerksamkeit sollte geleitet werden; es ist um ein Bewußtsein zu tun über die Überschwemmung der physischen Mechanik mit einer *unsäglichen Metaphysik*, die – gegen Erfahrung und Begriff – jene mathematischen Bestimmungen allein zu ihrer Quelle hat.

Es ist anerkannt, daß das *inhalts*volle Moment, das *Newton* außer der Grundlage der *analytischen* Behandlung, deren Entwicklung übrigens selbst vieles, was zu seinen wesentlichen Prinzipien und seinem Ruhm gehörte, überflüssig gemacht, ja verworfen hat, zu dem Gehalt der Keplerschen Gesetze hinzufügte, das Prinzip der *Perturbation* ist – ein Prinzip, dessen Wichtigkeit hier insofern anzuführen ist, als es auf dem Satze beruht, daß die sogenannte Attraktion eine Wirkung aller einzelnen Teile der Körper als materieller ist. Es liegt darin, daß die Materie überhaupt sich das Zentrum setzt. Die Masse des besonderen Körpers ist infolge hiervon als ein Moment in der *Ortsbestimmung* desselben zu betrachten, und die gesamten Körper des Systems setzen sich ihre Sonne; aber auch selbst die einzelnen Körper bilden nach der relativen

Lage, in welche sie nach ihrer allgemeinen Bewegung gegeneinander kommen, eine momentane Beziehung der Schwere *aufeinander* und verhalten sich nicht bloß in der abstrakten räumlichen Beziehung, der Entfernung, sondern setzen sich miteinander ein *besonderes* Zentrum, das sich aber in dem allgemeinen System teils wieder auflöst, teils aber wenigstens, wenn solches Verhältnis bleibend ist (in den gegenseitigen Störungen Jupiters und Saturns), demselben unterworfen bleibt.

Wenn nun hiernach einige Grundzüge angegeben werden, wie die Hauptbestimmungen der freien Bewegung *mit dem Begriffe* zusammenhängen, so kann dies für seine Begründung nicht ausführlicher entwickelt und muß daher zunächst seinem Schicksal überlassen werden. Das Prinzip dabei ist, daß der Vernunftbeweis über die quantitativen Bestimmungen der freien Bewegung allein auf den *Begriffsbestimmungen* des Raums und der Zeit, der Momente, deren (jedoch nicht äußerliches) Verhältnis die Bewegung ist, beruhen kann. Wann wird die Wissenschaft einmal dahin kommen, über die metaphysischen Kategorien, die sie braucht, ein Bewußtsein zu erlangen und den Begriff der Sache statt derselben zugrunde zu legen!

Daß *zuerst* die Bewegung im allgemeinen eine *in sich zurückkehrende* ist, liegt in der Bestimmung der Körper der Besonderheit und Einzelheit überhaupt (§ 269), teils ein Zentrum in sich selbst und selbständige Existenz, teils zugleich ihr Zentrum in einem anderen zu haben. Es sind dies die Begriffsbestimmungen, die den Vorstellungen von einer *Zentripetalkraft* und *Zentrifugalkraft* zum Grunde liegen, aber darein verkehrt werden, als ob jede derselben für sich *selbständig*, außerhalb der anderen existiere und unabhängig wirke und sie nur in ihren Wirkungen *äußerlich*, damit zufällig, einander begegneten. Sie sind, wie bereits erinnert, die Linien, die für die mathematische Bestimmung gezogen werden müssen, in physische Wirklichkeiten verwandelt.

Ferner ist diese Bewegung *gleichförmig beschleunigt* (und – als in sich zurückkehrend – abwechselnd gleichförmig *retardiert*). In der Bewegung als *freier* kommen Raum und Zeit dazu, als das, was sie sind, als *Verschiedene* sich in der Größenbestimmung der Bewegung geltend zu machen (§ 267 Anm.) und sich nicht wie in der abstrakten, schlecht-gleichförmigen Geschwindigkeit zu verhalten. – In der sogenannten *Erklärung* der gleichförmig beschleunigten und retardierten Bewegung aus der *wechselseitigen Abnahme* und *Zunahme* der Größe der Zentripetalkraft und Zentrifugalkraft wird die *Verwirrung*, welche die Annahme solcher selbständigen Kräfte herbeiführt, am größten. Nach dieser Erklärung ist in der Bewegung eines Planeten von der Sonnenferne nach der Sonnennähe die Zentrifugalkraft *kleiner* als die Zentripetalkraft, dagegen soll nun in der Sonnennähe selbst die Zentrifugalkraft unmittelbar wieder größer werden als die Zentripetalkraft; für die Bewegung von der Sonnennähe zur Sonnenferne läßt man auf ebensolche Weise die Kräfte in das entgegengesetzte Verhältnis treten. Man sieht, daß ein solches *plötzliches Umschlagen* des erlangten Übergewichts einer Kraft in ein Unterliegen unter die andere nichts aus der Natur der Kräfte Genommenes ist. Im Gegenteil müßte geschlossen werden, daß ein Übergewicht, das die eine Kraft über die andere erlangt hätte, sich nicht nur erhalten, sondern in die völlige Vernichtung der anderen Kraft, und die Bewegung entweder durch das Übergewicht der Zentripetalkraft in die Ruhe, nämlich in das Stürzen des Planeten in den Zentralkörper, oder durch das Übergewicht der Zentrifugalkraft in [die] gerade Linie übergehen müßte. Der einfache Schluß, der gemacht wird, ist: weil der Körper von seiner Sonnennähe an sich mehr von der Sonne entfernt, so wird die Zentrifugalkraft wieder größer; weil er im Aphelium am weitesten von ihr entfernt ist, so ist sie daselbst am größten. Dies metaphysische Unding einer selbständigen Zentrifugal- wie Zentripetalkraft wird vorausgesetzt; auf diese Verstandesfiktionen soll denn aber kein Verstand weiter angewendet, nicht gefragt werden, wie solche Kraft, da sie selbständig ist, *aus sich* bald sich schwächer als die andere, bald sich überwiegend mache und machen lasse und dann ihr Übergewicht wieder aufhebe oder sich nehmen lasse. – Wird dieser in sich grundlosen abwechselnden Zu- und Abnahme weiter zugesehen, so finden sich in der mittleren Entfernung von den Apsiden Punkte ein, in welchen die Kräfte im *Gleichgewichte* sind. Das darauf folgen sollende Heraustreten derselben aus dem Gleichgewichte ist etwas ebenso Unmotiviertes als jene Plötzlichkeit des Umschlagens. Man findet überhaupt leicht, daß bei dieser Erklärungsweise die Abhilfe eines Übelstandes durch eine weitere Bestimmung neue und größere Verwirrungen herbeiführt. – Eine ähnliche Verwirrung tritt bei der Erklärung der Erscheinung ein, daß unter dem Äquator der Pendel langsamer schwingt. Diese Erscheinung wird der daselbst größer sein sollenden Zentrifugalkraft zugeschrieben; man kommt ebenso leicht darauf, sie der vergrößerten Schwerkraft, als welche den Pendel stärker nach der perpendikularen Linie der Ruhe halte, zuschreiben zu können.

Was nun die *Gestalt der Bahn* betrifft, so ist der *Kreis* nur als die Bahn einer *schlecht-gleichförmigen* Bewegung zu fassen. *Denkbar,* wie man es nennt, ist es wohl, daß auch eine gleichförmig *zu-* und *ab*nehmende Bewegung im Kreise geschehe. Aber diese Denkbarkeit oder Möglichkeit heißt nur eine abstrakte Vorstellbarkeit, welche das Bestimmte, worauf es ankommt, wegläßt und daher nicht nur oberflächlich, sondern falsch ist. Der Kreis ist die in sich zurückkehrende Linie, in der alle Radien *gleich* sind; d. h. er ist durch den Radius vollkommen bestimmt; es ist dies nur *eine,* und sie ist die *ganze* Bestimmtheit. In der freien Bewegung aber, wo räumliche und zeitliche Bestimmung in *Verschiedenheit,* in ein qualitatives Verhältnis zueinander treten, tritt notwendig dies Verhältnis an *dem Räumlichen* selbst als eine *Differenz* desselben hervor, welche hiermit *zwei* Bestimmungen erfordert. Dadurch wird die Gestalt der in sich zurückgehenden Bahn wesentlich eine *Ellipse*.[9] – Die abstrakte Bestimmtheit, die den Kreis ausmacht, erscheint auch so, daß der Bogen oder Winkel, der durch zwei Radien eingeschlossen ist, *von ihnen unabhängig*, eine gegen sie völlig empirische Größe ist. Aber in der durch den Begriff bestimmten Bewegung müssen die Entfernung vom Zentrum und der Bogen, der in einer Zeit durchlaufen wird, in *einer* Bestimmtheit befaßt sein, *ein Ganzes* ausmachen (Momente des Begriffs sind nicht in Zufälligkeit gegeneinander); so ergibt sich eine Raumbestimmung von zwei Dimensionen, der *Sektor*. Der Bogen ist auf diese Weise wesentlich Funktion des Radiusvektor und führt, als in gleichen Zeiten ungleich, die Ungleichheit der Radien mit sich. Daß die räumliche Determination durch die Zeit als eine Bestimmung von zwei Dimensionen, als *Flächenbestimmung*, erscheint, hängt mit dem zusammen, was oben (§ 267) beim Falle über die Exposition derselben Bestimmtheit, das eine Mal als Zeit in der Wurzel, das andere Mal als Raum im *Quadrat* gesagt worden. Hier jedoch ist das *Quadratische* des Raumes, durch die Rückkehr der Linie der Bewegung in sich selbst, zum Sektor beschränkt. – Dies sind, wie man sieht, die allgemeinen Prinzipien, auf denen das Keplersche Gesetz, daß *in gleichen Zeiten gleiche Sektoren abgeschnitten* werden, beruht.[10]

Dies Gesetz betrifft nur das Verhältnis des Bogens zum Radiusvektor, und die Zeit ist dabei abstrakte Einheit, in der die verschiedenen Sektoren verglichen werden, weil sie das Determinierende als Einheit ist. Aber das weitere Verhältnis ist das der Zeit, nicht als Einheit, sondern als

9 1. Keplersches Gesetz: Die Planeten bewegen sich in Ellipsen, in deren einem Brennpunkt die Sonne steht.

10 2. Keplersches Gesetz: Die Strecke Planet–Sonne (Radiusvektor) bestreicht in gleichen Zeiten gleiche Flächen.

Quantum überhaupt, als Umlaufszeit, zu der Größe der Bahn oder, was dasselbe ist, der Entfernung vom Zentrum. Als Wurzel und Quadrat sahen wir Zeit und Raum sich zueinander verhalten im *Falle*, der halbfreien Bewegung, die einerseits zwar durch den Begriff, andererseits aber äußerlich bestimmt ist. Aber in der absoluten Bewegung, dem Reiche der *freien* Maße, erlangt jede Bestimmtheit ihre Totalität. Als Wurzel ist die Zeit eine bloß empirische Größe und als qualitativ nur abstrakte Einheit. Als *Moment* der entwickelten Totalität aber ist sie zugleich an ihr bestimmte Einheit, Totalität für sich, produziert sich und bezieht sich *darin auf sich selbst*; als das in sich Dimensionslose kommt sie in ihrer Produktion nur zur formellen Identität mit sich, dem *Quadrate*, der Raum dagegen als das positive Außereinander zur Dimension des Begriffs, *dem Kubus*. Ihre Realisierung behält so den ursprünglichen Unterschied derselben zugleich bei. Dies ist das *dritte* Keplersche Gesetz, das Verhältnis des Würfels der *Entfernungen* zu den *Quadraten* der Zeiten[11], – ein Gesetz, das darum so groß ist, weil es so einfach und unmittelbar die *Vernunft der Sache* darstellt. Die Newtonsche Formel hingegen, wodurch es in ein Gesetz für die *Kraft* der Schwere verwandelt wird, zeigt die Verdrehung und Umkehrung der auf halbem Wege stehenbleibenden *Reflexion*.

Zusatz. Es treten hier, im Mechanischen, Gesetze im eigentlichen Sinne ein; denn Gesetze heißen Verknüpftsein zweier einfacher Bestimmungen, so daß nur ihre einfache Beziehung aufeinander das ganze Verhältnis ausmacht, die beiden aber den Schein der Freiheit gegeneinander haben müssen. Im Magnetismus ist dagegen die Untrennbarkeit der beiden Bestimmungen schon gesetzt; daher nennen wir dies nicht Gesetz. In höheren Gestalten ist das Individualisierte das Dritte, worin die Bestimmungen verknüpft sind, und wir haben nicht mehr die direkten Bestimmungen Zweier, die aufeinander bezogen sind. Im Geiste sind erst wieder Gesetze,

---

11 3. Keplersches Gesetz: Die Quadrate der Umlaufzeiten zweier Planeten verhalten sich wie die dritten Potenzen ihrer großen Bahnachsen.

weil Selbständige gegeneinander auftreten. Die Gesetze dieser Bewegung betreffen nun zweierlei: die Gestalt der Bahn und die Geschwindigkeit der Bewegung. Dieses aus dem Begriffe zu entwickeln, darum handelt es sich. Das würde eine weitläufige Wissenschaft abgeben; wegen der Schwierigkeit der Aufgabe ist dies noch nicht vollständig geleistet.

Kepler hat seine Gesetze empirisch, durch Induktion gefunden, nach den Versuchen von *Tycho Brahe*; aus diesen einzelnen Erscheinungen das allgemeine Gesetz herauszufinden, ist das Werk des Genies in diesem Felde.

1. Kopernikus nahm noch an, die Bahn sei kreisförmig, aber die Bewegung exzentrisch. In gleichen Zeiten werden aber nicht gleiche Bogen durchlaufen; solche Bewegung kann nun nicht im Kreise stattfinden, denn sie ist gegen die Natur desselben. Der Kreis ist die Kurve des Verstandes, der Gleichheit setzt. Die Bewegung im Kreise kann nur gleichförmig sein; gleichen Bogen können nur gleiche Radien entsprechen. Dies wird nicht überall angenommen; aber näher betrachtet, wäre das Gegenteil eine leere Behauptung. Der Kreis hat nur *eine* Konstante, die anderen Kurven zweiter Ordnung haben zwei Konstanten, die große und die kleine Achse. Werden verschiedene Bogen in derselben Zeit durchlaufen, so müssen sie nicht nur empirisch, sondern nach ihrer Funktion verschieden sein, d. h. die Verschiedenheit muß in ihrer Funktion selbst liegen. Beim Kreise wären solche Bogen aber in der Tat nur empirisch voneinander verschieden. Zu der Funktion eines Bogens gehört wesentlich der Radius, die Beziehung des Peripherischen zum Zentrum. Sollten die Bogen verschieden sein, so müßten es auch die Radien sein, und so wäre gleich der Begriff des Kreises aufgehoben. Sowie eine Beschleunigung angenommen wird, folgt unmittelbar eine Verschiedenheit der Radien; Bogen und Radius hängen schlechterdings zusammen. Die Bahn muß also eine Ellipse sein, da die Bahn zurückkehrend ist. Ganz entspricht nach der Beobachtung auch die Ellipse nicht der Bahn der Planeten; es sind dann andere Störungen anzunehmen. Ob nicht die Bahn noch tiefere Funktionen hat als die Ellipse, ob sie nicht vielleicht die Eilinie ist usw., ist der späteren Astronomie zu entscheiden aufbewahrt.

2. Die Bestimmtheit des Bogens liegt hier in den Radien, durch die er abgeschnitten wird; diese drei Linien bilden zusammen ein Dreieck, ein Ganzes von Bestimmtheit, dessen Momente sie sind. Der Radius ist ebenso Funktion des Bogens und des anderen Radius. Dies ist festzuhalten, daß in diesem Dreieck die Bestimmtheit des Ganzen liegt, nicht im Bogen für sich als einer empirischen Größe und vereinzelten Bestimmtheit, die äußerlich ver-

glichen werden kann. Die eine, die empirische Bestimmtheit der ganzen Kurve, von der der Bogen irgendein Teil ist, liegt im Verhältnis ihrer Achsen, die andere im Gesetze der Veränderlichkeit der Vektoren; und insofern der Bogen ein Teil des Ganzen ist, hat er, wie das Dreieck, seine Bestimmtheit in dem, was die Bestimmtheit der ganzen Bahn überhaupt ausmacht. Daß eine Linie in einer notwendigen Bestimmtheit gefaßt werde, dazu gehört, daß sie Moment eines Ganzen sei. Die Größe der Linie ist nur etwas Empirisches, das Ganze ist erst das Dreieck; hierin liegt der Ursprung der mathematischen Vorstellung von dem Parallelogramm der Kräfte in der endlichen Mechanik, wo man auch den durchlaufenen Raum als Diagonale ansieht, die so als Teil eines Ganzen, als Funktion gesetzt, der mathematischen Behandlung fähig wird. Die Zentripetalkraft ist der Radius, die Zentrifugalkraft die Tangente; der Bogen ist die Diagonale der Tangente und des Radius. Das sind aber nur mathematische Linien; physisch dies gesondert, ist eine leere Vorstellung. In der abstrakten Bewegung des Falls sind die Quadrate, das Flächenhafte der Zeit, nur Zahlbestimmungen; das Quadrat ist nicht im räumlichen Sinne zu nehmen, weil im Fall nur eine gerade Linie durchlaufen wird. Darin besteht das Formelle des Falls; und die Konstruktion des durchlaufenen Raumes als einer Fläche in Weise eines quadratischen Raumverhältnisses, wie man ihn auch im Fall gezeichnet hat, ist daher nur eine formelle Konstruktion. Indem hier aber die zum Quadrate sich erhebende Zeit einer Fläche korrespondiert, so erhält hier das sich selbst Produzieren der Zeit Realität. Der Sektor ist eine Fläche, die Produkt ist von Bogen und Radiusvektor. Die beiden Bestimmungen des Sektors sind der durchlaufene Raum und die Entfernung vom Mittelpunkt. Die Radien, von *dem* Brennpunkt aus gezogen, worin der Zentralkörper sich befindet, sind verschieden. Derjenige von zwei gleichen Sektoren, welcher größere Radien hat, hat einen kleineren Bogen. Beide Sektoren sollen in derselben Zeit durchlaufen werden; also ist der durchlaufene Raum kleiner, folglich auch die Geschwindigkeit geringer in dem Sektor, welcher die größeren Radien hat. Hier ist der Bogen oder der durchlaufene Raum nichts Unmittelbares mehr, sondern zu einem Momente herabgesetzt, also zum Faktor eines Produkts, durch die Beziehung auf den Radius, was im Falle noch nicht vorhanden ist. Hier aber ist das Räumliche, was durch die Zeit bestimmt ist, zwei Bestimmungen der Bahn selbst, der durchlaufene Raum und die Entfernung vom Mittelpunkt. Die Zeit bestimmt das Ganze, wovon der Bogen nur ein Moment ist. Darin liegt es, daß gleiche Sektoren gleichen Zeiten entsprechen; der Sektor ist durch die Zeit bestimmt, d. h. der durchlaufene Raum ist zu einem Momente herabgesetzt. Dies ist wie beim Hebel, wo die Last und die Entfernung vom Hypomochlion die beiden Momente des Gleichgewichts sind.

3. An dem Gesetze, daß die Kuben der mittleren Entfernungen verschiedener Planeten sich wie die Quadrate ihrer Umlaufszeiten verhalten, hat Kepler 27 Jahre gesucht; ein Rechnungsfehler brachte ihn wieder ab, als er früher einmal schon ganz nahe daran war, es zu finden. Er hatte den absoluten Glauben, Vernunft müsse darin sein; und durch diese Treue ist er auf dieses Gesetz gekommen. Daß die Zeit um eine Dimension zurückbleibt, wird schon aus dem Früheren erwartet. Indem Raum und Zeit hier zusammengebunden sind, so ist jedes in seiner Eigentümlichkeit gesetzt und ihre Größenbestimmtheit durch ihre Qualität bestimmt.

Diese Gesetze sind vom Schönsten, was wir in den Naturwissenschaften haben, am reinsten, ungetrübtesten von heterogenem Stoffe; es ist daher am interessantesten, sie zu begreifen. Diese Keplerschen Gesetze sind, wie sie dargestellt worden, in ihrer reinsten klarsten Form. Die Newtonsche Form des Gesetzes ist, daß die Schwere die Bewegung regiere und daß ihre Kraft sich verhalte nach dem umgekehrten Quadrat der Entfernungen.* Newton wird der Ruhm zugeschrieben, daß er das Gesetz der allgemeinen Gravitation gefunden habe. Newton hat Keplers Ruhm verdunkelt und den größten Ruhm desselben in der Vorstellung für sich hinweggenommen. Die Engländer haben sich oft solche Autorität angemaßt und die Deutschen es sich gefallen lassen. Voltaire hat die Newtonsche Theorie bei den Franzosen in Ehren gebracht, und das haben dann auch die Deutschen nachgesprochen. Es ist allerdings Newtons Verdienst, daß seine Form viel Vorteilhaftes für die mathematische Behandlung hat. Oft ist es Neid, wenn man den Ruhm großer Männer schmälert; andererseits ist es aber ein Aberglaube, wenn man ihren Ruhm als ein Letztes ansieht.

Es ist eine Ungerechtigkeit gegen Newton begangen worden, insofern unter Schwere auch im Mathematischen zweierlei verstanden wird. Erstens heißt sie nur diese eine Richtung, daß an der Oberfläche der Erde ein Stein in einer Sekunde 15 Fuß fällt; was eine bloß empirische Bestimmung ist. Newton hat vom Gesetze des

* Laplace, *Exposition du système de monde* (Paris 1796), T. II, p. 12: »Newton trouva qu'en effet cette force est réciproque au quarré du rayon vecteur.« Newton sagt (*Phil. nat. princ. math.* I., prop. XI. sq.): Wenn ein Körper sich in einer Ellipse, Hyperbel oder Parabel (die Ellipse geht aber in den Kreis über) bewegt, so ist die Zentripetalkraft »reciproce in duplicata ratione distantiae«.

Falls, den man vornehmlich der Schwere zuschreibt, eine Anwendung auf den Umlauf des Mondes gemacht, als der zu seinem Zentrum gleichfalls die Erde hat. Die Größe von 15 Fuß wird so auch für den Umlauf des Mondes zugrunde gelegt. Da der Mond sechzig Durchmesser der Erde von der Erde entfernt ist, so wird also das Moment der Attraktion in seiner Bewegung danach bestimmt. Es wird dann gefunden, daß das, was [als] die Attraktivkraft der Erde auf den Mond wirke (der *Sinus versus*, die Sagitta), zugleich den ganzen Umlauf des Mondes bestimme: er falle ebenso. Das mag richtig sein. Das ist aber zunächst nur ein einzelner Fall, die Ausdehnung des empirischen Falls auf der Erde auf den Mond. Von den Planeten ist dies nicht gemeint oder gälte nur von ihnen im Verhältnis zu ihren Trabanten. Das ist also ein beschränkter Punkt. Man sagt, den himmlischen Körpern kommt das Fallen zu. Sie fallen aber doch nicht in die Sonne; so gibt man ihnen noch eine andere Bewegung, welche den Fall aufhält. Das ist sehr einfach verendlicht. So schlagen Knaben mit dem Prügel einen Ball, der fallen will, auf die Seite. Es ist uns nicht geheuer, solche Knabenverhältnisse auf diese freie Bewegung angewendet zu sehen. Die zweite Bedeutung der Schwere ist dann erst die allgemeine Gravitation, und Newton sah in der Schwere das Gesetz der ganzen Bewegung; er übertrug so die Schwere auf das Gesetz der Himmelskörper und nannte es das Gesetz der Schwere. Diese Verallgemeinerung des Gesetzes der Schwere ist das Verdienst Newtons; und es ist uns präsent in der Bewegung, mit der wir einen Stein fallen sehen. Der Fall eines Apfels vom Baume soll Newton zu dieser Ausdehnung veranlaßt haben. Nach dem Gesetze des Falls bewegt sich der Körper gegen den Mittelpunkt seiner Schwere, die Körper haben Trieb nach der Sonne; ihre Richtung ist aus diesem Triebe und aus der Tangentialrichtung zusammengesetzt, die Diagonale ist diese daraus resultierende Richtung.

Wir glauben also hier ein Gesetz zu finden, welches zu seinen Momenten hat: 1. das Gesetz der Schwere als Attraktivkraft, 2. das Gesetz der Tangentialkraft. Betrachten wir aber das Gesetz des Umlaufs, so haben wir nur *ein* Gesetz der Schwere; die Zentrifugalkraft ist etwas Überflüssiges, verschwindet also ganz, obgleich die Zentripetalkraft nur das eine Moment sein soll. Die Konstruktion der Bewegung aus beiden Kräften zeigt sich hierdurch als unnütz. Das Gesetz des einen Moments – das, was von der Attraktivkraft gesagt wird – ist nicht Gesetz derselben allein, sondern zeigt sich so als das Gesetz der ganzen Bewegung; und das andere Moment wird ein empirischer Koeffizient. Von der Zentrifugalkraft erfährt man weiter nichts. Anderwärts läßt man

freilich beide Kräfte auseinandertreten. Man sagt, die Zentrifugalkraft ist ein Anstoß, den die Körper erhalten haben, sowohl der Richtung als der Größe nach. Eine solche empirische Größe kann nicht Moment eines Gesetzes sein, sowenig als die 15 Fuß. Will man die Gesetze der Zentrifugalkraft für sich bestimmen, so ergeben sich Widersprüche, wie immer bei solchen Entgegengesetzten. Einmal gibt man ihr dieselben Gesetze als für die Zentripetalkraft, dann auch wieder andere. Die größte Verwirrung herrscht, wenn man die Wirkungen beider trennen will, wenn sie nicht mehr in Gleichgewicht sind, sondern die eine größer als die andere ist, die eine wachsen soll, wenn die andere abnimmt. Im Aphelium, sagt man, sei die Zentrifugalkraft, im Perihelium die Zentripetalkraft am stärksten. Ebensogut könnte man aber auch das Gegenteil sagen. Denn wenn der Planet in der Nähe der Sonne die größte Attraktivkraft hat, so muß, da die Entfernung von der Sonne wieder anfängt sich zu vermehren, auch die Zentrifugalkraft jene wieder überwinden, also ihrerseits gerade am stärksten sein. Wird aber an die Stelle der Plötzlichkeit des Umschlagens ein allmähliches Zunehmen der fraglichen Kraft vorausgesetzt, so geht, da vielmehr die andere Kraft als zunehmend vorausgesetzt wurde, der Gegensatz verloren, der zum Behuf des Erklärens angenommen wurde, wenn auch das Zunehmen der einen als verschieden von dem der andern (was sich gleichfalls in einigen Darstellungen findet) angenommen wird. Mit diesem Spiel, wie jede immer wieder die andere überwiegen soll, verwirrt man sich; ebenso in der Medizin, wenn Irritabilität und Sensibilität in umgekehrtem Verhältnisse sein sollen. Diese ganze Form der Reflexion ist somit zu verwerfen.
Die Erfahrung, daß, weil der Pendel unter dem Äquator langsamer schwingt als in höheren Breiten, er kürzer gemacht werden muß, damit die Schwingungen schneller seien, führt man auf den stärkeren Schwung der Zentrifugalkraft zurück, indem die Äquatorialgegend in derselben Zeit einen größeren Kreis als der Pol beschreibe, also die Schwungkraft die Kraft der Schwere des Pendels, womit er fällt, verhindere. Ebensogut und wahrhafter kann man das Gegenteil sagen. Langsamer schwingen heißt, die Richtung nach der Vertikale oder nach der Ruhe ist hier stärker, also schwächt sie die Bewegung hier überhaupt; diese ist Abirren von der Richtung der Schwere, also ist hier die Schwere vielmehr vergrößert. So geht es mit solchen Gegensätzen.
Newton hatte nicht zuerst den Gedanken, daß die Planeten in immanenter Beziehung zur Sonne stehen, sondern Kepler hatte ihn auch schon. Es ist also absurd, dieses, daß sie angezogen werden, für einen neuen Gedanken Newtons anzusehen. Ohnehin ist »an-

ziehen« ein ungeeigneter Ausdruck; sie treiben sich vielmehr selbst dahin. Alles kommt auf den Beweis an, daß die Bahn elliptisch sei; dieses hat aber Newton nicht bewiesen, und doch ist es der Nerv des Keplerschen Gesetzes. *Laplace* (*Exposition du système du monde,* T. II, p. 12–43) gibt zu: »Die Analysis des Unendlichen, welche vermöge ihrer Allgemeinheit alles umfaßt, was aus einem gegebenen Gesetze hergeleitet werden kann, zeigt uns, daß nicht bloß die Ellipse, sondern *jeder Kegelschnitt* vermöge der Kraft, welche die Planeten in ihren Bahnen erhält, beschrieben werden könne.« Aus diesem wesentlichen Umstand zeigt sich das vollkommen Ungenügende des Newtonschen Beweises. Im geometrischen Beweise gebraucht Newton das unendlich Kleine; dieser Beweis ist nicht streng, weshalb ihn die jetzige Analysis auch fallenläßt. Newton, statt die Gesetze Keplers zu beweisen, hat also vielmehr das Gegenteil getan; man wollte einen Grund für die Sache haben und begnügte sich mit einem schlechten. Die Vorstellung vom unendlich Kleinen imponiert hier in diesem Beweise, der darauf beruht, daß Newton im unendlich Kleinen alle Dreiecke gleichsetzt. Aber Sinus und Kosinus sind ungleich; sagt man nun, beide, als unendlich kleine Quanta gesetzt, sind einander gleich, so kann man mit einem solchen Satze alles machen. Bei Nacht sind alle Kühe schwarz. Das Quantum soll verschwinden; macht man aber auch das Qualitative dabei zunichte, so kann man alles beweisen. Auf solchem Satze beruht nun der Newtonsche Beweis, und deshalb ist er vollkommen schlecht. Die Analysis leitet dann aus der Ellipse die beiden anderen Gesetze ab; dieses hat sie allerdings geleistet, auf eine Weise, wie es Newton nicht getan; sondern dies ist später, aber gerade das erste Gesetz ist nicht bewiesen. Im Newtonschen Gesetze ist die Schwere, als nach der Entfernung geringer, nur Geschwindigkeit, mit der die Körper sich bewegen. Diese mathematische Bestimmung $\frac{S}{T^2}$ hat Newton herausgehoben, indem er die Keplerschen Gesetze so gewendet hat, daß die Schwere herauskommt; sie liegt aber schon in den Keplerschen Gesetzen. Das ist, wie wenn wir die Definition des Kreises haben: $a^2 = x^2 + y^2$, als das Verhältnis der unveränderlichen Hypotenuse (des Radius) zu den beiden Katheten, die veränderlich sind (Abszisse oder Kosinus, Ordinate oder Sinus). Will ich nun aus dieser Formel z. B. die Abszisse herleiten, so sage ich: $x^2 = a^2 - y^2, = (a + y) \cdot (a - y)$; oder die Ordinate: $y^2 = a^2 - x^2, = (a + x) \cdot (a - x)$. Aus der ursprünglichen Funktion der Kurve finde ich so alle übrigen Bestimmungen. So sollen wir auch $\frac{A}{T^2}$ als Schwere finden, also nur die Keplersche Formel so stellen, daß diese Bestimmung hervortritt. Dies läßt sich aus jedem der Keplerschen Gesetze bewerkstelligen, aus dem Gesetze der Ellipsen, dann aus der Proportionalität der Zeiten und der Sektoren, am einfachsten und unmittelbarsten aus dem dritten. Dieses Gesetz hat diese Formel: $\frac{A^3}{T^2} = \frac{a^3}{t^2}$. Wir wollen nun daraus $\frac{S}{T^2}$ ziehen. S ist der durchlaufene Raum als Teil der Bahn, A ist die Entfernung; beide lassen sich aber verwechseln und gelten füreinander, weil Entfernung (Durchmesser) und Bahn, als konstante Funktion der Entfernung, im Verhältnis stehen. Ist nämlich der Diameter bestimmt, so weiß ich auch den Umkreis und umgekehrt; denn es ist *eine* Bestimmtheit. Schreibe ich nun jene Formel: $\frac{A^2 \cdot A}{T^2} = \frac{a^2 \cdot a}{t^2}$ d. i. $A^2 \cdot \frac{A}{T^2} = a^2 \cdot \frac{a}{t^2}$, hebe ich die Schwere $\left(\frac{A}{T^2}\right)$heraus und setze G statt $\frac{A}{T^2}$, und g statt $\frac{a}{t^2}$ (die verschiedenen Gravitationen), so habe ich $A^2 \cdot G = a^2 \cdot g$. Wenn ich nun dieses in eine Proportion bringe, so habe ich $A^2 : a^2 = g : G$; und dies ist das Newtonsche Gesetz.

Wir haben bisher in der himmlischen Bewegung zwei Körper gehabt. Der eine, der Zentralkörper, hatte, als Subjektivität und An-und-für-sich-Bestimmtsein des Orts, sein Zentrum absolut in sich. Das andere Moment ist die Objektivität gegen dies An-und-für-sich-Bestimmtsein: die besonderen Körper, die, wie sie ein Zentrum in sich, so auch in einem anderen haben. Indem sie nicht mehr der Körper sind, der das abstrakte Moment der Subjektivität ausdrückt, so ist ihr Ort zwar bestimmt, sie sind außer jenem; ihr Ort ist aber nicht absolut bestimmt, sondern die Bestimmtheit des Orts ist unbestimmt. Die verschiedenen Möglichkeiten bringt der Körper zustande, indem er sich in der Kurve bewegt. Jeder Ort der Kurve ist nämlich dem Körper gleichgültig; und dies stellt er ebenso dar, daß er sich in derselben um den Zentralkörper bewegt. In diesem ersten Verhältnis ist die Schwere noch nicht zur *Totalität* des Begriffs entfaltet; dazu gehört, daß die Besonderung in viele Körper, zu der jene Subjektivität des Zentrums sich objektiviert, weiter in sich bestimmt werde. Zuerst haben wir den absoluten Zentralkörper, dann unselbständige Körper ohne Zentrum in sich, dann relative Zentralkörper; erst mit diesen drei Arten von Körpern ist das Ganze des Systems der Schwere geschlossen. So sagt man: Um zu unterscheiden, welcher von zwei Körpern sich bewege, muß man drei haben; wie wenn wir in einem Schiffe sind und das Ufer an uns vorbeifliegt. Durch die Mehrheit der Planeten könnte schon Bestimmtheit vorhanden sein; aber diese Mehrheit ist eine bloße Mehrheit, nicht eine unterschiedene Bestimmtheit. Ob die Sonne oder die Erde sich bewegt, ist für den Begriff eins, wenn nur diese zwei sind. Tycho Brahe brachte daher heraus, die Sonne gehe um die Erde, die Planeten um die Sonne; dies geht ebensogut, nur daß es für die Berechnungen schwieriger ist. Kopernikus fand das Rechte; wenn die Astronomie dafür die Gründe angab, es sei würdiger, daß die Erde sich um die Sonne als die größere bewege, so sagt das gar nichts. Bringt man auch die Masse herein, so fragt es sich, ob das Größere auch eine ebensolche spezifische Dichtigkeit habe. Das Gesetz der Bewegung bleibt die Hauptsache. Der Zentralkörper stellt die abstrakte rotatorische Bewegung dar; die besonderen Körper haben die bloße Bewegung um ein Zentrum ohne selbständige rotatorische Bewegung; die dritte Weise im System der freien Bewegung ist nun die Bewegung um ein Zentrum zugleich mit davon unabhängiger rotatorischer Bewegung.

a) Das *Zentrum* soll ein Punkt sein; es ist aber, indem es Körper ist, zugleich ausgedehnt, d. i. bestehend aus Suchenden. Diese unselbständige Materie, welche der Zentralkörper an ihm selbst hat, fordert, daß er um sich selbst rotiere. Denn die unselbständigen Punkte, zugleich vom Zentrum entfernt gehalten, haben keinen sich auf sich beziehenden, d. i. festbestimmten Ort, – sie sind nur fallende Materie und so nur nach *einer* Richtung bestimmt. Die übrige Bestimmtheit fehlt; jeder Punkt muß also alle Orte einnehmen, die er einnehmen kann. Das An-und-für-sich-Bestimmtsein ist nur das Zentrum, das übrige Außereinander ist gleichgültig; denn es ist hierbei nur die Entfernung des Orts bestimmt, nicht der Ort selbst. Diese Zufälligkeit der Bestimmung kommt dann so zu Existenz, daß die Materie ihren Ort verändert; und dies drückt sich durch *In-sich-Rotieren* der *Sonne* um ihren Mittelpunkt herum aus. Diese Sphäre also ist die unmittelbare Masse als Einheit der Ruhe und Bewegung, oder sie ist sich auf sich selbst beziehende Bewegung. Die achsendrehende Bewegung ist keine Ortsveränderung; denn alle Punkte behalten denselben Ort gegeneinander. Das Ganze ist somit ruhende Bewegung. Damit die Bewegung wirklich wäre, müßte die Achse nicht gegen die Masse gleichgültig sein; sie müßte nicht ruhen, während diese sich bewegt. Der Unterschied der Ruhe von dem, was hier Bewegung ist, ist kein realer Unterschied, kein Unterschied der Masse; das Ruhende ist keine Masse, sondern eine Linie, und das Bewegte unterscheidet sich nicht durch die Massen, sondern allein durch die Orte.

b) Die *unselbständigen* Körper, die zugleich eine scheinbar freie Existenz haben, nicht zusammenhängende Teile der Ausdehnung eines mit einem Zentrum begabten Körpers ausmachen, sondern sich von ihm entfernt halten, haben auch Rotation, aber nicht um

sich selbst, denn sie haben kein Zentrum in ihnen. Sie rotieren also um einen Mittelpunkt, der einem anderen Körperindividuum gehört, von dem sie ausgestoßen sind. Ihr Ort ist überhaupt dieser oder jener; und diese Zufälligkeit des bestimmten Orts drücken sie auch durch Rotation aus. Aber ihre Bewegung ist eine träge und starre Bewegung um den Zentralkörper, indem sie immer in derselben Ortsbestimmung gegen denselben bleiben, wie es z. B. mit dem Mond im Verhältnis zur Erde ist. Irgendein Ort A im peripherischen Körper bleibt immer in der geraden Linie des absoluten und relativen Zentrums, und jeder andere Punkt B usw. behält seinen bestimmten Winkel bei. So bewegt sich der unselbständige Körper nur überhaupt als Masse um den Zentralkörper, nicht als sich auf sich beziehender individueller Körper. Die unselbständigen himmlischen Körper bilden die Seite der Besonderheit; darin liegt, daß sie als eine Verschiedenheit in sich zerfallen, da in der Natur die Besonderheit als Zweiheit, nicht, wie im Geiste, als Eins existiert. Die gedoppelte unselbständige Körperweise betrachten wir hier nur nach dem Unterschiede der Bewegung, und wir haben in dieser Rücksicht die zwei Seiten der Bewegung:
1. Zunächst ist das Moment gesetzt, daß die ruhende Bewegung diese unruhige Bewegung wird, eine Sphäre der *Ausschweifung* oder das Hinausstreben aus ihrem unmittelbaren Dasein in ein Jenseits ihrer selbst. Dies Moment des Außersichseins ist selbst Moment der Substanz, als eine Masse und Sphäre, denn jedes Moment erhält hier eigenes Dasein, oder es hat die Realität des Ganzen, welches Sphäre ist, an ihm. Diese zweite, die *kometarische* Sphäre, drückt diesen Wirbel aus, das beständige Auf-dem-Sprunge-Stehen, sich aufzulösen und sich ins Unendliche oder Leere zu zerstreuen. Es ist hierbei teils noch die körperliche Gestalt zu vergessen, teils alles dies Vorstellen von den Kometen und den himmlischen Körpern überhaupt, welches eben weiß, daß sie da sind, weil sie gesehen werden, und nur an die Zufälligkeit derselben denkt. Nach ihm könnten die Kometen auch nicht dasein; es kann ihm sogar lächerlich vorkommen, sie als notwendig zu erkennen, ihren Begriff zu fassen, – gewohnt, dergleichen eben als ein Jenseits zu betrachten, das uns und damit dem Begriffe schlechthin ferne liege. Überhaupt gehören dahin alle Vorstellungen von dem, was man »Erklären der Entstehung« nennt: ob die Kometen aus der Sonne ausgeworfen werden, atmosphärische Dünste seien und dergleichen. Solches Erklären will zwar sagen, was sie sind, geht aber an der Hauptsache, der Notwendigkeit, nur vorbei; diese Notwendigkeit ist eben der Begriff. Es ist hier auch nicht darum zu tun, Erscheinungen aufzugreifen und ihnen ein Gedankenfärbchen anzuhängen. Die kometarische Sphäre droht, der all-

gemeinen sich auf sich beziehenden Ordnung zu entfliehen und ihre Einheit zu verlieren; sie ist die formale Freiheit, welche ihre Substanz außer ihr hat, das Treiben in die Zukunft. Insofern sie aber notwendiges Moment des Ganzen ist, entflieht sie diesem Ganzen nicht und bleibt innerhalb der ersten Sphäre eingeschlossen. Indessen ist es unbestimmt, ob solche Sphären als einzelne sich auflösen und andere einzelne ins Dasein treten oder ob sie als Bewegungen, die ihre Ruhe außer ihnen in der ersten Sphäre haben, sich immer um diese bewegen. Beides gehört der Willkür der Natur an, und diese Einteilung oder dieser stufenweise Übergang von der Bestimmtheit dieser Sphäre in eine andere ist zum sinnlichen Dasein zu rechnen. Das Extrem des Ausschweifens selbst besteht aber notwendig darin, sich einmal der Subjektivität des Zentralkörpers unendlich zu nähern und dann der Repulsion zu weichen.

2. Aber diese Unruhe ist eben das Moment des Wirbels, der seinem Mittelpunkt zugeht; das Übergehen ist nicht nur der reine Wandel, sondern dies Anderssein ist an ihm selbst unmittelbar das Gegenteil seiner selbst. Der Gegensatz ist das Gedoppelte: das unmittelbare Anderssein und das Aufheben dieses Andersseins selbst. Aber es ist der Gegensatz nicht als solcher, nicht die reine Unruhe, sondern er, wie er seinen Mittelpunkt, seine Ruhe sucht, – die aufgehobene Zukunft, die Vergangenheit als Moment, aber die ihrem Begriffe, jedoch noch nicht ihrem Dasein nach Aufgehobensein des Gegensatzes ist. Dies ist die *lunarische* Sphäre, die nicht das Ausschweifen vom unmittelbaren Dasein, das Herkommen aus diesem ist, sondern die Beziehung auf das Gewordene oder auf das Fürsichsein, das Selbst. Die kometarische Sphäre ist daher nur auf die unmittelbare achsendrehende bezogen, die lunarische dagegen auf den neuen, in sich reflektierten Mittelpunkt, den Planeten. Letztere hat also ihr Anundfürsichsein auch noch nicht in ihr selbst, ist nicht achsendrehend für sich; sondern ihre Achse ist ein ihr Anderes, aber nicht jene erste. Die lunarische Sphäre ist, als seiende Bewegung vorgestellt, nur *dienend* und strenge von *einem* Mittelpunkt regiert. Das Ausschweifende ist aber ebenso unselbständig; das eine ist abstraktes Gehorchen, Sichrichten nach einem Anderen, das andere ist vermeinte Freiheit. Das Kometarische ist die Exzentrizität, vom abstrakten Ganzen regiert: das Lunarische, die ruhende Trägheit.

c) Endlich die Sphäre, welche an und für sich ist, die *planetarische*, ist Beziehung auf sich und auf Anderes; sie ist achsendrehende Bewegung ebensosehr als ihren Mittelpunkt außer sich habende. Der Planet hat also auch sein Zentrum in sich selbst, aber dieses ist nur ein relatives; er hat nicht sein absolutes Zentrum in sich, er ist mithin auch unselbständig. Der Planet hat beide Bestimmungen an

ihm und stellt beide als Ortsveränderung dar. Als selbständig beweist er sich nur so, daß seine Teile selbst den Ort verändern in Hinsicht auf die Lage, die sie zur geraden Linie haben, welche das absolute und relative Zentrum verbindet; dieses begründet die rotatorische Bewegung der Planeten. Die Achse der Bahn bringt dadurch, daß sie sich bewegt, die Präzession der Nachtgleichen hervor. (Ebenso hat die Weltachse eine Rotation, und ihre Pole beschreiben eine Ellipse.) Der Planet ist, als das Dritte, der Schluß, mit dem wir das Ganze haben; diese Vierheit der Himmelskörper bildet das vollendete System der vernünftigen Körperlichkeit. Das gehört zu einem Sonnensystem und ist die entwickelte Disjunktion des Begriffs; diese Vier stellen dar am Himmel außereinander die Momente des Begriffs. Es kann sonderbar scheinen, die Kometen da hineinpassen zu wollen; aber was vorhanden ist, muß notwendig im Begriffe gehalten sein. Die Unterschiede sind hier noch ganz frei auseinandergeworfen. Die solarische, planetarische, lunarische, kometarische Natur werden wir durch alle folgenden Stufen der Natur verfolgen; die Vertiefung der Natur ist nur die fortschreitende Umbildung dieser Vier. Weil die planetarische Natur die Totalität, die Einheit der Gegensätze ist, während die anderen, als deren unorganische Natur, nur ihre vereinzelten Momente darstellen, so ist sie die vollkommenste, auch schon in Rücksicht der Bewegung, die hier allein in Betracht kommt. Nur auf dem Planeten ist daher Lebendigkeit. Die alten Völker haben die Sonne angebetet und höher gesetzt; wir tun es auch, wenn wir die Abstraktion des Verstandes als das Höchste setzen und so z. B. Gott als das höchste Wesen bestimmen.
Diese Totalität ist der Grund und die allgemeine Substanz, von welcher das Folgende getragen wird. Alles ist diese Totalität der Bewegung, aber zurückgetreten unter ein höheres Insichsein oder, was dasselbe ist, zu höherem Insichsein realisiert. Es hat sie an ihm; aber sie bleibt ebenso gleichgültig und verschieden zurück als ein besonderes Dasein, als eine Geschichte oder als der Ursprung, gegen den das Fürsichsein gekehrt ist, um eben für sich zu sein. Es lebt also in diesem Elemente, befreit sich aber ebenso von ihm, da dieses nur in geschwächten Zügen darin vorhanden ist. Das Irdische und noch mehr das Organische und sich selbst Bewußte ist der Bewegung der absoluten Materie entgangen, aber bleibt in Sympathie mit ihr und lebt darin als in seinem inneren Elemente fort. Der Wechsel der Jahres- und Tageszeiten, der Übergang von Wachen in Schlaf ist dieses Leben der Erde im Organischen. Jedes ist selbst eine Sphäre des Außersichgehens und des Zurückkehrens in seinen Mittelpunkt, d. h. in seine Kraft; alles mannigfaltige Bewußtsein in sich zusammenfassend, hat es dasselbe unterjocht.

Die Nacht ist das Negative, worin alles zurückgekommen, woran das Organische also seine Kraft hat und bekräftigt wieder in die erwachende Vielheit des Daseins tritt. So hat jedes die allgemeine Sphäre an ihm, ist eine periodisch in sich zurückkommende Sphäre, welche die allgemeine auf die Weise seiner bestimmten Individualität ausdrückt: die Magnetnadel an den Perioden ihrer herüber- und hinübergehenden Abweichung; der Mensch schon dadurch, daß er, nach *Fourcroys*[12] Beobachtungen, eine viertägige Periode der Ab- und Zunahme hat, drei Tage zunimmt und durch den vierten sich wieder auf den vorigen Punkt zurückbringt, – ebenso auch im periodischen Verlauf der Krankheiten. Die entwickeltere Totalität der Sphäre ist überhaupt in dem Kreislaufe des Bluts, das eine andere Zeit hat als die Sphäre des Atmens, und drittens in der peristaltischen Bewegung. Aber die höhere Natur des Physischen überhaupt unterdrückt den eigentümlichen Ausdruck der Freiheit der Sphäre, und um die allgemeine Bewegung zu studieren, muß man sich nicht an diese kleinlichen Erscheinungen, sondern an ihre Freiheit halten; an der Individualität ist sie nur ein Inneres, d. h. ein Gemeintes, nicht in ihrem freien Dasein.
Die Darstellung des Sonnensystems ist durch das Gesagte noch nicht erschöpft; Bestimmungen, die Folgen sind, können noch hinzukommen, wiewohl die Grundbestimmungen angeführt worden. Uns könnte noch interessieren das Verhältnis der Planetenbahnen zueinander, ihre Neigungen gegeneinander, und ebenso die Neigungen der Kometen und Trabanten gegen sie. Die Planetenbahnen sind nicht in *einer* ebenen Fläche, und noch mehr durchschneiden die Kometenbahnen unter sehr verschiedenen Winkeln die Planetenbahnen. Diese gehen nicht über die Ekliptik hinaus, verändern aber ihre Winkel gegeneinander; die Knoten haben eine Säkular-Bewegung. Dieses zu entwickeln, ist das Schwierigere; so weit sind wir noch nicht. Dann müßte man die Abstände der Planeten betrachten, während uns hier nur der Planet überhaupt anging; für die *Reihe* derselben im Verhältnis ihrer Abstände will man aber ein Gesetz haben, was indessen noch nicht gefunden ist. Die Astronomen verachten im ganzen ein solches Gesetz und wollen nichts damit zu tun haben; es ist aber eine notwendige Frage. Kepler hat so z. B. die Zahlen in Platons *Timaios* wieder vorgenommen. Was sich für jetzt darüber sagen läßt, wäre etwa folgendes: Merkurs, des ersten Planeten, Entfernung sei a, so ist die Bahn der Venus $a + b$, die Bahn der Erde $a + 2b$, die des Mars $a + 3b$. Das sieht man allerdings, daß diese vier ersten Planeten *ein* Ganzes, wenn man so will, *ein* System zusammen ausmachen,

12 Antoine François de Fourcroy, 1755–1809, Chemiker

wie die vier Körper des Sonnensystems, und daß nachher eine andere Ordnung anfängt, sowohl in den Zahlen als in der physikalischen Beschaffenheit. Diese vier gehen auf gleichförmige Weise; und es ist merkwürdig, daß es vier sind, die so homogener Natur sind. Die Erde allein von ihnen hat einen Trabanten, ist daher der vollkommenste Planet. Indem von Mars bis Jupiter plötzlich ein großer Sprung ist, so hatte man $a + 4b$ nicht, bis man in neueren Zeiten die vier kleineren Planeten entdeckte, Vesta, Juno, Ceres und Pallas, die dann diese Lücke ausfüllen und eine neue Gruppe bilden. Hier ist die Einheit des Planeten in eine Menge Asteroiden zersprungen, die alle ungefähr eine Bahn haben; an dieser fünften Stelle ist die Zersplitterung, das Außereinander überwiegend. Dann folgt die dritte Gruppe. Jupiter mit seinen vielen Trabanten ist $a + 5b$ usw. Dies trifft nur ungefähr zu; das Vernünftige ist hierin noch nicht zu erkennen. Diese große Masse von Trabanten ist auch eine andere Weise als in den vier ersten Planeten. Dann kommt Saturn mit seinen Ringen und sieben Trabanten, und der Uranus, den Herschel fand, mit einer Menge von Trabanten, die erst wenige Menschen gesehen haben. Das ist so ein Anfang in Ansehung der näheren Bestimmung des Verhältnisses der Planeten. Daß das Gesetz auf diese Weise wird gefunden werden, kann man leicht einsehen.
Die Philosophie hat vom Begriffe auszugehen; und wenn sie auch wenig aufstellt, so muß man damit zufrieden sein. Es ist eine Verirrung der Naturphilosophie, daß sie allen Erscheinungen will Face machen; das geschieht so in den endlichen Wissenschaften, wo alles auf die allgemeinen Gedanken (die Hypothesen) zurückgeführt werden will. Das Empirische ist hier allein die Beglaubigung der Hypothese; also muß alles erklärt sein. Was aber durch den Begriff erkannt ist, ist für sich klar und steht fest; und die Philosophie braucht keine Unruhe darüber zu haben, wenn auch noch nicht alle Phänomene erklärt sind. Ich habe also hier nur diese Anfänge der vernünftigen Betrachtung im Begreifen der mathematisch mechanischen Naturgesetze, als dieses freien Reiches der Maße, niedergelegt. Männer vom Fach reflektieren nicht darauf. Aber es wird eine Zeit kommen, wo man für diese Wissenschaft nach dem Vernunftbegriffe verlangen wird!

§ 271

Die Substanz der Materie, die Schwere, zur *Totalität* der Form entwickelt, hat das Außersichsein der Materie nicht mehr außer ihr. Die *Form* erscheint zunächst nach ihren Unterschieden in den idealen Bestimmungen des Raums, der

Zeit und der Bewegung und nach ihrem Fürsichsein als ein *außerhalb* der außer sich seienden Materie bestimmtes *Zentrum*; aber in der entwickelten Totalität ist dies Außereinander als ein schlechthin von ihr bestimmtes gesetzt, und die Materie ist nichts außerhalb dieses ihres Außereinanderseins. Die Form ist auf diese Weise materialisiert. Umgekehrt betrachtet hat die Materie in dieser Negation ihres Außersichseins in der Totalität das vorher nur gesuchte Zentrum, ihr Selbst, die Formbestimmtheit, an ihr selber erhalten. Ihr abstraktes dumpfes Insichsein, als schwer überhaupt, ist zur Form entschlossen; sie ist *qualifizierte Materie*; – *Physik*.

Zusatz. So haben wir den ersten Teil beschlossen; die Mechanik macht so ein Ganzes für sich aus. Cartesius hat vom Standpunkt der Mechanik als dem Ersten angefangen, indem er sagte: Gebt mir Materie und Bewegung, und ich will die Welt konstruieren.[13] Wie ungenügend der mechanische Standpunkt auch ist, so ist darum die Größe des Cartesianischen Geistes nicht zu verkennen. Die Körper sind in der Bewegung nur als Punkte; was die Schwere determiniert, sind nur räumliche Beziehungen von Punkten aufeinander. Die Einheit der Materie ist nur Einheit des Orts, den sie sucht, nicht konkretes Eins, Selbst. Das ist die Natur dieser Sphäre; diese Äußerlichkeit des Bestimmtseins macht die eigentümliche Bestimmtheit der Materie aus. Die Materie ist schwer, für sich seiend, Suchen des Insichseins; der Punkt dieser Unendlichkeit ist nur ein Ort, und darum ist das Fürsichsein noch nicht real. Die Totalität des Fürsichseins ist nur im Ganzen des Sonnensystems gesetzt; was das Sonnensystem im ganzen ist, soll die Materie nun im einzelnen sein. Das Ganze der Form im Sonnensystem ist der Begriff der Materie überhaupt; das Außersichsein soll nun aber in jeder bestimmten Existenz der ganze entwickelte Begriff sein. Die Materie soll in ihrem ganzen Dasein für sich sein, d. h. sie findet ihre Einheit; das ist das für sich seiende Fürsichsein. Oder: das Sonnensystem, als sich bewegend, ist das Aufheben des bloß ideellen Fürsichseins, der bloßen Räumlichkeit der Bestimmung, – des Nichtfürsichseins. Im Begriff ist die Negation des Orts nicht wieder nur Bestimmen des Orts; sondern die Negation des Nichtfürsichseins ist Negation der Negation, Affirmation, und so kommt reales Fürsichsein hervor. Das ist die abstrakt logische Bestimmung des *Übergangs*. Das reale Fürsichsein ist eben Totali-

13 vgl. *Discours de la méthode* V, 2/3, S. 43 ff.

tät der Entwicklung des Fürsichseins, und dies kann auch ausgedrückt werden als Freiwerden der Form in der Materie. Die Formbestimmungen, die das Sonnensystem ausmachen, sind die Bestimmungen der Materie selbst, und diese Bestimmungen machen das Sein der Materie aus. Die Bestimmung und das Sein ist so wesentlich identisch; das ist aber die Natur des Qualitativen, denn wird hier die Bestimmung weggenommen, so geht auch das Sein unter. Dieses ist der Übergang der Mechanik in die Physik.

Zweite Abteilung der Naturphilosophie

Die Physik

§ 272

Die Materie hat *Individualität,* insofern sie das Fürsichsein so in ihr selbst hat, daß es in ihr entwickelt und sie damit *an ihr selbst bestimmt ist.* Die Materie entreißt auf diese Weise sich der Schwere, manifestiert sich, sich an ihr selbst bestimmend, und bestimmt durch die ihr immanente Form das Räumliche aus sich der Schwere gegenüber, der vorher als einem gegen die Materie anderen, von ihr nur gesuchten Zentrum dieses Bestimmen zukam.

Zusatz. Die Körper kommen jetzt unter die Macht der Individualität. Das Folgende ist die Reduktion der freien Körper unter die Macht des individuellen Einheitspunkts, welcher dieselben verdaut. Die Schwere, als in sich seiendes Wesen der Materie, nur innere Identität, geht, da ihr Begriff die wesentliche Äußerlichkeit ist, in die Manifestation des Wesens über; als solche ist sie die Totalität der Reflexionsbestimmungen, aber dieselbe auseinandergeworfen, so daß jede als eine besonders qualifizierte Materie erscheint, welche, als noch nicht zur Einzelheit bestimmt, gestaltloses Element ist. Diese materialisierten Formbestimmungen haben wir in doppelter Weise, einmal als unmittelbare und dann als gesetzte. Im Sonnensystem erscheinen sie unmittelbar, dann existieren sie als wesentlich gesetzte; wie die Eltern als Eltern das Unmittelbare sind, zweitens aber auch Kinder, Erzeugtes. So existiert das Licht einmal als Sonne, dann als hervorgehend aus äußerlichen Bedingungen. Das erste Licht ist an sich, im Begriffe erzeugt; dieses muß auch gesetzt werden, und dies Dasein unterscheidet sich dann als besondere Weise der Existenz.

§ 273

Die Physik hat zu ihrem Inhalte:

A. *Die allgemeine Individualität, die unmittelbaren freien physischen Qualitäten.*

B. *Die besondere Individualität, Beziehung der Form als physischer Bestimmung auf die Schwere und Bestimmung der Schwere durch sie.*

C. *Die totale freie Individualität.*

Zusatz. Dieser Teil ist der schwierigste in der Natur, denn er enthält die endliche Körperlichkeit. Das Differente hat immer die meiste Schwierigkeit, weil der Begriff nicht mehr auf unmittelbare Weise, wie im ersten Teil, vorhanden ist, noch sich, wie im dritten, als real zeigt. Hier ist der Begriff verborgen; er zeigt sich nur als das verknüpfende Band der Notwendigkeit, während das Erscheinende begrifflos ist. Zuerst sind die Formunterschiede beziehungslos und selbständig gegeneinander; das Zweite ist die Individualität in der Differenz, im Gegensatze; erst das Dritte ist die Individualität als die Herrin über die Formunterschiede.

A
Physik der allgemeinen Individualität

§ 274

Die physischen Qualitäten sind a) als *unmittelbar,* außereinander in selbständiger Weise als die nun physisch bestimmten *himmlischen Körper*; b) als bezogen auf die *individuelle* Einheit ihrer Totalität, – die *physischen Elemente*; c) als der *Prozeß,* der das Individuum derselben hervorbringt, – der *meteorologische Prozeß.*

a. Die freien physischen Körper

Zusatz. Die Bestimmungen des Begriffs erhalten jetzt Materialität; das Fürsichsein der Materie findet ihren Einheitspunkt, und indem sie so fürsichseiendes Fürsichsein und das Übergehen der Bestimmungen, das Schwinden derselben ineinander selbst geschwunden ist, so treten wir logisch in die Sphäre des Wesens. Dieses ist Rückkehr zu sich selbst in seinem Anderen, Scheinen der Bestimmungen ineinander, die, so in sich reflektiert, sich jetzt als Formen entwickeln. Diese Formen sind: Identität, Verschiedenheit, Gegensatz, Grund. Die Materie nämlich geht aus ihrer ersten Unmittelbarkeit heraus, wo Raum und Zeit, Bewegung und Materie ineinander übergingen, bis die Materie endlich in der freien Mechanik die Bestimmungen zu ihren eigenen werden ließ und somit aufzeigt, sich durch sich selbst zu vermitteln und zu bestimmen. Der Stoß ist ihr kein äußerlicher mehr, sondern ihr Unterscheiden ist ihr immanenter innerlicher Stoß; sie unterscheidet und bestimmt sich an ihr selbst, ist Reflexion-in-sich. Ihre Bestimmungen sind materiell und sprechen die Natur des Materiellen aus; sie manifestiert in ihnen sich selbst, denn sie ist nur diese Bestimmungen. Es sind materielle Qualitäten, die zur Substanz der Materie gehören; was die Materie ist, ist sie nur durch ihre Qualitäten. In der ersten Sphäre sind die Bestimmungen noch von der Substanz geschieden, sie sind nicht materielle Bestimmungen; sondern die Substanz ist als solche noch in sich verschlossen, unmanifestiert, woher sie auch nur ein Suchen ihrer Einheit war.

α. Das Licht

§ 275

Die erste qualifizierte Materie ist sie als *reine Identität* mit sich, als Einheit der *Reflexion-in-sich*, somit die erste, selbst noch abstrakte *Manifestation*. In der Natur *daseiend* ist sie die Beziehung auf sich als *selbständig* gegen die anderen Bestimmungen der Totalität. Dies existierende allgemeine *Selbst* der Materie ist das Licht, – als Individualität der *Stern*, und derselbe als Moment einer Totalität die *Sonne*.

Zusatz. Das *erste* ist nun die *apriorische Begriffsbestimmung* des Lichts; das zweite ist, daß wir zu dieser Begriffsbestimmung die Art und Weise desselben in unserer Vorstellung aufsuchen. Die Materie als die unmittelbare, in sich zurückgekehrte freie selbständige Bewegung ist einfache, sich selbst gleiche Gediegenheit. Indem die Bewegung in sich zurückgegangen ist, so hat die himmlische Sphäre ihr selbständiges ideales Leben in sich vollendet und beschlossen; das vollkommene Insichsein ist eben ihre Gediegenheit. Als daseiend ist sie in sich, d. h. dies Insichsein der Totalität ist selbst da. Sie hat das Moment, für ein Anderes zu sein, an ihr; das, welches für sich ist, ist die Kraft ihres Mittelpunktes oder ihre Verschlossenheit in sich. Aber diese einfache Kraft ist selbst da; was nur innerlich ist, ist ebensosehr äußerlich, denn es ist das Andere dieses Daseienden. Die Materie als unmittelbare reine Totalität tritt so in den Gegensatz dessen, was sie in sich und was sie für Anderes oder als Dasein ist; denn ihr Dasein hat ihr Insichsein noch nicht an ihm. Die Materie, wie sie erkannt worden, als diese Unruhe des Wirbels der sich auf sich beziehenden Bewegung und als die Rückkehr zum Anundfürsichseienden und dies Insichsein, welches da ist gegen das Dasein, ist das Licht. Es ist die in sich verschlossene Totalität der Materie, nur als reine Kraft, das sich in sich haltende intensive Leben, die in sich gegangene himmlische Sphäre, deren Wirbel eben diese unmittelbare Entgegensetzung der Richtungen der sich auf sich beziehenden Bewegung ist, worin in dem Heraus- und Hineinströmen aller Unterschied sich verlöscht; es ist, als daseiende Identität, reine Linie, die sich nur auf sich selbst bezieht. Das Licht ist diese reine daseiende Kraft der Raumerfüllung, sein Sein die absolute Geschwindigkeit, die gegenwärtige reine Materialität, das in sich seiende wirkliche Dasein oder die Wirklichkeit als eine durchsichtige Möglichkeit. Raumerfüllung ist aber zweideutig; und wenn die Raumerfüllung im Fürsichsein besteht, so erfüllt das Licht den Raum nicht, da die Sprödigkeit des Widerstandleistens verflossen ist, sondern das Licht ist nur im Raum gegenwärtig, und zwar nicht als Einzelnes, Ausschließendes. Der Raum ist nur das abstrakte Bestehen oder Ansichsein, das Licht aber, als daseiendes Insichsein oder in sich seiendes und daher reines Dasein, die Kraft allgemeiner Wirklichkeit, außer sich zu sein, als die mit allem zusammenfließende Möglichkeit, die Gemeinschaft mit allem, die in sich bleibt, wodurch das Daseiende sich nichts von seiner Selbständigkeit vergibt.

Wenn die Materie als Licht in das Sein-für-Anderes tritt, also anfängt, sich zu manifestieren, so manifestiert die schwere Materie sich auch. Das Suchen der Einheit, als Streben nach Anderem, Drücken, ist aber nur negative, feindselige Manifestation; die Materie ist darin Sein-für-Anderes, aber als Ausschließen, als Abscheiden der Anderen von sich. Während die Vielen negativ gegeneinander sind, haben wir jetzt affirmative Manifestation, indem das Sein-für-Anderes hier Gemeinschaftlichkeit ist. Das Licht bringt uns in den allgemeinen Zusammenhang; alles ist dadurch, daß es im Lichte ist, auf theoretische, widerstandslose Weise für uns.

Dies Manifestieren haben wir in seiner *ersten* Bestimmtheit zu fassen; da ist es das ganz allgemeine, noch ganz bestimmungslose Manifestieren in sich selbst. Die Bestimmtheit desselben ist die Unbestimmtheit, Identität, Reflexion in sich selbst, vollkommene physikalische Idealität im Gegensatz zur Realität der schweren Materie, indem wir hierunter das Unterscheiden, das Ausschließen verstehen. Diese abstrakte Manifestation, die materielle Identität mit sich, setzt sich noch nicht gegen Anderes; es ist Bestimmtheit, *Oszillieren,* aber nur in sich selbst. Das Fürsichsein des Fürsichseins, als sich auf sich beziehende affirmative Identität, ist nicht mehr Ausschließen; das harte Eins ist geschmolzen und hat als bestimmungslose Kontinuität des Manifestierens seinen Gegensatz verloren. Dies ist die reine Reflexion-in-sich, was in der höheren

Form des Geistes Ich ist. Ich ist der unendliche Raum, die unendliche Gleichheit des Selbstbewußtseins mit sich, die Abstraktion der leeren Gewißheit meiner selbst und der reinen Identität meiner mit mir. Ich ist nur die Identität des Verhaltens meiner selbst als Subjekts zu mir als Objekt. Mit dieser Identität des Selbstbewußtseins ist das Licht parallel und das treue Abbild desselben. Es ist nur darum nicht Ich, weil es sich *nicht in sich selbst trübt und bricht*, sondern nur abstraktes Erscheinen ist. Könnte sich das Ich in der reinen abstrakten Gleichheit erhalten, wie die Inder wollen, so wäre es entflohen, es wäre Licht, das abstrakte Durchscheinen. Aber das Selbstbewußtsein ist nur als Bewußtsein; dieses setzt Bestimmungen in sich, und das Selbstbewußtsein ist die reine Reflexion des Ichs des Bewußtseins in sich, insofern es Objekt seiner selbst ist. Das Ich ist die reine Manifestation seiner, wie das Licht, aber zugleich die unendliche Negativität der Rückkehr zu sich aus sich als Objekt und somit der unendliche Punkt der subjektiven Einzelheit, des Ausschließens gegen Anderes. Das Licht also ist nicht Selbstbewußtsein, weil ihm die Unendlichkeit der Rückkehr zu sich fehlt; es ist nur Manifestation seiner, aber nicht für sich selbst, sondern nur für Anderes.

Es fehlt daher dem Lichte die konkrete Einheit mit sich, die das Selbstbewußtsein als unendlicher Punkt des Fürsichseins hat, und deshalb ist das Licht nur eine Manifestation der Natur, nicht des Geistes. Deshalb ist diese abstrakte Manifestation *zweitens* zugleich räumlich, absolute *Expansion im Raume*, und nicht die Rücknahme dieser Expansion in den Einheitspunkt der unendlichen Subjektivität. Das Licht ist unendliche räumliche Zerstreuung oder vielmehr unendliche *Erzeugung des Raums.* Indem in der Natur die Bestimmungen als gesonderte außereinanderfallen, so existiert die reine Manifestation nun auch für sich, aber als eine unwahre Existenz. Der Geist, als das unendlich Konkrete, gibt der reinen Identität nicht so eine abgesonderte Existenz; sondern im Selbstbewußtsein ist dieser Gedanke unter die absolute Subjektivität des Selbsts gebunden.

Drittens muß das Licht an die *Grenze* seiner kommen; doch ist diese Notwendigkeit, an Anderes seiner zu stoßen, etwas anderes als die absolute Begrenzung des Fürsichseins, wonach die Materie Widerstand leistet. Als die abstrakte Identität hat das Licht den Unterschied außer sich, als das Nicht des Lichts; dieses sind die übrigen Reflexionsbestimmungen des Wesens, als physikalische Körperlichkeiten. Das Licht ist, als das allgemeine Zur-Erscheinung-Bringen, die erste Befriedigung. Dieses allgemeine Physikalische hält nur der abstrakte Verstand für das Höchste. Das sich selbst bestimmende konkrete vernünftige Denken verlangt nach einem in sich Unterschiedenen, nach einem Allgemeinen, das sich in sich bestimmt, ohne in dieser Besonderung seine Allgemeinheit zu verlieren. Das Licht, als der Anfang des materiellen Manifestierens, ist das Vortreffliche nur im Sinne der Abstraktion. Wegen dieser Abstraktion hat das Licht nun eine Grenze, einen Mangel; und erst durch diese seine Grenze manifestiert es sich. Der bestimmte Inhalt muß anderswoher kommen; daß etwas manifestiert wird, dazu gehört ein vom Licht Verschiedenes. Das Licht als solches ist unsichtbar; im reinen Lichte sieht man nichts, – ebensowenig als in der reinen *Finsternis*; es ist dunkel und nächtig. Sehen wir im reinen Lichte, so sind wir reines Sehen; wir sehen noch nicht *etwas*. Erst die Grenze enthält das Moment der Negation und also der Bestimmung; und erst an der Grenze geht die Realität an. Zur Existenz gehört, weil das Konkrete erst das Wahre ist, nicht nur das *eine* Abstrakte, sondern auch das andere. Erst nachdem sich das Licht gegen das Dunkel als Licht unterscheidet, manifestiert es sich als Licht.

Nachdem wir den Begriff des Lichts entwickelt haben, fragt es sich jetzt *zweitens* nach seiner *Realität*. Sagen wir, wir haben die Existenz des Lichts zu betrachten, so sagen wir: das Sein-für-Anderes des Lichts. Das Licht ist aber selbst das Setzen des Seins-für-Anderes; bei der Existenz des Lichts haben wir also das Sein-für-Anderes dieses Seins-für-Anderes anzugeben. Wie ist die Sichtbarkeit sichtbar? Wie wird dieses Manifestieren selbst manifestiert? Zur Manifestation gehört ein Subjekt, und es fragt sich, wie dies Subjekt existiert. Das Licht kann nur Materie genannt werden, insofern es unter der Form eines Individuellen für sich selbständig existiert; diese Vereinzelung besteht darin, daß das Licht als Körper sei. Das Licht macht das Dasein oder die physikalische Bedeutung des Körpers der abstrakten Zentralität aus, welcher als *Lichtkörper* reell ist, – die Sonne, der *selbstleuchtende* Körper. Das ist nun empirisch aufgenommen, und es ist zunächst alles, was wir von der Sonne zu sagen haben. Dieser Körper ist das ursprüngliche, unerzeugte Licht, das nicht aus den Bedingungen der endlichen Existenz hervorgeht, sondern unmittelbar ist. Auch die Sterne sind selbstleuchtende Körper, die zu ihrer Existenz nur die physikalische Abstraktion des Lichts haben; die abstrakte Materie hat eben diese abstrakte Identität des Lichts zu ihrer Existenz. Das ist diese Pünktlichkeit der Sterne, bei dieser Abstraktion stehenzubleiben; es ist nicht Würde, sondern Dürftigkeit, nicht zum Konkreten überzugehen: daher es absurd ist, die Sterne höher zu achten als z. B. die Pflanzen. Die Sonne ist noch nicht Konkretes. Die Frömmigkeit will Menschen, Tiere, Pflanzen auf die Sonne und den Mond heraufbringen; dazu kann es aber nur der Planet bringen. Naturen, die in sich gegangen sind, solche konkrete Gestalten, die sich für sich gegen das Allgemeine erhalten, sind noch nicht auf der Sonne; in den Sternen, in der Sonne ist allein Lichtmaterie vorhanden. Die Verbindung der Sonne als Moment des Sonnensystems und der Sonne als selbstleuchtend ist, daß sie in beiden Fällen dieselbe Bestimmung hat. In der Mechanik ist die Sonne die nur sich auf sich selbst beziehende Körperlichkeit; diese Bestimmung ist auch die physikalische Bestimmung der Identität der abstrakten Manifestation; und darum leuchtet die Sonne.

Ferner kann man nach den *endlichen Ursachen* der Existenz dessen fragen, was so leuchtet. Fragen wir, wie wir das Licht der Sonne erhalten, so nehmen wir es als etwas Erzeugtes. Das Licht in dieser Bestimmung sehen wir mit Feuer und Wärme verbunden, wie wir es am irdischen Lichte gewöhnlich vor uns haben, das als ein Verbrennen hervortritt. Und wir können also meinen, es müsse angegeben werden, wodurch der Sonnenbrand erhalten werde, damit man das Leuchten der Sonne daraus erklären könne: nach dem Verhältnis des irdischen Prozesses, wo das Feuer Material verzehren muß, um zu existieren. Dagegen ist aber zu erinnern, daß die Bedingungen des irdischen Prozesses, der an der vereinzelten Körperlichkeit vorkommt, hier im Verhältnisse der freien Qualitäten noch nicht stattfinden. Dieses erste Licht müssen wir vom Feuer trennen. Das irdische Licht ist meist mit Wärme verbunden; auch das Sonnenlicht ist warm. Diese Wärme gehört aber nicht zum Sonnenlicht als solchem, sondern dies erwärmt erst an der Erde; für sich ist es kalt, wie hohe Berge und die Luftballonfahrt zeigen. Auch empirisch kennen wir Licht ohne Flamme, phosphoreszierendes Licht, z. B. an faulem Holze, ebenso elektrisches Licht; denn das Schmelzen bei der Elektrizität kommt nicht dem Lichte zu, sondern hat seinen Grund in der Erschütterung. Auch gibt es im irdischen Licht Metalle, die durch Bestreichen mit Eisen, oder wenn sie geritzt werden, leuchten ohne zu brennen; ja, dieser Mineralien sind vielleicht mehr, als die es nicht tun. So hat man also auch hier Analogien für den Lichtkörper, als ein Leuchten ohne den chemischen Prozeß.

Weiter freilich muß sich das Licht auch als ein Produziertes zeigen. Die physikalischen Bedingungen des Lichts der Sonne gehen uns indessen gar nichts an, weil sie keine Begriffsbestimmung, sondern nur Sache der Empirie sind. Wir können dann aber sagen, daß Sonne und Sterne, als rotierende Zentra, in ihrer Rotation das sich selber Ritzende sind. In ihrer Bewegung ist das Leben der Sonne nur, dieser Prozeß der Phosphoreszenz zu sein, der Licht ausschlagend ist; mechanisch haben wir dies *darum* in der Achsendrehung zu suchen, weil sie die abstrakte Beziehung auf sich ist. Insofern das Licht physikalisch produziert werden muß, können wir sagen: alle Körper, die zum Sonnensystem gehören, produzieren sich ihr Zentrum, setzen sich ihren Lichtkörper; kein Moment ist ohne das andere, sondern eins setzt das andere. General *Allix*[1], ein Franzose, der lange in Kassel war, erklärte in einer Schrift, wodurch der Lichtstoff der Sonne hervorgebracht werde, da die Sonne durch Leuchten immer Licht ausströmt und so unaufhörlich verliert. Wenn man nämlich sonst fragte, wo der Wasserstoff, der sich immer auf den Planeten entwickelt, hinkomme, so sagte General Allix, da er das leichteste Gas sei, so sei er in der Luft nicht zu finden, sondern gebe das Material her, welches den Verlust der Sonne ersetze. In dieser Vorstellung liegt das Wahre, daß die Planeten ihre materielle Entwicklung objektiv aus sich herauswerfen und dadurch den Sonnenkörper bilden; doch müssen wir physikalische und chemische Vermittlung im gewöhnlichen Sinne hier ausschließen. Das Leben des Sterns wird ewig angefacht und erneut durch die, welche sich in diese Einheit ihres Daseins zusammenfassen, indem sie die Mannigfaltigkeit ideell in ihr Zentrum setzen. Wie im irdischen Prozeß das Verzehren des Individuellen die Einfachheit der Flamme ist, so faßt sich auch in der Sonne die Mannigfaltigkeit in die Einfachheit zusammen; die Sonne ist also der Prozeß des ganzen Sonnensystems, der in diese Spitze ausschlägt.

§ 276

Als das abstrakte *Selbst* der Materie ist das Licht das *Absolutleichte,* und als Materie ist es[2] *unendliches* Außersichsein, aber als reines Manifestieren, materielle Idealität *untrennbares* und *einfaches Außersichsein.*

In der morgenländischen Anschauung der substantiellen Identität des Geistigen und des Natürlichen ist die reine Selbstischkeit des Bewußtseins, das mit sich identische Denken als die Abstraktion des *Wahren* und *Guten,* eins mit dem Lichte. – Wenn die Vorstellung, welche man

---

1 Jacques Alexandre François Allix, 1776–1836, General-Leutnant in der französischen und lange Zeit auch in der westfälischen Armee, Mitglied der Göttinger Societät der Wissenschaften; *Théorie de l'Univers, ou de la cause primitive du mouvement et ses principaux effects,* 2. Aufl. Paris 1818

2 C: »sie« – W: »es«

realistisch genannt hat, leugnet, daß in der Natur die Idealität *vorhanden* sei, so ist sie unter anderem auch an das Licht, an dieses reine Manifestieren, welches nichts als *Manifestieren* ist, zu verweisen.

Daß diese Gedankenbestimmung, die Identität mit sich oder das zunächst abstrakte Selbst der Zentralität, welches die Materie nun in ihr hat, – diese einfache Idealität als daseiend, das *Licht* sei, dieser Beweis ist, wie in der Einleitung [zur Naturphilosophie, § 246 Anm.] angegeben, empirisch zu führen. Das immanente Philosophische ist hier wie überall die eigene Notwendigkeit der *Begriffsbestimmung*, die alsdann als *irgendeine* natürliche Existenz aufzuzeigen ist. – Hier nur einige Bemerkungen über die empirische Existenz der reinen Manifestation als Licht. Die schwere Materie ist *trennbar* in *Massen*, weil sie konkretes Fürsichsein und Quantität ist; aber in der ganz *abstrakten* Idealität des Lichts ist kein solcher Unterschied; eine Beschränkung desselben in seiner unendlichen Verbreitung hebt seinen absoluten Zusammenhang in sich nicht auf. Die Vorstellung von diskreten einfachen *Lichtstrahlen* und *Teilchen* und *Bündeln* derselben, aus welchen ein in seiner Ausbreitung beschränktes Licht bestehen soll, gehört zu der übrigen Barbarei der Kategorien, die in der Physik besonders Newton herrschend gemacht hat. Es ist die beschränkteste Erfahrung, daß das Licht sich so wenig in Säcke packen als in Strahlen isolieren und in Strahlenbündel zusammenfassen läßt. Die Untrennbarkeit des Lichts in seiner unendlichen Ausdehnung, ein physisches Außereinander, das mit sich identisch bleibt, kann vom Verstande am wenigsten für *unbegreiflich* ausgegeben werden, da sein eigenes Prinzip vielmehr diese abstrakte Identität ist. – Wenn die Astronomen darauf gekommen sind, von Himmelserscheinungen zu sprechen, die, indem sie von uns wahrgenommen werden, bereits vor 500 Jahren und mehr vorgegangen seien, so kann man darin einerseits empirische Erscheinungen der *Fortpflanzung des*

Lichts, die in einer Sphäre gelten, auf eine andere übertragen glauben, wo sie keine Bedeutung haben – jedoch ist solche Bestimmung an der Materialität des Lichtes nicht im Widerspruche mit seiner einfachen Untrennbarkeit –, andererseits aber eine Vergangenheit zu einer Gegenwart nach der ideellen Weise der Erinnerung werden sehen. – Von der Vorstellung der *Optik* aber, daß von *jedem Punkte* einer sichtbaren Oberfläche *nach allen Richtungen* Strahlen ausgeschickt, also von jedem Punkte eine *materielle Halbkugel* von unendlicher Dimension gebildet würde, wäre die unmittelbare Folge, daß sich alle diese unendlich vielen Halbkugeln *durchdringen.* Statt daß jedoch hierdurch zwischen dem Auge und dem Gegenstande eine verdichtete, verwirrte Masse entstehen und die zu erklärende Sichtbarkeit vermöge dieser Erklärung eher die Unsichtbarkeit hervorbringen sollte, reduziert sich damit diese ganze Vorstellung selbst ebenso zur Nichtigkeit als die Vorstellung eines konkreten Körpers, der aus vielen Materien so bestehen soll, daß in den Poren der einen die anderen sich befinden, in welchen selbst umgekehrt alle anderen stecken und zirkulieren; welche allseitige Durchdringung die Annahme der diskreten Materialität der reell sein sollenden Stoffe aufhebt und vielmehr ein ganz ideelles Verhältnis derselben zueinander, und hier des Erleuchteten und Erleuchtenden, des Manifestierten und Manifestierenden und dessen, dem es sich manifestiert, begründet; – ein Verhältnis, aus dem, als der in sich verhältnislosen Reflexion-in-sich, alle die weiteren Formen von *Vermittlungen,* die ein Erklären und Begreiflichmachen genannt zu werden pflegen, Kügelchen, Wellen, Schwingungen usf. so sehr als Strahlen, d. i. feine Stangen und Bündel, zu entfernen sind.

Zusatz. Die selbstische Natur des Lichtes, insofern die natürlichen Dinge durch dasselbe belebt, individualisiert werden und ihre Aufschließung bekräftigt und zusammengehalten wird, kommt erst in der Individualisierung der Materie zum Vorschein, indem die hier zunächst abstrakte Identität nur als Rückkehr und Aufhebung der Besonderheit die negative Einheit der Einzelheit ist. Die Schwere, das Sauersein, das Klingen sind auch Manifestationen der Materie, aber nicht wie das Licht reine Manifestationen, sondern mit bestimmten Modifikationen innerhalb ihrer selbst. Wir können kein Klingen als solches hören, sondern immer nur einen bestimmten, höheren oder tieferen Ton, – kein Saures als solches schmecken, sondern immer nur bestimmte Säuren. Nur das Licht selbst existiert als diese reine Manifestation, als diese abstrakte unvereinzelte Allgemeinheit. Das Licht ist unkörperliche, ja immaterielle Materie; dies scheint ein Widerspruch zu sein, aber auf diesen Schein kann es uns nicht ankommen. Die Physiker sagten, das Licht könne gewogen werden. Man hat aber mit großen Linsen Licht in einen Fokus konzentriert und auf die eine Schale der feinsten Waagschalen fallen lassen, die entweder nicht niedergedrückt wurde, oder wurde sie es, so hat man gefunden, daß die bewirkte Veränderung nur von der Hitze abhing, die der Fokus in sich sammelte. Die Materie ist schwer, insofern sie die Einheit als Ort erst sucht; das Licht ist aber die Materie, die sich gefunden hat.

Das Licht war einer der ersten Gegenstände der Verehrung, weil darin das Moment der Einigkeit mit sich enthalten und der Zwist, die Endlichkeit darin verschwunden ist; das Licht ist also als das angesehen worden, worin der Mensch das Bewußtsein des Absoluten gehabt habe. Der höchste Gegensatz von Denken und Sein, Subjektivem und Objektivem war noch nicht da; daß der Mensch sich der Natur entgegenstellte, dazu gehörte das tiefste Selbstbewußtsein. Die Religion des Lichts ist erhabener als die der Inder und Griechen, aber zugleich die Religion, worin der Mensch sich noch nicht zum Bewußtsein des Gegensatzes, zu der sich selbst wissenden Geistigkeit erhoben hat.

Die Betrachtung des Lichts ist interessant; denn im Natürlichen denkt man nur immer, daß das Einzelne ist, *diese* Realität. Dem ist aber das Licht entgegen; es ist der einfache Gedanke selbst, auf natürliche Weise vorhanden. Denn es ist Verstand in der Natur, d. h. die Formen des Verstandes existieren in ihr. Will man sich das Licht vorstellen, so muß man allen Bestimmungen von Zusammensetzung usw. entsagen. Jene Physik von Lichtpartikeln ist um nichts besser als das Unternehmen desjenigen, der ein Haus ohne Fenster gebaut hatte und das Licht nun in Säcken hineintragen wollte. Strahlenbündel heißt nichts, ist nur ein Ausdruck der Bequemlichkeit; sie sind das ganze Licht, nur äußerlich begrenzt; und dieses ist sowenig als Ich oder das reine Selbstbewußtsein in Strahlenbündel geteilt. Es ist, wie wenn ich sage:

zu *meiner* Zeit, zu Cäsars Zeit. Dies ist auch die Zeit aller anderen gewesen; aber hier spreche ich von derselben in Rücksicht auf Cäsar und beschränke sie auf ihn, ohne daß er einen Zeitstrahl, ein Zeitbündel in ihr für sich reell gehabt hätte. Die Newtonsche Theorie, nach der das Licht sich in Linien, oder die Wellentheorie, nach der es sich wellenförmig verbreiten soll, wie der Eulersche Äther oder wie das Zittern des Schalls, sind materielle Vorstellungen, die für die Erkenntnis des Lichts nichts nutzen. Das Dunkle im Licht soll sich in der Bewegung als eine Reihe Kurven hindurchziehen, die mathematisch berechnet werden, – eine abstrakte Bestimmung, die da hineingebracht worden und heutigentags ein großer Triumph gegen Newton sein soll. Aber das ist nichts Physikalisches, und keine von beiden Vorstellungen ist hier zu Hause, weil hier nichts Empirisches gilt. Ebensowenig als die Nerven Reihen von Kügelchen sind, deren jedes einen Stoß erhält und das andere in Bewegung setzt, sowenig gibt es auch Licht- oder Ätherkügelchen.

Die Fortpflanzung des Lichts fällt in die Zeit, weil sie, als Wirksamkeit und Veränderung, dieses Moments nicht entbehren kann. Das Licht hat unmittelbare Expansion; aber indem es als Materie, als Lichtkörper sich zu einem andern Körper verhält, so ist eine Trennung vorhanden, auf jeden Fall eine Art der Unterbrechung seiner Kontinuität. Die Aufhebung dieser Trennung ist die Bewegung, und in Verhältnis zu solchem Unterbrochenen tritt dann auch die Zeit ein. Entfernungen des Leuchtens, die durchdrungen werden sollen, fallen in die Zeit; denn Durchleuchten (es sei Durchgehen durch ein Medium oder Widerschein, Reflexion) ist ein Affizieren von Materie, das Zeit braucht. In unserer Sphäre der Planeten, d. h. in einem mehr oder weniger durchsichtigen Medium, hat also die Fortpflanzung des Lichts eine Zeitbestimmung, weil die Strahlen durch die Atmosphäre gebrochen werden. Ein anderes aber ist diese Fortsetzung in den atmosphärenlosen Fernen, den gleichsam leeren Räumen der Gestirne; das sind Räume, die nur als Entfernungen der Sterne eine Erfüllung sozusagen haben, d. i. keine Erfüllung, nur Negationen der Vereinigung sind. Gesetze, die man in Ansehung der Fortpflanzung des Lichts vorzüglich an Jupiters Trabanten beobachtete, hat Herschel auf Sternenräume übertragen; diese Entfernungen sind aber etwas Hypothetisches, wie er selbst zugibt. Wenn bei gewissen Sternen und Nebelflecken, die periodisch verschwinden und dann wieder erscheinen, Herschel herausgebracht hat, daß wegen der Zeit, die das Licht braucht, um zu uns zu kommen, diese Veränderungen 500 Jahre vorher geschehen sind, ehe wir sie gesehen haben, so hat diese Affektion von Etwas, das längst schon nicht mehr ist, etwas ganz Gespensterhaftes. Die Bedingung der Zeit muß man zugeben, ohne sich weiter in diese Konsequenzen einzulassen.

§ 277

Das Licht verhält sich als die allgemeine physikalische Identität zunächst als ein *Verschiedenes* (§ 275), daher hier Äußeres und Anderes zu der in den anderen Begriffsmomenten qualifizierten Materie, die so als das Negative des Lichts, als ein *Dunkles* bestimmt ist. Insofern dasselbe ebenso verschieden vom Lichte für sich besteht, bezieht sich das Licht nur auf die Oberfläche dieses so zunächst Undurchsichtigen, welche hierdurch manifestiert wird, aber ebenso untrennbar (ohne weitere Partikularisation glatt) sich manifestierend, d. i. *an Anderem* scheinend wird. So jedes am *Anderen* erscheinend und damit nur Anderes an ihm erscheinend, ist dies Manifestieren durch sein Außersichsetzen die abstrakt-unendliche Reflexion-in-sich, durch welche noch nichts *an ihm selbst für sich* zur Erscheinung kommt. Damit etwas endlich erscheine, sichtbar werden könne, muß daher auf irgendeine physische Weise weitere Partikularisation (z. B. ein Rauhes, Farbiges usf.) vorhanden sein.

Zusatz. Die Materie, im Gegensatze gegen dieses reine Selbst, ist das ebenso rein Selbstlose, die Finsternis; ihr Verhältnis zum Licht ist das der reinen Entgegensetzung, daher das eine positiv, die andere negativ ist. Daß die Finsternis positiv sei, dazu gehört körperliche Individualisierung; der Körper ist ein Individualisiertes und als solches nur nach der Seite betrachtet, daß es Negatives der abstrakten Identität mit sich ist. Die Finsternis verschwindet vor dem Licht, nur der dunkle Körper bleibt als Körper gegen das Licht, und dieser Körper wird nun sichtbar. Dazu, daß ich sehe, gehört nicht nur Licht, sondern auch ein Körper; es muß *etwas* gesehen werden. Das Licht ist daher nur als Lichtkörper sichtbar. Das Dunkle aber, was durch das Licht sichtbar wird, affirmativ genommen, ist die Gestalt als eine abstrakte Seite des Körpers. Licht und Finsternis haben ein äußerliches Verhältnis zueinander; erst an der Grenze beider kommt das Licht zur Existenz, denn in diesem Sein-für-Anderes wird etwas erhellt. Die Begrenzung des Lichts im Raume ist nur als ein Aufgehaltenwerden nach der Richtung, die es hat, zu fassen; würde der Zusammenhang mit dem Zentralkörper abgeschnitten, so wäre es nicht. Die Grenze ist also durch das Finstere gesetzt, welches erhellt wird. Das Finstere, das die schwere Materie ist, ist als das Andere, zu dem das Licht ein Verhältnis hat, spezifizierte Materie; doch die nächste Spezifikation ist hier der räumliche Unterschied der Oberflächen: die Materie ist rauh, platt, spitz, so gelegen usw. Der Unterschied des Sichtbaren ist ein Unterschied von Raumgestaltungen; nur so entsteht Licht und Schatten; Farbe aber haben wir noch nicht. Die sonst in Gestalt mannigfaltig partikularisierte Körperlichkeit wird, in dieser ihrer ersten abstrakten Manifestation, auf die Oberfläche reduziert; es ist nicht das Manifestieren von etwas, sondern nur das Manifestieren als solches gesetzt, und daher ist die Determination desselben hier nur eine räumliche.

§ 278

Die Manifestation der Gegenstände aneinander, als durch ihre Undurchsichtigkeit begrenzt, ist außersichseiende, *räumliche* Beziehung, die durch nichts weiter bestimmt, daher *direkt* (geradlinig) ist. Indem es Oberflächen sind, die sich zueinander verhalten, und diese in verschiedene Lagen treten können, so geschieht es, daß die Manifestation eines sichtbaren Gegenstandes an einem anderen (glatten) sich vielmehr an einem dritten manifestiert usf. (das Bild desselben, dessen Ort dem Spiegel zugeschrieben wird, ist in eine andere Oberfläche, das Auge oder [einen] anderen Spiegel usf., reflektiert). Die Manifestation kann in diesen partikularisierten räumlichen Bestimmungen nur die *Gleichheit* zum Gesetz haben, – die Gleichheit des Einfallswinkels mit dem Winkel der *Reflexion,* wie die *Einheit* der Ebene dieser Winkel; es ist durchaus nichts vorhanden, wodurch die Identität der Beziehung auf irgendeine Weise verändert würde.

Die Bestimmungen dieses §, die schon der bestimmteren Physik anzugehören scheinen können, enthalten den Übergang der allgemeinen Begrenzung des Lichts durch das Dunkle zur bestimmteren Begrenzung durch die partikularräumlichen Bestimmungen des letzteren. Diese Determination pflegt mit der Vorstellung des Lichts als einer gewöhnlichen *Materie* zusammengehängt zu werden. Allein es ist darin nichts enthalten, als daß die abstrakte Idealität, dieses reine *Manifestieren*, als untrennbares *Außersichsein* für sich *räumlich* und damit äußerlich determinierter Begrenzungen fähig ist; – diese Begrenzbarkeit durch partikularisierte Räumlichkeit ist eine notwendige Bestimmung, die weiter nichts als dieses enthält und alle materiellen Kategorien von Übertragen, physikalischem Zurückwerfen des Lichts und dergleichen ausschließt.

Mit den Bestimmungen des § hängen die Erscheinungen zusammen, welche auf die grobe Vorstellung von der sogenannten *fixen* Polarisation, Polarität des Lichts geführt haben. So sehr der sogenannte Einfalls- und Reflexionswinkel bei der einfachen Spiegelung *eine* Ebene ist, so sehr hat, wenn ein *zweiter* Spiegel angebracht wird, welcher die vom ersten reflektierte Erhellung weiter mitteilt, die Stellung jener ersten Ebene zu der zweiten, durch die Richtung der ersten Reflexion und der zweiten gebildeten Ebene ihren Einfluß auf die Stellung, Helligkeit oder Verdüsterung des Gegenstandes, wie er durch die zweite Reflexion erscheint. Für die natürliche unverkümmerte Helligkeit des zum zweitenmal reflektierten Hellseins (Lichtes) ist die normale Stellung daher notwendig, daß die Ebenen der sämtlichen respektiven Einfalls- und Reflexionswinkel in *eine Ebene* fallen. Wogegen ebenso notwendig folgt, daß Verdüsterung und Verschwinden des zum zweitenmal reflektierten Hellseins eintritt, wenn beide Ebenen sich, wie man es nennen muß, *negativ* zueinander verhalten, d. i. wenn sie senkrecht aufeinander stehen (vgl. Goethe, *Zur Naturwissenschaft [überhaupt]*, I. Bd., 1. Heft [1817, »Elemente der entoptischen Farben«], S. 28 ff. und 3. Heft [1820], »Entoptische Farben« XVIII [Wirkung der Spiegel in Absicht auf Hell und Dunkel], XIX [Wirkung der Spiegel auf irgendein Bild], S. 144 f.). Daß nun (von *Malus*[3]) aus der Modi-

3 Etienne Louis Malus, *Théorie de la double réfraction de la lumière dans les substances cristallisées*, Paris 1810

fikation, welche durch jene Stellung in der Helligkeit der Spiegelung bewirkt wird, geschlossen worden, daß die Lichtmoleküle *an ihnen selbst,* nämlich sogar an ihren verschiedenen Seiten, verschiedene physische Wirksamkeiten besitzen, wobei es auch geschieht, daß die sogenannten *Lichtstrahlen* als *vierseitig* genommen werden, auf welche Grundlage dann mit den weiter daran sich knüpfenden entoptischen Farbenerscheinungen ein weitläufiges Labyrinth der verwickeltsten Theorie gebaut worden ist, – ist eins der eigentümlichsten Beispiele vom *Schließen* der Physik aus Erfahrungen. Was aus jenem ersten Phänomen, von dem die Malussche Polarisation ausgeht, zu schließen war, ist allein, daß die Bedingung der Helligkeit durch die zweite Reflexion die ist, daß der dadurch weiter gesetzte Reflexionswinkel in *einer Ebene* mit den durch die erste Reflexion gesetzten Winkeln sei.

Zusatz. Indem das Licht an die Materie tritt und diese sichtbar wird, so tritt es überhaupt in die nähere Bestimmtheit von verschiedenen Richtungen und quantitativen Unterschieden des mehr oder weniger Hellen. Dies *Zurückwerfen* des Lichts ist eine schwerere Bestimmung, als man meint. Die Gegenstände sind sichtbar, heißt: das Licht wird nach allen Seiten zurückgeworfen. Denn als sichtbar sind die Gegenstände für Anderes, beziehen sich also auf Anderes, d. h. diese ihre sichtbare Seite ist ihnen im Anderen, das Licht ist nicht bei sich selbst, sondern an einem Anderen; so sind die Gegenstände hiermit im Anderen, und das ist eben die Zurückwerfung des Lichts. Indem die Sonne scheint, ist das Licht für Anderes; dieses Andere, z. B. eine Fläche, wird damit zu einer so großen Fläche von Sonne, als die Fläche ist. Die Fläche leuchtet jetzt, ist aber nicht ursprünglich selbstleuchtend, sondern ist nur gesetztes Leuchten; indem sie sich an jedem Punkte als Sonne verhält, ist sie Sein-für-Anderes, somit außer ihr und so im Anderen. Das ist die Hauptbestimmung der Zurückwerfung.

Wir sehen aber dann auf einer Fläche nur etwas, insofern Raumgestalten sich auf ihr finden, sie z. B. rauh ist; ist sie glatt, so ist kein sichtbarer Unterschied vorhanden. Was hier sichtbar wird, ist nicht etwas dieser Fläche selbst; denn sie ist nicht unterschieden. Es wird nur etwas anderes sichtbar, nicht ihre Bestimmung, d. h. sie spiegelt etwas ab. Das Glatte ist Mangel an räumlichen Unterschieden; und da, wenn die Rauhigkeit fehlt, wir nichts Bestimmtes an einem Gegenstande sehen, so sehen wir am Glatten nur überhaupt Glanz, der ein allgemeines abstraktes Scheinen, ein unbestimmtes Leuchten ist. Glatt ist also, was das Bild des Anderen ungetrübt manifestiert. Auf der glatten Fläche sieht man daher anderes Determiniertes, denn dieses ist sichtbar, insofern es für Anderes ist. Wird dieses Andere gegenübergestellt und ist die Fläche undurchsichtig (obgleich auch das Durchsichtige spiegelt; vgl. § 320, Zus.), aber glatt, so ist dies Andere in ihr sichtbar; denn sichtbar sein heißt, im Anderen sein. Haben wir noch einen Spiegel gegenüber und ein Licht in der Mitte, so ist dies Sichtbare in beiden Spiegeln zugleich, aber in jedem nur mit der Determination des andern Spiegels, und ebenso wird auch an beiden ihr eigenes Bild sichtbar, weil es am andern Spiegel sichtbar ist; und so geht es ins Unendliche fort, wenn die Spiegel Winkel gegeneinander haben, indem man dann den Gegenstand so viel mal sieht, als die Breite der Spiegel es zuläßt. Will man dies mit mechanischen Vorstellungen erklären, so gerät man nur in die ärgste Verworrenheit. Nennen wir die zwei Spiegel A und B und fragen, was in A sichtbar sei, so lautet die Antwort B; B ist aber, daß A sichtbar darin ist; also ist in A sichtbar A als in B sichtbar. Was ist nun in B sichtbar? A selbst, und A als in B sichtbar. Was ist ferner in A sichtbar? B und das, was in B sichtbar ist: d. i. A selbst, und daß A in B sichtbar ist usf. So haben wir immer die Wiederholung desselben, aber so, daß das jedesmal Wiederholte besonders existiert. – Vieles Licht kann auch durch Spiegel auf einen Punkt konzentriert werden.

Das Licht ist die wirksame Identität, alles identisch zu setzen. Da diese Identität aber noch ganz abstrakt ist, so sind die Dinge noch nicht real identisch; sondern sie sind für Anderes, setzen sich identisch mit Anderem am Anderen. Dieses Identischsetzen ist so den Dingen ein Äußerliches, – beleuchtet zu sein [ist], ihnen gleichgültig. Es ist aber darum zu tun, daß sie für sich selbst konkret-identisch gesetzt werden; das Licht soll ihr eigenes werden, sich erfüllen und realisieren. Das Licht ist die Selbstischkeit noch ganz abstrakt, die somit das Nicht-Selbst ist, die freie Identität mit sich ohne allen Gegensatz in sich selbst. Das Andere, worauf das Licht, welches als Sonnenkörper eine freie Existenz hat, sich bezieht, ist außer dem Lichte, wie der Verstand sein Material außer sich hat. Dieses Negative haben wir zunächst nur Finsternis genannt, aber es hat auch für sich eine immanente Bestimmung; dieser physikalische Gegensatz in seiner abstrakten Bestimmung, so daß er selbst noch selbständiges Dasein hat, ist es, den wir jetzt zu betrachten haben.

β. Die Körper des Gegensatzes

§ 279

Das Dunkle, zunächst das Negative des Lichts, ist der Gegensatz gegen dessen abstrakt-identische Idealität, – der *Gegensatz* an ihm selbst; er hat materielle Realität und zerfällt in sich in die *Zweiheit,* 1. der körperlichen *Verschiedenheit,* d. i. des materiellen Fürsichseins, der *Starrheit,* 2. der *Entgegensetzung* als solcher, welche für sich als von der Individualität nicht gehalten, nur in sich zusammengesunken, die Auflösung und *Neutralität* ist; jenes der *lunarische,* dieses der *kometarische* Körper.

Diese beiden Körper haben auch im System der Schwere als *relative Zentralkörper* die Eigentümlichkeit, die denselben Begriff zugrunde liegen hat als ihre physikalische und die hier bestimmter bemerkt werden kann. – Sie drehen sich nicht um ihre Achse. Der *Körper der Starrheit* als des formellen Fürsichseins, welches die im Gegensatze befangene Selbständigkeit und darum nicht Individualität ist, ist deswegen *dienend* und *Trabant* eines anderen, in welchem er seine *Achse* hat. Der *Körper* der *Auflösung,* das Gegenteil der Starrheit, ist dagegen in seinem Verhalten *ausschweifend* und in seiner exzentrischen Bahn wie in seinem physikalischen Dasein die Zufälligkeit darstellend; – sie [diese Körper] zeigen sich als eine oberflächliche Konkretion, die ebenso zufällig sich wieder zerstäuben mag. – Der *Mond* hat keine Atmosphäre und entbehrt damit des meteorologischen Prozesses. Er zeigt nur hohe Berge und Krater und die Entzündung dieser Starrheit in sich selbst, – die Gestalt eines Kristalls, welche *Heim*[4] (einer der geistvollen Geognosten) auch als die ursprüngliche der bloß starren Erde aufgezeigt hat. – Der *Komet* erscheint als ein formeller Prozeß, eine unruhige

4 Johann Ludwig Heim, »Über die Gestalt der ehemaligen Erdoberfläche«, *Monatliche Korrespondenz zur Beförderung der Erd- und Himmelskunde,* Bd. 6, Gotha 1802

Dunstmasse; keiner hat etwas Starres, einen *Kern*, gezeigt. Gegen die Vorstellung der Alten, daß die Kometen bloß momentan gebildete Meteore sind, tun die Astronomen in den neuesten Zeiten nicht mehr so spröde und vornehm als vormals. Bisher ist nur erst die Wiederkehr von etlichen aufgezeigt; andere sind nach der Berechnung erwartet worden, aber nicht gekommen. Vor dem Gedanken, daß das Sonnensystem in der Tat System, in sich wesentlich zusammenhängende Totalität ist, muß die formelle Ansicht von der gegen das Ganze des Systems zufälligen, in die Kreuz und Quere hervortretenden Erscheinung der Kometen aufgegeben werden. So läßt sich der Gedanke fassen, daß die anderen Körper des Systems sich gegen sie *wehren*, d. i. als notwendige organische Momente verhalten und sich erhalten müssen; damit können bessere Trostgründe als bisher gegen die von den Kometen befürchteten Gefahren an die Hand gegeben werden – Trostgründe, die vornehmlich nur darauf beruhen, daß die Kometen sonst so viel Raum im weiten Himmel für ihre Wege haben und darum *doch wohl nicht* (welches »*doch wohl nicht*« gelehrter in eine Wahrscheinlichkeitstheorie umgeformt wird) die Erde treffen werden.

Zusatz. Diese zwei logischen Seiten des Gegensatzes existieren hier außereinander, weil der Gegensatz frei ist. Diese zwei treffen sich also nicht zufällig im Sonnensystem an; sondern, von der Natur des Begriffs durchdrungen, wird man sich nicht wundern, daß auch solches sich darstellen muß als ein in den Kreis der Idee Hineintretendes und nur durch sie Legitimiertes. Sie machen die verselbständigten Seiten der sich auflösenden Erde aus: der Mond ist sie als hartes Inneres, der Komet ihre selbständig gewordene Atmosphäre, ein bleibender Meteor (s. unten § 287). Aber wenn die Erde wohl ihren Kristall, ihr totes Wesen frei entlassen kann und muß, weil sie das Beseelte ist und dies Moment, das ihr Inneres ist, von sich abscheidet, so daß er der Regent ihres Prozesses bleibt als des einzelnen, wie die Sonne des allgemeinen, so liegt es dagegen im Begriffe des Aufgelöstseins, daß dies sich frei abgelöst hat und als selbständig keine Beziehung auf sie hat, sondern ihr entflohen ist.

Das starre Fürsichsein ist Ansichhalten, Undurchsichtiges, für sich Gleichgültiges; dieses Fürsichsein in der Weise der Selbständigkeit ist noch ruhend und als ruhend starr. Das Starre, Spröde hat die Punktualität zu seinem Prinzip; jeder Punkt ist ein einzelner für sich. Das ist die mechanische Erscheinung der bloßen Sprödigkeit; die physikalische Bestimmung dieses Spröden ist die Verbrennbarkeit. Das reale Fürsichsein ist die sich auf sich beziehende Negativität, der Prozeß des Feuers, das, indem es Anderes verzehrt, sich selbst verzehrt. Das Starre aber ist nur das an sich Brennliche, noch nicht das Feuer als Wirksamkeit, sondern die Möglichkeit des Feuers. Den Prozeß des Feuers haben wir also hier noch nicht; dazu gehört die belebte Beziehung der Unterschiede aufeinander, hier sind wir aber noch bei der freien Beziehung der Qualitäten aufeinander. Während man nun am Merkur, an der Venus Wolken, lebendigen Wechsel der Atmosphäre sieht, fehlen Wolken, Meere, Ströme am Mond; und doch ließen sich Wasserflächen, Silberfäden sehr gut an ihm erkennen. Man sieht häufig am Monde vorübergehende Lichtpunkte, die man für vulkanische Eruptionen hält, wozu freilich Luftiges gehört, das aber eine wasserlose Atmosphäre ist. Heim, der Bruder des Arztes, hat zu zeigen sich bestrebt, daß, wenn man die Erde vor den erweisbaren geologischen Revolutionen sich vorstellt, sie die Gestalt des Mondes hat. Der Mond ist der wasserlose Kristall, der sich an unserem Meere gleichsam zu integrieren, den Durst seiner Starrheit zu löschen sucht und daher Ebbe und Flut bewirkt. Das Meer erhöht sich, steht im Begriff, zum Monde zu fliehen, und der Mond, es an sich zu reißen. Laplace (*Exposition du système du monde*, T. II, p. 136–138) findet aus den Beobachtungen und der Theorie, daß die Mondflut dreimal so stark ist als die Sonnenflut, die Flut aber am stärksten ist, wenn beide zusammenfallen. So ist die Stellung des Mondes in den Syzygien und Quadraturen, als qualitativ, dabei von der wichtigsten Bestimmung.

Das Starre, in sich Geschlossene ist ebenso ohnmächtig wie das in sich Zerflossene, abstrakt Neutrale, der Bestimmung Fähige. Indem die Entgegensetzung nur als Entgegensetzung existiert, ist sie ohne Halt und nur ein Insichzusammenfallen; daß sie als begeistet in der Bestimmung der Entgegensetzung sei, dazu gehörte eine Mitte, welche die Extreme zusammenhielte und sie trüge. Wäre das Starre und Neutrale in diesem Dritten vereinigt, so hätten wir eine reale Totalität. Der Komet ist ein durchleuchtender, durchsichtiger Wasserkörper, der freilich nicht unserer Atmosphäre angehört. Hätte er einen Kern, so müßte er durch einen Schatten erkennbar sein; die Kometen sind aber durch und durch hell, und durch den Schweif, ja durch den Kometen selbst kann man Sterne sehen. Ein Astronom wollte einen Kern gesehen haben, es war aber nur ein Fehler in seinem Fernglas. Der Komet macht beinah eine parabolische Bahn (da die Ellipse sehr lang gestreckt ist) um die Sonne, zerfließt dann wieder, und ein anderer erzeugt sich. Am sichersten und regelmäßigsten ist die Wiederkehr des *Halleyschen* Kometen, der 1758 zuletzt erschien und 1835 wieder erwartet wird. Ein Astronom zeigte nach einer Berechnung, daß mehrere Erscheinungen sich auf eine Bahn reduzieren ließen, die *einem* Kometen angehören könnte. Dieser Komet ist zwei- bis dreimal beobachtet worden; nach der Berechnung hätte er aber fünfmal erscheinen müssen. Die Kometen durchschneiden die Bahn der Planeten nach allen Seiten; und man schrieb ihnen solche Selbständigkeit zu, daß sie Planeten berühren können sollten. Ist dann den Leuten bange, so kann man sich mit der Unwahrscheinlichkeit, weil der Himmel so groß sei, nicht befriedigen; denn jeder Punkt kann so gut berührt werden als der andere. Stellt man sich aber vor, wie man notwendig muß, daß die Kometen Teile unseres Sonnensystems sind, so kommen sie nicht als fremde Gäste, sondern erzeugen sich in demselben, und ihre Bahnen werden durch das System bestimmt; die anderen Körper erhalten also ihre Selbständigkeit gegen dieselben, weil sie ebenso notwendige Momente sind.

Die Kometen haben nun ihr Zentrum in der Sonne; der Mond, als das Starre, ist dem Planeten näher verwandt, indem er, als Darstellung des Kerns der Erde für sich, das Prinzip der abstrakten Individualität in sich hat. Komet und Mond wiederholen so auf abstrakte Weise Sonne und Planet. Die Planeten sind die Mitte des Systems, die Sonne das eine Extrem, die Unselbständigkeiten als der noch auseinanderfallende Gegensatz das andere (A – E – B[5]). Das ist jedoch der unmittelbare, nur formelle Schluß; dieser Schluß ist aber nicht der einzige. Das andere, bestimmtere Verhältnis ist, daß die unselbständigen Körper das Vermittelnde sind, die Sonne das eine Extrem und die Erde das andere (E – B – A); dadurch, daß die Erde unselbständig ist, bezieht sie sich auf die Sonne. Das Unselbständige, als die Mitte, muß aber die beiden Momente der Extreme in sich haben; und weil sie deren Einheit ist, muß sie ein in sich Gebrochenes sein. Jedes Moment muß dem einen Extrem angehören; indem nun das Lunarische dem Planeten angehört, so muß das Kometarische der Sonne angehören, weil der Komet, als die innere Haltungslosigkeit, sich auf das formale Zentrum beziehen muß. So sind die Hofleute, die dem Fürsten näherstehen, selbstloser durch ihr Verhältnis zum Fürsten, während die Minister und ihre Untergeordneten als Beamte mehr Regelmäßig-

5 A (Allgemeines), E (Einzelnes), B (Besonderes)

keit und daher Gleichförmigkeit zeigen. Der dritte Schluß ist der, worin die Sonne selber die Mitte ist (B – A – E).
Dieses physikalische Verhältnis der Himmelskörper zusammen mit dem Verhältnis derselben in der Mechanik ist das Kosmische. Dieses kosmische Verhältnis ist die Grundlage, das ganz allgemeine Leben, welches die ganze lebendige Natur mitlebt (s. oben Zus. zu § 270, S. 105 f.). Aber man muß sich nicht so ausdrücken, als habe der Mond Einfluß auf die Erde, wie wenn es eine äußerliche Einwirkung wäre. Das allgemeine Leben ist vielmehr passiv gegen die Individualität, und je kräftiger diese wird, desto unwirksamer wird die Gewalt der siderischen Mächte. Aus jenem allgemeinen Mitleben fließt, daß wir schlafen und wachen, des Morgens anders gestimmt sind als des Abends. Auch das Periodische des Mondwechsels findet sich am Lebendigen, vorzüglich bei Tieren, wenn sie krank sind; aber das Gesunde und dann vornehmlich das Geistige entreißt sich diesem allgemeinen Leben und stellt sich ihm entgegen. Auf Wahnsinnige aber z. B. soll die Stellung des Mondes eine Veränderung bewirken, ebenso auf Mondsüchtige. Auch das Wetter empfindet man an Narben von Wunden, welche eine lokale Schwäche hinterlassen haben. Wenn indessen in neueren Zeiten solche Wichtigkeit aus dem kosmischen Zusammenhange gemacht wird, so ist es dabei auch meist bei leeren Redensarten und allgemeinen oder ganz einzelnen Anführungen geblieben. Einflüsse der Kometen sind durchaus nicht zu verneinen. Herrn *Bode*[6] habe ich einmal zum Seufzen gebracht, weil ich gesagt, die Erfahrung zeige jetzt, daß auf Kometen gute Weinjahre folgen, wie in den Jahren 1811 und 1819, und diese doppelte Erfahrung sei ebensogut, ja besser als die über die Wiederkehr der Kometen. Was den Kometen-Wein so gut macht, ist, daß der Wasserprozeß sich von der Erde losreißt und so einen veränderten Zustand des Planeten hervorbringt.

γ. Der Körper der Individualität

§ 280

Der Gegensatz, in sich zurückgegangen, ist die *Erde* oder der *Planet* überhaupt, der Körper der *individuellen* Totalität, in welcher die Starrheit zur Trennung in reale Unterschiede *aufgeschlossen* und diese Auflösung durch den *selbstischen Einheitspunkt* zusammengehalten ist.

---

6 Johann Ebert Bode, 1747–1826, Astronom

Wie die Bewegung des Planeten als Achsendrehung um sich und zugleich Bewegung um einen Zentralkörper die konkreteste und der Ausdruck der Lebendigkeit ist, ebenso ist die Lichtnatur des Zentralkörpers die *abstrakte* Identität, deren Wahrheit, wie [die] des Denkens in der konkreten Idee, in der Individualität ist.

Was die Reihe der Planeten betrifft, so hat die Astronomie über die nächste Bestimmtheit derselben, ihre *Entfernungen,* noch kein wirkliches Gesetz entdeckt. Ebenso können auch die naturphilosophischen Versuche, die Vernünftigkeit der Reihe in der physikalischen Beschaffenheit und in Analogien mit einer Metallreihe aufzuzeigen, kaum als Anfänge, die Gesichtspunkte zu finden, auf die es ankommt, betrachtet werden. – Das Unvernünftige aber ist, den Gedanken der Zufälligkeit dabei zugrunde zu legen und z. B. in *Keplers* Gedanken, die Anordnung des Sonnensystems nach den Gesetzen der musikalischen Harmonie zu fassen[7], nur eine *Verirrung* einer träumerischen *Einbildungskraft* (mit *Laplace*[8]) zu sehen und nicht den tiefen Glauben, daß *Vernunft in diesem Systeme ist,* hochzuschätzen, – ein Glaube, welcher der einzige Grund der glänzenden Entdeckungen dieses großen Mannes gewesen ist. – Die ganz ungeschickte und auch nach den Tatsachen völlig irrige Anwendung der Zahlenverhältnisse der Töne, welche *Newton* auf die *Farben* gemacht[9], hat dagegen Ruhm und Glauben behalten.

Zusatz. Der Planet ist das wahrhafte Prius, die Subjektivität, worin jene Unterschiede nur als ideelle Momente sind und die Lebendigkeit erst daseiend ist. Die Sonne dient dem Planeten, wie denn überhaupt Sonne, Mond, Kometen, Sterne nur Bedeutungen der Erde sind. Die Sonne hat also nicht den Planeten erzeugt noch ausgestoßen; sondern das ganze Sonnensystem ist zumal, da die Sonne ebenso erzeugt wird, als sie erzeugend ist. Gleicherweise ist das Ich noch nicht Geist und hat in diesem seine Wahrheit wie das

---

7 *Harmonices mundi,* 1619
8 *Exposition du système du monde,* 1796
9 *Opticks,* 1704

Licht im konkreten Planeten. Ich, einsam bei mir selbst, für das Höchste zu halten, ist eine negative Leere, die nicht der Geist ist. Ich ist allerdings ein absolutes Moment des Geistes, aber nicht, inwiefern dieses sich isoliert.

Der individuelle Körper läßt hier wenig zu sagen übrig, weil das Folgende nichts anderes als die Explikation dieser Individualität ist, bei deren abstrakter Bestimmung wir hier angelangt sind. Die Bestimmung der Erde, des Organischen ist, die ganz allgemeinen astralischen Mächte, die als himmlische Körper den Schein der Selbständigkeit haben, zu verdauen und unter die Gewalt der Individualität zu bringen, in welcher diese Riesenglieder sich zu Momenten herabsetzen. Die totale Qualität ist die Individualität als die unendliche Form, die eins mit sich selbst ist. Ist von einem Stolz die Rede, so müssen wir die Erde, das Gegenwärtige, als das Hohe betrachten. Bei einer quantitativen Reflexion kann man die Erde wohl unter sich versinken lassen, sie als »einen Tropfen im Meer des Unendlichen« ansehen; aber die Größe ist eine sehr äußerliche Bestimmung. Wir kommen also jetzt auf der Erde zu stehen, unserer Heimat, nicht als physischer, sondern auch der Heimat des Geistes.

Es gibt nun mehrere Erden, Planeten, die eine organische Einheit bilden, worüber sich manches Übereinstimmende, Anklingende beibringen läßt; aber daß dies ganz der Idee entspreche, ist noch nicht geleistet. *Schelling* und *Steffens*[10] haben die Reihe der Planeten mit der Reihe der Metalle zusammengestellt; das sind sinnreiche, geistreiche Zusammenstellungen. Diese Vorstellung ist alt: Venus hat das Zeichen des Kupfers, Merkur des Quecksilbers, die Erde des Eisens, Jupiter des Zinns, Saturn des Bleis, wie die Sonne den Namen des Goldes, der Mond den des Silbers führte. Dies hat etwas Natürliches für sich; denn die Metalle zeigen sich als das Gediegenste, Selbständigste unter den Körpern der Erde. Allein die Planeten stehen auf einem andern Felde als dem der Metalle und des chemischen Prozesses. Solche Anspielungen sind äußerliche Vergleichungen, die nichts entscheiden. Die Erkenntnis wird dadurch nicht gefördert; es ist nur etwas Glänzendes für die Vorstellung. Die Reihen der Pflanzen nach *Linné*, die Reihen der Tiergeschlechter hat der Sinn, der Instinkt hintereinandergestellt; die Metalle werden nach ihrer spezifischen Schwere geordnet. Die Planeten sind aber von selbst im Raume geordnet; sucht man nun ein Gesetz für diese Reihe, wie in mathematischen Reihen, so ist jedes Glied nur Wiederholung desselben Gesetzes. Die ganze Vor-

10 Henrik Steffens, 1773–1845, Naturphilosoph unter dem Einfluß Schellings

stellung von Reihen ist aber unphilosophisch und gegen den Begriff. Denn die Natur stellt ihre Gestalten nicht auf solche Leiter nacheinander, sondern in Massen auf; die allgemeine Diremtion ist das Erste, erst später findet innerhalb jeder Gattung wieder Gliederung statt. Die 24 Klassen der Pflanzen bei Linné sind kein System der Natur. Der Franzose *Jussieu*[11] hat dagegen die großen Unterschiede besser erkannt, indem er die Pflanzen in Monokotyledonen und Dikotyledonen teilte. Ähnlich machte es Aristoteles bei den Tieren. Ebenso ist es nun mit den Planeten, die nicht so als Reihe dastehen. Wenn Kepler in seinen *Harmonices mundi* die Abstände der Planeten als Verhältnisse der Töne betrachtet hat, so ist dies schon ein Gedanke der Pythagoreischen Schule gewesen.
Eine geschichtliche Bemerkung ist, daß *Paracelsus* gesagt hat, alle irdischen Körper bestehen aus vier Elementen, Merkurius, Schwefel, Salz und aus der jungfräulichen Erde, wie man auch vier Kardinaltugenden hatte. Merkur ist die Metallität, als flüssige Sichselbstgleichheit, und entspricht dem Lichte; denn das Metall ist abstrakte Materie. Der Schwefel ist das Starre, die Möglichkeit des Brennens; das Feuer ist ihm nichts Fremdes, sondern er die sich verzehrende Wirklichkeit desselben. Das Salz entspricht dem Wasser, dem Kometarischen, und sein Aufgelöstsein ist das gleichgültige Reale, das Zerfallen des Feuers in Selbständige. Die jungfräuliche Erde endlich ist die einfache Unschuld dieser Bewegung, das Subjekt, das die Vertilgung dieser Momente ist; unter jenem Ausdruck verstand man die abstrakte Irdischkeit, z. B. reine Kieselerde. Nimmt man dies chemisch, so gibt es viele Körper, wo sich kein Merkur oder Schwefel findet; der Sinn solcher Behauptungen ist aber nicht, daß diese Materien realiter vorhanden seien, sondern der höhere Sinn ist, daß die reale Körperlichkeit vier Momente habe. Solches muß man also nicht nach der Existenz nehmen; sonst kann man Jakob Böhme und anderen Unsinn und Mangel an Erfahrung zuschreiben.

b. Die Elemente

§ 281

Der Körper der Individualität hat die Bestimmungen der elementarischen Totalität, welche unmittelbar als frei für sich bestehende Körper sind, als unterworfene Momente an

---

11 Antoine-Laurent de Jussieu, *Genera plantarum secundum ordines naturales disposita*, Paris 1789

ihm; so machen sie seine allgemeinen *physikalischen Elemente* aus.

Für die Bestimmung eines Elements ist in neueren Zeiten willkürlich die *chemische Einfachheit* angenommen worden, die mit dem Begriffe eines *physikalischen* Elements nichts zu tun hat, welches eine reale, noch nicht zur chemischen Abstraktion verflüchtigte Materie ist.

Zusatz. Von den kosmischen Mächten, die, wie wir dies in der Natur überhaupt sahen, als selbständige Körperlichkeiten drüben, aber im Zusammenhange, stehenbleiben, gehen wir jetzt zu dem über, was sie diesseits als Momente der Individualität sind und wodurch eben ihre Existenz zu einer größeren Wahrheit gebracht wird. Das Licht, als Setzen des Identischen, bleibt nicht dabei, das Dunkle nur zu erleuchten, sondern tritt dann weiter in reale Wirksamkeit. Die partikularisierten Materien scheinen nicht nur aneinander, so daß jede bleibt, was sie ist, sondern sie verändern sich jede in die andere, und dieses Sich-Ideell- und Identischsetzen ist auch die Wirksamkeit des Lichts. Es facht den Prozeß der Elemente an, erregt ihn, regiert ihn überhaupt. Dieser Prozeß gehört der individuellen Erde an, die zunächst selbst noch abstrakt allgemeine Individualität ist und, um wahrhafte Individualität zu werden, sich noch sehr in sich verdichten muß. Der allgemeinen, noch nicht in sich reflektierten Individualität ist das Prinzip der Individualität, als Subjektivität und unendliche Beziehung auf sich, noch außer ihr; und das ist das Licht als das Erregende und Belebende. Daß dies Verhältnis stattfindet, merken wir uns einstweilen; vor dem Prozeß der Elemente haben wir aber die Natur dieser Unterschiede selbst für sich in ihrer Vereinzelung zu betrachten. Der Körper der Individualität ist zunächst nur von uns so bestimmt, die Momente des Sonnensystems an ihm zu haben; das Weitere ist, daß es sich selbst dazu bestimme. An dem Planeten sind die Körper des Sonnensystems nicht mehr selbständig, sondern Prädikate *eines* Subjekts. Dieser Elemente sind nun *vier,* deren Ordnung folgende ist. Die Luft entspricht dem Lichte, indem sie das passive, zum Moment herabgesunkene Licht ist. Die Elemente des Gegensatzes sind Feuer und Wasser. Die Starrheit, das lunarische Prinzip, ist nicht mehr gleichgültig, für sich seiend; sondern als Element in Beziehung auf Anderes tretend, welches die Individualität ist, ist es prozeßvolles, tätiges, unruhiges Fürsichsein und somit die freigewordene Negativität oder das Feuer. Das dritte Element entspricht dem kometarischen Prinzip und ist das Wasser. Das vierte ist wieder die Erde. Es ist, wie bekanntlich in der

Geschichte der Philosophie bemerkt wird, der große Sinn des *Empedokles* gewesen, diese allgemeinen physikalischen Grundformen zuerst bestimmt aufgefaßt und unterschieden zu haben.
Die Elemente sind allgemeine Naturexistenzen, die nicht mehr selbständig und doch noch nicht individualisiert sind. Auf dem chemischen Standpunkte meint man unter Element einen allgemeinen Bestandteil der Körper verstehen zu müssen, die alle aus einer bestimmten Anzahl dieser Elemente bestehen sollen. Man geht davon aus, alle Körper seien zusammengesetzt; und es ist dann das Interesse des Gedankens, die unendlich mannigfaltig qualifizierten, individualisierten Körperlichkeiten auf wenige nicht-zusammengesetzte, damit allgemeine Qualitäten zurückzubringen. Diese Bestimmung vorausgesetzt, so hat man heutzutage die von Empedokles an allgemeine Vorstellung der vier Elemente als einen Kinderglauben verworfen, da sie ja zusammengesetzt seien. Keinem Physiker oder Chemiker, ja keinem gebildeten Menschen ist es mehr erlaubt, irgendwo der vier Elemente zu erwähnen. Eine einfache allgemeine Existenz im jetzt gewöhnlichen Sinne aufzusuchen, gehört aber nur dem chemischen Standpunkt an, von dem erst später die Rede sein wird. Der chemische Standpunkt setzt die Individualität der Körper voraus und versucht dann, diese Individualität, diesen Einheitspunkt, welcher die Unterschiede in sich enthält, zu zerreißen und die Differenten von der Gewalt, die ihnen angetan ist, zu befreien. Wenn Säure und Basis zusammengebracht werden, so entsteht Salz, ihre Einheit, das Dritte; das andere aber, was noch in diesem Dritten ist, ist die Gestalt, die Kristallisation, die individuelle Einheit der Form, welche nicht bloß die abstrakte Einheit der chemischen Elemente ist. Ist der Körper nur die Neutralität seiner Unterschiede, so können seine Seiten wohl aufgezeigt werden, wenn wir ihn zerlegen; aber sie sind nicht allgemeine Elemente und ursprüngliche Prinzipien, sondern nur qualitativ, d. i. spezifisch bestimmte Bestandteile. Die Individualität eines Körpers ist aber viel mehr als nur die Neutralität dieser Seiten; die unendliche Form macht die Hauptsache aus, namentlich im Lebendigen. Haben wir die Bestandteile des Vegetabilischen oder Animalischen aufgezeigt, so sind es nicht mehr Bestandteile des Vegetabilischen oder Animalischen, sondern dieses ist vernichtet. In dem Streben der Chemie nach dem Einfachen geht also die Individualität verloren. Ist das Individuelle neutral, wie ein Salz, so gelingt es ihr, die Seiten desselben für sich darzustellen, weil die Einheit der Unterschiede nur die formelle Einheit ist, die allein zugrunde geht. Ist aber das Aufzulösende ein Organisches, so ist nicht nur die Einheit aufgehoben, sondern auch das, was man erkennen wollte, das Organische. Hier bei den

physikalischen Elementen haben wir nun gar nicht diesen chemischen Sinn vor uns. Der chemische Standpunkt ist gar nicht der einzige, sondern nur eine eigentümliche Sphäre, welche gar nicht das Recht hat, sich als das Wesentliche auf andere Formen auszudehnen. Wir haben hier nur das Werden der Individualität vor uns, und zwar erst des allgemeinen Individuums, der Erde; die Elemente sind die unterschiedenen Materien, welche die Momente dieses Werdens des allgemeinen Individuums ausmachen. Wir müssen also den Standpunkt der Chemie und den der noch ganz allgemeinen Individualität nicht verwechseln; die chemischen Elemente sind in gar keine Ordnung zu bringen, sondern einander ganz heterogen. Die physikalischen Elemente sind dagegen die allgemeinen, nur nach den Momenten des Begriffs partikularisierten Materien; also sind es nur vier. Die Alten sagten wohl, alles bestehe aus jenen Elementen; aber dann hatten sie nur den Gedanken derselben vor sich.

Diese physikalischen Elemente haben wir jetzt näher zu betrachten. Sie sind nicht individualisiert in sich, sondern gestaltlos; darum gehen sie dann in die chemischen Abstraktionen auseinander: Luft in Sauerstoff und Stickstoff, Wasser in Sauerstoff und Wasserstoff, – Feuer nicht, denn es ist der Prozeß selbst, von dem bloß Lichtstoff als Material übrigbleibt. Auf dem andern Extrem der Subjektivität läßt sich das Lebendige, z. B. Pflanzensäfte, noch mehr das Animalische, in jene abstrakten chemischen Stoffe zerlegen; und das bestimmte Residuum ist der geringere Teil. Aber die Mitte, das physikalische individuelle Anorganische, ist das Hartnäckigste, weil hier die Materie durch ihre Individualität spezifiziert, diese aber zugleich noch unmittelbar, nicht lebendig noch empfindend, und darum als Qualität unmittelbar mit dem Allgemeinen identisch ist.

α. Die Luft

§ 282

Das Element der unterschiedslosen Einfachheit ist nicht mehr die positive Identität mit sich, die Selbstmanifestation, welche das *Licht* als solches ist, sondern ist nur *negative Allgemeinheit*, als zum selbstlosen Moment *eines Anderen* herabgesetzt, daher auch *schwer*. Diese Identität ist als die *negative* Allgemeinheit die verdachtlose, aber schleichende und zehrende Macht über das Individuelle und Organische; die gegen das Licht passive, *durchsichtige*, aber alles Individuelle in sich verflüchtigende, nach außen mechanisch elastische, in alles eindringende Flüssigkeit, – die *Luft*.

Zusatz. 1. Das Band der Individualität, die Beziehung der Momente aufeinander ist das innere Selbst des individuellen Körpers; diese Selbstischkeit, frei für sich genommen, ohne alle *gesetzte* Individualisierung, ist die Luft, wiewohl dies Element die Bestimmung des Fürsichseins, der Punktualität, *an sich* enthält. Die Luft ist das Allgemeine, wie es in Verhältnis gesetzt ist zur Subjektivität, zur unendlich sich auf sich beziehenden Negativität, zum Fürsichsein, mithin das Allgemeine als unterworfenes Moment, in der Bestimmung des Relativen. Die Luft ist das Unbestimmte, absolut Bestimmbare; sie ist noch nicht in sich selbst bestimmt, sondern nur durch ihr Anderes bestimmbar, und das ist das Licht, weil es das freie Allgemeine ist. So steht die Luft im Verhältnis zum Licht; sie ist das absolut Durchgängige für das Licht, das passive Licht, überhaupt das Allgemeine als passiv gesetzt. Ebenso ist das Gute, als das Allgemeine, auch das Passive, indem es erst durch die Subjektivität verwirklicht wird, nicht sich durch sich selbst betätigend ist. Das Licht ist auch *an sich* das Passive; aber es ist noch nicht als solches *gesetzt*. Die Luft ist nicht finster, sondern durchsichtig, weil sie die Individualität nur an sich ist; erst das Irdische ist das Undurchsichtige.

2. Die zweite Bestimmung ist, daß die Luft das schlechthin Tätige gegen das Individuelle, die wirksame Identität ist, während das Licht nur abstrakte Identität war. Das Erleuchtete setzt sich nur ideell im Anderen; die Luft aber ist diese Identität, welche jetzt unter ihresgleichen ist und sich zu physikalischen Materien verhält, die nach ihrer physikalischen Bestimmtheit füreinander existieren und einander berühren. Diese Allgemeinheit der Luft ist somit der Trieb, das Andere, zu dem sie sich verhält, real identisch zu setzen; das Andere aber der Luft, welches sie mit sich identisch setzt, ist das Individualisierte, Partikularisierte überhaupt. Aber weil sie selbst nur Allgemeinheit ist, so tritt sie in diesem ihrem Tun nicht als individueller Körper auf, der Macht hat an diese Individualisierten, um sie aufzulösen. Die Luft ist so das schlechthin Korrosive, der Feind des Individuellen, der es als allgemeines Element setzt. Das Verzehren ist aber unscheinbar, bewegungslos und manifestiert sich nicht als Gewalt, sondern schleicht sich überall ein, ohne daß man der Luft etwas ansieht, wie die Vernunft sich ins Individuelle insinuiert und es auflöst. Die Luft macht daher riechend; denn das Riechen ist nur dieser unscheinbare, immer fortgehende Prozeß des Individuellen mit der Luft. Alles dünstet aus, zerstäubt in feine Teile; und das Residuum ist geruch-

los. Das Organische ist durchs Atmen auch im Kampfe mit der Luft, wie es überhaupt von den Elementen bekämpft wird; eine Wunde z. B. wird allein gefährlich durch die Luft. Das organische Leben hat nur die Bestimmung, sich immer wieder herzustellen im Prozesse seiner Zerstörung. Das Unorganische, was diesen Kampf nicht bestehen kann, muß verfaulen; was festere Konsistenz hat, erhält sich zwar, ist aber immer von der Luft angegriffen. Animalische Gebilde, die nicht mehr leben, erhält man vor dem Untergang, wenn man sie von der Luft abschließt. Diese Zerstörung kann vermittelt sein, wie z. B. die Feuchtigkeit den Prozeß zu einem bestimmten Produkte bringt; das ist dann aber *nur* Vermittlung, da die Luft schon *als solche* das Zehren ist. Die Luft ist, als das Allgemeine, rein, aber nicht das träge Reine; denn was in der Luft verduftet, erhält sich nicht darin, sondern wird zur einfachen Allgemeinheit reduziert. Die mechanische Physik meint, die feinen Teile solcher in der Luft aufgelösten Körper schweben noch darin, seien aber nicht mehr riechbar, eben weil sie so klein verteilt sind. Man will sie also nicht untergehen lassen; wir aber müssen nicht so zärtlich mit der Materie sein; sie beharrt nicht als nur im Identitätssysteme des Verstandes. Die Luft reinigt sich, verwandelt alles in Luft, ist nicht Sammelsurium von Materien; weder Geruch, noch chemische Untersuchung bewährt dies. Der Verstand bringt zwar die Ausrede der Feinheit bei und hat ein großes Vorurteil gegen das Wort »verwandeln«; was die Wahrnehmung aber nicht gibt, hat die empirische Physik kein Recht als seiend zu behaupten, und will sie nur empirisch verfahren, so müßte sie sagen, daß es vergeht.

3. Die Luft leistet als Materie überhaupt Widerstand, aber bloß quantitativ als Masse, nicht auf Weise des Punktuellen, Individuellen, wie andere Körper. Biot (*Traité de Physique* I, p. 188) sagt daher: »Tous les gaz permanents, exposés à des températures égales, sous la même pression, se dilatent exactement de la même quantité.«[12] Indem die Luft nur als Masse Widerstand leistet, ist sie gleichgültig gegen den Raum, den sie einnimmt. Sie ist nicht starr, sondern kohäsionslos und hat nach außen keine Gestalt. Sie ist bis auf einen gewissen Grad *kompressibel*, denn sie ist nicht absolut raumlos, d. h. sie ist ein Außereinander, aber kein atomistisches, als ob das Prinzip der Vereinzelung in ihr zur Existenz käme. Hierher gehört, daß in demselben Raume andere Gasarten Platz haben; und das ist die zur Allgemeinheit der Luft

12 Jean Baptiste Biot, *Traité de physique experimentale et mathématique*, 4 Bde., Paris 1816. »Alle permanenten Gase dehnen sich bei gleicher Temperatur und gleichem Druck um gleichviel aus.«

gehörende Erscheinung ihrer Durchdringlichkeit, vermöge welcher sie nicht in sich individualisiert ist. Wenn man nämlich eine Glaskugel mit atmosphärischer Luft, die andere mit Wasserdampf füllt, so kann man diesen in die erste Glaskugel ausschütten, so daß diese noch so viel aufnehmen kann, als ob keine Luft darin wäre. Die Luft, mechanisch gewaltsam zusammengedrückt, so daß sie als Intensives gesetzt wird, kann so weit gehen, daß das räumliche Außereinander gänzlich aufgehoben wird. Das ist eine der schönsten Entdeckungen. Man hat bekanntlich Feuerzeuge dieser Art: einen Zylinder mit einem Stempel, der darein paßt, und unten Zunder; preßt man den Stempel hinein, so wird aus der komprimierten Luft ein Funken, der den Zunder entzündet; ist die Röhre durchsichtig, so sieht man den Funken entstehen. Hier kommt die ganze Natur der Luft zum Vorschein, daß sie dies Allgemeine, mit sich Identische, Verzehrende ist. Dieses Unscheinbare, riechend Machende wird auf den Punkt reduziert; so ist das wirksame Fürsichsein, was an sich war, hier als für sich seiendes Fürsichsein gesetzt. Das ist der absolute Ursprung des Feuers: die tätige Allgemeinheit, welche verzehrt, kommt zur Form, wo das gleichgültige Bestehen aufhört; es ist nicht mehr allgemeine, sondern unruhige Beziehung auf sich. Jener Versuch ist darum so schön, weil er den Zusammenhang von Luft und Feuer in ihrer Natur zeigt. Die Luft ist ein schlafendes Feuer; um es zur Erscheinung zu bringen, braucht man nur ihre Existenz zu ändern.

β. Die Elemente des Gegensatzes

§ 283

Die Elemente des Gegensatzes sind erstens das Fürsichsein, aber nicht das *gleichgültige* der Starrheit, sondern das in der Individualität als Moment gesetzte, als die fürsichseiende Unruhe derselben, – das *Feuer.* – Die Luft ist *an sich* Feuer (wie sie sich durch Kompression zeigt), und im Feuer ist sie *gesetzt* als *negative* Allgemeinheit oder sich auf sich beziehende Negativität. Es ist die materialisierte *Zeit* oder Selbstischkeit (Licht identisch mit Wärme), das schlechthin Unruhige und Verzehrende, in welches ebenso die Selbstverzehrung des Körpers ausschlägt, als es umgekehrt äußerlich an ihn kommend ihn zerstört, – ein Verzehren eines Anderen, das zugleich sich selbst verzehrt und so in Neutralität übergeht.

Zusatz. Schon die Luft ist diese Negativität der Besonderheit, aber unscheinbar, weil sie noch in der Gestalt der ununterschiedenen Gleichheit gesetzt ist; aber als Isoliertes, Einzelnes, von anderen Weisen der Existenz Unterschiedenes, an einem bestimmten Orte Gesetztes ist sie das Feuer. Es existiert nur als dies Verhältnis zu einem Besonderen, saugt es nicht aus, macht es nicht bloß geschmack- und geruchlos, zur bestimmungslosen, faden Materie, sondern verzehrt das Partikulare als Materie. Die Wärme ist nur die Erscheinung dieses Verzehrens am individuellen Körper und so identisch mit dem Feuer. Das Feuer ist das existierende Fürsichsein, die Negativität als solche; allein nicht die Negativität von einem Anderen, sondern die Negation des Negativen, aus der die Allgemeinheit und Gleichheit resultiert. Die erste Allgemeinheit ist tote Affirmation; die wahrhafte Affirmation ist das Feuer. Das Nichtseiende ist in ihm als seiend gesetzt und umgekehrt; so ist das Feuer die Zeit. Als eines der Momente ist das Feuer schlechthin bedingt, nur seiend in der Beziehung auf partikularisierte Materie, wie die Luft. Es ist Aktivität, die nur im Gegensatze ist, nicht die Aktivität des Geistes; um zu verzehren, muß es etwas zu verzehren haben; hat es kein Material, so ist es verschwunden. Der Prozeß des Lebens ist auch Feuerprozeß, denn er besteht darin, die Besonderheiten zu verzehren; er bringt aber sein Material ewig wieder hervor.

Was vom Feuer verzehrt wird, ist einmal das Konkrete, dann das Entgegengesetzte. Das Konkrete verzehren heißt, es zum Gegensatze bringen, es begeisten, es befeuern; dahin gehört das Oxydieren, eine Säure kaustisch machen. So wird das Konkrete zur Schärfe gebracht, zu dem sich selbst Verzehrenden, und dies ist ein Spannen desselben gegen Anderes. Die andere Seite ist, daß das Bestimmte, Unterschiedene, Individualisierte, Besondere, das in allem Konkreten vorhanden ist, zur Einheit, zum Unbestimmten, Neutralen reduziert wird. So soll jeder Prozeß der Chemie Wasser produzieren, so wie er Entgegensetzung hervorbringt. Das Feuer ist different gesetzte Luft, negierte Einheit, Gegensatz, der aber ebenso zur Neutralität reduziert wird. Die Neutralität, worin das Feuer versinkt, das erloschene Feuer, ist das Wasser. Der Triumph der ideellen Identität, zu der das Partikularisierte gebracht wird, ist als erscheinende Einheit das Licht, die abstrakte Selbstischkeit. Und indem das Irdische als Grund des Prozesses übrigbleibt, so kommen hier alle Elemente zum Vorschein.

§ 284

Das andere [Element] ist das *Neutrale*, der in sich zusammengegangene Gegensatz, der, ohne fürsichseiende Einzelheit, hiermit ohne Starrheit und Bestimmung in sich, ein durchgängiges Gleichgewicht, alle mechanisch in ihm gesetzte Bestimmtheit auflöst, Begrenztheit der Gestalt nur von außen erhält und sie nach außen sucht (Adhäsion) [und] ohne die Unruhe des Prozesses an ihm selbst schlechthin die Möglichkeit desselben, die Auflösbarkeit, wie die Fähigkeit der Form der Luftigkeit und der Starrheit als eines Zustandes außer seinem eigentümlichen, der Bestimmtlosigkeit in sich, ist; – *das Wasser.*

Zusatz. 1. Das Wasser ist das Element des selbstlosen Gegensatzes, das passive Sein-für-Anderes, während das Feuer das aktive Sein-für-Anderes ist; das Wasser hat somit Dasein als Sein-für-Anderes. Es hat durchaus keine Kohäsion in sich selbst, keinen Geruch, keinen Geschmack, keine Gestalt; seine Determination ist, das noch nicht Besondere zu sein. Es ist abstrakte Neutralität, nicht, wie das Salz, individualisierte Neutralität; und darum ist es früh »die Mutter alles Besonderen« genannt worden. Das Wasser ist *flüssig* wie die Luft, aber nicht elastisch flüssig, so daß es sich nach allen Seiten expandierte. Es ist irdischer als die Luft, sucht einen Schwerpunkt, steht dem Individuellen am nächsten und treibt nach ihm hin, weil es an sich konkrete Neutralität ist, die aber noch nicht als konkret gesetzt ist, während die Luft nicht einmal an sich konkret ist; es ist so die reale Möglichkeit des Unterschiedes, der aber noch nicht an ihm existiert. Indem das Wasser keinen Schwerpunkt in sich selbst hat, so ist es nur der Richtung der Schwere unterworfen, und da es ohne Kohäsion ist, so wird jeder Punkt nach der vertikalen Richtung gedrückt, die linear ist; weil dann kein Teil Widerstand leisten kann, so setzt sich das Wasser in der *Horizontalität.* Jeder mechanische Druck von außen ist daher nur ein Vorübergehendes; der gedrückte Punkt kann sich nicht für sich erhalten, sondern teilt sich den anderen mit, und diese heben den Druck auf. Das Wasser ist noch durchsichtig, aber, da es schon irdischer, auch nicht mehr so durchsichtig als die Luft. Als das Neutrale ist es das *Lösungsmittel* der Salze und Säuren: was im Wasser aufgelöst worden, verliert seine Gestalt; das mechanische Verhältnis ist aufgehoben, und es bleibt nur das chemische. Das Wasser ist das Gleichgültige gegen die verschiedenen Gestaltungen und die Möglichkeit, elastisch flüssig als *Dampf,* tropfbar flüssig, und starr als *Eis* zu sein; dies alles ist aber nur ein Zustand und formeller Übergang. Diese Zustände hängen nicht vom Wasser selbst ab, sondern von einem Anderen, indem sie nur äußerlich durch die veränderte Temperatur der Luft an ihm hervorgebracht werden. Das ist die *erste* Folge der *Passivität* des Wassers.

2. Eine *zweite* Folge ist, daß das Wasser nicht oder nur sehr wenig kompressibel ist; denn absolute Bestimmung fehlt in der Natur. Es leistet nur als Masse, nicht als in sich Vereinzeltes Widerstand, nämlich im gewöhnlichen Zustande als tropfbar flüssig. Man könnte denken, Kompressibilität sei Folge der Passivität; das Wasser ist aber umgekehrt wegen seiner Passivität nicht kompressibel, d. h. die Größe seines Raums [bleibt] unverändert. Weil die Luft tätige Intensität, obgleich nur als allgemeine Macht des Fürsichseins ist, so ist sie gleichgültig gegen ihr Außereinander, ihren bestimmten Raum, und darum kann sie komprimiert werden. Eine Raumveränderung des Wassers wäre also eine Intensität in sich, die es nicht hat; wird nun dennoch die Größe des Raums bei ihm verändert, so ist dies zugleich mit einer Veränderung seines Zustandes verbunden. Als elastisch flüssig und als Eis nimmt das Wasser einen größeren Raum ein, eben weil die chemische Qualität eine andere geworden ist; und die Physiker haben Unrecht, den größeren Raum, den das Eis einnimmt, den Luftblasen zuzuschreiben, die sich darin befinden.

3. Eine *dritte* Folge dieser Passivität ist die Leichtigkeit der Separation und der Trieb des Wassers, zu *adhärieren*, d. h. daß es *naß* macht. Es bleibt überall hängen, steht mit jedem Körper, den es berührt, in näherem Zusammenhange als mit sich selbst. Es macht sich von seinem Ganzen los, ist nicht nur aller Gestalt von außen fähig, sondern sucht wesentlich solchen äußeren Halt und Zusammenhang, um sich zu teilen, da es eben keinen festen Zusammenhang und Halt in sich selbst hat. Sein Verhältnis zum Öligen, Fetten macht freilich wieder eine Ausnahme.

Fassen wir nun den Charakter der drei betrachteten Elemente noch einmal zusammen, so müssen wir sagen: Die Luft ist allgemeine Idealität alles anderen, das Allgemeine in der Beziehung auf Anderes, durch welche alles Besondere vertilgt wird; das Feuer ist dieselbe Allgemeinheit, aber als erscheinend, und darum in Gestalt des Fürsichseins, also die existierende Idealität, die existierende Natur der Luft, das zur Erscheinung kommende Zum-Schein-Machen des Anderen; das dritte ist passive Neutralität. Das sind die notwendigen Gedankenbestimmungen dieser Elemente.

γ. Individuelles Element

§ 285

Das Element des *entwickelten* Unterschiedes und der *indivi-*

duellen Bestimmung desselben ist die zunächst noch unbestimmte *Erdigkeit* überhaupt, als von den anderen Momenten unterschieden; aber als die Totalität, die dieselben bei ihrer Verschiedenheit in individueller Einheit zusammenhält, ist sie die sie zum Prozeß anfachende und ihn haltende Macht.

c. Der elementarische Prozeß

§ 286

Die individuelle Identität, unter welche die differenten Elemente und deren Verschiedenheit gegeneinander und gegen ihre Einheit gebunden sind, ist eine Dialektik, die das physikalische Leben der Erde, den *meteorologischen Prozeß*, ausmacht; die Elemente, als unselbständige Momente, haben in ihm ebenso allein ihr Bestehen, als sie darin *erzeugt*, als existierende *gesetzt* werden, nachdem sie vorhin aus dem *Ansich* als Momente des Begriffs entwickelt worden sind.

Wie die Bestimmungen der gemeinen Mechanik und der unselbständigen Körper auf die absolute Mechanik und die freien Zentralkörper angewendet werden, so wird die *endliche* Physik der *vereinzelten* individuellen Körper für dasselbe genommen, als die freie selbständige Physik des Erdenprozesses ist. Es wird für den Triumph der Wissenschaft gehalten, in dem allgemeinen Prozesse der Erde dieselben Bestimmungen wiederzuerkennen und nachzuweisen, welche sich an den Prozessen der vereinzelten Körperlichkeit zeigen. Allein in dem Felde dieser vereinzelten Körper sind die der freien Existenz des Begriffes immanenten Bestimmungen zu dem Verhältnis herabgesetzt, *äußerlich* zueinander zu treten, als voneinander unabhängige Umstände zu existieren; ebenso erscheint die Tätigkeit als äußerlich bedingt, somit als zufällig, so daß deren Produkte ebenso äußerliche Formierungen der als selbständig vorausgesetzten und so verharrenden Körperlichkeiten bleiben. – Das Aufzeigen jener Gleichheit oder vielmehr Analogie wird dadurch bewirkt, daß von den eigentümlichen Unterschieden und Bedingungen abstrahiert wird und so diese Abstraktion oberflächliche Allgemeinheiten, wie die Attraktion, hervorbringt, Kräfte und Gesetze, in welchen das Besondere und die bestimmten Bedingungen mangeln. Bei der Anwendung von *konkreten* Weisen der bei der *vereinzelten* Körperlichkeit sich zeigenden Tätigkeiten auf die Sphäre, in welcher die unterschiedenen Körperlichkeiten nur *Momente* sind, pflegen die in jenem Kreise erforderlichen äußerlichen Umstände in dieser Sphäre teils übersehen, teils nach der Analogie hinzugedichtet zu werden. – Es sind dies überhaupt Anwendungen von Kategorien eines Feldes, worin die Verhältnisse *endlich* sind, auf eine Sphäre, innerhalb welcher sie *unendlich,* d. i. nach dem Begriffe, sind.

Der Grundmangel bei der Betrachtung dieses Feldes beruht auf der fixen Vorstellung von der substantiellen unveränderlichen *Verschiedenheit* der Elemente, welche von den Prozessen der *vereinzelten* Stoffe her vom Verstande einmal festgesetzt ist. Wo auch an diesen sich höhere Übergänge zeigen, z. B. daß im Kristall das Wasser fest wird, Licht, Wärme verschwindet usf., bereitet sich die Reflexion eine Hilfe durch nebulose und nichtssagende Vorstellungen von *Auflösung, Gebunden-, Latentwerden* und dergleichen. Hierher gehört wesentlich die Verwandlung aller Verhältnisse an den Erscheinungen in *Stoffe* und *Materien,* zum Teil *imponderable,* wodurch jede physikalische Existenz zu dem schon [§ 276 Anm.] erwähnten *Chaos* von Materien und deren Aus- und Eingehen in den erdichteten Poren jeder anderen gemacht wird, wo nicht nur der Begriff, sondern auch die Vorstellung ausgeht. Vor allem geht die *Erfahrung* selbst aus; es wird noch eine empirische Existenz angenommen, während sie sich nicht mehr empirisch zeigt.

Zusatz. Die Hauptschwierigkeit im Auffassen des meteorologischen Prozesses liegt darin, daß man physikalische Elemente und individuelle Körper verwechselt; jene sind abstrakte Bestimmtheiten, denen die Subjektivität noch fehlt; was nun von ihnen gilt, gilt deswegen noch nicht von der subjektivierten Materie. Der Mangel dieses Unterschiedes bringt die größte Verwirrung in die Naturwissenschaften. Man will alles auf gleiche Stufe stellen. Freilich kann man alles chemisch behandeln, aber ebenso kann man auch alles mechanisch behandeln oder der Elektrizität unterwerfen. Aber durch diese Behandlung der Körper in einer Stufe ist die Natur der anderen Körper nicht erschöpft, z. B. wenn man vegetabilische oder animalische Körper chemisch behandelt. Diese Absonderung, jeden Körper nach seiner besonderen Sphäre zu behandeln, ist die Hauptsache. Luft und Wasser zeigen sich in ihrem freien elementarischen Zusammenhang zur ganzen Erde ganz anders als in ihrem vereinzelten Zusammenhange zu individuellen Körpern, wenn sie also den Bedingungen einer ganz anderen Sphäre unterworfen werden. Es ist gerade, als wenn man den menschlichen Geist beobachten will und zu dem Ende Mautbeamte oder Matrosen beobachtet; man hat dann den Geist unter endlichen Bedingungen und Vorschriften, welche die Natur desselben nicht erschöpfen. In der Retorte soll das Wasser seine Natur offenbaren und im freien Zusammenhang nichts anderes zeigen können. Man geht gewöhnlich davon aus, von den physikalischen Gegenständen, wie Wasser, Luft, Wärme, allgemeine Erscheinungen aufzeigen zu wollen, zu fragen: *was* sind sie? *was* tun sie? Und dies *Was* soll nicht Gedankenbestimmungen, sondern Erscheinung sein, sinnliche Weisen der Existenz. Zu diesen gehören aber zweierlei: erstens die Luft, das Wasser, die Wärme, und dann ein anderer Gegenstand; und von beiden zusammen ist die Erscheinung das Resultat. Der andere Gegenstand, den man damit verbindet, ist immer partikular, und so hängt die Wirkung auch von seiner partikularen Natur ab. Was die Sache sei, läßt sich daher auf diese Weise nicht in allgemeinen Erscheinungen angeben, sondern nur in Beziehung auf besondere Gegenstände. Fragt man, was tut die Wärme, so ist die Antwort, sie soll expandieren; ebenso kontrahiert sie aber auch. Man kann keine allgemeine Erscheinung angeben, von der sich nicht Ausnahmen finden sollten; mit diesen Körpern ist das Resultat dieses, mit anderen ein anderes. Wie Luft, Feuer usf. also anderwärts erscheinen, bestimmt in der jetzigen Sphäre nichts. Die Erscheinungen im endlichen, individuellen Verhältnisse sind nun als das Allgemeine zugrunde gelegt worden, und der freie meteorologische Prozeß wird dann nach dieser Analogie erklärt; das ist eine μετάβασις εἰς ἄλλο γένος. So soll der Blitz nur Entladungsfunke der Elektrizität sein, die durch Reibung der Wolken hervorgebracht werde. Im Himmel fehlt aber das Glas, der Siegellack, das Harz, das Kissen, das

Herumdrehen usw. Die Elektrizität ist dieser Sündenbock, der überall herhalten muß; daß aber durch die Feuchtigkeit die Elektrizität sich durchaus zerstreut, ist bekannt genug, während der Blitz in ganz feuchter Luft entsteht. Solche Behauptungen übertragen die endlichen Bedingungen auf das freie Naturleben, vornehmlich geschieht dies in Ansehung des Lebendigen; das ist aber ungehörig, und der gesunde Mensch glaubt nicht an solche Erklärungen.

Der physikalische Prozeß hat diese Bestimmung der Verwandlung der Elemente ineinander; dies ist der endlichen Physik ganz unbekannt, deren Verstand die abstrakte Identität des Ausdauerns immer festhält, wonach die Elemente, als zusammengesetzt, nur zerlegt, ausgeschieden, nicht reell verwandelt werden. Wasser, Luft, Feuer und Erde sind in diesem elementarischen Prozesse in Konflikt: Wasser ist das existierende Material desselben und spielt die Hauptrolle, weil es das Neutrale, Wandelbare, der Bestimmung Fähige ist; Luft, als das geheim Verzehrende, Ideellsetzende, ist das Tätige, das Aufheben des Bestimmten; das Feuer ist die Erscheinung des Fürsichseins, die Idealität, die zur Erscheinung kommt, die Erscheinung des Verzehrtwerdens. Das einfache Verhältnis ist nun eben dieses, daß das Wasser in Luft verwandelt wird und verschwindet; umgekehrt wird die Luft zu Wasser und schlägt aus dem Fürsichsein ins Gegenteil, die tote Neutralität um, welche ihrerseits sich zum Fürsichsein spannte. So haben die Alten, z. B. Heraklit und Aristoteles, den elementarischen Prozeß betrachtet. Es hat keine Schwierigkeit, dies zu erkennen, da die Erfahrung und Beobachtung es uns zeigt. *Regenbildung* ist die Hauptsache; die Physik selbst gibt zu, daß der Regen nicht genügend erklärt sei. Die Schwierigkeit kommt aber allein von der reflektierenden Physik her, welche gegen alle Beobachtung ihre doppelte Voraussetzung festhält: »α) Was im freien Zusammenhange stattfindet, muß auch im bedingten, äußerlichen gemacht werden können; β) was im bedingten stattfindet, findet auch im freien statt; was also in jenem sich identisch mit sich erhält, das ist auch an sich nur identisch.« Wir dagegen behaupten, daß, wenn das Wasser ausdunstet, die Form des Dunstes ganz verschwindet.

Wendet man nun mechanische Bestimmungen und Bestimmungen endlicher Erscheinungen darauf an, so stellt man sich *erstens* vor, das Wasser soll erhalten sein und nur den Zustand seiner Gestalt ändern. So sagt *Gren* (*Physik*, § 945[13]): »Verdunstung kann

13 Friedrich Albert Karl Gren, *Grundriß der Naturlehre*, 3. Aufl. Halle 1797

ohne alle Luft stattfinden. Die mit Wasserdunst beladene Luft bei gleicher Wärme und absoluter Elastizität hat, wie *Saussure*[14] gezeigt hat, ein geringeres eigentümliches Gewicht als die trockene, was nicht sein könnte, wenn das Wasser so in der Luft aufgelöst wäre, als ein Salz im Wasser aufgelöst ist. Es kann folglich das Wasser nur als der spezifisch leichtere, elastische Dampf in der Luft enthalten sein.« Die Partikeln des Wassers, sagt man also, sind in der Dunstform mit Luft erfüllt und so nur quantitativ auseinandergetrieben, nur fein verteilt. Dieser Dampf sei an eine gewisse Temperatur gebunden; fehle sie, so löse er sich wieder in Wasser auf. Der Regen soll mithin nur ein Wieder-Nähern des bisher Vorhandenen, aber wegen seiner Kleinheit unmerklich Gewesenen sein. Durch solche nebulose Vorstellungen soll Regen und Nebel erklärt werden. Diese Ansicht hat *Lichtenberg* am gründlichsten widerlegt, indem er einer von der Berliner Akademie gekrönten Preisschrift über den Regen die Krone genommen und sie lächerlich gemacht.[15] Lichtenberg zeigt nämlich nach *de Luc*[16] (der, obgleich phantastisch die Erschaffung der Welt zugrunde legend, doch hier richtig beobachtete), daß nach dem Hygrometer die Luft selbst auf den höchsten Schweizergebirgen ganz trocken ist, oder sein kann, unmittelbar vorher, ehe Nebel, Wolken sich bilden, die sich dann in Regen verwandeln. Der Regen kommt sozusagen aus trockener Luft; das erklärt die Physik nicht. So ist es im Sommer und im Winter; gerade im Sommer, wo die Verdunstung am stärksten ist, die Luft daher am feuchtesten sein sollte, ist sie am trockensten. Wo das Wasser bleibt, ist bei dieser Vorstellung durchaus nicht nachzuweisen. Man könnte glauben, die Wasserdämpfe stiegen wegen ihrer Elastizität höher; da es indessen in höheren Regionen noch kälter ist, so würden sie dort sehr bald wieder zu Wasser reduziert werden. Die Luft ist also nicht nur trocken durch äußerliche Entfernung der Feuchtigkeit, wie beim Austrocknen im Ofen, sondern das Trockenwerden des Wassers ist dem Verschwinden des sogenannten Kristallisationswassers im Kristall zu vergleichen; wie es aber verschwindet, so kommt es auch wieder zum Vorschein.

Die *zweite* Ansicht ist die chemische, daß das Wasser sich in seine einfachen Stoffe, Wasser- und Sauerstoff, zersetze. So in Gasform

14 Horace-Bénedict de Saussure, 1740–1799, Pionier der Alpengeologie; konstruierte verschiedene meteorologische Instrumente (Haar-Hygrometer).

15 *G.C. Lichtenbergs Verteidigung des Hygrometers und der de Luc'schen Theorie vom Regen*, hrsg. von L. C. Lichtenberg und F. Kries, Göttingen 1800

16 Jean André de Luc, *Recherches sur les modifications de l'atmosphère*, Genf 1772; *Nouvelles idées sur la météorologie*, London 1786

kann es freilich nicht auf den Hygrometer wirken, weil zum Wasserstoff Wärme kommt und so Gas entsteht. Hiergegen ist die alte Frage aufzuwerfen, ob Wasser überhaupt aus Sauerstoff und Wasserstoff *bestehe*. Durch einen elektrischen Funken werden freilich beide zu Wasser gemacht. Wasser ist aber nicht aus jenen zusammengesetzt. Mit mehr Recht muß man sagen, dies seien nur verschiedene Formen, in die das Wasser gesetzt wird. Wäre das Wasser ein solches bloßes Kompositum, so müßte alles Wasser sich in diese Teile abscheiden können. *Ritter*[17], ein in München gestorbener Physiker, hat aber einen galvanischen Versuch gemacht, durch den er unumstößlich bewiesen, daß man sich das Wasser nicht aus Teilen zusammengesetzt denken kann. Er nahm eine gebogene Glasröhre, die er mit Wasser füllte, und tat in den Scheitel Quecksilber, welches das Wasser in den beiden Schenkeln teilte. Indem er nun durch einen hindurchgezogenen Metalldraht die Kommunikation erhielt und das Wasser mit einer galvanischen Säule in Verbindung brachte, so verwandelte sich der eine Teil des Wassers in Wasserstoffgas, der andere in Sauerstoffgas, so daß jeder Schenkel der Röhre nur eins zeigte. Ist keine solche Sperrung durch Merkur vorhanden, so sagt man bei dieser Erscheinung, das Sauerstoffgas marschiert herüber und das Wasserstoffgas hinüber; dies, womit man sich sonst ausredete, obgleich es niemand sieht, ist hier unmöglich. – Sollte das Wasser bei der Verdunstung auch zerlegt werden, so fragt sich: Wo kommen jene Gase hin? Das Sauerstoffgas könnte die Luft vermehren; diese zeigt aber fast immer dieselbe Quantität von Sauerstoffgas und Stickstoffgas. *Humboldt* hat Luft von hohen Bergen und sogenannte verdorbene Luft (worin also mehr Stickstoff enthalten sein soll) aus einem Tanzsaal beide chemisch zersetzt und in beiden dasselbe Quantum von Oxygen gefunden. Besonders müßte aber im Sommer bei der starken Verdunstung die Luft mehr Sauerstoff haben, was jedoch nicht der Fall ist. Auch das Wasserstoffgas findet sich nun nirgends, weder oben noch unten, auch nicht in der Region der Wolkenbildung, die nicht sehr hoch ist. Obgleich die Bäche monatelang austrocknen und keine Feuchtigkeit mehr auf der Erde ist, so ist in der Luft doch nichts davon vorzufinden. Jene Vorstellungen widersprechen also der Beobachtung und gründen sich nur auf Schlüsse und Übertragungen aus einem andern Felde. Wenn also *Allix*, um zu erklären, woher die Sonne das Material nehme, das sie immer verzehre, sie durch das Wasserstoffgas ernährt werden läßt, so ist dies zwar auch eine leere Vorstellung,

17 Johann Wilhelm Ritter, 1776–1810, Naturwissenschaftler; entdeckte 1801 die ultravioletten Strahlen.

indessen liegt doch noch Verstand darin, indem er die Notwendigkeit aufzeigen zu müssen glaubte, wo jener Wasserstoff bleibe. Das Latentwerden bei der Wärme, dem Kristallwasser usf. ist dann auch solche Vorstellung. Man sieht, fühlt usw. die Wärme z. B. gar nicht mehr; dennoch sagt man, sie sei noch da, obgleich nicht bemerklich. Was aber der Beobachtung nicht unterworfen ist, existiert in diesem Felde nicht; denn das Existieren ist eben das Sein-für-Anderes, das Sich-bemerklich-Machen, und diese Sphäre ist eben die der Existenz. Das Latentwerden ist so die hohlste Form, da man Verwandeltes als nicht existierend erhält, das dennoch existieren soll. So zeigt sich der größte Widerspruch, indem durch den Verstandesgedanken der Identität die Sache beibehalten wird; es sind falsche Gedankendinge – falsch im Gedanken und in der Erfahrung. Die Philosophie ignoriert dergleichen Vorstellungen also nicht, sondern kennt sie in ihrer ganzen Blöße. Ebenso ist es im Geiste: ein Mensch, der einen schwachen Charakter hat, *ist* so; die Tugend ist nicht in ihm latent, sie ist gar nicht in ihm.

§ 287

Der Prozeß der Erde wird durch ihr *allgemeines Selbst*, die Tätigkeit des *Lichts*, ihr ursprüngliches Verhältnis zur Sonne, fortdauernd angefacht und dann nach der Stellung der Erde zur Sonne (Klimate, Jahreszeiten usf.) weiter partikularisiert. – Das *eine Moment* dieses Prozesses ist die *Diremtion* der individuellen Identität, die Spannung in die Momente des selbständigen Gegensatzes, in Starrheit und in selbstlose Neutralität, wodurch die Erde der Auflösung zugeht – einerseits zum Kristall, einem Monde, andererseits zu einem Wasserkörper, einem Kometen, zu werden – und *die Momente* der Individualität ihren Zusammenhang mit ihren *selbständigen* Wurzeln zu realisieren suchen.

Zusatz. Das Licht, als das allgemeine Prinzip der Idealität, ist hier nicht mehr nur als der Gegensatz gegen das Finstere, das ideelle Setzen des Seins-für-Anderes, sondern das Ideellsetzen des Realen, das Setzen der realen Idealität. Dies real-tätige Verhältnis des Lichts der Sonne zur Erde erzeugt den Unterschied von Tag und Nacht usw. Ohne den Zusammenhang mit der Sonne würde die Erde ein Prozeßloses sein. Die nähere Weise, wie diese Wirkung erscheint, ist gedoppelt zu betrachten. Die eine Änderung ist die Änderung des bloßen Zustandes, die zweite die qualitative Veränderung im wirklichen Prozesse.

Zur ersten Seite gehört der Unterschied von Wärme und Kälte, von Winter und Sommer; es wird wärmer oder kälter, je nachdem die Erde gegen die Sonne gestellt ist. Diese Änderung des Zustands ist aber nicht nur quantitativ, sondern zeigt sich auch als innerliche Bestimmtheit. Im Sommer ist, da die Achse der Erde mit der Ebene ihrer Bahn immer denselben Winkel macht, der Fortgang zum Winter zunächst nur ein quantitativer Unterschied, indem die Sonne täglich scheinbar höher und höher steigt und, wenn sie den höchsten Punkt erreicht hat, sich wieder bis zum niedrigsten senkt. Hinge nun aber die größte Wärme und größte Kälte bloß von diesem quantitativen Unterschiede und von der Bestrahlung ab, so müßten sie in die Monate Juni und Dezember zur Zeit der Solstitien fallen. Die Veränderung des Zustandes wird jedoch zu spezifischen Knoten; die Äquinoktien usw. machen qualitative Punkte, wo nicht bloß quantitative Ab- und Zunahme der Wärme eintritt. So fällt die größte Kälte zwischen den 15. Januar und den 15. Februar, wie die größte Wärme in den Juli oder August. In Ansehung jenes Umstands könnte man sagen, die größte Kälte komme uns erst später von den Polen; aber selbst an den Polen ist, wie Kapitän *Parry*[18] versichert, derselbe Fall gewesen. Anfang November, nach dem Herbstäquinoktium, haben wir Kälte und Stürme; dann läßt die Kälte wieder nach im Dezember, bis sie eben Mitte Januar den stärksten Grad erreicht. Gleicherweise treten Kälte und Stürme beim Frühlingsäquinoktium ein, nach einem schönen Ende des Februar, indem März und April sich wie der November verhalten; und so ist auch nach dem Sommersolstitium im Juli die Wärme häufig heruntergesetzt.

Das Wesentliche ist nun die qualitative Veränderung: die Spannung der Erde in sich selbst und der Erde und der Atmosphäre gegeneinander. Der Prozeß ist die Abwechslung zwischen dem Lunarischen und Kometarischen. Die Wolkenbildung ist so nicht bloß Hinaufsteigen zu Dünsten, sondern das Wesentliche daran ist dies Streben der Erde nach dem einen Extreme. Die Wolkenbildung ist ein Spiel der Reduktion der Luft zu Neutralität; aber es können sich wochenlang Wolken bilden ohne Gewitter und Regen. Das wahre Verschwinden des Wassers ist nicht bloß eine privative Bestimmung, sondern es ist ein Widerstreit in sich selbst, ein Treiben und Drängen zum verzehrenden Feuer, das als Fürsichsein die Schärfe ist, womit die Erde auf diesem Extrem sich selbst zerreißt. Wärme und Kälte sind dabei nur akzessorische Zustände, die nicht der Bestimmung des Prozesses selbst angehören, und so akzidentell wirken sie z. B. bei der Hagelbildung.

---

18 Sir William Parry, 1790–1855, zahlreiche Reisebeschreibungen

Mit dieser Spannung ist eine größere spezifische Schwere der Luft verbunden; denn der größere Druck der Luft, der einen höheren Barometerstand hervorbringt, zeigt, da die Luft nicht als Quantum vermehrt worden ist, nur eine stärkere Intensität oder Dichtigkeit derselben an. Man könnte denken, der höhere Barometerstand komme vom aufgenommenen Wasser; aber gerade dann, wenn die Luft mit Dünsten oder Regen angefüllt ist, ist ihre spezifische Schwere vermindert. *Goethe* sagt (*Zur Naturwissenschaft überhaupt,* II. Bd., 1. Heft [1823, »The climate of London«], S. 68): »Hoher Barometerstand hebt die Wasserbildung auf, die Atmosphäre vermag die Feuchte zu tragen oder sie in ihre Elemente zu zersetzen; niederer Barometerstand läßt eine Wasserbildung zu, die oft grenzenlos zu sein scheint ... Zeigt die Erde sich mächtig, vermehft sie ihre Anziehungskraft, so überwindet sie die Atmosphäre, deren Inhalt ihr nun ganz angehört; was allenfalls darin zustande kommt, muß als *Tau,* als *Reif* herunter, der Himmel bleibt klar in verhältnismäßigem Bezug. Ferner bleibt der Barometerstand in fortwährendem Verhältnis zu den Winden; das hohe Quecksilber deutet auf Nord- und Ostwinde, das niedere auf West- und Südwinde; bei dem ersten wirft sich die Feuchtigkeit ans Gebirge, bei dem zweiten vom Gebirge ins Land.«

§ 288

Das *andere Moment* des Prozesses ist, daß das Fürsichsein, welchem die Seiten der Entgegensetzung zugehen, sich als die auf die Spitze getriebene Negativität aufhebt; – die *sich entzündende Verzehrung* des versuchten unterschiedenen Bestehens, durch welche ihre wesentliche Verknüpfung sich herstellt und die Erde sich als reelle und *fruchtbare Individualität* geworden ist.

Erdbeben, Vulkane und deren Eruptionen mögen als dem Prozesse der *Starrheit* der freiwerdenden Negativität des Fürsichseins, dem Prozesse des Feuers angehörig angesehen werden, wie dergleichen auch am Monde erscheinen soll. – Die *Wolken* dagegen mögen als der Beginn *kometarischer* Körperlichkeit betrachtet werden können. Das *Gewitter* aber ist die vollständige Erscheinung dieses Prozesses, an die sich die anderen meteorologischen Phänomene als Beginne oder Momente und unreife Ausführungen desselben anschließen. Die Physik hat bisher weder mit der Regenbildung (ungeachtet der von *de Luc*[19] aus den Beobachtungen gezogenen und, unter den Deutschen, von dem geistreichen *Lichtenberg*[20] gegen die *Auflösungstheorien* urgierten Folgerungen), noch mit dem Blitze, auch nicht mit dem Donner zurechtkommen können; ebensowenig mit anderen meteorologischen Erscheinungen, insbesondere den *Atmosphärilien*, in welchen der Prozeß selbst bis zum Beginn eines irdischen Kernes fortgeht. Für das Verständnis jener alltäglichsten Erscheinungen ist in der Physik noch am wenigsten Befriedigendes geschehen.

Zusatz. Das Aufheben der Spannung ist als Regen die Reduktion der Erde zur Neutralität, das Herabsinken in die widerstandslose Gleichgültigkeit. Die gespannte Gestaltlosigkeit, das Kometarische, geht aber auch in das Werden, ins Fürsichsein über. Auf diese Spitze des Gegensatzes getrieben, fallen die Entgegengesetzten gleichfalls ineinander. Ihr hervorbrechendes Eins aber ist das substanzlose Feuer, das nicht die gestaltete Materie zu seinen Momenten hat, sondern die reinen Flüssigkeiten; es hat keine Nahrung, sondern ist der unmittelbar erlöschende Blitz, das aerische Feuer. So heben beide Seiten sich an ihnen selbst auf, oder ihr Fürsichsein ist eben das Verzehren ihres Daseins. Im Blitze kommt das Sichverzehren zur Existenz; dieses Entzünden der Luft in sich selbst ist der höchste Punkt der Spannung, die zusammenfällt.

Dieses Moment des Sich-selbst-Verzehrens kann auch an der gespannten Erde selbst nachgewiesen werden. Die Erde *spannt sich in sich selbst,* wie die organischen Körper; sie setzt sich um zur Lebendigkeit des Feuers und ebenso zur Neutralität des Wassers, in den Vulkanen und den *Quellen.* Wenn also die Geologie die zwei Prinzipien des Vulkanismus und des Neptunismus annimmt, so sind dieselben allerdings wesentlich und gehören zum Prozeß des Gestaltens der Erde. Das in ihren Kristall versenkte Feuer ist ein Schmelzen desselben, eine Selbstentzündung, in welcher der Kristall zum Vulkan wird. Die Vulkane sind also nicht mechanisch zu fassen, sondern als ein unterirdisches Gewitter mit Erdbeben;

---

19 siehe Fn. 16, S. 147

20 vgl. u. a. »Von einer neuen Art, die Natur und Bewegung der elektrischen Materie zu erforschen«, in G. Chr. Lichtenbergs physikalische und mathematische Schriften, hrsg. von L. C. Lichtenberg und F. Kries, 4. Bd., Göttingen 1806; siehe auch Fn. 15, S. 147

das Gewitter ist umgekehrt ein Vulkan in der Wolke. Äußere Umstände sind freilich auch nötig zu einem Ausbruche; Entbindungen eingeschlossenen Gases usw., die man für die Erklärung der Erdbeben zur Hilfe nimmt, sind aber erdichtet oder Vorstellungen aus der gewöhnlichen chemischen Sphäre. Man sieht vielmehr, daß solch ein Erdbeben dem Leben der Totalität der Erde angehört; Tiere, Vögel in der Luft fühlen es daher auch mehrere Tage voraus, wie wir die Schwüle vor einem Gewitter empfinden. So tut sich in solchen Erscheinungen der ganze Organismus der Erde hervor, wie denn auch bei der Wolkenbildung Gebirgszüge bestimmend sind. Eine Menge Umstände zeigen also, daß keines dieser Phänomene etwas Vereinzeltes, sondern jedes ein mit dem Ganzen zusammenhängendes Ereignis ist. Dazu kommt der Barometerstand, indem die Luft bei diesen atmosphärischen Veränderungen eine große spezifische Schwere erhält oder verliert. *Goethe* hat Barometermessungen in denselben Breiten unter verschiedenen Meridianen zusammengestellt, in Europa, Amerika und Asien, und dadurch gefunden, daß auf der ganzen Erde herum die Veränderungen gleichzeitig sind (s. unten Zusatz zu § 293). Dieses Resultat ist merkwürdiger als alles andere; nur ist es schwierig, diese Zusammenstellung weiter zu verfolgen, da man nur einzelne Daten hat. Die Physiker sind noch nicht dahin gekommen, gleichzeitige Beobachtungen anzustellen; und was der Dichter getan hat, wird von ihnen nicht angenommen, wie bei den Farben.

Auch bei der Quellenbildung kommt man mit mechanischer Betrachtungsweise nicht aus; sondern sie ist ein eigentümlicher Prozeß, der freilich durchs Terrain bestimmt wird. Heiße Quellen erklärt man dadurch, daß Steinkohlenflöze, die in Brand geraten, fortdauernd brennen; heiße Quellen sind aber lebendige Eruptionen, ebenso die anderen Quellen. Auf hohen Bergen sollen die Reservoirs derselben sein; Regen und Schnee haben allerdings Einfluß, und bei großer Trockenheit können die Quellen versiegen. Quellen müssen aber dem verglichen werden, wie die Wolke ohne Blitz zu Regen wird, während die Vulkane wie die Blitze der Atmosphäre sind. Der Kristall der Erde reduziert sich immer zu dieser abstrakten Neutralität des Wassers, wie er sich zur Lebendigkeit des Feuers umsetzt.

Ebenso ist der ganze atmosphärische Zustand ein großes lebendiges Ganzes, wozu auch die *Passatwinde* gehören. Die Gewitterzüge will *Goethe* (*Zur Naturwissenschaft überhaupt*, II. Bd., 1. Heft [1823, »The climate of London«], S. 75) dagegen mehr topisch, d. i. örtlich nennen. In Chile ist alle Tage der meteorologische Prozeß vollständig da; nachmittags um drei Uhr entsteht immer ein Gewitter, wie unter dem Äquator überhaupt Winde, auch der

Barometerstand, konstant sind. Die Passatwinde sind so beständige Ostwinde zwischen den Tropen. Gerät man von Europa aus in die Sphäre dieser Winde, so wehen sie von Nordost; je mehr man sich der Linie nähert, desto mehr kommen sie von Osten. Gemeiniglich hat man unter der Linie Windstille zu fürchten. Über die Linie hinaus nehmen die Winde allmählich eine südliche Richtung bis nach Südost. Über die Tropen hinaus verliert man die Passatwinde und kommt wieder in die Region abwechselnder Winde, wie in unseren europäischen Seestrichen. In Indien hat der Barometer fast immer denselben Stand; bei uns ist er unregelmäßiger. In den Polargegenden sind nach *Parry* keine Gewitter vorgekommen; aber fast alle Nächte sah er *Nordlichter* nach allen Gegenden, oft an entgegengesetzten zugleich. Alles dies sind einzelne, formale Momente des vollständigen Prozesses, die innerhalb des Ganzen als Zufälligkeiten erscheinen. Das Nordlicht ist nur ein trockenes Leuchten ohne die übrige Materialität des Gewitters.

Über Wolken hat *Goethe* das erste verständige Wort gesagt.[21] Er unterscheidet drei Hauptformen: fein gekräuselte Wolken, Schäfchen (*Zirrus*); sie sind im Zustande des Sichauflösens, oder es ist die erste beginnende Bildung. Die rundere Form, an Sommerabenden, ist die Form des *Kumulus*; die breitere Form endlich (*Stratus*) ist die, welche unmittelbar Regen gibt.

Sternschnuppen, Atmosphärilien sind dann ebensolche vereinzelte Formen des ganzen Prozesses. Denn wie die Luft zu Wasser fortgeht, indem die Wolken Beginne kometarischer Körper sind, so kann diese Selbständigkeit des Atmosphärischen auch zu anderem Materiellen, bis zu Lunarischem, zu Steingebilden oder zu Metallen, fortgehen. Erst ist bloß Wäßriges in den Wolken, dann aber ganz individualisierte Materie; diese Erfolge gehen über alle Bedingungen von Prozessen der vereinzelten Körperlichkeiten gegeneinander. Wenn *Livius* sagt, *lapidibus pluit*, so hat man nicht daran geglaubt, bis vor dreißig Jahren bei *Aigle* in Frankreich den Leuten Steine auf den Kopf fielen; da glaubte man's. Nun wurde das Phänomen öfter beobachtet; man untersuchte die Steine, verglich damit ältere Massen, die auch als Meteorsteine angegeben waren, und fand, daß sie gleicher Beschaffenheit waren. Man muß beim Atmosphäril nicht fragen, wo diese Nickel- und Eisenteile herkommen. Einer sagte, der Mond habe etwas fallen lassen; ein anderer führte den Chaussée-Staub, die Hufe der Pferde an usf. Die Atmosphärilien zeigen sich bei der Explosion der Wolken, eine *Feuerkugel* macht den Übergang; sie erlischt und

---

21 »Wolkengestalt nach Howard«, *Zur Naturwissenschaft überhaupt*, I. Bd., 3. Heft (1820)

zerspringt mit einem Knall, und dann erfolgt der Steinregen. Sie haben alle dieselben Bestandteile, und diese Vermischung findet sich auch in der Erde; gediegenes Eisen findet sich nicht als Fossil, sondern die Eisenmassen sind überall, in Brasilien, Sibirien, auch in der Baffin-Bai, wie die von Aigle mit einem Steinartigen verbunden, worin auch Nickel angetroffen wird. Auch nach der äußeren Konstruktion dieser Steine hat man einen atmosphärischen Ursprung zugestehen müssen.
Dies Wasser und Feuer, die sich zur Metallität verdunkeln, sind unreife Monde, das *Insichgehen* der Individualität. Wie die Atmosphärilien das Zum-Monde-Werden der Erde darstellen, so die *Meteore*, als zerfließende Gebilde, das Kometarische. Die Hauptsache aber ist die Auflösung der realen Momente. Der meteorologische Prozeß ist die Erscheinung dieses Werdens der Individualität durch Bewältigung und Rückführung der auseinandergehen wollenden freien Qualitäten in den konkreten Einheitspunkt. Zuerst waren die Qualitäten noch als unmittelbare bestimmt, Licht, Starrheit, Flüssigkeit, Erdigkeit; die Schwere hatte eine Qualität, und dann wieder eine andere. Die schwere Materie ist das Subjekt in diesen Urteilen, und die Qualitäten sind die Prädikate; das ist unser subjektives Urteilen gewesen. Jetzt ist diese Form zur Existenz gekommen, indem die Erde selbst die unendliche Negativität dieser Unterschiede ist, und damit ist die Erde erst als Individualität gesetzt. Vorher war Individualität ein leeres Wort, weil sie unmittelbar, noch nicht sich hervorbringend war. Diese Rückkehr und damit dies ganze, sich selbst tragende Subjekt, dieser Prozeß ist die befruchtete Erde, das allgemeine Individuum, das, in seinen Momenten vollkommen einheimisch, weder mehr etwas Inneres noch Äußeres, ihm Fremdes hat, sondern vollkommen daseiende Momente; seine abstrakten Momente sind selbst die physischen Elemente, die selbst Prozesse sind.

§ 289

Indem der *Begriff* der Materie, die Schwere, seine Momente zunächst als selbständige, aber elementarische Realitäten auslegt, ist die Erde *abstrakter* Grund der Individualität. In ihrem Prozesse setzt sie sich als *negative Einheit* der außereinander seienden abstrakten Elemente, hiermit als *reale* Individualität.

Zusatz. Mit dieser Selbstischkeit, wodurch die Erde sich als reell beweist, ist sie im Unterschiede von der Schwere. Während wir also früher die schwere Materie nur überhaupt als bestimmte hatten, sind jetzt die Qualitäten im Unterschiede von der schweren Materie; d. h. die schwere Materie verhält sich jetzt zur Bestimmtheit, was wir vorhin noch nicht hatten. Diese Selbstischkeit des Lichts, welche früher der schweren Körperlichkeit entgegenstand, ist jetzt die Selbstischkeit der Materie selbst; diese Idealität, die unendlich, ist jetzt die Natur der Materie selbst, und so ist ein Verhältnis dieser Idealität zum dumpfen Insichsein der Schwere gesetzt. Die physikalischen Elemente sind so nicht mehr nur Momente eines einzigen Subjekts; sondern das Prinzip der Individualität ist das sie Durchdringende, so daß es an allen Punkten dieses Physikalischen dasselbe ist. So haben wir statt der einen allgemeinen Individualität das Vervielfachen der Individualitäten, so daß die ganze Form auch diesen zukommt. Die Erde vereinzelt sich in solche, die die ganze Form in ihnen haben; das ist das zweite, was wir zu betrachten haben.

B
Physik der besonderen Individualität

§ 290

Die vorher elementarischen Bestimmtheiten nun der individuellen Einheit unterworfen, so ist diese die immanente Form, welche für sich die Materie *gegen* ihre Schwere bestimmt. Die Schwere, als Suchen des Einheitspunktes, tut dem *Außereinander* der Materie keinen Eintrag, d. i. der Raum, und zwar nach einem Quantum, ist das Maß der Besonderungen der Unterschiede der schweren Materie, der Massen; die Bestimmungen der physikalischen Elemente sind noch nicht *in ihnen selber* ein *konkretes Fürsichsein*, damit dem gesuchten Fürsichsein der schweren Materie noch nicht entgegengesetzt. Jetzt durch die *gesetzte* Individualität der Materie ist sie in ihrem Außereinander selbst ein Zentralisieren gegen dies ihr Außereinander und gegen dessen *Suchen* der Individualität, different gegen das ideelle Zentralisieren der Schwere, ein immanentes anderes Bestimmen der *materiellen Räumlichkeit* als durch die Schwere und nach der Richtung derselben. Dieser Teil der Physik ist die *individualisierende Mechanik*, indem die Materie durch die immanente Form, und zwar nach dem Räumlichen, bestimmt wird. Zunächst gibt dies ein *Verhältnis* zwischen beidem, der räumlichen Bestimmtheit als solcher und der ihr zugehörigen Materie.

Zusatz. Während das Eins der Schwere ein anderes als die übrigen materiellen Teile ist, so durchdringt der individuelle Einheitspunkt als Selbstischkeit die Unterschiedenen und ist die Seele derselben, so daß sie nicht mehr außer ihrem Zentrum sind, sondern dieses das Licht ist, das sie in ihnen selbst haben; die Selbstischkeit ist also Selbstischkeit der Materie selbst. Daß die Qualität zu ihrer Rückkehr in sich selbst gekommen, das ist der Standpunkt der Individualität, den wir hier haben. Wir haben zwei Weisen des Eins, welche zunächst in relativer Beziehung zueinander stehen; zu ihrer absoluten Identität sind wir noch nicht gelangt, da die Selbstischkeit selbst noch bedingt ist. Erst hier erscheint das Außereinander im Gegensatz gegen das Insichsein und ist durch dasselbe bestimmt; durch das Insichsein ist so ein anderer Mittelpunkt, eine andere Einheit gesetzt, und damit ist Befreiung von der Schwere vorhanden.

§ 291

Diese individualisierende Formbestimmung ist zunächst *an sich* oder unmittelbar, so noch nicht als Totalität gesetzt. Die besonderen Momente der Form kommen daher als gleichgültig und außereinander zur Existenz, und die Formbeziehung ist als ein *Verhältnis* Verschiedener. Es ist die Körperlichkeit in endlichen Bestimmungen, bedingt durch Äußeres zu sein und in viele partikuläre Körper zu zerfallen. Der Unterschied kommt so teils in der *Vergleichung* von verschiedenen Körpern miteinander, teils in der *reelleren*, jedoch *mechanisch* bleibenden *Beziehung* derselben zur Erscheinung. Die selbständige Manifestation der Form, die keiner Vergleichung, noch der Erregung bedarf, kommt erst der Gestalt zu.

Wie überall die Sphäre der Endlichkeit und Bedingtheit, so ist hier die Sphäre der bedingten Individualität der am schwersten aus dem übrigen Zusammenhang des Konkreten abzuscheidende und für sich festzuhaltende Gegenstand, um so mehr, da die *Endlichkeit* ihres Inhalts mit der spekulativen Einheit des Begriffs, die zugleich nur das Bestimmende sein kann, im Kontraste und Widerspruche steht.

Zusatz. Da die Individualität uns erst geworden ist, so ist sie selbst nur erste Individualität und darum die bedingte, noch nicht die realisierte Individualität, nur die allgemeine Selbstischkeit. Sie kommt erst her aus dem Nichtindividuellen, ist so abstrakte Individualität und, als nur different gegen Anderes, noch nicht in sich selbst erfüllt. Das Anderssein ist noch nicht ihr eigenes, so ist es ein Passives; ein Anderes, die Schwere, wird nämlich durch die Individualität bestimmt, eben weil diese noch nicht Totalität ist. Daß die Selbstischkeit frei sei, dazu gehörte, daß sie den Unterschied als ihren eigenen gesetzt hätte, während er jetzt nur ein Vorausgesetztes ist. Sie hat ihre Bestimmungen noch nicht in sich ausgelegt, während die totale Individualität die Bestimmungen der Himmelskörper in sich selbst ausgelegt hat; dieses ist die Gestalt, hier aber haben wir erst das Werden der Gestalt. Die Individualität als das Bestimmende ist zuerst nur Setzen einzelner Bestimmungen; erst wenn sie einzeln und die Totalität derselben gesetzt ist, dann erst ist die Individualität gesetzt, die ihre ganze Bestimmtheit entwickelt hat. Das Ziel ist also, daß die Selbstischkeit das Ganze werde; und diese erfüllte Selbstischkeit werden wir als Klang sehen. Indessen da er als immateriell entflieht, ist auch er wieder abstrakt; in Einheit aber mit dem Materiellen ist er die Gestalt. Wir haben hier die endlichste, äußerlichste Seite der Physik zu betrachten; solche Seiten haben nicht das Interesse, als wenn wir es mit dem Begriff oder mit dem realisierten Begriff, mit der Totalität, zu tun haben

§ 292

Die Bestimmtheit, welche die Schwere erleidet, ist a) abstrakt *einfache* Bestimmtheit und damit als ein bloß quantitatives Verhältnis an ihr, – *spezifische Schwere*; b) spezifische Weise der *Beziehung* materieller *Teile*, – *Kohäsion*. c) Diese Beziehung der materiellen Teile für sich, als *existierende Idealität*, und zwar α) als das nur *ideelle* Aufheben – der Klang; β) als *reelles* Aufheben der Kohäsion – die *Wärme*.

a. Die spezifische Schwere

§ 293

Die *einfache*, abstrakte Spezifikation ist *die spezifische Schwere* oder *Dichtigkeit* der Materie, ein Verhältnis des *Gewichts* der Masse zu dem *Volumen*, wodurch das Materielle als selbstisch sich von dem abstrakten Verhältnisse zum Zentralkörper, der allgemeinen Schwere, losreißt, aufhört, die gleichförmige Erfüllung des Raums zu sein, und dem abstrakten Außereinander ein spezifisches Insichsein entgegensetzt.

Die verschiedene Dichtigkeit der Materie wird durch die Annahme von *Poren* erklärt, – die Verdichtung durch die Erdichtung von leeren Zwischenräumen, von denen als von einem *Vorhandenen* gesprochen wird, das die Physik aber nicht aufzeigt, ungeachtet sie vorgibt, sich auf Erfahrung und Beobachtung zu stützen. – Ein Beispiel von *existierendem* Spezifizieren der Schwere ist die Erscheinung, daß ein auf seinem Unterstützungspunkte gleichgewichtig schwebender Eisenstab, wie er *magnetisiert* wird, sein Gleichgewicht verliert und sich an dem einen Pole jetzt schwerer zeigt als an dem andern. Hier wird der eine Teil so infiziert, daß er, ohne sein Volumen zu verändern, schwerer wird; die Materie, deren Masse nicht vermehrt worden, ist somit *spezifisch* schwerer geworden. – Die Sätze, welche die Physik bei ihrer Art, die Dichtigkeit vorzustellen, voraussetzt, sind: 1. daß eine gleiche Anzahl gleich großer materieller Teile gleich schwer ist; wobei 2. das Maß der Anzahl der Teile das Quantum des Gewichts ist, aber 3. auch der Raum, so daß, was von gleichem Gewichtsquantum ist, auch gleichen Raum einnimmt; wenn daher 4. gleiche Gewichte doch in einem verschiedenen Volumen erscheinen, so wird durch Annahme der Poren die Gleichheit des Raums, der materiell *erfüllt* sei, erhalten. Die Erdichtung der Poren im vierten Satze wird notwendig durch die drei ersten Sätze, die nicht auf Erfahrung beruhen, sondern nur auf den Satz der Verstandesidentität gegründet, daher formelle, apriorische Erdichtungen sind wie die Poren. *Kant* hat bereits der Quantitätsbestimmung der *Anzahl* die *Intensität* gegenübergestellt und an die Stelle von *mehr* Teilen in gleichem Volumen die gleiche Anzahl, aber von einem stärkeren *Grade* der *Raumerfüllung* gesetzt und dadurch einer sogenannten *dynamischen Physik* den Ursprung gegeben.[22] – Wenigstens hätte die Bestimmung des *intensiven* Quantums so viel Recht als die des *extensiven*, auf welche letztere Kategorie sich jene gewöhnliche Vorstellung der Dichtigkeit beschränkt. Die *intensive* Größenbestimmung hat aber hier dies voraus, daß sie auf das Maß hinweist und zunächst ein *Insichsein* andeutet, das in seiner Begriffsbestimmung *immanente Formbestimmtheit* ist, die erst in der *Vergleichung* als Quantum überhaupt erscheint. Dessen Unterschiede als extensives oder intensives aber – und weiter geht die dynamische Physik nicht – drücken keine Realität aus. (§ 103 Anm.)

Zusatz. In den Bestimmtheiten, die wir gehabt haben, war Schwere und Raum noch ein Ungetrenntes; der Unterschied der Körper war dort nur der der Masse, und dies ist nur ein Unterschied der Körper gegeneinander; dabei ist die Raumerfüllung das Maß, indem die größere Menge der Teile der größeren Erfüllung des Raums entspricht. Im Insichsein tritt nun ein verschiedenes Maß ein, wo bei gleichem Raum ein verschiedenes Gewicht oder bei gleichem Gewicht ein verschiedener Raum vorhanden ist. Dies immanente Verhältnis, das die selbstische Natur eines Materiellen konstituiert, ist eben die spezifische Schwere; sie ist dies Anundfürsichsein, das sich nur auf sich selbst bezieht und ganz gleichgültig gegen die Masse ist Indem die Dichtigkeit das Verhältnis des Gewichts zum Volumen ist, kann sowohl die eine Seite als die andere als Einheit gesetzt werden. Ein Kubikzoll kann Wasser oder Gold sein, in diesem ihrem Volumen setzen wir sie gleich; aber das Gewicht ist ganz und gar verschieden, indem das Gold neunzehnmal mehr als das Wasser wiegt. Oder ein Pfund Wasser

---

22 vgl. *Metaphysische Anfangsgründe der Naturwissenschaft*, Zweites Hauptstück: »Metaphysische Anfangsgründe der Dynamik«

nimmt neunzehnmal mehr Raum ein als ein Pfund Gold. Hier fällt das bloß Quantitative weg und Qualitatives tritt ein; denn die Materie hat jetzt eigentümliche Determination in ihr selbst. Das spezifische Gewicht ist so eine vollkommen durchdringende Grundbestimmung der Körper. Jeder Teil dieser körperlichen Materie hat diese spezifische Bestimmtheit in ihm selbst, während bei der Schwere diese Zentralität nur *einem* Punkte zukam.
Die spezifische Schwere kommt der Erde überhaupt, dem allgemeinen Individuum, ebenso zu als dem besonderen Körper. Im elementarischen Prozeß war die Erde nur abstraktes Individuum; das erste Zeigen der Individualität ist die spezifische Schwere. Die Erde ist, als Prozeß, Idealität der besonderen Existenzen. Diese ihre Individualität zeigt sich aber auch als einfache Bestimmtheit, und die Erscheinung davon ist die spezifische Schwere, die der meteorologische Prozeß kundtut, der Barometerstand. *Goethe* hat sich viel mit Meteorologie beschäftigt; besonders ist ihm der Barometerstand aufgefallen, und er gibt mit Selbstgefälligkeit Ansichten über ihn. Er äußert Wichtiges; die Hauptsache ist, daß er eine vergleichende Tafel des Barometerstandes während des ganzen Monats Dezember 1822 in Weimar, Jena, London, Boston, Wien, Tepl (bei Teplitz, und hoch gelegen) gibt; er stellt dies »graphisch« dar. Er will daraus das Resultat ziehen, daß nicht nur in allen Zonen der Barometerstand sich in gleichem Verhältnis ändert, sondern daß er auch in verschiedenen Höhen über der Meeresfläche einen gleichen Gang hat. Denn es ist bekannt, daß das Barometer auf einem hohen Berge viel tiefer steht als an der Oberfläche des Meeres. Aus diesem Unterschiede (bei derselben Temperatur, daher auch das Thermometer hinzugenommen werden muß) kann man die Höhe der Berge messen. Also die Höhe der Berge abgezogen, so ist der Gang des Barometers daselbst analog dem Gange in der Ebene. »Wenn«, sagt Goethe (*Zur Naturwissenschaft überhaupt*, II. Bd., 1. Heft [1823, »The climate of London«], S. 74), »von Boston bis London, von da über Karlsruhe nach Wien ... das Steigen und Fallen des Barometers immer analog bleibt, so kann dies unmöglich von einer äußeren Ursache abhängen, sondern muß einer inneren zugeschrieben werden.« S. 63: Sieht man die Erfahrung von dem Barometer-Steigen und -Fallen (schon in den Zahlenverhältnissen bemerkt man die große Übereinstimmung), »so stutzt man über das vollkommen proportionierte Auf- und Niedersteigen der Quecksilbersäule von dem höchsten bis zum tiefsten Punkte ... Wenn wir nun die Einwirkung der Sonne einstweilen nur als wärmeerregend annehmen, so bleibt uns zuletzt die Erde allein übrig; wir suchen nun also die Ursachen der Barometerveränderung nicht außerhalb, sondern innerhalb des Erd-

balles; sie sind nicht kosmisch, nicht atmosphärisch, sondern tellurisch... Die Erde verändert ihre Anziehungskraft und zieht also mehr oder weniger den Dunstkreis an; dieser hat weder Schwere, noch übt er irgendeinen Druck aus, sondern stärker angezogen scheint er mehr zu drücken und zu lasten.« Der Dunstkreis soll nicht schwer sein nach Goethe. Aber Angezogenwerden und Schwersein ist ja ganz dasselbe. »Die Anziehungskraft geht aus von der ganzen Erdmasse, wahrscheinlich vom Mittelpunkt bis zu der uns bekannten Oberfläche, sodann aber vom Meere an bis zu den höchsten Gipfeln und darüber hinaus abnehmend und sich zugleich durch ein zweckmäßig beschränktes Pulsieren offenbarend.« Die Hauptsache ist, daß Goethe mit Recht die Veränderung der spezifischen Schwere der Erde als solcher zukommen läßt. Wir haben schon bemerklich gemacht (§ 287 Zusatz), daß der höhere Barometerstand die Wasserbildung aufhebt, während der niedere sie zuläßt. Die spezifische Schwere der Erde ist ihr Sich-als-bestimmend-Zeigen und damit eben als Individualität. Bei höherem Barometerstand ist eine größere Spannung, ein höheres Insichsein der Erde vorhanden, welches um so mehr die Materie ihrer abstrakten Schwere entzieht; denn man muß die spezifische Schwere fassen als das der allgemeinen Schwere Entzogensein durch die Individualität.

Man hat sonst die Vorstellung, daß ein Pfund Gold ebensoviel Teile habe als ein Pfund Wasser, nur seien sie neunzehnmal enger aneinandergerückt, so daß das Wasser neunzehnmal mehr Poren, leeren Raum, Luft usf. habe. Solche leere Vorstellungen sind das *cheval de bataille* der Reflexion, die eine immanente Bestimmtheit nicht aufzufassen vermag, sondern sich die numerische Gleichheit der Teile erhalten will und nun dabei doch das Übrige des Raums zu erfüllen für nötig findet. – Die spezifische Schwere ist in der gewöhnlichen Physik auch auf den Gegensatz der Repulsion und Attraktion zurückgeführt worden: der Körper sei dichter, wo die Materie mehr attrahiert werde, weniger dicht, wo die Repulsion überwiege. Diese Faktoren haben aber hier keinen Sinn mehr. Der Gegensatz von Attraktion und Repulsion als zwei selbständigen Kräften für sich gehört nur der Verstandesreflexion an. Hielten Attraktion und Repulsion sich nicht schlechthin das Gleichgewicht, so würde man sich in Widersprüche verwickeln, die das Falsche dieser Reflexion andeuten, wie schon oben (§ 270 Anm. S. 89 ff. und Zus. S. 96 ff.) bei den Bewegungen der himmlischen Körper gezeigt worden.

§ 294

Die Dichtigkeit ist nur erst *einfache* Bestimmtheit der schweren Materie; aber indem die Materie das wesentliche Außereinander bleibt, so ist die Formbestimmung weiter eine spezifische Weise der räumlichen Beziehung ihres Vielfachen aufeinander, – *Kohäsion.*

Zusatz. Die Kohäsion ist wie das spezifische Gewicht eine sich gegen die Schwere unterscheidende Bestimmtheit; aber sie ist breiter als dasselbe, nicht nur andere Zentralität überhaupt, sondern in bezug auf viele Teile. Die Kohäsion ist nicht nur eine Vergleichung der Körper nach der spezifischen Schwere, sondern ihre Bestimmtheit ist jetzt so gesetzt, daß sie sich reell gegeneinander verhalten, einander berühren.

b. Kohäsion

§ 295

In der *Kohäsion* setzt die immanente Form eine andere Weise des räumlichen Nebeneinanderseins der materiellen Teile, als durch die Richtung der Schwere bestimmt ist. Diese somit spezifische Weise des Zusammenhalts des Materiellen ist erst am Verschiedenen überhaupt gesetzt, noch nicht zu in sich beschlossener Totalität (Gestalt) zurückgegangen; sie kommt somit nur gegen gleichfalls verschiedene, und kohärent verschiedene, Massen zur Erscheinung und zeigt sich daher als eine eigentümliche *Weise des Widerstands* im mechanischen Verhalten gegen *andere* Massen.

Zusatz. Das bloß mechanische Verhalten ist Druck und Stoß, wie wir sahen; in diesem Druck und Stoß agieren die Körper jetzt nicht nur als Massen wie beim mechanischen Verhältnis, sondern unabhängig von dieser Quantität zeigen sie eine besondere Weise, sich zu erhalten, sich in eins zu setzen. Die nächste Weise dieses Zusammenhaltens der materiellen Teile war die Schwere, daß die Körper einen Schwerpunkt haben; die jetzige Weise ist ein Immanentes, was sie nach ihrem besonderen Gewichte gegeneinander zeigen.

Kohäsion ist nun ein Wort, was in mehreren Naturphilosophien in sehr unbestimmtem Sinne gebraucht wird. Es ist nämlich viel über die Kohäsion geschwatzt worden, ohne daß es über das Meinen und ein dunkles Vorschweben des unbestimmten Begriffes hinauskam. Die totale Kohäsion ist der Magnetismus, welcher erst bei der Gestalt vorkommt. Die abstrakte Kohäsion ist aber noch nicht der Schluß des Magnetismus, welcher Extreme unterscheidet und ihren Einheitspunkt ebenso setzt, so aber, daß beides voneinander unterschieden ist. Der Magnetismus gehört um deswillen auch noch nicht hierher. Dennoch hat Schelling Magnetismus und Kohäsion zusammengefaßt, obgleich derselbe eine ganz andere Stufe ist. Der Magnetismus ist nämlich Totalität in sich, wenngleich noch abstrakte; denn er ist zwar linear, aber Extreme und Einheit entwickeln sich doch schon als Unterschiede. Das ist noch nicht der Fall bei der Kohäsion, die zum Werden der Individualität als Totalität gehört, der Magnetismus dagegen zur totalen Individualität. Die Kohäsion ist daher auch noch mit der Schwere in Kampf, noch ein Moment der Determination gegen die Schwere, noch nicht totale Determination gegen die Schwere.

§ 296

Diese Formeinheit des mannigfaltigen Außereinander ist an ihr selbst mannigfaltig. α) Ihre *erste* Bestimmtheit ist der ganz unbestimmte Zusammenhalt, insofern Kohäsion des in sich Kohäsionslosen, daher die *Adhäsion* mit anderem. β) Die Kohärenz der Materie *mit sich selbst* ist zunächst die bloß *quantitative*, – die gemeine Kohäsion, die Stärke des Zusammenhalts gegen Gewicht, – ferner aber die *qualitative*, die Eigentümlichkeit des Nachgebens und ebendamit des sich selbständig in seiner Form Zeigens gegen Druck und Stoß äußerer Gewalt. Nach der bestimmten Weise der Raumformen produziert die innerlich mechanisierende Geometrie die Eigentümlichkeit, eine bestimmte *Dimension* im Zusammenhalte zu behaupten: die *Punktualität*, – Sprödigkeit; die *Linearität*, – Rigidität überhaupt und näher Zähigkeit; die *Flächenhaftigkeit*, – Dehnbarkeit, Hämmerbarkeit.

Zusatz. Die Adhäsion, als die passive Kohäsion, ist nicht das Insichsein, sondern die größere Verwandtschaft mit anderem als mit sich selbst, wie das Licht Scheinen in einem Anderen ist. Daher und näher wegen der absoluten Verschiebbarkeit seiner Teile adhäriert auch das Wasser, als das Neutrale, d. h. es macht naß. Sonst adhärieren auch harte Körper, die bestimmt in sich Kohäsion haben, insofern ihre Oberflächen nur nicht rauh, sondern vollkommen glatt sind, so daß alle Teile derselben in vollständige Berührung miteinander treten können, weil alsdann eben diese

Oberflächen keinen Unterschied, sowenig an ihnen selbst als gegen das Andere, das auch glatt ist, haben und beides sich also identisch setzen kann. Glatte Glasflächen z. B. adhärieren sehr stark, besonders wenn man durch dazwischen gegossenes Wasser alle etwaigen Rauhigkeiten der Oberflächen noch vollkommen ausfüllt; man braucht dann ein großes Gewicht, um sie wieder auseinanderzureißen. Daher sagt Gren (*Physik*, § 149–150)[23]: »Die Stärke der Adhäsion hängt überhaupt von der Menge der Berührungspunkte ab.« Die Adhäsion hat verschiedene Modifikationen: z. B. Wasser in einem Glase hängt sich an die Wände und steht an den Wänden höher als in der Mitte; in einem Haarröhrchen steigt das Wasser ganz von selbst in die Höhe usf.

Was aber die Kohäsion mit sich selbst als das bestimmte Insichsein betrifft, so ist die Kohärenz, als mechanische Kohäsion, nur das Zusammenhalten einer homogenen Masse in sich selbst gegen das Setzen eines Körpers in derselben, d. h. ein Verhältnis ihrer Intensität zum Gewicht desselben. Wenn also eine Masse durch ein Gewicht gezogen oder gedrückt wird, so wirkt sie mit einem Quantum von Ansichsein entgegen. Die Größe des Gewichts entscheidet, ob die Masse ihre Kohärenz behält oder sie aufgibt; Glas, Holz usw. kann also eine gewisse Anzahl Pfunde tragen, ehe es bricht, wobei es nicht nötig ist, daß in der Richtung der Schwere gezogen werde. Die Reihenfolge der Körper in Hinsicht auf die Kohärenz steht in keinem Verhältnis mit ihrer Reihenfolge in bezug auf die spezifische Schwere; Gold und Blei sind z. B. spezifisch schwerer als Eisen und Kupfer, aber nicht so fest.* Auch ist

* *Schelling* sagt in seiner *Zeitschrift für spekulative Physik* (Bd. II, Heft 2 [1801; »Darstellung meines Systems der Philosophie«], § 72): »Die Zu- und Abnahme der Kohäsion steht in einem bestimmten umgekehrten Verhältnis zu der Zu- und Abnahme des spezifischen Gewichts ... Das ideelle Prinzip« (Form, Licht) »liegt mit der Schwerkraft im Krieg, und da diese im Mittelpunkt das größte Übergewicht hat, so wird es ihr in der Nähe desselben auch am ehesten gelingen, beträchtliches spezifisches Gewicht mit Starrheit zu vereinigen, also A und B« (Subjektivität und Objektivität) »schon bei einem geringen Moment der Differenz unter ihre Herrschaft zurückzubringen. Je größer dieses Moment wird, desto mehr wird die spezifische Schwere überwunden, aber in desto höherem Grade tritt nun auch die Kohäsion ein, bis zu einem Punkte, wo mit abnehmender Kohäsion wieder die größere spezifische Schwere siegt und endlich beide zugleich und gemeinschaftlich sinken. So sehen wir nach *Steffens* [vgl. Fn. 10, S. 132] in der Reihe der Metalle die spezifische Schwere von Platin, Gold usw. bis auf Eisen fallen, die aktive Kohäsion aber steigen und in dem letzten ihr Maximum erreichen, hernach wieder einer beträchtlichen spezifischen

23 siehe Fn. 13, S. 146

der Widerstand, den ein Körper dem Stoße leistet, anders, als wenn er nur in *einer* Richtung zu widerstehen hat, in der nämlich, wonach der Zug geht; das Brechen, Stoßen geschieht dagegen in der Richtung eines Winkels, ist also eine Flächenkraft, und daher kommt die unendliche Kraft des Stoßes.

Die eigentliche qualitative Kohäsion ist ein Zusammenhalten der homogenen Massen durch immanente, eigentümliche Form oder Begrenzung, welche sich hier als die abstrakten Dimensionen des Raums expliziert. Die eigentümliche Gestaltung kann nämlich keine andere sein als eine Weise bestimmter Räumlichkeit, die der Körper an sich zeichnet. Denn die Kohärenz ist die Identität des Körpers in seinem Außereinander; die qualitative Kohärenz ist also eine bestimmte Weise des Außereinanderseins, d. h. eine Raumdetermination. Diese Einheit ist in der individuellen Materie selbst, als ein Zusammenhalten gegen die allgemeine Einheit, welche sie in der Schwere sucht. Die Materie erhält jetzt nach vielerlei Seiten eigentümliche Richtungen in sich selbst, die von der nur vertikalen Richtung der Schwere verschieden sind. Diese Kohäsion, obgleich Individualität, ist aber zugleich noch bedingte Individualität, weil sie nur durch das Einwirken von anderen Körpern zum Vorschein kommt; sie ist noch nicht die freie Individualität als Gestalt, d. h. noch nicht die Individualität als Totalität ihrer durch sie gesetzten Formen. Die totale Gestalt nämlich ist da, mechanisch bestimmt, mit solchen Seiten und Winkeln. Hier aber ist der Charakter der Materie nur erst die innere Gestalt derselben, d. h. eben eine solche, die noch nicht in ihrer Bestimmtheit und Entwicklung da ist. Dies erscheint dann wieder so, daß sie nur durch ein Anderes ihren Charakter zeigt. Die Kohärenz ist also nur eine Weise des Widerstands gegen Anderes, eben weil ihre Bestimmungen nur einzelne Formen der Individualität sind, die noch nicht als Totalität hervortreten. – Der spröde Körper läßt sich nicht hämmern, dehnen, noch lineare Richtung geben, sondern erhält sich als Punkt und ist nicht kontinuierlich; es ist dies die innerlich gestaltete Härte. Das Glas ist so spröde, es

Schwere weichen (z. B. im Blei) und endlich in den noch tieferstehenden Metallen zugleich mit dieser abnehmen.« Das ist so aus der Luft gegriffen. Die spezifische Schwere ist allerdings ein Aufschließen in Kohäsion. Wenn Schelling aber durch einen bestimmten Fortgang im Verhältnis der Kohäsion und der spezifischen Schwere auf den Unterschied der Kohäsion die Unterschiede der Körper überhaupt gründen will, so ist zu sagen, daß die Natur zwar Anfänge solchen Fortgangs darbietet, dann aber auch die anderen Prinzipien freiläßt, diese Eigenschaften als gleichgültige gegeneinander setzt und sich gar nicht auf so ein einfaches, bloß quantitatives Verhältnis beschränkt.

springt; ebenso ist das Brennliche im allgemeinen spröde. Der Stahl unterscheidet sich auch vom Eisen dadurch, daß er spröde ist, einen kernigen Bruch hat; ebenso das Gußeisen. Schnell abgekühltes Glas ist ganz spröde, langsam abgekühltes nicht so; zerbricht man das erste, so erhält man Staub. Metalle sind dagegen mehr das Kontinuierliche in sich; aber eins ist auch mehr oder weniger spröde als das andere. – Der zähe Körper zeigt Fasern, bricht nicht, sondern bleibt noch zusammenhängend; das Eisen kann so in Draht ausgedehnt werden, aber auch nicht jedes; geschmiedetes Eisen ist geschmeidiger als gegossenes und besteht als Linie fort. Das ist die Streckbarkeit der Körper. – Die dehnbaren Körper endlich lassen sich zu Platten schlagen; es gibt Metalle, die zu Flächen gehämmert werden können, während andere springen. Eisen, Kupfer, Gold, Silber können zu Platten ausgearbeitet werden; sie sind das Weiche, das nachgibt, weder spröde noch zäh ist. Es gibt Eisen, was nur in Flächen, anderes, was nur in der Linie, anderes, wie Gußeisen, was sich nur als Punkt erhält. Da die Fläche Oberfläche wird oder in ihr der Punkt zum Ganzen wird, so ist die Hämmerbarkeit überhaupt wieder Dehnbarkeit des Ganzen, – ein ungestaltetes Inneres, das seinen Zusammenhalt überhaupt als Zusammenhang der Masse behauptet. Es ist zu bemerken, daß diese Momente nur einzelne Dimensionen sind, deren jede Moment des realen Körpers als eines gestalteten ist; die Gestalt ist aber unter keinem einzelnen derselben.

§ 297

γ) Das Körperliche, gegen dessen Gewalt ein Körperliches im Nachgeben zugleich seine Eigentümlichkeit behauptet, ist ein *anderes Körperindividuum*. Aber als kohärent ist der Körper auch an ihm selbst außereinanderseiende Materialität, deren Teile, indem das Ganze Gewalt leidet, *gegeneinander* Gewalt ausüben und nachgeben, aber als ebenso selbständig die erlittene Negation aufheben und sich herstellen. Das Nachgeben und darin die eigentümliche Selbsterhaltung nach *außen* ist daher unmittelbar verknüpft mit diesem *inneren* Nachgeben und Selbsterhalten gegen sich selbst, – die *Elastizität*.

Zusatz. Die Elastizität ist die Kohäsion, die sich in der Bewegung darstellt, das Ganze der Kohäsion. Wir hatten die Elastizität schon im ersten Abschnitt, bei der Materie überhaupt, wo mehrere

Körper, indem sie einander Widerstand leisten, sich drücken und berühren, ihre Räumlichkeit negieren, sie aber auch ebenso wiederherstellen; das war die abstrakte Elastizität, die nach außen gehende. Hier ist die Elastizität die innere des sich individualisierenden Körpers.

§ 298

Es kommt hier die *Idealität* zur *Existenz*, welche die materiellen Teile als Materie *nur suchen*, der *für sich seiende* Einheitspunkt, in welchem sie, als wirklich attrahiert, nur negierte wären. Dieser Einheitspunkt, insofern sie nur schwer sind, ist zunächst *außer* ihnen und so nur erst *an sich*; in der aufgezeigten Negation, welche sie erleiden, ist diese Idealität nun gesetzt. Aber sie ist noch bedingt, die nur eine Seite des Verhältnisses, dessen andere Seite das Bestehen der *außereinanderseienden* Teile ist, so daß die Negation derselben in ihr Wiederherstellen übergeht. Die Elastizität ist daher nur Veränderung der spezifischen Schwere, die sich wiederherstellt.

Wenn hier und sonst von materiellen *Teilen* die Rede ist, so sind nicht Atome, noch Moleküle, d. h. nicht abgesondert für sich bestehende zu verstehen, sondern nur quantitativ oder zufällig unterschiedene, so daß ihre Kontinuität wesentlich von ihrer Unterschiedenheit nicht zu trennen ist; die Elastizität ist die Existenz der Dialektik dieser Momente selbst. Der *Ort* des Materiellen ist sein *gleichgültiges* bestimmtes *Bestehen*; die *Idealität* dieses Bestehens ist somit die als *reelle* Einheit gesetzte Kontinuität, d. i. daß zwei vorher außereinander *bestehende* materielle Teile, die also als in verschiedenen Orten befindlich vorzustellen sind, jetzt in *einem* und *demselben* Orte sich befinden. Es ist dies der *Widerspruch*, und er existiert hier materiell. Es ist derselbe Widerspruch, welcher der Zenonischen Dialektik der Bewegung zum Grunde liegt, nur daß er bei der Bewegung abstrakte Orte betrifft, hier aber *materielle* Orte, materielle Teile. In der Bewegung setzt sich der Raum zeitlich und die Zeit räumlich (§ 260); die

Bewegung fällt in die Zenonische Antinomie, die unauflöslich ist, wenn die Orte als Raumpunkte und die Zeitmomente als Zeitpunkte *isoliert* werden, und die Auflösung der Antinomie, d. i. die Bewegung, ist nur so zu fassen, daß Raum und Zeit in sich kontinuierlich sind und der sich bewegende Körper in *demselben* Orte zugleich ist und *nicht*, d. i. zugleich in *einem anderen* ist, und ebenso derselbe Zeitpunkt zugleich ist und nicht, d. i. ein *anderer* zugleich ist. So ist in der Elastizität der materielle Teil, Atom, Molekül, zugleich als affirmativ seinen Raum einnehmend, *bestehend* gesetzt, und ebenso zugleich nicht bestehend, – als Quantum, in einem als extensive Größe und als nur intensive Größe. – Gegen das Ineinssetzen der materiellen Teile in der Elastizität wird für die sogenannte Erklärung gleichfalls die oft erwähnte Erdichtung der *Poren* zu Hilfe genommen. Wenn zwar sonst in abstracto zugegeben wird, daß die Materie vergänglich, nicht absolut sei, so wird sich doch in der Anwendung dagegen gesträubt, wenn sie *in der Tat* als negativ gefaßt, wenn die Negation *an ihr* gesetzt werden soll. Die Poren sind wohl das Negative – denn es hilft nichts, es muß zu dieser Bestimmung fortgegangen werden –, aber sind das Negative nur *neben* der Materie, das Negative *nicht der Materie selbst*, sondern *da, wo sie nicht* ist, so daß in der Tat die Materie nur als affirmativ, als *absolut-selbständig, ewig*, angenommen wird. Dieser Irrtum wird durch den allgemeinen Irrtum des Verstandes, daß das Metaphysische nur ein Gedankending *neben*, d. i. *außer* der Wirklichkeit sei, eingeführt; so wird *neben* dem Glauben an die Nicht-Absolutheit der Materie *auch* an die Absolutheit derselben geglaubt; jener findet außer der Wissenschaft statt, wenn er stattfindet; dieser aber gilt wesentlich in der Wissenschaft.

Zusatz. Indem ein Körper sich im andern setzt und sie jetzt von einer gewissen Dichtigkeit sind, so wird erstens die spezifische Schwere dessen, in dem sich der andere setzt, verändert. Das zweite Moment ist das Widerstandleisten, das Negieren, das sich abstrakt Verhalten; das dritte ist, daß der Körper reagiert und den ersten von sich abstößt. Das sind die drei Momente, die als *Weichheit, Härte* und *Elastizität* bekannt sind. Der Körper gibt jetzt nicht mehr bloß auf mechanische Weise nach, sondern innerlich durch Veränderung seiner Dichtigkeit; diese Weichheit ist die *Kompressibilität*. Die Materie ist so nicht ein Bleibendes, Undurchdringliches. Indem das Gewicht des Körpers dasselbe bleibt und der Raum vermindert wird, so nimmt die Dichtigkeit zu; sie kann aber auch vermindert werden, z. B. durch Wärme. Auch das Härten des Stahls, welches als Kontraktilität das Gegenteil der Elastizität ist, ist eine Zunahme der Dichtigkeit. Die Elastizität ist das Zurückgehen in sich selbst, um sich dann unmittelbar wiederherzustellen. Der kohärente Körper wird von einem anderen geschlagen, gestoßen, gedrückt; so wird seine Materialität als raumeinnehmend und somit seine Örtlichkeit negiert. So ist die Negation des materiellen Außereinander vorhanden, aber ebenso die Negation dieser Negation, das Wiederherstellen der Materialität. Dieses ist nicht mehr jene allgemeine Elastizität, so daß die Materie sich nur als Masse wiederherstellt; diese Elastizität ist vielmehr eine Reaktion nach dem Innern, – die immanente Form der Materie ist es, die darin ihrer qualitativen Natur nach sich geltend macht. Jedes Teilchen der kohärenten Materie geriert sich so als Mittelpunkt; es ist *eine* Form des Ganzen, die sich durch die Materie hindurchzieht und nicht an das Außereinander geknüpft, sondern flüssig ist. Wird nun ein Eindruck auf die Materie gemacht, d. h. erhält der Körper eine äußere Negation, welche seine innerliche Bestimmtheit berührt, so ist eine Reaktion im Innern des Körpers durch die spezifische Form desselben gesetzt und somit Aufhebung des mitgeteilten Eindrucks. Jedes Partikelchen hat einen eigentümlichen Ort durch die Form und ist das Erhalten dieses eigentümlichen Verhältnisses. In der allgemeinen Elastizität macht sich der Körper nur als Masse geltend; hier aber dauert die Bewegung in sich selbst fort, nicht als Reaktion nach außen, sondern als Reaktion nach innen, bis die Form sich wiederhergestellt hat. Das ist das Oszillieren und Schwingen des Körpers, was sich nun innerlich fortsetzt, wenn auch die abstrakte Wiederherstellung der allgemeinen Elastizität erfolgt ist; die Bewegung hat zwar von außen angefangen, der Anstoß hat aber die innere Form getroffen. Diese Flüssigkeit des Körpers in sich ist die totale Kohäsion.

§ 299

Die Idealität, die hierin gesetzt ist, ist eine Veränderung, die ein doppeltes Negieren ist. Das Negieren des (außereinander) Bestehens der materiellen Teile wird ebenso negiert als das Wiederherstellen ihres Außereinanderseins und ihrer Kohäsion; sie ist *eine* Idealität als Wechsel der einander aufhebenden Bestimmungen, das innere Erzittern des Körpers in ihm selbst, – *der Klang*.

Zusatz. Das Dasein dieses Schwingens in sich sieht anders aus als die Bestimmung, die wir hatten; das Sein-für-Anderes desselben ist der Klang, das ist das Dritte.

c. Der Klang

§ 300

Die spezifische *Einfachheit* der Bestimmtheit, welche der Körper in der Dichtigkeit und dem Prinzip seiner Kohäsion hat, diese zuerst *innerliche Form,* hindurchgegangen durch ihr Versenktsein in das materielle Außereinander, wird *frei* in der *Negation* des für sich Bestehens dieses seines Außereinanderseins. Es ist dies das Übergehen der materiellen *Räum*lichkeit in materielle *Zeit*lichkeit. Damit, daß diese Form so *im Erzittern,* d. i. durch die momentane ebenso Negation der Teile wie Negation dieser ihrer Negation, die aneinander gebunden eine durch die andere erweckt wird, und so, als ein Oszillieren des Bestehens und der Negation der spezifischen Schwere und Kohäsion, am Materiellen als dessen *Idealität* ist, ist die einfache Form *für sich existierend* und kommt als diese mechanische Seelenhaftigkeit zur Erscheinung.

Reinheit oder Unreinheit des eigentlichen Klanges, die Unterschiede desselben von bloßem Schall (durch einen Schlag auf einen soliden Körper), Geräusch usf. hängt damit zusammen, ob der durchdringend erzitternde Körper in sich homogen ist, aber dann ferner mit der spezifischen Kohäsion, mit seiner sonst räumlichen Dimensionsbestimmung, ob er eine materielle Linie, materielle Fläche und dabei eine begrenzte Linie und Fläche oder ein solider

Körper ist. – Das kohäsionslose Wasser ist ohne Klang, und seine Bewegung, als bloß *äußerliche* Reibung seiner schlechthin verschiebbaren Teile, gibt nur ein Rauschen. Die bei seiner inneren Sprödigkeit existierende Kontinuität des Glases klingt, noch mehr die unspröde Kontinuität des Metalls klingt durch und durch in sich, usf.

Die *Mitteilbarkeit* des Klangs, dessen sozusagen *klanglose*, der Wiederholung und Rückkehr des Zitterns entbehrende Fortpflanzung durch alle in Sprödigkeit usf. noch so verschieden bestimmten Körper (durch feste Körper besser als durch die Luft – durch die Erde auf viele Meilen weit, durch Metalle nach der Berechnung zehnmal schneller als durch Luft) zeigt die durch sie frei hindurchziehende Idealität, welche ganz nur deren *abstrakte* Materialität ohne die spezifischen Bestimmungen ihrer Dichtigkeit, Kohäsion und weiterer Formierungen in Anspruch nimmt und ihre Teile in die Negation, ins Erzittern bringt; dieses Idealisieren selbst nur ist das Mitteilen.

Das *Qualitative* des Klanges überhaupt, wie des sich selbst artikulierenden Klanges, des Tones, hängt von der Dichtigkeit, Kohäsion und weiter spezifizierten Kohäsionsweise des klingenden Körpers ab, weil die Idealität oder Subjektivität, welche das Erzittern ist, als Negation jener spezifischen Qualitäten, sie zum Inhalte und zur Bestimmtheit hat; hiermit ist dies Erzittern und der Klang selbst danach spezifiziert und haben die Instrumente ihren eigentümlichen Klang und Timbre.

Zusatz. Der Klang gehört dem Reiche des Mechanismus an, da er es mit der schweren Materie zu tun hat. Die Form, als sich dem Schweren entreißend, aber ihm noch angehörend, ist somit noch bedingt: die freie physikalische Äußerung des Ideellen, die aber an das Mechanische geknüpft ist, – die Freiheit in der schweren Materie zugleich *von* dieser Materie. Die Körper klingen noch nicht aus sich selbst, wie das Organische, sondern nur wenn sie angeschlagen werden. Die Bewegung, der äußere Stoß, setzt sich fort, indem die innere Kohäsion gegen ihn als gegen das bloß Massenhafte, nach dem sie behandelt werden soll, ihre Erhaltung beweist. Diese Erscheinungen der Körperlichkeit sind uns sehr geläufig, zugleich sind sie sehr mannigfaltig, und das macht, daß es schwer ist, sie im notwendigen Zusammenhang durch den Begriff darzustellen. Weil sie uns trivial sind, darum achten wir sie nicht; aber auch sie müssen sich als notwendige Momente zeigen, die im Begriffe ihre Stelle haben. Beim Ton der Körper fühlen wir, wir betreten eine höhere Sphäre; der Ton berührt unsere innerste Empfindung. Er spricht die innere Seele an, weil er selbst das Innerliche, Subjektive ist. Der Klang für sich ist das Selbst der Individualität, aber nicht das abstrakt Ideelle wie das Licht, sondern gleichsam das mechanische Licht, nur als Zeit der Bewegung an der Kohärenz hervortretend. Zur Individualität gehört Materie und Form; der Klang ist diese totale Form, die sich in der Zeit kundgibt, – die ganze Individualität, welche weiter nichts ist, als daß diese Seele nun mit dem Materiellen in eins gesetzt ist und es beherrscht als ein ruhiges Bestehen. Was sich hier zeigt, dem liegt nicht Materie zugrunde; denn es hat nicht seine Objektivität in einem Materiellen. Nur der Verstand nimmt zum Behuf der Erklärung ein objektives Sein an, indem er von einer Schallmaterie, wie von Wärmematerie, spricht. Der natürliche Mensch verwundert sich über einen Schall, weil sich darin ein Insichsein offenbart; er setzt dabei aber nicht ein Materielles, sondern vielmehr ein Seelenhaftes voraus. Es findet hier ein ähnliches Hervortreten statt, als wir bei der Bewegung sahen, wo die bloße Geschwindigkeit oder die Entfernung (beim Hebel) als eine Weise sich zeigt, die statt eines quantitativ Materiellen gesetzt werden kann. Solche Erscheinung, daß ein Insichsein als physikalisch zur Existenz kommt, kann *uns* nicht in Verwunderung setzen, denn in der Naturphilosophie liegt eben dies zugrunde, daß die Gedankenbestimmungen sich als das Wirkende zeigen.

Das Nähere der Natur des Klanges ist nur kurz anzugeben, indem diese Gedankenbestimmung empirisch durchzugehen ist. Wir haben viele Ausdrücke: Schall, Ton, Geräusch; und ebenso: knarren, zischen, rauschen usw. Das ist ein ganz überflüssiger Reichtum in der Sprache, so das Sinnliche zu bestimmen; da der Ton gegeben ist, so bedarf es keiner Mühe, ein Zeichen dafür zu machen durch die unmittelbare Übereinstimmung. Das bloß Flüssige ist nicht klingend; der Eindruck teilt sich freilich dem Ganzen mit, aber dieses Mitteilen kommt von der gänzlichen Formlosigkeit, dem gänzlichen Mangel innerer Determination her; der Klang dagegen setzt die Identität der Determination voraus und ist Form in sich selbst. Da zum reinen Klang gediegene Kontinuität und Gleichheit der Materie in sich gehört, so haben Metalle (besonders edlere) und Glas diesen klaren Klang in sich selbst, was durch Schmelzung hervorgebracht wird. Wenn dagegen eine Glocke z. B. einen Riß bekommen hat, so hören wir nicht nur das Schwingen, sondern auch den sonstigen materiellen Widerstand, Sprödes, Ungleichförmiges, und so haben wir einen unreinen Klang, der Geräusch ist. Steinplatten geben auch einen Klang, obgleich sie spröde sind; Luft und Wasser klingen dagegen nicht für sich selbst, wenn sie auch der Mitteilung des Klanges fähig sind.

Die Geburt des Klanges ist schwer zu fassen. Das spezifische Insichsein, von der Schwere geschieden, ist, als hervortretend, der Klang; er ist die Klage des Ideellen in dieser Gewalt des Anderen, ebenso aber auch sein Triumph über dieselbe, indem es sich in ihr erhält. Der Klang hat zweierlei Weisen seiner Hervorbringung: α) durch Reibung, β) durch eigentliches Schwingen, Elastizität des Insichseins. Bei der Reibung ist auch dieses vorhanden, daß während ihrer Dauer eine Mannigfaltigkeit in eins gesetzt wird, indem die verschiedenen außereinander seienden Teile momentan in Berührung gebracht werden. Die Stelle eines jeden, somit seine Materialität, wird aufgehoben; sie stellt sich aber ebenso wieder her. Diese Elastizität ist es eben, die sich durch den Klang kundgibt. Aber wird der Körper gerieben, so wird dieses Schlagen selbst gehört, und diesem Tone entspricht eher das, was wir Schall nennen. Ist das Erzittern des Körpers durch einen äußeren Körper gesetzt, so kommt das Erzittern beider Körper zu uns; beides greift ineinander und läßt keinen Ton rein. Die Bebung ist dann nicht sowohl selbständig, sondern gegenseitig gezwungen; das nennen wir dann Geräusch. Bei schlechten Instrumenten hört man so das Klappern, das mechanische Anschlagen, z. B. das Kratzen des Bogens auf der Violine; ebenso hört man bei einer schlechten Stimme das Erzittern der Muskeln. Das andere, höhere Tönen ist das Erzittern des Körpers in sich selbst, die innerliche Negation und das Sichwiederherstellen. Der eigentliche Klang ist das Nachhallen, dieses ungehinderte innere Schwingen des Körpers, das frei durch die Natur seiner Kohärenz bestimmt ist. Es gibt noch eine dritte Weise, wo die äußere Erregung und das Schallen des Körpers homogen ist; das ist der Gesang des Menschen. In der Stimme ist erst diese Subjektivität oder Selbständigkeit der Form vorhanden; diese bloß erzitternde Bewegung hat so etwas Geistermäßiges. Die Violine tönt auch nicht nach; sie tönt nur, solange die Saite gerieben wird.

Fragen wir noch in bezug auf den Klang überhaupt, warum er sich aufs *Gehör* bezieht, so müssen wir antworten: weil dieser Sinn ein Sinn des Mechanismus ist, und zwar eben derjenige, der sich auf das Entfliehen aus der Materialität, auf das Übergehen zum Immateriellen, Seelenhaften, Ideellen bezieht. Alles dagegen, was spezifische Schwere und Kohäsion ist, bezieht sich auf den

Sinn des Gefühls; der *Tastsinn* ist so der andere Sinn der mechanischen Sphäre, nämlich insofern sie die Bestimmungen der Materialität selbst enthält.

Der besondere Ton, den die Materie hervorbringt, hängt von der Natur ihrer Kohärenz ab; und diese spezifischen Differenzen haben auch einen Zusammenhang mit der Höhe und Tiefe des Tons. Die eigentliche Bestimmtheit des Tons kann aber eigentlich nur hervortreten durch die Vergleichung des Klingens eines Körpers mit sich selbst. Was den ersten Punkt betrifft, so haben die Metalle z. B. ihren bestimmten spezifischen Klang, wie Silber- und Erzklang. Gleich dicke und gleich lange Stäbe von verschiedenen Stoffen geben verschiedene Töne: Fischbein gibt *a* an, Zinn *h*, Silber *d* in der höheren Oktave, Kölnische Pfeifen *e*, Kupfer *g*, Glas *c* in einer noch höheren Oktave, Tannenholz *cis* usw., wie *Chladni* beobachtet hat[24]. *Ritter*[25], erinnere ich mich, hat viel den Klang der verschiedenen Teile des Kopfes, wo er hohler klingt, untersucht und beim Anschlagen der verschiedenen Knochen desselben eine Verschiedenheit der Töne gefunden, die er in eine bestimmte Skala brachte. So gibt es auch ganze Köpfe, die hohl klingen; aber dies Hohlklingen war dabei nicht mitgezählt. Doch wäre es die Frage, ob nicht wirklich die verschiedenen Köpfe derer, die man Hohlköpfe nennt, hohler klingen.

Nach Biots Versuchen tönt nicht allein die Luft, sondern jeder andere Körper teilt den Ton mit; schlägt man z. B. eine irdene oder metallene Röhre bei einer Wasserleitung an, so macht sich einige Meilen davon am anderen Ende des Mundes der Röhre der Ton hörbar, und man unterscheidet dann zwei Töne, wobei der durch das Material der Röhre fortgeleitete Ton weit früher gehört wird als der, welcher durch die Luftsäule fortgeleitet ist. Der Ton wird weder durch Berge noch durch Wasser noch durch Waldungen gehemmt. Merkwürdig ist die Mitteilbarkeit des Klangs durch die Erde, indem man z. B., wenn man das Ohr an die Erde legt, eine Kanonade auf zehn bis zwanzig Meilen weit hören kann; auch verbreitet sich der Ton durch die Erde zehnmal schneller als durch die Luft. Diese Mitteilung ist überhaupt auch hierin merkwürdig, daß, wenn die Physiker von einem Schallstoff sprachen, der sich durch die Poren der Körper schnell hindurch bewegte, dies sich hier vollends in seiner ganzen Unhaltbarkeit zeigt.

---

24 Ernst Florens Friedrich Chladni, *Entdeckungen über die Theorie des Klangs*, Leipzig 1787; *Die Akustik*, Leipzig 1802

25 siehe Fn. 17, S. 148

§ 301

An dem Erzittern ist das *Schwingen,* als *äußere* Ortsveränderung, nämlich des räumlichen Verhältnisses zu *anderen* Körpern, zu unterscheiden, welches gewöhnliche eigentliche Bewegung ist. Aber obzwar unterschieden, ist es zugleich identisch mit der vorhin bestimmten inneren Bewegung, welche die freiwerdende Subjektivität, die Erscheinung des Klanges als solchen ist.

Die Existenz dieser Idealität hat, um ihrer abstrakten Allgemeinheit willen, nur *quantitative* Unterschiede. Im Reiche des Klanges und der *Töne* beruht daher ihr weiterer Unterschied gegeneinander, ihre Harmonie und Disharmonie auf *Zahlenverhältnissen* und deren einfacherem oder verwickelterem und entfernterem Zusammenstimmen.

Das Schwingen der Saiten, Luftsäulen, Stäbe usf. ist abwechselnder Übergang aus der geraden Linie in den Bogen, und zwar in entgegengesetzte [Bögen]; mit dieser so nur scheinenden äußeren Ortsveränderung im Verhältnisse zu anderen Körpern ist unmittelbar die innere, die abwechselnde Veränderung der spezifischen Schwere und der Kohäsion verbunden; die gegen den Mittelpunkt des Schwingungsbogens zu liegende Seite der materiellen Linie ist verkürzt, die äußere Seite aber verlängert worden, die spezifische Schwere und Kohäsion von dieser also vermindert, von jener vermehrt, und dies selbst gleichzeitig.

In Ansehung der Macht der quantitativen Bestimmung in diesem ideellen Boden ist an die Erscheinungen zu erinnern, wie eine solche Bestimmung, durch mechanische Unterbrechungen in eine schwingende Linie, Ebene gesetzt, *sich selbst* der Mitteilung, dem Schwingen der ganzen Linie, Ebene über den mechanischen Unterbrechungspunkt hinaus mitteilt und Schwingungsknoten darin bildet, was durch die Darstellungen *Chladnis*[26] anschaulich gemacht wird. – Ebenso gehören hierher die Erweckun-

---

26 siehe Fn. 24, S. 175

gen von harmonischen Tönen in benachbarten Saiten, denen bestimmte Größenverhältnisse zu der tönenden gegeben werden; am allermeisten die Erfahrungen, auf welche *Tartini* zuerst aufmerksam gemacht[27], von Tönen, die aus anderen, gleichzeitig ertönenden Klängen, welche in Ansehung der Schwingungen in bestimmten Zahlenverhältnissen gegeneinanderstehen, hervorgehen, von diesen verschieden sind und nur durch diese Verhältnisse produziert werden.

Zusatz. Die Schwingungen sind die Erzitterungen der Materie in sich selbst, die sich als klingend in dieser Negativität erhält, nicht vernichtet wird. Ein klingender Körper muß eine materielle physische Fläche oder Linie sein, dabei begrenzt, damit die Schwingungen durch die ganze Linie gehen, gehemmt seien und zurückkommen. Der Schlag auf einen Stein gibt nur einen Schall, kein klingendes Erzittern, weil die Erschütterung sich zwar fortpflanzt, aber nicht zurückkehrt.

Die durch die wiederkehrende Regelmäßigkeit der Schwingungen hervorgebrachten Modifikationen des Klangs sind nun die Töne; dies ist die wichtigere Verschiedenheit der Klänge, die sich in der *Musik* zeigt. *Einklang* ist vorhanden, wenn zwei Saiten gleich viel Schwingungen in derselben Zeit machen. Von der verschiedenen Dicke, Länge und Spannung der Saiten oder Luftsäulen, die man erklingen läßt, je nachdem das Instrument ein Saiten- oder Blasinstrument ist, hängt dagegen die Verschiedenheit der Töne ab. Sind nämlich von den drei Bestimmungen der Dicke, Länge und Spannung je zwei einander gleich, so hängt der Ton von der Verschiedenheit der dritten Bestimmtheit ab; und hier ist bei Saiten die verschiedene Spannung am leichtesten zu beobachten, weshalb man diese am liebsten zugrunde legt, um die Verschiedenheit der Schwingungen zu berechnen. Die verschiedene Spannung bewirkt man dadurch, daß man die Saite über einen Steg leitet und ein Gewicht daran hängt. Ist nur die Länge verschieden, so macht eine Saite in derselben Zeit desto mehr Schwingungen, je kürzer sie ist. Bei Blasinstrumenten gibt die kürzere Röhre, worin man eine Luftsäule in Erschütterung bringt, einen schärferen Ton; um aber die Luftsäule zu verkürzen, braucht man nur einen Stempel hineinzustecken. Bei einem Monokord, wo man die Saite einteilen kann, steht die Menge der Schwingungen in derselben

27 Guiseppe Tartini, *Trattato di musica secondo la vera scienza dell' Armonia,* Padova 1754

Zeit zu den Teilen dieser bestimmten Länge in umgekehrtem Verhältnis; das Drittel der Saite macht dreimal mehr Schwingungen als die ganze Saite. Kleine Schwingungen bei *hohen* Tönen lassen sich wegen ihrer großen Schnelligkeit nicht mehr zählen; die Zahlen lassen sich aber nach Analogie ganz genau bestimmen durch die Einteilung der Saite.

Indem die Töne eine Weise unserer Empfindung sind, so sind sie uns entweder angenehm oder unangenehm; diese objektive Weise des *Wohlklangs* ist eine Bestimmtheit, die in dieses Feld des Mechanischen eintritt. Das Interessanteste ist das Zusammenfallen dessen, woran das Ohr eine Harmonie findet nach den Zahlenverhältnissen. Es ist *Pythagoras,* der diese Zusammenstimmung zuerst gefunden hat und dadurch veranlaßt wurde, auch Gedankenverhältnisse in der Weise von Zahlen auszudrücken. Das Harmonische beruht auf der Leichtigkeit der Konsonanzen und ist eine in dem Unterschiede empfundene Einheit, wie die Symmetrie in der Architektur. Die bezaubernde Harmonie und *Melodie,* dies die Empfindung und Leidenschaft Ansprechende, soll von abstrakten Zahlen abhängen? Das scheint merkwürdig, ja wunderlich; aber es ist nur diese Bestimmung da, und wir können darin eine Verklärung der Zahlenverhältnisse sehen. Die leichteren Zahlenverhältnisse, welche der ideelle Grund des Harmonischen in den Tönen sind, sind nun die, welche leichter aufzufassen sind; und das sind vorzugsweise die durch die Zahl Zwei. Die Hälfte der Saite schwingt die Ober-Oktave zum Ton der ganzen Saite, der der *Grundton* ist. Wenn die Längen beider Saiten sich verhalten wie 2 : 3 oder wenn die kürzere zwei Drittel der Länge der andern hat und sie also drei Schwingungen in einerlei Zeit gegen zwei Schwingungen derselben macht, so gibt diese kürzere die *Quinte* der längeren an. Wenn $^3/_4$ einer Saite schwingt, so gibt dies die *Quarte,* welche vier Schwingungen macht, während der Grundton drei macht; $^4/_5$ gibt die große *Terz* mit fünf Schwingungen gegen vier; $^5/_6$ die kleine Terz mit sechs Schwingungen gegen fünf usf. Läßt man $^1/_3$ des Ganzen schwingen, so hat man die Quinte der höheren Oktave. Läßt man $^1/_4$ schwingen, so hat man die noch höhere Oktave. Ein Fünftel der Saite gibt eine Terz der dritten höheren Oktave oder die doppelte Oktave der großen Terz; $^2/_5$ ist die Terz der nächsten Oktave, $^3/_5$ die *Sexte.* Ein Sechstel ist die höhere Quinte der dritten Oktave usw. Der Grundton macht also *eine* Schwingung, während seine Oktave zwei Schwingungen macht; die Terze macht $1^1/_4$ Schwingung, die Quinte eine Schwingung und eine halbe und ist die *Dominante.* Die Quarte hat schon ein schwierigeres Verhältnis: die Saite macht $1^1/_3$ Schwingung, was schon verwickelter ist als $1^1/_2$ und $1^1/_4$; darum ist die Quarte auch ein frischerer Ton. Das Verhältnis der Anzahl der Schwingungen in einer *Oktave* ist sonach folgendes: Wenn *c* eine Schwingung macht, so macht *d* $^9/_8$, *e* $^5/_4$, *f* $^4/_3$, *g* $^3/_2$, *a* $^5/_3$, *h* $^{15}/_8$, *c* 2; oder das Verhältnis ist: $^{24}/_{24}$, $^{27}/_{24}$, $^{30}/_{24}$, $^{32}/_{24}$, $^{36}/_{24}$, $^{40}/_{24}$, $^{45}/_{24}$, $^{48}/_{24}$. Teilt man eine Saite im Gedanken in fünf Teile und läßt das eine Fünftel, welches man allein wirklich abteilt, schwingen, so bilden sich Knoten in dem Rest der Saite, indem diese sich dann von selbst in die übrigen Teile teilt; denn tut man Papierchen auf die Punkte der Einteilung, so bleiben sie sitzen, während sie woanders hingesteckt herunterfallen, so daß an jenen Punkten die Saite ruht; und das sind eben die Schwingungsknoten, die weitere Konsequenzen nach sich ziehen. Eine Luftsäule macht auch solche Knoten, z. B. bei einer Flöte, wenn die Schwingungen durch Löcher Unterbrechungen erhalten. Das Ohr nimmt und findet nun angenehme Empfindungen in den Einteilungen durch die einfachen Zahlen 2, 3, 4, 5; sie können bestimmte Verhältnisse ausdrücken, die den Begriffsbestimmungen analog sind, statt daß die anderen Zahlen, als vielfache Zusammensetzungen in sich selbst, unbestimmt werden. Zwei ist die Produktion des Eins aus sich selbst, Drei ist die Einheit des Eins und Zwei; daher brauchte sie Pythagoras als Symbole der Begriffsbestimmungen. Ist die Saite durch 2 geteilt, so ist keine Differenz und Harmonie, weil es zu eintönig ist. Durch 2 und 3 geteilt, gibt die Saite aber Harmonie, als Quinte; ebenso bei der Terz, die durch 4 und 5, und bei der Quarte, die durch 3 und 4 geteilt ist.

Der *harmonische Dreiklang* ist der Grundton mit Terz und Quinte; dies gibt ein bestimmtes System von Tönen, ist aber noch nicht die *Tonleiter*. Die Alten hielten sich mehr an jene Form; es tritt aber nun ein weiteres Bedürfnis ein. Legen wir nämlich einen empirischen Ton *c* zugrunde, so ist *g* die Quinte. Da es aber zufällig ist, daß *c* zugrunde lag, so ist jeder Ton als Grundlage eines Systems darzustellen. Im System eines jeden Tons kommen also Töne vor, die auch im System der andern vorkommen; was aber in einem System die Terz ist, das ist im andern die Quarte oder Quinte. Damit führt sich das Verhältnis herbei, daß man einen und denselben Ton, der in den verschiedenen Tonsystemen verschiedene Funktionen übernimmt und so alles durchläuft, für sich heraushebt, mit einem neutralen Namen wie *g* usw. bezeichnet und ihm eine allgemeine Stellung gibt. Dies Bedürfnis einer abstrakten Betrachtung des Tons erscheint dann auch als ein anderes formelles Bedürfnis, daß das Ohr in einer Reihe von Tönen fortgehen will, die durch gleiche *Intervalle* auf- und absteigen; dies, vereinigt mit dem harmonischen Dreiklang, gibt erst die Tonleiter. Wie historisch übergegangen worden zur Ansicht und

Gewohnheit unserer Weise, die Töne in der Sukzession von *c, d, e, f* usf. als Grundlage zu betrachten, weiß ich nicht; die Orgel vielleicht hat das Ihrige getan. Das Verhältnis von Terz und Quinte hat hier keine Bedeutung; sondern die arithmetische Bestimmung der Gleichförmigkeit waltet hier allein, und das hat *für sich* keine Grenze. Die *harmonische Grenze* dieses Aufsteigens ist durch das Verhältnis 1 : 2 gegeben, den Grundton und seine Oktave; zwischen diesen muß man nun also auch die absolut bestimmten Töne nehmen. Die Teile der Saite, wodurch man solche Töne hervorbringen will, müssen größer als die Hälfte der Saite sein; denn wären sie kleiner, so würden die Töne höher als die Oktave sein. Um nun jene Gleichförmigkeit hervorzubringen, muß man in den harmonischen Dreiklang Töne einschieben, die ungefähr das Verhältnis zueinander haben wie die Quarte zur Quinte; so entstehen die *ganzen* Töne, die ein ganzes Intervall bilden, wie eben das Fortschreiten der Quarte zur Quinte ist. Der Zwischenraum von Grundton und Terz füllt sich aus durch die *Sekunde,* wenn $^{8}/_{9}$ der Saite schwingen; dieses Intervall vom Grundton zur Sekunde (von c zu *d*) ist dasselbe als das von der Quarte zur Quinte (von *f* zu *g*) und das der Sexte zur *Septime* (*a* : *h*). Die Sekunde (*d*) hat dann auch ein Verhältnis zur Terz (*e*): das ist auch ungefähr ein ganzer Ton, jedoch nur nahezu dasselbe Verhältnis als das von *c* zu *d*; ganz genau passen sie nicht ein. Die Quinte verhält sich zur Sexte (*g* : *a*), wie *d* zu *e*. Das Verhältnis der Septime (durch $^{8}/_{15}$ der Saite) zur höheren Oktave (*h* : *c*) ist aber wie das Verhältnis der Terz zur Quart (*e* : *f*). In diesem Fortschritt von *e* zu *f* und *h* zu *c* liegt nun noch eine größere Ungleichheit gegen die übrigen Abstände, zwischen die man, um diese Ungleichheit auszufüllen, dann noch die sogenannten *halben* Töne, d. i. die der Klavier-Tastatur nach oberen Töne, einschiebt, – ein Fortgang, der eben unterbrochen wird bei *e* zu *f* und bei *h* zu *c*. So hat man eine gleichförmige Sukzession; ganz gleichförmig ist sie indessen immer nicht. Auch die übrigen Intervalle, die ganze Töne heißen, sind, wie bemerkt, nicht vollkommen gleich, sondern unter sich verschieden als die größeren (*tons majeurs*) und die kleineren Töne (*tons mineurs*). Zu jenen gehören die Intervalle von c zu *d*, von *f* zu g und von *a* zu *h*, die einander gleich sind; zu diesen gehören dagegen die Intervalle von *d* zu *e* und von g zu *a,* die zwar einander auch gleich, aber verschieden von den ersten sind, indem sie nicht ganz ein ganzer Ton sind. Dieser kleine Unterschied der Intervalle ist das, was man das *Komma* in der Musik nennt. Aber jene Grundbestimmungen von Quinte, Quarte, Terz, usf. müssen zugrunde liegen bleiben; die formelle Gleichförmigkeit des Fortschreitens muß zurückstehen.

Gleichsam das bloß mechanisch, nach verhältnisloser Arithmetik (1, 2, 3, 4) fortschreitende Ohr, das sich 1 zu 2 festgemacht, muß dem Ohr, das an jene Verhältnisse der absoluten Einteilung hält, weichen. Die Verschiedenheit ist überdem sehr unbeträchtlich, und das Ohr weicht den inneren überwiegenden harmonischen Verhältnissen.

Die harmonische Grundlage und die Gleichförmigkeit des Fortschreitens bilden auf diese Weise den ersten Gegensatz, der sich hier ergibt. Und weil beide Prinzipien nicht genau miteinander übereinstimmen, so kann gefürchtet werden, daß bei weiterer Ausführung des Systems der Töne dieser Unterschied bestimmter zum Vorschein kommt, nämlich wenn einer der Töne, die bei einem bestimmten Grundton Töne seiner Skala ausmachen, zum Grundton gemacht (denn an sich ist es gleichgültig, welcher es ist, da jeder dasselbe Recht hat) und für dessen Skala dieselben Töne – und zwar für mehrere Oktaven – gebraucht werden sollen. Also wenn g Grundton ist, so ist *d* die Quinte; bei *h* aber ist *d* die Terz, die Quarte für *a* usw. Indem derselbe Ton einmal Terz, dann Quarte, dann Quinte sein soll, so läßt sich dies nicht vollkommen leisten bei Instrumenten, wo die Töne fix sind. Hier tritt nun jene Verschiedenheit bei weiterer Verfolgung eben weiter auseinander. Die in einer Tonart richtigen Töne werden in einer andern unpassend, was nicht der Fall wäre, wenn die Intervalle gleich wären. Die Tonarten erhalten dadurch eine innere Verschiedenheit, d. i. eine solche, die auf der Natur der Verhältnisse der Töne ihrer Skala beruht. Es ist bekannt, daß, wenn z. B. die Quinte von *c* (g) nun zum Grundton gemacht wird und deren Quinte *d* genommen wird und von dieser wieder die Quinte usf., auf dem Klavier dann die elfte und zwölfte Quinte unrein sind und nicht mehr in das System passen, wo diese Töne nach *c* gestimmt wären; das sind also in bezug auf *c* die falschen Quinten. Und davon hängt dann auch eine Veränderung der weiteren Töne, der halben Töne usf. ab, bei denen die Unreinheiten, Differenzen und Disharmonien schon viel früher herauskommen. Dieser Verwirrung hilft man ab, so gut man kann, indem man z. B. die Ungleichheiten auf eine gleichmäßige, billige Weise verteilt. So hat man auch vollkommen harmonische Harfen erfunden, wo jedes System, *c*, *d* usw., seine eigenen halben Töne hat. Sonst brach man α) jeder Quinte von Anfang an etwas ab, den Unterschied gleichförmig zu verteilen. Da dies aber feinen Ohren wieder schlecht tönte, so mußte man β) das Instrument auf den Umfang von sechs Oktaven beschränken (wiewohl auch hier bei Instrumenten, wo die Töne fix, neutral sind, noch Abweichungen genug vorkommen), überhaupt in solchen Tonarten weniger spielen, wo dergleichen Dissonanzen eintreten, oder solche einzelne Kombinationen vermeiden, wo die Töne auffallend unrein sind.

Nur dies muß noch namhaft gemacht werden, wie das Harmonische auf *objektive* Weise erscheint, – seine sachliche Wirksamkeit. Es kommen dabei Erscheinungen vor, die auf den ersten Anblick paradox sind, da in dem bloß Hörbaren der Töne gar kein Grund davon angegeben werden kann, und die allein aus den Zahlenverhältnissen zu fassen sind. Läßt man *erstens* eine Saite schwingen, so teilt sie sich selbst in ihrem Schwingen in diese Verhältnisse ein; dies ist ein immanentes, eigentümliches Naturverhältnis, eine Tätigkeit der Form in sich selbst. Man hört nicht nur den Grundton (1), auch die Quinte der höheren (3) und die Terz der noch höheren Oktave (5); ein geübtes Ohr bemerkt auch noch die Oktave des Grundtons (2) und dessen doppelte Oktave (4). Es werden also die Töne gehört, die vorgestellt sind durch die ganzen Zahlen: 1, 2, 3, 4, 5. Indem nämlich bei solchen Saiten zwei feste Punkte sind, so bildet sich ein Schwingungsknoten in der Mitte; dieser tritt nun wieder in Verhältnis zu den Endpunkten, und dies gibt so die Erscheinung des Verschiedenen, das harmonisch ist.

Das *zweite* ist dieses, daß Töne hervorkommen können, die nicht unmittelbar angeschlagen, sondern durch das Anschlagen anderer erweckt werden. Daß eine angeschlagene Saite diesen Ton gibt, weil sie ihn hat, nennt man begreiflich. Schwieriger zu fassen ist es nun, warum, wenn man mehrere Töne anschlägt, oft doch nur *ein* Ton hörbar wird oder, wenn man zwei Töne anschlägt, ein dritter sich hörbar macht. Auch dies beruht auf der Natur der Beziehung dieser Zahlenbestimmungen aufeinander. α) Die eine Erscheinung ist die, daß, wenn man Töne nimmt, die in einem gewissen Verhältnis stehen, und alle ihre Saiten zusammen anschlägt, man nur den Grundton hört. Man hat z. B. ein Register in der Orgel, wo eine Taste angeschlagen fünf Pfeifentöne hervorbringt. Jede Pfeife hat nun zwar einen besonderen Ton, doch ist das Resultat dieser fünf Töne nur einer. Dieses findet statt, wenn diese fünf Pfeifen oder Töne folgende sind: 1. der Grundton *c*; 2. die Oktave von *c*; 3. die Quinte (*g*) der nächsten Oktave; 4. das dritte *c*; 5. die Terz (*e*) der noch höheren Oktave. Man hört dann nur den Grundton *c*, was darauf beruht, daß die Schwingungen zusammenfallen. Jene verschiedenen Töne müssen allerdings in einer gewissen Höhe genommen werden, nicht zu tief und nicht zu hoch. Der Grund dieses Zusammenfallens ist nun aber dieser: Wenn das untere *c* eine Schwingung macht, so macht die Oktave zwei Schwingungen. Das g dieser Oktave macht drei Schwingungen, während der Grundton eine macht; denn die nächste Quinte macht $1^1/_2$ Schwingungen, dieses *g* also drei. Das dritte *c* macht vier Schwingungen. Die Terz desselben macht fünf Schwingungen, während der Grundton eine macht. Denn die Terz macht zum Grundton $^5/_4$ Schwingungen, die Terz der dritten Oktave aber viermal soviel; und das sind fünf Schwingungen. Die Schwingungen sind also hier so beschaffen, daß die Schwingungen der anderen Töne mit den Schwingungen des Grundtons koinzidieren. Die Saiten dieser Töne haben das Verhältnis von 1, 2, 3, 4, 5, und alle ihre Schwingungen sind zugleich vorbei, indem nach fünf Schwingungen des höchsten Tons die tieferen gerade vier, drei, zwei oder eine Schwingung vollbracht haben. Wegen dieser Koinzidenz hört man nur das eine *c*.

β) Ebenso ist es dann auch mit dem andern Fall, wo, wenn man, nach Tartini, zwei verschiedene Saiten einer Gitarre anschlägt, das Wunderbare geschieht, daß man außer ihren Tönen auch noch einen dritten Ton hört, der aber nicht bloß die Vermischung der beiden ersten, kein bloß abstrakt Neutrales ist. Schlägt man z. B. *c* und *g* in gewisser Höhe zusammen an, so hört man *c*, das eine Oktave tiefer ist, mittönen. Der Grund dieser Erscheinung ist der: Macht der Grundton eine Schwingung, so macht die Quinte $1^1/_2$ oder drei, während der Grundton zwei macht. Schwingt der Grundton einmal, so hat, während diese erste Schwingung noch dauert, schon die zweite Schwingung der Quinte angefangen. Aber die zweite Schwingung von *c*, die während der Dauer der zweiten Schwingung von *g* anfängt, endet zu gleicher Zeit mit der dritten Schwingung von *g*, so daß auch der neue Anfang des Schwingens zusammenfällt. »Es gibt Epochen«, sagt daher Biot (*Traité de Physique* II, p. 47)[28], »wo die Schwingungen zugleich, und andere, wo sie getrennt ins Ohr kommen«, – wie wenn einer drei Schritte in derselben Zeit macht, in welcher der andere zwei macht, wo dann, nach drei Schritten des ersten und zwei Schritten des zweiten, sie beide zugleich mit dem Fuße auftreten. Es entsteht auf diese Weise eine abwechselnde Koinzidenz nach zwei Schwingungen von *c*. Dieses Zusammenfallen ist doppelt so langsam oder halb so schnell als das Schwingen von *c*. Wenn aber eine Tonbestimmung halb so schnell ist als die andere, so entsteht die untere Oktave, die einmal schwingt, während die obere zweimal. Die Orgel gibt diese Erfahrung am besten, wenn sie ganz rein gestimmt ist. Man hört also die tiefere Oktave, z. B. auch auf einem Monokord, obgleich man sie dort nicht selbst hervorbringen kann. Abt *Vogler*[29] hat hierauf ein eigentümliches System des

---

28 siehe Fn. 12, S. 138
29 Georg Joseph Vogler, 1749–1814, Musiker

Orgelbaus gegründet, so daß mehrere Pfeifen, deren jede für sich einen eigenen Ton hat, zusammen einen anderen reinen Ton angeben, der dann für sich keiner besonderen Pfeife und keiner besonderen Taste bedarf.
Wenn man sich in Ansehung der Harmonie mit dem Gehör begnügen und sich nicht auf Verhältnisse von Zahlen einlassen wollte, so läßt sich ganz und gar nicht Rechenschaft davon geben, daß Töne, die zugleich gehört werden, obgleich für sich voneinander verschieden, doch als *ein* Ton gehört werden. Man darf also in Ansehung der Harmonie nicht beim bloßen Hören stehenbleiben, sondern muß die objektive Bestimmtheit erkennen und wissen. Das Weitere ginge indessen das Physikalische und dann die musikalische Theorie an. Dies aber, was gesagt, gehört hierher, insofern der Ton diese Idealität im Mechanischen ist, die Bestimmtheit desselben also gefaßt werden muß als eine mechanische und, was eben im Mechanischen die Bestimmtheit ist, erkannt werden muß.

§ 302

Der Klang ist der *Wechsel* des spezifischen Außereinanderseins der materiellen Teile und des Negiertseins desselben; – nur *abstrakte* oder sozusagen nur ideelle *Idealität* dieses Spezifischen. Aber dieser Wechsel ist hiermit selbst unmittelbar die Negation des materiellen spezifischen Bestehens; diese ist damit *reale Idealität* der spezifischen Schwere und Kohäsion, – *Wärme.*

Die Erhitzung der klingenden Körper wie der geschlagenen, auch der aneinandergeriebenen, ist die Erscheinung von der dem Begriffe nach mit dem Klange entstehenden Wärme.

Zusatz. Das sich im Klange kundgebende Insichsein ist selbst materialisiert, beherrscht die Materie und erhält so sinnliches Dasein, indem der Materie Gewalt angetan wird. Weil das Insichsein als Tönen nur bedingte Individualität, noch nicht reale Totalität ist, so ist das Erhalten seiner selbst nur die eine Seite; die andere aber ist, daß diese vom Insichsein durchdrungene Materialität auch zerstörbar ist. Mit dieser inneren Erschütterung des Körpers in sich selbst ist also nicht nur Aufheben der Materie auf ideelle Weise vorhanden, sondern auch reales Aufheben durch die Wärme. Das sich auf spezifische Weise als Selbsterhaltendes Zeigen des Körpers geht vielmehr in die Negativität seiner selbst über. Die Wechselwirkung seiner Kohäsion in sich selbst ist zugleich

Anderssetzen seiner Kohäsion, beginnendes Aufheben seiner Rigidität, und das ist eben die Wärme. Klang und Wärme sind so unmittelbar verwandt; Wärme ist die Vollendung des Klangs, die am Materiellen sich hervortuende Negativität dieses Materiellen; wie denn schon der Klang bis zum Springen oder Schmelzen fortgehen, ja ein Glas entzweigeschrien werden kann. Der Vorstellung liegt Klang und Wärme zwar auseinander, und es kann frappant scheinen, beides so einander zu nähern. Wenn aber z. B. eine Glocke geschlagen wird, wird sie heiß; und diese Hitze ist ihr nicht äußerlich, sondern durch das innere Erzittern ihrer selbst gesetzt. Nicht nur der Musikus wird warm, sondern auch die Instrumente.

d. Die Wärme

§ 303

Die Wärme ist das Sichwiederherstellen der Materie in ihre Formlosigkeit, ihre Flüssigkeit, der Triumph ihrer abstrakten Homogeneität über die spezifischen Bestimmtheiten; ihre abstrakte, nur *an sich* seiende *Kontinuität* als Negation der Negation ist hier als Aktivität *gesetzt*. Formell, d. i. in Beziehung auf Raumbestimmung überhaupt, erscheint die Wärme daher als *ausdehnend*, als aufhebend die Beschränkung, welche das *Spezifizieren* des *gleichgültigen* Einnehmens des Raums ist.

Zusatz. Indem der reale Zusammenhang der Gewalt weicht und sich auflöst, so ist das Zerreißen und Zersprengen desselben als solches nur die Auflösung der passiven quantitativen Kohäsion, wiewohl er auch hier schon sich auf eigentümliche Weise bestimmt zeigte (§ 296). Die andere Form der Auflösung, welche die Wärme ist, hängt dann aber allein mit der spezifischen, qualitativen Kohäsion zusammen. Während im Klange die Repulsion der äußeren Gewalt, als das Bestehen der Form und der die Form in sich habenden Teile, die Hauptsache ist, tritt in der Wärme die Attraktion hervor, so daß, indem der spezifisch in sich kohärierende Körper die Gewalt zurückstößt, er zugleich auch in sich derselben weicht. Wird die Kohäsion und Rigidität überwältigt, so wird das Bestehen der Teile ideell gesetzt, diese werden also verändert. Dieses in sich Flüssigwerden des Körpers ist die Geburtsstätte der Wärme, worin der Ton sich tötet; denn das Flüssige als solches klingt nicht mehr, sowenig als das bloß Starre, Spröde, Pulvrige. Die Wärme ist nicht ein Zersprengen der

Körper in Massen, sondern nur im bleibenden Zusammenhang; sie ist diese innige, innere Auflösung ihres Repellierens, ihres Sich-außereinander-Haltens der Teile. Wärme macht also die Körper noch inniger eins als die Form; aber diese Einheit ist eine bestimmungslose. Dies Auflösen ist der Triumph der Form selbst; die äußerliche Gewalt, das, was die Stärke der trägen, sich in der Repulsion haltenden Materie ausmacht, zernichtet sich selbst. Diese Auflösung ist *vermittelt* durch die Kohäsion; sonst zersprengt die Gewalt nur, wie der Stein nur zersprengbar ist. Bloße Rigidität setzt der Wärmemitteilung ein Hindernis entgegen; es gehört dazu Zusammenhang als innere Flüssigkeit und Ausdehnbarkeit, – eben innere Elastizität, wodurch die Partikel sich ineinander setzen, d. h. eine Nicht-Rigidität, Nicht-Starrheit, die zugleich Zerstören des Bestehens der Teile in ihrem Zusammenhang ist. Die Form erhält sich als Seele im Schmelzen; doch ist ebenso auch Zerstörung der Form durch Feuer gesetzt.

Repulsion der äußeren Gewalt und Nachgeben gegen dieselbe als ein Inneres – Klang und Hitze – sind sich so entgegengesetzt; ebenso schlägt jenes aber auch ins andere um. Auch in höheren Naturen ist dieser Gegensatz noch angedeutet, im Organischen nämlich, wo das Selbst sich in sich als Ideelles behält und besitzt und wo es durch die Hitze *nach außen* in die reale Existenz gerissen wird. Den Pflanzen und Blumen gehört vorzugsweise die Mannigfaltigkeit und die reine, abstrakte Ausbildung der einzelnen Farben und ihr Glanz an; ihr Selbst, vom äußeren Licht nach außen gerissen, ist in das Dasein als Licht ergossen. Tiere hingegen haben überhaupt trübere Farben. Und im Vogelgeschlecht, dem die Farbenpracht vorzugsweise angehört, sind es die tropischen Vögel, deren Selbstischkeit nach Pflanzenweise in ihre vegetative Hülle, das Gefieder, durch das Licht und die Hitze ihres Klimas herausgerissen wird, während die nordischen Vögel ihnen darin zurückstehen, aber besser singen, wie z. B. die Nachtigall und die Lerche, die unter den Tropen fehlen.* Bei den tropischen Vögeln ist es

* Spix und Martius' *Reisen*[30], Bd. I, S. 191: »In diesen Wäldern« (Brasiliens, hinter Santa Cruz) »fiel uns zum ersten Mal der Ton eines gräulich braunen Vogels, wahrscheinlich einer Drossel, auf, der sich in den Gebüschen und auf dem Boden feuchter Waldgründe aufhält, und in häufigen Wiederholungen die Tonleiter von h^1 bis a^2 so regelmäßig durchsingt, daß auch kein einziger Ton darin fehlt. Gewöhnlich singt er jeden Ton vier- bis fünfmal und schreitet dann unmerklich zu dem folgenden Vierteltone fort. Man ist gewöhnt, den *Sängern der amerikanischen Wälder* allen harmonischen Ausdruck abzusprechen und ihnen nur die Pracht der Farben als

30 Johann Baptist von Spix und Karl Friedrich Philipp von Martius, *Reise in Brasilien*, 3 Bde., München 1923–31

also die Hitze, welche dieses Insichsein, dieses Ergehen ihrer inneren Idealität als Stimme, nicht in sich bewahrt, sondern schmilzt und zum metallischen Glanz der Farbe heraustreibt; d. h. der Klang geht in der Wärme zugrunde. Die Stimme ist zwar schon ein Höheres als der Klang, aber auch die Stimme zeigt sich in diesem Gegensatz zur Hitze des Klimas.

§ 304

Diese reale Negation der Eigentümlichkeit des Körpers ist daher sein Zustand, in seinem Dasein nicht sich selbst affirmativ anzugehören; diese seine Existenz ist so vielmehr die Gemeinschaft mit *anderen* und die *Mitteilung* an sie, – *äußere* Wärme. Die Passivität des Körperlichen für dieselbe beruht auf der in der spezifischen Schwere und Kohäsion *an sich* vorhandenen Kontinuität des Materiellen, durch welche ursprüngliche Idealität die Modifikation der spezifischen Schwere und Kohäsion für jene Mitteilung, für das Setzen der Gemeinschaft, keine wirkliche Grenze sein kann.

Inkohärentes, wie Wolle, und *an sich* Inkohärentes (d. i. Sprödes wie Glas) sind schlechtere Wärmeleiter als die Metalle, deren Eigentümlichkeit ist, gediegene, ununterbrochene Kontinuität in sich zu besitzen. Luft, Wasser sind schlechte Wärmeleiter um ihrer Kohäsionslosigkeit willen, überhaupt als noch unkörperliche Materien. – Die Mitteilbarkeit, nach welcher die Wärme von dem Körper, in dem sie zunächst vorhanden ist, trennbar und somit als ein gegen ihn Selbständiges sowie als ein an ihn von *außen* Kommendes erscheint, ferner die damit zusammenhängenden weiteren mechanischen Determinationen, welche in das *Verbreiten* gesetzt werden können

Vorzug zuzugestehen. Wenn aber auch im allgemeinen die zarten Bewohner der heißen Zone sich mehr durch Farbenpracht als durch Fülle und Kraft der Töne auszeichnen und an klarem und melodischem Gesange unserer Nachtigall nachzustehen scheinen, so beweist doch außer anderen auch dieser kleine Vogel, daß ihnen die Fundamente der Melodie wenigstens ebenfalls eigen sind. – Denkbar ist es übrigens, daß, wenn einst die fast unartikulierten Töne entarteter Menschen durch die Wälder Brasiliens nicht mehr erschallen, auch viele der gefiederten Sänger verfeinerte Melodien hervorbringen werden.«

(z. B. die Reperkussion durch Hohlspiegel), ingleichen die quantitativen Bestimmungen, die bei der Wärme vorkommen, – sind es vornehmlich, die zur Vorstellung der Wärme als eines selbständig Existierenden, einer *Wärme-Materie* geführt haben. Man wird aber wenigstens Anstand nehmen, die Wärme einen *Körper* oder auch nur ein Körperliches zu nennen; worin schon liegt, daß die *Erscheinung* von *besonderem Dasein* sogleich verschiedener Kategorien fähig ist. So ist auch die bei der Wärme erscheinende beschränkte Besonderheit und Unterscheidbarkeit von den Körpern, an denen sie ist, nicht hinreichend, die Kategorie von Materie, die wesentlich so Totalität in sich ist, daß sie wenigstens *schwer* ist, auf sie anzuwenden. Jene Erscheinung der Besonderheit liegt vornehmlich nur in der *äußerlichen* Weise, in welcher die Wärme in der *Mitteilung* gegen die vorhandenen Körper erscheint. – Die *Rumfordischen* Versuche[31] über die Erhitzung der Körper durch Reibung beim Kanonenbohren z. B. hätten die Vorstellung von besonderer, selbständiger Existenz der Wärme längst ganz entfernen können; hier wird sie gegen alle Ausreden rein in ihrer Entstehung und ihre Natur als eine *Zustandsweise* aufgezeigt. Die abstrakte Vorstellung der Materie enthält für sich die Bestimmung der *Kontinuität*, welche die Möglichkeit der Mitteilung und als Aktivität die Wirklichkeit derselben ist, und Aktivität wird diese ansichseiende Kontinuität als die Negation gegen die Form, – die spezifische Schwere und Kohäsion, wie weiterhin gegen die Gestalt.

Zusatz. Klang und Wärme sind in der Erscheinungswelt selbst wieder Erscheinungen. Die Mitteilbarkeit und das Mitgeteiltsein ist das Hauptmoment in der Natur des Zustandes; denn der Zustand ist wesentlich eine gemeinsame Bestimmung und eine Abhängigkeit von der Umgebung. Die Wärme ist also mitteilbar, weil

---

31 vgl. Sir Benjamin (Count of) Rumford, »An Inquiry concerning the source of the heat which is excited by friction«, *Philosophical Transactions of the Royal Society of London,* 1798

sie die Bestimmung der Erscheinung hat, nicht nur als solcher, sondern innerhalb des Feldes, wo die Realität der Materie vorausgesetzt ist; es ist ein Sein, das zugleich Schein ist, oder ein Schein, der noch Sein ist. Das Sein ist der kohärente Körper; seine Auflösung, die Negation der Kohärenz, ist der Schein. So ist die Wärme nicht Materie, sondern die Negation dieser Realität, aber nicht mehr die abstrakte Negation, die der Ton ist, noch auch schon die vollendete, welche das Feuer ist. Sie ist als materialisierte Negation oder negative Materialisation ein Vorhandenes, und zwar in Gestalt von Allgemeinheit, Gemeinsamkeit, ebensosehr noch reales Bestehen, als Negation, – die daseiende Passivität überhaupt. Als diese nur erscheinende Negation ist die Wärme nicht für sich, sondern in Abhängigkeit von Anderem.
Indem die Wärme auf diese Weise wesentlich sich verbreitend und damit Gleichheit mit den anderen setzend ist, so ist diese Verbreitung äußerlich durch die Flächen bestimmbar; Wärme läßt sich so durch Brenngläser und Hohlspiegel konzentrieren, – sogar Kälte; ich glaube, es ist ein Versuch von Herrn Professor *Pictet* in Genf. Daß nun aber die Körper fähig sind, selbst als erscheinende gesetzt zu werden, können sie nicht von sich abhalten; denn sie sind an sich von der Natur, daß ihre Kohärenz negiert werden kann. So sind sie an sich das, was in der Wärme zum Dasein kommt, und dies Ansichsein ist eben ihre Passivität. Denn passiv ist eben das, was nur an sich ist; wie ein Mensch z. B., der nur an sich vernünftig ist, ein passiver Mensch ist. Der mitgeteilte Zustand ist also eine Bestimmtheit, gesetzt durch andere nach dieser an sich seienden Seite, – eine Erscheinung als überhaupt ihres nur Ansichseins; er muß aber auch, als Tätigkeit, wirklich sein. Die Weise des Erscheinens ist so eine gedoppelte: die eine das tätige, den Beginn machende Erscheinen, die andere das passive. So kann ein Körper innerliche Quelle der Wärme haben; andere erhalten sie von außen, als eine nicht in ihnen erzeugte. Der Übergang von ursprünglicher Entstehung der Wärme aus Veränderung der Kohäsion in das äußerliche Verhältnis, als ein Vorhandenes zu einem Anderen hinzuzutreten, wie es in der Mitteilung der Wärme geschieht, ist die Offenbarung der Selbstlosigkeit solcher Bestimmungen; die Schwere, das Gewicht kann dagegen nicht mitgeteilt werden.
Weil die Natur der Wärme überhaupt das Idealisieren des spezifischen realen Auseinanderseins ist – und wir sagen, daß sie auf diese Negation gegründet ist –, so ist von dieser Seite an keine Wärmematerie zu denken. Die Annahme einer Wärmematerie, wie die des Schallstoffs, ruht auf der Kategorie, daß, was einen sinnlichen Eindruck macht, auch sinnliches Bestehen haben müsse. Hat man hier nun auch den Begriff der Materie so erweitert, daß man

die Schwere, welche ihre Grundbestimmung ist, aufgab, indem man die Frage zuließ, ob dergleichen Materielles wägbar sei oder nicht, so wurde doch das objektive Bestehen eines Stoffes immer noch vorausgesetzt, der unzerstörbar und selbständig für sich sein, kommen und gehen, sich an diesem Orte vermehren und vermindern sollte. Dieses äußerliche Hinzutreten ist es, bei dem die Verstandesmetaphysik stehenbleibt und es zum ursprünglichen Verhältnisse, vornehmlich der Wärme, macht. Der Wärmestoff soll hinzukommen, gehäuft werden, latent sein, wo er nicht erscheint und doch Wärme nachher hervortritt. Indem nun aber Versuche über die Materialität der Wärme entscheiden sollen, wobei man oft aus Umständchen Klügeleien zieht, so ist der Versuch des Grafen Rumford besonders derb dagegen ausgefallen, der die Wärme beim Kanonenbohren genau berechnen wollte. Während nämlich hier behauptet wurde, daß die große Hitze, die dabei in den Spänen entsteht, durch die starke Reibung aus den benachbarten Körpern herbeizitiert werde, sagte er, sie werde im Metall selbst erzeugt, indem er das Ganze mit Holz umgab, das, als schlechter Wärmeleiter, die Wärme nicht durchließ, die Metallspäne aber dennoch ebenso glühend herausfielen als ohne diese Umgebung. Der Verstand erschafft sich so Substrate, die wir durch den Begriff nicht anerkennen. Klang und Wärme existieren nicht so für sich wie die schwere Materie, und der sogenannte Schall- und Wärmestoff sind bloße Fiktionen der Verstandesmetaphysik in der Physik. Klang und Wärme sind bedingt durch materielle Existenzen und machen deren Negativität aus; sie sind durchaus nur Momente, aber als Bestimmungen des Materiellen sind sie quantitativ, und so nach *Graden* zu bestimmen, oder ein Intensives.

§ 305

Die Mitteilung der Wärme an verschiedene Körper enthält für sich nur das abstrakte Kontinuieren dieser Determination durch unbestimmte Materialität hindurch, und insofern ist die Wärme nicht qualitativer Dimensionen in sich, sondern nur des abstrakten Gegensatzes von Positivem und Negativem und des Quantums und Grades fähig wie eines abstrakten Gleichgewichts, als eine gleiche Temperatur der Körper zu sein, unter welche sich der Grad verteilt. Da aber die Wärme Veränderung der spezifischen Schwere und Kohäsion ist, so ist sie zugleich an diese Bestimmungen gebunden, und die äußere, mitgeteilte Temperatur ist für die

Bestimmtheit ihrer Existenz durch die besondere spezifische Schwere und Kohäsion des Körpers bedingt, dem sie mitgeteilt wird; – *spezifische Wärme-Kapazität.*

Die spezifische Wärme-Kapazität, verbunden mit der Kategorie von *Materie* und *Stoff*, hat zur Vorstellung von *latentem, unmerkbarem, gebundenem Wärmestoff* geführt. Als ein *nicht Wahrnehmbares* hat solche Bestimmung nicht die Berechtigung der *Beobachtung* und *Erfahrung*, und als erschlossen beruht sie auf *der Voraussetzung einer materiellen Selbständigkeit* der Wärme (vgl. Anm. § 286). Diese Annahme dient auf ihre Weise, die Selbständigkeit der Wärme als einer Materie *empirisch* unwiderleglich zu machen, eben dadurch, daß die Annahme selbst nichts Empirisches ist. Wird das Verschwinden der Wärme oder ihr Erscheinen, wo sie vorher nicht vorhanden war, aufgezeigt, so wird jenes für ein bloßes Verbergen oder sich zur Unmerkbarkeit *Binden*, dieses für ein Hervortreten aus der bloßen Unmerkbarkeit erklärt; die Metaphysik von Selbständigkeit wird *jener Erfahrung entgegengesetzt*, ja a priori der Erfahrung vorausgesetzt.

Worauf es für die Bestimmung, die hier von der Wärme gegeben worden, ankommt, ist, daß *empirisch* bestätigt werde, daß die durch den Begriff für sich notwendige Bestimmung, nämlich der *Veränderung* der spezifischen Schwere und Kohäsion, in der Erscheinung sich als die *Wärme* zeige. Die *enge Verbindung* zunächst von beidem erkennt sich leicht in den vielfachen Erzeugungen (und in ebenso vielfachen Arten des Verschwindens) von Wärme, bei Gärungen, den anderen chemischen Prozessen, Kristallisationen und Auflösungen derselben, bei den schon erwähnten mechanischen inneren, mit äußerlichen verbundenen, Erschütterungen, Anschlagen der Glocken, Schlagen des Metalls, Reibungen usf. Die Reibung von zwei Hölzern oder im gewöhnlichen Feuerschlagen bringt das materielle Außereinander des einen Körpers durch die schnell drückende Bewegung des anderen in *einen* Punkt momentan zusammen, – eine Negation des räumlichen Bestehens der materiellen Teile, die in Hitze und Flamme des Körpers oder einen sich davon abscheidenden Funken ausschlägt. – Die weitere Schwierigkeit ist, die Verbindung der Wärme mit der spezifischen Schwere und Kohäsion als die *existierende* Idealität des Materiellen zu fassen, – hierzu eine Existenz des Negativen, welche selbst die Bestimmtheit dessen enthält, was negiert wird, die ferner die Bestimmtheit eines Quantums hat und als Idealität eines Bestehenden sein Außersichsein und sein Sichsetzen in Anderem, die Mitteilung, ist. – Es handelt sich hier, wie überall in der Naturphilosophie, nur darum, an die Stelle der Verstandeskategorien die Gedankenverhältnisse des spekulativen Begriffes zu setzen und nach diesen die Erscheinung zu fassen und zu bestimmen.

Zusatz. Wie jeder Körper eine besondere Weise des Klanges hat nach seiner spezifischen Kohäsion, so ist auch die Wärme spezifisch. Wenn man Körper verschiedener Qualität in dieselbe Temperatur bringt, d. h. gleiche Wärme an sie gebracht wird, so werden sie verschieden erwärmt. Jeder Körper nimmt so die Temperatur der Luft verschieden an: das Eisen z. B. wird in der Kälte viel kälter als der Stein; Wasser ist in warmer Luft immer kühler als sie. Man rechnet, um dem Wasser gleiche Temperatur als dem Quecksilber zu geben, muß jenes etwa in dreizehnmal größere Hitze gebracht werden als dieses; oder gleicher Temperatur ausgesetzt, ist Wasser dreizehnmal weniger warm als Quecksilber. Ebenso verschieden ist der Punkt, wo die mitgeteilte Wärme Auflösung hervorbringt; Quecksilber z. B. wird bei viel geringerer Wärme aufgelöst als alle übrigen Metalle. Indem hiermit in der mitgeteilten Wärme sich der Körper zugleich spezifisch zeigt, so fragt sich, welche Form des Insichseins hierbei zum Vorschein komme. Das Insichsein sind Formen der Kohäsion, Punktualität, Linealität, Flächenhaftigkeit, dann, als einfache Bestimmtheit, die spezifische Schwere. Das Insichsein, welches sich bei der spezifischen Wärme zeigt, kann nur einfache Weise des Insichseins sein. Denn die Wärme ist das Aufheben des bestimmten Außereinander der Kohäsion; aber zugleich als bestehend ist der Körper auch noch in seinem bestimmten Insichsein erhalten: das Insichsein nun mit sich aufhebender Kohäsion ist nur noch das allgemeine, abstrakte Insichsein, – die spezifische Schwere. So zeigt sich die spezifische Schwere als das sich hier geltend machende Insichsein.

Die Wärmekapazität steht auf diese Weise in Verhältnis mit der spezifischen Schwere, welche das Insichsein der Körper gegen die bloße Schwere ist. Dies Verhältnis ist ein umgekehrtes: Körper von hoher spezifischer Schwere erwärmen sich viel leichter, d. h. werden wärmer in derselben Temperatur als andere von geringerer spezifischer Schwere. Man sagt dann, in diesen Körpern werde der Wärmestoff latent, in jenen frei. Ebenso wird behauptet, der Wärmestoff sei latent gewesen, wenn sich klar zeigt, daß die Wärme nicht von außen gekommen, sondern sich innerlich erzeugt hat (s. § 304 Zusatz). Auch bei der Kälte, die durch verdampfende Naphtha hervorgebracht wird, heißt es, die Wärme werde latent. Gefrorenes Wasser, das auf dem Nullpunkt steht, verliert, wie man sagt, die Wärme, die hinzukommt, um es flüssig zu machen; indem nämlich seine Temperatur dadurch nicht erhöht wird, so soll der Wärmestoff in ihm latent geworden sein. Dasselbe soll in den elastischen Dämpfen stattfinden, in die sich das Wasser verwandelt; denn es wird nicht wärmer als 80° und verdampft nur bei erhöhter Temperatur. Umgekehrt Dämpfe, elastische Flüssigkeiten von einer bestimmten Temperatur, sich niederschlagend, erzeugen eine größere Hitze als in ihrem expansiven Zustande verbleibend; d. h. die Expansion vertritt die Stelle der Temperatur als Intensität (vgl. § 103 Zus.). Die Latenz ist dann die Ausrede, wenn die Erscheinungen gar zu laut sprechen, daß eine innere Veränderung in der Kohäsion – z. B. das Frieren des Wassers, welches einige Grade unter Null hatte und im Frieren auf Null herauftritt – es ist, wobei Wärme hervorkommt. Der Wärmestoff soll immer ab- und zugehen; da man aber Wärme als Stoff nicht vergehen lassen will, indem er selbständig sei, so sagt man, er sei nur latent und noch vorhanden. Wie kann aber etwas vorhanden sein, was doch nicht existiert? So etwas ist ein leeres Gedankending, wie denn ja auch die Fähigkeit der Wärme, mitgeteilt zu werden, vielmehr gerade die Unselbständigkeit dieser Bestimmung bewies.

Man könnte meinen, hohe spezifische Schwere müßte auch größere Wärme hervorbringen. Aber die Körper von hoher spezifischer Schwere sind die, deren Bestimmtheit noch einfach ist, d. h. ein unaufgeschlossenes, nicht individualisiertes Insichsein haben; sie sind noch nicht zu weiteren Bestimmungen in sich fortgegangen. Individualität ist dagegen höherer Widerstand gegen Wärme. Auch das Organische ist deshalb der äußeren Erwärmung gar nicht so fähig. In höheren organischen Naturen, bei Pflanzen, Tieren, verliert so die spezifische Schwere und die Wärmekapazität überhaupt ihre Wichtigkeit und ihr Interesse; die Unterschiede der Hölzer sind daher in dieser Hinsicht im ganzen ohne Bedeutung. Bei Metallen dagegen ist die spezifische Schwere sowie die Wärmekapazität Hauptbestimmung. Spezifische Schwere ist noch nicht Kohäsion, viel weniger Individualität, im Gegenteil nur abstraktes, allgemeines Insichsein, nicht in sich spezifiziert, und darum am durchgängigsten für die Wärme, – ein Insichsein, das am leichtesten und bereitwilligsten der Negation des bestimmten Zusammenhangs empfänglich ist. Das Kohärente, das mehr individualisiert ist, gibt seinen Bestimmungen dagegen eine viel größere Beständigkeit, als daß sie die Wärme so leicht in sich aufnehmen sollten.

Die *Entstehung* der Wärme haben wir von der Seite der Kohäsion herkommen sehen, indem wir vom spezifischen Bestimmtsein des materiellen Insichseins ausgegangen sind. Es ist dies α) die eigentliche Entstehung der Wärme, die durch Erzittern oder auch als Selbstentzündung zum Vorschein kommen kann, z. B. bei Gärungen, die durch sich entstehen. Der Kaiserin Katharina entzündete sich so eine Fregatte von selbst: schon gebrannter Kaffee gärt in sich, und die Wärme steigert sich bis zur Flamme; das war wahrscheinlich bei dem Schiff der Fall. Flachs, Hanf, Seile, mit Teer beschmiert, entzünden sich zuletzt selbst. Auch Weingärung oder Essiggärung erzeugen Wärme. Dasselbe findet statt in chemischen Prozessen, denn Auflösung von Kristallen ist immer eine Veränderung des Kohäsionszustandes. Es ist aber bekannt, daß die Wärme in diesem Felde des Mechanischen, dem Verhältnis zur Schwere, auf doppelte Weise entsteht. β) Die andere Weise ist die durch Reibung als solche. Die Reibung hält sich auf der Oberfläche, ist Erschüttern der Teile derselben, nicht Erzittern durch und durch. Diese Reibung ist die gemeine, gewöhnliche Entstehung der Wärme. Aber auch sie muß nicht bloß mechanisch gefaßt werden, wie die *Göttingischen gelehrten Anzeigen* (1817, St. 161) es tun: »Man weiß, daß jeder Körper durch starken Druck einesteils seiner spezifischen Wärme beraubt wird oder vielmehr unter einem starken Drucke nicht diejenige Quantität spezifischer Wärme fassen kann als unter einem geringeren Drucke; daher die Entwicklung von Wärme durch Schlagen und Reiben der Körper, bei schneller Zusammendrückung von Luft und dergleichen.« Dieses Freiwerden der Form ist somit noch nicht wahrhaft selbständige Totalität des Selbst, sondern noch bedingt, noch nicht sich in sich erhaltende Tätigkeit der Einheit. Darum kann die Wärme auf äußerliche Weise mechanisch durch Reibung erzeugt werden. Zur Flamme gesteigert, ist die Wärme der freie Triumph der reinen Idealität über dieses materielle Außereinander. Bei Stahl und Feuerstein springt nur der Funke *heraus*: je mehr nämlich die innere Härte gegenhält, desto stärker ist die Erschütterung in den *äußerlich* berührten Teilen; Holz dagegen wird *verzehrt*, weil es ein Material ist, das die Hitze fortsetzen kann.

§ 306

Die Wärme als Temperatur überhaupt ist zunächst die noch abstrakte und ihrer Existenz und Bestimmtheit nach bedingte Auflösung der spezifizierten Materialität. Sich aber ausführend, in der Tat realisiert, gewinnt das Verzehren der körperlichen Eigentümlichkeit die Existenz der reinen physischen Idealität, der frei werdenden Negation des Materiellen und tritt als *Licht* hervor, jedoch als *Flamme*, als an die Materie gebundene Negation der Materie. Wie das *Feuer* zuerst (§ 283) aus dem *Ansich* sich entwickelte, so wird es hier *gesetzt*, daß es sich als äußerlich bedingt aus den existierenden Begriffsmomenten innerhalb der Sphäre der bedingten Existenz erzeugt. – Es verzehrt sich ferner so als Endliches zugleich mit den Bedingungen, deren Verzehren es ist.

Zusatz. Das Licht als solches ist kalt, und Licht im Sommer, das so erwärmend ist, ist es erst in der Atmosphäre, an der Erde. Im höchsten Sommer ist es auf einem hohen Berge ganz kalt, und auf ihm liegt der ewige Schnee, obgleich man der Sonne näher ist; erst durch das Berühren anderer Körper ist die Wärme vorhanden. Denn das Licht ist das Selbstische, und das, was von ihm berührt wird, wird auch selbstisch, d. h. zeigt einen Beginn der Auflösung, d. i. der Wärme.

§ 307

Die Entwicklung der realen, d. i. *die Form* an ihr enthaltenden Materie geht so in ihrer Totalität in die reine Idealität ihrer Bestimmungen, in die mit sich abstrakt identische Selbstischkeit über, die in diesem Kreise der *äußerlichen* Individualität selbst (als Flamme) äußerlich wird und so verschwindet. Die *Bedingtheit* dieser Sphäre ist, daß die *Form* ein *Spezifizieren* der schweren Materie, und die Individualität als Totalität nur erst *an sich* war. In der Wärme ist gesetzt das Moment der realen *Auflösung* der *Unmittelbarkeit* und der zunächst vorhandenen Gleichgültigkeit des spezifizierten Materiellen gegeneinander. Die Form ist daher jetzt als *Totalität* dem als gegen sie widerstandslosen Materiellen immanent. – Die Selbstischkeit als die unendliche sich auf sich beziehende Form ist als solche in die Existenz getreten; sie erhält sich in der ihr unterworfenen Äußerlichkeit und ist als die frei dies Materielle bestimmende *Totalität, – die freie Individualität.*

Zusatz. Von hier aus ist der *Übergang* in die reale Individualität in die Gestalt zu machen, deren Momente wir im Bisherigen gesehen haben. Die Sammlung der Form in sich, die Seele, die als Klang entflieht, und die Flüssigkeit der Materie sind die beiden Momente, welche den realen Begriff der Individualität ausmachen. Die Schwere, als ein der unendlichen Form Unterworfenes, ist die totale freie Individualität, wo das Materielle vollkommen von der Form durchdrungen und bestimmt ist. Die in sich selbst entwickelte, die vielen Materiellen bestimmende Gestalt ist die absolute Zentralität, welche nicht mehr, wie die Schwere, die Vielen nur außerhalb ihrer hat. Die Individualität als Trieb ist so beschaffen, daß sie zuerst ihre Momente als vereinzelte Figurationen setzt. Wie aber beim Raum die Figurationen, Punkt, Linie, Fläche, nur die Negationen waren, so schreibt jetzt die Form dieselben in eine nur durch sie bestimmte Materie, nicht mehr als Raumstriche, sondern als Unterscheidungen des materiellen Zusammenhangs, als in der Materie reale Raumfigurationen, die sich zur Totalität der Oberfläche vollenden. Daß der Klang, als Seele, der Materiatur nicht entfliehe, sondern als Kraft in ihr [sich] bilde, dazu gehört die gesetzte Negation des festen Bestehens der Materie; was in dem Auflösen durch Wärme als Existenz gesetzt ist. Die im Anfang erst durch den Begriff gesetzte Durchgängigkeit der Materie ist hier im Resultate als Dasein gesetzt. Angefangen wurde mit dem Insichsein als spezifischer Schwere, worin die Materie unmittelbar so beschaffen angenommen wurde, daß die Form sich in sie einbilden konnte. Dies Ansich der Materie, so durchgängig und aufgelöst zu sein, war aber auch als existierend aufzuzeigen, und zwar durch die Kohäsion. Das Auflösen des Außereinander in der Kohäsion ist Aufheben dieser Kohäsion selbst; das, was bleibt, ist die spezifische Schwere. Diese, als erste Subjektivität, war abstraktes, einfaches Bestimmtsein; welches, zur Totalität in sich selbst bestimmt, der Ton ist und als flüssig die Wärme. Die erste Unmittelbarkeit muß sich als aufgehoben zeigen, als gesetzt; so muß man immer zum Anfang zurückkehren. Die Kohäsion machte das Bedingtsein der Form durch die Materie aus. Gegen dies Bedingtsein ist sie selbst das Vermittelnde, welches innerlich die Negation, die Wärme, hervorbringt, so daß die Kohäsion sich selbst negiert, d. i. eben das nur Ansichsein, die nur bedingte Weise der Existenz der Form. Diese Momente anzugeben, ist leicht, sie einzeln zu betrachten, schwierig, wenn man entwickeln will, was den Gedankenbestimmungen in der Existenz entspricht; denn eine jede derselben hat auch eine ihr entsprechende Existenz. Jene Schwierigkeit ist besonders groß in solchen Kapiteln, wo das Ganze nur als Trieb ist, die Bestimmungen also nur als einzelne Beschaffenheiten heraustreten. Die abstrakten Momente der Individualität, spezifisches Gewicht, Kohäsion usf., müssen dem Begriffe nach der freien Individualität vorangehen, damit diese aus ihnen als Resultat hervorgehe. In der totalen Individualität, wo die Form als Meisterin auftritt, sind nun alle Momente realisiert, und die Form bleibt darin als bestimmte Einheit. Zur Gestalt gehört Seele, Einheit der Form mit sich selbst und dann, als Sein-für-Anderes, die Bestimmungen des Begriffs. In diesem Setzen ist die Form zugleich frei, als die unbedingte Einheit dieser Unterschiede. Die spezifische Schwere ist nur abstrakt frei, denn die Beziehung auf das Andere ist auch gleichgültig und fällt in den äußerlichen Vergleich. Aber die wahrhafte Form ist Beziehung auf Anderes für sich selbst, nicht im Dritten. Indem die Materiatur in der Wärme schmilzt, ist sie empfänglich für die Form; das Bedingtsein des Klanges als der unendlichen Form wird also aufgehoben, und diese findet keinen Gegensatz mehr, als bezöge sie sich noch auf ein Anderes. Die Wärme ist die von der Gestalt sich selbst befreiende Gestalt, ein sich substantiierendes Licht, die das Moment der passiven Gestalt als ein aufgehobenes an ihr hat.

C
Physik der totalen Individualität

§ 308

Die Materie ist zuerst *an sich* die Totalität des Begriffs als *schwere*; so ist sie nicht an ihr selbst formiert; der Begriff, in seinen besonderen Bestimmungen an ihr gesetzt, zeigt zunächst die endliche, in ihre Besonderheiten auseinanderfallende Individualität. Die Totalität des Begriffs nun *gesetzt*, ist der Mittelpunkt der Schwere nicht mehr als die von der Materie gesuchte *Subjektivität*, sondern ihr immanent als die Idealität jener zuerst unmittelbaren und bedingten Formbestimmungen, welche nunmehr als von innen heraus entwickelte Momente sind. Die materielle Individualität, so in ihrer Entwicklung identisch mit sich, ist unendlich *für sich*, aber zugleich *bedingt*; sie ist die subjektive Totalität nur erst *unmittelbar*; daher, obgleich für sich unendlich, enthält sie das Verhältnis zu *anderem*; und erst im Prozesse kommt sie dazu, daß diese Äußerlichkeit und Bedingtheit als sich aufhebend gesetzt wird; so wird sie existierende Totalität des materiellen Fürsichseins, die dann *an sich Leben* ist und im Begriffe in dasselbe übergeht.

Zusatz. Die Form, als ein abstraktes Ganzes, und ihr gegenüber ein bestimmbares Material, die zwei Momente des realen physischen Körpers, sind an sich identisch, und darin liegt ihr Übergang ineinander, dem Begriffe nach. Denn wie die Form die reine physikalische, sich auf sich beziehende Identität mit sich ist, ohne Dasein zu haben, so ist auch die Materie als flüssig dieses allgemeine Identische, das als nicht widerstrebend existiert. Die Materie ist, wie die Form, in sich unterschiedslos, und so ist sie selbst die Form. Als Allgemeines ist die Materie dazu bestimmt, ein in sich Bestimmtes zu sein, und das ist eben das Sollen der Form, deren Ansich sie ist. Wir hatten zuerst die Individualität im allgemeinen; das Nächste war, daß diese Individualität in die Differenz gegen die Schwere, in ihre endliche, beschränkte Bestimmtheit gesetzt sei; das Dritte, daß die Individualität aus der Differenz in sich zurückkehre. Dieses hat nun selbst wieder drei Gestaltungen oder Bestimmungen.

§ 309

Die totale Individualität ist:

a) unmittelbar *Gestalt* als solche, und deren abstraktes Prinzip in freier Existenz erscheinend, – *der Magnetismus*;

b) bestimmt sie sich zum *Unterschiede*, den besonderen Formen der körperlichen Totalität; diese individuelle Besonderung zum Extreme gesteigert ist *die Elektrizität*.

c) Die *Realität* dieser Besonderung ist der *chemisch* differente Körper und die *Beziehung* desselben, – die Individualität, welche Körper zu ihren Momenten hat, sich als Totalität realisierend, der *chemische Prozeß*.

Zusatz. In der Gestalt ist die unendliche Form das bestimmende Prinzip der materiellen Teile, die nun nicht mehr nur die gleichgültige Beziehung des Raums haben. Die Gestalt bleibt dann aber nicht bei diesem ihrem Begriffe stehen, weil dieser selbst nicht ruhiges Bestehen ist; sondern, als sich differenzierend, entfaltet sie sich wesentlich zu realen Eigenschaften, die nicht als ideell in der Einheit gehalten sind, sondern auch besondere Existenz erhalten. Diese mit qualitativer Individualität bestimmten Unterschiede sind die Elemente, aber als der Sphäre der Individualität angehörend, d. i. als spezifiziert, mit der individuellen Körperlichkeit vereint oder vielmehr in sie verwandelt. An sich, d. i. im Begriffe, hat sich auf diese Weise das noch Mangelnde der Form ergänzt. Das Interesse der Notwendigkeit ist aber jetzt wieder, daß dies Ansich gesetzt werde oder wie die Gestalt sich erzeuge; d. h. der Übergang ist auch in der Existenz zu machen. Das Resultat ist so dies, daß die Gestalt erzeugt werde; das ist der Rückgang zum Ersten, das aber jetzt als ein Erzeugtes erscheint. Dieser Rückgang ist dann zugleich der Übergang in ein Weiteres; der chemische Prozeß enthält so in seinem Begriffe den Übergang zur organischen Sphäre. Den Prozeß hatten wir zuerst als Bewegung in der Mechanik, dann als elementarischen Prozeß; jetzt haben wir den Prozeß der individualisierten Materie.

a. Die Gestalt

§ 310

Der Körper als totale Individualität ist *unmittelbar, ruhende* Totalität, somit Form des räumlichen Zusammenseins des Materiellen, daher wieder zuerst *Mechanismus.* Die Gestalt ist somit materieller Mechanismus der nun unbedingt und frei bestimmenden Individualität, – der Körper, dessen spezifische Art des inneren Zusammenhalts nicht nur, sondern dessen *äußerliche Begrenzung im Raume* durch die *immanente* und *entwickelte* Form bestimmt ist. Auf solche Weise ist die Form *von selbst* manifestiert und zeigt sich nicht erst als eine Eigentümlichkeit des *Widerstands* gegen *fremde* Gewalt.

Zusatz. Während das Insichsein sich vorher nur durch einen äußeren Anstoß und als Reaktion gegen denselben zeigte, so manifestiert sich die Form dagegen hier weder durch äußere Gewalt

noch als Untergang der Materialität; sondern ohne Impuls hat der Körper einen geheimen, stillen Geometer in sich, der als ganz durchgängige Form ihn nach außen wie nach innen organisiert. Diese Begrenzung nach innen und außen ist notwendig zur Individualität. So ist auch die Oberfläche des Körpers durch die Form begrenzt; er ist gegen andere abgeschlossen und zeigt seine spezifische Bestimmtheit ohne äußere Einwirkung in seinem ruhigen Bestehen. Der Kristall ist zwar nicht mechanisch zusammengesetzt; dennoch resumiert sich hier der Mechanismus als ein individueller, weil diese Sphäre eben das ruhige Bestehen des Außereinander ist, wenngleich die Beziehung der Teile auf das Zentrum durch immanente Form bestimmt ist. Das so Gestaltete wird der Schwere entzogen; es wächst z. B. in die Höhe. Natürliche Kristalle, wenn man sie betrachtet, erscheinen durch und durch gegliedert. Dennoch haben wir hier noch nicht die Seele, die wir im Leben finden werden, weil die Individualität sich hier noch nicht gegenständlich ist, und das ist der Unterschied des Unorganischen vom Organischen. Die Individualität ist noch nicht Subjektivität, so daß die unendliche Form, welche in sich different ist und ihre Differenz zusammenhält, auch für sich wäre. Das ist erst im Empfindenden vorhanden; hier aber ist die Individualität noch in die Materie versenkt, – sie ist noch nicht frei, sie *ist* nur.
Das Nähere ist die *Bestimmtheit*, die der Gestalt als unorganischer zukommt, im Unterschiede vom Organischen. Die Gestalt nämlich, die wir hier haben, ist die, wo die räumlichen Bestimmungen der Form bloß erst *verständige* Bestimmungen sind: gerade Linien, ebene Flächen und bestimmte Winkel. Davon ist der Grund hier anzugeben. Die Form, die sich in der Kristallisation aufschließt, ist ein stummes Leben, das wunderbarerweise im bloß mechanischen, von außen bestimmbar scheinenden Steine oder Metall sich regt und in eigentümlichen Gestalten als ein organischer und organisierender Trieb sich äußert. Sie wachsen frei und selbständig hervor; und wer den Anblick dieser regelmäßigen und zierlichen Gestaltungen nicht gewohnt ist, nimmt sie nicht als Naturprodukte, sondern schreibt sie eher der menschlichen Kunst und Arbeit zu. Die Regelmäßigkeit der Kunst wird aber durch eine äußerlich zweckmäßige Tätigkeit herbeigeführt. An diese äußere Zweckmäßigkeit, wie wenn ich eine äußere Materie nach meinen Zwecken forme, müssen wir nun hier nicht denken. Beim Kristall ist vielmehr die Form der Materie nicht äußerlich, sondern diese ist selbst Zweck, das an und für sich Wirksame. Im Wasser ist so ein unsichtbarer Keim, eine Kraft, die konstruiert. Diese Gestalt ist im strengsten Sinne regelmäßig; aber weil sie noch nicht Prozeß an ihr selbst ist, so ist sie nur Regelmäßigkeit im ganzen, so daß die

Teile zusammen diese eine Form ausmachen. Es ist noch nicht organische Gestalt, die nicht mehr verständig ist; jene erste Form ist es noch, weil sie nicht subjektive Form ist. Im Organischen dagegen ist die Gestalt so beschaffen, daß an jedem Teile das Ganze der Gestalt zur Erscheinung kommt, nicht jeder Teil nur durchs Ganze verständlich ist. Beim Lebendigen ist daher jeder Punkt der Peripherie das Ganze, wie ich an jedem Teile meines Körpers empfinde. Hieraus folgt nun eben, daß die Gestalt des Organischen nicht auf geraden Linien und Flächen beruht, die nur der abstrakten Richtung des Ganzen angehören, nicht Totalitäten in sich sind. Sondern in der lebendigen Gestalt haben wir Kurven, weil jeder Teil einer Kurve nur durch das ganze Gesetz der Kurve begriffen werden kann, was bei jener verständigen Gestalt keinesweges der Fall ist. Die Rundung des Organischen ist aber nicht Kreis oder Kugel, denn diese sind selbst wieder verständige Kurven, weil die Beziehung aller Punkte der Peripherie auf das Zentrum selbst wieder die abstrakte Identität ist. Die krumme Linie, die wir beim Organischen haben, muß in sich selbst different sein, aber so, daß das Differente wieder der Gleichheit unterworfen ist. Die Linie des Lebendigen wäre hiernach die Ellipse, wo die Gleichheit der beiden Teile wieder eintritt, und zwar in jedem Sinne, sowohl in der Richtung der großen als in der der kleinen Achse. Näher ist dort die *Eilinie* herrschend, die diese Gleichheit nur in einer Richtung hat. *Möller** bemerkt daher sehr gut, daß alle organischen Formen, z. B. der Federn, der Flügel, des Kopfs, alle Linien des Gesichts, alle Gestalten der Pflanzenblätter, Insekten, Vögel, Fische usw. Modifikationen der Eilinie oder auch der Wellenlinie sind, die er deswegen auch die *Schönheitslinie* nennt. Im Unorganischen aber treten die krummen Linien noch nicht ein, sondern geometrisch regelmäßige Figuren mit sich entsprechenden gleichen Winkeln, wo alles durch den Fortgang an der Identität notwendig ist. So ein geheimes Linienziehen, Flächenbestimmen und Begrenzen durch parallele Winkel ist nun die Gestaltung.

Diese Gestalt haben wir jetzt weiter in ihren einzelnen *Bestimmungen* zu betrachten, deren drei zu unterscheiden sind: *erstens* die Abstraktionen der Gestalt, also eigentlich das Gestaltlose; *zweitens* das Strenge der Gestalt, die Gestalt im Prozesse, die werdende Gestalt, die Tätigkeit des Gestaltens, die Gestalt als noch nicht vollführt, – der Magnetismus; *drittens* die reale Gestalt, der Kristall.

* *Neue Zeitschrift für spekulative Physik*, herausgegeben von Schelling, Bd. I, St. 3 (1803), S. 42 ff. [N. J. Möller, »Über die Entstehung der Wärme durch Reibung«]

§ 311

Die α) *unmittelbare*, d. i. die als in sich *formlos* gesetzte Gestalt ist einerseits das Extrem *der Punktualität* der Sprödigkeit, andererseits das Extrem der sich *kugelnden* Flüssigkeit; – die Gestalt als innere Gestaltlosigkeit.

Zusatz. Die Bestimmungen der Form, als dieses inneren geometrisierenden Meisters, sind zuerst der Punkt, dann die Linie, die Oberfläche und zuletzt das ganze Volumen. Das Spröde ist das Pulvrige, Singulare, was wir schon gehabt haben als bloße Weise der Kohäsion; es ist das Körnige, wie es sich besonders in Platinkörnern zeigt. Diesem steht gegenüber das Kugelige, die allgemeine, sich rundende, alle Dimensionen in sich tilgende Flüssigkeit, welche somit zwar die ganze Ausführung nach allen drei Dimensionen, aber eine Totalität ohne Entwicklung der Bestimmtheit ist. Die Kugelgestalt ist die allgemeine Gestalt mit formeller Regelmäßigkeit, die freie schwebende Gestalt, die daher auch die freien Himmelskörper, als allgemeine Individuen, haben. Das Flüssige kugelt sich, weil seine Unbestimmtheit in sich macht, daß der Druck der Atmosphäre nach allen Seiten gleich ist; so ist die Determination der Gestalt nach allen Seiten gleich und noch keine Differenz darin gesetzt. Die Gestalt ist aber nicht nur so ein Abstraktes, sondern sie ist ein reales Prinzip, d. h. eine Totalität der Form, die real ist.

§ 312

β) Das Spröde, als *an sich* seiende Totalität der formierenden Individualität, schließt sich zum Unterschiede des Begriffs auf. Der Punkt geht zunächst in die Linie über, und die Form setzt sich an derselben in Extreme entgegen, welche als Momente kein eigenes Bestehen haben und nur durch ihre Beziehung, welche erscheinend ihre Mitte und der Indifferenzpunkt des Gegensatzes ist, gehalten sind. Dieser *Schluß* macht das *Prinzip der Gestaltung* in ihrer entwickelten Bestimmtheit aus und ist in dieser noch abstrakten Strenge der *Magnetismus*.

Der Magnetismus ist eine der Bestimmungen, die sich vornehmlich darbieten mußten, als der *Begriff* sich in der bestimmten Natur vermutete und die Idee einer *Naturphilosophie* faßte. Denn der Magnet stellt auf eine einfache naive Weise die Natur des Begriffes, und zwar in seiner entwickelten Form als Schluß (§ 181) dar. Die Pole sind die sinnlich existierenden Enden einer realen Linie (eines Stabes, oder auch in einem nach allen Dimensionen weiter ausgedehnten Körper); als Pole haben sie aber nicht die sinnliche, mechanische Realität, sondern eine ideelle; sie sind schlechthin untrennbar. Der Indifferenzpunkt, in welchem sie ihre Substanz haben, ist die Einheit, in der sie als Bestimmungen des Begriffs sind, so daß sie Sinn und Existenz allein in dieser Einheit haben, und die Polarität ist die Beziehung nur solcher Momente. Der Magnetismus hat außer der hierdurch gesetzten Bestimmung keine weitere besondere Eigenschaft. Daß die einzelne Magnetnadel sich nach *Norden* und damit in einem nach *Süden* richtet, ist Erscheinung des allgemeinen *Erdmagnetismus*. – Daß aber alle Körper magnetisch sind, hat einen schiefen Doppelsinn; der richtige ist, daß alle reelle, nicht bloß spröde Gestalt dieses Prinzip der Determination enthält; der unrichtige aber, daß alle Körper auch dieses Prinzip, wie es in seiner strengen *Abstraktion existiert*, d. i. als Magnetismus ist, an ihnen zur Erscheinung bringen. Eine Begriffsform so in der Natur vorhanden aufzeigen wollen, daß sie in der Bestimmtheit, wie sie als eine Abstraktion ist, *allgemein existieren* solle, wäre ein unphilosophischer Gedanke. Die Natur ist vielmehr die Idee im Elemente des Außereinander, so daß sie ebenso wie der Verstand die Begriffsmomente *zerstreut* festhält und in Realität darstellt, aber in den höheren Dingen die unterschiedenen Begriffsformen zur höchsten Konkretion in einem vereint (s. Anm. folg. §).

Zusatz. 1. Ineinssetzen des Kugeligen und Spröden gibt erst die reale Gestalt überhaupt; die unendliche Form, als Zentralität im Spröden gesetzt, setzt ihre Unterschiede, gibt ihnen ein Bestehen und hält sie doch in der Einheit. Der Raum ist zwar noch das Element ihres Daseins, aber der Begriff ist diese Einfachheit des Charakters, dieser Ton, der in seiner Entzweiung dies durchdringende Allgemeine bleibt, das, dem allgemeinen Insichsein der

Schwere entnommen, durch sich selbst die Substanz seiner Unterschiede ist oder ihr Dasein. Die nur innere Gestalt hatte noch nicht ihr Dasein an ihr selbst, sondern durch Zertrümmerung der Masse; die Bestimmung aber, die nun gesetzt wird, hat sie durch sich selbst. Dieses individualisierende Prinzip ist der Zweck, der sich in Realität übersetzt, aber noch different, noch nicht der vollendete Zweck ist. So äußert er sich nur als der Prozeß der beiden Prinzipien des Spröden und Flüssigen; die bestimmbare unbestimmte Flüssigkeit wird darin durch die Form befruchtet. Das ist das *Prinzip des Magnetismus,* der noch nicht zur Ruhe gekommene *Trieb der Gestaltung* oder die gestaltende Form noch als Trieb. Der Magnetismus ist also nur erst dies Subjektsein der Materie, das formale Dasein der Unterschiede in der Einheit des Subjekts, – die Kohäsion als die Tätigkeit, unterschiedene materielle Punkte unter die Form der Einheit zu bringen. Die Seiten des Magnetismus sind also noch schlechthin unter dem Eins des Subjekts gebunden; ihre Entgegensetzung ist noch nicht als Selbständigkeit vorhanden. Im spröden Punkte als solchem ist der Unterschied noch gar nicht gesetzt. Da wir aber jetzt die totale Individualität haben, die räumlich dasein soll und als konkret sich in Unterschiede setzen muß, so bezieht sich der Punkt nun auf einen Punkt und unterscheidet sich von ihm; das ist die Linie, noch nicht die Fläche oder die Totalität der drei Dimensionen, weil der Trieb noch nicht als Totalität existiert und auch die zwei Dimensionen unmittelbar in der Realität drei, die Oberfläche, werden. So haben wir die ganz abstrakte Räumlichkeit als Linearität; das ist die *erste* allgemeine Bestimmung. Die gerade Linie ist aber die natürliche – sozusagen die Linie als solche; denn bei der krummen Linie haben wir schon eine zweite Determination, so daß sogleich Fläche damit gesetzt wäre.

2. Wie *erscheint* der Magnetismus? Die Bewegungen, die hier vorhanden sind, darf man nur auf ideelle Weise fassen, denn die sinnliche Auffassungsweise verschwindet beim Magnetismus. Bei der sinnlichen Auffassung ist das Mannigfaltige nur äußerlich verbunden; dies findet freilich auch bei den zwei Polen und dem sie verbindenden Indifferenzpunkt statt. Das ist aber nur der *Magnet,* noch nicht der Magnetismus. Um festzustellen, was in diesem *Begriffe* enthalten ist, müssen wir die sinnliche Vorstellung von einem Magnetstein oder Eisen, das mit dem Steine bestrichen wird, zunächst ganz vergessen. Wir müssen dann aber auch die Erscheinungen des Magnetismus mit seinem Begriffe vergleichen, um zu sehen, ob sie demselben entsprechen. Hier werden die Differenten nicht auf eine äußerliche Weise identisch gesetzt, sondern sie setzen sich selbst identisch. Insofern ist die Bewegung

des Magneten aber allerdings noch eine äußerliche, insofern eben die Negativität noch nicht reale selbständige Seiten hat oder die Momente der Totalität noch nicht befreit sind, noch nicht differente Selbständige sich zueinander verhalten, der Mittelpunkt der Schwere noch nicht zersprengt ist; daher die Entwicklung der Momente noch als ein Äußerliches oder nur durch den – *an sich seienden* – Begriff gesetzt ist. Indem der spröde Punkt sich zu Unterschieden des Begriffs aufschließt, so haben wir die Pole. An der physikalischen Linie, die den Unterschied der Form in sich hat, sind sie die zwei lebendigen Enden, deren jedes so gesetzt ist, daß es nur ist in bezug auf sein Anderes und keinen Sinn hat, wenn das Andere nicht ist. Nur sie sind außereinander, beide sind das Negative gegeneinander; *zwischen* ihnen im Raume existiert dann *auch* ihre Einheit, wo ihr Gegensatz aufgehoben ist. Diese Polarität wird oft angewandt, rechts und links, wo sie gar nicht hingehört; denn heutzutage ist alles voller Polarität. Dieser physikalische Gegensatz ist nun nichts sinnlich Bestimmtes; den Nordpol z. B. kann man nicht abhauen. Haut man den Magneten entzwei, so ist jedes Stück wieder ein ganzer Magnet: der Nordpol entsteht unmittelbar wieder am zerbrochenen Stücke. Jedes ist das Setzende und Ausschließende des Anderen von sich; die Termini des Schlusses können nicht für sich, sondern nur in der Verbindung existieren. Wir sind so ganz im Felde des Übersinnlichen. Wenn einer meint, in der Natur sei der Gedanke nicht vorhanden, so kann man ihm denselben hier zeigen. Die Erscheinung des Magnetismus ist so für sich höchst frappant; aber noch wunderbarer wird sie, wenn man nun mit einigem Gedanken diese Erscheinung auffassen will. Der Magnetismus wurde so in der Naturphilosophie als ein Hauptanfang an die Spitze gestellt. Die Reflexion spricht zwar von magnetischer Materie, die aber selbst in der Erscheinung nicht vorhanden ist; es ist nichts Materielles, das da wirkt, sondern die reine immaterielle Form.

Bringen wir nun in die Nähe eines magnetisierten Eisenstabes, woran wir Nord- und Südpol unterscheiden, andere Stäbchen, die nicht magnetisch sind, so zeigt sich eine Bewegung, wenn sie nämlich frei sich bewegen können, nicht durch mechanische Gewalt zurückgehalten werden, also z. B. auf Nadeln ruhen usw. In diesem Falle verbindet sich das eine Ende des zweiten Stabes mit dem Nordpol des Magneten, das andere Ende wird dagegen davon repelliert; der zweite Stab ist dadurch selbst ein Magnet geworden, denn er hat eine magnetische Bestimmtheit erhalten. Doch beschränkt sich diese Bestimmtheit nicht auf die Endpunkte. An einen Magneten hängen sich Eisenspänchen bis an die Mitte; da wird aber ein gleichgültiger Punkt kommen, wo solche

Attraktion und *Repulsion* nicht mehr stattfindet. Man kann auf diese Weise *passiven* und *aktiven* Magnetismus unterscheiden; doch kann man als passiven Magnetismus auch dies bezeichnen, wenn die Wirkung auf unmagnetisches Eisen nicht erfolgt. Mit diesem Indifferenzpunkt wird jetzt ein freier Mittelpunkt gesetzt, wie wir früher den Mittelpunkt der Erde hatten. Wird ferner das zweite Stäbchen wieder weggebracht und an den anderen Pol des Magneten gebracht, so wird dasjenige Ende repelliert, was von dem ersten Pole attrahiert wurde, und umgekehrt. Hierin ist noch keine Bestimmung vorhanden, daß die Enden des Magneten an ihnen selbst entgegengesetzt seien; es ist der leere Unterschied des Raums, der kein Unterschied an ihm selbst ist, sowenig das eine Ende einer Linie überhaupt von dem andern sich unterscheidet. Vergleichen wir dann aber diese zwei Magneten mit der Erde, so haben sie mit dem einen Ende ungefähr die Richtung nach Norden, während das andere nach Süden gekehrt ist; und nun zeigt sich, daß die beiden Nordpole von zwei Magneten sich repellieren, ebenso die beiden Südpole, der Nordpol aber des einen und der Südpol des andern sich attrahieren. Die Richtung nach Norden ist von dem Sonnenlauf hergenommen und dem Magneten nicht eigentümlich. Weil sich ein einzelner Magnet mit seinem einen Ende nach Norden, mit dem andern nach Süden richtet, so haben die Chinesen ebenso Recht, zu sagen, der Magnet sehe nach Süden, als wenn wir behaupten, nach Norden; beides ist *eine* Determination. Und auch dies ist nur ein Verhältnis zweier Magneten zueinander, da der Magnetismus der Erde solchen Stab determiniert; nur müssen wir wissen, daß das, was wir an einem Magneten den Nordpol nennen (eine Nomenklatur, deren jetzt hin und wieder eingeführte Umkehrung viele Verwirrung macht), eigentlich der Natur der Sache nach der Südpol ist; denn der Südpol des Magneten nähert sich dem Nordpol der Erde. Diese Erscheinung ist die *ganze Theorie* des Magnetismus. Die Physiker sagen, man wisse noch nicht, was er sei, ob er ein Strömen sei usw. Alles das gehört zu jener Metaphysik, die vom Begriffe nicht anerkannt wird. Der Magnetismus ist nichts Geheimnisvolles.
Haben wir Stücke eines Magnetsteins, keine Linie, so fällt die Wirksamkeit des Triebes doch immer in eine ideelle Linie, welche die Achse ist. Bei einem solchen Stück, habe es nun die Form eines Würfels oder einer Kugel usw., können sich nun mehrere Achsen befinden; und auf diese Weise hat die Erde mehrere magnetische Achsen, deren keine unmittelbar mit der Achse der Bewegung zusammenfällt. Der Magnetismus wird an der Erde frei, weil sie nicht zum wahren Kristall kommt, sondern als das Gebärende der Individualität beim abstrakten sehnsüchtigen Triebe des Gestaltens

stehenbleibt. Weil die Erde nun so ein lebendiger Magnet ist, dessen Achse nicht an einen bestimmten Punkt fixiert ist, so ist die Richtung der Magnetnadel also wohl ungefähr die des wahren Meridians, aber der magnetische fällt nicht genau mit diesem zusammen; und das ist die *Deklination* der Magnetnadel nach Osten und Westen, die daher an verschiedenen Orten und Zeiten verschieden ist, – ein Oszillieren allgemeinerer Natur. Was überhaupt diese Beziehung der Magnetnadel auf eine solche Achse betrifft, so sind die Physiker darauf zurückgekommen, eine solche eiserne Stange oder, was dasselbe ist, eine solche bestimmte Existenz in der Richtung von Achsen aufzugeben. Sie haben gefunden, daß den Erfahrungen allein die Annahme eines Magneten im Mittelpunkt der Erde genug tue, der von unendlicher Intensität, aber ohne Extension sei, d. h. der gar nicht als eine solche Linie ist, die an einem Punkt stärker ist als an anderen; wie am magnetischen Eisen an den Polen der Eisenfeilstaub stärker attrahiert wird als an dem Mittelpunkte und von jenen bis zu diesem dies immer abnimmt. Sondern der Magnetismus ist dies ganz Allgemeine der Erde, die allenthalben der ganze Magnetismus ist. – Hieran schließen sich zwei *Nebenpunkte.*

3. An *welchen Körpern* der Magnetismus zur Erscheinung komme, ist der Philosophie vollkommen gleichgültig. Vorzüglich findet er sich am *Eisen,* aber auch am Nickel und Kobalt. *Richter*[32] wollte reinen Kobalt und Nickel darstellen und sagte, daß sie auch dann noch magnetisch seien. Andere behaupten, es sei dann immer noch Eisen darin, und darum allein seien diese Metalle magnetisch. Daß das Eisen nach seiner Kohäsion und inneren Kristallisation dieses ist, daß der Trieb des Gestaltens sich als solcher an ihm zeigt, geht den Begriff nichts an. Aber auch andere Metalle werden magnetisch, wenn sie eine besondere Temperatur haben; daß der Magnetismus an einem Körper erscheine, hängt also mit seiner Kohäsion zusammen. Überhaupt aber kann nur Metall magnetisierbar sein, denn es hat, ohne absolut spröde zu sein, die gediegene Kontinuität der einfachen spezifischen Schwere in sich, die eben diese abstrakte Gestalt ist, wie wir sie hier noch betrachten; die Metalle sind so Wärme- und magnetische Leiter. An Salzen und Erden kommt der Magnetismus als solcher nicht zum Vorschein, weil sie Neutrale sind, wo die Differenz paralysiert ist. Die Frage ist nun näher, welche Eigenschaften des Eisens gerade an ihm den Magnetismus vorzugsweise zur Erscheinung bringen. Die Kohäsion des Eisens ist darum fähig, den Trieb des Gestaltens als eine

32 Jeremias Benjamin Richter, 1762–1807, Bergassessor bei der Bergwerks- und Hüttenadministration in Berlin

Spannung an sich zu haben, ohne daß es zum Resultat komme, eben weil Sprödigkeit und Kontinuität bei diesem Metalle gewissermaßen in Gleichgewicht sind. Es kann von der ausgezeichnetsten Sprödigkeit bis zur größten Geschmeidigkeit gebracht werden und verbindet beide Extreme, gegen die gediegene Kontinuität der edlen Metalle. Der Magnetismus ist nun aber eben die *aufgeschlossene* Sprödigkeit, die die Eigentümlichkeit enthält, noch nicht zur Gediegenheit übergegangen zu sein. Das Eisen ist so der Wirksamkeit der Säuren viel *offener* als die Metalle von der höchsten spezifischen Schwere, wie Gold, die in ihrer gedrungenen Einheit nicht zum Unterschiede herausgehen. Umgekehrt hat es nicht die Schwierigkeit, sich in regulinischer Gestalt zu erhalten, wie die in bezug auf spezifische Schwere tieferstehenden Metalle, die sehr angreifbar durch Säuren, zerbröckelnd sind und weiterhin als Halbmetalle kaum in metallischer Gestalt sich erhalten können. Daß an Eisen Nord- und Südpol so ein distinktes Dasein außer dem Indifferenzpunkt haben, ist aber immer eine Naivität der Natur, die ihre abstrakten Momente ebenso abstrakt an einzelnen Dingen vorstellt. Der Magnetismus kommt auf diese Weise am Eisenerze zum Vorschein; der Magnet-Eisenstein scheint aber das Spezifische zu sein, woran sich der Magnetismus offenbart. – Mancher Magnet äußert zwar eine Wirkung auf die Nadel, aber ohne anderes Eisen zu magnetisieren; dieses fand *Humboldt* bei einem Serpentingebirge im Bayreuthischen. In der Grube ist jeder des Magnetismus fähige Körper, selbst der Magnetstein, noch nicht magnetisch, sondern erst, wenn sie an den Tag gefördert werden; es gehört so die Erregung des Lichts in der Atmosphäre dazu, damit die Differenz und Spannung gesetzt werde.*

4. Es fragt sich deshalb noch, unter welchen *Umständen* und *Bedingungen* der Magnetismus zur Erscheinung komme. Wird das Eisen im Glühen flüssig gemacht, so verliert es seinen Magnetismus; ebenso ist Eisenkalk, wo das Eisen völlig oxydiert worden, nicht magnetisch, weil da die Kohäsion des regulinischen Metalls gänzlich zerstört worden. Schmieden, Hämmern usf. bringt ebenso Verschiedenheiten herein. Während das geschmiedete Eisen den Magnetismus sehr leicht annimmt und ebenso schnell wieder verliert, nimmt der Stahl, worin das Eisen einen erdigen, kernigen

* Spix und Martius' *Reisen*[33], Bd. I, S. 65: »Die Erscheinungen der magnetischen Polarität waren an dieser Wacke« (in Madeira) »deutlicher als an dem tiefer gelagerten Basalt« – aus derselbigen Ursache, weil nämlich das höherliegende Gestein mehr vom Boden isoliert ist (vgl. *Edinburgh philos. Journ.* 1821, p. 221).

---

33 siehe Fn. 30, S. 186

Bruch bekommt, ihn viel schwerer auf, hält ihn aber dauernd fester, was der größeren Sprödigkeit des Stahls zugeschrieben werden kann. Im Hervorbringen des Magnetismus zeigt sich so die Beweglichkeit dieser Eigenschaften; er ist gar nicht fest, sondern verschwindend und kommend. Das bloße Streichen macht das Eisen schon magnetisch, und zwar an beiden Polen; es muß aber in der Richtung des Meridians gestrichen werden. Jedes Schlagen, Klopfen in freier Hand, jedes Erschüttern in der Luft macht ebenfalls magnetisch. Das Erzittern der Kohäsion setzt eine Spannung, und diese ist der Trieb, sich zu gestalten. Auch Eisenstangen, die bloß lange in freier Luft aufrechtgehalten werden, werden magnetisch; ebenso bekommen eiserne Öfen, eiserne Kreuze auf Kirchen, Wetterfahnen, überhaupt jeder eiserne Körper leicht eine magnetische Determination in sich, und es gehören nur schwache Magneten dazu, damit sich der Magnetismus dieser Körper offenbare. Man hat sogar bei Versuchen die größte Not nur damit, magnetfreies Eisen sich zu machen und es so zu erhalten; es kann nur durch Glühendmachen geschehen. – Wenn nun so ein Stab bestrichen wird, so tritt ein Punkt ein, wo der eine Pol unmagnetisch ist; und ebenso ist auf der andern Seite der andere Pol an einem gewissen Punkte unwirksam. Das sind die *zwei Indifferenzpunkte Brugmans'*[34], die verschieden sind von dem allgemeinen Indifferenzpunkt, der auch nicht ganz in die Mitte fällt. Will man nun an jenen Punkten etwa auch einen *latenten* Magnetismus annehmen? Den Punkt, wo die Wirkung jedes Pols am stärksten ist, nannte *van Swinden*[35] den *Kulminationspunkt.*

Ist ein unmagnetisiertes Eisenstäbchen, auf eine Nadel gestützt, durch das Gleichgewicht seiner Enden horizontal, so sinkt nach eingetretenem Magnetismus die eine Seite sogleich tiefer herunter (§ 293 Anm.): im Norden der Erde das nördliche Ende, im Süden das südliche, und zwar um so mehr, je größer die Breite ist, d. h. je näher der geographische Ort den Polen liegt. Macht die Magnetnadel endlich am magnetischen Pole einen rechten Winkel mit der Linie des magnetischen Meridians, so stellt sie sich senkrecht, d. h. sie wird eine gerade Linie, die zur reinen Spezifikation und Entfernung von der Erde kommt. Das ist die *Inklination,* die so nach Ort und Zeit verschieden ist; *Parry*[36], bei seiner Nordpol-Expedition, empfand dies schon so stark, daß er die Magnetnadel

---

34 Anton Brugmans, 1732–1789, holländischer Philosoph und Naturwissenschaftler

35 Jan Hendrik van Swinden, 1740–1823, holländischer Physiker und Philosoph

36 vgl. Fn. 18, S. 180

gar nicht mehr brauchen konnte. Die Inklination zeigt den Magnetismus als Schwere, und zwar auf merkwürdigere Weise als durch das Anziehen des Eisens. Der Magnetismus, als Masse und als Hebel vorgestellt, hat einen Schwerpunkt, dessen nach den Seiten fallende Massen, obgleich in freiem Gleichgewicht, dennoch, weil sie spezifiziert sind, eine schwerer als die andere ist. Die spezifische Schwere ist auf die naivste Weise hier gesetzt; sie wird nicht verändert, sondern nur anders determiniert. Die Erdachse hat ebenso eine Inklination gegen die Sonnenbahn; doch gehört dies eigentlich der Bestimmung der himmlischen Sphären an.
Auf die wahrhafte Weise aber tritt an der ganzen Erde das Spezifische und Allgemeine so auseinander, daß bestimmte Massen an verschiedenen Orten im Pendel verschiedene Kraft haben, an den Polen die spezifische Schwere derselben größer ist als unter dem Äquator; denn sie zeigen, als dieselben Massen sich verschieden zu verhalten. Miteinander können Körper hierin nur insofern verglichen werden, als sie ihre Massenkraft als Kraft der Bewegung darstellen, die als das Freie sich gleichbleibt und das Beständige ist. Indem in dem Pendel die Größe der Masse als bewegende Kraft eintritt, so muß an ihm dieselbe Masse stärkere Bewegungskraft haben, je näher den Polen zu. Zentripetal- und Zentrifugalkraft sollen, wegen der Umdrehung der Erde, auseinandertreten; aber es ist gleichgültig zu sagen, der Körper habe eine größere Zentrifugalkraft, entfliehe mit mehr Kraft der Richtung des Falls, oder er falle stärker, denn es ist gleich, welches Fallen oder Werfen heißen soll. Ist nun wohl die Schwerkraft bei gleicher Höhe und Masse auch immer dieselbe, so wird doch beim Pendel diese Kraft selbst bestimmt; oder es ist, als ob der Körper von einer größeren oder niederen Höhe fiele. Also ist auch der Unterschied bei der verschiedenen Größe der Pendelbewegung unter verschiedenen Breiten eine Spezifikation der Schwere selbst (s. § 270 Anm. S. 91 und Zus. S. 99 f.).

§ 313

Insofern diese sich auf sich beziehende Form zunächst in dieser *abstrakten* Bestimmung, Identität der *bestehenden* Differenzen zu sein, existiert, also noch nicht in der totalen Gestalt zum Produkte geworden und paralysiert ist, ist sie als *Tätigkeit*, und zwar in der Sphäre der Gestalt die immanente Tätigkeit des freien *Mechanismus*, nämlich die *örtlichen* Verhältnisse zu bestimmen.

Es ist hier ein Wort über die in jetziger Zeit so anerkannte und in der Physik sogar fundamental gewordene *Identität* von Magnetismus, Elektrizität und Chemismus zu sagen. Der *Gegensatz* der Form im individuellen Materiellen geht auch dazu fort, sich zum realeren, *elektrischen*, und zu dem noch realeren, dem *chemischen* Gegensatze zu bestimmen. Allen diesen besonderen Formen liegt eine und dieselbe allgemeine Totalität der Form als ihre Substanz zum Grunde. Ferner sind Elektrizität und Chemismus als Prozesse Tätigkeiten vom reelleren, physisch weiter bestimmten Gegensatze; aber außerdem enthalten diese Prozesse vor allem Veränderungen in den Verhältnissen der materiellen Räumlichkeit. Nach dieser Seite, daß diese konkrete Tätigkeit zugleich mechanisierende Bestimmung ist, ist sie *an sich* magnetische Tätigkeit. Inwiefern sie als solche auch innerhalb dieser konkreteren Prozesse zur *Erscheinung* gebracht werden kann, sind die empirischen Bedingungen hiervon in neueren Zeiten gefunden worden. Es ist daher für einen wesentlichen Fortschritt der empirischen Wissenschaft zu achten, daß die Identität dieser Erscheinungen in der Vorstellung anerkannt worden ist, welche Elektro-Chemismus, oder etwa auch Magneto-Elektro-Chemismus oder wie sonst, genannt wird. Allein die *besonderen* Formen, in welchen die allgemeine existiert, und deren *besondere Erscheinungen* sind auch ebenso wesentlich *voneinander zu unterscheiden*. Der Name Magnetismus ist darum für die ausdrückliche Form und deren Erscheinung als in der Sphäre der Gestalt als solcher, sich nur auf *Raumbestimmungen*[37] beziehend, aufzubehalten, so wie der Name Elektrizität gleichfalls für die damit ausdrücklich bezeichneten Erscheinungsbestimmungen. Früher ist Magnetismus, Elektrizität und Chemismus gänzlich abgesondert, ohne Zusammenhang miteinander, jedes als eine selbständige Kraft betrachtet worden. Die Philosophie hat die Idee ihrer *Identität, aber*

37 BCW: »Raumbestimmen«

mit ausdrücklichem *Vorbehalt* ihres *Unterschiedes* gefaßt; in den neuesten Vorstellungsweisen der Physik scheint auf das Extrem der *Identität* dieser Erscheinungen übergesprungen worden und die Not zu sein, daß und wie sie zugleich auseinanderzuhalten seien. Die Schwierigkeit liegt in dem Bedürfnis, beides zu vereinigen; gelöst ist sie allein in der Natur des Begriffes, aber nicht in der Identität, die eine Konfusion der Namen in einem Magneto-Elektro-Chemismus ist.

Zusatz. Das *Zweite* zur Linearität des Magnetismus (vorh. § Zus., 1.) ist die Frage nach den *Bestimmtheiten dieser Tätigkeit.* Weil wir noch kein spezifisches Bestimmtsein der Materie haben, sondern nur Verhältnisse ihrer Räumlichkeit, so kann die Veränderung nur *Bewegung* sein; denn Bewegung ist eben diese Veränderung des Räumlichen in der Zeit. Das Weitere ist aber, daß diese Tätigkeit ein materielles *Substrat* haben muß, das sie trägt, weil sie eben in die Materie versenkt ist, ohne schon zur Verwirklichung zu kommen; denn die Form ist im Substrate nur als die Richtung einer geraden Linie. Im Lebendigen wird die Materie dagegen durch die Lebendigkeit selbst bestimmt. Auch hier ist zwar die Bestimmtheit eine *immanente,* die indessen nur unmittelbar das Schwere bestimmt, noch ohne weitere physikalische Bestimmung. Die Tätigkeit drängt sich aber in die Materie hinein, und zwar ohne ihr durch einen äußerlich mechanischen Anstoß mitgeteilt zu sein; als die der Materie immanente *Form* ist sie materialisierte und materialisierende Tätigkeit. Und weil diese Bewegung nicht unbestimmt, sondern vielmehr bestimmt ist, so ist sie entweder *Annähern* oder *Entfernen.* Der Magnetismus ist jedoch von der Schwere verschieden, indem er das Körperliche einer ganz anderen Richtung als der vertikalen der Schwere unterwirft; seine Wirksamkeit ist eben eine solche Determination, daß Eisenfeilstaub nicht an den Ort hinfällt oder da liegenbleibt, wo er der bloßen Schwere nach hinfallen würde. Diese Bewegung ist nun nicht rotatorisch, in einer Kurve, wie die der himmlischen Körper, die daher *weder* anziehend *noch* abstoßend ist. Solche Kurve ist darum in *einem* Annäherung und Entfernung; daher dort auch Attraktion und Repulsion nicht zu scheiden waren. Hier existieren aber diese beiden Bewegungen, *geschieden,* als Annäherung und Entfernung, weil wir in der endlichen, individualisierten Materie sind, wo die Momente, die im Begriffe enthalten sind, frei werden sollen; und gegen ihren Unterschied tritt auch ihre Einheit hervor, aber sie sind nur an sich identisch. Das Allgemeine derselben ist die *Ruhe*, und diese Ruhe ist das Indifferente derselben; denn zu ihrer Abscheidung, daß bestimmte Bewegung vorhanden sei, gehört der Ruhepunkt. Der Gegensatz aber in der Bewegung selbst ist ein Gegensatz der Wirksamkeit im Geradlinigen; denn es ist nur diese einfache Bestimmtheit vorhanden, Entfernen und Annähern in derselben Linie. Die beiden Bestimmungen können nicht abwechseln oder an zwei Seiten verteilt sein, sondern sind immer zugleich; denn wir sind nicht in der Zeit, sondern im Räumlichen. Es muß also derselbe Körper sein, der, indem er als angezogen, eben damit zugleich als abgestoßen bestimmt wird. Der Körper nähert sich einem gewissen Punkte, und indem er dies tut, wird ihm etwas mitgeteilt; er wird selbst bestimmt, und indem er so bestimmt wird, muß er zugleich von der andern Seite sich bewegen.

Die Beziehung der Elektrizität auf den Magnetismus hat man besonders darin gesehen, wie sie sich in der galvanischen Voltaschen Säule darstellt. So hat sich diese Beziehung auch in der Erscheinung gezeigt, nachdem der Gedanke sie schon längst erfaßt hatte; wie denn überhaupt eben dies das Geschäft des Physikers ist, die Identität der Begriffe als Identität der Erscheinungen aufzusuchen und darzustellen. Die Philosophie faßt diese Identität aber nicht oberflächlicherweise als eine abstrakte, so daß Magnetismus, Elektrizität und Chemismus ganz dasselbige seien. Die Philosophie hatte längst gesagt: Magnetismus ist das Prinzip der Form, und Elektrizität und chemischer Prozeß [sind] nur andere Formen dieses Prinzips. Früher war der Magnetismus isoliert, stand nur hinten an, und man sah durchaus nicht ein, was ohne ihn dem Natursystem abgehen würde, – höchstens den Schiffern. Der Zusammenhang desselben mit dem Chemismus und der Elektrizität liegt im Bisherigen. Der Chemismus ist die Totalität, worin die Körper nach ihrer spezifischen Besonderheit eingehen; der Magnetismus ist aber nur räumlich. Doch zeigen sich unter gewissen Umständen die magnetischen Pole auch elektrisch und chemisch verschieden; oder umgekehrt: durch den galvanischen Prozeß wird leicht Magnetismus erzeugt, indem die geschlossene Kette für den Magnetismus sehr empfindlich wirkt. In der elektrischen galvanischen Tätigkeit, im chemischen Prozeß ist die Differenz gesetzt; es ist ein Prozeß von physikalischen Gegensätzen. Es liegt nun ganz nahe, daß diese konkreten Gegensätze auch auf der niedrigeren Stufe des Magnetismus zum Vorschein kommen. Der elektrische Prozeß ist eben auch Bewegung; er ist aber noch weiter ein Kampf von physikalischen Gegensätzen. In der Elektrizität sind ferner die beiden Pole frei, im Magnetismus nicht; in der Elektrizität sind sie daher besondere Körper gegeneinander, so daß in ihr

die Polarität eine ganz andere Existenz als nur die lineare des Magneten hat. Werden aber metallische Körper durch den elektrischen Prozeß in Bewegung gesetzt, ohne daß bei ihnen schon physikalische Bestimmungen vorhanden sind, so zeigen solche nach ihrer Weise den Prozeß an ihnen; diese Weise ist die bloße Tätigkeit des Bewegens, und das ist dann der Magnetismus. Es ist also zu sehen, welches das magnetische Moment, welches das elektrische usw. in jeder Erscheinung ist. Man hat gesagt, alle elektrische Tätigkeit ist Magnetismus; er sei die Grundkraft, daß Differente sind, auch außereinander bleiben, aber schlechthin aufeinander bezogen werden. Das tritt allerdings auch beim elektrischen und chemischen Prozesse, nur auf konkretere Weise ein als beim Magnetismus. Der chemische Prozeß ist der Gestaltungsprozeß der real individualisierten Materie. Der Trieb des Gestaltens ist also selbst Moment des Chemismus, und dieses Moment wird frei vornehmlich in der galvanischen Kette, wo Spannung im ganzen vorhanden ist, die aber nicht, wie beim Chemischen, ins Produkt übergeht. Diese Spannung ist an die Extreme zusammengenommen, und so zeigt sich hier eine Einwirkung auf den Magneten.
Interessant ist dann dabei auch noch dieses, daß diese Tätigkeit des galvanischen Prozesses, wenn sie einen magnetisch bestimmten Körper in Bewegung setzt, diesen *deklinieren* läßt. Da ergibt sich der Gegensatz, daß der Magnet entweder nach Osten oder nach Westen dekliniert, wie der Süd- und Nordpol dekliniert. Sinnreich ist in dieser Rücksicht meines Kollegen, Professor P. *Ermans*[38] Apparat, nämlich eine galvanische Kette freischwebend zu machen. Ein Streifen Pappe oder Fischbein wird so geschnitten, daß an dem einen seiner Enden (oder auch in der Mitte?) ein kupfernes oder silbernes Becherchen angebracht werden kann. Dies wird mit Säure gefüllt, ein Streifen oder Draht Zink in die Säure gesteckt und um den Streifen Fischbein herumgezogen, bis zum andern Ende und von da bis an die äußere Seite des Bechers. So entsteht galvanische Tätigkeit. Dies Ganze, an einen Faden aufgehängt, kann gegen die Pole eines Magneten hingebracht werden, wobei nun dieser bewegliche Apparat different gesetzt wird. Diese aufgehängte galvanische Batterie, welche sich bewegt, nennt *Erman* Rotationskette. Der +E-Draht ist gerichtet von Süden nach Norden. Er sagt nun: »Man nähere dem nördlichen Ende des Apparats den Nordpol eines Magneten von der östlichen Seite her, so *wird dieses Ende abgestoßen*; nähert man aber denselben Nord-

38 Paul Erman, 1764–1851, seit 1810 Professor der Physik an der Berliner Universität; *Umrisse zu den physischen Verhältnissen des von Oersted entdeckten elektrochemischen Magnetismus*, Berlin 1820

pol von der westlichen Seite her, so wird eine Anziehung stattfinden. Der totale Erfolg ist derselbe in beiden Fällen; denn angezogen oder abgestoßen läuft die Rotationskette vor dem außerhalb ihres Bogens angebrachten Nordpol eines Magneten immer westlich, d. h. von der Linken zur Rechten, wenn sie früher in der Stellung von Süd-Nord ruhte. Der Südpol eines Magneten bringt die entgegengesetzte Wirkung hervor.« Die chemische Polarität kreuzt sich hier mit der magnetischen; diese ist *Nord-Süd-Polarität*, jene *Ost-West-Polarität*; die letztere erhält an der Erde eine Bedeutung von größerem Umfange. Auch hier kommt die Flüchtigkeit der magnetischen Bestimmtheit zum Vorschein. Wird der Magnet bei der galvanischen Kette oben gehalten, so ist die Determination ganz anders, als wenn er in der Mitte gehalten wird; sie kehrt sich nämlich ganz um.

§ 314

Die Tätigkeit der Form ist keine andere als die des Begriffs überhaupt, *das Identische different* und *das Differente identisch* zu setzen, hier also in der Sphäre der materiellen Räumlichkeit das im Raume Identische different zu setzen, d. i. es von sich zu entfernen (*abzustoßen*), und das im Raume *Differente* identisch zu setzen, d. i. es zu nähern und zur Berührung zu bringen (*anzuziehen*). Diese Tätigkeit, da sie in einem Materiellen, aber noch *abstrakt* (und nur als solche ist sie Magnetismus) existiert, beseelt sie nur ein *Lineares* (§ 256). In solchem können die beiden Bestimmungen der Form nur an seinem Unterschiede, d. i. an den beiden Enden, geschieden hervortreten, und ihr tätiger, magnetischer Unterschied besteht nur darin, daß das eine Ende (der eine *Pol*) *dasselbe* – ein Drittes – mit sich identisch setzt, was das andere (der andere *Pol*) von sich entfernt.

Das Gesetz des Magnetismus wird so ausgesprochen, daß die *gleichnamigen* Pole sich abstoßen und die *ungleichnamigen* sich anziehen, die gleichnamigen *feindschaftlich*, die ungleichnamigen aber *freundschaftlich* sind. Für die Gleichnamigkeit ist jedoch keine andere Bestimmung vorhanden, als daß diejenigen gleichnamige sind, welche gleicherweise von einem Dritten beide angezogen oder beide abgestoßen werden. Dies Dritte aber hat ebenso seine Determination allein darin, jene Gleichnamigen oder überhaupt ein Anderes entweder abzustoßen oder anzuziehen. Alle Bestimmungen sind durchaus nur *relativ*, ohne verschiedene sinnliche, gleichgültige Existenz; es ist oben (Anm. § 312) bemerkt worden, daß so etwas wie Norden und Süden keine solche ursprüngliche, erste oder unmittelbare Bestimmung enthält. Die *Freundschaftlichkeit* des *Ungleichnamigen* und die *Feindschaftlichkeit* des *Gleichnamigen* sind hiermit überhaupt nicht eine folgende oder noch besondere Erscheinung an einem vorausgesetzten, einem eigentümlich schon bestimmten Magnetismus, sondern drücken nichts anderes als die Natur des Magnetismus selbst aus und damit die reine Natur des Begriffs, wenn er in dieser Sphäre als Tätigkeit gesetzt ist.

Zusatz. Eine *dritte* Frage ist also hier weiter: *Was* wird angenähert und entfernt? Der Magnetismus ist diese Diremtion, aber man sieht es ihm noch nicht an. Indem etwas mit einem Anderen, das noch gleichgültig ist, in Beziehung gesetzt wird, so leidet das Zweite vom einen Extreme des Ersten das eine, vom andern das andere. Die Infektion besteht darin, zum Gegenteil des Ersten gemacht zu werden, um erst als Anderes (und zwar durch das Erste als Anderes gesetzt) von ihm identisch gesetzt zu werden. Die Wirksamkeit der Form bestimmt es also erst als Entgegengesetztes; so ist die Form als existierender Prozeß gegen das Andere. Die Tätigkeit verhält sich zu einem Anderen, setzt es sich entgegen. Das Andere war zunächst nur in der Vergleichung für uns ein Anderes; jetzt ist es der Form [nach] als Anderes bestimmt und dann identisch gesetzt. Umgekehrt an der andern Seite ist die entgegengesetzte Seite der Bestimmung. Indem das Zweite, welchem auch lineare Wirksamkeit mitgeteilt zu sein angenommen werden muß, nach der einen Seite als Entgegengesetztes infiziert ist, so ist sein anderes Extrem unmittelbar identisch mit dem ersten Extrem des Ersten. Wird nun dies zweite Extrem der zweiten materiellen Linie mit dem ersten Extrem der ersten in Berührung gebracht, so ist es mit diesem Extrem identisch, und darum wird es entfernt. Wie die sinnliche Auffassung, so verschwindet beim Magnetismus auch die verständige. Denn dem Verstande ist das Identische identisch, das Differente different, oder doch: nach *welcher* Seite zwei Dinge identisch sind, nach der

sind sie nicht different; aber im Magnetismus ist gerade dies vorhanden, daß, gerade insofern das Identische identisch ist, es sich insofern different setzt, und gerade insofern das Differente different ist, es sich insofern identisch setzt. Der Unterschied ist dies, er selbst und sein Gegenteil zu sein. Das Identische in beiden Polen setzt sich different, und das Differente in beiden setzt sich identisch; und das ist der klare tätige Begriff, der aber noch nicht realisiert ist.
Dies ist die Wirksamkeit der *totalen* Form, als das Identischsetzen des Entgegengesetzten, – die konkrete Wirksamkeit gegen die abstrakte Wirksamkeit der Schwere, wo beide schon an sich identisch sind. Die Tätigkeit des Magnetismus besteht dagegen darin, das Andere erst zu infizieren, schwer zu machen. Die Schwere ist so nicht tätig wie der Magnetismus, obgleich sie Attraktion hat, weil die Attrahierenden schon an sich identisch sind; hier aber wird das Andere erst dazu gemacht, zu attrahieren und attrahiert zu werden, – und erst so ist die Form tätig. Das Anziehen ist eben *Machen*, daß das Andere ebensogut selbst geht als das Machende.
Zu den Extremen der Subjektivität, die sich auf einem Punkt hält, und des Flüssigen, welches nur als Kontinuum ist, aber vollkommen undeterminiert in sich, macht nun der Magnetismus die *Mitte*, das abstrakte Freiwerden der Form, die im Kristall zum materiellen Produkte kommt, wie es sich z. B. schon in der *Eisnadel* zeigt. Als diese freie dialektische Tätigkeit, die als solche perenniert, ist der Magnetismus auch die *Mitte* zwischen Ansichsein und Sich-realisiert-Haben. Es ist die Ohnmacht der Natur, im Magnetismus die bewegende Tätigkeit zu vereinzeln; es ist dann aber die Macht des Gedankens, so etwas zum Ganzen zu verbinden.

§ 315

γ) Die Tätigkeit, in ihr Produkt übergegangen, ist die *Gestalt* und bestimmt als *Kristall*. In dieser Totalität sind die differenten magnetischen Pole zur Neutralität reduziert, die abstrakte Linearität der ortbestimmenden Tätigkeit zur Fläche und Oberfläche des ganzen Körpers realisiert; näher die spröde Punktualität einerseits zur entwickelten Form erweitert, andererseits aber die formelle Erweiterung der Kugel zur Begrenzung reduziert. Es wirkt die *eine* Form, den Körper nach außen (die Kugel begrenzend) und (die Punktualität gestaltend) seine innere Kontinuität *durch und durch* (Durchgang der Blätter, Kerngestalt) zu kristallisieren.

Zusatz. Das Dritte erst ist die Gestalt, als die Einheit des Magnetismus und der Kugelgestalt; das noch immaterielle Bestimmen wird materiell, und so ist die unruhige Tätigkeit des Magnetismus zur vollkommenen Ruhe gelangt. Hier ist kein Entfernen und Annähern mehr; sondern alles ist hier an seinen Ort gestellt. Der Magnetismus geht zuerst in die allgemeine Selbständigkeit, den Kristall der Erde, – die Linie in den ganzen runden Raum über. Der individuelle Kristall ist aber, als realer Magnetismus, diese Totalität, worin der Trieb erloschen und die Gegensätze zur Form der Gleichgültigkeit neutralisiert sind; der Magnetismus drückt dann seine Differenz als Bestimmung der Oberfläche aus. So haben wir nicht mehr innere Gestalt, die, um dazusein, eines Anderen bedürfte, sondern durch sich selbst da ist. Alle Gestaltung hat den Magnetismus in sich; denn sie ist eine völlige Begrenzung im Raume, die vom immanenten Triebe, dem *Werkmeister* der Form, gesetzt ist. Es ist dies eine sprachlose Regsamkeit der Natur, die zeitlos ihre Dimensionen darlegt, – das eigene Lebensprinzip der Natur, das tatlos sich exponiert und von dessen Gebilden man nur sagen kann, daß sie da sind. Das Prinzip ist in der flüssigen Rundung allenthalben, es ist kein Widerstand für es darin; es ist das stille, alle die gleichgültigen Teile des Ganzen beziehende Formieren. Weil der Magnetismus aber im Kristall befriedigt ist, so ist er darin nicht als solcher vorhanden; die untrennbaren Seiten des Magnetismus, die hier, in die gleichgültige Flüssigkeit ergossen, zugleich ein bestehendes Dasein haben, sind das Bilden, das an dieser Gleichgültigkeit erstirbt. Es ist also richtig, wenn man in der Naturphilosophie sagt, der Magnetismus sei eine ganz allgemeine Bestimmung; es ist aber schief, wenn man noch den Magnetismus als Magnetismus in der Gestalt aufzeigen will. Die Determination des Magnetismus als des abstrakten Triebes ist noch linear; als vollführt ist er nach allen Dimensionen das die räumliche Begrenzung Bestimmende; die Gestalt ist eine nach allen Dimensionen ausgedehnte ruhige Materie, – die Neutralität der unendlichen Form und der Materialität. Es zeigt sich also hier die Herrschaft der Form über die ganze mechanische Masse. Freilich bleibt der Körper immer noch schwer gegen die Erde; dieses erste substantielle Verhältnis ist noch erhalten. Aber selbst der Mensch, der Geist ist – das absolut Leichte –, ist noch schwer. Der Zusammenhang der Teile ist indessen jetzt durch ein von der Schwere unabhängiges Prinzip der Form von innen heraus bestimmt. Es ist daher die Zweckmäßigkeit der Natur selbst hier zuerst vorhanden:

eine Beziehung des verschiedenen Gleichgültigen als die Notwendigkeit, deren Momente ruhiges Dasein haben, oder das Insichsein, das da ist, – ein verständiges Tun der Natur durch sich selbst. Zweckmäßigkeit ist also nicht bloß ein Verstand, der von außen der Materie eine Form gibt. Die vorhergehenden Formen sind noch nicht zweckmäßig, – nur ein Dasein, das als Dasein nicht seine Beziehung auf Anderes an ihm selbst hat. Der Magnet ist noch nicht zweckmäßig; denn seine Entzweiten sind noch nicht gleichgültig, sondern nur rein Notwendige füreinander. Hier aber ist eine Einheit Gleichgültiger oder solcher, deren Dasein in seiner Beziehung frei voneinander ist. Die Linien des Kristalls sind diese Gleichgültigkeit; es kann eine von der andern getrennt werden, und sie bleiben; aber sie haben schlechthin Bedeutung nur in Beziehung aufeinander, – der Zweck ist diese ihre Einheit und Bedeutung.

Indem der Kristall aber dieser ruhige Zweck ist, so ist die Bewegung ein anderes als sein Zweck; der Zweck ist noch nicht als Zeit. Die getrennten Stücke bleiben gleichgültig liegen; die Spitzen des Kristalls können abgebrochen werden, und dann hat man jede einzeln. Beim Magnetismus ist dies nun nicht der Fall; nannte man also auch die Spitzen an einem Kristall Pole, indem diese Gegensätze durch eine subjektive Form bestimmt sind, so bleibt dies immer eine uneigentliche Weise der Benennung. Denn hier sind die Unterschiede zu einem ruhigen Bestehen gekommen. Indem die Gestalt so das Gleichgewicht Differenter ist, so hat sie diese Differenzen auch an ihr zu zeigen; der Kristall hat insofern das Moment an ihm, für ein Fremdes zu sein und in der Zertrümmerung seiner Masse seinen Charakter zu zeigen. Die Gestalt muß damit aber weiter auch selbst unter die Differenz treten und die Einheit dieser Differenten sein; der Kristall hat ebensowohl eine *innere* als eine *äußere* Gestalt, als zwei Ganze der Form. Diese gedoppelte Geometrie, diese Doppelgestaltung ist gleichsam Begriff und Realität, Seele und Leib. Das Wachstum des Kristalls geht schichtenweise vor sich; aber der *Bruch* geht durch alle Schichten hindurch. Die innere Determination der Form ist nicht mehr bloße Determination der Kohäsion, sondern alle Teile gehören dieser Form an; die Materie ist durch und durch kristallisiert. Der Kristall ist ebenso nach außen abgeschlossen und regelmäßig abgeschlossen in einer Einheit, die in sich dirimiert ist. Die Flächen sind vollkommen spiegelglatt; es sind Kanten, Winkel daran in einfach regelmäßiger Gestalt von gleichseitigen Prismen usf., bis zu einer äußeren Unregelmäßigkeit, worin aber noch ein Gesetz zu erkennen ist. Es gibt freilich feinkörnige, erdige Kristalle, wo die Gestalt mehr an der Oberfläche ist; die Erdigkeit ist eben als Punktualität die

Gestalt des Gestaltlosen. Reine Kristalle aber, wie z. B. Kalkspat, zeigen in ihren kleinsten Teilen ihre innere, vorher ganz unsichtbare Gestalt, wenn sie so zerschlagen werden, daß sie die Freiheit haben, nach der inneren Form zu zerspringen. So haben große Bergkristalle, drei Fuß lang und einen Fuß dick, auf dem Gotthard und der Insel Madagaskar gefunden, immer noch ihre sechseckige Gestalt. Diese Kerngestalt, die durchgängig ist, setzt vornehmlich in Verwunderung. Zerschlägt man Kalkspat, der eine rhomboidalische Gestalt hat, so sind die Stücke vollkommen regelmäßig, und wenn die Brüche nach der inneren Anlage geschehen, so sind alle Flächen Spiegel. Zerbricht man immer weiter, so zeigt sich immer dasselbe; die ideelle Form, die das Seelenhafte ist, durchdringt allgegenwärtig das Ganze. Diese innere Gestalt ist jetzt Totalität; denn während in der Kohäsion die eine Determination, Punkt, Linie oder Fläche, das Herrschende war, sind jetzt die Gestalten nach allen drei Dimensionen gebildet. Dies, was man sonst nach *Werner*[39] Durchgänge der Blätter nannte, heißt jetzt Bruch- oder Kerngestalten. Der Kristall hat seinen Kern selbst als einen Kristall, die innere Gestalt als ein Ganzes der Dimensionen. Die Kerngestalt kann verschieden sein; es gibt Abstufungen von der Blättergestalt, in platten, konvexen Blättern, bis zur ganz bestimmten Kerngestalt. Der Diamant ist ebenso äußerlich kristallisiert in doppelt vierseitigen Pyramiden und, obgleich im höchsten Grade klar, doch auch innerlich kristallisiert. Er löst sich in Lamellen ab; wenn man ihn schleifen will, so ist es schwer, Spitzen hervorzubringen; man weiß ihn aber so zu schlagen, daß er nach der Natur des Durchgangs der Blätter springt, und seine Flächen sind dann durchaus spiegelglatt. *Haüy*[40] hat vornehmlich die Kristalle nach ihren Formen *beschrieben*, und nach ihm haben andere mehreres hinzugefügt.

Den Zusammenhang der inneren (*forme primitive*) mit der äußeren Form (*secondaire*) zu finden, die Ableitung der letzteren aus der ersten, ist ein interessanter, delikater Punkt in der *Kristallographie*. Man müßte alle Beobachtungen durch ein allgemeines Prinzip der Umwandlung durchführen. Die äußere Kristallisation ist nicht immer mit der inneren übereinstimmend; nicht alle rhomboidalischen Kalkspate haben äußerlich dieselbe Determination als innerlich, und doch ist eine Einheit zwischen beiden Gestaltungen vorhanden. *Haüy* hat bekanntlich diese Geometrie der Beziehung der inneren und äußeren Gestalt an den Fossilien dargelegt, aber

39 Abraham Gottlob Werner, 1749–1817, Mineraloge

40 Abbé René Just Haüy, 1743–1822, Begründer der wissenschaftlichen Kristallographie; *Traité de Minéralogie*, 4 Bde., Paris 1801

ohne die innere Notwendigkeit aufzuzeigen, sowenig als die Beziehung derselben auf die spezifische Schwere. Er nimmt den Kern an, läßt auf die Flächen desselben sich die »molécules intégrantes« nach einer Art von Reibung ansetzen, worin durch die Dekreszenz der Reihen der Grundlage die äußeren Gestalten entstehen, aber so, daß das Gesetz dieser Reihung eben durch die vorgefundene Gestalt bestimmt ist. Ebenso gehört es der Kristallographie an, den Zusammenhang der Gestalten mit dem chemischen Material zu bestimmen, indem die eine einem chemischen Material eigentümlicher ist als eine andere. Die Salze sind vornehmlich kristallinisch, nach außen und innen. Die Metalle dagegen, da sie nicht das Neutrale, sondern abstrakt indifferent sind, schränken sich mehr auf die formelle Gestalt ein; die Kerngestalt ist bei ihnen mehr hypothetisch, nur bei Wismut ist eine solche angemerkt. Das Metall ist noch das substantiell Gleichförmige. Es zeigt sich zwar ein Anfang des Kristallisierens, z. B. in den *moirées métalliques* von Zinn und Eisen, wenn eine leichte Säure oberflächlich aufs Metall wirkt; die Figurationen sind aber nicht regelmäßig, sondern es ist nur ein Beginn in Rücksicht auf eine Kerngestalt sichtbar.

b. Die Besonderung des individuellen Körpers

§ 316

Die Gestaltung, das den Raum bestimmende Individualisieren des *Mechanismus*, geht in die *physikalische Besonderung* über. Der individuelle Körper ist *an sich die physische* Totalität; diese ist an ihm *im Unterschiede*, aber wie er in der Individualität bestimmt und gehalten ist, zu setzen. Der Körper als das *Subjekt* dieser Bestimmungen enthält dieselben als *Eigenschaften* oder *Prädikate*; aber so, daß sie zugleich ein Verhalten zu ihren ungebundenen, allgemeinen Elementen und Prozesse mit denselben sind. Es ist ihre unmittelbare, noch nicht *gesetzte* (welches Setzen der *chemische* Prozeß ist) Besonderung, wonach sie noch nicht in die Individualität zurückgeführt, nur Verhältnisse zu jenen Elementen, nicht die reale Totalität des Prozesses, sind. Ihre Unterscheidung gegeneinander ist die ihrer Elemente, deren logische Bestimmtheit in ihrer Sphäre aufgezeigt worden. (§ 282 ff.)

Bei dem alten, allgemeinen Gedanken, daß jeder Körper aus den vier Elementen, oder dem neueren *Paracelsischen*, daß er aus Merkurius oder Flüssigkeit, Schwefel oder Öl und Salz bestehe, und bei vielen anderen Gedanken dieser Art ist *fürs erste* die Widerlegung leicht gewesen, indem man unter jenen Namen die einzelnen empirischen Stoffe verstehen wollte, welche zunächst durch solche Namen bezeichnet sind. Es ist aber nicht zu verkennen, daß sie viel wesentlicher die Begriffsbestimmungen enthalten und ausdrücken sollten; es ist daher vielmehr die Gewaltsamkeit zu bewundern, mit welcher der Gedanke in solchen sinnlichen besonderen Existenzen nur seine eigene Bestimmung und die allgemeine Bedeutung erkannte und festhielt. *Fürs andere* ist ein solches Auffassen und Bestimmen, da es die Energie der Vernunft zu seiner treibenden Quelle hat, welche sich durch die sinnliche Spielerei der Erscheinung und deren Verworrenheit nicht irremachen, noch sich gar in Vergessenheit bringen läßt, weit über das bloße Aufsuchen und das chaotische Hererzählen der *Eigenschaften* der Körper erhaben. In diesem Suchen gilt es für Verdienst und Ruhm, immer noch etwas *Besonderes* ausgegangen[41] zu haben, statt das so viele Besondere auf das Allgemeine und den Begriff zurückzubringen und diesen darin zu erkennen.

Zusatz. Die unendliche Form hat sich im Kristall nur auf räumliche Weise in die schwere Materie hineingesetzt; was fehlt, ist die Spezifikation des Unterschieds. Indem die Formbestimmungen nun selbst als Materien erscheinen müssen, so ist dies die Rekonstruktion und Umbildung der physikalischen Elemente durch die Individualität. Der individuelle Körper, das Irdische, ist die Einheit von Luft, Licht, Feuer, Wasser; und wie sie an ihm sind, das ist die Besonderung der Individualität. Das Licht entspricht der Luft, und das an der Dunkelheit des Körpers zu einer spezifischen Trübung individualisierte Licht ist die Farbe. Das Brennliche, Feurige, als ein Moment des individuellen Körpers, ist der Geruch des Körpers, – sein beständiges, verdachtloses Aufgezehrtwerden, aber

41 schwäbisch für »herausgefunden«, »in Erfahrung gebracht«

nicht Verbranntwerden im chemischen Sinne, wo es Oxydiertwerden heißt, sondern die zur Einfachheit eines spezifischen Prozesses individualisierte Luft. Das Wasser ist, als individualisierte Neutralität, das Salz, die Säure usf., – der Geschmack des Körpers; die Neutralität deutet schon auf Auflösbarkeit, reales Verhältnis zu Anderem, d. i. auf chemischen Prozeß hin. Diese Eigenschaften des individuellen Körpers, Farbe, Geruch, Geschmack, existieren nicht selbständig für sich, sondern kommen einem Substrate zu. Da sie nur erst in der unmittelbaren Individualität gehalten sind, so sind sie auch gegeneinander gleichgültig; was also Eigenschaft ist, ist auch Materie, z. B. das Farbenpigment. Es ist noch die unkräftige Individualität, daß die Eigenschaften auch frei werden; die zusammenhaltende Kraft des Lebens ist hier noch nicht, wie im Organischen, vorhanden. Als besondere haben sie auch den allgemeinen Sinn, ihre Beziehung zu dem zu behalten, wovon sie herkommen. Die Farbe verhält sich mithin zum Licht, wird von demselben gebleicht; der Geruch ist Prozeß mit der Luft; der Geschmack behält ebenso eine Beziehung auf sein abstraktes Element, das Wasser.

Weil insbesondere Geruch und Geschmack, von denen jetzt gleichfalls die Rede [sein] wird, schon dem Namen nach an die sinnliche Empfindung erinnern, indem sie nicht bloß objektiv jene dem Körper zukommenden physikalischen Eigenschaften, sondern auch diese Subjektivität bezeichnen, nämlich das Sein dieser Eigenschaften für den subjektiven Sinn, so ist mit diesem Hervortreten der elementarischen Bestimmtheiten innerhalb der Sphäre der Individualität also auch die Beziehung derselben auf die Sinne zu erwähnen. Es fragt sich nun zunächst, warum hier gerade das *Verhältnis des Körpers zum subjektiven Sinn* entsteht, ferner, was unseren fünf Sinnen an objektiven Eigenschaften entspricht. Die soeben angegebenen, Farbe, Geruch, Geschmack, sind nur drei; so haben wir die drei Sinne des Gesichts, des Geruchs und des Geschmacks. Da Gehör und Gefühl hier nicht zum Vorschein kommen, so fragt sich zugleich: Wo hat das Objektive für diese zwei übrigen Sinne seinen Platz?

α) In betreff jenes Verhältnisses ist folgendes zu bemerken. Wir hatten die individuelle, in sich selbst geschlossene Gestalt, die, weil sie als Totalität die Bedeutung hat, für sich fertig zu sein, nicht mehr in einer Differenz zu anderem begriffen ist und daher kein praktisches Verhältnis zu anderem hat. Die Bestimmungen der Kohäsion sind nicht gleichgültig gegen Anderes, sondern nur in Beziehung auf Anderes; der Gestalt ist dagegen diese Beziehung gleichgültig. Sie kann zwar auch mechanisch behandelt werden; weil die Gestalt aber das sich auf sich Beziehende ist, so findet keine notwendige Beziehung eines Anderen auf sie, sondern nur eine zufällige statt. Ein solches Verhältnis eines Anderen zu ihr können wir ein theoretisches Verhältnis nennen; dieses haben aber nur *die empfindenden Naturen zu etwas*, und höher die denkenden. Ein solches theoretisches Verhältnis besteht näher darin, daß das Empfindende, indem es in Beziehung auf das Andere ist, darin zugleich in Beziehung auf sich selbst ist, sich frei gegen den Gegenstand erhält; womit zugleich der Gegenstand freigelassen ist. Zwei individuelle Körper, z. B. Kristalle, lassen zwar auch einander frei, aber nur, weil sie kein Verhältnis zueinander haben: sie müßten dann chemisch, durch Vermittlung des Wassers, bestimmt sein; sonst bestimmt nur ein Drittes, Ich, sie durch Vergleichung. Dies theoretische Verhältnis gründet sich also nur darauf, daß sie keine Beziehung aufeinander haben. Das wahre theoretische Verhältnis ist erst da vorhanden, wo wirklich Beziehung aufeinander und doch Freiheit der sich Verhaltenden gegeneinander eintritt; ein solches Verhältnis ist eben das der Empfindung zu ihrem Objekte. So ist die geschlossene Totalität hier nun vom Anderen freigelassen und nur so in Beziehung auf Anderes; d. h. die physische Totalität ist für die Empfindung und – da sie wieder selbst (wozu wir hier übergehen) sich in ihre Bestimmtheiten auslegt – für verschiedene Empfindungsweisen, für die Sinne. Deswegen denn ist es, daß hier bei der Gestaltung das Verhältnis zu den Sinnen uns auffällt, obgleich wir es noch nicht zu berühren brauchten (s. unten § 358), da es nicht in den Kreis des Physischen gehört.

β) Während wir nun hier Farbe, Geruch und Geschmack als Bestimmungen der Gestalt fanden, die durch die drei Sinne des Gesichts, Geruchs und Geschmacks wahrgenommen werden, so haben wir das Sinnliche der zwei anderen Sinne, des Gefühls und Gehörs, schon früher gehabt (s. oben Zus. zu § 300). Die Gestalt als solche, die mechanische Individualität, ist für das Gefühl überhaupt; vornehmlich gehört die Wärme auch hierher. Zur Wärme verhalten wir uns mehr theoretisch als zur Gestalt überhaupt; denn diese fühlen wir nur, insofern sie uns Widerstand leistet. Das ist schon praktisch, indem das eine das andere nicht lassen will, was es ist; man muß hier drücken, berühren, während bei der Wärme noch kein Widerstand eintritt. Das Gehör haben wir beim Klange gehabt; er ist die durch das Mechanische bedingte Individualität. Der Sinn des Gehörs fällt somit in diese Besonderung, wo die unendliche Form auf das Materielle bezogen ist. Dies Seelenhafte ist aber nur äußerlich darauf bezogen; es ist die der mechanischen Materialität nur entfliehende Form, die daher unmittelbar verschwindend ist und noch nicht Bestand hat. Zum Gehör, welches der Sinn der als ideell erscheinenden Totalität des Mechanismus ist, ist das Gefühl der Gegensatz; es hat das Terrestrische, die Schwere, die noch nicht in sich besonderte Gestalt zum Gegenstande. Die beiden Extreme, den ideellen Sinn des Gehörs und den realen des Gefühls, hatten wir so in der totalen Gestalt; die Unterschiede der Gestalt beschränken sich auf die drei übrigen Sinne.

Die bestimmten physikalischen Eigenschaften der individuellen Gestalt sind nicht selbst die Gestalt, sondern Manifestationen derselben, die sich in ihrem Sein-für-Anderes wesentlich erhalten; damit fängt aber die reine Gleichgültigkeit des theoretischen Verhältnisses an aufzuhören. Das Andere, worauf diese Qualitäten sich beziehen, ist ihre allgemeine Natur oder ihr Element, noch keine individuelle Körperlichkeit; und hierin selbst ist sogleich ein prozessualisches, differentes Verhalten begründet, das indessen nur ein abstraktes sein kann. Da der physikalische Körper aber nicht nur so ein besonderer Unterschied, noch bloß in diese Bestimmtheiten zerlegt, sondern Totalität dieser Differenzen ist, so ist diese Zerlegung nur eine Unterscheidung an ihm selbst als seiner Eigenschaften, worin er ein Ganzes bleibt. Indem wir nun auf diese Weise den differenten Körper überhaupt haben, so verhält er sich auch selbst zu anderen ebensolchen differenten als Totalität. Die Differenz dieser totalen Gestalten ist ein äußerlich mechanisches Verhältnis, weil sie bleiben sollen, was sie sind, und ihre Selbsterhaltung noch nicht aufgelöst wird; diese Äußerung different bleibender [Körper] ist die Elektrizität, die damit zugleich ein oberflächlicher Prozeß dieser Körper gegen die Elemente ist. Wir haben so einerseits besondere Differenzen, andererseits die Differenz überhaupt als Totalität.

Näher ist die *Einteilung* des Folgenden diese: *erstens* Verhältnis des individuellen Körpers zum Lichte; *zweitens* die differenten Verhältnisse als solche, Geruch und Geschmack; *drittens* Differenz überhaupt zweier totaler Körper, Elektrizität. Die physikalischen Bestimmtheiten des individuellen Körpers betrachten wir hier nur in ihrem Verhalten zu ihren respektiven allgemeinen Elementen, gegen welche sie, als individuell, totale Körper sind. Es ist daher die Individualität nicht als solche, die in diesem Verhalten aufgelöst wird; sie soll als solche sich vielmehr erhalten. Es sind somit nur Eigenschaften, welche hier betrachtet werden. Die Gestalt wird erst im chemischen Prozeß wirklich aufgelöst; d. i. was hier Eigenschaften sind, wird dort als besondere Materie dargestellt werden. Die materialisierte Farbe z. B. gehört, als Pigment, nicht mehr dem individuellen Körper als totaler Gestalt an, sondern ist durch chemische Auflösung aus dem individuellen Körper ausgeschieden und für sich gesetzt. Solche außer ihrem Verbande mit dem Selbst der Individualität existierende Eigenschaft kann man nun zwar auch eine individuelle Totalität nennen, wie z. B. das Metall, das aber nur ein indifferenter, kein neutraler Körper ist. In dem chemischen Prozesse werden wir dann auch betrachten, daß solche Körper nur formelle, abstrakte Totalitäten sind. Diese Besonderungen geschehen zunächst von uns aus, durch den Begriff; d. h. sie sind an sich oder auf unmittelbare Weise, wie auch die Gestalt. Aber sie sind ferner auch durch den *wirklichen* Prozeß gesetzt, d. i. durch den chemischen; und daselbst liegen auch erst die Bedingungen ihrer Existenz, wie auch die der Gestalt.

α. Verhältnis zum Licht

§ 317

In der gestalteten Körperlichkeit ist die erste Bestimmung ihre *mit sich identische* Selbstischkeit, die abstrakte Selbstmanifestation ihrer als unbestimmter, einfacher Individualität, – *das Licht*. Aber die Gestalt leuchtet als solche nicht, sondern diese Eigenschaft ist (vorh. §) ein *Verhältnis* zum Lichte; 1. Der Körper ist als *reiner* Kristall in der vollkommenen *Homogeneität* seiner neutral-existierenden inneren Individualisierung *durchsichtig* und ein *Medium* für das Licht.

Was in Beziehung auf Durchsichtigkeit die innere Kohäsionslosigkeit der Luft ist, ist im konkreten Körper die *Homogeneität* der in sich kohärenten und kristallisierten Gestalt. – Der individuelle Körper unbestimmt genommen, ist freilich sowohl durchsichtig als undurchsichtig, durchscheinend usf. Aber die Durchsichtigkeit ist die nächste erste *Bestimmung* desselben als Kristalls, dessen physische Homogeneität noch nicht weiter in sich besondert und vertieft ist.

Zusatz. Die Gestalt ist hier noch die ruhende Individualität, die sich in mechanischer und chemischer Neutralität befindet, die letztere aber noch nicht, wie die vollkommene Gestalt, auf allen Punkten besitzt. Die Gestalt ist so als die reine Form, von der die Materie vollkommen bestimmt und durchdrungen ist, darin nur mit sich selbst identisch und sie durchaus beherrschend. Das ist die *erste* Bestimmung der Gestalt im Gedanken. Da nun diese Identität mit sich im Materiellen physisch ist, das Licht aber diese abstrakte physische Identität mit sich darstellt, so ist die erste Besonderung der Gestalt ihr Verhältnis zum Lichte, das sie aber, vermöge dieser Identität, in ihr selbst hat. Indem die Gestalt durch dieses Verhältnis sich für Anderes setzt, so ist dies ihr eigentlich theoretisches, – kein praktisches, sondern vielmehr ein ganz ideelles Verhalten. Die nicht mehr nur wie in der Schwere als Streben gesetzte, sondern im Licht freigewordene Identität, die jetzt an der terrestrischen Individualität gesetzt ist, ist das Aufgehen der Lichtseite in der Gestalt selbst. Aber da die Gestalt noch nicht absolut freie, sondern bestimmte Individualität ist, so ist diese terrestrische Vereinzelung ihrer Allgemeinheit noch nicht innere Beziehung der Individualität auf ihre eigene Allgemeinheit. Nur das Empfindende ist dies, das Allgemeine seiner Bestimmtheit als Allgemeines an ihm selbst zu haben, d. h. für sich als Allgemeines zu sein. Erst das Organische ist also ein solches Scheinen gegen Anderes, daß seine Allgemeinheit innerhalb seiner selbst fällt. Hier dagegen ist das Allgemeine dieser Individualität noch, als Element, ein Anderes, Äußerliches gegen den individuellen Körper. Vollends hat die Erde nur als allgemeines Individuum ein Verhältnis zur Sonne, und zwar noch ein ganz abstraktes, während der individuelle Körper doch wenigstens ein reales Verhältnis zum Licht hat. Denn der individuelle Körper ist zwar zunächst finster, weil dies überhaupt die Bestimmung der abstrakten, fürsichseienden Materie ist; aber die Individualisierung der Materie hebt, durch die durchdringende Form, jene abstrakte Verfinsterung auf. Die besonderen Modifikationen dieses Verhaltens zum Lichte sind dann die Farben, von denen also hier auch gesprochen werden muß; und wie sie einerseits dem realen, individuellen Körper zukommen, so sind sie andererseits auch nur außer der Individualität der Körper schwebend: Schattige überhaupt, denen noch keine objektive materielle Existenz zugeschrieben werden kann, – Scheine, bloß auf dem Verhältnis des Lichts und des noch unkörperlichen Finstern beruhend, kurz ein Spektrum. Die Farben sind so zum Teil ganz subjektiv, vom Auge hingezaubert, – eine Wirksamkeit einer Helligkeit oder Finsternis und eine Modifikation ihres Verhältnisses im Auge; wozu jedoch allerdings auch eine äußere Helligkeit gehört. *Schultz*[42] schreibt dem Phosphor in unse-

---

42 Christoph Ludwig Friedrich Schultz, 1781–1834, Staatsrat und Regierungsbevollmächtigter bei der Berliner Universität, später Privatgelehrter; schrieb drei Aufsätze »Über physiologische Gesichts- und Farbenerscheinungen«, deren letzten (1821) Goethe in *Zur Naturwissenschaft überhaupt,* II. Bd., 1. Heft (1823), veröffentlichte.

rem Auge eine eigentümliche Helligkeit zu, so daß es oft schwer zu sagen ist, ob die Helligkeit und Dunkelheit und ihr Verhältnis in uns liegt oder nicht.

Dies Verhältnis der individualisierten Materie zum Lichte haben wir nun *erstens* als die gegensatzlose Identität zu betrachten, die noch nicht im Unterschiede ist gegen eine andere Bestimmung, – die formelle, allgemeine Durchsichtigkeit; das *Zweite* ist, daß diese Identität gegen Anderes besondert ist, die Vergleichung zweier durchsichtiger Medien, – die Brechung, wo das Medium nicht schlechthin durchsichtig, sondern spezifisch bestimmt ist; das *Dritte* ist die Farbe als Eigenschaft, – das Metall, das mechanisch, aber nicht chemisch Neutrale.

Was *erstens* die Durchsichtigkeit betrifft, so gehört die Undurchsichtigkeit, die Finsternis, der abstrakten Individualität, dem Irdischen an. Luft, Wasser, Flamme, wegen ihrer elemtarischen Allgemeinheit und Neutralität, sind durchsichtig, nicht finster. Ebenso hat die reine Gestalt die Finsternis, dieses abstrakte, spröde, unenthüllte Fürsichsein der individuellen Materie, das Sich-nicht-Manifestieren überwunden und sich also vielmehr durchsichtig gemacht, weil sie sich eben wieder zur Neutralität und Gleichförmigkeit gebracht hat, welche eine Beziehung auf das Licht ist. Die materielle Individualität ist die Verfinsterung in sich, weil sie sich der ideellen Manifestation für Anderes verschließt. Aber die individuelle Form, die als Totalität ihre Materie durchdrungen hat, hat sich eben damit in die Manifestation gesetzt und geht zu dieser Idealität des Daseins fort. Sich zu manifestieren ist Entwicklung der Form, Setzen eines Daseins für Anderes, so daß dies aber zugleich in individueller Einheit gehalten ist. Das Spröde, der Mond, ist darum undurchsichtig, der Komet aber durchsichtig. Da diese Durchsichtigkeit das Formelle ist, so ist sie dem Kristall gemeinschaftlich mit dem in sich Gestaltlosen, der Luft und dem Wasser. Die Durchsichtigkeit des Kristalls ist aber ihrem Ursprung nach zugleich eine andere als die jener Elemente: diese sind durchsichtig, weil sie noch nicht zur Individualität in sich, zu Irdischem, zur Verfinsterung gekommen sind. Die gestalteten Körper aber sind zwar nicht selbst Licht, denn sie sind individuelle Materie; aber das punktuelle Selbst der Individualität, insofern es, als dieser innere Bildner, ungehindert ist, hat an diesem finsteren Materiellen nichts Fremdes mehr, sondern als rein in die entwickelte Totalität der Form übergegangen, ist hier dies Insichsein zur homogenen Gleichheit der Materie gebracht. Die Form, als frei und unbeschränkt das Ganze wie die einzelnen Teile umfassend, ist Durchsichtigkeit. Alle einzelnen Teile sind diesem Ganzen vollkommen gleich gemacht und eben deswegen vollkommen gleich unter sich und in mechanischer Durchdringung unabgesondert voneinander. Die abstrakte Identität des Kristalls, seine vollkommene mechanische Einheit als Indifferenz und chemische Einheit als Neutralität sind mithin das, was die Durchsichtigkeit desselben ausmacht. Wenn nun diese Identität auch nicht selbst Leuchten ist, so ist sie doch dem Lichte so nahe verwandt, daß sie beinah bis zum Leuchten fortgehen kann. Es ist der Kristall, zu dem das Licht sich geboren; das Licht ist die Seele dieses Insichseins, indem die Masse in diesem Strahle vollkommen aufgelöst ist. Der Urkristall ist der Diamant der Erde, dessen jedes Auge sich erfreut, ihn als den erstgeborenen Sohn des Lichts und der Schwere anerkennend. Das Licht ist die abstrakte, vollkommen freie Identität, – die Luft die elementarische; die unterworfene Identität ist die Passivität für das Licht, und das ist die Durchsichtigkeit des Kristalls. Das Metall ist dagegen undurchsichtig, weil in ihm das individuelle Selbst durch hohe spezifische Schwere zum Fürsichsein konzentriert ist (s. Zusatz zu § 320 gegen das Ende). Zur Durchsichtigkeit ist erforderlich, daß der Kristall keinen erdigen Bruch habe; denn dann gehört er schon zum Spröden. Das Durchsichtige kann ferner auch sogleich undurchsichtig gemacht werden ohne Chemismus, bloß durch eine mechanische Veränderung, wie wir dies in bekannten Erscheinungen sehen; es braucht nur in einzelne Teile geteilt zu werden. Glas zu Pulver gestoßen, Wasser, das man in Schaum verwandelt, wird undurchsichtig; es wird ihm die mechanische Indifferenz und Homogeneität genommen, es wird unterbrochen und in die Form des vereinzelten Fürsichseins gebracht, da es früher ein mechanisches Kontinuum war. Eis ist schon weniger durchsichtig als Wasser, und zerstoßen wird es ganz undurchsichtig. Aus dem Durchsichtigen entsteht das *Weiße*, indem die Kontinuität der Teile aufgehoben wird und sie zu vielen gemacht werden, wie z. B. im Schnee; und erst als Weißes hat dann das Licht Dasein für uns und erregt unser Auge. Goethe, *Zur Farbenlehre*, Teil I, S. 189 [Didaktischer Teil, XXXV. Ableitung des Weißen, Nr. 495], sagt: »Man könnte den *zufällig*« (d. i. mechanisch) »undurchsichtigen Zustand des rein Durchsichtigen Weiß nennen ... Die bekannten unzerlegten Erden sind in ihrem reinen Zustand alle weiß. Sie gehen durch natürliche Kristallisation in Durchsichtigkeit über.« So ist Kalkerde, Kieselerde undurchsichtig; sie haben eine metallische Basis, die aber in den Gegensatz und die Differenz übergegangen, daher ein Neutrales geworden ist. Es gibt also chemisch Neutrale, die undurchsichtig sind; aber eben damit sind sie nicht vollkommen neutral, d. h. es ist ein Prinzip in ihnen zurück, das nicht in das Verhältnis zum Anderen eingegangen ist. Wird Kieselerde aber kristallisiert – ohne Säure im Bergkristall oder Tonerde im Glimmer, Bittererde in dem Talk, Kalkerde freilich mit Kohlensäure –, so entsteht Durchsichtigkeit. Diese Erscheinung des leichten Übergangs von Durchsichtigkeit in Undurchsichtigkeit ist häufig. Ein gewisser Stein, Hydrotion, ist undurchsichtig; mit Wasser getränkt, wird er aber durchsichtig. Das Wasser macht ihn neutral, und dadurch wird seine Unterbrochenheit aufgehoben. Auch Borax, in Baumöl getaucht, wird vollkommen durchsichtig; die Teile werden also nur kontinuierlich gesetzt.* Indem das chemisch Neutrale zum Durchsichtigen hinstrebt, so werden auch metallische Kristalle, insofern sie nicht gediegene Metalle, sondern metallische Salze sind (Vitriole), vermittels ihrer Neutralität durchscheinend. Es gibt auch gefärbte Durchsichtige, z. B. die Edelsteine; sie sind eben nicht vollkommen durchsichtig, weil das metallische Prinzip, von dem die Farbe herkommt, nicht vollkommen überwunden, obgleich neutralisiert ist.

§ 318

2. Die erste, einfachste Bestimmtheit, die das physische Medium hat, ist seine spezifische Schwere, deren Eigentümlichkeit für sich in der Vergleichung, so auch in Beziehung auf Durchsichtigkeit nur in der *Vergleichung* der verschiedenen Dichtigkeit eines anderen Mediums zur Manifestation kommt. Was bei der Durchsichtigkeit beider von dem einen (dem vom Auge entfernteren) in dem anderen Medium (um die Dar- und Vorstellung zu erleichtern, mag jenes als Wasser, dieses als Luft genommen werden) wirksam ist, ist allein die *Dichtigkeit*, als den Ort qualitativ bestimmend: das Volumen des Wassers mit dem darin enthaltenen Bilde wird daher so in der durchsichtigen Luft gesehen, als ob dasselbe Volumen Luft, in die jenes gesetzt ist, die größere spezifische Dichtigkeit, die des Wassers hätte, also in einen um so

* Biot, *Traité de Physique* III, p. 199: »Unregelmäßige Stücke Borax« (d. i. boraxsaures Natrum, ein durchsichtiger Kristall, der mit der Zeit etwas unscheinbar wird und an seiner Oberfläche etwas von seinem Kristallisationswasser verliert) »erscheinen wegen ihrer Ungleichheiten und wegen Mangels an Glätte ihrer Oberflächen nicht mehr als durchsichtig. Aber sie werden vollkommen durchsichtig, wenn sie in Olivenöl getaucht werden, weil dasselbe alle ihre Ungleichheiten ausgleicht; und es entsteht so wenig Reflexion an der gemeinschaftlichen Berührungsoberfläche dieser beiden Substanzen, daß man kaum die Grenzen ihrer Trennung unterscheiden kann.« [s. Fn. 12, S. 138]

kleineren Raum kontrahiert wäre, – sogenannte *Brechung.*

Der Ausdruck *Brechung* des Lichts ist zunächst ein sinnlicher und insofern richtiger Ausdruck, als man z. B. einen ins Wasser gehaltenen Stab bekanntlich gebrochen sieht; auch wendet sich dieser Ausdruck für die geometrische Verzeichnung des Phänomens natürlich an. Aber ein ganz anderes ist die Brechung des Lichts und der sogenannten Lichtstrahlen *in physikalischer* Bedeutung, – ein Phänomen, das viel schwerer zu verstehen ist, als es dem ersten Augenblicke nach scheint. Abgerechnet das sonstige Unstatthafte der gewöhnlichen Vorstellung macht sich die Verwirrung, in welche sie verfallen muß, in der Verzeichnung der angenommenermaßen sich von einem Punkte aus als Halbkugel verbreitenden Lichtstrahlen leicht augenfällig. Es muß in Rücksicht der Theorie, wodurch die Erscheinung erklärt zu werden pflegt, an die wesentliche Erfahrung erinnert werden, daß der *ebene* Boden eines mit Wasser gefüllten Gefäßes *eben,* somit *ganz und gleichförmig gehoben* erscheint, – ein Umstand, welcher der Theorie gänzlich widerspricht, aber, wie es in solchen Fällen gewöhnlich geschieht, darum in den Lehrbüchern ignoriert oder verschwiegen wird. – Worauf es ankommt, ist, daß *ein* Medium nur schlechthin Durchsichtiges überhaupt ist und erst das *Verhältnis* zweier Medien von verschiedener spezifischer Schwere das Wirksame wird für eine Partikularisation der Sichtbarkeit, – eine Determination, die zugleich nur ortbestimmend, d. i. durch die ganz abstrakte Dichtigkeit gesetzt ist. Ein *Verhältnis* der Medien als wirksam findet aber nicht im gleichgültigen Nebeneinandersein, sondern allein statt, indem *das eine in dem anderen* – nämlich hier nur als Sichtbares – als *Sehraum* gesetzt ist. Dieses andere Medium wird von der *immateriellen* Dichtigkeit des darin gesetzten sozusagen infiziert, so daß es in ihm den Sehraum des Bildes nach der Beschränkung zeigt, die es selbst (das Medium) erleidet und ihn damit beschränkt. Die rein mechanische, nicht physisch reale Eigenschaft, sondern *ideelle* der Dichtigkeit, nur raumbestimmend zu sein, kommt hier ausdrücklich vor; sie scheint so *außerhalb* des Materiellen, dem sie angehört, zu wirken, weil sie allein auf den Ort des Sichtbaren wirkt; ohne jene Idealität läßt sich das Verhältnis nicht fassen.

Zusatz. Nachdem wir zunächst die Durchsichtigkeit des Kristalls betrachtet haben, der als durchsichtig selber unsichtbar ist, ist das *Zweite* die Sichtbarkeit in diesem Durchsichtigen, aber damit zugleich das sichtbare Undurchsichtige. Das Sichtbare in dem unbestimmten Durchsichtigen hatten wir schon oben (§ 278) als das Geradlinige eines in einem anderen sich ideell setzenden Körpers, – die Reflexion des Lichts. An der formellen Identität des Kristalls kommen aber weiter Besonderungen vor. Der durchsichtige Kristall, zu der Idealität seines finsteren Fürsichseins gediehen, läßt anderes Finstere durch sich scheinen, ist das Medium, das Vermittelnde des Scheinens von Anderem in Anderem. Zwei Erscheinungen gehören nun hierher: die *Refraktion* des Lichts und das *Doppelbild,* welches eine Menge von Kristallen zeigen.

Die Sichtbarkeit, von der hier die Rede ist, ist die Sichtbarkeit, insofern etwas durch mehrere Durchsichtige gesehen wird, so daß diese Medien verschieden sind; denn weil wir die Durchsichtigkeit des individuellen Körpers haben, die ebenso spezifisch bestimmt ist, so tritt dieselbe nur in Beziehung auf ein anderes durchsichtiges Medium auf. Als spezifisch bestimmt, ist das Medium von eigener spezifischer Schwere und sonstigen physikalischen Qualitäten. Aber diese Bestimmtheit kommt erst zur Äußerung, indem es mit einem anderen durchsichtigen Medium zusammentrifft und das Scheinen durch diese beiden Medien vermittelt wird. In *einem* Medium ist die Vermittlung ein einförmiges, bloß durch die Expansion des Lichts bestimmtes Scheinen; im Wasser z. B. sieht man auch, nur trüber. Ist das Medium auf diese Weise eins, so haben wir nur *eine* Dichtigkeit, also auch nur *eine* Ortsbestimmung; sind aber zwei Medien, so sind auch zweierlei Ortsbestimmungen. Hier kommt nun eben das höchst merkwürdige Phänomen der Brechung zum Vorschein. Es scheint einfach, ja trivial zu sein; man sieht es alle Tage. Brechung ist aber ein bloßes Wort. Durch jedes Medium für sich sieht man den Gegenstand in gerader Linie nach dem Auge und in gleichem Verhältnisse zu den übrigen Gegenständen fortgehend; bloß das Verhältnis beider Medien zueinander begründet den Unterschied. Sieht das Auge einen Gegenstand durch ein anderes Medium, so daß das Sehen durch zwei Medien geht, so sieht man den Gegenstand an einem anderen Orte, als er sich zeigen würde ohne die besondere Beschaffenheit jenes Mediums; d. h. an einem anderen Orte, als er sich nach dem Gefühl im Zusammenhang des Materiellen befindet, – oder er hat im Zusammenhange des Lichts einen anderen Ort. So wird z. B. das Bild der Sonne gesehen, auch wenn sie nicht am Horizonte ist. Einen Gegenstand in einem Gefäße sieht man, wenn Wasser darin ist, verrückt und höher, als wenn es leer ist. Die Fischschützen wissen, daß, weil der Fisch gehoben ist, sie nach einem tieferen Orte schießen müssen, als wo sie den Fisch sehen.

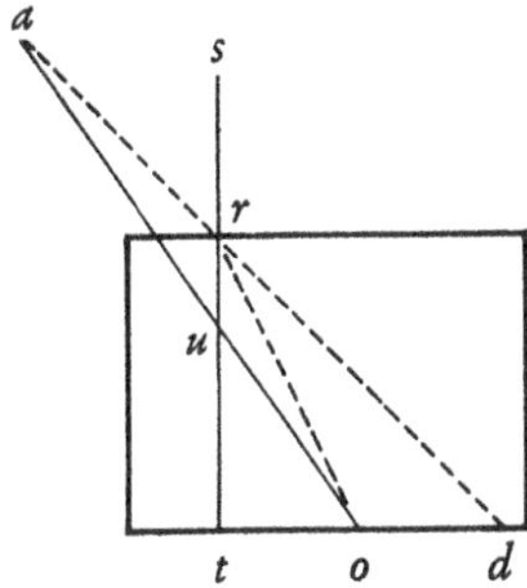

Der Winkel (*a r s*), den in dieser Figur die Linie *a d* vom Auge (*a*) zu dem Gegenstande als gesehen (*d*) mit dem Einfallslot (*s t*) macht, ist größer als der (*a u s*), welchen die Linie (*a o*) zwischen dem Auge und dem Punkte (*o*), wo der Gegenstand sich wirklich befindet, damit macht. Man sagt gewöhnlich, das Licht wird gebrochen, wenn beim Übertritt von einem Medium ins andere das Licht von seinem Wege (*o r*) abgelenkt wird und man den Gegenstand in der abgelenkten Richtung (*a r d*) sieht. Das hat aber, näher betrachtet, keinen Sinn; denn ein Medium bricht nicht für sich, sondern das Wirksame für ein solches Sehen ist allein im Verhältnis beider Medien zu suchen. Tritt das Licht aus dem einen Medium heraus, so hat es keine besondere Qualität erlangt, die es für das andere verändert hätte, so daß ihm dieses nun einen anderen Weg anwiese. Noch deutlicher wird dies durch folgende Figur.

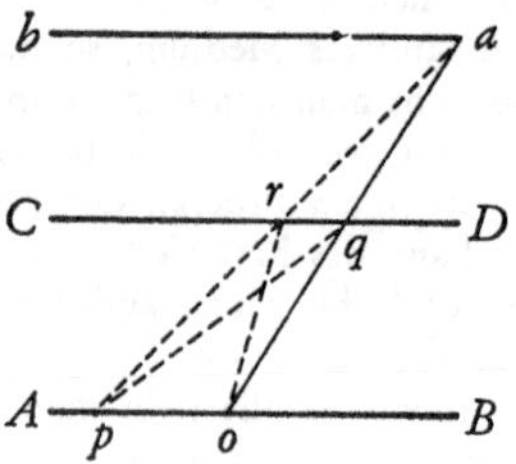

Wenn nämlich von *A B* bis *a*, wo sich das Auge befindet, ein Medium, z. B. Wasser, ist, so wird *o* an der Stelle *o* in der Richtung *a q o* gesehen; also das Medium *C D A B* verändert die Richtung nicht, daß sie von *q* nach *p* ginge statt von *q* nach *o*. Wenn nun dies Medium zwischen *a b* und *C D* weggenommen wird, so wäre es doch lächerlich, anzunehmen, α) daß *o* nun nicht mehr nach *q*, sondern nach *r* führe, als ob der Strahl *o q* jetzt gemerkt hätte, daß über ihm nun Luft und er jetzt in *r* herauskommen möchte, damit *o* in *r* von mir gesehen würde; und ebenso hätte es β) keinen Sinn, daß *o* nicht mehr nach und durch *q* führe, von wo der Strahl ebensogut nach *a* käme. Denn *o* geht überallhin, nach *q* so gut als nach *r* usf.
Es ist dies auf diese Weise ein schwieriges Phänomen, und zwar weil das Sinnliche hier geistermäßig wird. Ich habe oft mein Nachdenken darauf gerichtet und will vortragen, wie ich die Schwierigkeit überwunden.
Was also geschieht, ist, daß *C D A B* nicht nur durchsichtig ist, sondern daß auch seine eigentümliche Natur gesehen wird, d. h. das ideelle Verhältnis das Sehen zwischen *A B* und *a* vermittelt. Wir befinden uns im Felde der Idealität, da wir von der Sichtbarkeit handeln; denn die Sichtbarkeit überhaupt ist das Sich-ideell-Setzen im Anderen. Indem hier das Ideelle aber noch nicht in Einheit mit der körperlichen Erscheinung ist, so ist nur die ideelle Bestimmtheit, die an sich ist, d. h. körperlos, nämlich die spezifische Schwere, das Bestimmende im Sehen, – nicht in Farbe usf., sondern allein für das räumliche Verhältnis; d. h. ich sehe die immaterielle Bestimmtheit des Mediums *C D A B*, ohne daß dieses mit seinem körperlichen Dasein als solchem wirksam sei. Der Unterschied der Materien als solcher geht das Auge nichts an; der Lichtraum oder das Medium des Auges aber ist zugleich materiell, doch verändert diese Materialität nur sein Bestimmen des Räumlichen.

Näher ist die Sache so zu fassen. Bleiben wir bei dem Verhältnis von Wasser und Luft stehen (obgleich dies nur elementarische Durchsichtigkeiten sind, d. h. nicht durch die Form gesetzte, welche die Schwere überwunden hat) und setzen wir sie als die zwei aneinandergrenzenden Medien (denn kommen sie auch in ihrer abstrakten Bestimmtheit früher als die spezifische Schwere vor, so müssen wir doch, sollen sie als physisch Konkrete bestimmt werden, alle Qualitäten berücksichtigen, die bei der Entwicklung ihrer eigentümlichen Natur noch nicht in Betracht zu ziehen sind), so sehen wir den Körper an einer andern Stelle, als er sich befindet, – wenn wir nämlich beide Medien zwischen dem Gegenstand und dem Auge haben. Die Frage ist, was da geschieht. Das ganze Medium *CDAB* mit seinem Objekte *o* wird in das Medium *CDa* als ideell, und zwar nach seiner qualitativen Natur gesetzt. Was sehe ich aber von seiner qualitativen Natur? oder was kann von derselben in das andere Medium eintreten? Es ist diese seine qualitative immaterielle Natur (des Wassers z. B.), welche in das andere Medium, die Luft, eintritt, aber *nur* seine körperlose qualitative, nicht seine chemische Natur, – wasserlos und als die Sichtbarkeit bestimmend. Diese qualitative Natur ist in bezug auf Sichtbarkeit nunmehr wirksam in der Luft gesetzt, d. h. das Wasser mit seinem Inhalt wird gesehen, *als ob es Luft wäre*; seine qualitative Natur befindet sich als sichtbar in der Luft, dies ist die Hauptsache. Der Sehraum, den das Wasser bildet, wird in einen anderen Sehraum, in den der Luft, worin das Auge sich befindet, versetzt. Welches ist die besondere Bestimmtheit, die ihm in diesem neuen Sehraum bleibt, durch welche er sich als sichtbar kundgibt, d. h. wirksam ist? Nicht die Gestalt, denn Wasser und Luft sind als durchsichtig gestaltlos gegeneinander, – nicht die Kohäsion, sondern die spezifische Schwere. Sonst machen Öligkeit, Brennbarkeit auch einen Unterschied; doch wir bleiben bei der spezifischen Schwere stehen, wollen nicht alles auf alles anwenden. Nur die spezifische Bestimmtheit des einen Mediums scheint im anderen Medium. Das Schwierige ist, daß die Qualität der spezifischen Schwere, die ortbestimmend ist, hier, befreit von ihrer Materie, *nur* den Ort der Sichtbarkeit bestimmt. Was heißt aber spezifische Schwere anderes als raumbestimmende Form? Die spezifische Schwere des Wassers kann also hier keine andere Wirksamkeit haben, als den zweiten Sehraum, die Luft, mit der spezifischen Schwere des Wassers zu setzen. Das Auge geht von dem Sehraum als Luftraum aus; dieser erste, in welchem es ist, ist sein Prinzip, seine Einheit. Es hat nun einen zweiten, den Wasser-Sehraum, vor sich, an dessen Stelle es den Luftraum setzt und jenen auf diesen reduziert, also (da nur diese Verschiedenheit in Betracht kommt) auf das Volumen, das der Luftraum einnehmen würde, wenn er die Dichtigkeit des Wassers hätte; denn der Wasserraum macht sich sichtbar in einem Anderen, dem Luftraum. Ein gewisser Umfang des Wassers wird also zu Luft gemacht, mit der beibehaltenen spezifischen Schwere des Wassers; d. h. der sichtbare Luftraum, der von gleichem Umfang ist als das Wasser, nun von der spezifischen Schwere des Wassers spezifiziert, bekommt, obgleich derselbe Inhalt, dennoch ein kleineres Volumen. Indem der Wasserraum jetzt in den Luftraum versetzt wird, d. h. ich Luftmedium statt Wasser sehe, so bleibt das Quantum Luft wohl dasselbe extensive Quantum als vorher; aber das Wasser-Volumen erscheint nur so groß, als wenn eine gleiche Menge, d. i. ein gleiches Volumen Luft die spezifische Schwere des Wassers hätte. Man kann also auch umgekehrt sagen, dieses Stück für sich bestimmter Umfang Luft wird qualitativ verändert, d. i. in den Raum zusammengezogen, den sie einnehmen würde, wenn sie in Wasser verwandelt wäre. Da nun die Luft spezifisch leichter ist und folglich derselbe Raum der Luft als der Wasserraum ein geringeres Volumen erhält, so wird der Raum herausgehoben und auch von allen Seiten auf ein Kleineres reduziert. Dies ist die Art und Weise, nach welcher dies zu fassen ist; es kann künstlich scheinen, aber es ist nicht anders. Der Strahl, sagt man, verbreite sich, das Licht gehe durch; aber hier wird das ganze Medium – eben der durchsichtige, lichte Wasserraum – in ein anderes gesetzt nach seiner spezifischen Qualität, nicht als bloßes Ausstrahlen. Man darf sich so beim Lichte kein materielles Verbreiten vorstellen, sondern als sichtbar ist das Wasser ideell präsent in der Luft. Diese Präsenz ist eine eigentümliche Schwere; mit dieser spezifischen Bestimmtheit erhält es sich allein und macht sich geltend in dem, zu dem es verwandelt worden, und verwandelt so diese seine Umformung in sich. Es ist, wie wenn eine menschliche Seele, in einen tierischen Körper versetzt, sich darin erhalten sollte und ihn zu einem menschlichen erweitern würde. Oder eine Mauseseele in einem Elephantenleib wäre elephantisch zugleich und würde ihn zugleich zu sich verkleinern und verzwergen. Das beste Beispiel ist, wenn wir die Welt des Vorstellens betrachten, da jenes Verhältnis doch ein ideelles ist und die Vorstellung auch dies Verkleinern vollbringt. Wird nämlich die Heldentat eines großen Mannes in eine kleine Seele gesetzt, so nimmt diese nach ihrer spezifischen Bestimmtheit dieses Große auf und verzwergt den Gegenstand zu sich, so daß die eigene Kleinheit den Gegenstand nur nach der Größe sieht, die sie ihm mitteilt. Wie der angeschaute Held wirksam in mir vorhanden ist, aber nur auf ideelle Weise, *so nimmt auch die Luft den Wasser-Sehraum auf und verzwergt ihn zu sich.* Die *Auf-*

nahme ist es, was am schwersten zu fassen ist, eben weil es ein ideelles und doch ein wirksames, reelles Dasein ist. Eben als durchsichtig ist das Medium diese Immaterialität, dieses Lichte, das immateriell anderwärts gegenwärtig sein kann und doch bleibt, wie es ist. So ist in der Durchsichtigkeit der materielle Körper zum Lichte verklärt.

Das Phänomen ist empirisch dieses, daß in einem Wassergefäß z. B. die Gegenstände gehoben sind. *Snellius,* ein Holländer[43], hat den Brechungswinkel entdeckt; und *Cartesius* hat es aufgenommen. Es wird vom Auge nach dem Gegenstande eine Linie gezogen, und obgleich das Licht sich geradlinig manifestiert, so sieht man doch den Gegenstand nicht am Ende der geraden Linie, sondern gehoben. Der Ort, wo er gesehen wird, ist ein bestimmter, von dem wieder eine Linie nach dem Auge gezogen wird. Die Größe des Unterschiedes zwischen beiden Orten bestimmt man geometrisch genau, indem man durch den Punkt der Oberfläche des Wassers, wo die erste Linie herauskommt, eine senkrechte Linie zieht (Einfallslot) und dann den Winkel bestimmt, den die Linie des Sehens mit diesem Perpendikel macht. Ist nun das Medium, worin wir uns befinden, spezifisch leichter als das, worin der Gegenstand ist, so wird er sich uns entfernter vom Einfallslot zeigen, als wenn wir ihn nur durch Luft sehen; d. h. der Winkel wird durch dieses zweite Medium größer. Die Veränderung wird von den mathematischen Physikern nach dem Sinus des Winkels bestimmt, als dem Maße der Brechung. Ist kein solcher Winkel vorhanden, sondern befindet sich das Auge ganz perpendikular zur Oberfläche des Mediums, so folgt zwar unmittelbar aus der Bestimmung vom Sinus, daß der Gegenstand nicht verrückt, sondern an seinem wahren Orte gesehen wird; was so ausgedrückt wird, daß der Strahl, der senkrecht auf die Ebene der Brechung fällt, nicht gebrochen wird. Das andere aber, daß der Gegenstand doch immer gehoben ist, indem wir ihn, wenn auch in derselben Richtung, doch näher sehen, liegt nicht in dieser Bestimmung. Die mathematischen Physiker und die physischen Lehrbücher überhaupt geben also nur das Gesetz der Größe der Brechung im Verhältnis der Sinus, nicht das Heben selbst an, das auch stattfindet, wenn der Inzidenzwinkel = 0 ist. Daraus folgt, daß die Bestimmungen der Sinus der Winkel nicht hinreichend sind, indem sie sich nicht auf das Annähern des Gegenstandes beziehen. Denn hätte man nichts als dieses Gesetz, so folgte, daß ich den Punkt, nach welchem ich vom Auge eine senkrechte Linie ziehen kann, allein in seiner reellen Entfernung sähe, und die anderen Punkte stufen-

43 Willebrord Snellius (Snel van Roijen), 1591–1626, Mathematiker

weise nur immer näher, wobei die Erscheinung dann weiter diese sein müßte, daß der Boden gewölbt nach der Mitte zu, wie das Stück einer Kugel, an seinem Rande höher mit immer abnehmender Tiefe (d. i. konkav) wäre. Aber dies ist nicht der Fall; ich sehe den Boden ganz eben, nur näher gebracht. So wird in der Physik gehandelt! Um dieses Umstands willen kann man nicht, wie die Physiker tun, vom Inzidenz- und Brechungswinkel und deren Sinus ausgehen, d. h. nicht diese Bestimmung als das ansehen, wohin allein die Veränderung fällt. Sondern da in dieser Bestimmung liegt, daß im Perpendikel, wo Winkel und Sinus = 0 sind, keine Veränderung vorgeht, allein dort ebensogut Hebung ist als überall, so muß vielmehr von der Hebung angefangen werden, und die Bestimmung der Brechungswinkel unter den verschiedenen Einfallswinkeln ergibt sich alsdann hieraus.

Die Stärke der Refraktion hängt ab von der spezifischen Schwere der Medien, die verschieden ist; es ist im ganzen der Fall, daß die Medien von größerer spezifischer Schwere auch eine größere Brechung hervorbringen. Doch ist diese Erscheinung nicht allein von der spezifischen Schwere abhängig, sondern es treten auch andere Bestimmungen als wirkend ein; es kommt auch darauf an, ob das eine ein öliges, brennliches Prinzip hat. So führt *Gren* (§ 700)[44] Beispiele an, in welchen die brechenden Kräfte nicht von den Dichtigkeiten abhängen sollen: bei Alaun und Vitriol werde z. B. das Licht merklich gebrochen, obgleich die spezifischen Gewichte nicht merklich verschieden seien; ebenso bei Borax mit Baumöl getränkt, die beide brennlich, ist die Brechung nicht mit der spezifischen Schwere konform, – auch bei Wasser und Terpentinöl usf. Ebenso sagt Biot (*Traité de Physique* III, p. 296), daß die irdischen Substanzen sich wohl ziemlich nach ihren Dichtigkeiten verhalten, ein anderes sei es aber mit den brennlichen und gasigen. Und auf der folgenden Seite: »On voit que des substances de densités très diverses peuvent avoir des forces réfringentes égales, et qu'une substance moins dense qu'une autre peut cependant posséder un pouvoir réfringent plus fort. Cette force dépend surtout de la *nature chimique* de chaque particule. La force la plus énergique réfringente est dans les huiles et resines, et l'eau destillée ne leur est pas inférieure.«[45] Das

---

44 vgl. Fn. 13, S. 146

45 »Man sieht, daß Substanzen von ganz unterschiedlicher Dichte gleiche brechende Kräfte haben können und daß eine Substanz, die weniger dicht ist als eine andere, gleichwohl eine stärkere brechende Kraft haben kann. Diese Kraft hängt insbesondere von der chemischen Natur eines jeden Teilchens ab. Die stärkste brechende Kraft ist in Ölen und Harzen, und beim destillierten Wasser ist sie nicht geringer.«

Brennliche ist so ein Spezifisches, das sich hier auf eigentümliche Weise kundgibt: Öl, Diamant, Wasserstoffgas haben so eine stärkere Brechung. Wir müssen uns aber hier begnügen, die allgemeinen Gesichtspunkte festzuhalten und anzugeben. Die Erscheinung ist von dem Verworrensten, das es gibt. Die eigene Natur dieser Verworrenheit liegt aber darin, daß das Geistigste hier unter materielle Bestimmungen gesetzt wird, das Göttliche ins Irdische einkehrt, aber bei dieser Vermählung des reinen, jungfräulichen, unbetastbaren Lichts mit der Körperlichkeit jede Seite zugleich ihr Recht behält.

§ 319

Diese zunächst *äußerliche* Vergleichung und das Ineinssetzen verschiedener die Sichtbarkeit bestimmender Dichtigkeiten, welche in *verschiedenen* Medien (Luft, Wasser, dann Glas usf.) existieren, ist in der Natur der *Kristalle* eine *innerliche* Vergleichung. Diese sind *einerseits* durchsichtig überhaupt, *andererseits* aber besitzen sie in ihrer *inneren* Individualisierung (Kerngestalt) eine von der formellen Gleichheit*, der jene allgemeine Durchsichtigkeit angehört, *abweichende* Form. Diese ist auch Gestalt als Kerngestalt, aber ebenso ideelle, subjektive Form, die wie die spezifische Schwere den Ort bestimmend wirkt und daher auch die Sichtbarkeit, als räumliches Manifestieren auf spezifische Weise, von der ersten abstrakten Durchsichtigkeit verschieden, bestimmt, – *doppelte Strahlenbrechung.*

Die Kategorie *Kraft* könnte hier passend gebraucht werden, indem die rhomboidalische Form (die gewöhnlichste unter den von jener formellen Gleichheit der Gestalt in sich abweichenden) *durch und durch* den Kristall innerlich individualisiert, aber, wenn dieser nicht zufällig in Lamellen gesplittert ist, nicht zur *Existenz* als Gestalt kommt

* Das Kubische überhaupt ist hier unter der formellen Gleichheit bezeichnet. Als hier genügende Bestimmung der Kristalle, welche die sogenannte doppelte Strahlenbrechung zeigen, in Ansehung ihrer inneren Gestaltung, führe ich die aus Biot, *Traité de Physique* III[46], ch. 4., p. 325 an: »Dies Phänomen zeigt sich an allen durchsichtigen Kristallen, deren primitive Form weder ein Kubus noch ein regelmäßiges Oktaeder ist.«

46 siehe Fn. 12, S. 138

und dessen vollkommene Homogeneität und Durchsichtigkeit nicht im mindesten unterbricht und stört, also nur als *immaterielle* Bestimmtheit wirksam ist.

Ich kann nichts Treffenderes in Beziehung auf den Übergang von einem zunächst äußerlich gesetzten Verhältnis zu dessen Form als innerlich wirksamer Bestimmtheit oder Kraft anführen, als wie *Goethe* die Beziehung der äußerlichen Vorrichtung von zwei zueinander gerichteten Spiegeln auf das Phänomen der entoptischen Farben, das im *Innern* des Glaskubus in seiner Stellung zwischen ihnen erzeugt wird, ausdrückt. *Zur Naturwissenschaft* [*überhaupt*], I. Bd., 3. Heft [1820, »Entoptische Farben«], XXII [Doppelt refrangierende Körper], S. 148 heißt es von den »natürlichen, durchsichtigen, kristallisierten Körpern«: »Wir sprechen also von ihnen aus, daß die Natur in *das Innerste* solcher Körper einen *gleichen Spiegelapparat* aufgebaut habe, wie wir es mit *äußerlichen, physisch-mechanischen* Mitteln getan« – vgl. vorherg. S. daselbst.* – Es handelt sich, wie gesagt, bei dieser Zusammenstellung des Äußeren und Inneren nicht von Refraktion, wie im Paragraph, sondern von einer *äußeren* Doppelspiegelung und dem ihr im Innern entsprechenden Phänomen. So ist weiter zu unterscheiden, wenn es daselbst S. 147 heißt, man habe beim rhombischen Kalkspat gar deutlich bemerken können, »daß der verschiedene Durchgang der *Blätter* und die *deshalb* gegeneinander wirkenden *Spiegelungen* die nächste Ursache der Erscheinung sei«, – daß im Paragraph von der sozusagen rhomboidalischen *Kraft* oder *Wirksamkeit*, nicht von Wirkung existierender Lamellen (vgl. *Zur Naturwissenschaft* [*überhaupt*] I. Bd., 1. Heft [1817, »Doppelbilder des rhombischen Kalkspats«], S. 25) gesprochen wird.

* Was ich über dieses Aperçu gesagt [Brief an Goethe vom 24. 2. 1821], hat *Goethe* so freundlich aufgenommen, daß es *Zur Naturwissenschaft* [*überhaupt*, I. Bd.], 4. Heft [1822, »Neueste aufmunternde Teilnahme«], S. 294 zu lesen ist.

Zusatz. Von den zwei Bildern, welche der Isländische Kalkspat zeigt, ist das eine an der gewöhnlichen Stelle, oder die Refraktion ist nur die gewöhnliche. Das zweite Bild, welches das extraordinäre genannt wird, scheint gehobener durch die rhomboidalische Gestalt, die ein verschobener Kubus ist, wenn also die *molécules intégrantes* kein Kubus oder doppelte Pyramide sind. Es sind zwei verschiedene Ortsstellungen und so zwei Bilder, aber in *einer* Gestalt; denn weil diese einmal passiv für das Licht ist, so schickt sie das Bild einfach durch; dann aber macht sie auch ebenso ihre Materialität geltend, indem das gesamte Innere des individuellen Körpers eine Oberfläche bildet. *Goethe* hat sich viel mit diesem Phänomen zu tun gemacht, das er auf feine Risse im Kristall, auf existierende Lamellen schiebt; aber Risse sind es nicht, sondern nur die innere Gestalt, welche das Verschieben bewirkt. Denn sowie wirkliche Unterbrechungen vorhanden sind, treten auch sogleich Farben hervor (s. folg. §). Durch andere Körper sieht man eine Linie nicht nur doppelt, sondern sogar zwei Paare. In neueren Zeiten hat man viel mehr Körper entdeckt, die eine doppelte Strahlenbrechung haben. Hierher gehört auch die Erscheinung, welche Fata Morgana und von den Franzosen *mirage* genannt wird (Biot, *Traité de Physique* III, p. 321), wenn man am Ufer der See einen Gegenstand doppelt sieht. Dieses ist nicht Reflexion, sondern Refraktion, indem man wie beim Doppelspat den Gegenstand durch Luftschichten sieht, die, auf verschiedene Weise erwärmt, eine verschiedene Dichtigkeit haben.

§ 320

3. Dies immaterielle *Fürsichsein* (Kraft) der Form, zu *innerlichem Dasein* fortgehend, hebt die neutrale Natur der Kristallisation auf, und es tritt die Bestimmung der immanenten Punktualität, *Sprödigkeit* (und dann Kohäsion) ein, bei noch vollkommener, aber *formeller* Durchsichtigkeit (sprödes Glas z. B.). Dies Moment der Sprödigkeit ist *Verschiedenheit* von dem *mit sich identischen* Manifestieren, dem Lichte und der Erhellung; es ist also innerer Beginn oder *Prinzip* der *Verdunkelung*, noch nicht existierendes Finsteres, aber *wirksam* als verdunkelnd (sprödes Glas, obgleich vollkommen durchsichtig, ist die bekannte Bedingung der entoptischen Farben).

Das Verdunkeln bleibt nicht bloß Prinzip, sondern geht

gegen die einfache, unbestimmte Neutralität der Gestalt außer den äußerlich und quantitativ bewirkten Trübungen und geringeren Durchsichtigkeiten fort zum *abstrakten* einseitigen *Extreme* der Gediegenheit, der passiven Kohäsion (Metallität). So gibt dann ein auch für sich *existierendes Finsteres* und für sich vorhandenes *Helles*, vermittels der Durchsichtigkeit zugleich in konkrete und individualisierte Einheit gesetzt, die Erscheinung der *Farbe*.

Dem Licht als solchem ist die abstrakte Finsternis unmittelbar entgegengesetzt (§ 277). Aber das Finstere wird erst reell als physische, individualisierte Körperlichkeit, und der aufgezeigte Gang der Verdunkelung ist diese *Individualisierung* des Hellen, d. h. hier des Durchsichtigen, nämlich der im Kreise der Gestalt passiven Manifestation, zum *Insichsein* der individuellen Materie. Das Durchsichtige ist das in seiner Existenz homogene Neutrale; das Finstere das in sich zum Fürsichsein Individualisierte, das aber nicht in Punktualität existiert, sondern nur als *Kraft* gegen das Helle ist und darum ebenso in vollkommener Homogeneität existieren kann. – Die *Metallität* ist bekanntlich das materielle Prinzip aller Färbung – oder der allgemeine *Färbestoff*, wenn man sich so ausdrücken will. Was vom Metalle hier in Betracht kommt, ist nur seine hohe spezifische Schwere, in welche überwiegende Partikularisierung sich die spezifische Materie gegen die aufgeschlossene innere Neutralität der durchsichtigen Gestalt zurücknimmt und zum Extreme steigert; im Chemischen ist dann die Metallität ebenso einseitige, indifferente Base.

In der gemachten Aufzeigung des Ganges der Verdunkelung kam es darauf an, die Momente nicht nur abstrakt anzugeben, sondern die empirischen Weisen zu nennen, in denen sie erscheinen. Es erhellt von selbst, daß beides seine Schwierigkeiten hat; aber was für die Physik noch größere Schwierigkeiten hervorbringt, ist die Vermengung der Bestimmungen oder Eigenschaften, die ganz verschiedenen

Sphären angehören. So wesentlich es ist, für die allgemeinen Erscheinungen wie Wärme, Farbe usf. die einfache spezifische Bestimmtheit unter noch so verschiedenen Bedingungen und Umständen auszufinden, so wesentlich ist es auf der andern Seite, die *Unterschiede* festzuhalten, unter denen solche Erscheinungen sich zeigen. Was Farbe, Wärme usf. sei, kann in der empirischen Physik nicht auf den Begriff, sondern muß auf die *Entstehungsweisen* gestellt werden. Diese aber sind höchst verschieden. Die Sucht aber, nur allgemeine Gesetze zu finden, läßt zu diesem Ende wesentliche Unterschiede weg und stellt nach einem *abstrakten* Gesichtspunkte das Heterogenste chaotisch in eine Linie (wie in der Chemie etwa Gase, Schwefel, Metalle usf.). So die Wirkungsweisen nicht nach den verschiedenen Medien und Kreisen, in welchen sie statthaben, partikularisiert zu betrachten, hat dem Verlangen selbst, allgemeine Gesetze und Bestimmungen zu finden, nachteilig sein müssen. So chaotisch finden sich diese Umstände nebeneinandergestellt, unter denen die Farbenerscheinung hervortritt, und es pflegen Experimente, die dem speziellsten Kreise von Umständen angehören, gegen die einfachen allgemeinen Bedingungen, in denen sich die Natur der Farbe dem unbefangenen Sinne ergibt, den Urphänomenen, entgegengestellt zu werden. Dieser Verwirrung, welche bei dem Scheine feiner und gründlicher Erfahrung in der Tat mit roher Oberflächlichkeit verfährt, kann nur durch Beachtung der Unterschiede in den Entstehungsweisen begegnet werden, die man zu diesem Behuf kennen und in ihrer Bestimmtheit auseinanderhalten muß.

Zunächst ist sich davon als von der Grundbestimmung zu überzeugen, daß die *Hemmung* der Erhellung mit der spezifischen Schwere und der Kohäsion zusammenhängt. Diese Bestimmungen sind gegen die abstrakte Identität der reinen Manifestation (das Licht als solches) die Eigentümlichkeiten und Besonderungen der Körperlichkeit; von ihnen aus geht diese weiter in sich, in das Finstere, zurück; es sind die Bestimmungen, welche unmittelbar den Fortgang der bedingten zur freien Individualität (§ 307) ausmachen und hier in der Beziehung der ersteren zur letzteren erscheinen. Die *entoptischen* Farben haben darin das Interessante, daß das Prinzip der Verdunkelung hier die Sprödigkeit als immaterielle (nur als Kraft wirksame) *Punktualität* ist, welche in der Pulverisierung eines durchsichtigen Kristalls auf eine *äußerliche* Weise existiert und die Undurchsichtigkeit bewirkt, wie z. B. auch Schäumen durchsichtiger Flüssigkeit, usf. – Der *Druck* einer Linse, der die *epoptischen* Farben erzeugt, ist äußerlich mechanische Veränderung bloß der spezifischen Schwere, wobei Teilung in Lamellen und dergleichen *existierende* Hemmungen nicht vorhanden sind. – Bei der *Erhitzung* der Metalle (Veränderung der spezifischen Schwere) »entstehen auf ihrer Oberfläche flüchtig aufeinanderfolgende Farben, welche selbst nach Belieben festgehalten werden können« (Goethe, *Zur Farbenlehre*, Teil I, S. 181 [Didaktischer Teil, XXXIII. Epoptische Farben, Nr. 471]). – In der *chemischen* Bestimmung tritt aber durch die Säure ein ganz anderes Prinzip der Erhellung des Dunkeln, der immanenteren Selbstmanifestation, der Befeuerung ein. Aus der Betrachtung der Farben für sich ist die chemisch determinierte Hemmung, Verdunkelung, Erhellung, zunächst auszuschließen; denn der chemische Körper, wie das Auge (bei den subjektiven, physiologischen Farbenerscheinungen), ist ein *Konkretes*, das vielfache weitere Bestimmungen in sich enthält, so daß sich die, welche sich auf die Farbe beziehen, nicht bestimmt für sich herausheben und abgesondert zeigen lassen, sondern vielmehr wird die Erkenntnis der abstrakten Farbe vorausgesetzt, um an dem Konkreten das sich darauf Beziehende herauszufinden.

Das Gesagte bezieht sich auf die *innere* Verdunkelung, insofern sie zur *Natur* des Körpers gehört; in Beziehung auf die Farbe hat es insofern Interesse, sie nachzuweisen, als die durch sie bewirkte Trübung nicht auf eine äußerlich für sich existierende Weise gesetzt und damit so nicht aufgezeigt werden kann. Ein – aber in *äußerlicher* Existenz – als trübend wirksames Medium ist ein weniger durchsichtiges, nur durchscheinendes Medium überhaupt; ein ganz durchsichtiges (die elementarische Luft ist ohne das Konkrete, wie ein solches schon in der Neutralität des unindividualisierten Wassers liegt), wie Wasser oder reines Glas, hat einen Anfang von Trübung, die durch Verdikkung des Mediums besonders in Vermehrung der Lagen (d. i. unterbrechenden Begrenzungen) zum Dasein kommt. Das berühmteste äußerlich trübende Mittel ist das *Prisma*, dessen trübende Wirksamkeit in den zwei Umständen liegt: erstlich in seiner äußeren Begrenzung als solcher, an seinen Rändern; zweitens in seiner prismatischen Gestalt, der Ungleichheit der Durchmesser seines Profils von der ganzen Breite seiner Seite bis zur gegenüberstehenden Kante. Zu dem Unbegreiflichen an den Theorien über die Farbe gehört unter anderem, daß in ihnen die Eigenschaft des *Prisma*, trübend zu wirken und besonders ungleich trübend nach der ungleichen Dicke der Durchmesser der verschiedenen Teile, durch die das Licht fällt, übersehen wird.

Die Verdunkelung aber überhaupt ist nur der *eine* Umstand, die Helligkeit der andere; zur Farbe gehört eine nähere Determination in der Beziehung derselben. Das Licht erhellt, der Tag *vertreibt* die Finsternis; die Verdüsterung als bloße Vermischung des Hellen mit vorhandenem Finsteren gibt im allgemeinen ein *Grau*. Aber die Farbe ist eine solche Verbindung beider Bestimmungen, daß sie, indem sie auseinandergehalten sind, ebensosehr in eins gesetzt werden; sie sind getrennt, und ebenso scheint eines im anderen; eine Verbindung, die somit Individualisierung zu nennen ist; ein Verhältnis, wie bei der sogenannten Brechung aufgezeigt wurde, daß eine Bestimmung in der anderen wirksam ist und doch für sich ein Dasein hat. Es ist die Weise des Begriffs überhaupt, welcher als konkret die Momente zugleich unterschieden und in ihrer Idealität, ihrer Einheit enthält. Diese Bestimmung findet sich in der *Goetheschen* Darstellung[47] auf die ihr gehörige sinnliche Weise ausgedrückt, – daß beim Prisma das Helle *über* das Dunkle (oder umgekehrt) *hergezogen* wird, so daß das Helle ebenso noch als Helles selbständig durchwirkt, als es getrübt [ist], daß es (im Falle des Prisma), die gemeinschaftliche Verrückung abgerechnet, ebensowohl an seiner Stelle bleibt, als es zugleich verrückt wird. Wo das Helle oder Dunkle oder vielmehr Erhellende und Verdunkelnde (beides ist relativ) in den *trüben Medien* für sich existiert, behält das trübe Medium, vor einen dunklen Hintergrund, auf diese Weise als erhellendes wirkend, gestellt (und umgekehrt), seine eigentümliche Erscheinung, und zugleich ist eins im andern negativ, beides identisch gesetzt. So ist der Unterschied der Farbe von dem bloßen Grau (obgleich z. B. bloß grauer, ungefärbter Schatten sich vielleicht seltener findet, als man zunächst meint) zu fassen – er ist derselbe als innerhalb des Farbenvierecks der Unterschied des Grünen von dem Roten, jenes die *Vermischung* des Gegensatzes, des Blauen und des Gelben, dieses die Individualität desselben.

Nach der bekannten *Newtonschen* Theorie *besteht* das weiße, d. i. farblose Licht aus *fünf* oder aus *sieben* Farben; denn genau weiß dies die Theorie selbst nicht. – Über die *Barbarei* fürs erste der Vorstellung, daß auch beim Lichte nach der schlechtesten Reflexionsform, *der Zusammensetzung*, gegriffen worden ist und das *Helle* hier sogar aus sieben *Dunkelheiten* bestehen soll, wie man das klare Wasser aus sieben Erdarten bestehen lassen könnte, kann man sich *nicht stark genug* ausdrücken;

so wie über die *Ungeschicktheit* und *Unrichtigkeit* des

47 *Zur Farbenlehre,* Didaktischer Teil, Abschnitt XIII ff.

Newtonschen Beobachtens und Experimentierens, nicht weniger über die *Fadheit* desselben, ja selbst, wie *Goethe* gezeigt hat[48], über dessen *Unredlichkeit*; – eine der auffallendsten sowie einfachsten Unrichtigkeiten ist die falsche Versicherung, daß ein durch ein Prisma bewirkter *einfarbiger* Teil des Spektrums, durch ein zweites Prisma gelassen, auch wieder nur einfarbig erscheine (Newton, *Optice*, Lib. I, P. I, prop. V in fine);
alsdann über die gleich schlechte Beschaffenheit des *Schließens, Folgerns* und *Beweisens* aus jenen unreinen empirischen Daten; Newton gebrauchte nicht nur das Prisma, sondern der Umstand war ihm auch nicht entgangen, daß zur Farbenerzeugung durch dasselbe eine Grenze von Hell und Dunkel erforderlich sei (*Optice*, Lib. II, P. II, p. 230, ed. lat. London 1719), und doch konnte er das Dunkle als wirksam zu trüben übersehen. Diese *Bedingung* der Farbe wird überhaupt von ihm nur bei einer ganz speziellen Erscheinung (und auch dabei selbst ungeschickt), nebenher und nachdem die Theorie längst fertig ist, erwähnt. So dient diese Erwähnung den Verteidigern der Theorie nur dazu, sagen zu können, diese Bedingung sei Newton nicht unbekannt gewesen, nicht aber dazu, als *Bedingung* sie mit dem Lichte an die Spitze aller Farbenbetrachtung zu stellen. Vielmehr wird jener Umstand, daß bei aller Farbenerscheinung Dunkles vorhanden ist, in den Lehrbüchern verschwiegen, so wie die ganz einfache Erfahrung, daß, wenn durchs Prisma eine ganz weiße (oder überhaupt einfarbige) Wand angesehen wird, man *keine* Farbe (im Falle der Einfarbigkeit keine andere als eben die Farbe der Wand) sieht, sobald aber ein Nagel in die Wand geschlagen, irgendeine Ungleichheit auf ihr gemacht wird, sogleich und nur dann und nur an solcher Stelle Farben zum Vorschein kommen. Zu den Ungehörigkeiten der Darstellung der Theorie ist darum auch diese zu zäh-

48 *Zur Farbenlehre*, Polemischer Teil, Nr. 645

len, daß so viele widerlegende Erfahrungen verschwiegen werden;
hierauf endlich insbesondere über die Gedankenlosigkeit, mit der eine Menge der unmittelbaren Folgerungen jener Theorie (z. B. die Unmöglichkeit achromatischer Fernrohre) aufgegeben worden und doch die Theorie selbst behauptet wird;
zuletzt aber über die Blindheit des *Vorurteils*, daß diese Theorie auf etwas *Mathematischem* beruhe, als ob die zum Teil selbst falschen und einseitigen *Messungen* nur den Namen von Mathematik verdienten und als ob die in die Folgerungen hineingebrachten quantitativen Bestimmungen irgendeinen Grund für die Theorie und die Natur der Sache selbst abgäben.
Ein Hauptgrund, warum die ebenso klare als *gründliche*, auch sogar *gelehrte Goethesche* Beleuchtung dieser Finsternis im Lichte nicht eine wirksamere Aufnahme erlangt hat, ist ohne Zweifel dieser, weil die Gedankenlosigkeit und Einfältigkeit, die man eingestehen sollte, gar zu groß ist. – Statt daß sich diese ungereimten Vorstellungen vermindert hätten, sind sie in den neuesten Zeiten auf die *Malusschen* Entdeckungen[49] noch durch die *Polarisation* des Lichts und gar durch die *Viereckigkeit* der Sonnenstrahlen, durch eine *links rotierende Bewegung* roter und eine *rechts rotierende* blauer Lichtkügelchen, vollends durch die wieder aufgenommenen Newtonschen *Fits*, die *accès de facile transmission* und *accès de facile réflexion*[50] zu weiterem metaphysischen Galimathias vermehrt worden. – Ein Teil solcher Vorstellungen entsprang auch hier aus der Anwendung von Differentialformeln auf Farbenerscheinungen, indem die guten Bedeutungen, welche Glieder dieser Formeln in der Mechanik haben, unstatthafterweise auf Bestimmungen eines ganz anderen Feldes übertragen worden sind.

49 siehe Fn. 3, S. 123
50 vgl. Biot, *Traité de physique* IV, p. 88 ff.

Zusatz. Erstens. Im Prisma ist gleichfalls sogenannte doppelte Strahlenbrechung vorhanden; und hier tritt die weitere Bestimmtheit ein, mit der die Durchsichtigkeit zur Verdunkelung übergeht, wodurch Farben entstehen. Die Sprödigkeit im Glase zeigt sich als trübend das Helle, obgleich das Glas vollkommen durchsichtig ist. Ein milchiges Glas, ein Opal tut dasselbe; dort aber sind die Trübungen bewirkt, die sich nicht als äußerlich existierend kundgeben. Das Licht trübt sich nicht selbst, es ist vielmehr das Ungetrübte; erst mit dem Individuellen, Subjektiven, welches sich selbst in seine Unterschiede dirimiert und sie in sich bindet, hängt also die Vorstellung der Farbe zusammen. Das Nähere davon gehört in die empirische Physik; doch indem diese nicht nur zu beobachten, sondern auch die Beobachtungen auf die allgemeinen Gesetze zurückzuführen hat, so berührt sie sich dann mit der philosophischen Betrachtung. Über die Farben sind *zwei Vorstellungen* herrschend: die eine ist die, welche *wir* haben, daß das Licht ein Einfaches sei. Die andere Vorstellung, daß das Licht zusammengesetzt sei, ist allem Begriffe geradezu entgegengesetzt und die roheste Metaphysik; sie ist darum das Schlimme, weil es sich um die ganze Weise der Betrachtung handelt. Am Licht ist es, wo wir die Betrachtung der Vereinzelung, der Vielheit aufgeben und uns zur Abstraktion des Identischen als existierend erheben müßten. Am Licht wäre man also genötigt, sich ins Ideelle, in den Gedanken zu erheben; aber der Gedanke ist bei jener Vorstellung unmöglich gemacht, indem man sich diese Stelle ganz vergröbert hat. Die Philosophie hat es daher nie mit einem Zusammengesetzten zu tun, sondern mit dem Begriffe, mit der Einheit von Unterschiedenen, die eine immanente, keine äußerliche, oberflächliche Einheit derselben ist. Diese Zusammensetzung hat man, um der Newtonschen Theorie nachzuhelfen, dadurch wegbringen wollen, daß man sagte, das Licht bestimme sich in sich selbst zu diesen Farben, wie die Elektrizität oder der Magnetismus sich zu Unterschiedenen polarisiere. Aber die Farben stehen nur auf der Grenze zwischen Hellem und Dunklem, was Newton selbst zugibt. Daß das Licht sich zur Farbe determiniert, dazu ist immer eine äußere Bestimmung oder Bedingung vorhanden, wie der unendliche Anstoß im Fichteschen Idealismus, und zwar eine spezifische. Trübte sich das Licht aus sich selbst, so wäre es die Idee, die in sich selbst different ist; es ist aber nur ein abstraktes Moment, die zur abstrakten Freiheit gelangte Selbstheit und Zentralität der Schwere. Dies ist das, was *philosophisch* auszumachen ist, – nämlich auf welchen Standpunkt das Licht gehöre. Das Licht hat also das Physikalische noch außer sich. Das helle Körperliche, fixiert, ist das *Weiße*, das noch keine Farbe ist; das Dunkle, materialisiert und spezifiziert, ist das *Schwarze*. Zwischen beiden Extremen ist die Farbe gelegen; die Verbindung von Licht und Finsterem, und zwar die Spezifikation dieser Verbindung ist es erst, was die Farbe hervorbringt. Außer diesem Verhältnis ist die Finsternis nichts, aber auch das Licht nicht etwas. Die Nacht enthält die sich auflösende Gärung und den zerrüttenden Kampf aller Kräfte, die absolute Möglichkeit von allem, das Chaos, das nicht eine seiende Materie, sondern eben in seiner Vernichtung alles enthält. Sie ist die Mutter, die Nahrung von allem, und das Licht die reine Form, die erst Sein hat in ihrer Einheit mit der Nacht. Der Schauer der Nacht ist das stille Beben und Regen aller Kräfte; die Helle des Tages ist ihr Außersichsein, das keine Innerlichkeit behalten kann, sondern als geist- und kraftlose Wirklichkeit ausgeschüttet und verloren ist. Aber die Wahrheit ist, wie sich gezeigt, die Einheit beider: das Licht, das nicht in die Finsternis scheint, sondern von ihr als dem Wesen durchdrungen, eben hierin substantiiert, materialisiert ist. Es scheint nicht in sie, es erhellt sie nicht, es ist nicht in ihr gebrochen; sondern der in sich selbst gebrochene Begriff, als die Einheit beider, stellt in dieser Substanz sein Selbst, die Unterschiede seiner Momente dar. Das ist das heitere Reich der Farben und ihre lebendige Bewegung im *Farbenspiel*. Jedermann weiß, daß die Farbe dunkler ist als das Licht; nach der Newtonschen Vorstellung ist das Licht aber nicht Licht, sondern in sich finster, und das Licht entsteht erst, indem man diese verschiedenen Farben, die ein Ursprüngliches sein sollen, vermengt. Streitet man gegen Newton, so scheint dies anmaßend; die Sache ist aber nur empirisch auszumachen, und so hat sie Goethe dargestellt, während Newton sie durch Reflexion und Verknöcherung der Vorstellung trübte. Und nur weil die Physiker durch diese Verknöcherung im Anschauen der Versuche blind gemacht worden, hat das Newtonsche System sich bis jetzt erhalten können. Ich kann hierüber kürzer sein, da Hoffnung ist, daß bald auf hiesiger Universität diese höchst interessante Materie von den Farben in besonderen Vorlesungen vorgetragen und durch Experimente die Sache, der ungeheure Irrtum Newtons und die gedankenlose Nachbeterei der Physiker Ihnen näher vor Augen gestellt werden wird.

Die Betrachtung der Farben ist da anzufangen und aufzunehmen, wo die *Durchsichtigkeit durch trübende Mittel*, wie auch das Prisma als solches behauptet werden muß, bedingt ist, also eine Beziehung des Lichts aufs Dunkle eintritt. Die Farbe, als dieses Einfache, Freie, bedarf eines Anderen zu ihrer Wirklichkeit, – einer Figur, die eine bestimmte, ungleiche, unter verschiedenem Winkel ihre Seiten schließende ist. Dadurch entstehen an Intensität unterschiedene Erhellungen und Trübungen, die, aufeinander-

fallend und damit getrübt oder erhellt, die *freien Farben* geben. Zu dieser Verschiedenheit der Trübung gebrauchen wir vornehmlich durchsichtige Gläser; sie sind aber gar nicht einmal zur Entstehung der Farbe nötig, sondern dies ist schon eine zusammengesetztere, weitere Wirkung. Man kann unmittelbar verschiedene Trübungen oder Beleuchtungen aufeinanderfallen lassen, wie Tageslicht und Kerzenlicht, so hat man sogleich farbige Schatten, indem der dunkle Schatten eines jeden Lichts zugleich vom andern Lichte beleuchtet ist; mit den beiden Schatten hat man also zwei Beleuchtungen dieser Schatten. Wenn mannigfaltige, unordentliche Trübungen aufeinanderfallen, so entsteht das farblose Grau, wie uns an den gewöhnlichen Schatten überhaupt bekannt ist; es ist dies eine unbestimmte Erleuchtung. Wenn aber nur wenige, zwei bestimmte Unterschiede der Erhellung aufeinanderfallen, so entsteht sogleich Farbe: ein qualitativer Unterschied, während die Schatten bloß quantitative Unterschiede darbieten. Sonnenlicht ist zu entschieden, als daß noch eine andere Helligkeit dagegen auftreten könnte, sondern die ganze Gegend erhält eine allgemeine Hauptbeleuchtung. Fallen aber verschiedene Beleuchtungen ins Zimmer, wenn auch nur neben dem Sonnenschein, z. B. der blaue Himmel, so sind sogleich farbige Schatten da, so daß, wenn man anfängt, auf die verschiedene Färbung der Schatten aufmerksam zu werden, man bald keine grauen Schatten mehr findet, sondern allenthalben gefärbte, aber oft so schwach, daß die Farben sich nicht individualisieren. Kerzenlicht und Mondschein geben die schönsten Schatten. Hält man in diese zweierlei Helligkeiten ein Stäbchen, so werden beide Schatten von den beiden Lichtern erhellt – der Schatten des Mondlichts durchs Kerzenlicht und umgekehrt; man erhält dann blau und rötlichgelb, während zwei Kerzenlichter allein entschieden gelb gefärbt sind. Jener Gegensatz tritt auch ein mit dem Kerzenlicht in der Morgen- und Abenddämmerung, wo das Sonnenlicht nicht so blendend ist, daß der farbige Schatten durch die vielen Reflexe verdrängt würde.
Einen schlagenden Beweis glaubt Newton an dem *Schwungrade* gefunden zu haben, auf das alle Farben gemalt worden; denn da man beim schnellen Umdrehen desselben keine Farbe deutlich sieht, sondern nur einen weißlichen Schimmer, so soll das weiße Licht aus sieben Farben bestehen. Man sieht aber nur Grau, ein »niederträchtig« Grau, eine Dreckfarbe, weil das Auge bei der Schnelle die Farben nicht mehr unterscheidet, wie beim Schwindel und bei der Betäubung man die Gegenstände nicht mehr als bestimmte in der Vorstellung festhalten kann. Hält irgendeiner etwa den Kreis für wirklich, den man sieht, wenn man einen Stein an einer Schnur herumdreht? Jenes Hauptexperiment der New-

tonianer widerlegt unmittelbar das, was sie damit beweisen wollen; denn wären die Farben das ursprünglich Feste, so könnte das Trübe, was die Farbe in sich hat, sich hier gar nicht zur Helligkeit reduzieren. Vielmehr also weil das Licht überhaupt die Finsternis vertreibt, wie auch die Nachtwächter singen, so ist das Trübe nichts Ursprüngliches. Aber wo das Trübe überwiegt, verschwindet umgekehrt die geringe Erleuchtung. Wenn also Gläser von bestimmten Farben aufeinandergelegt werden, so sieht man bald weiß durch, wenn die Gläser hell, bald schwarz, wenn sie eben sonst dunkel gefärbt sind. Da müßten nun die Newtonianer ebenso sagen, die Finsternis besteht aus Farben; wie in der Tat ein anderer Engländer behauptete, Schwarz bestehe aus allen Farben. Die Partikularität der Farbe ist da verlöscht.

Der *Gang der Newtonschen Reflexion* ist, wie in seiner ganzen Manier der Physik, einfach der:

α) Newton fängt mit den Erscheinungen durchs gläserne Prisma an in einem ganz dunkeln Zimmer (welche Pedanterie, so wie das *foramen ovale* und dergleichen, ganz überflüssig ist) und läßt dort »Lichtstrahlen«, wie er sich ausdrückt, auf das Prisma fallen. Man sieht dann durchs Prisma verschiedene Farben, das Lichtbild überhaupt an einem anderen Ort und die Farben ebenso in einer besonderen Ordnung dieses Orts: Violett z. B. weiter oben, Rot weiter unten. Das ist die einfache Erscheinung. Da sagt Newton: weil ein Teil des Bildes mehr als der andere verschoben sei und an dem mehr verschobenen Orte andere Farben sichtbar seien, so sei die eine Farbe ein mehr Verschobenes als eine andere. Dies wird dann so ausgedrückt, daß die innere Verschiedenheit der Farben ihrer Natur nach in der *diversen Refrangibilität* derselben bestehe. Sie sind dann jede ein Ursprüngliches, das im Lichte schon von jeher als verschieden vorhanden und fertig ist, und das Prisma z. B. tue nichts, als diese vorher schon von Haus aus vorhandene Verschiedenheit zur Erscheinung zu bringen, die nicht erst durch dieses Verfahren entstehe; wie wir durch ein Mikroskop Schuppen z. B. auf dem Flügel eines Schmetterlings zu Gesicht bekommen, die wir mit bloßen Augen nicht sehen. Das ist das Räsonnement. Dieses Weiche, Zarte, unendlich Bestimmbare, absolut mit sich Identische des Lichts, das jedem Eindrucke nachgiebig ist und ganz gleichgültig nur alle äußeren Modifikationen aufnimmt, soll so in sich aus Festem bestehen. Man könnte auf einem anderen Felde analog so verfahren: Werden auf einem Klavier verschiedene Tasten angeschlagen, so entstehen verschiedene Töne, weil in der Tat verschiedene Saiten angeschlagen werden. Bei der Orgel hat ebenso jeder Ton eine Pfeife, die, wenn in sie geblasen wird, einen besonderen Ton gibt. Wird aber ein Horn oder eine Flöte geblasen, so läßt sie auch verschiedene Töne hören, obgleich man keine besonderen Tasten oder Pfeifen sieht. Freilich gibt es eine Russische Hornmusik, wo jeder Ton ein eigenes Horn hat, indem jeder Spieler mit seinem Horne nur einen Ton angibt. Wenn man nun nach diesen Erfahrungen dieselbe Melodie auf einem gewöhnlichen Waldhorn ausgeführt hört, so könnte man wie Newton schließen: »In diesem einen Horne stecken verschiedene solche Hörner, die nicht gesehen noch gefühlt werden, aber der Spielende, der hier das Prisma ist, bringt sie zur Erscheinung; weil er verschiedene Töne hervorbringt, so bläst er jedesmal in ein verschiedenes Horn, indem jeder Ton für sich ein Festes und Fertiges ist, der sein eigenes Bestehen und sein eigenes Horn hat.« Wir wissen zwar sonst, daß auf einem Horn die verschiedenen Töne hervorgebracht werden durch verschiedene Beugung der Lippen, dadurch, daß die Hand in die Öffnung gesteckt wird usw. Aber dies soll nichts machen, nur eine formelle Tätigkeit sein, die nur die schon vorhandenen verschiedenen Töne zur Erscheinung bringt, nicht die Verschiedenheit des Tönens selbst hervorbringt. So wissen *wir* auch, daß das Prisma eine Art von Bedingung ist, vermittels derer die verschiedenen Farben erscheinen, indem durch die verschiedenen Dichtigkeiten, die seine Gestalt darbietet, die verschiedenen Trübungen des Lichts übereinandergezogen werden. Aber die Newtonianer bleiben dabei, wenn man ihnen auch die Entstehung der Farben nur unter diesen Bedingungen aufzeigt, zu behaupten, diese verschiedenen Tätigkeiten in bezug auf das Licht bringen nicht im Produkte die Verschiedenheiten hervor, sondern die Produkte sind schon vor dem Produzieren fertig; wie die Töne im Waldhorn schon ein verschieden Tönendes seien, ob ich die Lippen so oder so anschließe, öffne, und die Hand so oder so in die vordere Öffnung hineinstecke; diese Tätigkeiten seien nicht Modifizierungen des Tönens, sondern nur ein wiederholtes Anblasen eines immer anderen Horns. Es ist das Verdienst Goethes, das Prisma heruntergebracht zu haben. Der Schluß Newtons ist: »Das, was das Prisma hervorbringt, ist das Ursprüngliche«; das ist ein barbarischer Schluß. Die Atmosphäre trübt, und zwar verschiedentlich; wie z. B. die Sonne beim Aufgehen röter ist, weil dann mehr Dünste in der Luft sind. Wasser und Glas trübt noch viel mehr. Indem Newton die Wirkungsweise des Instruments, das Licht zu verdunkeln, nicht in Rechnung bringt, so hält er die Verdunkelung, die hinter dem Prisma erscheint, für die ursprünglichen Bestandteile, in die das Licht durchs Prisma zerlegt werden soll. Zu sagen, daß das Prisma zerstreuende Kraft habe, ist aber eine Liederlichkeit, weil darin die Theorie bereits vorausgesetzt ist, die durch die Erfahrung erwiesen werden soll. Es ist dasselbe, wie wenn ich beweisen will, das Wasser sei nicht ursprünglich klar, nachdem ich das Wasser durch einen an eine Stange befestigten kotigen Lappen, den ich darin umrühre, schmutzig gemacht habe.

β) Wenn Newton ferner behauptet, daß die sieben Farben, Violett, Dunkelblau, Hellblau, Grün, Gelb, Orange und Rot, einfach und unzerlegbar seien, so läßt sich kein Mensch bereden, Violett z. B. für einfach anzusehen, da es eine Mischung aus Blau und einem gewissen Rot ist. Es ist jedem Kinde bekannt, daß, wenn Gelb und Blau gemischt werden, Grün entsteht; ebenso Lila, wenn zum Blau weniger Rot als beim Violett hinzugesetzt wird; ebenso Orange aus Gelb und Rot. Wie den Newtonianern aber Grün, Violett und Orange ursprünglich sind, so sind ihnen auch Indigoblau und Hellblau (d. i. Seladon, ein Stich aufs Grüne) absolut verschieden, obgleich sie gar kein qualitativer Unterschied sind. Kein Maler ist ein solcher Tor, Newtonianer zu sein; sie haben Rot, Gelb und Blau, und machen sich daraus die anderen Farben. Selbst durch die mechanische Mischung zweier trockener Pulver, die gelb und blau sind, entsteht Grün. Da mehrere Farben so durch Mischung entstehen, wie die Newtonianer zugeben müssen, so sagen sie, um dennoch deren Einfachheit zu retten: die Farben, die durchs Spektrum (oder Gespenst) des Prismas entstehen, seien wieder ursprünglich verschieden von den übrigen natürlichen Farben, den an Stoffen fixierten Pigmenten. Aber das ist ein nichtiger Unterschied; Farbe ist Farbe und entweder homogen oder heterogen, – ob sie so oder so entstanden sei, physisch oder chemisch sei. Ja, die gemischten Farben entstehen selbst im Prisma ebenso als anderwärts; wir haben hier einen bestimmten Schein in seinem Entstehen als Schein, also auch eine bloße Vermischung des Scheins mit Schein, ohne weitere Verbindung der Gefärbten. Hält man nämlich das Prisma der Wand nahe, so hat man nur die Ränder des Farbenbildes blau und rot gefärbt, die Mitte bleibt weiß. Man sagt: in der Mitte, wo viele Farben zusammenfallen, entstehe ein weißes Licht. Welcher Unsinn! Die Menschen können es darin unglaublich weit bringen; und so fortzuschwatzen, wird zu einer bloßen Gewohnheitssache. Eine größere Entfernung macht ja aber die Säume breiter, bis das Weiß endlich ganz verschwindet und durch Berührung der Säume Grün entsteht. In jenem Versuch der Newtonianer, wodurch sie beweisen wollen, daß die Farben schlechthin einfach seien (s. oben Anm. S. 247), zeigt freilich die durch ein Loch in der Wand abgeschnittene und auf eine zweite Wand fallende Farbe, durch ein Prisma gesehen, die verschiedenen Farben nicht so vollkommen; die Ränder, die sich bilden, können aber auch natürlich nicht so lebhaft sein, weil der Grund eine andere Farbe ist, wie wenn ich eine Gegend durch ein farbiges

Glas sehe. Man muß sich also keineswegs, weder durch die Autorität des Namens Newtons noch auch durch das Gerüst eines mathematischen Beweises, das vorzüglich in neuerer Zeit um seine Lehre gebaut worden ist, imponieren lassen. Man sagt nämlich, Newton sei ein großer Mathematiker gewesen, als ob dadurch schon seine Theorie der Farben gerechtfertigt sei. Das Physikalische kann nicht, nur die Größe, mathematisch bewiesen werden. Bei den Farben hat die Mathematik nichts zu tun, etwas anderes ist es in der Optik; und wenn Newton die Farben gemessen hat, so ist das noch nicht oder doch nur blutwenig Mathematik. Er hat das Verhältnis der Säume gemessen, die von verschiedener Breite sind, sagt aber, seine Augen seien nicht scharf genug gewesen, um selbst zu messen; und so habe ein *guter Freund*, der scharfe Augen hätte und dem er geglaubt, es für ihn getan.* Wenn Newton dann aber diese Verhältnisse mit den Zahlenverhältnissen der musikalischen Töne verglich (s. oben § 280 Anm.), so ist auch das noch nicht mathematisch. Auch kann keiner bei den schärfsten Augen, wenn das Bild groß ist, angeben, wo die verschiedenen Farben anfangen; wer nur einmal das Spektrum angesehen, weiß, daß es keine festen Grenzen (*confinia*) gibt, die durch Linien bestimmbar wären. Die Sache ist vollends absurd, wenn man bedenkt, daß die Breiten der Ränder höchst verschieden sind bei größerer oder kleinerer Entfernung, bei der größten Entfernung z. B. das Grün die größte Breite erhält, weil Gelb und Blau als solche immer schmäler werden, indem sie wegen ihrer zunehmenden Breite sich immer mehr übereinanderziehen.

γ) Eine dritte Vorstellung Newtons, die dann Biot weiter ausgesponnen hat, ist die, daß, wenn man mit einer Linse auf ein Glas drückt, wobei man einen Ring sieht, der mehrere Regenbogen übereinander bildet, dann die verschiedenen Farben verschiedene Triebe haben. An diesem Punkte sieht man z. B. einen gelben Ring und alle anderen Farben nicht; hier hat also, sagen jene, die gelbe Farbe die Anwandlung des Erscheinens, die anderen den Paroxysmus, durchzuschlüpfen und sich nicht sehen zu lassen. Durchsichtige Körper sollen gewisse Strahlen durchlassen, andere nicht. Also ist die Natur der Farbe dies: bald den *accès* zu haben, zu erscheinen, dann durchzugehen; das ist ganz leer, – die einfache Erscheinung in die steife Reflexionsform aufgenommen.

Die dem Begriffe angemessene Darstellung der Farben verdanken

* Newton, *Optice*, p. 120–121: »amicus, qui interfuit et cuius oculi coloribus discernendis acriores quam mei essent, notavit lineis rectis imagini in transversum ductis confinia colorum.« So ein guter Freund ist Newton für alle Physiker geworden; keiner hat selbst gesehen, und wenn er gesehen, wie Newton gesprochen und gedacht.

wir *Goethe*, den die Farben und das Licht früh angezogen haben, sie zu betrachten, besonders dann von Seiten der Malerei; und sein reiner, einfacher Natursinn, die erste Bedingung des Dichters, mußte solcher Barbarei der Reflexion, wie sie sich in Newton findet, widerstreben. Was von *Platon* an über Licht und Farbe statuiert und experimentiert worden ist, hat er durchgenommen. Er hat das Phänomen einfach aufgefaßt; und der wahrhafte Instinkt der Vernunft besteht darin, das Phänomen von der Seite aufzufassen, wo es sich am einfachsten darstellt. Das Weitere ist die Verwicklung des *Urphänomens* mit einer ganzen Menge von Bedingungen; fängt man bei solchem Letzten an, so ist es schwer, das Wesen zu erkennen.

α) Das Hauptmoment der Goetheschen Theorie ist nun, daß das Licht für sich und die Finsternis ein Anderes außer ihm ist, *Weiß* sichtbares Licht, *Schwarz* sichtbare Finsternis und *Grau* ihr *erstes*, bloß quantitatives Verhältnis ist, also Verminderung oder Vermehrung der Helle oder Dunkelheit, – bei dem *zweiten* bestimmteren Verhältnis aber, wo Helles und Dunkles diese feste spezifische Qualität gegeneinander behalten, es darauf ankommt, welches zugrunde liegt und welches das trübende Mittel ist. Es ist ein heller Grund vorhanden und darauf ein Dunkleres oder umgekehrt, und daraus entsteht Farbe. Goethes großer Sinn ließ ihn von diesem dem Begriffe gemäßen Zusammenhalten Unterschiedener sagen, *dies ist so*; und nur das denkende Bewußtsein kann darüber Rechenschaft geben, daß die Vernünftigkeit eine Identität in der bleibenden Verschiedenheit ist. Wo also z. B. das Selbstische den Gegenstand nicht von sich abhält, sondern mit ihm zusammenfließt, da ist nur tierische Empfindung vorhanden. Sage ich aber, *ich* fühle etwas Warmes usw., so setzt das Bewußtsein ein Objekt, und bei dieser Trennung halte ich doch beides in einer Einheit zusammen. Das ist das Verhältnis; 3 : 4 ist ganz etwas anderes, als wenn ich sie nur zusammenknete als 7 (3 + 4), oder 12 (3 × 4), oder 4 — 3 = 1, sondern dort gilt Drei als Drei und Vier als Vier. Ebenso müssen bei den Farben Helles und Dunkles aufeinander bezogen sein; das Medium und die Unterlage müssen hierbei getrennt bleiben und jenes in der Tat ein Medium, nicht selbst strahlend sein. – αα) Sonst kann ich mir vorstellen einen dunklen Grund und Sonnenlicht, das darauf scheint; dies ist jedoch kein Medium. Aber auch bei trübenden Medien kann bloßes Grau statt Farbe entstehen: z. B. wenn ich durch durchscheinenden Musselin einen schwarzen Gegenstand betrachte oder durch schwarzen Musselin einen weißen Gegenstand; denn daß die Farbe überhaupt bestimmt wahrnehmbar sei, dazu gehören besondere Bedingungen. Bei solcher Erscheinung der Farbe kommt es ferner auf die Verschiedenheit des Auges, auf das Umgebende an. Wegen der Nähe eines anderen Dunkeln oder Hellen von bestimmtem Grade, oder ist sonst eine prononcierte Farbe in der Nachbarschaft, so erscheint der schwache Farbenschein eben nur als Grau. Auch die Augen sind äußerst verschieden in der Empfänglichkeit für Farben; doch kann man seine Aufmerksamkeit schärfen, wie mir denn ein Hutrand durch Musselin bläulich erscheint. Bloße Trübung muß also unterschieden werden ββ) von *gegenseitigem Durchscheinen* von Hell und Dunkel. Der Himmel ist Nacht, schwarz; unsere Atmosphäre ist, als Luft, durchsichtig; wäre sie ganz rein, so sähen wir nur den schwarzen Himmel. Sie ist aber mit Dunst erfüllt, also ein Trübendes, so daß wir den Himmel farbig – *blau* – sehen; auf den Bergen, wo die Luft reiner ist, sehen wir den Himmel schwärzer. Umgekehrt: haben wir einen hellen Grund, z. B. die Sonne, und sehen wir sie durch ein dunkles Glas, z. B. ein Milchglas, so erscheint sie uns farbig, *gelb* oder *rot*. Es gibt ein gewisses *Holz*, dessen Absud, gegen Helles gehalten, gelb, gegen Dunkles gehalten, blau ist. Dieses einfachste Verhältnis ist immer die Grundlage; jedes durchscheinende Medium, das noch keine entschiedene Farbe hat, ist auf diese Weise wirksam. So hat man einen Opal, der gegen den Himmel gehalten gelb oder rot, gegen Dunkles gehalten blau ist. Rauch aus einer Esse sah ich (am 5. Januar 1824) vor meinem Fenster aufsteigen; der Himmel war überzogen, also ein weißer Hintergrund. Sowie der Rauch nun aufstieg und diesen Hintergrund hatte, war er gelblich; sowie er sich senkte, daß er die dunklen Dächer und das Dunkle entlaubter Bäume hinter sich hatte, war er bläulich; und wo er wieder darunter weiße Wände der Häuser hinter sich hatte, war er wieder gelb. Ebenso gibt es Bierflaschen, die dieselbe Erscheinung darbieten. Goethe hatte ein Böhmisches Trinkglas, dessen Rand er von innen halb mit schwarzem, halb mit weißem Papier umkleidete; und so war es blau und gelb. Das nennt nun Goethe das Urphänomen.

β) Eine weitere Weise, wie diese Trübung zustande gebracht wird, ist durch das Prisma bewerkstelligt; wenn man nämlich weißes Papier hat und darauf schwarze Figuren (oder umgekehrt) und dies durch ein Prisma betrachtet, so sieht man farbige Ränder, weil das Prisma, als zugleich durchsichtig und undurchsichtig, den Gegenstand an dem Orte darstellt, wo er ist, und zugleich an einem anderen; die Ränder werden dadurch Grenzen und einer über den anderen herübergeführt, ohne daß bloße Trübung vorhanden wäre. Newton verwundert sich an der oben (Anm. S. 247) angeführten Stelle (*Optice*, p. 230), daß gewisse dünne Lamellen – oder Glaskügelchen (p. 217) – völlig durchsichtig und ohne allen Schein von Schatten, durchs Prisma gesehen, sich farbig zeigen (*annulos coloratos exhibeant*): »cum e contrario, prismatis refractione, corpora omnia *ea solummodo sui parte* apparere soleant coloribus distincta, ubi vel *umbris terminentur*, vel partes habeant *inaequaliter luminosas*.«[51] Wie hat er aber jene Glaskügelchen ohne ihre Umgebung im Prisma sehen können? Denn das Prisma verrückt immer die scharfe Trennung des Bildes und der Umgebung; oder es setzt ihre Grenze als *Grenze. Dieses* ist, *obgleich noch nicht hinlänglich erklärt*; gerade wie man beim Isländischen Kalkspat ein Doppelbild sieht, indem er einmal als durchsichtig das natürliche Bild zeigt, dann durch seine rhomboidalische Form dasselbe verrückt, ebenso muß es sich nun mit dem andern Glase verhalten. Beim Prisma nehme ich also Doppelbilder an, die in *einem* unmittelbar zusammengefaßt sind: das ordinäre Bild, das im Prisma an seiner Stelle bleibt, wirkt von dieser, eben nur als Schein fortgerückt, in das durchsichtige Medium; das verschobene, extraordinäre Bild ist das trübende Medium für jenes. Das Prisma setzt so am Lichte die Trennung des Begriffs, die durch die Finsternis real ist. Die Wirkungsweise des Prismas ist aber überhaupt αα) Verrückung des ganzen Bildes, die durch die Natur des Mediums bestimmt ist. Aber ββ) auch die Gestalt des Prismas ist ein Bestimmendes, und darin ist wohl *die Größe des Bildes zu sehen,* indem die prismatische Gestalt eben dieses ist, daß das Bild, durch Brechung fixiert, weiter *in sich* selbst verrückt wird; und auf dieses *Insich* kommt es hierbei eigentlicher an. Da das Prisma nämlich (wenn der Winkel z. B. abwärts gekehrt ist) oben dick und unten dünn ist, so fällt das Licht auf jedem Punkt anders auf. Die prismatische Gestalt bringt also eine bestimmte weitere Verrückung hervor. Ist dies auch noch nicht gehörig deutlich, so liegt die Sache doch darin, daß dadurch das Bild zugleich noch an einen weiteren Ort innerlich gestellt wird. Noch mehr wird diese Innerlichkeit durch die chemische Beschaffenheit des Glases modifiziert, wie das Flintglas usw. eine eigene Kristallisation, d. h. eine innere Richtungsweise hat.

γ) Ich mit meinen Augen sehe in einer Entfernung schon von wenigen Fußen die Kanten, Ränder der Gegenstände undeutlich: die breiten Ränder eines Fensterrahmens, der im ganzen grau eingefaßt erscheint wie im Halbschatten, sehe ich höchst leicht, ohne zu blinzen, farbig; auch hier ist ein Doppelbild. Solche Doppelbilder finden wir auch objektiv bei der sogenannten *Beugung*; ein

---

51 »während doch die Brechung durch ein Prisma die Gegenstände gewöhnlich nur an den Stellen farbig erscheinen läßt, wo sie durch den Schatten begrenzt oder ungleich beleuchtet sind«.

Haar wird doppelt, auch dreifach gesehen, wenn Licht in eine dunkle Kammer durch eine feine Ritze hineinscheint. Nur der Versuch Newtons mit den beiden Messerklingen hat Interesse; die vorhergehenden, die er anführt, worunter auch der soeben erwähnte, heißen gar nichts. Besonders merkwürdig ist bei den Messerklingen der Umstand, daß je weiter man die Messer von der Fensteröffnung entfernt, desto breiter die Säume werden (Newton, *Optice*, L. III, p. 328), woraus man sieht, daß diese Erscheinung sich den prismatischen eng anschließt. Das Licht erscheint auch hier, wie es als Grenze an dem Anderen ist. Das Licht aber ist nicht durch die äußerliche Gewalt des Prismas nur abgelenkt, sondern es ist eben dies seine Realität, sich auf die Finsternis selbst zu beziehen, sich nach ihr zu beugen und eine positive Grenze mit ihr zu machen, d. h. eine solche, wo sie nicht abgeschnitten sind, sondern eins ins andere hinübertritt. Die Beugung des Lichts ist allenthalben vorhanden, wo Licht und Finsternis sich begegnen; sie macht den Halbschatten. Das Licht weicht von seiner Richtung ab; und jedes tritt über seine scharfe Grenze herüber in das andere. Es kann dies mit der Bildung einer Atmosphäre verglichen werden, sogut der Geruch die Bildung einer solchen ist oder wie von einer sauren Atmosphäre der Metalle, einer elektrischen usf. gesprochen wird. Es ist das Heraustreten des in die Gestalt als das Ding gebunden erscheinenden Ideellen. Die Grenze wird so ferner positiv, nicht nur eine Vermischung überhaupt, sondern ein Halbschatten, der nach der Lichtseite zu vom Lichte begrenzt, aber nach der finsteren gleichfalls von dieser durch Licht abgesondert wird, so daß er, nach jener am schwärzesten, nach dem ihn vom Finsteren absondernden Lichte zu abnimmt und sich dies vielfach wiederholt, wodurch Schattenlinien nebeneinander entstehen. Diese Beugung des Lichts, das freie eigene Refrangieren, erfordert noch die besondere Figur, um diese Synthesen, diese Neutralität auch qualitativ bestimmt darzustellen.

δ) Es ist noch anzugeben, wie die *Totalität der Farben* sich verhält. Die Farbe ist nämlich eine *bestimmte*. Diese Bestimmtheit ist nun nicht mehr nur die Bestimmtheit überhaupt, sondern als die wirkliche Bestimmtheit hat sie den Unterschied des Begriffs an ihr selbst; sie ist nicht mehr unbestimmte Bestimmtheit. Die Schwere als das allgemeine, unmittelbare Insichsein im Anderssein hat unmittelbar an ihr den Unterschied als unwesentlichen, einer so großen Masse; Größe und Kleine sind vollkommen qualitätslose. Die Wärme hingegen, als das in ihr Negative, hat ihn in der Verschiedenheit der Temperatur als Wärme und Kälte, die zunächst selbst nur der Größe angehören, aber eine qualitative Bedeutung erhalten. Die Farbe, als das wahrhaft Wirkliche, hat den unmittelbaren Unterschied als durch den Begriff gesetzten und bestimmten. Aus unserer sinnlichen Wahrnehmung wissen wir, daß *Gelb*, *Blau*, *Rot* die Grundfarben sind, wozu noch *Grün* als selbst die Farbe der Vermischung kommt. Das Verhältnis ist dieses, wie es sich in der Erfahrung zeigt: die erste Farbe ist Gelb, ein heller Grund, und ein trüberes Medium, das von ihm *durchhellt* oder *durchleuchtet* wird, wie Herr *Schultz*[52] sich ausdrückt. Daher erscheint uns die Sonne gelb, eine oberflächliche Trübung. Das andere Extrem ist Blau, wo das hellere Medium von der dunkleren Grundlage *durchschattet* wird, wie sich gleichfalls Herr Schultz ausdrückt. Deswegen ist der Himmel blau, wo die Atmosphäre dunstig ist, und tief dunkelblau, fast ganz schwarzblau auf hohen Gebirgen, z. B. den Schweizeralpen, auch im Luftballon, wo man über das trübe Medium der Atmosphäre hinaus ist. Blinzt man mit den Augen, so macht man die Kristall-Linse zu einem Prisma, indem man sie zur Hälfte bedeckt; und da sieht man in der Flamme auf der einen Seite Gelb, auf der andern Blau. Die Ferngläser sind, als Linsen, auch prismatisch und zeigen daher Farben. Völlige Achromasie kann man nur hervorbringen, indem man zwei Prismen übereinanderlegt. Zwischen beiden Extremen, Blau und Gelb, welche die einfachsten Farben sind, fällt Rot und Grün, die nicht mehr so diesem ganz einfachen, allgemeinen Gegensatze angehören. Die eine Vermittlung ist das Rot, zu dem das Blaue sowohl als das Gelbe gesteigert werden kann; das Gelbe wird leicht ins Rote durch gesteigerte Trübung hinübergezogen. Bei dem Spektrum tritt im Violett schon Rot hervor, ebenso auf der andern Seite bei dem Gelben im Orange. Das Rote entsteht, insofern das Gelbe wieder durchschattet oder das Blaue wieder durchleuchtet wird; das Gelbe also mehr ins Dunkle gezogen, oder das Blaue mehr ins Helle, wird Rot. Das Rot ist die Vermittlung, die ausgesprochen werden muß – im Gegensatz von dem Grün, welches die passive Vermittlung ist – als die aktive Vermittlung, als die subjektive, individuelle Bestimmung beider. Das Rot ist die königliche Farbe, das Licht, welches die Finsternis überwunden und vollkommen durchdrungen hat: dieses Angreifende für das Auge, dieses Tätige, Kräftige, die Intensität der beiden Extreme. Grün ist die einfache Vermischung, die gemeine Neutralität von Gelb und Blau, was man beim Prisma ganz deutlich sieht, wenn Gelb und Blau zusammenfallen. Als die neutrale Farbe ist Grün die Farbe der Pflanzen, indem aus ihrem Grün das weitere Qualitative derselben herausgeboren wird. Das Gelbe als das Erste ist das Licht mit der einfachen Trübung, – die Farbe als unmittelbar daseiend; es ist

---

52 siehe Fn. 42, S. 227

eine warme Farbe. Das Zweite ist das Vermittelnde, wo der Gegensatz selbst doppelt dargestellt wird, als Rot und Grün; sie entsprechen dem Feuer und Wasser, von denen schon früher gehandelt worden (§ 283 und 284). Das Dritte ist Blau, eine kalte Farbe, die dunkle Grundlage, die durch ein Helles gesehen wird, – ein Grund, der nicht bis zur konkreten Totalität geht. Das Blau des Himmels ist sozusagen der Grund, aus dem die Erde hervorgeht. Das *Symbolische* dieser Farben ist, daß Gelb die heitere, edle, in ihrer Kraft und Reinheit erfreuliche Farbe ist, Rot Ernst und Würde wie Huld und Anmut ausdrückt, Blau sanfte und tiefe Empfindungen. Weil Rot und Grün den Gegensatz machen, so springen sie leicht ineinander um; denn sie sind nah miteinander verwandt. Das Grün, intensiv gemacht, sieht rot aus. Nimmt man einen grünen Pflanzenextrakt (z. B. von Salbei), so sieht er ganz grün aus. Wenn man diese Flüssigkeit, die aber dunkelgrün sein muß, nun in ein gläsernes Gefäß gießt, das die Form eines Champagnerglases hat, und es gegen das Licht hält, so sieht man unten Grün und oben das schönste Purpur. Wo das Glas nämlich eng ist, erscheint Grün; dann geht es über durch Gelb ins Rot. Hat man diese Flüssigkeit in einer großen weiten Flasche, so ist sie rot; läuft sie heraus, so sieht sie grün aus. Die Intensität macht sie also rot; oder vielmehr das Grün, intensiver gemacht, sieht rot aus. Die Lichtflamme sieht unten blau aus, denn da ist sie am dünnsten; oben sieht sie rot aus, weil sie da am intensivsten ist, wie denn auch die Flamme dort am wärmsten ist; unten ist so das Dunkle, in der Mitte ist die Flamme gelb.

ε) Was objektiv notwendig ist, knüpft sich auch im subjektiven Sehen zusammen. Sieht man *eine* Farbe, so wird die andere vom Auge gefordert: Gelb fordert das Violett, Orange das Blau, Purpur das Grün, und umgekehrt. Goethe nennt dies daher *geforderte Farben.* Die gelb oder blau gefärbten Schatten in der Morgen- und Abenddämmerung beim Gegensatz des Mond- und Kerzenlichts können hierher gezogen werden. Hält man, nach einem Versuche Goethes, hinter einem Lichte ein rotes Glas, so hat man eine rote Beleuchtung; hält man dazu noch eine andere Kerze, so ist *der* Schatten rot, worauf das rote Licht fällt; der andere Schatten sieht grün aus, weil das die geforderte Farbe zum Roten ist. Das ist physiologisch. Da soll nun Newton einmal sagen, wo das Grün herkommt. Sieht man ins Licht und macht dann die Augen zu, so sieht man in einem Kreise die entgegengesetzte Farbe von der, welche man gesehen hat. Über dies subjektive Bild ist folgender Versuch anzuführen. Ich hatte das Sonnenbild im Fokus einer Linse eine Zeitlang betrachtet. Das Bild, das mir im Auge blieb, wenn ich dasselbe schloß, war in der Mitte blau, und die übrige konzentrische Fläche schön meergrün, – jene Mitte von der Größe der Pupille, diese Umgebung größer als die Iris und etwas länglich. Bei Öffnung des Auges blieb dies Bild; auf einem dunkeln Grunde gesehen war die Mitte ebenso schönes Himmelblau und die Umgebung grün, auf einem hellen Grunde gesehen aber wurde die Mitte gelb und die Umgebung rot. Legt man auf ein Blatt Papier eine rote Siegellackstange und sieht sie eine Zeitlang an und dann darüber hinaus, so sieht man einen grünen Schein. Die Purpurfarbe am bewegten Meer ist die geforderte Farbe: der beleuchtete Teil der Wellen erscheint grün in seiner eigenen Farbe und der beschattete in der entgegengesetzten, purpurnen. Auf Wiesen, wo man nichts als grün sieht, sieht man bei mittlerer Helle des Himmels öfters die Baumstämme und Wege mit einem rötlichen Schein leuchten. Über diese psychologischen Farben hat der Regierungsbevollmächtigte Schultz höchst wichtige und interessante Erfahrungen gemacht, die er Herrn v. Goethe und auch ein paar hiesigen Freunden bekanntmachte und bald dem Publikum mitteilen wird.[53]

Man muß sich an das Goethesche Urphänomen halten. Kleinliche Erscheinungen, durch Verzwickungen hervorgebracht, sollen zum Einwand dienen. Schon die Newtonschen Versuche sind verzwickt, schlecht, kleinlich gemacht, schmierig, schmutzig. In hundert Kompendien ist diese Farbentheorie nachgeschwatzt. Die von Goethe verfochtene Ansicht ist indessen nie ganz untergegangen, wie er dies durch die Literatur aufgezeigt hat. Man hat gegen Goethe gestritten, weil er Dichter, nicht Professor ist. Nur die sich Idiotismen, gewisse Theorien usw. gelten lassen, gehören zum Handwerk; was die anderen sagen, wird ganz ignoriert, als wenn es gar nicht vorhanden wäre. Solche Leute wollen also oft eine Kaste bilden und im ausschließlichen Besitz der Wissenschaft sein, anderen kein Urteil lassen, – so z. B. die Juristen. Das Recht ist aber für alle, ebenso die Farbe. In einer solchen Klasse bilden sich gewisse Grundvorstellungen, in die sie festgerannt ist. Spricht man nicht danach, so soll man dies nicht verstehen, als ob nur die Gilde etwas davon verstände. Das ist richtig; den *Verstand* jener Sache, *diese* Kategorie hat man nicht, – diese Metaphysik, nach der die Sache betrachtet werden soll. Philosophen werden vorzüglich so zurückgewiesen; sie haben aber gerade jene Kategorien anzugreifen.

Die weitere Verdunkelung sehen wir *zweitens* in anderen Erscheinungen. Da die Verdunkelung das Gestaltlose der Punktualität, der Sprödigkeit, der Pulverisation ist (freilich nur als Prinzip,

53 siehe Fn. 42, S. 227

nicht als wirkliches Aufheben der Kohäsion durch Zerschlagen), so tritt eine weitere Verdüsterung ein bei schnell geglühtem und schnell abgekühltem Glase, weil dies im höchsten Grade spröde ist, weswegen es auch sehr leicht springt.

α) Hier kommen die *entoptischen* Farben vor. Goethe hat in seiner Morphologie diese Stufe sehr sinnreich dargestellt.[54] Wenn man nämlich einen Kubus oder eine viereckige Platte von dergleichen sprödem Glas hat, so findet sich diese Erscheinung, sonst nicht. Legt man einen gewöhnlichen, nicht spröden Glaskubus auf eine schwarze Unterlage und stellt sich der hellen Himmelsgegend entgegen (das ist am Morgen die Abendgegend, indem die dunkelste Partie die ist, welche der Sonne am nächsten ist), so sieht man den Schein dieser Helligkeit, der, auf das Täfelchen fallend, sich als Spiegelung (vgl. oben § 278 Zus. S. 125) im Auge sichtbar macht; steht im Sommer die Sonne hoch im Mittag, so ist der ganze Horizont hell, und da erscheint dies Phänomen überall. Bei jenem spröden Glase sieht man nun außer der Helligkeit, die bei jedem Glase vorkommt, noch in den vier Ecken des Täfelchens dunkle Flecke, so daß die Helligkeit ein weißes Kreuz bildet. Stellt man sich aber so, daß man einen rechten Winkel mit der vorigen Linie bildet, also gegen Süden statt gegen Abend nach dem Täfelchen sehend, so sieht man statt der vier dunklen Punkte vier helle und ein schwarzes Kreuz statt des weißen. Das ist das Urphänomen. Treibt man durch Spiegelung die Verdüsterung weiter, so kommen an den vier Punkten Farbenkreise hervor. Was man hier überhaupt hat, ist also die Entstehung eines Dunklen in diesem Durchsichtigen, in dieser Helligkeit; dieses Dunkle wird einerseits durch die Grenze der Tafel, andererseits durch die unterbrechende Natur des Mediums hervorgebracht. Man hat so ein Verhältnis von Dunklem und Hellem, die, weiter in sich bestimmt und unterschieden, übereinander gebracht, die verschiedenen Farben nach der Reihenfolge geben, welche umgekehrt ist nach der verschiedenen Stellung. Sind nämlich die vier Punkte weiß, das Kreuz schwarz, so quillt durch Trübung zuerst Gelb hervor; von da gehts ins Grüne und Blaue. Ist im Gegenteil das Kreuz weiß und die Ecken dunkel, so quillt durch größere Verdunkelung zuerst das Blaue heraus, indem das Helle in die dunkle Grundlage getrieben wird. Wir haben also hier im durchsichtigen Medium eine weitere Verdunkelung, die bis zur Farbe getrieben wird und von der qualitativen Natur des spröden Körpers abhängt.

β) Damit verwandt sind die *epoptischen* Farben, die mechanisch

54 *Zur Naturwissenschaft überhaupt*, I. Bd., 1. Heft (1817), »Elemente der entoptischen Farben«; I. Bd., 3. Heft (1820), »Entoptische Farben«

entstehen, indem der Punkt einer Glasplatte, auf die man mit einer Linse einen Druck anbringt, zunächst schwarz ist, sich aber bei stärkerem Druck in mehrere Farbenkreise, grüne, rote, gelbe, erweitert und unterscheidet. Ebenso ist es mit dem Eise, wenn man Steine darauf drückt. Hier ist es bloß der mechanische Druck, welcher die Farben bewirkt, und er ist nichts anderes als eine Veränderung der Kohäsion in den nächsten Teilen, wie ja auch die Wärme nur Kohäsionsverwandlung ist. Wie beim Klang das Schwingen ein Verbreiten des mechanischen Eindrucks ist, ein Erzittern, das sich wieder aufhebt, so ist hier im Glase ein Wellenförmiges, das perenniert, – der verschiedene Widerstand gegen ein Gedrücktwerden, eine beharrende Ungleichheit der Kohäsion, welche an verschiedenen Stellen eine verschiedene Verdunkelung hervorbringt. Während also bei den entoptischen Farben die Sprödigkeit die Farbe hervorbrachte, so tut es hier die Unterbrechung der Kohäsion.

γ) Geht die Unterbrechung der Kohäsion noch weiter, so haben wir die *paroptischen* Farben. Es entstehen Lamellen, feine Spaltungen in diesem Glase, vorzüglich im Kalkspat; und da geht die Farbe oft ins Schillern über, wie bei Taubenhälsen. Hier ist eine Verdüsterung vorhanden, die dadurch bewirkt worden, daß das Durchsichtige bis zur wirklichen Scheidung seines Zusammenhalts fortgetrieben wird.

Diese Bestimmungen gehören in den Übergang von der Helligkeit zur Verdunkelung. In dieser Totalität des Lichts und der Finsternis ist das Licht seinem Begriffe nach etwas ganz anderes geworden; es hat seine reine Qualität aufgegeben, die sein Wesen ausmacht. Oder das Physikalische tritt als lichtdurchdrungene Einheit, Substanz und Möglichkeit der Schwere und des Prozesses hervor. Die konstanten physikalischen Farben, die als Färbestoffe dargestellt werden können, sind *drittens* diese fixierte Verdunkelung der Körper, die nicht mehr als eine äußere Bestimmung, als ein bloßes Spiel des Lichts mit dem Körper erscheint; sondern die Finsternis der Materie ist hiermit selbst wesentlich nur eine Verdunkelung derselben in sich selbst, indem das Licht immanent in den Körper gedrungen und spezifisch darin bestimmt ist. Was ist der Unterschied dieser körperlichen Farbe von der bloß hell oder dunkel durchscheinenden? Indem der physikalische Körper farbig in sich ist, z. B. das Gold gelb, so fragt sich: Wie kommt das Licht in diese Körperlichkeit hinein? wie gerinnt das äußerlich einfallende Licht zur Materie, so daß es ein mit der finsteren Körperlichkeit gebundenes Farbenpigment wird? Wie wir nun bei unserem bisherigen Gange von der Helligkeit ausgegangen sind, so müssen wir auch beim Pigment von ihr anfangen. Das Erste am Kristall war seine abstrakt-ideale Gleichheit, seine Durchsichtigkeit durch ein ihm anderes, einfallendes Licht. Alle Körper sind zunächst nur auf der Oberfläche hell, insofern sie erleuchtet werden; ihre Sichtbarkeit ist das Auffallen eines äußeren Lichts auf sie. Aber der Kristall erhält die Helligkeit in ihn hinein, indem er durch und durch die reale Möglichkeit ist, gesehen zu werden, d. h. ideell oder theoretisch in einem Anderen zu sein, sich in ihm zu setzen. Indem diese Sichtlichkeit nicht als reelle Helligkeit, sondern als diese theoretische Natur überhaupt erscheint und die Gestalt sich zu der inneren Indifferenz der spezifischen Schwere, des Insichseins punktualisiert, d. i. zur realen Sprödigkeit, zum fürsichseienden Eins fortgeht, so ist dieser Fortgang der Sichtbarkeit zur Finsternis, das Aufheben der freien inneren Kristallisation, die Farbe. Die Farbe also ist das Physische, das auf die Oberfläche herausgetreten, das nichts Inneres mehr für sich hat noch außer ihm, wie die Wärme an der Gestalt, sondern reine Erscheinung ist; oder alles, was sie *an sich* ist, ist auch *da*. Der bestimmte physische Körper hat also eine Farbe. Diese Verdunkelung der Gestalt ist das Aufheben ihrer gleichförmigen Neutralität, d. i. der Form, die als solche eben in Neutralität sich erhält, indem sie die durchdringende Einheit ihrer Momente bleibt, deren bestimmte Unterschiedenheit sie negiert. Die Farbe ist das Aufheben dieser Gleichgültigkeit und Identität, zu der sich die Form gebracht hat; das Verdunkeln der Form ist hiermit Setzen einer einzelnen Formbestimmung, als Aufheben der Totalität der Unterschiede. Der Körper, als mechanische Totalität, ist durch und durch in sich entwickelte Form. Die Auslöschung derselben zur abstrakten Indifferenz ist die Verdunkelung als Farbe am individualisierten Körper. Diese gesetzte Bestimmtheit ist das Freiwerden der Einzelheit, worin die Gestalt nun ihre Teile zur Punktualität bestimmt, der mechanischen Weise, – aber ein Freiwerden, das in der Kontinuität der Gestalt überhaupt eine Indifferenz derselben in sich ist. Die Idealität und absolute Identität des Lichts mit sich wird zur Form der materiellen Individualität, die sich zu eben dieser Identität resumiert, welche aber als Reduktion der realen Form zur Indifferenz Verdunkelung, aber bestimmte, ist; es ist die innere Kristallisation, die sich verdunkelt, d. h. die Formunterschiede aufhebt und daher zur reinen, gediegenen Indifferenz zurückgeht, zur hohen spezifischen Schwere. Dieses Insichsein, diese Gediegenheit der dunklen Materie, welche als die in sich formlose Identität, nur intensiv in sich ist, ist die *Metallität*, das Prinzip aller Färbung, die als Stoff dargestellte Lichtseite des Körpers. Die hohe spezifische Schwere ist eben das unaufgeschlossene Insichsein, die Einfachheit, die noch nicht zersetzt ist; am Metall

hat die spezifische Schwere Bedeutung, da sie hingegen an anderen Körpern fast bedeutungslos wird.
Das eine der Momente, das hier als unterschiedene Bestimmtheit gesetzt ist, ist nun also die abstrakte reine Identität, aber zugleich als reale Identität der Körper, das in den Körper selbst als seine eigene Farbe gesetzte Licht, die materiell gewordene Identität. Dieses Allgemeine wird dadurch zu einem besonderen, vom Ganzen getrennten Momente; und das andere Moment ist der Gegensatz. Das Durchsichtige ist auch Indifferenz, aber vermöge der Form; und so ist diese Indifferenz der toten, dunklen Indifferenz, die wir jetzt haben, entgegengesetzt. Jene ist, wie der Geist, hell in sich durch die Herrschaft der Form; die Indifferenz des Dunklen ist, als bloße Gediegenheit des Körpers mit sich selbst, vielmehr die Herrschaft des Materiellen. In den epoptischen und paroptischen Farben sahen wir auch die Trennung der Materie von der Form, als Weise der beginnenden Dunkelheit und Entstehung der Farben. Das ist auch Formlosigkeit als Vereinzelung und Punktualisierung, aber mehr eine äußerlich gesetzte Weise der Verdunkelung. Das Formlose an sich ist aber nicht als Vielheit, sondern als Indifferenz, als Ungestaltetes; und so ist an dem Metallinischen nicht vielerlei zu unterscheiden. Das Metall ist nichts Mannigfaltiges in sich, weder brennbar noch neutral.
Zum Empirischen gehört dann, daß jedes regulinische Metall seine besondere Farbe hat. Schelling sagt so vom Gold, es sei geronnenes Licht.[55] Das Eisen dagegen hat diese Neigung zum Schwarzen, weil es magnetisch ist. Alles Gefärbte kann als Metall dargestellt werden, wenn die Farbe als Pigment ausgesondert wird; und das muß empirisch nachgewiesen werden. Selbst Farbe, z. B. der Indigo, aus Pflanzen gebrochen, hat einen metallischen Glanz, überhaupt ein metallisches Ansehen. Die Röte des Bluts läßt sich auf Eisen zurückführen usw. Die Farbe des Metalls ist aber modifizierbar, wenn es in die chemischen Verhältnisse gebracht wird, oder auch schon durch die Einwirkung der Wärme. Was das Letztere betrifft, so kommt hier das unendlich Flüchtige der Farbe zum Vorschein. Wird Silber geschmolzen, so gibt es einen Punkt, wo es den hellsten Glanz erreicht; das ist der höchste Grad der Schmelzung, den die Metallurgen den Silberblick nennen: er ist nur momentan und läßt sich nicht verlängern. Vor diesem Blick läuft es durch alle Farben des Regenbogens, die sich wellenweise darüber hinwälzen; die Folge ist Rot, Gelb, Grün, Blau. Goethe sagt im Verfolg der oben (Anm. S. 244) angeführten Stelle: »Man erhitze

55 *Neue Zeitschrift für spekulative Physik*, 1. Bd., 3. Stück (1803), »Die vier edlen Metalle«, § XVII

einen polierten Stahl, und er wird in einem gewissen Grade der Wärme gelb überlaufen. Nimmt man ihn schnell von den Kohlen weg, so bleibt ihm diese Farbe. Sobald der Stahl heißer wird, erscheint das Gelb dunkler, höher und geht bald in den Purpur hinüber. Dieser ist schwer festzuhalten, denn er eilt schnell ins Hochblaue. Dieses schöne Blau ist festzuhalten, wenn man schnell den Stahl aus der Hitze nimmt und ihn in Asche steckt. Die blau angelaufenen Stahlarbeiten werden auf diesem Wege hervorgebracht. Fährt man aber fort, den Stahl über dem Feuer zu halten, so wird er in kurzem hellblau, und so bleibt er ... Wenn man ein Federmesser ins Licht hält, so wird ein farbiger Streif quer über die Klinge entstehen. Der Teil des Streifs, der am tiefsten in der Flamme war, ist hellblau, das sich ins Blaurote verliert. Der Purpur steht in der Mitte, dann folgt Gelbrot und Gelb. Dieses Phänomen leitet sich aus dem vorhergehenden ab; denn die Klinge nach dem Stiele zu ist weniger erhitzt als an der Spitze, welche sich in der Flamme befindet; und so müssen alle Farben, die sonst nacheinander entstehen, auf einmal erscheinen, und man kann sie auf das beste figiert aufbewahren.« Es ist also auch hier eine bloße Änderung der Dichtigkeit, wodurch der Unterschied der Farben bestimmt wird; denn die Dunkelheit des Körpers, in verschiedenen Bestimmungen gesetzt, bringt die Farbe hervor. – Die Metallität ist also diese zur Ruhe gekommene physische Sichselbstgleichheit. Das Metall hat die Farbe an ihm, als dem Lichte noch schlechthin angehörend, das noch in seiner reinen Qualität, noch nicht aufgelöst ist, d. h. als *Glanz*. Es ist undurchsichtig; denn Durchsichtigkeit ist die eigene Lichtlosigkeit, für welche das wirkliche Licht ein Fremdes ist.

In chemischer Bedeutung ist dann das Metall das Oxydierbare, ein Extrem der Form gegen die Neutralität, die Reduktion derselben zur formellen unterschiedslosen Identität. Zum Weiß wird so das Metall durch eine leichte Säure leicht herübergezogen, wie Blei durch Essigsäure Bleiweiß wird; eine ähnliche Bewandtnis hat es mit der Zinkblume. Das Gelbe und Gelbrote widmet sich dagegen den Säuren, das Blau und Blaurot den Alkalien. Aber nicht die Metalle allein verändern durch chemische Behandlung ihre Farbe. Goethe (*Farbenlehre*, Teil II, S. 451) sagt[56]: »Die Säfte von allen blauen und violetten Blumen werden grün« (gegen das Helle also geführt) »durch die Alkalien und schön rot durch die Säuren. Die Absude roter Hölzer werden gelb durch die Säuren, violett durch die Alkalien; aber die Aufgüsse gelber Pflanzen werden dunkel

56 Genauer: Goethe zitiert, im Historischen Teil, in dem Abschnitt über Edme Mariotte aus dessen *Traité de la nature des couleurs*, Paris 1688.

durch die Alkalien und verlieren fast gänzlich ihre Farbe durch die Säuren.« Ebendaselbst S. 201 [Erster, didaktischer Teil, Abschnitt XL. Balancieren, Nr. 533] heißt es: »Lackmus ist ein Farbematerial, das durch Alkalien zum Rotblauen spezifiziert worden. Es wird dieses sehr leicht durch Säuren ins Rotgelbe hinüber und durch Alkalien wieder herüber gezogen.«
Weil wir aber hier die Besonderung des individuellen Körpers betrachten, so haben wir die Farbe hier nur als Moment, als Eigenschaft darzustellen, indessen mit der Möglichkeit, Stoff zu werden. Die Farbe also in solcher Trennung und Absonderung als Metall geht uns hier noch nichts an. Als Eigenschaften sind die Farben noch in der Individualität gehalten, wenn sie auch als Stoffe dargestellt werden können; und diese Möglichkeit kommt von der Ohnmacht der Individualität, die hier noch nicht die unendliche Form ist: in der Objektivität, d. h. in den Eigenschaften, ganz gegenwärtig zu sein. Werden aber auch noch im Organischen die Eigenschaften als Stoffe dargestellt, so gehören sie dem Reiche des Todes an. Denn da im Lebendigen die unendliche Form sich in ihrer Besonderung gegenständlich, in ihren Eigenschaften identisch mit sich ist, so ist diese Besonderung hier nicht mehr trennbar, sonst wäre das Ganze tot und aufgelöst.
Als Eigenschaft setzt die Farbe nun ein Subjekt voraus, und daß sie in dieser Subjektivität gehalten ist; sie ist aber auch als ein Besonderes, für Andere, – wie jede Eigenschaft als solche nur für den Sinn eines Lebendigen. Dieses Andere sind wir, die Empfindenden; unsere Empfindung des Gesichts wird durch die Farben bestimmt. Für das Gesicht sind nur Farben; die Gestalt gehört dem Gefühle an und ist für das Gesicht nur ein Erschlossenes durch den Wechsel des Dunklen und Hellen. Das Physische hat sich aus dem Gefühl, aus dem allgemeinen qualitätslosen Dasein, in sich zurückgezogen; es ist in sich reflektiert, in seinem Anderssein. Schwere sowie Wärme gehören dem Gefühle [an]; jetzt aber ist eine allgemeine Gegenwart, ein Sein-für-Anderes, eine Verbreitung, wie Wärme und Schwere auch wohl hat, aber zugleich bleibt die Eigenschaft darin unmittelbar gegenständlich. Die Natur, welche zuerst ihren Sinn des Gefühls entwickelte, entwickelt jetzt ihren Sinn des Gesichts; von diesem geht sie zum Geruch und Geschmack über. Indem die Farbe für das Andere ist, muß dieses sie dem Körper lassen; und so verhält es sich nur theoretisch zu ihr, nicht praktisch. Der Sinn läßt die Eigenschaft, wie sie ist; sie ist zwar für ihn, er reißt sie aber nicht an sich. Da die Eigenschaft aber der Natur angehört, so muß diese Beziehung auch physisch sein, nicht rein theoretisch, wie zum Sinn eines Lebendigen; wie also die Eigenschaft einmal dem Dinge angehört,

so muß sie dann auch auf ein Anderes innerhalb der Sphäre des Unorganischen selbst bezogen werden. Dieses Andere, worauf sich die Farbe bezieht, ist das Licht, als allgemeines Element; es ist das Andere *ihrer*, d. i. dasselbe Prinzip, aber insofern es nicht individuell, sondern eben frei ist. Das Allgemeine ist dann die Macht dieses Besonderen und zehrt es immer auf; alle Farbe verbleicht am Lichte, d. h. die Farbe des Unorganischen. Mit der Farbe des Organischen ist es anders; dieses erzeugt sie immer wieder. Dieses Verbleichen ist noch kein chemischer Prozeß, sondern ein stiller, theoretischer Prozeß, indem das Besondere diesem seinem allgemeinen Wesen nichts entgegenzusetzen hat.

Denn die Elemente hassen
Das Gebild der Menschenhand[57],

wie überhaupt jedes Individualisierte, und lösen es auf. Ebenso ist aber auch die abstrakte allgemeine Idealität des Elements stets an der Farbe individualisiert.

β. Der Unterschied an der besonderten Körperlichkeit

§ 321

Das Prinzip des einen Gliedes des Unterschiedes (das Fürsichsein) ist das Feuer (§ 283), aber noch nicht als realer chemischer Prozeß (§ 316), auch nicht mehr die mechanische Sprödigkeit, sondern in der physischen Besonderheit, Brennlichkeit an sich, welche zugleich different nach außen das Verhältnis zum Negativen in elementarischer Allgemeinheit, zu der Luft, dem unscheinbar Verzehrenden (§ 282), der Prozeß derselben am Körperlichen ist; die spezifische Individualität als *einfacher* theoretischer Prozeß, die unscheinbare Verflüchtigung des Körpers an der Luft – *der Geruch.*

Die Eigenschaft des Geruchs der Körper, als für sich existierende Materie (s. § 126), der *Riechstoff*, ist das Öl, das als Flamme verbrennende. Als bloße Eigenschaft existiert das Riechen z. B. in dem ekelhaften Geruche des Metalls.

Zusatz. Das Zweite, der Gegensatz, wie er sich am individuellen Körper darstellt, ist Geruch und Geschmack; sie sind die Sinne der

57 Schiller, »Das Lied von der Glocke«, V. 167 f.

Differenz und gehören schon dem sich entwickelnden Prozesse an. Sie sind sehr nahe verwandt, – in Schwaben ununterschieden, so daß man dort nur vier Sinne hat. Denn man sagt, »die Blume *schmeckt* gut« statt »sie *riecht* gut«; *wir* riechen also gleichsam auch mit der Zunge, und die Nase ist insofern überflüssig.

Wollen wir den *Übergang* strenger nehmen, so ist er dies: Da das indifferente Finstere oder die Metallität, bei der wir angekommen sind, chemisch das Brennbare, d. h. das schlechthin Oxydierbare ist, so ist sie eine Basis, ein Extrem, das nur *fähig* ist, durch ein Äußeres in den tätigen Gegensatz gebracht zu werden, wozu also ein anderer differenter Körper (Sauerstoff usf.) gehört. Diese abstrakte Möglichkeit des Brennbaren ist erst als Kalk, wenn es oxydiert ist, brennlich; erst nachdem die Säure das Metall oxydiert hat, neutralisiert sie sich mit demselben (also mit ihm als Oxyd, nicht als Metall); d. h. das Metall muß erst als eine Seite des Gegensatzes bestimmt werden, um sich zu neutralisieren. Das Metall als solches ist also fähig, eine Seite im chemischen Prozesse auszumachen; seine Indifferenz ist nur ein Einseitiges, eine abstrakte Bestimmtheit und eben darum wesentlich Beziehung auf den Gegensatz. Dieser Gegensatz nun aber, in den wir aus der Indifferenz eintreten, ist zunächst ganzer Gegensatz, denn wir sind noch nicht beim einseitigen Gegensatz des chemischen Prozesses, dessen beide Seiten schon selbst reale Körperlichkeiten sind. Da wir beim Gegensatz als einem Ganzen sind, so ist er nicht die Möglichkeit, nur einen Teil im Verbrennen zu repräsentieren, sondern wir haben ein Material für den ganzen Prozeß. Dies ist das Verbrennliche in einem anderen Sinn als das Metall, welches das Brennliche im gemeinen Sinne, d. h. nur die *eine* der unterschiedenen Seiten des Prozesses ist. Das Materielle aber, als die ganze Möglichkeit des Gegensatzes, ist das Grundprinzip für den Geruch. Der Geruch ist das Empfinden dieses stillen, dem Körper immanenten Verglimmens in der Luft, die eben darum selbst nicht riecht, weil alles in ihr *ver*riecht, sie alle Gerüche nur auflöst, wie die Farbe am Lichte schwindet. Während die Farbe aber nur die abstrakte Identität der Körper ist, ist der Geruch die spezifische Individualität derselben in der Differenz als konzentriert, ihre ganze Eigentümlichkeit als nach außen gekehrt und sich darin verzehrend; denn hat der Körper seinen Geruch verloren, so ist er fade und matt geworden. Dieses Verzehren der Körper ist ein prozeßloser Prozeß, kein Verhältnis zum Feuer als Flamme; denn diese ist das Verzehren eines Individuums selbst in individueller Gestalt. Im Unorganischen ist solche Konzentration jedoch meist nur als Feuer; Wohlgerüche treten mehr erst im Organischen hervor, z. B. bei den Blumen. Die Metalle, welche keine totalen

Körper sind, riechen daher auch als solche nicht, sondern nur insofern sie sich an anderen integriert, gewissermaßen eine Atmosphäre um sich gebildet haben und sich auf diese Weise verzehren; so werden sie giftig und schmecken daher auch ebenso ekelhaft. Edle Metalle haben dies jedoch weniger, eben weil sie schwerer ihre regulinische Gestalt verlieren; daher werden sie vornehmlich beim Genuß der Speisen gebraucht. Wie Licht im Metall, so hat also Feuer im Geruch eine partikulare Existenz, die aber nicht die reale Existenz einer selbständigen Materie, der Schwefel, sondern hier nur als abstrakte Eigenschaft ist.

§ 322

Das andere Moment des Gegensatzes, die *Neutralität* (§ 284), individualisiert sich zur bestimmten physischen Neutralität der Salzigkeit und deren Bestimmungen, Säure usf., – zum *Geschmack*, einer Eigenschaft, die zugleich Verhältnis zum *Elemente*, zu der abstrakten Neutralität des Wassers bleibt, in welchem der Körper als nur neutral *lösbar* ist. Umgekehrt ist die abstrakte Neutralität, die in ihm enthalten ist, von den physischen Bestandteilen seiner konkreten Neutralität trennbar und als Kristallisationswasser darstellbar, welches aber im noch unaufgelösten Neutralen freilich nicht als Wasser existiert. (§ 286 Anm.)

Zusatz. Das Kristallisationswasser kommt erst in der Trennung als Wasser zur Existenz. Im Kristall soll es wieder latent sein; aber als Wasser ist das Wasser gar nicht darin, denn es ist durchaus keine Feuchtigkeit darin zu entdecken.
Der Geschmack, welcher die dritte Besonderheit des Körpers ist, hat, als ein Neutrales, auch wieder dies Verhältnis zum Elemente aufgehoben und sich davon zurückgezogen; d. h. es findet nicht, wie beim Geruche, immer die unmittelbare Existenz des Prozesses statt, sondern er beruht auf einem zufälligen Zusammenkommen. Wasser und Salz sind daher gleichgültig existierend gegeneinander, und der Geschmack ist der reale Prozeß von Körperindividuen zu Körperindividuen, nicht zu Elementen. Während also das Verbrennliche das Prozessualische in einem vereint und ununterschieden ist, so kann das Neutrale dagegen in Säure und Basis zerlegt werden. Als abstrakte Neutralität ist das Wasser wieder geschmacklos; erst die individualisierte Neutralität ist der Geschmack, die Einheit von Gegensätzen, die zur passiven Neutralität zusammengesunken sind. Bestimmten Geschmack haben also nur

solche neutrale Körper, die ihre Gegensätze auseinanderlegen, wie Salze. Wir nennen es Geschmack in Beziehung auf unseren Sinn, aber das Andere ist hier noch das Element; denn die Fähigkeit, im Wasser aufgelöst zu werden, ist eben, daß die Körper geschmeckt werden können. Metall kann sich nicht wie das Salz in Wasser auflösen, weil es nicht wie dieses die Einheit von Gegensätzen, überhaupt ein unvollständiger Körper ist, der erst im Erze z. B. wieder vollständig wird; wovon nachher beim chemischen Prozesse.

Farbe, Geruch und Geschmack sind die drei Bestimmungen der Besonderung des individuellen Körpers. Mit dem Geschmack geht der Körper in den chemischen, realen Prozeß über; aber dieser Übergang ist noch ein Entfernteres. Hier verhalten sich diese Bestimmungen zunächst als Eigenschaften der Körper zu den allgemeinen Elementen, und das ist der Beginn ihres Verflüchtigens. Die Macht des Allgemeinen ist ein gegensatzloses Eindringen und Infizieren, weil das Allgemeine das Wesen des Besonderen selbst, jenes schon *an sich* in diesem enthalten ist. Im Organischen ist es die Gattung, das innere Allgemeine, wodurch das Einzelne zugrundegerichtet wird. Im chemischen Prozeß werden uns dieselben Körper vorkommen, aber als selbständige (s. § 320 Zus. S. 267) im Prozeß *miteinander,* nicht mehr mit den Elementen. Dies beginnt schon in der Elektrizität, wozu wir also den *Übergang* zu machen haben. Als Einzelne stehen die Eigenschaften nämlich auch im Verhältnis zueinander. Indem *wir* sie durch unser Vergleichen in Beziehung setzen, so scheint dies zwar zunächst nur uns anzugehen; das Weitere aber ist, daß die individuellen Körperlichkeiten, eben weil sie besondere sind, sich selbst auf andere beziehen. Die individualisierten Körper haben also nicht nur zuerst gleichgültiges Bestehen als die unmittelbare Totalität des Kristalls, noch nur physikalische Unterschiede als Differenzen zu den Elementen, sondern sie haben auch ein Verhältnis zueinander, und dieses ist doppelt. Erstens beziehen sich diese Besonderungen nur oberflächlich aufeinander und erhalten sich als selbständige; das ist das Elektrische, das so am totalen Körper zum Vorschein kommt. Die reale Beziehung ist aber das Übergehen dieser Körper ineinander, und das ist der chemische Prozeß, der das Tiefere dieses Verhältnisses ausdrückt.

γ. Die Totalität in der besonderen Individualität; Elektrizität

§ 323

Die Körper stehen nach ihrer bestimmten Besonderheit zu den *Elementen* in Beziehung, aber als gestaltete Ganze treten sie auch in Verhältnis zueinander, als *physikalische* Individualitäten Nach ihrer noch nicht in den chemischen Prozeß eingehenden Besonderheit sind sie *Selbständige* und *erhalten* sich gleichgültig gegeneinander, ganz im mechanischen Verhältnisse. Wie sie in diesem ihr Selbst in ideeller Bewegung als ein Schwingen *in sich* – als Klang – kundtun, so zeigen sie nun in *physikalischer* Spannung der Besonderheit gegeneinander ihre *reelle* Selbstischkeit, die aber zugleich noch von abstrakter Realität ist, als ihr *Licht*, aber ein an ihm selbst *differentes* Licht, – *elektrisches* Verhältnis.

Zusatz. Die Elektrizität ist ein berühmtes Phänomen, das früher ebenso isoliert dastand als der Magnetismus und wie er als Anhang angesehen wurde (s. oben § 313 Zus.). Haben wir aber vorhin (vor. § Zus.) den Zusammenhang der Elektrizität mit den ihr am nächsten stehenden Erscheinungen angedeutet, so wollen wir sie jetzt mit einer früheren Stufe, dem Klange, vergleichen. Mit dem Klange sind wir in die Gestalt getreten; das Letzte, ehe sie sich im chemischen Prozeß auflöst, ist, daß sie die reine mit sich identische Form ist, und das ist sie als elektrisches Licht. Im Klange bringt der Körper seine abstrakte Seele zum Vorschein; diese Offenbarung seiner Selbstischkeit gehört aber durchaus nur dem Felde der mechanischen Kohäsion an, indem der Körper in seinem sich immer zurücknehmenden Bewegen als mechanische Totalität erscheint. Hier haben wir hingegen nicht ein solches mechanisches Sich-Erhalten, sondern ein Sich-Erhalten nach der physikalischen Realität. Das Dasein der elektrischen Spannung ist ein Physikalisches. Wie der Klang durch das Anschlagen eines anderen Körpers bedingt ist, so ist das Elektrische zwar auch bedingt, indem zwei Körper dazu erforderlich sind; der Unterschied aber ist, daß im Elektrischen beide different gegeneinander sind, also auch das Erregende mit in die Differenz eingeht, im Klange dagegen nur einer klingt oder das Klingen beider gleichgültig gegeneinander ist. Der Grund dieses Fortschritts liegt darin, daß die physikalisch individualisierten Körper, als Totalität ihrer Eigenschaften, sich jetzt different gegeneinander verhalten. Während an unseren Sinnen diese Eigenschaften getrennt außereinanderfallen, ist der individuelle Körper das einigende Band derselben, wie unsere Vorstellung der Dinge sie wieder in eins verknüpft hat. Diese individuelle Totalität verhält sich nun, und dies Verhältnis haben wir eben auf diesem Standpunkte zu betrachten. Als entwickelte Totalität ist der Körper aber differente Totalität, und indem diese

Differenz Totalität bleibt, so ist sie nur Differenz überhaupt, die also notwendig zweier aufeinander bezogener Glieder bedarf. Indem wir den physikalischen Körper als eine physikalische Totalität haben, so sind unmittelbar mehrere solcher Körper schon vorausgesetzt; denn die Vervielfältigung des Eins ist aus der Logik klar (§ 97 Zus.). Sind diese Vielen nun auch zunächst gleichgültig gegeneinander, so hebt sich doch diese Gleichgültigkeit auf, indem sie different zueinander sind, weil sie das Setzen ihrer Totalitäten sein müssen. In diesem Verhältnis ihres Setzens, wodurch sie sich als physikalische Individualitäten gegeneinander beweisen, sollen sie zugleich bleiben, was sie sind, weil sie diese Ganzen sind. Ihre Beziehung ist so zunächst eine mechanische, eben weil sie bleiben, was sie sind; die Körper berühren sich, *reiben* sich. Das geschieht durch äußerliche Gewalt; da sie aber Totalitäten bleiben sollen, so ist dies äußerliche Verhältnis nicht das Berühren, das wir früher hatten. Es ist keine Zertrümmerung, wo der Widerstand der Kohäsion es ist, worauf es ankommt; es ist auch kein Klingen, auch keine Gewalt, die in Wärme oder Flamme ausschlägt und die Körper verzehrt. Es ist also nur ein schwaches Reiben oder Drükken der Oberflächen, – der Stoß derselben, der das eine Gleichgültige da setzt, wo das andere ist; oder es ist ein Schlag an die Gestalt, eine Erweckung des Tons, das Setzen des Daseins seiner inneren reinen Negativität, seines Schwingens. Es ist auf diese Weise die Einheit, die entzweit ist, und eine Entzweiung selbständiger Gleichgültiger gesetzt, – ein Magnet, dessen beide Pole freie Gestalten sind, an die sein Gegensatz verteilt ist, so daß die Mitte als daseiend die freie Negativität ist, die selbst kein Dasein hat und nur in ihren Gliedern da ist. Die Elektrizität ist der reine Zweck der Gestalt, der sich von ihr befreit, die Gestalt, die ihre Gleichgültigkeit aufzuheben anfängt; denn die Elektrizität ist das unmittelbare Hervortreten oder das noch von der Gestalt herkommende, noch durch sie bedingte Dasein, – oder noch nicht die Auflösung der Gestalt selbst, sondern der oberflächliche Prozeß, worin die Differenzen die Gestalt verlassen, aber sie zu ihrer Bedingung haben und noch nicht an ihnen selbständig sind. Dieses Verhältnis scheint zufällig, weil es nur an sich notwendig ist. Das Verhältnis ist nicht schwer zu fassen; aber daß es die Elektrizität sein soll, das kann zunächst auffallen, und um es zu erweisen, müssen wir diese Begriffsbestimmung mit der Erscheinung vergleichen.

§ 324

Die mechanische Berührung setzt die physische Differenz des einen Körpers in den anderen; diese Differenz ist, weil sie zugleich mechanisch selbständig gegeneinander bleiben, eine entgegengesetzte *Spannung*. In diese tritt daher nicht die physische Natur des Körpers in ihrer konkreten Bestimmtheit ein, sondern es ist nur als Realität des *abstrakten* Selbsts, als *Licht*, und zwar ein entgegengesetztes, daß die Individualität sich manifestiert und in den Prozeß schickt. – Die Aufhebung der Diremtion, das andere Moment dieses oberflächlichen Prozesses, hat ein *indifferentes* Licht zum Produkt, das als körperlos unmittelbar verschwindet und außer dieser abstrakten physikalischen Erscheinung vornehmlich nur die mechanische Wirkung der Erschütterung hat.

Was die Schwierigkeit beim *Begriffe* der Elektrizität ausmacht, ist einesteils die Grundbestimmung von der ebenso physischen als mechanischen Trägheit des Körperindividuums in diesem Prozesse. Die elektrische Spannung wird darum einem Anderen, einer Materie, zugeschrieben, welcher das Licht angehöre, das abstrakt für sich, verschieden von der konkreten Realität des Körpers, welche in ihrer Selbständigkeit bleibt, hervortritt. Andernteils ist die Schwierigkeit die allgemeine des Begriffs überhaupt, das Licht in seinem Zusammenhange als *Moment* der Totalität aufzufassen, und zwar hier nicht mehr frei als Sonnenlicht, sondern als Moment des besonderen Körpers, indem es *an sich* sei als das reine Selbst desselben und aus dessen Immanenz erzeugt in die Existenz trete. Wie das erste Licht, das der Sonne (§ 275), nur aus dem Begriffe als solchem [hervorgeht], so findet hier (wie § 306) ein *Entstehen* des Lichtes, aber eines differenten, aus einer Existenz, dem als besonderer Körper existierenden Begriffe, statt.

Bekanntlich ist der frühere, an eine bestimmte sinnliche Existenz gebundene Unterschied von *Glas*- und *Harz-Elektrizität* durch die vervollständigte Empirie in den *Gedankenunterschied* von *positiver* und *negativer* Elektrizität idealisiert worden; – ein merkwürdiges Beispiel, wie die Empirie, die zunächst das Allgemeine in *sinnlicher*

Form fassen und festhalten will, ihr Sinnliches selbst aufhebt. – Wenn in neueren Zeiten viel von der *Polarisation des Lichts* die Rede geworden ist, so wäre mit größerem Rechte dieser Ausdruck für die Elektrizität aufbehalten worden als für die *Malusschen*[57a] Erscheinungen, wo durchsichtige Medien, spiegelnde Oberflächen und die verschiedenen Stellungen derselben zueinander und viele anderweitige Umstände es sind, welche einen *äußerlichen* Unterschied am *Scheinen* des Lichtes hervorbringen, aber nicht einen an ihm selbst. – Die Bedingungen, unter welchen die positive und die negative Elektrizität hervortreten, die glattere oder mattere Oberfläche z. B., ein Hauch und so fort, beweisen die *Oberflächlichkeit* des elektrischen Prozesses und wie wenig darein die konkrete physikalische Natur des Körpers eingeht. Ebenso zeigen die schwache Färbung der beiden elektrischen Lichter, Geruch, Geschmack, nur den *Beginn* einer Körperlichkeit an dem abstrakten Selbst des Lichts, in welchem sich die Spannung des Prozesses hält, der, obgleich physisch, doch nicht ein konkreter Prozeß ist. Die Negativität, welche das Aufheben der entgegengesetzten Spannung ist, ist hauptsächlich ein *Schlag*; – das sich aus seiner Entzweiung mit sich identisch setzende Selbst bleibt auch als diese Totalisierung in der äußerlichen Sphäre des *Mechanismus* stehen. Das Licht als Entladungsfunke hat kaum einen Anfang, sich zur *Wärme* zu materialisieren, und die *Zündung*, die aus der sogenannten Entladung entspringen kann, ist (Berthollet, *Statique Chimique*, I. Partie, Sect. III, not. XI[58]) mehr eine direkte *Wirkung* der Erschütterung als die Folge einer Realisation des Lichtes zu Feuer. – Insofern die beiden Elektrizitäten an verschiedenen Körpern getrennt voneinander gehalten werden, so tritt, wie beim Magnetismus (§ 314), die Bestimmung des

---

57a siehe Fn. 3, S. 123

58 Claude Louis Berthollet, *Essai de statique chimique*, 2 Bde., Paris 1803

Begriffs ein, daß die Tätigkeit darin besteht, das Entgegengesetzte identisch- und das Identische entgegenzusetzen. Sie ist einerseits mechanisierende Tätigkeit als *räumliches* Anziehen und Abstoßen, welche Seite, insofern sie isoliert für die Erscheinung werden kann, den Zusammenhang mit der Erscheinung des Magnetismus als solchen begründet, andererseits physisch in den interessanten Erscheinungen der elektrischen Mitteilung als solcher oder [der] Leitung, und als Verteilung.

Zusatz. Dieses elektrische Verhältnis ist Tätigkeit, aber eine abstrakte, weil sie noch nicht Produkt ist; sie ist nur vorhanden, wo die Spannung, der Widerspruch noch nicht aufgehoben ist, so daß in jedem sein Anderes und es doch selbständig ist.

Diese Spannung ist nun keine bloß innerlich mechanische der Teile, sondern sie muß wesentlich sich äußern. Diese Äußerung muß verschieden sein von der Körperlichkeit des Individuums, denn dieses bleibt, was es ist, indem es different wird. Es tritt also nur erst nach seiner allgemeinen Individualität hervor, ohne daß seine reale Körperlichkeit in diesen Prozeß einginge; und darum ist diese Äußerung noch eine abstrakt physikalische, d. h. nur sein allgemeines Scheinen zeigt der Körper als different. So zeigt der Körper seine physikalische Seele als Licht, das aber, während die Sonne unmittelbar und frei ist, hier vielmehr durch die Gewalt eines Anderen hervorgerufen wird. Licht ist hiermit die Weise des Daseins der Körper gegeneinander; dieses gespannte Licht hat den Trieb, sich am Anderen zu differenzieren. Doch zeigen sich die Differenten als Licht nur in ihrem Verschwinden, weil die Differenz eben noch nicht selbständig, sondern nur abstrakt ist. Es tritt also hier nicht, wie durch Reibung, die Flamme hervor, wo das Licht die triumphierende Spitze im Verzehren des Körpers ist; selbst im Feuerschlagen ist der dem Stein entlockte Funke Aufheben der Kohäsion und Zusammenfassen der Teile im Punkte. Hier aber tritt die Idealität als erhaltend auf, – ein leichtes Feuer; der Funke ist kalt, bloßes Licht, das noch keine Nahrung hat. Denn die besondere Materiatur des gespannten Körpers geht noch nicht in den Prozeß ein, sondern ist darin nur elementarisch und seelenhaft bestimmt. Als unterschieden ist das Licht jedoch nicht mehr rein, sondern hat schon Färbung; der negative Funke hat einen Anflug von Rot, der positive ein bläuliches Licht. Und da das Licht die aus dem Physikalischen hervorbrechende Idealität ist, so fangen auch die übrigen physikalischen Bestimmungen der totalen Individualität, Geruch und Geschmack, an hervorzutreten, aber auf ganz ideale, immaterielle Weise. Die Elektrizität riecht, sie fühlt sich, wenn man sich z. B. mit der Nase nähert, wie Spinnengewebe an; auch ein Geschmack tut sich hervor, aber ein körperloser. Der Geschmack ist in den Lichtern; das eine schmeckt mehr nach Säure, das andere mehr nach Kalischem. Außer dem Geschmack treten endlich ebenso Figurationen hervor: die positive Elektrizität hat einen länglichen strahlenden Funken, der negative Funke ist mehr konzentriert in Punktualität, was man sieht, wenn man beide Funken in Kolophoniumstaub schlagen läßt.

Die Reflexion ist gewohnt, das Körperindividuum als etwas Totes aufzufassen, das nur in äußerliche mechanische Berührung kommt oder ins chemische Verhältnis tritt. Die Äußerung der Spannung, welche wir hier haben, wird daher nicht dem Körper selbst zugeschrieben, sondern einem anderen Körper, dessen Vehikel jener nur ist; dies Andere ist die *elektrische Materie* genannt worden. Der Körper ist dann nur ein Schwamm, der solche Materie in sich zirkulieren läßt, indem er bleibt, was er ist, nur daß er sie leichter oder schwerer aufnimmt; dies wäre keine immanente Wirksamkeit des Körpers, sondern nur Mitteilung. Die Elektrizität soll ferner alles in der Natur, besonders die meteorologischen Erscheinungen bewirken. Was aber die Elektrizität dabei getan haben soll, das kann nicht aufgezeigt werden. Da sie nicht Materie, nicht Verbreitung von Dingen ist, so erscheint sie, wie der Magnetismus, im ganzen als etwas Überflüssiges. Beider Wirksamkeit erscheint als von höchst eingeschränktem Umfang; denn wie jener die Besonderheit des Eisens ist, nach Norden zu zeigen, so ist die Elektrizität dies, einen Funken zu geben. Das findet sich aber allenthalben, und es kommt nichts oder nicht viel dabei heraus. Die Elektrizität erscheint so als ein okkultes Agens, wie die Scholastiker okkulte Qualitäten annahmen. Ist sie beim Gewitter, so sieht man nicht ein, warum sie noch sonst wo ist. Solche große Naturerscheinungen wie das Gewitter müssen aber nicht nach der Analogie unserer chemischen Küche genommen werden. Denn wie können Wolken sich reiben, da sie doch noch wenigstens weicher als ein Schwamm sind? Und da es blitzt, wenn es auch schon regnet und der ganze Himmel mit einem feuchten Flor umgeben ist, so müßte alle elektrische Spannung unmittelbar neutralisiert sein, indem der Zusammenhang der Wolke mit der Erde durch den fallenden Regen ein vollkommener Leiter ist (s. oben § 286 Zus. S. 145 f.). Wäre aber auch Elektrizität hier vorhanden, so zeigt man doch den Zweck, d. h. die notwendige Verbindung und den Zusammenhang derselben mit der körperlichen Natur nicht auf. Allerdings ist sie der allgemeine Sündenbock: »alles ist elektrisch«; aber das ist ein unbestimmtes Wort, das nicht angibt, welche

Funktion die Elektrizität ist. – Wir aber fassen die elektrische Spannung als die eigene Selbstischkeit des Körpers, die physikalische Totalität ist und sich in der Berührung mit einem anderen erhält. Es ist der eigene Zorn, das eigene Aufbrausen des Körpers, welches wir sehen; es ist niemand dabei als er selbst, am wenigsten eine fremde Materie. Sein jugendlicher Mut schlägt aus, er stellt sich auf seine Hinterbeine; seine physikalische Natur rafft sich gegen die Beziehung auf Anderes zusammen, und zwar als abstrakte Idealität des Lichts. Nicht bloß wir vergleichen die Körper, sondern sie vergleichen sich selbst und erhalten sich darin als physikalisch; es ist ein Anfang des Organischen, welches auch gegen die Nahrungsmittel sich erhält. Dies ist das Notwendige, daß die immanente physische Widersetzlichkeit das Tätige des Körpers ist.

In dieser Rücksicht ist zu bemerken, daß hiermit jetzt das ein Gesetztes wird, was wir erst als unmittelbare Bestimmung hatten. Als Kristall war die Gestalt nämlich unmittelbar durchsichtig, wie die Himmelskörper als selbständig unmittelbar Licht waren. Der individuelle Körper leuchtet nun nicht unmittelbar, ist nicht selbst Licht, weil er, als Gestalt, nicht abstrakte Idealität ist, sondern als entfaltete und entwickelte Einheit die himmelskörperliche Bestimmung als Eigenschaft in seiner Individualität einschließt; unmittelbar ist er daher nur als Scheinen eines Anderen in ihm, durch ihn. Der Kristall hat zwar durch die Form den Unterschied des materiellen Fürsichseins zur Einheit zurückgebracht; aber diese Einheit der Form in ihren Bestimmungen ist noch nicht physikalische Idealität, sondern nur in sich selbst bestimmte mechanische Totalität. Das Licht ist dagegen physikalische Idealität; als nicht selbstleuchtend ist der Kristall diese Idealität also nur *an sich*, indem er sie nur in der Reaktion auf ein Anderes zeigt. Das, was er an sich ist, muß nun aber gesetzt werden; so ist diese Idealität, als in der entwickelten Totalität gesetzt, nicht mehr bloß ein Scheinen des Gesehenwerdens, ein fremdes, einfallendes Licht, sondern die einfache Totalität des Scheinens des Selbsts gegen Anderes. D. h. weil sich die Einheit mit sich der Form jetzt setzt, so konstituiert sich der Kristall hier selbst als Sonne; das Licht, das an ihm als differentes Selbst hervortritt, zeigt nur dessen Totalität in ihrer Eigentümlichkeit als eine einfache physikalische Existenz.

Wodurch tritt die elektrische Differenz hervor, und wie verhält sich dieser Gegensatz zu den physikalischen Eigenschaften der Körper? Die Elektrizität kommt überall zur Erscheinung, wo zwei Körper einander berühren, vorzüglich wenn sie gerieben werden. Elektrizität ist also nicht nur an der Elektrisiermaschine, sondern auch jeder Druck, jeder Schlag setzt elektrische Spannung; doch ist die Berührung die Bedingung derselben. Die Elektrizität ist keine spezifische, besondere Erscheinung, die nur am Bernstein, Siegellack usw. hervortritt, sondern sie ist an jedem Körper, der mit einem anderen in Berührung steht; es kommt nur darauf an, einen sehr feinen Elektrometer zu haben, um sich davon zu überzeugen. Das zornige Selbst des Körpers tritt an jedem hervor, wenn es gereizt wird; alle zeigen diese Lebendigkeit gegeneinander. Erscheint nun auch die positive Elektrizität zunächst am Glas, die negative am Harz (Biot und die Franzosen überhaupt sprechen noch von *électricité résineuse et vitreuse*), so ist dieser Unterschied doch ein sehr beschränkter, da eben alle Körper elektrisch sind, auch die Metalle; nur müssen sie isoliert werden. Ferner tritt am Glase auch negative Elektrizität hervor; denn ob die Glasscheibe poliert ist oder matt, kehrt gleich die Sache um, und dieser Unterschied zeigt verschiedene Elektrizität usw. Haüy (*Traité de minéralogie*, T. I, p. 237)[59] sagt: »Die Elektrizität teilt das Mineralreich in drei große Abteilungen, die den allgemeinen Ordnungen entsprechen. Fast alle Steine und Salze werden durch Reiben positiv elektrisch, wenn sie nämlich einen gewissen Grad von Reinheit haben. Die brennbaren Substanzen, wie Harz, Schwefel, auch der Diamant, sind dagegen negativ elektrisch. Die Metalle sind Leiter.« Das Neutrale hat also positive Elektrizität; das dem Feuer, dem Negativen, Fürsichseienden Angehörige, das Differente zeigt negative Elektrizität; das in sich Indifferente, seiner Natur nach ganz Gleichförmige in sich ist flüssig, leitend. So leiten fast alle Flüssigkeiten; nur Öl ist ein schlechter Leiter wegen seiner Verbrennlichkeit. – Im allgemeinen hat die Elektrizität diesen allgemeinen Zusammenhang mit den bestimmten Naturqualitäten; sie ist aber zugleich so oberflächlich, daß der geringste Unterschied der Körper schon hinreicht, eine Änderung der Elektrizität hervorzubringen. Wachs und Seide z. B. sind schlechte Leiter; wird jenes aber geschmolzen, diese erwärmt, so werden sie gute Leiter, weil die Wärme sie flüssig macht. Eis ist ein guter Leiter, trockene Luft und trockene Gasarten dagegen sehr schlechte. Poliertes Glas, mit wollenem Stoff gerieben, hat positive Elektrizität, mit einem Katzenfell, negative. Seide mit Harz gibt negative Elektrizität, mit poliertem Glas positive. Reibt man zwei ganz gleiche Glasröhren, so entzweien sie sich in positive und negative Elektrizität; von zwei Siegellackstangen ist ebenso die eine positiv, die andere negativ elektrisch. Hat man zwei seidene Bänder von derselben Art und streicht das eine in transversaler Richtung, so

59 siehe Fn. 39, S. 220

wird es negativ; das andere, was der Länge nach gestrichen wird, wird positiv. Stehen zwei Personen isoliert (denn sonst teilt sich ihre Elektrizität der ganzen Erde mit, und sie sind nicht als Individuen), hat die eine ein Katzenfell in der Hand und reibt damit die Kleider der anderen, so erhält die erste positive, die andere negative Elektrizität. Der Unterschied kommt durch die Aktivität der einen Person. Wird geschmolzener Schwefel in isolierte metallene Gefäße gegossen, so nimmt der Schwefel positive und das Metall negative Elektrizität an; doch ist es zuweilen auch umgekehrt. Ein Hauptumstand ist der, den Biot ([*Traité de physique*] T. II, p. 356–359) anführt: »Wenn die Oberflächen der Körper zusammengerieben werden, so scheint jene positiv zu werden, deren Teile am wenigsten sich trennen und weniger Abweichungen machen von ihrer natürlichen Lage und Stellung gegeneinander. Im Gegenteil, diejenige von beiden Oberflächen, deren Teilchen mehr voneinander entfernt werden durch die Rauhigkeit der anderen, ist mehr geneigt zur negativen Elektrizität. Diese Neigung vermehrt sich, wenn die Oberfläche eine wahrhafte Erweiterung erhält. Wenn eine animalische oder vegetabilische Substanz, die fest und trocken ist, gegen eine rauhe metallische Oberfläche gerieben wird, so erhält jene negative Elektrizität, weil ihre Teile mehr verschoben werden. Wird eine solche Substanz hingegen auf sehr glattes Metall gerieben, das ihre Oberfläche sehr wenig verändert, sich darauf beschränkt, sie zu drücken und einzeln die Teilchen zu entfernen, so gibt sie entweder kein Zeichen von Elektrizität oder zeigt positive Elektrizität. Wenn man ein Katzenfell mit seinen Haaren auf einer metallenen glatten oder nicht glatten Oberfläche reibt, so können sie nur dem Druck nachgeben, ohne in ihrer verhältnismäßigen Stellung und Lage gestört zu werden; sie sind also positiv elektrisch. Werden aber dieselben Haare als Gewebe eines Stoffes (was erfordert, daß sie verschoben, gekrümmt und sich selbst drückend sind) gegen eine metallene, nichtglatte (*dépolie*) Oberfläche eines Metalls gerieben, so werden sie nicht allein zusammengedrückt, sondern voneinander getrennt und auseinandergezerrt durch die Rauhigkeiten dieser Oberfläche; dadurch werden sie negativ elektrisch, außer wenn die metallene Oberfläche einen gewissen Grad von Glätte hat.« Auch die Farbe macht einen Unterschied: »Ein schwarzer seidener Stoff, wenn er neu ist, gegen ein weißes seidenes Band gerieben, erhält negative Elektrizität, wohl weil die schwarze Färbung der Oberfläche der Stoffe mehr Rauhigkeit gibt. Wenn hingegen der schwarze Stoff gebraucht und seine Farbe abgerieben ist, so erhält er gegen weißes Band positive Elektrizität. Ein weißes« (seidenes?) »Band, gegen wollenes weißes Zeug gerieben, gibt Zeichen negativer Elektrizität, gegen schwarz gefärbtes wollenes Zeug, positive Elektrizität«. Die Qualitäten, die den Unterschied machen, sind also entweder die wesentlichen oder oberflächliche.

Pohl[60] sagt in seiner Rezension von Gehlers *Physikalischem Wörterbuch*[61], von Muncke in 3 Bänden herausgegeben (*Jahrbücher für wissenschaftliche Kritik,* September 1829, Nr. 54/55):

»Wir müssen erkennen, daß der elektrische Gegensatz, fast nicht anders wie der Gegensatz der Farben, nur noch den höchst beweglichen, vom Zustande der Masse und ihren solideren, inneren Qualitätsverhältnissen häufig noch fast ganz unabhängigen chemischen Gegensatz der Oxydation und Desoxydation, im leisen Anfluge, bezeichne; daß es der Natur in dem regsamen, tändelnden Spiel ihres Manifestierungstriebes fast ebensowenig kostet, unter scheinbar gleichen Umständen, in der Wechselwirkung zweier Substanzen aufeinander, bei den zartesten, durch die sorgfältigste Beobachtung nicht mehr zu kontrollierenden Modifikationen das + und — des elektrischen Gegensatzes bald auf diese, bald auf die entgegengesetzte Seite zu werfen, wie sie aus demselben Samen eines Pflanzenindividuums dieselbe Spezies bald mit rot-, bald mit blaugefärbter Blumenkrone hervorgehen läßt ...

Die gewöhnlichste und zugleich schädlichste Folge der gleich von vornherein in die Phänomenologie eingeführten falschen Voraussetzung isoliert bestehender Kausalverhältnisse ist bei den elektrischen Erscheinungen, durch die überall wuchernde Vorstellung einer in Bewegung begriffenen, strömenden Elektrizität, bis zum höchsten Grade ausgebildet. Indem dasjenige, was seiner wahren Bedeutung nach nur die erste Regung eines im Hervorbrechen begriffenen chemischen Prozesses ist, als ein abgesondertes, unter allem Wechsel der Erscheinung fortbestehendes flüssiges X für sich gesetzt wird, denkt man nicht mehr daran, den Prozeß als solchen in seiner weiteren Entwicklung zu verfolgen und die ihm zugehörigen Bestimmungen in ihrer naturgemäßen Verknüpfung zu erkennen, sondern dasjenige, was die wahrhafte innere Bewegung und Fortbildung des Prozesses selbst ausmacht, wird nun, nach der einmal festgehaltenen Vorstellung, auch sofort nur unter dem leeren Schema einer bloß äußerlichen Bewegung jenes erdichteten elektrischen Fluidums als eine Strömung betrachtet, die, nächst dem in der ursprünglichen Form der Spannung sich äußernden Verhalten, als eine zweite Art von Wirksamkeit dieses elektrischen Fundamentalsubstrats ausschließlich geltend gemacht wird.

60 Georg Friedrich Pohl, 1788–1849, Mathematiker und Physiker

61 Johann Samuel Traugott Gehler, *Physikalisches Wörterbuch,* 4 Bde., Leipzig 1787–91

Auf diesem Punkte ist die gänzliche Abweichung von einer naturgemäßen Ansicht der Phänomene entschieden und eine Quelle von seichten und unwahren Konsequenzen eröffnet, an der bisher alle Theorien der Elektrizität und des Galvanismus im ganzen und in den einzelnen Beobachtungen bis auf die von Täuschungen und Verkehrtheiten aller Art wimmelnden Untersuchungen der neuesten Galvanisten und Elektrochemiker durch und durch krank gewesen sind...

Wenn es schon vor der Oerstedschen Entdeckung[62] nicht füglich mehr als erfahrungsmäßig gelten konnte, das tätige Vorhandensein der Elektrizität noch da vorauszusetzen, wo das empfindlichste Elektrometer nicht mehr das leiseste Zeichen ihrer Gegenwart angibt, so ist es vollends nicht zu rechtfertigen, daß diese Voraussetzung selbst noch festgehalten wird, wenn wir da, wo das Elektrometer so lange bereits schwieg, nun auch noch durch die Magnetnadel statt der so lange präsumierten Elektrizität jetzt unmittelbar die Gegenwart des Magnetismus verkündigt sehen.«

Die Elektrizität ist die unendliche Form, die mit sich selbst different ist, und die Einheit dieser Differenzen; und so sind beide Körper untrennbar zusammenhaltend, wie der Nordpol und Südpol eines Magneten. Im Magnetismus ist aber nur mechanische Tätigkeit, also nur ein Gegensatz in der Wirksamkeit der Bewegung; es ist nichts zu sehen, zu riechen, zu schmecken, zu fühlen, – d.h. nicht Licht, Farbe, Geruch, Geschmack da. Aber in der Elektrizität sind jene schwebenden Differenzen physikalisch, denn sie sind im Lichte; wären sie eine weitere materielle Besonderung der Körper, so hätten wir den chemischen Prozeß. Freilich insofern in der Elektrizität das Differente tätig ist und als solches noch tätig bleibt, so kann diese Tätigkeit auch nur im Mechanischen, in der Bewegung bestehen. Es ist Annäherung und Entfernung, wie beim Magnetismus; daraus erklärt sich das Spielwerk des elektrischen Regens, des Glockenspiels usw. Die negative Elektrizität wird von der positiven angezogen, aber von der negativen abgestoßen. Indem die Differenten sich so in eins setzen, so teilen sie sich mit; aber sobald sie in eins gesetzt sind, so fliehen sie sich wieder und umgekehrt. Beim Magnetismus braucht man nur *einen* Körper, der noch keine physikalische Bestimmtheit hat, sondern nur Substrat dieser Tätigkeit ist. Beim elektrischen Prozesse hat jeder der zwei verschiedenen Körper eine differente Bestimmung, die nur durch den anderen gesetzt ist, aber gegen welche die übrige Individualität des Körpers ein Freies, davon Unterschie-

62 Hans Christian Oersted, 1777–1851, dänischer Physiker, entdeckte 1820 den Elektromagnetismus

denes bleibt. Die eine und die andere Elektrizität gebrauchen also zu ihrer Existenz ein eigenes Körperindividuum, oder ein elektrischer Körper hat nur eine Elektrizität; sie bestimmt aber den Körper außer ihr zur entgegengesetzten, und wo nur eine ist, ist sogleich auch die andere. Derselbe Körper bestimmt sich aber nicht an ihm selbst als polarisch, wie beim Magnetismus. Die Elektrizität hat somit die Grundbestimmung des Schlusses, wie der Magnetismus; aber bei der Elektrizität ist der *Gegensatz* zu eigentümlicher Existenz gekommen. *Schelling* hat die Elektrizität daher einen zerbrochenen Magnetismus genannt. Dieser Prozeß ist konkreter als der Magnetismus, aber weniger konkret als der Chemismus. Die gespannten Extreme machen noch keinen wirklichen, totalen Prozeß, sondern sie sind noch selbständig, so daß ihr Prozeß nur ihr abstraktes Selbst ist. Denn die physikalische Differenz macht nicht die ganze Körperlichkeit aus, und deswegen ist die Elektrizität nur die abstrakte Totalität der physikalischen Sphäre. Was der Magnetismus also in der Sphäre der Gewalt ist, das ist die Elektrizität in der Sphäre der physikalischen Totalität.

Indem ein Körper elektrisch bestimmt ist, so kann seine Elektrizität mitgeteilt werden, besonders den Leitern, wie z. B. den Metallen, obgleich das Metall ebensogut eigentümliche Elektrizität als sich differenzierend erhalten kann, wenn es nämlich isoliert wird; ebenso das Glas, nur leitet es nicht. Als eine mitgeteilte aber hat jeder Körper die gleichnamige Elektrizität, und dann entfernen sich solche Körper. Die Physiker unterscheiden nun noch die Mitteilung der Elektrizität und die Elektrizität, die sich durch Verteilung zeigt. Die letztere ist diese: Wird an einem positiv elektrischen Körper *A* ohne Berührung dieses bereits elektrisch bestimmten Körpers ein leitender Zylinder *B* isoliert in die Nähe gebracht, so zeigt sich dann dieser Leiter auch elektrisch, aber so, daß sein gegen den Körper *A* gekehrtes Ende —E, das entgegengesetzte Ende +E zeigt, in der Mitte aber o ist. Da sind zweierlei Fälle zu bemerken: α) Wird *B* aus der elektrischen Sphäre des Körpers *A* weggenommen, so ist seine Elektrizität verschwunden. β) Ist er aber noch in dieser Nähe und wird mit ihm, wo er positiv elektrisch ist, ein dritter Körper *C* in Berührung gebracht, der durch diese Mitteilung +E wegnimmt, so ist der zweite, aus der Sphäre von *A* entfernt, elektrisch, und zwar bloß negativ. Dies kommt daher, weil die Elektrizität, um zu haften, zweier Körperindividualitäten bedarf, die positive und die negative also jede einen Körper braucht. Solange nun der Körper *B* nicht berührt worden, hat er die Spannung und Differenz an ihm selbst, wie der Magnetismus, ohne daß es schon seine individuelle Bestimmtheit sei; sondern in die Nähe eines anderen Körpers, der schon für sich bestimmt ist, gebracht, hat er seine Determination nur durch einen anderen. Dabei bleibt er, als Leiter, indifferent; weil er aber zugleich in der elektrischen Sphäre ist, so kann er, als ausgedehnt, die verschiedenen Bestimmungen an sich sehen lassen. Obgleich er also beide Elektrizitäten hat, so existiert die Elektrizität doch noch nicht an ihm selbst, sondern ihre individuelle Existenz tritt erst dann ein, wenn er eine Elektrizität hat, und dazu gehört, daß ein anderer sich ihm entgegensetze. Da ihm nun durch diese Berührung die Indifferenz genommen wird und die entgegengesetzte Elektrizität von derjenigen, welche er dem Körper *A* zukehrt, in den berührenden Körper *C* übergeht, so haftet dagegen die andere Elektrizität an ihm. – Indem ferner die Nähe schon Binden des Gegensatzes ist, so ist die negative Elektrizität des Körpers *B* bei größerer Entfernung stärker im Gegensatz gegen *A*, und je näher an *A* gebracht, desto weniger zeigt sich Intensität. Zwei Glasplatten, aneinander gerieben und isoliert gehalten, zeigen, nah aneinandergedrückt, keine Spur von Elektrizität, aber getrennt zeigen sie solche. Metallplatten tun es nicht, auch isoliert, weil ihre Elektrizität sich auch an sich neutralisiert. Hat man zwei Kugeln von gleicher Elektrizität und gleicher Größe, die einander berühren, so ist die Intensität an der Stelle der Berührung = 0, stärker an den entfernten Punkten der Kugeln. Nimmt man Kugeln von ungleicher Größe und gleicher Elektrizität, so ist die Elektrizität gleichfalls = 0 am Punkte der Berührung im Momente derselben; aber wenn sie getrennt werden, so ist —E am Punkte der Berührung der kleinen. Wird aber die Entfernung größer, so verschwindet diese Bestimmung, und die ganze kleine Kugel ist +E. Hier ist es die Ungleichheit der Menge, welche diesen Gegensatz setzt. Haüy (*Traité de Minéralogie,* T. I, p. 237) bemerkt auch, daß Turmalin und viele andere Kristalle, deren Formen nicht symmetrisch sind, in warmes Wasser, auch auf Kohlen gesetzt, an den Extremitäten, deren Teile eben der Symmetrie Abbruch tun, elektrische Pole erhalten, in der Mitte aber indifferent sind.

Was die *Effekte* der Elektrizität betrifft, so zeigen sie sich vornehmlich bei der Aufhebung der Spannung. Wird der elektrische Körper mit Wasser in Verbindung gebracht, so hört die Spannung auf. Es hängt von der Oberfläche ab, wieviel ein Körper aufnehmen kann. Eine Flasche kann so weit gesteigert werden, daß sie springt; d. h. die Stärke der Spannung findet an dem Glase keine Hemmung mehr. Die hauptsächlichste Aufhebung ist, wenn die zwei Elektrizitäten sich berühren. Jede ist ohne die andere unvollständig; sie wollen sich totalisieren. Sie sind in einem gewaltsamen Zustande, wenn sie auseinandergehalten werden. Die substanzlosen

Gegensätze haben kein Bestehen; sie sind eine Spannung, welche sich in sich selbst aufhebt. So in ihr Eins zusammenfallend sind sie das elektrische Licht, das erscheinend verschwindet. Aber das Wesen desselben ist die Negativität des gleichgültigen Daseins der Gestalt, die Dasein hat, – das Einschlagen desselben in die Gestalt und die Zertrümmerung ihrer Gleichgültigkeit, die sich in eins zusammennehmende innere und äußere Form. Die mit sich selbst gleich gewordene Form ist das Licht, das von innen herausschlägt und mit dem äußeren Lichte zusammenströmt, das Insichsein der Schwere, das sich zerstört und in seinem Verschwinden eben das kraftlose einfache Licht wird, d. h. eben mit dem äußeren eins ist, – wie Platon das Sehen als ein In-Eins-Stürzen des äußeren und inneren Lichtes begreift. Dadurch, daß zwischen die gespannten Körper eine Verbindung gesetzt wird, stürzt sich die eine Differenz in die andere, indem beide Elektrizitäten sich aneinander integrieren. Dies Produkt ist aber nur ein Spiel, der Verlust der beiden abstrakten Bestimmungen, – das Ineinanderfahren dieser Funken. Die Hauptwirkung ist die Zertrümmerung des in den Zusammenhang Gebrachten: die Elektrizität zerschmettert Holzstücke, tötet Tiere, zerbricht Glasscheiben, erhitzt und schmilzt Metalldrähte, verflüchtigt Gold usw. Daß die Wirkungen der Elektrizität ebensogut durch mechanischen Druck hervorgebracht werden können, zeigt die elektrische Pistole, worin, dem Volumen nach, zwei Teile Wasserstoffgas und ein Teil Sauerstoffgas geladen werden, aus denen der elektrische Funke Wasser macht. Das Chemische am elektrischen Prozesse ist die Wasserzersetzung. Die elektrische Wirksamkeit, da eben nicht die Individualität der Körper in die Spannung übergeht, kann sich nur physikalisch zeigen an der abstrakten Neutralität, dem Wasser. Über das Wasser ist sie Meister, es als Wasser- und Sauerstoffgas zu zersetzen; wobei wir schon wissen (s. oben § 286, Zus. S. 148), daß jene nicht die Ingredienzen des Wassers, sondern nur die abstrakten Formen sind, in welchen das Wasser zur Erscheinung kommt, indem man beim galvanischen Prozeß keine Bläschen in der Glasröhre hin und her ziehen sieht, auch eine in die Mitte der Glasröhre hingebrachte Säure sich nicht verändert, – was doch durch das Hinzukommen solcher Stoffe geschehen müßte.

§ 325

Die *Besonderung* des individuellen Körpers bleibt aber nicht bei der trägen Verschiedenheit und Selbsttätigkeit der Verschiedenen stehen, aus welcher die abstrakte reine Selbstischkeit, das Lichtprinzip, zum Prozeß, zu Spannung Entgegengesetzter und Aufheben derselben in ihrer Indifferenz heraustritt. Da die besonderen Eigenschaften nur die Realität dieses einfachen Begriffes, der Leib ihrer Seele, des *Lichtes*, sind und der Komplex der Eigenschaften, der besondere Körper, nicht wahrhaft selbständig ist, so geht die *ganze* Körperlichkeit in die Spannung und in den Prozeß ein, welcher zugleich das Werden des individuellen Körpers ist. Die Gestalt, welche zunächst nur aus dem Begriffe hervorging, somit nur *an sich* gesetzt war, geht nun auch aus dem existierenden Prozesse hervor und stellt sich als das aus der Existenz Gesetzte dar, – der *chemische Prozeß*.

Zusatz. Wir haben mit der Gestalt angefangen, als mit einem Unmittelbaren; wir haben sie als eine notwendige aus dem Begriffe erkannt. Sie muß sich aber auch am Ende als existierend darstellen, d. h. aus dem Prozesse hervorgehend. Der Körper, das Unmittelbare, hat den realen chemischen Prozeß zu seiner Voraussetzung. Die Eltern sind so das Unmittelbare, von dem man anfängt; sie selbst bestimmen sich dann aber auch als Gesetztes, der Existenz nach. Die Gestalt geht dem Begriffe nach in dies Dritte über; aber das ist vielmehr das Erste, woraus jenes, was vorher das Erste war, erst hervorgeht. Das ist im tieferen logischen Fortgang begründet. Die Besonderung bleibt nicht bei dem Unterschiede, als der Spannung der abstrakten Selbstischkeit, stehen. Der Körper als besonderer ist nicht unabhängig, nicht selbständig, sondern ein Glied in der Kette und auf Anderes bezogen. Das ist die Allgewalt des Begriffes, die wir schon im elektrischen Prozesse sahen; in dieser Erregung der Körper durch ein Anderes ist es nur die abstrakte Selbstischkeit der Körper, die in Anspruch genommen wird und zur Erscheinung kommt. Aber der Prozeß muß wesentlich realer Prozeß körperlicher Bestimmungen werden, indem die ganze Körperlichkeit in den Prozeß eintritt; die Relativität des Körpers muß erscheinen, und die Erscheinung derselben ist die Veränderung des Körpers im chemischen Prozeß.

c. Der chemische Prozeß

§ 326

Die Individualität in ihrer entwickelten Totalität ist, daß ihre Momente so bestimmt sind, selbst individuelle Totalitäten, ganze besondere Körper zu sein, die zugleich nur als different gegeneinander in Beziehung sind. Diese Beziehung als die Identität nicht identischer, selbständiger Körper ist der Widerspruch, – somit wesentlich *Prozeß*, der dem Begriffe gemäß die Bestimmung hat, das Unterschiedene identisch zu setzen, es zu indifferenzieren, und das Identische zu differenzieren, es zu begeisten und zu scheiden.

Zusatz. Um die *allgemeine Stellung und Natur des chemischen Prozesses* zu erkennen, müssen wir vor- und rückwärts sehen. Der chemische Prozeß ist das Dritte in der Gestalt. Das Zweite war die differente Gestalt, und deren abstrakter Prozeß die Elektrizität. In der Gestalt, ehe sie vollendet und neutral war, hatten wir auch einen Prozeß, den Magnetismus. Wenn die Gestalt die Einheit des Begriffs und der Realität, so ist der Magnetismus, als nur erst abstrakte Tätigkeit, der Begriff der Gestalt; das Zweite, die Besonderung der Gestalt in sich und gegen Anderes, ist die Elektrizität; die sich realisierende Unruhe ist drittens der chemische Prozeß, als die wahrhafte Realität des Begriffs in dieser Sphäre. Es ist, wie im Magnetismus, *eine* Form, die sich in Differenzen dirimiert und als Einheit existiert; doch bleibt es dabei nicht stehen. Im Magnetismus tritt der Unterschied an *einem* Körper hervor. In der Elektrizität gehört jede Differenz einem eigenen Körper an; jede Differenz ist selbständig, und nicht die ganze Gestalt geht in diesen Prozeß ein. Der chemische Prozeß ist die Totalität des Lebens der unorganischen Individualität; denn wir haben hier ganze, physikalisch bestimmte Gestalten. Die Körper treten nicht nur nach Geruch, Geschmack, Farbe ein, sondern als riechende, schmeckende, farbige Materie. Das Verhältnis derselben ist nicht Bewegung, sondern Veränderung der ganzen differenten Materien, das Vergehen ihrer Eigentümlichkeit gegeneinander. Die abstrakte Beziehung des Körpers, die sein Licht ist, ist nicht nur abstrakt, sondern wesentlich diese besonderte; die ganze Körperlichkeit geht also in diesen Prozeß ein, und der chemische Prozeß ist also der reale elektrische. Wir haben somit die ganze Gestalt, wie im Magnetismus, aber nicht *ein* Ganzes, sondern unterschiedene Ganze. Die beiden Seiten, worin sich die Form dirimiert, sind also ganze Körper, wie Metalle, Säuren, Alkalien; ihre Wahrheit ist, daß sie in Beziehung treten. Das elektrische Moment hieran ist, daß diese Seiten für sich als selbständige auseinandertreten, was noch nicht im Magnetismus vorhanden ist. Die untrennbare Einheit dieses letzteren ist aber zugleich das Herrschende über beide; diese Identität beider Körper, womit sie

wieder in das magnetische Verhältnis zurücktreten, fehlt dem elektrischen Prozesse.
Der chemische Prozeß ist so die Einheit des Magnetismus und der Elektrizität, welche die abstrakten formellen Seiten dieser Totalität und darum nicht derselbe Prozeß sind. Jeder chemische Prozeß enthält Magnetismus und Elektrizität an sich. In seinem sozusagen gesättigten Verlaufe können sie aber nicht als unterschieden hervortreten; nur wo er selbst auf abstrakte Weise erscheint, nicht zu seiner vollendeten Realität kommt, kann jenes der Fall sein. Dies ist der Fall an der allgemeinen Individualität der Erde. Der chemische Prozeß für sich ist der allgemeine irdische Prozeß; aber er muß unterschieden werden als der Prozeß der eigentlichen Individualität und der allgemeinen. Als an dieser, die sich erhält, kann er, obgleich lebendig, selbst nur auf abstrakt allgemeine Weise erscheinen. Das Erdindividuum ist nicht ein besonderes, das sich auflösen und an einem anderen sich reell neutralisieren kann. Denn die Erde als allgemeines Individuum beharrt, geht also nicht in den chemischen Prozeß ein, der die ganze Gestalt entamiert; nur insofern sie als nicht allgemein existiert, d. h. sich in ihre besonderen Körper teilt, geht sie in den chemischen Prozeß ein. Der Chemismus der Erde ist so das, was wir als den meteorologischen Prozeß gesehen haben, den Prozeß der physikalischen Elemente, als der allgemeinen bestimmten Materien, die noch keine individuellen Körperlichkeiten sind. Da der chemische Prozeß hier auf diese abstrakte Weise existiert, so kommen auch hier seine abstrakten Momente zum Vorschein. An der Erde ist es daher, daß der Magnetismus, da die Veränderung außer ihr fällt, zum Vorschein kommt, und ebenso die elektrische Spannung im Gewitter. Die Elektrizität der Erde, wohin Blitz, Nordlichter usw. gehören, ist aber eine *andere* als die irdische und gar nicht an dieselben Bedingungen gebunden (s. oben § 286, Zus. S. 145 f.; § 324, Zus. S. 278 f.). Magnetismus und Elektrizität sind nur getragen durch den chemischen Prozeß; sie sind erst durch den allgemeinen Prozeß der Erde selbst gesetzt. Der Magnetismus, der die einzelnen Magnetnadeln bestimmt, ist etwas Veränderliches, das vom inneren Prozeß der Erde und vom meteorologischen Prozeß abhängt. *Parry*[63] auf seiner Reise nach dem Nordpol fand, daß die Magnetnadel hier ganz etwas Unbestimmtes wird: z. B. bei starkem Nebel wurde die Direktion nach Norden ganz gleichgültig; die Nadel verlor alle Tätigkeit, und man konnte sie hinrücken, wohin man wollte. Die elektrischen Erscheinungen, wie Nordlichter usw., sind noch etwas weit Unbeständigeres. Man hat auch Nordlichter

63 siehe Fn. 18, S. 150

gegen Mittag erblickt, südlich von England, selbst von Spanien. Das sind also nur Momente des totalen Prozesses, von dem sie abhängig sind. An dem chemischen Prozesse, vorzüglich wie er als galvanischer ist, tritt auch die elektrische Spannung hervor; sie führt aber auch eine magnetische Disposition mit sich. Diese Abhängigkeit des Magnetismus vom chemischen Prozesse ist das Merkwürdige an den neueren Entdeckungen. Durch die allgemeine Revolution der Erde überhaupt, als ihre Umdrehung um ihre Achse, welche die Ost- und Westpolarität ist, wird die Süd-Nord-Polarität, die Richtung der ruhenden Achse, bestimmt. *Oersted*[64] fand, daß die elektrische und magnetische Tätigkeit, insofern sie als Richtungen auf den Raum bezogen sind, sich auch einander entgegengesetzt sind, indem sie einander kreuzen. Die elektrische Tätigkeit ist von Osten nach Westen gerichtet, während die magnetische von Norden nach Süden; man kann es aber auch umkehren (vgl. oben, § 313, Zus. S. 214 f.). Der Magnetismus ist aber wesentlich nur Raumtätigkeit, während die Elektrizität doch schon etwas mehr physikalisch ist. Ferner zeigt diese Entdeckung nun auch am chemischen Prozesse der individuellen Körperlichkeit das Beisammen- und Zugleichsein dieser Momente, und zwar eben indem sie als die unterschiedenen Erscheinungen der Elektrizität und des Chemismus beim galvanischen Prozeß auseinandertreten.

Der Unterschied der systematisch-philosophischen Betrachtung von der empirischen besteht darin, nicht die Stufen der konkreten Existenzen der Natur als Totalitäten, sondern die Stufen der Bestimmungen darzustellen. Wenn also die Erde zunächst als Planet betrachtet worden, so ist damit ihre konkrete Natur nicht erschöpft, sondern die Fortbestimmung der physischen Momente ist eine Fortbestimmung der Erde, insofern sie nämlich, als allgemeines Individuum, derselben fähig ist; denn die endlichen Verhältnisse der individuellen Körper gehen sie nichts an. Eben dies ist der Fall in Ansehung dieser. Ein anderes ist der Stufengang ihrer Verhältnisse und deren Zusammenhang untereinander; ein anderes ist die Betrachtung eines konkreten individuellen Körpers als eines solchen. Der individuelle Körper vereinigt alle jene Bestimmungen in sich und ist wie ein Bouquet, in das sie zusammengebunden sind. – Wenden wir diese Bemerkungen auf den vorliegenden Fall an, so zeigt sich zwar an der Erde, als einem selbständigen Individuum gegen die Sonne, der chemische Prozeß, aber nur als der Prozeß der Elemente. Zugleich ist der chemische Prozeß der Erde nur als vergangener zu fassen, indem diese

64 siehe Fn. 60, S. 282

Riesenglieder, als für sich gesonderte, auf der Stufe der Diremtion stehenbleiben, ohne zur Neutralität überzugehen. Der Prozeß dagegen, wie er an den besonderen körperlichen Individualitäten zum Vorschein kommt, bringt das hervor, daß diese sich zu Neutralen heruntersetzen, die wieder dirimiert werden können. Dieser Prozeß ist niedriger als der allgemeine Prozeß; *wir* sind auf ihn beschränkt, während der meteorologische die große Chemie der Natur ist. Auf der anderen Seite steht er aber auch wieder höher, indem er dem lebendigen Prozesse unmittelbar vorhergeht. Denn in diesem kann kein Glied bestehen noch als Teil existieren, sondern hat nur sein Bestehen in der subjektiven Einheit; und im Lebensprozesse ist es die subjektive Einheit, welche das Wirkliche ist. Der Prozeß der Himmelskörper ist dagegen noch abstrakt, weil sie in ihrer Selbständigkeit bleiben; der individuelle chemische Prozeß ist also tiefer, weil darin die Wahrheit der besonderen Körper wirklich wird, daß sie ihre Einheit suchen und erreichen.

Das ist die Stellung des chemischen Prozesses im Ganzen. Es ist daran unterschieden der Prozeß der Elemente und der besondere Prozeß, eben weil die besonderen Körper nicht nur besondere sind, sondern auch den allgemeinen Elementen angehören. An ihnen, indem sie als besondere im Prozesse sind, muß daher auch jener allgemeine Prozeß, der meteorologische, eben weil er der allgemeine ist, erscheinen. Alle chemischen Prozesse hängen mit dem Prozeß der Erde überhaupt zusammen. Der galvanische Prozeß wird auch bestimmt durch die Jahres- und Tageszeiten; besonders die elektrische und magnetische Seite, jede für sich, zeigt dies. Diese Tätigkeiten haben ihre Perioden, außer den sonstigen Veränderungen; diese periodischen Veränderungen hat man genau beobachtet und auf Formeln gebracht. Etwas davon ist auch am chemischen Prozesse bemerkt worden, aber nicht so sehr; *Ritter*[65] z. B. fand, daß eine Sonnenfinsternis Veränderungen hervorbrachte. Aber dieser Zusammenhang ist ein entfernterer; es ist nicht ein solcher, daß die Elemente als solche in diesen Prozeß einträten. Ein Bestimmtwerden der allgemeinen Elemente kommt aber bei jedem chemischen Prozesse vor; denn die besonderen Gestaltungen sind nur Subjektivierungen der allgemeinen Elemente, welche noch in Bezug auf dieselben stehen. Werden also die besonderen Qualitäten im chemischen Prozesse verändert, so wird auch ein Bestimmtwerden der allgemeinen Elemente hervorgebracht. Wasser ist wesentlich Bedingung oder Produkt; Feuer ist ebenso die Ursache oder die Wirkung.

Da auf diese Weise der Begriff des chemischen Prozesses überhaupt

---

65 siehe Fn. 17, S. 148

ist, die Totalität zu sein, so haben wir die Vorstellung, daß in ihm der Begriff ganz bleibt in seinen Unterschieden, d. h., indem er sich als das Negative seiner setzt, ganz bei sich bleibt. Jede Seite ist also das Ganze. Als Seite ist die Säure zwar nicht, was das Kalische [ist], und umgekehrt; so sind beide einseitig. Das Weitere ist aber, daß jede Seite auch an sich das Andere ist, – die Totalität ihrer selbst und des Anderen; dies ist der Durst des Kalischen nach der Säure und umgekehrt. Sind die Körper einmal begeistet, so ergreifen sie das Andere; haben sie nichts Besseres, so treten sie in Prozeß mit der Luft. Daß jedes an sich das Andere ist, kommt so zum Vorschein, daß es das Andere sucht; dadurch ist es der Widerspruch seiner selbst. Alles hat aber nur Trieb, insofern es dieser Widerspruch mit sich selbst ist. Dies fängt im chemischen Prozesse erst an, indem hier dies, *an sich* das Neutrale, das Ganze zu sein, den unendlichen Trieb bewirkt; im Leben kommt dies dann weiter *zum Vorschein.* Der chemische Prozeß ist so ein Analogon des Lebens; die innere Regsamkeit des Lebens, die man da vor sich sieht, kann in Erstaunen setzen. Könnte er sich *durch sich selbst* fortsetzen, so wäre er das Leben; daher liegt es nahe, das Leben chemisch zu fassen.

§ 327

Zunächst ist der *formale* Prozeß zu beseitigen, der eine Verbindung bloß *Verschiedener,* nicht Entgegengesetzter ist. Sie bedürfen keines existierenden Dritten, in welchem sie als ihrer Mitte *an sich* eines wären; das Gemeinschaftliche oder ihre Gattung macht schon die Bestimmtheit ihrer Existenz zueinander aus; ihre Verbindung oder Scheidung hat die Weise der Unmittelbarkeit, und Eigenschaften ihrer Existenz erhalten sich. Solche Verbindungen chemisch gegeneinander unbegeisteter Körper sind die Amalgamation und sonstiges Zusammenschmelzen von Metallen, Vermischung von Säuren miteinander und derselben, des Alkohols usf. mit Wasser und dergleichen mehr.

*Zusatz. Winterl** hat diesen Prozeß *Synsomatien* genannt; sonst kommt dieser Name nicht vor, und deshalb ist er in der dritten Ausgabe weggelassen. Diese Synsomatien sind unvermittelte Ver-

* Er [Jakob Joseph Winterl, 1732–1809] war Professor in Pest und hatte, am Anfang dieses Jahrhunderts, den Trieb einer tieferen Einsicht in die Chemie. Er wollte einen besonderen Stoff *Andronia* gefunden haben, was sich aber nicht bestätigt hat.

bindungen, ohne ein Medium, das veränderte und selbst verändert würde; daher sind sie noch nicht eigentlich chemische Prozesse. Das Feuer gehört freilich bei Metallamalgamen dazu; es ist aber noch nicht das Medium, das selbst in den Prozeß eingeht. Indem verschiedene Körper, die unvollkommen sind, in eins gesetzt werden, so fragt sich, was an ihnen verändert wird. Wir müssen antworten: Das, wodurch sie diese Besonderen sind. Die erste ursprüngliche Bestimmtheit, wodurch sie Besondere sind, ist nun ihre spezifische Schwere und dann die Kohäsion. Die Verbindung solcher Körper derselben Klasse ist also zwar nicht bloße Vermischung, sondern ihre Differenz erleidet in ihrer Kombination eine Modifikation. Aber indem jene Bestimmtheiten, die der allgemeinen Besonderheit der Körper angehören, jenseits der eigentlichen physikalischen Differenz liegen, so ist die Veränderung dieser Besonderheiten noch nicht die eigentümlich chemische Veränderung, sondern die Veränderung des substantiellen Innern, worin es noch nicht zur äußerlichen Existenz der Differenz als solcher kommt. Wir müssen also diese einzelne Weise der Veränderung vom chemischen Prozesse unterscheiden; denn findet sie auch bei jedem chemischen Prozesse statt, so muß sie doch auch eine besondere, für sich freie Existenz haben. Das Gemisch ist nicht äußerlich, sondern eine wahrhafte Verbindung. Wasser und Alkohol gemischt durchdringen sich so vollkommen; das Gewicht bleibt zwar dasselbe, als da sie einzeln waren, die spezifische Dichtigkeit ist aber eine andere als die quantitative Einheit beider, indem sie einen kleineren Raum einnehmen als vorher. Ebenso nehmen Gold und Silber zusammengeschmolzen einen kleineren Raum ein, weshalb der Goldschmied, dem *Hieron* Gold und Silber zu einer Krone gab, in den Verdacht des Betrugs kam, als habe er etwas für sich behalten, indem Archimedes nach dem spezifischen Gewicht beider Körper das Gewicht des ganzen Gemenges berechnete; Archimedes kann aber dem Goldschmied sehr wohl Unrecht getan haben. Wie sich spezifische Schwere und Kohäsion verändern, so auch die Farbe. Messing, aus Kupfer und Zink zusammengeschmolzen, ist so ein Herabführen des Kupferrots nach dem Gelben. Bei Quecksilber, das sich leicht mit Gold und Silber, nicht aber mit Eisen und Kobalt amalgamiert, ist ein bestimmtes Verhältnis vorhanden, in welchem beide Metalle sich gegenseitig sättigen. Hat man z. B. zu wenig Silber genommen, so fließt der ungesättigte Teil Quecksilber ab; oder ist zuviel Silber, so geht ein Teil von diesem in die Veränderung nicht ein. Die Verbindungen haben zum Teil auch eine größere Härte und Dichtigkeit als die einzelnen Metalle für sich, weil die Differenz ein höheres Insichsein darstellt, das Differenzlose dagegen leichter ist, aber zugleich eine leichtere Schmelzbarkeit, als aus ihrer Schmelzbarkeit, einzeln genommen, resultiert, weil im Gegenteil das in sich Unterschiedene offener für chemische Veränderungen ist und ihnen schwächeren Widerstand leistet; wie die intensivsten Naturen sich als die härtesten gegen die Gewalt zeigen, aber mit freiem Willen die hingebendsten sind, sich dem ihrer Natur Angemessenen zu öffnen. Das Schnellot von *Darcet*[66], eine Vermischung von 8 Teilen Wismut, 5 Teilen Blei und 3 Teilen Zinn, wird in einer Temperatur unter der des siedenden Wassers, ja in der warmen Hand flüssig. Auch mit Erden ist dies der Fall, die, für sich unschmelzbar, in Verbindung schmelzbar werden; was in der Metallurgie zur Erleichterung der Arbeit in den Schmelzhütten wichtig ist. Auch das Abtreiben der Metalle gehört hierher, weil es auf der Verschiedenheit von Verbindungen im Schmelzen beruht. Silber z. B. mit Kupfer verbunden wird mit Hilfe des Bleies abgetrieben: die Hitze, worin das Blei schmilzt, nimmt nämlich das Silber mit sich; Gold aber bleibt mit dem Kupfer, wenn etwas darin ist, verbunden. Königssäure ist eine Verbindung von Salz- und Salpetersäure; einzeln lösen sie das Gold nicht auf, nur in dieser ihrer Verbindung. Diese Synsomatien sind so nur Veränderungen der inneren, an sich seienden Differenz. Der eigentliche chemische Prozeß setzt aber nun einen bestimmteren Gegensatz voraus, und daraus entspringt eine größere Tätigkeit und ein spezifischeres Produkt.

§ 328

Der *reale* Prozeß aber bezieht sich zugleich auf die chemische Differenz (§ 200 ff.), indem zugleich die ganze konkrete Totalität des Körpers in ihn eingeht (§ 325). – Die Körper, die in den realen Prozeß eintreten, sind in einem Dritten, von ihnen Verschiedenen, vermittelt, welches die *abstrakte*, nur erst *an sich* seiende Einheit jener Extreme ist, die durch den Prozeß in die Existenz gesetzt wird. Dieses Dritte sind daher nur Elemente, und zwar selbst verschieden als [solche] teils des Vereinens, die Neutralität überhaupt, das *Wasser*, teils des Differenzierens und Scheidens, die *Luft*. Indem in der Natur die unterschiedenen Begriffsmomente auch in besonderer Existenz sich herausstellen, so ist auch das Scheiden und Neutralisieren des Prozesses jedes an ihm

66 Jean Pierre Joseph Darcet, 1777–1844, Chemiker

ebenso ein Gedoppeltes, nach der konkreten und nach der abstrakten Seite. Das *Scheiden* ist einmal Zerlegen der neutralen Körperlichkeit in körperliche Bestandteile, das andere Mal Differenzieren der abstrakten physischen Elemente in die vier hiermit noch abstrakteren chemischen Momente des Stickstoffs, Sauerstoffs, Wasserstoffs und Kohlenstoffs, welche zusammen die Totalität des Begriffs ausmachen und nach dessen Momenten bestimmt sind. Hiernach haben die chemischen Elemente 1. die Abstraktion der Indifferenz, der *Stickstoff*, und 2. die beiden [Abstraktion] des Gegensatzes, der für sich seienden Differenz, der *Sauerstoff*, das Brennende, und der dem Gegensatze angehörigen Indifferenz, der *Wasserstoff*, das Brennbare, 3. die Abstraktion ihres *individuellen* Elements, der *Kohlenstoff*.

Ebenso ist das Vereinen das eine Mal Neutralisieren konkreter Körperlichkeiten, das andere Mal jener abstrakten chemischen Elemente. So sehr ferner die konkrete und die abstrakte Bestimmung des Prozesses verschieden ist, so sehr sind beide zugleich vereinigt, denn die physischen Elemente sind als die Mitte der Extreme das, aus dessen Differenzen die gleichgültigen konkreten Körperlichkeiten begeistet werden, d. i. die Existenz ihrer chemischen Differenz erlangen, die zur Neutralisierung dringt und in sie übergeht.

Zusatz. Die allgemeine Natur des chemischen Prozesses ist, da er Totalität ist, die doppelte Tätigkeit der Trennung und der Reduktion des Getrennten zu Einem. Und da die gestalteten Körper, die in den Prozeß eintreten, als Totalitäten in Berührung miteinander kommen sollen, so daß ihre wesentliche Bestimmtheit sich berühre, – dies aber nicht möglich ist, wenn sie nur durch Reibung, als mechanisch Gleichgültige, gegeneinander Gewalt üben wie im oberflächlichen elektrischen Prozesse, so müssen sie in dem Gleichgültigen zusammenkommen, das, als ihre Indifferenz, ein abstraktes physikalisches Element ist, – das Wasser als das Prinzip der Affirmation, die Luft als das Prinzip des Feuers, des Fürsichseins, der Negation. Die Elemente, welche diese Mitte bilden, gehen mit in den Prozeß ein und bestimmen sich zu Differenzen, und ebenso schmelzen sie sich wieder in die physikalischen Elemente zusammen. Das Elementarische ist also hier entweder das Wirksame, worin die Individuellen erst ihre Wirksamkeit gegeneinander zeigen, oder es erscheint als Bestimmtwerden, indem es zu abstrakten Formen verwandelt wird. Die Extreme aber werden zur Mitte verbunden; oder sind sie Neutrale, z. B. Salze, so werden sie in Extreme zerlegt. Der chemische Prozeß ist also ein *Schluß*, und zwar nicht nur der Anfang, sondern ebenso auch der Verlauf desselben; denn es gehören drei dazu, nämlich zwei selbständige Extreme und eine Mitte, worin sich ihre Bestimmtheit berühre und sie sich differenzieren, während wir zum formalen chemischen Prozesse (s. vorh. §) nur zwei brauchten. Ganz konzentrierte Säure, die als solche wasserlos ist, auf Metall gegossen, löst dasselbe nicht auf, oder es wird nur schwach davon angegriffen; wird sie dagegen mit Wasser verdünnt, so greift sie das Metall erst recht tüchtig an, weil eben drei dazu gehören. Ebenso ist es mit der Luft. *Trommsdorff* sagt[67]: »Auch in trockener Luft verliert das Blei bald seinen Glanz, noch schneller aber in feuchter. Reines Wasser äußert keine Wirkung auf das Blei, wenn die Luft keinen Zutritt hat; wenn man also ein Stück frisch geschmolzenes, noch sehr glänzendes Blei in ein Glas steckt, das Glas mit frisch destilliertem Wasser anfüllt und verstopft, so bleibt das Blei ganz unverändert. Das Blei hingegen, welches unter Wasser liegt, das sich in offenen Gefäßen befindet, die der Luft viel Berührungspunkte darbieten, wird bald unscheinbar.« Das Eisen ist in demselben Falle: nur wenn die Luft feucht ist, entsteht daher Rost; ist sie trocken und warm, so bleibt es unverändert.

Die vier chemischen Elemente sind die Abstraktionen der physikalischen Elemente, während diese ein Reales in sich sind. Eine Zeitlang hat man alle Basen aus solchen einfachen Stoffen bestehen lassen, wie jetzt aus metallischen. *Guyton*[68] vermutete, daß Kalk aus Stickstoff, Kohlenstoff und Wasserstoff, Talk aus Kalk und Stickstoff, Kali aus Kalk und Wasserstoff, Natron aus Talk und Wasserstoff bestehe. Im Vegetabilischen und Animalischen wollte *Steffens*[69] den Gegensatz des Kohlenstoffs und Stickstoffs wiederfinden usw. Solches Abstrakte tritt aber für sich, als das chemisch Differente, an den individuellen Körperlichkeiten nur hervor, indem die allgemeinen physikalischen Elemente, als Mitte, durch den Prozeß zur existierenden Differenz bestimmt und dadurch in ihre Abstraktionen geschieden werden. Wasser wird so in Sauer-

67 Johann Bartholomäus Trommsdorf, 1770–1837, Chemiker und Pharmazeut; *Systematisches Handbuch der gesamten Chemie*, 8 Bde., Erfurt 1800–07

68 Louis Bernard Guyton de Morveau, 1736–1816, Chemiker

69 siehe Fn. 10, S. 132

und Wasserstoff dirimiert. Wie die Kategorie der Physiker vom *Bestehen* des Wassers aus Sauerstoff und Wasserstoff unstatthaft ist, wovon vorzüglich bei der Meteorologie (§ 286 Zus. S. 148) gesprochen worden, so besteht auch die Luft nicht aus Sauerstoffgas und Stickstoffgas, sondern auch dies sind nur die Formen, worunter die Luft gesetzt wird. Diese Abstraktionen integrieren sich dann nicht aneinander, sondern an einem Dritten, den Extremen, die daran ihre Abstraktion aufheben und sich zur Totalität des Begriffs vervollständigen. Was die chemischen Elemente betrifft, so werden sie Stoffe genannt nach ihren Basen, abgesehen von ihrer Form. Man kann aber, mit Ausnahme des Kohlenstoffs, keinen als Stoff für sich erhalten, sondern sie nur in Form von Gasen darstellen. Doch sind sie, als solche, materielle, ponderable Existenzen, indem z. B. das Metall, durch Hinzukommen des Sauerstoffgases oxydiert, dadurch auch an Gewicht gewinnt, wie denn z. B. Bleikalk, d. h. Blei mit dem abstrakten chemischen Elemente des Sauerstoffs verbunden, schwerer wiegt, als da es noch im regulinischen Zustande war. Darauf gründet sich die Theorie von *Lavoisier*[70]. Aber die spezifische Schwere des Metalls ist vermindert; es verliert den Charakter der indifferenten Gediegenheit.

Die Totalität machen diese vier Elemente nun insofern aus, als α) der Stickstoff das tote Residuum ist, das der Metallität entspricht: er ist irrespirabel, brennt auch nicht; aber er ist differenzierbar, oxydierbar, – die atmosphärische Luft ist ein Oxyd des Stickstoffs. β) Wasserstoff ist die positive Seite der Bestimmtheit im Gegensatze, das differente Stickstoffgas; er ist unfähig, das tierische Leben zu erhalten, da Tiere schnell in demselben ersticken. Phosphor leuchtet nicht darin, ein hineingetauchtes Licht und jeder brennende Körper verlöscht in ihm; er ist aber selbst brennbar und läßt sich entzünden, sobald nur das atmosphärische Gas oder das Sauerstoffgas Zugang hat. γ) Das Andere dazu, das Negative, Betätigende ist der Sauerstoff; er besitzt einen eigenen Geruch und Geschmack und begeistet auf die eine und die andere Seite. δ) Das Vierte im Ganzen, die getötete Individualität, ist der Kohlenstoff, – die gemeine Kohle, das chemische Element des Irdischen. Für sich verklärt ist es der Diamant, der für reinen Kohlenstoff gilt und als starre irdische Gestalt kristallinisch ist. Während der Kohlenstoff allein Bestehen für sich hat, kommen die anderen nur gewaltsamerweise zur Existenz und haben so nur eine momentane Existenz. Diese chemischen Bestimmungen sind es

---

70 Antoine Laurent Lavoisier, 1743–1794, Chemiker; stürzte die Phlogistontheorie, erkannte die Bedeutung des Sauerstoffs beim Verbrennungsvorgang.

nun, welche die Formen ausmachen, an denen sich das Gediegene überhaupt integriert. Nur der Stickstoff bleibt außerhalb des Prozesses; Wasserstoff, Sauerstoff und Kohlenstoff sind aber die differenten Momente, die zu den physikalisch individuellen Körpern geschlagen werden und wodurch diese ihre Einseitigkeit verlieren.

§ 329

Der Prozeß ist zwar *abstrakt* dies, die Identität des Urteilens und des Ineinssetzens der durchs Urteil Unterschiedenen zu sein, und als Verlauf ist er in sich zurückkehrende Totalität. Aber seine *Endlichkeit* ist, daß seinen Momenten auch die körperliche Selbständigkeit zukommt; sie enthält damit dies, daß er *unmittelbare* Körperlichkeiten zu seiner *Voraussetzung* hat, welche jedoch ebensosehr nur seine Produkte sind. Nach dieser Unmittelbarkeit erscheinen sie als außerhalb des Prozesses bestehend, und dieser als an sie tretend. Ferner fallen deswegen die *Momente des Verlaufs* des Prozesses selbst als unmittelbar und verschieden auseinander, und der Verlauf als reale Totalität wird ein Kreis *besonderer Prozesse,* deren jeder den anderen zur Voraussetzung hat, aber für sich seinen Anfang von außen nimmt und in seinem besonderen Produkt erlischt, ohne sich aus sich in den Prozeß, der das weitere Moment der Totalität ist, fortzusetzen und immanent darein überzugehen. Der Körper kommt in einem dieser Prozesse als Bedingung, in einem anderen als Produkt vor; und in welchem besonderen Prozesse er diese Stellung hat, macht seine chemische Eigentümlichkeit aus; auf diese Stellungen in den besonderen Prozessen kann sich allein eine Einteilung der Körper gründen.

Die zwei Seiten des Verlaufs sind 1. vom indifferenten Körper aus durch seine Begeistung zur Neutralität, und 2. von dieser Vereinung zurück zur Scheidung in indifferente Körper.

Zusatz. Der chemische Prozeß ist noch *endlich* im Vergleich zum organischen: α) weil die Einheit der Diremtion und die Diremtion selbst, die im Lebensprozeß ein schlechthin Untrennbares sind, indem das Eine sich darin ewig zum Gegenstande und, was es so von sich abscheidet, ewig zu sich selbst macht, – diese unendliche Tätigkeit im chemischen Prozesse noch in zwei Seiten zerfällt. Daß die Dirimierten wieder zusammengebracht werden können, ist ihnen äußerlich und gleichgültig; mit der Diremtion war der eine Prozeß zu Ende, und nun kann wieder ein neuer anfangen. β) Die Endlichkeit des chemischen Prozesses besteht weiter darin, daß jeder einseitige chemische Prozeß, obzwar auch wieder die Totalität, dies doch nur auf eine formelle Weise ist: z. B. das Verbrennen, d. h. das Differentsetzen, Oxydieren, hat die Diremtion zum Ende; bei solchem einseitigen Prozeß kommt aber auch eine Neutralität zustande, es wird auch Wasser erzeugt. Und umgekehrt beim Prozeß, wo das Neutrale das Ende ist, wird auch differenziert, – aber nur auf abstrakte Weise, indem nämlich Gasarten entwickelt werden. γ) Die in den Prozeß eintretenden Gestalten sind dann zunächst ruhende; der Prozeß ist dieses, daß solche unterschiedene Gestaltungen in eins gesetzt oder aus ihrem gleichgültigen Bestehen in die Differenz zerrissen werden, ohne daß der Körper sich schon erhalten könnte. Die an sich seiende Einheit der Unterschiedenen ist zwar die absolute Bedingung; aber weil sie noch als Unterschiedene auftreten, so sind sie nur dem Begriffe nach eins, und ihre Einheit ist noch nicht in die Existenz getreten. Säure und ätzendes Kali sind an sich identisch, die Säure ist *an sich* Kali; und darum dürstet sie eben nach Kali, wie das ätzende Kali nach Säure. Jedes hat den Trieb, sich zu integrieren, d. h. es ist an sich neutral, aber noch nicht in der Existenz. Die Endlichkeit des chemischen Prozesses ist also hier, daß die beiden Seiten des Begriffs und der Existenz einander noch nicht entsprechen, während im Belebten die Identität der Unterschiede auch das Existierende ist. δ) Die Unterschiede heben sich zwar im chemischen Prozeß als einseitige auf; dieses Aufheben ist aber nur relativ, ein Verfallen in eine andere Einseitigkeit. Die Metalle werden Oxyde, eine Substanz wird zur Säure; – neutrale Produkte, die immer wieder einseitige sind. ε) Darin liegt ferner, daß das Ganze des Prozesses in unterschiedene Prozesse zerfällt. Der Prozeß, dessen Produkt ein einseitiges ist, ist selbst ein unvollständiger, nicht der totale Prozeß. Der Prozeß ist aus, indem eine Bestimmtheit in die andere gesetzt ist; somit ist dieser Prozeß selbst nicht die wahrhafte Totalität, sondern nur ein Moment des ganzen totalen Prozesses. An sich ist jeder Prozeß die Totalität des Prozesses; diese Totalität zerfällt aber in unterschiedene Prozesse und Produkte. Die Idee des ganzen chemischen Prozesses ist so ein Verlauf von abgebrochenen Prozessen, welche die verschiedenen Stufen und Durchgangspunkte desselben repräsentieren. ζ) Zur Endlichkeit des chemischen Prozesses gehört noch dieses, daß eben den verschiedenen Stufen dieses Prozseses die besonderen individuellen Körpergestaltungen angehören oder daß die besonderen Körperindividualitäten danach bestimmt sind, welcher Stufe des ganzen Prozesses sie angehören. Die Oberflächlichkeit des elektrischen Prozesses hat noch eine sehr geringe Beziehung zur Individualität des Körpers, indem durch die kleinste Bestimmung ein Körper positiv oder negativ elektrisch wird; erst im chemischen Prozeß wird diese Beziehung wichtig. In einzelnen chemischen Prozessen hat man nun eine Menge Seiten, Materien, die unterschieden werden können. Um dieses Konvolut fassen zu können, muß man unterscheiden, welche Materialitäten bei jedem wirksam sind, welche nicht; und beide muß man nicht auf gleiche Stufe setzen, sondern wohl auseinanderhalten. Die Natur eines Körpers hängt ab von seiner Stellung zu den verschiedenen Prozessen, in welchen er das Erzeugende, Determinierende, oder das Produkt ist. Er ist zwar auch noch anderer Prozesse fähig, aber darin nicht das Bestimmende. So ist im galvanischen Prozeß das Metall als regulinisches das Determinierende; es geht zwar auch in den Feuerprozeß als Kali und Säure über, diese weisen ihm aber nicht seine Stelle im Ganzen an. Schwefel hat auch ein Verhältnis zur Säure und gilt als solche; das aber, worin er das Determinierende ist, ist sein Verhältnis zum Feuer. Das ist seine Stellung. In der empirischen Chemie wird aber jeder Körper nach seinem Verhalten zu allen chemischen Körpern beschrieben. Wird ein neues Metall erfunden, so macht man sein Verhalten mit allen Körpern der ganzen Skala durch. Wenn man in den chemischen Lehrbüchern die Reihe der Körper betrachtet, wie sie aufgeführt werden, so ist hier der Hauptunterschied von sogenannten einfachen Körpern und von Körpern, die Verbindungen derselben sind. Unter jenen findet man nun in einem Atem Stickstoff, Wasserstoff, Sauerstoff, Kohlenstoff, Phosphor, Schwefel, Gold, Silber und die übrigen Metalle aufgeführt. Man sieht aber auf den ersten Blick, daß dies ganz heterogene Dinge sind. Ferner sind Verbindungen wohl Produkte des Prozesses; aber die sogenannten einfachen Körper gehen ebenso aus den abstrakteren Prozessen hervor. Endlich ist den Chemikern das tote Produkt, das bei diesem oder jenem Prozesse herauskommt, die Hauptsache, die beschrieben wird. In Wahrheit ist aber der Prozeß und die Stufenfolge der Prozesse die Hauptsache; sein Gang ist das Bestimmende, und die Bestimmtheiten der Körperindividuen haben nur in seinen unterschiedenen Stufen ihren Sinn. Aber dies ist dann der endliche, formelle Prozeß, daß jeder Körper durch seine Besonderheit einen modifizierten Verlauf des ganzen Prozesses darstellt. Das besondere Verhalten des Körpers und sein besonders modifizierter Prozeß ist eben der Gegen-

stand der Chemie, welche die Körperbestimmtheiten als gegebene voraussetzt. Hier haben wir dagegen den Prozeß in seiner Totalität zu betrachten, und wie er die Klassen der Körper ausscheidet und sie als Stufen seines Ganges, die fest werden, bezeichnet.
Der Prozeß in seiner *Totalität*, wie er seine Stufen in den besonderen Körperindividuen fixiert, läßt diese Stufen selbst als Prozesse besonderer Art erscheinen. Die Totalität derselben ist eine Kette besonderer Prozesse; sie sind ein Kreislauf, dessen Peripherie selbst eine Kette von Prozessen ist. Die Totalität des chemischen Prozesses ist so ein System von besonderen Weisen des Prozesses: α) Im formalen Prozeß der Synsomatien, von dem wir bereits oben (§ 327) gehandelt haben, ist die Differenz noch nicht reell. β) Beim wirklichen Prozesse kommt es darauf an, in welcher Weise die Tätigkeit existiert: 1. Im Galvanismus existiert sie als eine Verschiedenheit indifferenter Körper; auch hier ist die Differenz noch nicht real vorhanden, die Verschiedenheit wird aber durch die Tätigkeit des Prozesses als Differenz gesetzt. So haben wir hier Metalle, deren Verschiedenheiten sich berühren; und weil sie in dieser Verbindung tätig, d. h. Differente sind, so ist der Prozeß da. 2. Im Feuerprozeß existiert die Tätigkeit für sich außer dem Körper; denn das Feuer ist dieses in sich verzehrende, negative Fürsichsein, das unruhige Differente, das wirksam ist, die Differenz zu setzen. Das ist zunächst elementarisch und abstrakt; das Produkt, die Verleiblichung des Feuers, ist der Übergang zum kaustischen Kalischen, zu Säuren, welche begeistet sind. 3. Das Dritte ist nun der Prozeß dieser Begeisteten, während das Erste das Setzen des Oxyds, das Zweite das Setzen der Säure war. Jetzt existiert die differenzierende Tätigkeit körperlich. Dieser Prozeß ist die Reduktion zur Neutralität, das Hervorbringen der Salze. 4. Endlich haben wir die Rückkehr des Neutralen zum Anfang, zur Säure, zum Oxyd und zum Radikal. Das Indifferente fängt an, dann kommt das unterschieden Gesetzte, dann das Entgegengesetzte, dann die Neutralität als Produkt. Da das Neutrale aber selbst ein Einseitiges ist, so wird es wieder zum Indifferenten reduziert. Das Indifferente ist die Voraussetzung des chemischen Prozesses, und diese Voraussetzung hat er zu seinem Produkte. In der empirischen Betrachtung sind die Formen der *Körper* die Hauptsache; es muß aber von den besonderen Formen des *Prozesses* angefangen und diese unterschieden werden. Dadurch allein kann man die empirisch unendliche Mannigfaltigkeit, bei der es nur um das Produkt zu tun ist, in eine vernünftige Ordnung gruppieren und ebenso die abstrakte Allgemeinheit abhalten, welche alles ordnungslos zusammenwirft.

α. Vereinung

§ 330

1. Galvanismus

Den *Anfang* des Prozesses und damit den *ersten* besonderen Prozeß macht die der Form nach *unmittelbare*, indifferente Körperlichkeit, welche die unterschiedenen Eigenschaften noch unentwickelt in die *einfache* Bestimmung der spezifischen Schwere zusammengeeint hält, die *Metallität*. Die Metalle, nur *verschieden*, nicht begeistet gegeneinander, sind Erreger des Prozesses dadurch, daß sie durch jene gediegene Einheit (*an sich* seiende Flüssigkeit, Wärme-Elektrizitäts-Leitungsfähigkeit) ihre immanente Bestimmtheit und Differenz einander mitteilen; als selbständig zugleich treten sie damit in Spannung gegeneinander, welche so noch *elektrisch* ist. Aber an dem neutralen, somit trennbaren Medium des Wassers in Verbindung mit der Luft kann die Differenz sich realisieren. Durch die Neutralität, somit aufgeschlossene Differenzierbarkeit des (reinen oder durch Salz usf. zur konkreteren Wirkungsfähigkeit erhobenen) Wassers tritt eine reelle (nicht bloß elektrische) Tätigkeit des Metalles und seiner gespannten Differenz zum Wasser ein; damit geht der *elektrische* Prozeß in den *chemischen* über. Seine Produktion ist Oxydierung überhaupt und Desoxydierung oder Hydrogenation des Metalls (wenn sie so weit geht), wenigstens Entwicklung von Hydrogengas, wie gleichfalls von Oxygengas, d. i. ein Setzen der Differenzen, in welche das Neutrale dirimiert worden, auch in abstrakter Existenz für sich (§ 328), wie zugleich im *Oxyd* (oder *Hydrat*) ihre Vereinung mit der Base zur Existenz kommt; – die *zweite Art* der Körperlichkeit.

Nach dieser Exposition des Prozesses, insofern er in seiner *ersten* Stufe vorhanden ist, ist die Unterscheidung der Elektrizität von dem Chemischen des Prozesses überhaupt, und hier des galvanischen insbesondere, sowie deren Zusammenhang eine klare Sache. Aber die Physik obstiniert sich, im Galvanismus als *Prozeß* nur Elektrizität zu sehen, so daß der Unterschied der Extreme und der Mitte des Schlusses zu einem bloßen Unterschiede von trockenen und feuchten *Leitern* und beide überhaupt unter der Bestimmung von *Leitern* zusammengefaßt werden. – Es ist nicht nötig, hier auf nähere Modifikationen Rücksicht zu nehmen, daß die Extreme auch differente Flüssigkeiten sein können und die Mitte ein Metall, – daß teils die Form der Elektrizität (wie im § angegeben) festgehalten, teils das eine Mal vorherrschend gemacht, das andere Mal die chemische Wirksamkeit verstärkt werden kann; daß gegen die Selbständigkeit der Metalle, welche Wasser und konkretere Neutralitäten oder schon fertige chemische Entgegensetzung von Säuren oder Kaustischem zu ihrer Differenzierung brauchen, um in *Kalke* überzugehen, die *Metalloide* so unselbständig sind, um im Verhältnis zur Luft sogleich zu ihrer Differenzierung überzuspringen und *Erden* zu werden usf. Diese und viele andere Partikularitäten ändern nichts, sondern stören etwa vielmehr die Betrachtung des Urphänomens des galvanischen Prozesses, dem wir diesen ersten wohl verdienten Namen lassen wollen. Was die deutliche und einfache Betrachtung dieses Prozesses sogleich mit der Auffindung der einfachen chemischen Gestalt desselben in der Voltaischen Säule getötet hat, ist das Grundübel der Vorstellung von *feuchten Leitern*. Damit ist das Auffassen, die einfache empirische Anschauung der *Tätigkeit*, die im Wasser als Mittelglied *gesetzt* und *an* und *aus* ihm manifestiert wird, beseitigt und aufgegeben worden. Statt eines Tätigen wird es als träger *Leiter* genommen. Es hängt damit dann zusammen, daß die Elektrizität gleichfalls als ein Fertiges nur durch das Wasser wie durch die Metalle durchströmend angesehen, daher denn auch die Metalle insofern nur als *Leiter* und gegen das Wasser als Leiter erster *Klasse* genommen werden. Das Verhältnis von *Tätigkeit* aber, schon von dem einfachsten an, nämlich dem Verhältnis des Wassers zu *einem* Metall bis zu den vielfachen Verwicklungen, die durch die Modifikationen der Bedingungen eintreten, findet sich in Herrn [Georg Friedrich] Pohls Schrift, *Der Prozeß der galvanischen Kette* [Leipzig 1826], *empirisch* nachgewiesen, zugleich mit der ganzen Energie der Anschauung und des Begriffs der lebendigen Naturtätigkeit begleitet. Vielleicht hat nur diese höhere, an den Vernunftsinn gemachte Forderung, den Verlauf des galvanischen und des chemischen Prozesses überhaupt als Totalität der Naturtätigkeit zu erfassen, dazu beigetragen, daß bisher die geringere Forderung wenig erfüllt worden ist, nämlich die, von dem empirisch nachgewiesenen *Faktischen* Notiz zu nehmen. – Zu ausgezeichnetem Ignorieren der Erfahrungen in diesem Felde gehört, daß zum Behufe der Vorstellung von dem *Bestehen* des Wassers aus Oxygen und Hydrogen das Erscheinen des einen an dem einen, des anderen an dem entgegengesetzten Pole der Säule, in deren tätigen Kreis das Wasser gesetzt ist, als eine *Zersetzung* desselben so angegeben wird, daß von dem Pole, wo das Oxygen sich entwickelt, das Hydrogen als der von demselben ausgeschiedene andere Teil des Wassers, und ebenso von dem Pole, wo das Hydrogen sich entwickelt, das Oxygen sich heimlich durch die noch als Wasser existierende Mitte und respektive auch durch einander hindurch auf die entgegengesetzte Seite *begeben*. Das Unstatthafte solcher Vorstellung in sich selbst wird nicht nur unbeachtet gelassen, sondern ignoriert, daß bei einer Trennung des Materiellen der beiden Portionen des Wassers, die jedoch so veranstaltet ist, daß eine, aber nur leitende Verbindung (durch ein Metall) noch bleibt, die Entwicklung des Oxygengases an dem einen Pole und des Hydrogengases an dem anderen auf *gleiche Weise* unter Bedingungen *erfolgt*, wo auch ganz äußerlicherweise jenes für sich grundlose, heimliche Durchmarschieren der Gase oder Moleküle nach ihrer gleichnamigen Seite unmöglich ist; wie ebenso die Erfahrung verschwiegen wird, daß, wenn eine Säure und ein Alkali, an den entgegengesetzten entsprechenden Polen angebracht, beide sich neutralisieren – wobei ebenso vorgestellt wird, daß zur Neutralisierung des Alkali eine Portion Säure von der entgegenstehenden Seite sich auf die Seite des Alkali begebe, wie ebenso zur Neutralisation der Säure sich auf ihre Seite eine Portion Alkali von der entgegenstehenden Seite –, daß[71], wenn sie durch eine Lackmustinktur verbunden werden, in diesem sensiblen Medium keine Spur von einer Wirkung und damit Gegenwart der durch sie hindurchgehen sollenden Säure wahrgenommen wird.

Es kann hierzu auch angeführt werden, daß die Betrachtung des Wassers als bloßen *Leiters* der Elektrizität – mit der Erfahrung der schwächeren Wirkung der Säule mit solcher Mitte als mit anderen, konkreteren Mitteln – die originelle Konsequenz hervorgebracht hat, daß (Biot, *Traité de Physique* II, 506[72]) ›*l'eau pure* qui transmet une électricité forte, telle que celle que nous excitons par nos machines ordinaires, devient *presqu' isolante* pour les faibles forces de l'appareil électromoteur‹[73] (in dieser Theorie der Name der Voltaischen Säule). Zu der Kühnheit, das Wasser zu einem Isolator der Elektrizität zu machen, kann nur die Hartnäckigkeit der Theorie, die sich selbst durch eine solche Konsequenz nicht erschüttern läßt, bringen.

Aber bei dem Mittelpunkte der Theorie, der *Identifizierung* der Elektrizität und des Chemismus, geschieht es ihr, daß sie vor dem so auffallenden Unterschiede beider sozusagen zurückschreckt, aber dann damit sich beruhigt, daß dieser Unterschied unerklärlich sei; – gewiß, wenn die Identifizierung vorausgesetzt ist, ist ebendamit der

71 Lasson und Hoffmeister: »doch«

72 siehe Fn. 12, S. 138

73 »Das reine Wasser, das eine so starke Elektrizität, wie wir sie durch unsere gewöhnlichen Apparate erzeugen, überträgt, wirkt sich fast isolierend für die schwachen Kräfte des elektromotorischen Apparates aus.«

Unterschied zum unerklärlichen gemacht. Schon die Gleichsetzung der chemischen Bestimmtheit der Körper gegeneinander mit der positiven und negativen Elektrizität sollte sich für sich sogleich als oberflächlich und ungenügend zeigen. Gegen das chemische Verhältnis, so sehr es an äußere Bedingungen z. B. der Temperatur geknüpft und sonst relativ ist, ist das elektrische vollkommen flüchtig, beweglich, der Umkehrung durch den leisesten Umstand fähig. Wenn ferner die Körper *einer* Seite, z. B. die Säuren, durch ihre quantitativen und qualitativen Sättigungsverhältnisse zu einem Kali genau gegeneinander unterschieden werden, so bietet dagegen der bloß elektrische Gegensatz, wenn er auch etwas Festeres wäre, gar nichts von dieser Art der Bestimmbarkeit dar. Aber wenn auch der ganze sichtliche Verlauf der reellen körperlichen Veränderung im chemischen Prozesse nicht beachtet und zum Produkte geeilt wird, so ist dessen Verschiedenheit von dem Produkte des elektrischen Prozesses zu auffallend, um eine Befremdung hierüber bei der vorhergegangenen Identifizierung beider Formen unterdrücken zu können. Ich will mich an die Äußerung dieser Befremdung halten, wie sie von *Berzelius* in seinem *Essai sur la théorie des proportions chimiques* etc., Paris 1819, naiv vorgetragen wird. S. 73 heißt es: »Il s'élève pourtant ici une question qui *ne peut* être *resolue* par *aucun phénomène* analogue à *la décharge* électro-*chimique* (chemische Verbindung wird der Elektrizität zulieb Entladung genannt), ... ils restent dans cette combinaison *avec une force,* qui est supérieure à toutes celles qui peuvent produire une séparation mécanique. Les phénomènes électriques *ordinaires ... ne nous éclairent pas* sur la cause *de l'union permanente* des corps avec une si grande force, après que l'état d'opposition électrique est détruit.«[74] Die im chemischen Prozeß vorkommende Ver-

74 Jöns Jakob Berzelius, *Essai sur la théorie des proportions chimiques et sur l'influence chimique de l'électricité,* aus dem Schwedischen von Fresnel,

änderung der spezifischen Schwere, Kohäsion, Gestalt, Farbe usf., ferner aber der sauren, kaustischen, kalischen usf. Eigenschaften sind beiseite gestellt und alles in der Abstraktion von Elektrizität untergegangen. Man werfe doch der Philosophie nicht mehr ihr Abstrahieren von dem Besonderen und ihre leeren Allgemeinheiten vor! wenn über positiver und negativer Elektrizität alle jene Eigenschaften der Körperlichkeit vergessen werden dürfen. Eine vormalige Manier der Naturphilosophie, welche das System und den Prozeß der animalischen Reproduktion zum Magnetismus, das Gefäßsystem zur Elektrizität potenziert oder vielmehr verflüchtigt und verdünnt hat, hat nicht oberflächlicher schematisiert, als jene Reduktion des konkreten körperlichen Gegensatzes beschaffen ist; mit Recht ist in jenem Falle solches Verfahren, das Konkrete ins Kurze zu ziehen und das Eigentümliche zu übergehen und in der Abstraktion wegzulassen, verworfen worden, – warum nicht auch im vorliegenden?

Aber es wird noch ein Umstand der Schwierigkeit im Unterschiede des konkreten Prozesses von dem abstrakten Schema übriggelassen, nämlich *die Stärke des Zusammenhangs* der durch den chemischen Prozeß zu Oxyden, Salzen usf. verbundenen Stoffe. Diese Stärke kontrastiert für sich allerdings sehr mit dem Resultate der bloß elektrischen Entladung, nach welcher die zu positiver und negativer Elektrizität erregten Körper gerade in demselben Zustande und so unverbunden jeder für sich geblieben ist, als er es vorher und beim Reiben war, der Funke aber verschwunden ist. Dieser ist das eigentliche Resultat des elektrischen Prozesses; mit ihm wäre daher das Resultat

Paris 1819. »Es erhebt sich indessen hier eine Frage, die durch kein analoges Phänomen bei der gewöhnlichen elektrisch-chemischen Entladung gelöst werden kann ... Sie halten in dieser Verbindung mit einer Kraft zusammen, die allen mechanischen Kräften überlegen ist. Die gewöhnlichen elektrischen Erscheinungen ... geben uns keinen Aufschluß darüber, warum die Verbindung der Körper nach Aufhebung des elektrischen Gegensatzes mit so großer Kraft fortdauert.«

des chemischen Prozesses nach jenem Umstande, der die Schwierigkeit der behaupteten Gleichheit beider Prozesse machen soll, zu vergleichen. Sollte sich nicht diese Schwierigkeit dadurch beseitigen lassen, daß angenommen würde, im Entladungsfunken sei die Verbindung der positiven und negativen Elektrizität von derselben Stärke als nur irgend der Zusammenhang einer Säure und eines Kalischen im Salze? Aber der Funke ist verschwunden, so läßt er sich nicht mehr vergleichen; vornehmlich aber liegt es zu offenbar vor Augen, daß ein Salz, Oxyd noch ein weiteres Ding im Resultat des Prozesses über jenen elektrischen Funken ist; für einen solchen Funken wird übrigens gleichfalls unstatthafterweise die Licht- und Wärmeentwicklung, die im chemischen Prozesse erscheint, erklärt. Berzelius äußert über die angegebene Schwierigkeit: »Est-ce l'effet d'une force *particulière* inhérente aux atomes, comme la polarisation électrique« – d. h. ob das Chemische nicht noch etwas Verschiedenes im Körperlichen sei von der Elektrizität? gewiß und augenscheinlich! –, »ou est-ce une propriété électrique qui *n'est pas sensible* dans les phénomènes *ordinaires*?«[75], d. h., wie oben, in den eigentlich elektrischen Erscheinungen; diese Frage ist ebenso einfach bejahend zu beantworten, daß nämlich in der eigentlichen Elektrizität das Chemische nicht vorhanden und deswegen *nicht wahrnehmbar*, daß das Chemische erst im chemischen Prozesse wahrnehmbar ist. Berzelius aber erwidert auf den ersten Fall der Möglichkeit der *Verschiedenheit* der elektrischen und chemischen Bestimmung des Körpers: »La permanence de la combinaison *ne devait pas être soumise* à l'influence de l'électricité«[76],

---

75 »Ist es die Wirkung einer den Atomen innewohnenden eigentümlichen Kraft, wie die elektrische Polarisation, oder liegt es in einer Eigenschaft der Elektrizität, die bei den gewöhnlichen Erscheinungen nicht wahrgenommen wird?«

76 »Die Fortdauer der Verbindung kann nicht dem Einfluß der Elektrizität unterworfen sein.«

d. h. zwei Eigenschaften eines Körpers müssen, weil sie verschieden sind, *in gar keiner Beziehung* aufeinander stehen – die spezifische Schwere des Metalls nicht mit dessen Oxydation, der metallische Glanz, Farbe ebenso nicht mit dessen Oxydation, Neutralisation usf. Im Gegenteil aber ist es die trivialste Erfahrung, daß die Eigenschaften der Körper dem *Einflusse* der Tätigkeit und Veränderung anderer Eigenschaften wesentlich *unterworfen sind*; es ist die trockene Abstraktion des Verstandes, bei *Verschiedenheit* von Eigenschaften, die sogar schon demselben Körper angehören, *vollkommene Trennung* und *Selbständigkeit* derselben zu fordern. – Den andern Fall, daß die Elektrizität doch die Gewalt habe, die starken chemischen Verbindungen zu lösen, ob diese gleich in der *gewöhnlichen* Elektrizität nicht wahrnehmbar sei, erwidert Berzelius damit: »Le rétablissement de la polarité électrique devrait détruire même la plus forte combinaison chimique«[77], und bejaht dies mit dem speziellen Beispiel, daß eine Voltaische Säule (hier eine *elektrische Batterie* genannt) von nur 8 oder 10 Paaren Silber- und Zinkplatten von der Größe eines Fünf-Frankenstücks fähig sei, die Pottasche durch Hilfe des Quecksilbers aufzulösen, d. h. ihr Radikal in einem Amalgam zu erhalten. Die Schwierigkeit hatte die *gewöhnliche* Elektrizität, welche jene Gewalt *nicht* zeige, im Unterschiede von der Aktion einer galvanischen Säule, gemacht. Nun wird für die gewöhnliche Elektrizität die Aktion einer solchen Säule substituiert, mit der einfachen Wendung, daß sie eine *batterie électrique* genannt wird, wie vorhin der Name der Theorie für sie, *appareil électromoteur,* angeführt wurde. Aber jene Wendung ist allzu durchsichtig und der Beweis zu leicht genommen, indem zum Behufe der Auflösung der Schwierigkeit, welche der Identifizierung der Elektrizität und des Chemismus im

77 »Die Wiederherstellung der elektrischen Polarität müßte auch die stärkste chemische Verbindung zerstören.«

Wege stand, geradezu hier wieder vorausgesetzt wird, daß die galvanische Säule nur ein elektrischer Apparat und ihre Tätigkeit nur Elektrizitätserregung sei.

Zusatz. Jeder einzelne Prozeß fängt von einem scheinbar Unmittelbaren an, welches aber an einem anderen Punkte des Kreislaufs in der Peripherie wieder Produkt ist. Das *Metall* macht den eigentlichen Anfang, als das in sich Beruhende, das nur scheint verschieden zu sein von einem anderen durch die Vergleichung, so daß es dem Gold gleich ist, ob es vom Zink verschieden ist; in sich selbst ist es nicht unterschieden, wie die Neutralen oder Oxyde, – d. h. es ist nicht in entgegengesetzte Seiten zerlegbar. Die Metalle sind so zunächst nur voneinander verschieden, aber sie sind auch nicht bloß für uns verschieden; sondern indem sie sich berühren (und diese Berührung ist für sich zufällig), so unterscheiden sie sich selbst voneinander. Daß diese ihre Differenz tätig wird und sich in die der anderen setzen kann, dazu ist ihre Metallität insofern Bedingung, als sie Kontinuität ist. Es ist aber ein *Drittes* erforderlich, welches der reellen Differentiation fähig ist, an welchem sich die Metalle integrieren können, und die Differenz derselben hat daran ihre Nahrung. Sie sind nicht spröde, wie Harz oder Schwefel, in welchen die in ihnen gesetzte Bestimmung sich auf einen Punkt beschränkt, sondern jenen ist die Bestimmtheit ganz mitgeteilt, und sie öffnen ihre Differenz gegeneinander, indem eines seine Differenz im anderen empfindlich werden läßt. – Der *Unterschied* der Metalle ergibt dann ihr Verhältnis im Prozesse, welches eben überhaupt der Gegensatz der Edelkeit, Gediegenheit, Dehnbarkeit, Flüssigkeit in sich ist gegen die Sprödigkeit und leichte Oxydierbarkeit. *Edle* Metalle wie *Gold, Silber, Platin* werden nicht im Feuer an der bloßen Luft verkalkt; ihr Prozeß durchs freie Feuer ist ein Brennen ohne Verbrennen. Es kommt keine Zersetzung in die Extreme der Basizität und Azidität an ihnen zustande, so daß sie einer dieser Seiten angehörten, sondern es findet nur die unchemische Änderung der Gestalt vom Festen ins Tropfbarflüssige statt. Dies kommt von ihrer Indifferenz her. Das Gold scheint den Begriff dieser gediegenen Einfachheit des Metalls am reinsten darzustellen; darum rostet Gold auch nicht, wie denn alte Goldmünzen noch ganz blank sind. *Blei* und andere Metalle werden dagegen von schwachen Säuren schon angegriffen. Die noch weiter hinausreichenden Metalle, welche man *Metalloide* nannte, sind solche, welche kaum im regulinischen Zustande zu erhalten sind und schon in der Luft zu Oxyden umschlagen. Auch durch Säuren oxydiert, bedürfen Gold, Silber, Platin zu ihrer Wiederherstellung keines Zusatzes einer verbrennlichen Substanz,

z. B. der Kohle, sondern sie werden beim Schmelzfeuer in der Glühhitze für sich wieder zu regulinischen Metallen. *Quecksilber* wird durch Schmelzen zwar in die Dampfform verflüchtigt; auch verwandelt es sich freilich durch Schütteln und Reiben, unter Zutritt der Luft, in einen unvollkommenen, schwarzgrauen und durch anhaltendes Erhitzen in einen vollkommeneren, dunkelroten Kalk, der scharf und metallisch schmeckt. Wenn sich das Quecksilber aber in trockene Luft eingeschlossen befindet, bemerkt *Trommsdorff*[78], und ruhig stehenbleibt, so erleidet seine Oberfläche keine Veränderung und rostet nicht; doch habe er beim »alten Büttner ein Fläschchen mit Quecksilber gesehen, das dieser, Gott weiß wie viele Jahre, aufbehalten« (den Zugang der Luft durch Löcherchen im Papier gestattend) und das sich verkalkt habe, indem es oben eine dünne Lage roten Quecksilberoxyds bekommen habe. Diese und alle Kalke des Quecksilbers lassen sich indessen durch die Glühhitze, ohne Zusatz von verbrennlichen Dingen, wieder zu regulinischem Quecksilber herstellen. *Schelling* nimmt daher (*Neue Zeitschrift für spekulative Physik*, Bd. I, St. 3 [1803: »Die vier edlen Metalle«], S. 96) diese vier, Gold, Silber, Platin und Quecksilber, als edle Metalle, weil in ihnen die Indifferenz des Wesens (Schwere) und der Form (Kohäsion) gesetzt sei; dagegen nicht als edel sei zu erkennen das, in welchem die Form am meisten aus der Indifferenz mit dem Wesen trete und die Selbstheit oder die Individualität das Überwiegende werde, wie im *Eisen*, noch ein solches, wo die Unvollkommenheit der Form auch das Wesen verderbe und unrein und schlecht mache, wie das Blei usf. Dies ist aber ungenügend. Mit der hohen Kontinuität und Gediegenheit ist es auch die hohe spezifische Schwere der Metalle, welche das Edle derselben ausmacht. Platin ist zwar von noch höherer Dichtigkeit als das Gold, aber eine Einheit vieler metallischen Momente: Osmium, Iridium, Palladium. Wenn dann *Steffens* noch vor *Schelling* (vgl. § 296 Zus. S. 165 Note) behauptete, daß die Dichtigkeit im umgekehrten Verhältnis mit der Kohäsion stehe, so stimmt dies nur bei manchen edlen Metallen, wie z. B. bei dem Golde, das eine geringere spezifische Kohärenz hat als unedlere, sprödere Metalle. – Je differenter die Metalle nun aber sind, desto *größer* ist auch die Tätigkeit. Haben wir Gold und Silber, Gold und Kupfer, Gold und Zink, Silber und Zink, die einander berühren, und zwischen beiden ein Drittes, einen Wassertropfen (doch muß auch Luft dabei sein), so ist sogleich ein Prozeß, und zwar von bedeutender Tätigkeit, vorhanden. Das ist eine *einfache* galvanische Kette. Durch Zufall

---

78 siehe Fn. 66, S. 294

fand man, daß die Kette geschlossen sein müsse, ist sie nicht geschlossen, so ist keine Aktion, keine tätige Differenz vorhanden. Man stellt sich gewöhnlich vor, die Körper seien nur da, drücken nur als schwere Materien in der Berührung. Aber schon in der Elektrizität sahen wir, daß sie nach ihrer physikalischen Bestimmtheit gegeneinander agieren. Hier bei den Metallen ist es ebenso die Verschiedenheit ihrer Natur, ihre spezifischen Schweren, die sich berühren.

Da die einfache galvanische Kette nur überhaupt die Verbindung Entgegengesetzter durch ein Drittes, auflösliches Neutrales ist, an dem die Differenz in die Existenz treten kann, so ist die Metallität nicht die einzige *Bedingung* dieser Tätigkeit. Auch Flüssigkeiten können diese Form des Prozesses haben; aber es ist immer ihre einfache, voneinander verschiedene Bestimmtheit (wie sie den Grund des Metallischen ausmacht), welche das Agierende dabei ist. Auch Kohle, die von *Ritter*[79] für ein Metall angesehen worden, kann in den galvanischen Prozeß eingehen; sie ist ein verbranntes Vegetabilisches, und als solches Residuum, worin die Bestimmtheit verloschen ist, hat die Kohle auch solchen indifferenten Charakter. Selbst Säuren können den galvanischen Prozeß darstellen, wegen ihrer Flüssigkeit. Wird Seifenwasser und gewöhnliches Wasser durch Zinn in Verbindung gebracht, so wirkt es galvanisch; berührt man nämlich das Seifenwasser mit der Zunge, das gewöhnliche Wasser mit der Hand, so werden die Geschmacksorgane beim Schließen der Kette affiziert; wenn aber die Berührung wechselt, beim Öffnen der Kette. Herr v. *Humboldt* sah einfache Ketten aus heißem und kaltem Zink und Feuchtigkeit entstehen. *Schweigger*[80] konstruierte ähnliche Säulen aus erhitzten und kalten Kupferschalen, die mit wässriger Schwefelsäure gefüllt waren. Also auch solche Differenzen leiten die Aktion ein. Wenn der Körper, an dem sich die Wirkung zeigt, fein ist, wie Muskeln, so kann die Differenz noch viel geringer sein.

Die *Tätigkeit* des galvanischen Prozesses ist nun damit eingeleitet, daß ein immanenter Widerspruch entsteht, indem beide Besonderheiten sich ineinander setzen wollen. Die Tätigkeit selbst besteht aber darin, daß die innerliche, an sich seiende Einheit dieser innerlichen Differenzen gesetzt sei. Im galvanischen Prozeß tritt die Elektrizität noch sehr überwiegend hervor, weil die als different Gesetzten Metalle sind, d. h. Indifferente, selbständig Bestehende, die an sich halten, selbst in ihrem Verändertwerden, was eben die

---

79 vgl. Fn. 17, S. 148

80 Johann Salomo Christoph Schweigger, 1779–1857; gab von 1811–28 das *Journal für Chemie und Physik* (54 Bde.) heraus.

Elektrizität charakterisiert. An der einen Seite muß negativer Pol, an der andern positiver Pol sein; oder chemisch bestimmt, muß sich hier Oxygen, dort Hydrogen entwickeln. Man verband dieses mit der Vorstellung der Elektrochemie. Die Physiker sind zum Teil so weit gegangen, daß sie glaubten, die Elektrizität sei an chemische Wirksamkeit gebunden. *Wollaston*[81] sagte sogar, Elektrizität sei nur vorhanden, wo Oxydation sei. Mit Recht entgegnete man, daß Katzenfell, welches Glas schlägt, Elektrizität ohne Oxydation hervorbringe. Indem das Metall chemisch angegriffen wird, so wird es dennoch nicht aufgelöst, noch in Bestandteile zerlegt, so daß es sich an ihm selbst als Neutrales zeigte, sondern die reale Differenz, die das Metall durchs Oxydieren zeigt, ist eine hinzukommende Differenz, indem das Metall mit etwas anderem verbunden wird.

Die Verbindung der beiden Metalle hat nun zunächst keine existierende *Mitte*; die Mitte ist nur an sich in der Berührung vorhanden. Die reale Mitte ist aber die, welche die Differenz zur Existenz bringen soll; diese Mitte, welche am Schluß in der Logik der einfache *medius terminus* ist, ist in der Natur selbst das Gedoppelte. In diesem endlichen Prozesse muß das nach den zwei einseitigen Extremen gewendete Vermittelnde, woraus sich diese integrieren sollen, nicht nur an sich ein Unterschiedenes sein, sondern dieser Unterschied muß existieren; d. h. eben die Mitte muß ihrer Existenz nach gebrochen sein. Atmosphärische *Luft* oder Oxygengas gehört also dazu, daß galvanische Tätigkeit eingeleitet werde. Isoliert man die galvanische Säule von der atmosphärischen Luft, so hat sie keine Aktivität. So führt *Trommsdorff* folgenden Versuch von *Davy*[82] an: »Wenn das Wasser zwischen den Platten völlig rein ist und äußere Luft durch einen harzigen Überzug von der Wassermasse abgehalten wird, so entbindet sich in dieser kein Gas, und es entsteht kein Oxyd, und das Zink der Säule ist kaum angelaufen.« *Biot* (*Traité de physique* II, p. 528) urgierte gegen *Davy*, daß eine Säule unter der Luftpumpe noch Gasentbindung, wiewohl schwächer, hervorbringe; dies kommt aber daher, weil die Luft nicht vollkommen entfernt werden kann. Dazu, daß die Mitte ein Gedoppeltes ist, gehört, daß die Aktivität sehr geschärft wird, wenn man statt Papp- oder Tuchscheiben zwischen die Metalle Salzsäure, Salmiak usw. tut; denn solches Gebräu ist schon an sich ein chemisch Mannigfaltiges.

Diese Tätigkeit nennt man Galvanismus, weil *Galvani* sie zuerst entdeckte; *Volta* hat sie aber erst erkannt. Galvani hat die Sache

81 William Hyde Wollaston, 1766–1828, Arzt und Naturwissenschaftler
82 Sir Humphry Davy, 1778–1829, Chemiker

zunächst auf ganz andere Weise gebraucht; erst Volta hat die Erscheinungen vom Organischen befreit und auf ihre einfachen Bedingungen reduziert, obgleich er sie als bloße Elektrizität nahm. Galvani fand, daß, wenn man Frösche durchschneidet, so daß die Rückenmarksnerven entblößt und durch differente Metalle (oder auch nur Silberdraht) mit den Muskeln des Schenkels verbunden werden, Zuckungen entstehen, in denen sich die Tätigkeit äußert, die der Widerspruch dieser Differenzen ist. *Aldini*[83] zeigte, daß ein Metall hinreicht, den Erfolg zu bewirken, namentlich reines Quecksilber, und daß oft ein feuchtes, hanfenes Seil genug sei, um den Nerv und Muskel zu verbinden und in Tätigkeit zu setzen; er führte ein solches 250 Fuß weit um sein Haus herum mit glücklichem Erfolg. Ein anderer fand, daß bei einer bloßen Berührung des Schenkels mit seinem Nerv bei großen und lebhaften Fröschen Zuckungen entständen, ohne jene Armatur. Nach *Humboldt* war bei gleichen Metallen das Anhauchen des einen allein hinreichend, den Metallreiz hervorzubringen. Wenn zwei Stellen eines und desselben Nervs mit zwei verschiedenen Metallen belegt und durch einen guten Leiter in Verbindung gebracht werden, so zeigt sich ebenfalls die Erscheinung der Zuckungen.
Das war die erste Form; man nannte es tierische Elektrizität, weil man es eben aufs Organische beschränkt glaubte. *Volta* nahm Metalle statt Muskeln und Nerven, und so stellte er galvanische Batterien auf durch eine ganze Anzahl solcher Paare von Platten. Jedes Paar hat die entgegengesetzte Bestimmtheit des folgenden; diese Paare summieren aber ihre Tätigkeit, so daß an einem Ende alle negative, am andern alle positive Tätigkeit ist und in der Mitte der Indifferenzpunkt. Volta unterschied auch feuchte Leiter (Wasser) und trockene Leiter (Metall), – als ob hier nichts als Elektrizität vorhanden wäre. Der Unterschied von Wasser und Metall ist aber ein ganz anderer, und beide haben nicht bloß die Rolle von Leitern. – Die elektrische und chemische Wirksamkeit kann man leicht trennen. Je größer nämlich die Oberfläche der Platten ist, z. B. 8 Zoll im Quadrat, so ist die elektrische Wirkung von desto höherem Glanze in bezug auf das Funkengeben. Auf die anderen Erscheinungen scheint diese Größe wenig Einfluß zu haben, dagegen schon bei drei Schichtungen Funken sich einstellen. Wird ein Eisendraht an der Silberpolseite einer Säule, die aus 40 so großen Plattenpaaren von Zink und Kupfer erbaut ist, angebracht und zu dem Zinkpol geführt, so entsteht im Augenblick der Berührung eine Feuerrose von 3 bis $3^1/_2$ Zoll im Durchmesser, und einige der einzelnen Strahlen sind wohl $1^1/_2$ bis $1^3/_4$ Zoll lang,

83 Giovanni Aldini, 1762–1834, Physiker

an einigen Stellen gegliedert und an der Spitze mit kleinen Sternen versehen. Die Kommunikationsdrähte werden bei dem Funken so stark zusammengelötet, daß eine ziemliche Kraft dazu gehört, sie zu trennen. Im Sauerstoffgase verhalten Gold und Silber sich wie in atmosphärischer Luft, Eisendrähte entzünden sich und verbrennen, Blei und Zinn verbrennen mit vieler Lebhaftigkeit und mit lebhafteren Farben. Wird nun hier die chemische Wirkung gering angeschlagen, so wird sie vom Verbrennen unterschieden, indem ja auch bei der Elektrizität eine lebhafte Verbrennung, aber als Schmelzen durch Hitze, nicht als Wasserzersetzen vorkam (s. oben § 324 Zus. S. 286). Umgekehrt wird die chemische Wirksamkeit größer, die elektrische aber schwächer, wenn die Platten kleiner, aber in großer Menge sind, z. B. 1000 Paare. Doch finden sich beide Wirksamkeiten auch vereinigt, also Auflösung des Wassers auch mit starken Schlägen. Denn *Biot* (*Traité de Physique* II, p. 436) sagt: »Pour décomposer l'eau, on s'est d'abord servi de violentes décharges transmises à travers ce liquide, et qui y produisaient des explosions accompagnées d'étincelles. Mais Wollaston est parvenu à produire le *même* effet, d'une manière infiniment plus marquée, plus sure et plus facile, en conduisant le courant électrique dans l'eau par des fils tressés, terminés en pointes aigues etc.«[84] Der Akademiker *Ritter* hat trockene Säulen gebaut, wo die elektrische Tätigkeit isoliert ist. – Indem man nun gesehen hat, daß mit bloßem Wasser die chemische Aktion nicht stark ist bei einer Säule, die bei ihrer sonstigen Zusammensetzung doch eine starke chemische Wirkung und hohe elektrische Spannung zeigen könnte, so sind die Chemiker darauf gekommen, daß das Wasser hier als elektrischer Isolator wirke, der die Mitteilung der Elektrizität hemme; denn da ohne diese Hemmung die chemische Tätigkeit groß sein würde, so werde, da sie hier klein sei, die Mitteilung der Elektrizität, welche die chemische Wirksamkeit hervorbringe, durch das Wasser gehemmt. Das ist aber das Allerabsurdeste, was man sagen kann, weil das Wasser der stärkste Leiter ist, stärker als Metall; und diese Absurdität kommt daher, daß man die Wirksamkeit nur in die Elektrizität legte und bloß die Bestimmung von Leitern vor Augen hatte.

Die galvanische Tätigkeit äußert sich sowohl als *Geschmack* wie

---

84 »Um das Wasser zu zersetzen, hat man sich zuerst starker Entladungen bedient, die durch die Flüssigkeit geleitet wurden und dort mit Funken verbundene Explosionen hervorriefen. Aber Wollaston gelang es, dieselbe Wirkung zu erzeugen auf eine sehr viel deutlichere, verläßlichere und einfachere Weise, indem er den elektrischen Strom mittels spitz zulaufender geflochtener Drähte in das Wasser leitete.«

als *Lichterscheinung*. Man appliziere z. B. einen Streifen Stanniol unter die Spitze der Zunge und auf der Unterlippe, so daß er hervorsteht; man berühre hierauf die obere Fläche der Zungenspitze mit Silber und mit demselben das Stanniol, so empfindet man in dem Augenblicke, da sich beide Metalle berühren, einen auffallenden kaustischen Geschmack, wie von Eisenvitriol. Fasse ich einen mit alkalischer Lauge gefüllten zinnernen Becher in die feucht gemachte Hand und bringe die Spitze der Zunge auf die Flüssigkeit, so habe ich einen sauren Geschmack auf der Zunge, welche die alkalische Flüssigkeit berührt. Stelle ich im Gegenteil einen Becher von Zinn, besser von Zink, auf einen silbernen Fuß und fülle ihn mit reinem Wasser, stecke ich dann die Spitze der Zunge ins Wasser, so findet man es unschmackhaft; sobald man aber zugleich den silbernen Fuß mit den recht benetzten Händen anfaßt, so empfindet man auf der Zunge einen schwachen sauren Geschmack. Wenn man in den Mund zwischen die obere Kinnlade und die linke Wange eine Stange Zink und zwischen die untere rechte Kinnlade und die rechte Wange eine Stange Silber bringt, so daß die Metallstücke aus dem Munde hervorragen, und nähert hierauf die hervorragenden Enden einander, so wird man im Dunkeln, bei dem Kontakt beider Metalle, Licht empfinden. Hier ist die Identität subjektiv in der Empfindung, ohne daß ein Funke äußerlich erregt würde, was bei stärkeren Batterien wohl der Fall ist.

Das *Produkt* der galvanischen Wirksamkeit ist nun überhaupt dieses, daß das, was an sich ist – die Identität der besonderen Differenzen, die in den Metallen zugleich mit ihrer indifferenten Selbständigkeit verbunden sind –, damit aber ebenso die Differenz des einen am andern zur Existenz komme, das Indifferente also different gesetzt sei. Zu einem neutralen Produkte kann es noch nicht kommen; denn es sind noch keine existierenden Differenzen vorhanden. Da nun diese Differenzen noch nicht selbst Körper, sondern nur abstrakte Bestimmtheiten sind, so fragt sich, in welchen Formen sie hier zur Existenz kommen sollen. Die abstrakte Existenz dieser Differenzen ist etwas Elementarisches, was wir als Luftigkeiten, Gasarten zum Vorschein kommen sehen; so haben wir hier von den abstrakten chemischen Elementen zu sprechen. Weil das Wasser nämlich das vermittelnde Neutrale zwischen den Metallen ist, worin sich jene Differenzen berühren können (wie es auch dasjenige ist, worin sich die Differenzen zweier Salze z. B. auflösen), so nimmt jedes Metall seine existierende Differenz aus dem Wasser, bestimmt es einmal zur Oxydation, das andere Mal zur Hydrogenisation. Da aber der Charakter des Wassers überhaupt das Neutrale ist, so existiert das Begeistende, Differenzierende nicht im Wasser, sondern in der Luft. Diese scheint zwar neutral, ist aber das heimlich Zehrende und Tätige; die erregte Tätigkeit der Metalle müssen diese also aus der Luft an sich nehmen, und so erscheinen die Differenzen unter der Form der Luftigkeit. Das Sauerstoffgas ist dabei das begeistende, differenzierende Prinzip. – Das Resultat des galvanischen Prozesses ist bestimmter das *Oxyd*, ein different gesetztes Metall, – die erste Differenz, die wir haben; das Indifferente wird ein Totales, obgleich noch nicht vollkommen Totales. Obgleich das Produkt aber sogleich ein Gedoppeltes ist – Oxydation und Hydrogenisation –, so sind es doch nicht zwei Differenzierte, die herauskommen. An der einen Seite erscheint Oxydation, indem z. B. das Zink verkalkt wird. Die andere Seite, das Gold, Silber usw., hält aus in dieser Gediegenheit gegen ihren Gegensatz, bleibt regulinisch; oder ist sie oxydiert gewesen, so wird sie desoxydiert, wieder regulinisch gemacht. Indem die Begeistung des Zinks nicht das Setzen einer einseitigen Differenz sein darf und etwa auf der andern Seite nicht desoxydiert werden kann, so kommt die andere Seite des Gegensatzes nur unter der anderen Form des Wassers zum Vorschein, indem sich Wasserstoffgas entwickelt. Es kann auch geschehen, daß statt oxydierte hydrogenierte Metalle hervorkommen, also auch die andere Seite zum Produkt getrieben wird, was *Ritter* fand. Die bestimmte Differenz, als Entgegensetzung, ist aber Kali und Säure; das ist etwas anderes als jene abstrakte Differenzierung. Doch selbst bei dieser realen Differenzierung zeigt sich die Entgegensetzung durch den Sauerstoff vornehmlich bewirkt. – Zu den Metallkalken, welche das Resultat des galvanischen Prozesses sind, gehören auch die *Erden*: Kieselerde, Kalkerde, Baryterde, Natron, Kali; denn was als Erde erscheint, hat überhaupt eine metallische Basis. Es ist nämlich gelungen, diese Basen als ein Metallisches darzustellen: doch haben viele nur Anzeichen metallischer Basen. Wenn dieses Metallische nun auch nicht immer für sich erhalten werden kann, wie in den Metalloiden, so stellt es sich doch in Quecksilber-Amalgamen dar, und nur Metallisches kann mit Quecksilber ein Amalgam eingehen. Die Metallität ist in den Metalloiden also nur ein Moment; sie oxydieren sich gleich wieder, wie z. B. *Wolfram* schwer regulinisch zu machen ist. Das *Ammoniak* ist besonders merkwürdig dadurch, daß in ihm einerseits aufgezeigt werden kann, daß seine Base Stickstoffgas ist, und das andere der Sauerstoff, ebenso aber auch die Base als Metallität, *Ammonium*, darstellbar ist (vgl. § 328 Zus. S. 296 f.); hier ist die Metallität dazu getrieben, auch ganz als chemisch abstrakter Stoff, als Gasförmiges zu erscheinen.

In dem Resultat der Oxydation ist der Prozeß geendet. Der Gegensatz zu dieser ersten abstrakten allgemeinen Negation ist die freie Negativität, die für sich seiende Negativität gegen die in metallischer Indifferenz paralysierte. Dem Begriffe nach oder an sich ist der Gegensatz notwendig; aber der Existenz nach tritt das Feuer zufällig herbei.

§ 331

2. Feuerprozeß

Die im vorigen Prozesse nur *an sich* in der differenten Bestimmtheit der in Beziehung gebrachten Metalle *seiende* Tätigkeit für sich als existierend gesetzt, ist das *Feuer*, wodurch das an sich *Verbrennliche* (wie Schwefel) – die *dritte Art* der Körperlichkeit – *befeuert,* überhaupt das in noch gleichgültiger, abgestumpfter Differenz (wie in Neutralität) Befindliche zu *der chemischen Entgegensetzung* der *Säure* und des (kaustischen) *Kalischen* begeistet sind, – nicht sowohl einer eigenen Art von reeller Körperlichkeit, indem sie nicht für sich existieren können, als nur des *Gesetztseins* der körperlichen Momente *dritter* Form.

Zusatz. Indem der galvanische Prozeß mit dem Metalloxyd, mit der Erde, aufhört, so ist hiermit der Verlauf des chemischen Prozesses unterbrochen. Denn der Existenz nach hängen die chemischen Prozesse nicht zusammen; sonst hätten wir das Leben, den Rückgang des Prozesses in den Kreislauf. Soll nun das Produkt weitergeführt werden, so tritt die Tätigkeit von außen hinzu, wie auch die Metalle durch äußerliche Tätigkeit aneinander gebracht wurden. Nur der Begriff, die innere Notwendigkeit, setzt also den Prozeß fort; nur an sich wird der Prozeß zum Kreislauf der Totalität fortgesetzt. Weil die neue Form, die wir hereinbringen, nur für uns, im Begriffe, oder an sich entsteht, so haben wir die in den Prozeß Eintretenden nach ihrer Natürlichkeit zu nehmen. Es ist nicht dasselbe existierende Produkt (also hier das Oxyd, womit der Galvanismus schloß), das weiter, gleichsam nur von anderen Reagenzien, fortbehandelt würde; als an sich bestimmt, ist das Objekt des Prozesses vielmehr als Ursprüngliches aufzunehmen, nicht als ein der Existenz nach Gewordenes, sondern diese Bestimmtheit des Gewordenen zur einfachen inneren Bestimmtheit seines Begriffes habend.

Die eine Seite des Prozesses ist das Feuer als Flamme, worin die Einheit der Differenz, welche das Resultat des galvanischen Prozesses war, jetzt für sich existiert, und zwar in der Form der freien Unruhe, des Sichverzehrens. Die andere Seite, das Verbrennliche, ist das Objekt des Feuers, derselben Natur als das Feuer, aber als physikalisch bestehender Körper. Das Produkt des Prozesses ist dann, daß einerseits das Feuer als physikalische Qualität existiere oder umgekehrt am Material das, was es seiner Naturbestimmtheit nach schon ist, das Feuer, an ihm gesetzt werde. Wie der erste Prozeß der Prozeß des Schweren war, so haben wir hier den Prozeß des Leichten, indem das Feuer sich zur Säure verkörpert. Der physikalische Körper, als die Möglichkeit, verbrannt zu werden und begeistet zu sein, ist nicht nur tote Reduktion zur passiven Indifferenz, sondern wird selbst brennend. Weil nun das so begeistete Material ein schlechthin an ihm Entgegengesetztes ist, das Entgegengesetzte sich aber widerspricht, so bedarf es seines Anderen, ist schlechthin nur in der realen Beziehung auf sein Anderes. Das Verbrennliche hat so zweierlei Gestalten, weil dies Fürsichsein des Negativen, insofern es in den Unterschied kommt, sich in den Unterschied seiner selbst setzt. Das eine ist das gewöhnliche Verbrennliche, Schwefel, Phosphor usw.; die andere Form des Verbrennlichen ist ein Neutrales. In beiden ist das ruhige Bestehen nur eine Weise der Existenz, nicht seine Natur, während beim Metall im galvanischen Prozeß die Indifferenz seine Natur ausmacht. Merkwürdiger ist an ihnen das bloße Leuchten ohne Brennen, das Phosphoreszieren, wie eine Menge Mineralien tun; entweder etwas geritzt, gekratzt, oder auch dem Sonnenlicht ausgesetzt, behalten sie dies eine Zeitlang. Es ist dieselbe flüchtige Lichterscheinung, welche die Elektrizität ist, aber ohne Entzweiung. Das erste Verbrennliche hat keine große Ausdehnung: Schwefel, Erdpech und Naphthen machen seinen Umkreis. Es ist das Spröde ohne feste indifferente Base, das die Differenz nicht von außen durch Verbindung mit einem Differenten erhält, sondern seine Negativität innerhalb seiner selbst als sich selbst entwickelt. Die Gleichgültigkeit des Körpers ist in eine chemische Differenz übergegangen. Die Brennbarkeit des Schwefels ist nicht mehr die oberflächliche Möglichkeit, welche Möglichkeit *bleibt* im Prozesse selbst, sondern diese getilgte Gleichgültigkeit. Das Brennbare brennt, das Feuer ist seine Wirklichkeit; es verbrennt, es brennt nicht nur, d. h. es hört auf, gleichgültig zu sein, – es wird eine Säure. Ja, *Winterl*[85] hat den Schwefel als solchen als eine Säure behauptet; und er ist es in der Tat, da er die salzigen und erdigen Basen und die Metalle, selbst ohne die für die übrigen Säuren erforderliche Wasserbase (Wasserstoff) zu gebrauchen, neutralisiert. Das zweite Verbrennliche ist das formell Neutrale, dessen Bestehen auch nur Form ist und nicht die Bestimmtheit seiner Natur

85 vgl. S. 292 Fn.

ausmacht, als ob es den Prozeß aushalten könnte. Das formell Neutrale (Salz ist das physisch Neutrale) ist Kalk, Baryt, Pottasche, mit einem Worte die Erden, die nichts anderes als Oxyde sind, d. h. ein Metall zur Basis haben, was man mit der galvanischen Batterie fand, wodurch man Kalisches desoxydiert. Auch die Alkalien sind Metalloxyde: animalische, vegetabilische, mineralische. Die andere Seite zum Basischen, z. B. im Kalk, ist die Kohlensäure, durch Glühen der Kohle hervorgebracht, – ein abstrakt Chemisches, kein individueller, physischer Körper. Kalk ist so neutralisiert, aber nicht ein real Neutrales; die Neutralität ist darin nur auf elementarische, allgemeine Weise vollbracht. Baryt, Strontian will man auch nicht als Salze betrachtet wissen, weil, was sie abstumpft, nicht eine reale Säure ist, sondern eben jenes chemische Abstraktum, das als Kohlensäure erscheint. Das sind die beiden Verbrennlichen, welche die andere Seite des Prozesses ausmachen.

Die im Feuerprozeß in Konflikt Stehenden kommen äußerlich zusammen, wie dies die Endlichkeit des chemischen Prozesses bedingt. Als Vermittelndes tritt Elementarisches hinzu; das ist *Luft* und *Wasser*. Damit z. B. aus dem Schwefel seine Säure erzeugt werde, gebraucht man Wände mit Wasser befeuchtet und Luft. Der ganze Prozeß hat so die Form eines Schlusses, wozu die gebrochene Mitte und die beiden Extreme gehören. Die näheren Formen dieses Schlusses betreffen nun die Weisen der Tätigkeit und das, zu was jene Extreme die Mitte bestimmen, um sich aus ihr zu integrieren. Dies näher zu betrachten, würde eine sehr delikate Auseinandersetzung sein und uns zugleich zu weit führen. Jeder chemische Prozeß müßte als eine Reihe von Schlüssen dargestellt werden, wo, was erst Extrem war, Mitte wird und die Mitte als Extrem gesetzt würde. Das Allgemeine ist dieses, daß das Verbrennliche, Schwefel, Phosphor oder formell Neutrales, in diesem Prozesse begeistet wird. So werden Erden durch das Feuer zum kaustischen Zustande gebracht, während sie vorher, als Salze, milde sind. Auch Metallisches (nämlich schlechte Metalle, Kalkmetalle) kann durch das Verbrennen so begeistet werden, daß es nicht ein Oxyd wird, sondern sogleich bis zur Säure getrieben wird. Das Oxyd des Arseniks ist selbst Arseniksäure. Das Kali, als begeistet, ist stechend, kaustisch, die Säure ebenso verzehrend, angreifend. Weil der Schwefel (und dergleichen) keine indifferente Basis in sich hat, so wird das Wasser hier zum basischen Bande, damit die Säure, wenngleich nur momentan, für sich bestehen könne. Indem das Kalische aber zum Kaustischen wird, so verliert das Wasser, das als Kristallisationswasser (was so nicht mehr Wasser ist) das Band der Neutralisation war, durch Feuer seine formal neutrale Gestalt, weil das Kalische für sich schon eine indifferente metallische Basis hat.

§ 332

3. Neutralisation, Wasserprozeß

Das so Differente ist seinem Anderen schlechthin entgegengesetzt, und dies ist seine Qualität, so daß es wesentlich nur ist in seiner Beziehung auf dies Andere, seine Körperlichkeit in selbständiger getrennter Existenz daher nur ein gewaltsamer Zustand, und es in seiner Einseitigkeit an ihm selbst der Prozeß (wenn auch nur mit der Luft, an der sich Säure und kaustisches Kali abstumpfen, d. i. zur formellen Neutralität reduzieren) ist, sich mit dem Negativen seiner identisch zu setzen. Das Produkt ist das konkrete *Neutrale, Salz,* – der *vierte,* und zwar als realer Körper.

Zusatz. Das Metall ist nur an sich verschieden vom Anderen; im Begriffe des Metalls liegt das Andere, aber nur im Begriffe. Indem jetzt aber jede Seite als entgegengesetzt existiert, so ist diese Einseitigkeit nicht mehr nur an sich, sondern gesetzt. Damit ist der individualisierte Körper aber der Trieb, seine Einseitigkeit aufzuheben und die Totalität zu setzen, die er seinem Begriffe nach ist. Beide Seiten sind physikalische Realitäten: Schwefel- oder eine andere Säure, nicht Kohlensäure; und Oxyde, Erden, Kalisches. Diese so befeuerten Gegensätze brauchen nicht erst durch ein Drittes in Tätigkeit gebracht zu werden; jedes hat an sich selbst die Unruhe, sich aufzuheben, sich mit seinem Gegenteil zu integrieren und sich zu neutralisieren; sie sind aber unfähig, für sich zu existieren, weil sie unverträglich mit sich sind. Säuren erhitzen, entzünden sich, wenn Wasser aufgegossen wird. Konzentrierte Säuren verrauchen, ziehen Wasser aus der Luft; konzentrierte Schwefelsäure z. B. vermehrt sich so, nimmt einen größeren Raum ein, wird aber schwächer. Schützt man die Säuren gegen die Luft, so fressen sie die Gefäße an. Ebenso werden die kaustischen Kali wieder milde; man sagt dann, sie ziehen Kohlensäure aus der Luft ein. Das ist aber eine Hypothese; sie machen vielmehr aus der Luft erst Kohlensäure, um sich abzustumpfen.

Das Befeuernde beider Seiten ist nun eine chemische Abstraktion, das chemische Element des Sauerstoffes, als das differente Abstrakte; die Basen (wenn auch nur Wasser) sind das indifferente Bestehen, das Band. Die Begeistung sowohl bei den Säuren als bei dem Kaustischen ist also Oxygenisation. Was Säure und Kalisches gegeneinander sei, ist aber etwas Relatives, wie es beim Gegensatz des Positiven und Negativen auch schon vorkommt. So ist in der Arithmetik das Negative zum Teil als das Negative an ihm selbst zu nehmen, zum Teil ist es nur das Negative des Anderen, so daß es dann gleich ist, welches negativ, welches positiv ist. Eine gleiche Bewandtnis hat es mit der Elektrizität, mit zwei entgegengesetzten Wegen, wo man durch Vorwärts und Rückwärts nur auf denselben Standpunkt zurückkommt, usw. Die Säure ist also zwar das Negative an ihr selbst; ebenso tritt das Verhältnis aber in die Relativität herüber. Was nach einer Seite Säure ist, ist nach einer andern Kalisches. Schwefelleber z. B. nennt man eine Säure, obgleich sie hydrogenierter Schwefel ist; die Säure ist so hier Hydrogenisation. Das ist freilich nicht überall der Fall, sondern kommt vom Verbrennlichen des Schwefels her. Durch Oxydation wird er aber Schwefelsäure, so daß er beider Formen fähig ist. Ebenso ist es in Ansehung mehrerer Erden; sie stellen sich in zwei Reihen: a) Kalk, Baryt, Strontian sind kalischer Natur und Metalloxyde. b) Bei Kiesel-, Ton- und Bittererde läßt zum Teil die Analogie dies vermuten, teils die Spuren, im Amalgam, der galvanischen Wirkung. Tonerde aber stellt *Steffens*[86] mit Kieselerde der alkalischen Reihe gegenüber. Nach *Schuster*[87] zeigt sich auch die Alaunerde als reagierend gegen Alkalien, d. h. sauer; auf der andern Seite sei ihr Reagenz gegen die Schwefelsäure dies, daß sie die basische Seite einnimmt; und die Tonerde werde aus ihrer Auflösung in Alkalien durch Säuren niedergeschlagen, verhalte sich also als Säure. Die doppelte Natur der Alaunerde bestätigt *Berthollet* (*Statique chimique,* II, p. 302): »L'alumine a une disposition presque'égale à se combiner avec les acides et avec les alcalis«; p. 308: »L'acide nitrique a aussi la propriété de cristalliser avec l'alumine; il est probable que c'est également par le moyen d'une base alcaline.«[88] »Kieselerde«, sagt *Schuster*, »ist eine Säure, obgleich eine schwache; denn sie neutralisiert die Basen: sie verbindet sich mit Kali und Natron zum Glase« usw. [a. a. O., S. 412 f.]. *Berthollet* (T. II, p. 314) bemerkt indessen, sie habe nur mehr Neigung, sich mit Alkalien als mit Säuren zu verbinden.

Auch hier ist Luft und Wasser vermittelnd, indem wasserlose, ganz konzentrierte Säure (wiewohl sie nie *ganz* wasserlos sein

---

86 siehe Fn. 10, S. 132

87 Johann Schuster, *System der dualistischen Chemie des Prof. Jakob Winterl*, 2 Bde., Berlin 1807; Bd. I, S. 415 f.

88 siehe Fn. 58, S. 276 »Die Alaunerde hat eine fast gleiche Neigung, sich mit Säuren wie mit Alkalien zu verbinden ... Salpetersäure hat auch die Eigenschaft, sich mit Alaunerde zu kristallisieren; wahrscheinlich geschieht dies gleichfalls mittels einer alkalischen Base.«

kann) viel schwächer wirkt als verdünnte Säure, vorzüglich ohne Luft, da dann die Aktion ganz aufhören kann. Das allgemeine abstrakte Resultat ist, daß die Säure mit Kalischem, das nicht bis zur Befeuerung getrieben ist, ein Neutrales überhaupt bildet, aber nicht das abstrakt Indifferente, sondern die Einheit zweier Existierenden. Sie heben ihre Entgegensetzung, ihren Widerspruch auf, weil sie ihn nicht aushalten können; und indem sie so ihre Einseitigkeit aufheben, setzen sie, was sie ihrem Begriffe nach sind, sowohl das eine als das andere. Man sagt, eine Säure wirke nicht unmittelbar aufs Metall, sondern mache es erst zum Oxyd, zu einer Seite des existierenden Gegensatzes, und neutralisiere sich dann mit diesem Oxyd, welches zwar different, aber nicht bis zur Kaustizität begeistet ist. Das Salz, als das Produkt dieser Neutralisation, ist erst die chemische Totalität, der Mittelpunkt, aber zugleich noch nicht die unendliche Totalität des Lebens, sondern ein zur Ruhe Gekommenes, gegen Andere Beschränktes.

§ 333

4. Der Prozeß in seiner Totalität

Diese neutralen Körper, wieder in Beziehung zueinander tretend, bilden den *vollständig realen* chemischen Prozeß, da er zu seinen Seiten solche reale Körper hat. Zu ihrer Vermittlung bedürfen sie des Wassers als des abstrakten Mediums der Neutralität. Aber beide als neutral für sich sind in keiner Differenz gegeneinander. Es tritt hier die *Partikularisation* der allgemeinen Neutralität und damit ebenso die Besonderung der Differenzen der chemisch-begeisteten Körper gegeneinander ein, die sogenannte *Wahlverwandtschaft* – Bildung anderer besonderer Neutralitäten durch Trennung vorhandener.

Der wichtigste Schritt zur Vereinfachung der Partikularitäten in den Wahlverwandtschaften ist durch das von *Richter* und *Guyton Morveau*[89] gefundene Gesetz geschehen, daß neutrale Verbindungen *keine Veränderung* in Ansehung des *Zustandes der Sättigung* erleiden, wenn sie durch die Auflösung vermischt werden und die Säuren ihre Basen gegeneinander vertauschen. Es hängt damit die

89 siehe Fn. 32, S. 207, und Fn. 67, S. 296

Skala der Quantitäten von Säuren und Alkalien zusammen, nach welcher jede einzelne Säure für ihre Sättigung zu jedem Alkalischen ein besonderes Verhältnis hat; und wenn nun für eine Säure in einem bestimmten Quantum die Reihe der Alkalien nach den Quantitäten, in denen sie dasselbe Quantum jener Säure sättigen, aufgestellt ist, so behalten *für jede andere Säure* die *Alkalien* untereinander *dasselbe Verhältnis* zu deren Sättigung als zur ersten, und nur die quantitative Einheit der Säuren, mit der sie sich mit jener konstanten Reihe verbinden, ist verschieden. Auf gleiche Weise haben die Säuren ein konstantes Verhältnis unter sich gegen jedes verschiedene Kalische.

Übrigens ist die Wahlverwandtschaft selbst nur *abstrakte* Beziehung der Säure auf die Base. Der chemische überhaupt und insbesondere der neutrale Körper ist zugleich konkreter physischer Körper von bestimmter spezifischer Schwere, Kohäsion, Temperatur usf. Diese eigentlich physischen Eigenschaften und deren Veränderungen im Prozesse (§ 328) treten in Verhältnis zu den chemischen Momenten desselben, erschweren, hindern oder erleichtern, modifizieren deren Wirksamkeit. *Berthollet* in seinem berühmten Werke *Statique chimique*[90] hat, indem er die Reihen der Verwandtschaft vollkommen anerkennt, die Umstände zusammengestellt und untersucht, welche in die Resultate der chemischen Aktion eine Veränderung bringen, Resultate, die häufig nur nach der einseitigen Bedingung der Wahlverwandtschaft bestimmt werden. Er sagt: »Die Oberflächlichkeit[91], welche die Wissenschaft durch diese Erklärungen erhält, sieht man vornehmlich für Fortschritte an.«

Zusatz. Das unmittelbare Sichintegrieren der Entgegengesetzten, des Kaustischen und der Säure, in ein Neutrales ist kein Prozeß; das Salz ist ein prozeßloses Produkt, wie das Anhängen des Nord-

90 siehe Fn. 58, S. 276
91 im französischen Original S. 9: »superficie«

und Südpols eines Magneten oder der elektrische Entladungsfunke. Soll der Prozeß weitergeführt werden, so müssen die Salze, weil sie gleichgültig und unbedürftig sind, wieder äußerlich aneinandergebracht werden. Die Tätigkeit ist nicht in ihnen, sondern wird erst durch zufällige Umstände wieder zur Erscheinung gebracht; das Gleichgültige kann sich eben nur in einem Dritten berühren, das hier wieder das Wasser ist. Die Gestaltung und Kristallisation hat hier vornehmlich ihren Sitz. Der Prozeß ist überhaupt dieser, daß eine Neutralität aufgehoben, aber wieder eine andere Neutralität hervorgebracht wird. Die Neutralität ist also hier im Kampfe mit sich selbst begriffen, indem die Neutralität, welche das Produkt ist, durch die Negation der Neutralität vermittelt wird. Es sind also besondere Neutralitäten von Säuren und Basen in Konflikt miteinander. Die Affinität einer Säure zu einer Basis wird negiert, und die Negation dieser Affinität ist selbst die Beziehung einer Säure zu einer Basis oder ist selbst eine Affinität. Diese Affinität ist ebenso die Affinität der Säure des zweiten Salzes zur Basis des ersten als der Base des zweiten zur Säure des ersten. Diese Affinitäten, als das Negierende der ersten Affinitäten, werden Wahlverwandtschaften genannt, die wieder weiter nichts anderes heißen, als daß, wie beim Magnetismus und der Elektrizität, das Entgegengesetzte – Säure und Kali – sich identisch setzt. Die existierende, erscheinende, tätige Weise ist dieselbe. Eine Säure treibt eine andere aus einem Basischen aus, wie der magnetische Nordpol den Nordpol abstößt, aber jeder mit demselben Südpol verwandt bleibt. Aber hier vergleichen sich Säuren an einem Dritten miteinander, und jeder Säure *ihr* Entgegengesetztes ist *mehr dieses* Basische als das andere; die Determination geschieht nicht bloß durch die allgemeine Natur des Entgegengesetzten, weil der chemische Prozeß das Reich der Arten ist, die qualitativ tätig gegeneinander sind. Die Hauptsache ist also die *Stärke* der Verwandtschaft, aber keine Verwandtschaft ist einseitig; so nah *ich* einem verwandt bin, so nah ist *er* es mir. Die Säuren und Basen zweier Salze heben ihre Verbindung auf und konstituieren neue Salze, indem die Säure des zweiten Salzes sich lieber mit der Basis des ersten verbindet und dessen Säure austreibt, während diese Säure dasselbe Verhältnis zur Basis des zweiten Salzes hat; d. h. eine Säure verläßt ihre Base, wenn ihr eine andere, näher verwandte angeboten wird. Das Resultat sind dann wieder real Neutrale, das Produkt also der Gattung nach dasselbe als der Anfang, – eine formelle Rückkehr des Neutralen zu sich selbst.

Das von *Richter* gefundene Gesetz der Wahlverwandtschaften, wovon in der Anmerkung die Rede war, ist unbeachtet geblieben, bis Engländer und Franzosen (Berthollet und Wollaston) von Richter gesprochen, seine Arbeiten benutzt und gebraucht und sie dann wichtig gemacht haben. Ebenso wird die Goethesche Farbenlehre in Deutschland nicht eher durchschlagen, als bis ein Franzose oder Engländer sich derselben annimmt oder für sich dieselbe Ansicht ausführt und geltend macht. Dies ist weiter nicht zu beklagen; denn bei uns Deutschen ist es nun einmal immer so, außer wenn schlechtes Zeug auf die Beine gebracht wird, wie *Galls* Schädellehre[92]. Jenes von Richter mit vielen scholastischen Reflexionen auseinandergesetzte Prinzip der *Stöchiometrie* läßt sich nun am leichtesten durch folgende Vergleichung anschaulich machen. Kaufe ich verschiedene Waren mit Friedrichsd'ors ein, so brauche ich z. B. zu einem gewissen Quantum des ersten Artikels 1 Friedrichsd'or, zu demselben Quantum des zweiten Artikels 2 Friedrichsd'ors usw. Kaufe ich nun mit Silbertalern ein, so brauche ich mehr Teile dieser Münzsorte, nämlich $5^2/_3$ Silbertaler statt eines Friedrichsd'ors, $11^1/_3$ statt zweier usf. Die Waren behalten dasselbe Verhältnis gegeneinander; was zweimal soviel Wert hat, behält ihn immer, an welchem Gelde es auch gemessen sei. Und die Geldsorten haben ebenso als verschiedene ein bestimmtes Verhältnis zueinander; auf sie geht also, nach dieser ihrer Bestimmtheit gegeneinander, eine gewisse Portion von jeder Ware. Wenn daher der Friedrichsd'or $5^2/_3$ mal soviel als der Taler ist und auf einen Taler drei Stücke einer bestimmten Ware gehen, so gehen davon auf den Friedrichsd'or $5^2/_3 \times 3$ Stücke. – In Ansehung der *Oxydationsstufen* hat Berzelius dieselben Gesichtspunkte festgehalten und besonders auf ein allgemeines Gesetz hingearbeitet; denn schon dazu braucht ein Stoff mehr oder weniger Oxygen als ein anderer, wie z. B. 100 Teile Zinn als Protoxyd 13,6 Teile Sauerstoff, als weißes Deuteroxyd 20,4, als gelbes Hyperoxyd 27,4 sättigen sollen. Zuerst hat *Dalton*[93] darüber Versuche gemacht, aber seine Bestimmungen in die schlechteste Form einer atomistischen Metaphysik eingehüllt, indem er die ersten Elemente oder die einfache erste Menge als ein Atom bestimmte und dann vom Gewicht und Gewichtsverhältnisse dieser Atome sprach: sie sollen kugelförmig sein, zum Teil mit dichterer oder dünnerer Wärmestoff-Atmosphäre umgeben; und nun lehrt er, die relativen Gewichte und Durchmesser derselben sowie ihre Anzahl in den zusammengesetzten Körpern zu bestimmen. Berzelius[94] wiederum

92 Franz Joseph Gall, 1758–1828, Arzt und Anatom, Begründer der Phrenologie

93 John Dalton, 1766–1844, Chemiker und Physiker, Begründer der modernen Atomtheorie

94 siehe Fn. 73, S. 305

und besonders *Schweigger*[95] macht ein Gebraue von elektrochemischen Verhältnissen. Aber an diesem realen Prozesse können die formellen Momente des Magnetismus und der Elektrizität nicht hervortreten oder, wenn sie es tun, nur beschränkt. Nur wenn der Prozeß nicht vollständig real ist, treten jene abstrakten Formen besonders hervor. So zeigte *Davy*[96] zuerst, daß zwei *chemisch entgegenwirkende* Materien elektrisch entgegengesetzt seien. Wird Schwefel in einem Gefäße geschmolzen, so tritt zwischen beiden eine elektrische Spannung ein, weil dies kein real chemischer Prozeß ist. Am bestimmtesten tritt, wie wir sahen, die Elektrizität am galvanischen Prozeß hervor, aus demselben Grunde; weshalb sie auch zurücktritt, wo er chemischer wird. Magnetismus aber kann am chemischen Prozeß nicht anders zum Vorschein kommen, als wenn die Differenz sich als räumlich zeigen muß, was vorzüglich wieder bei der galvanischen Form eintritt, die eben nicht die absolute Tätigkeit des chemischen Prozesses ist.

β. Scheidung

§ 334

In der Auflösung des Neutralen beginnt der Rückgang zu den besonderen chemischen bis zu den indifferenten Körpern durch eine Reihe einerseits eigentümlicher Prozesse, andererseits aber ist überhaupt jede solche Scheidung selbst untrennbar mit einer Vereinigung verknüpft, und ebenso enthalten die Prozesse, welche als dem Gange der Vereinigung angehörig angegeben worden, unmittelbar zugleich das andere Moment der Scheidung. Für die *eigentümliche Stelle*, welche jede besondere Form des Prozesses einnimmt, und damit für das Spezifische unter den Produkten, sind die Prozesse von *konkreten* Agentien und ebenso in den *konkreten* Produkten zu betrachten. Abstrakte Prozesse, wo die Agentien abstrakt sind (z. B. bloßes Wasser in Wirkung auf Metall, oder vollends Gase usf.), enthalten *an sich* wohl die Totalität des Prozesses, aber stellen seine Momente nicht in explizierter Weise dar.

---

95 siehe Fn. 80, S. 312
96 siehe Fn. 82, S. 313

In der empirischen Chemie ist es hauptsächlich um die *Partikularität* der *Stoffe* und *Produkte* zu tun, welche nach oberflächlichen abstrakten Bestimmungen zusammengestellt werden, so daß damit in ihre Partikularität keine Ordnung kommt. In jener Zusammenstellung erscheinen Metalle, Sauerstoff, Wasserstoff usf., (ehmals Erden, nun) Metalloide, Schwefel, Phosphor als *einfache* chemische Körper nebeneinander auf gleicher Linie. Sogleich muß die so große physikalische Verschiedenheit dieser Körper gegen solches Koordinieren Abneigung erwecken; ebenso verschieden aber zeigt sich auch ihr chemischer Ursprung, der Prozeß, aus dem sie hervorgehen. Allein gleich chaotisch werden abstraktere und reellere Prozesse auf gleiche Stufe gesetzt. Wenn hierein wissenschaftliche Form kommen soll, so ist jedes Produkt nach der Stufe des konkreten, vollständig entwickelten Prozesses zu bestimmen, aus der es wesentlich hervorgeht und die ihm seine eigentümliche Bedeutung gibt; und hierfür ist ebenso wesentlich, die Stufen der Abstraktion oder Realität des Prozesses zu unterscheiden. *Animalische* und *vegetabilische* Substanzen gehören ohnehin einer ganz anderen Ordnung an; ihre Natur kann so wenig aus dem chemischen Prozesse verstanden werden, daß sie vielmehr darin zerstört und nur der Weg *ihres Todes* erfaßt wird. Diese Substanzen sollten jedoch am meisten dienen, der Metaphysik, welche in der Chemie wie in der Physik herrschend ist, nämlich den Gedanken oder vielmehr wüsten Vorstellungen von *Unveränderlichkeit der Stoffe* unter allen Umständen, wie den Kategorien von der *Zusammensetzung* und dem *Bestehen* der Körper aus solchen Stoffen, entgegenzuwirken. Wir sehen überhaupt zugegeben, daß die chemischen Stoffe in der Vereinigung die *Eigenschaften* verlieren, die sie in der Trennung zeigen, und doch die Vorstellung gelten, daß sie *ohne* die Eigenschaften dieselben Dinge seien, welche sie *mit* denselben sind, sowie daß sie als Dinge *mit* diesen Eigenschaften nicht erst Produkte des Prozesses seien. Der noch indifferente Körper, das Metall, hat seine affirmative Bestimmung so auf physische Weise, daß seine Eigenschaften als *unmittelbare* an ihm erscheinen. Aber die weiter bestimmten Körper können nicht so vorausgesetzt werden, daß dann gesehen werde, wie sie sich im Prozesse verhalten, sondern sie haben ihre erste, wesentliche Bestimmung allein nach ihrer Stelle im chemischen Prozesse. Ein weiteres ist die empirische, ganz spezielle Partikularität nach dem Verhalten der Körper zu allen anderen besonderen Körpern; für diese Kenntnis muß jeder dieselbe Litanei des Verhaltens zu allen Agentien durchlaufen. – Am auffallendsten ist es in dieser Rücksicht, die vier chemischen Elemente (Sauerstoff usf.) in gleicher Linie mit Gold, Silber usf., Schwefel usf. als *Stoffe* aufgeführt zu sehen, als ob sie eine solche selbständige Existenz wie Gold, Schwefel usf. hätten oder der Sauerstoff eine solche Existenz wie der Kohlenstoff hat. Aus ihrer Stelle im Prozesse ergibt sich ihre Unterordnung und Abstraktion, durch welche sie von Metallen, Salzen der Gattung nach ganz verschieden sind und keineswegs in gleiche Linie mit solchen konkreten Körpern gehören; diese Stelle ist § 328 auseinandergesetzt. An der *abstrakten* Mitte, welche *in sich gebrochen ist* (vgl. § 204 Anm.), zu der daher *zwei* Elemente gehören – Wasser und Luft –, welche als Mittel preisgegeben wird, nehmen sich die realen Extreme des Schlusses die *Existenz* ihrer ursprünglichen, nur erst *an sich* seienden Differenz. Dies Moment der Differenz, so *für sich* zum Dasein gebracht, macht das chemische Element als vollkommen abstraktes Moment aus; statt Grundstoffe, substantielle Grundlagen zu sein, wie man sich beim Ausdrucke »Element« zunächst vorstellt, sind jene Materien vielmehr die extremsten Spitzen der Differenz.

Es ist hierbei, wie überhaupt, der chemische Prozeß in seiner vollständigen Totalität zu nehmen. Besondere Teile, formelle und abstrakte Prozesse zu isolieren, führt auf die abstrakte Vorstellung vom chemischen Prozesse überhaupt als bloß der *Einwirkung* eines Stoffes auf einen anderen, wobei das viele Andere, das sich begibt (wie auch allenthalben abstrakte Neutralisierung, Wassererzeugung, und abstrakte Scheidung, Gasentwicklung), als fast Nebensache oder zufällige Folge oder wenigstens nur äußerlich verbunden erscheint, nicht als wesentliches Moment im Verhältnisse des Ganzen betrachtet wird. Eine vollständige Auseinandersetzung des chemischen Prozesses in seiner Totalität erforderte aber näher, daß er als realer Schluß zugleich als die *Dreiheit* von innigst ineinander greifenden Schlüssen expliziert würde – Schlüsse, die nicht nur eine Verbindung überhaupt von ihren *terminis*, sondern als Tätigkeiten Negationen von deren Bestimmungen sind (vgl. § 198) und die in *einem* Prozesse verknüpfte Vereinung und Scheidung in ihrem Zusammenhange darzustellen hätten.

Zusatz. Während die ersten Prozesse der Verbindung zugingen, so sind die Prozesse der Neutralen gegeneinander zugleich Diremtionen oder Zerlegungen des Neutralen und Abscheidungen der abstrakten Körper, von denen wir ausgegangen sind. Das reine Metall, womit wir angefangen haben, indem wir es als unmittelbar vorhanden annahmen, ist auf diese Weise jetzt ein aus dem totalen Körper, zu dem wir fortgingen, hervorgebrachtes Produkt. Was hier aufgelöst wird und die konkrete Mitte ist, ist ein real Neutrales (das Salz), während im Galvanismus das Wasser, im Feuerprozeß die Luft die formelle Mitte war, die aufgelöst wurde. Die Weisen und Stufen dieser Zurückführung sind verschieden; vornehmlich der Feuerprozeß, ebenso der Salzprozeß. Durch Glühen z. B. wird im Salz die abgestumpfte Säure wieder befeuert; ebenso wird aus dem Kalk die Kohlensäure ausgetrieben, – weil er in dieser Temperatur eine nähere Verwandtschaft zum »Wärmestoff« als zur Kohlensäure haben soll. So geht es weiter bis zur Reduktion der Metalle, wenn z. B. der als Säure mit einer Base verbundene Schwefel abgetrieben und das Metall regulinisch wird. Nur wenige Metalle werden zugleich in der Natur rein gefunden; die meisten werden erst durch den chemischen Prozeß abgesondert.

Das ist der ganze Verlauf des chemischen Prozesses. Um zu bestimmen, welcher Stufe die individuellen Körper angehören, muß der Gang der chemischen Prozesse in ihrer bestimmten Stufenfolge festgesetzt werden; sonst hat man es mit einer zahllosen Menge von Stoffen zu tun, die für sich ein unorganisches Gewirre bleiben. Die Körperindividualitäten bestimmen sich also im Prozesse so (es sind die Momente und Produkte desselben, und sie machen folgendes System der bestimmten, d. i. differenten Körperlichkeit als der zur Individualität nun determinierten, konkreten Elemente):

a) Die individualisierte und differente Luft sind die *Gasarten,* und zwar selbst als die Totalität der Viere: α) *Stickstoffgas,* das abstrakt Indifferente; β) *Sauerstoff-* und *Wasserstoffgas,* als die Lüfte des Gegensatzes, – jenes befeuernd, begeistend, dieses das Positive, Indifferente im Gegensatze; γ) *Kohlensaures Gas,* das Irdische, weil es teils als irdisch, teils als Gas erscheint.

b) Das eine Moment des Gegensatzes ist der *Feuerkreis,* das individuelle, realisierte Feuer, und sein Gegensatz das *zu Verbrennende.* Es bildet selbst eine Totalität: α) Die *Basis,* als das an sich Brennende, an sich Feurige, nicht das Indifferente, das nur in einer Differenz, als Bestimmung, gesetzt werden soll, nicht das Positive, das nur als different begrenzt werden soll, sondern die Negativität an sich, die in sich realisierte *schlafende* Zeit (wie das Feuer selbst die *rege* Zeit genannt werden kann), an der ihr ruhiges Bestehen nur Form ist, so daß diese Negativität ihre Qualität ist, nicht Form nur ihres Seins, sondern ihr Sein selbst diese Form ist, – der *Schwefel* als die irdische Basis, der *Wasserstoff* als Luftbasis, *Naphtha,* die vegetabilischen und animalischen *Öle* usw.; β) die *Säure,* und zwar 1. *Schwefelsäure,* die Säure des irdischen Verbrennlichen, 2. *Stickstoffsäure,* – die *Salpetersäure* mit ihren verschiedenen Formen, 3. *Wasserstoffsäure,* – die *Salzsäure* (ich halte den Wasserstoff für ihr Radikal: die Indifferenten der Luftindividualität müssen zur Säure begeistet sein; sie sind schon darum das an sich Brennliche, nicht bloß, wie die Metalle, weil sie Abstrakte sind: als Indifferente haben sie die Materie in ihnen selbst, nicht wie der Sauerstoff außer sich), 4. die *irdischen Säuren:* αα) die *abstrakte* irdische *Kohlensäure,* ββ) die *konkrete* Arseniksäure usf., γγ) die vegetabilischen und animalischen Säuren (Zitronensäure, Blutsäure, Ameisensäure); γ) der Säure gegenüber die *Oxyde, Kalien* überhaupt.

c) Das andere Moment des Gegensatzes ist das *realisierte Wasser,* die Neutralitäten der Säuren und Oxyde, – *Salz, Erden, Steine.* Hier tritt eigentlich der totale Körper ein; die Gasarten sind Lüfte, der Feuerkreis ist noch nicht zur Ruhe der Totalität gekommen, der Schwefel schwebt in ihm als Grundlage über den sonstigen irdischen Körpern. Die *Erden* sind das Weiße, schlechthin

Spröde, Einzelne überhaupt, das weder die Kontinuität des Metalls und seinen Verlauf durch den Prozeß noch die Brennlichkeit hat. Es sind vier Haupterden. Diese irdischen Neutrale dirimieren sich in eine Reihe des Gedoppelten: α) Neutrale, welche zur Basis der Neutralität nur das Abstrakte des Wassers haben und sowohl als Neutrale einer Säure als eines Kalischen bestehen; diesen Übergang machen die Kiesel-, Ton-, und Bitter- (Talk-) erde. 1. Der *Kiesel* ist gleichsam das irdische Metall, das rein Spröde, das durch die Abstraktion seiner Einzelheit mit dem Kali besonders Verbindungen eingeht und Glas wird und, wie das Metall als Farbe und Gediegenheit, so als Einzelheit den Prozeß des Schmelzens darstellt; er ist das Farblose, an dem die Metallität zur reinen Form getötet, das Innerliche absolute Diskretion ist. 2. Die *Tonerde* ist, wie der Kiesel der unmittelbare, einfache, unaufgeschlossene Begriff, so sie das erste differente Erdige, – die Möglichkeit der Brennbarkeit. Als reine Tonerde absorbiert sie Sauerstoff aus der Luft, ist aber überhaupt mit Schwefelsäure zusammen ein erdiges Feuer: *Porzellanjaspis.* Härte und Kristallisation verdankt sie dem Feuer. Das Wasser macht weniger kristallisierenden Zusammenhang als äußere Kohäsion. 3. *Talk-* oder *Bittererde* ist das Subjekt des Salzes; daher kommt die Bitterkeit des Meeres. Es ist ein Mittel, Geschmack, der zum Feuerprinzip geworden, eben der Rückgang des Neutralen ins Feuerprinzip. β) Endlich haben wir den Gegensatz hierzu, das eigentlich real Neutrale, das *Kalkgeschlecht,* das Kalische, Differente, das sein Erdprinzip wieder auflöst und nur des physischen Elements bedarf, um Prozeß zu sein, – der getilgte Prozeß, der sich wiederherstellt; der Kalk ist das Prinzip des Feuers, welches vom physischen Körper an ihm selbst erzeugt wird.

d) Das nur noch schwere Irdische, dem alle anderen Bestimmungen außer demselben getreten sind und wo die Schwere mit dem Lichte identisch ist, sind die Metalle. Wie die Schwere das Insichsein in der unbestimmten Äußerlichkeit ist, so ist dies Insichsein im Lichte real. Die Metalle haben so einerseits Farbe, andererseits ist aber ihr Glanz dies aus sich strahlende, unbestimmte reine Licht, das die Farbe verschwinden macht. Die Zustände des Metalls, einmal seine Kontinuität und Gediegenheit und dann sein Aufgeschlossensein für den Prozeß, seine Sprödigkeit, Punktualität, Oxydierbarkeit, durchläuft das gediegene Metall an ihm selbst: α) so finden sich manche Metalle regulinisch; β) andere kommen nur oxydiert, erdig vor, kaum regulinisch, und wenn, so erscheinen sie doch ganz pulvrig, wie z. B. Arsenik; – ebenso ist Antimonium und dergleichen so spröde und hart, daß es sich leicht pulverisieren läßt. γ) Endlich erscheint das

Metall als Schlacke, verglast, und hat die bloße Form der Gleichheit des Zusammenhangs, wie der Schwefel.

§ 335

Der chemische Prozeß ist zwar im allgemeinen das *Leben*; der individuelle Körper wird ebenso in seiner Unmittelbarkeit *aufgehoben* als *hervorgebracht*, somit bleibt der Begriff nicht mehr innere Notwendigkeit, sondern kommt zur *Erscheinung*. Es ist aber durch die *Unmittelbarkeit* der Körperlichkeiten, die in den chemischen Prozeß eingehen, daß er mit der Trennung überhaupt behaftet ist; dadurch erscheinen seine Momente als äußerliche *Bedingungen*, das sich Scheidende zerfällt in gegeneinander gleichgültige Produkte, das Feuer und die Begeistung erlischt im Neutralen und facht sich in diesem nicht von selbst wieder an; der *Anfang* und das *Ende* des Prozesses sind voneinander verschieden; – dies macht seine Endlichkeit aus, welche ihn vom Leben abhält und unterscheidet.

Chemische Erscheinungen, z. B. daß im Prozesse ein Oxyd auf einen niedrigeren Grad der Oxydation, auf dem es sich mit der einwirkenden Säure verbinden kann, herabgesetzt und ein Teil dagegen stärker oxydiert wird, haben die Chemie veranlaßt, die Bestimmung der *Zweckmäßigkeit* bei der Erklärung anzuwenden, eines anfänglichen Selbstbestimmens des Begriffs aus sich in seiner Realisation, so daß diese nicht allein durch die *äußerlich* vorhandenen Bedingungen determiniert ist.

Zusatz. Es ist zwar ein Anschein von Lebendigkeit da, die aber im Produkte verlorengeht. Wenn die Produkte des chemischen Prozesses selbst wieder die Tätigkeit anfingen, so wären sie das Leben. Das Leben ist insofern ein perennierend gemachter chemischer Prozeß. Die Bestimmtheit der Art eines chemischen Körpers ist identisch mit der substantiellen Natur desselben; so sind wir hier noch im Reiche der festen Arten. Im Lebendigen ist dagegen die Bestimmtheit der Art nicht mit der Substantialität eines Individuums identisch, sondern es ist seiner Bestimmtheit nach endlich, ebenso aber auch unendlich. Der Begriff stellt im chemischen Prozeß seine Momente nur unterbrochen dar: das Ganze des chemischen Prozesses enthält einerseits die feste Bestimmtheit, in der Weise der Indifferenz zu sein, und auf der andern Seite den Trieb, als Entgegensetzung seiner in sich zu sein, worin dann die Bestimmtheit wegfällt. Das ruhige Sein und der Trieb sind aber Verschiedene voneinander; nur an sich oder im Begriffe ist die Totalität gesetzt. Daß beide Bestimmungen in einem zumal sind, kommt nicht zur Existenz; diese Einheit als existierend ist die Bestimmung des Lebens, und dahin treibt die Natur. An sich ist das Leben im chemischen Prozeß vorhanden; aber die innere Notwendigkeit ist noch nicht existierende Einheit.

§ 336

Es ist aber der chemische Prozeß selbst dies, jene unmittelbaren Voraussetzungen, die Grundlage seiner Äußerlichkeit und Endlichkeit, als negierte zu setzen, die Eigenschaften der Körper, die als Resultate einer besonderen Stufe des Prozesses erscheinen, auf einer anderen zu verändern und jene Bedingungen zu Produkten herabzusetzen. Was in ihm so im allgemeinen *gesetzt* wird, ist die *Relativität* der unmittelbaren Substanzen und Eigenschaften. Das gleichgültigbestehende Körperliche ist dadurch nur als *Moment* der Individualität gesetzt, und der Begriff in *der ihm entsprechenden Realität*; die *in einem*, aus der Besonderung der unterschiedenen Körperlichkeiten sich hervorbringende *konkrete Einheit* mit sich, welche die Tätigkeit ist, diese ihre einseitige Form der Beziehung auf sich zu negieren, sich in die Momente des Begriffs zu *dirimieren* und zu besondern und ebenso in jene Einheit zurückzuführen, – so der unendliche sich selbst anfachende und unterhaltende Prozeß, – *der Organismus*.

Zusatz. Wir haben jetzt den *Übergang* von der unorganischen zur organischen Natur, von der Prosa zur Poesie der Natur zu machen. Die Körper verändern sich im chemischen Prozeß nicht oberflächlich, sondern nach allen Seiten: alle Eigenschaften gehen verloren, Kohäsion, Farbe, Glanz, Undurchsichtigkeit, Klang, Durchsichtigkeit. Selbst die spezifische Schwere, welche die tiefste, einfachste Bestimmung zu sein scheint, hält nicht aus. Eben im chemischen Prozeß kommt die Relativität der gleichgültig erscheinenden Bestimmungen der Individualität als das Wesen in diesem

Wechsel der Akzidenzien zutage; der Körper zeigt die Flüchtigkeit seiner Existenz, und diese seine Relativität ist sein Sein. Wenn der Körper beschrieben werden soll, was er *ist*, so ist die Beschreibung nur vollendet, wenn der ganze Kreis der Veränderungen desselben angegeben worden; denn die wahrhafte Individualität des Körpers existiert nicht in einem einzelnen Zustande, sondern ist nur in diesem Kreislauf von Zuständen erschöpft und dargestellt. Die Totalität der Gestalt hält nicht aus, und zwar weil sie nur eine besondere ist; dem individuellen Körper widerfährt so sein Recht, weil er ein endlicher ist, nicht zu beharren. So gibt es Metalle, welche den ganzen Kreis von Farben durchlaufen, als Oxyde oder durch Säuren neutralisiert; auch können sie durchsichtige neutrale Salze bilden, wie die Salze überhaupt die Tötung der Farbe sind. Sprödigkeit, Gediegenheit, Geruch, Geschmack verschwinden ebenso; das ist diese Idealität des Besonderen, die sich hier darstellt. Die Körper gehen den ganzen Kreis der Möglichkeit solcher Bestimmungen durch. Das Kupfer z. B. ist als regulinisches Metall seiner Farbe nach rot: schwefelsaures Kupfer gibt aber einen blauen Kristall, Wasser-Kupferoxyd als Niederschlag ist bergblau, ein salzsaures Kupferoxyd ist weiß; andere Oxyde des Kupfers sind grün, schwarzgrau, rotbraun usw.; Kupferlasur hat wieder eine andere Farbe usf. Nach dem Agens ist die Reaktion verschieden, und der chemische Körper ist nur die Summe seiner Reaktionen. Die Totalität der Reaktionen ist nämlich nur als Summe vorhanden, nicht als unendliche Rückkehr zu sich selbst. In allen Reaktionen, worin der Körper mit anderen in Synsomatien, Oxydation und Neutralität zusammengeht, erhält er seine Bestimmtheit, aber nur als an sich seiende, nicht als existierende; das Eisen bleibt immer an sich Eisen, aber auch nur an sich, nicht in der Weise seiner Existenz. Es ist aber um Erhaltung der Existenz, nicht des Ansich zu tun, – eben darum, daß das Ansich in der Existenz oder die Existenz an sich sei. Der Kreis der besonderen Reaktionen macht die allgemeine Besonderheit des Körpers aus; diese existiert aber nur an sich und ist keine allgemeine Existenz. Nur im Feuerprozeß ist die Tätigkeit immanent, – ein Augenblick eigenen Lebens, dessen Tätigkeit jedoch ist, seinem Tode zuzueilen. Weil aber die unmittelbare Gestalt, welche besondere Bestimmungen an ihr hat, hier untergeht, so liegt darin der Übergang, daß das an sich Allgemeine der Bestimmtheit auch in die Existenz gesetzt sei, und das ist die Selbsterhaltung des Organischen. Es agiert und reagiert gegen die verschiedensten Potenzen; in jeder Reaktion ist es anders bestimmt, ebenso bleibt es aber auch eine Einheit mit sich selbst. Diese an sich seiende Bestimmtheit der Art, die nunmehr auch existiert, läßt sich mit

Anderem ein, unterbricht dieses Einlassen aber auch und neutralisiert sich nicht mit demselben, sondern erhält sich im Prozesse, welcher indessen durch es und sein Anderes bestimmt ist. Ist die unendliche Form, als die Seele der Individualität, noch in der Gestalt materialisiert, so ist sie herabgesetzt zu einem, das nicht unendlich freie Form in sich selbst ist, sondern in seiner Existenz ein Seiendes, Beharrendes ist. Der unendlichen Form ist diese Ruhe aber zuwider, denn sie ist Unruhe, Bewegung, Tätigkeit, und erst so tritt sie hervor als das, was sie an und für sich ist. Das Beharren ihrer Momente in der Gestalt, deren jedes als selbständige Materie existieren kann, ist zwar auch ein In-die-Existenz-Treten der unendlichen Form; aber hier hat das Eins derselben noch nicht die Wahrheit, die es ist. Indem nun aber der chemische Prozeß eben die Dialektik darstellt, durch welche alle besonderen Eigenschaften der Körper in die Vergänglichkeit gerissen werden (er ist dies, die unmittelbaren Voraussetzungen, welche die Prinzipien seiner Endlichkeit sind, zu negieren), so ist, was allein beharrt, die für sich seiende unendliche Form, die reine körperlose Individualität, die für sich ist und für die das materielle Bestehen durchaus ein Veränderliches ist. Der chemische Prozeß ist das Höchste, wozu die unorganische Natur gelangen kann; in ihm vernichtet sie sich selbst und beweist die unendliche Form allein als ihre Wahrheit. So ist der chemische Prozeß durch den Untergang der Gestalt der Übergang in die höhere Sphäre des Organismus, in welchem sich die unendliche Form als unendliche Form reell macht, d. h. die unendliche Form ist der Begriff, der hier zu seiner Realität kommt. Dieser Übergang ist das Erheben der Existenz zur Allgemeinheit. Hier hat die Natur also das Dasein des Begriffs erreicht; der Begriff ist nicht mehr als in sich seiend, nicht mehr versunken in ihr Außereinanderbestehen. Das ist das freie Feuer α) als gereinigt von Materiatur, und β) im Dasein materialisiert. Die Momente des Bestehenden sind selbst zu dieser Idealität erhoben, haben nur dies Sein der Idealität und fallen nicht zum beschränkten Bestehen zurück; so haben wir die objektive Zeit, ein unvergängliches Feuer, das Feuer des Lebens, wie *Heraklit* das Feuer als Seele aussprach und die trockenen Seelen als die besten.

Dritte Abteilung der Naturphilosophie

Organische Physik

§ 337

Die reelle Totalität des Körpers, als der unendliche Prozeß, daß die Individualität sich zur Besonderheit oder Endlichkeit bestimmt und dieselbe ebenso negiert und in sich zurückkehrt, im Ende des Prozesses sich zum Anfange wiederherstellt, ist damit eine Erhebung in die erste Idealität der Natur, so daß sie aber eine *erfüllte* und wesentlich, als sich auf sich beziehende *negative* Einheit, *selbstische* und *subjektive* geworden ist. Die Idee ist hiermit zur Existenz gekommen, zunächst zur unmittelbaren, zum *Leben.* Dieses ist

A. als *Gestalt*, das allgemeine Bild des Lebens, der *geologische* Organismus;

B. als besondere, formelle Subjektivität, der *vegetabilische;*

C. als einzelne konkrete Subjektivität, der *animalische* Organismus.

Die Idee hat Wahrheit und Wirklichkeit nur, insofern sie an ihr als *subjektive* ist (§ 215); das Leben als nur *unmittelbare* Idee ist hiermit außer sich, Nicht-Leben, nur der Leichnam des Lebensprozesses, der Organismus als *Totalität* der als unlebendig existierenden, mechanischen und physikalischen Natur.

Unterschieden davon beginnt die subjektive Lebendigkeit, das Lebendige in der *vegetabilischen* Natur; das Individuum, aber noch als außersichseiend in seine Glieder, die selbst Individuen sind, zerfallend.

Erst der *animalische* Organismus ist in solche Unterschiede der Gestaltung entwickelt, die wesentlich nur als seine Glieder existieren, wodurch er als *Subjekt* ist. Die Lebendigkeit als natürliche zerfällt zwar in die unbestimmte Vielheit von Lebendigen, die aber an ihnen selbst subjektive Organismen sind, und es ist nur in der Idee, daß sie *ein* Leben, *ein* organisches System desselben sind.

Zusatz. Werfen wir einen *Rückblick* auf das Bisherige, so sahen wir im *ersten* Abschnitt α) die Materie, das abstrakte Außereinander als Raum; die Materie, als das abstrakte Fürsichsein des Außereinander und Widerstand leistend, ist vollkommen vereinzelt, schlechthin atomistisch. Die Gleichheit dieses Atomistischen macht, daß die Materie noch das vollkommen Unbestimmte ist; sie ist aber nur dem Verstande nach absolut atomistisch, nicht der Vernunft nach. β) Das Weitere waren die gegeneinander bestimmten, besonderen Massen, und endlich γ) die Schwere, welche die Grundbestimmung ausmacht, in der alle Partikularität aufgehoben und ideell war. Diese Idealität der Schwere, welche sich im *zweiten* Abschnitte in das Licht, und dann in die Gestalt verwandelte, ist jetzt wiederhergestellt. Die dort individualisierte Materie enthält: α) die freien Bestimmungen, wie wir sie in den Elementen und ihrem Prozesse sahen; sodann entfaltet sie sich β) zum Reiche der Erscheinung, d. h. in den Gegensatz der Selbständigkeit und Reflexion-in-Anderes, als spezifische Schwere und Kohäsion; bis sie γ) in der individuellen Gestalt sich zur Totalität ausbildet. Aber indem der partikulare Körper dies ist, die unterschiedenen Weisen seiner Existenz aufzuheben, so ist diese Idealität jetzt Resultat, – ungetrübte Einheit und Gleichheit mit sich selbst, wie das Licht, aber zugleich als hervorgehend aus der Totalität der Besonderungen, die zusammengedrückt und in die erste Indifferenz zurückgenommen sind. Die Individualität ist jetzt in sich selbst schwer und lichtig, – die triumphierende Individualität, die sich als Prozeß in allen Besonderheiten hervorbringende und erhaltende Einheit; und das ist der Gegenstand des *dritten* Abschnitts. Der lebendige Körper steht immer auf dem Sprunge, zum chemischen Prozesse überzugehen: Sauerstoff, Wasserstoff, Salz will immer hervortreten, wird aber immer wieder aufgehoben; und nur beim Tode oder in der Krankheit kann der chemische Prozeß sich geltend machen. Das Lebendige begibt sich immer in die Gefahr, hat immer ein Anderes an ihm, verträgt aber diesen Widerspruch, was das Unorganische nicht kann. Das Leben ist aber zugleich das Auflösen dieses Widerspruchs, und darin besteht das Spekulative, während nur für den Verstand der Widerspruch unaufgelöst ist. Das Leben kann also nur spekulativ gefaßt werden, denn im Leben existiert eben das Spekulative. Das fortdauernde Tun des Lebens ist somit der absolute Idealismus; es wird zu einem Anderen, das aber immer aufgehoben wird. Wäre das Leben Realist, so hätte es Respekt vorm Äußeren; aber es hemmt immer die Realität des Anderen und verwandelt sie in sich selbst.

Erst das Leben ist so das *Wahre*; es ist höher als die Sterne und die Sonne, die wohl ein Individuum, aber kein Subjekt ist. Als die Einheit des Begriffs und der nach außen gekehrten Existenz, worin sich der Begriff erhält, ist das Leben die Idee, und in diesem Sinne nennt auch *Spinoza* das Leben den adäquaten Begriff, was freilich noch ein ganz abstrakter Ausdruck ist. Das Leben ist die Vereinigung von Gegensätzen überhaupt, nicht bloß vom Gegensatze des Begriffs und der Realität. Das Leben ist, wo Inneres und Äußeres, Ursache und Wirkung, Zweck und Mittel, Subjektivität und Objektivität usw. ein und dasselbe ist. Die wahrhafte Bestimmung des Lebens ist, daß bei der Einheit des Begriffs und der Realität diese Realität nicht mehr in unmittelbarer Weise, in Weise der Selbständigkeit sei, als Vielheit von existierenden Eigenschaften, die auseinander sind, sondern der Begriff schlechthin Idealität des gleichgültigen Bestehens sei. Indem die Idealität, die wir im chemischen Prozesse gehabt haben, hier gesetzt ist, so ist die Individualität in ihrer Freiheit gesetzt. Die subjektive, unendliche Form ist nun auch in ihrer Objektivität; was sie in der Gestalt noch nicht war, weil in dieser die Bestimmungen der unendlichen Form noch festes Dasein als Materien haben. Der abstrakte Begriff des Organismus ist dagegen, daß die Existenz der Besonderheiten, indem diese als vorübergehende Momente eines Subjekts gesetzt sind, der Einheit des Begriffes angemessen ist, während im System der himmlischen Körper alle besonderen Momente des Begriffs für sich frei existierende, selbständige Körper sind, die noch nicht unter die Einheit des Begriffs zurückgekehrt sind. Das Sonnensystem war der erste Organismus; er war aber nur an sich, noch keine organische Existenz. Diese Riesenglieder sind selbständige Gestalten und die Idealität ihrer Selbständigkeit nur ihre Bewegung; es ist nur ein Organismus des Mechanismus. Das Lebendige aber hat diese Riesenglieder der Natur in einem, indem alles Besondere als erscheinend gesetzt ist. Im Leben ist das Licht so über das Schwere vollkommen Meister; das Lebendige ist also die Individualität, welche die weiteren Besonderungen der Schwere in sich subigiert hat und tätig in sich selbst ist. Erst als sich aufhebende Realität ist das Sichselbsterhalten des Begriffs gesetzt. Der Individualität des chemischen Körpers kann sich eine fremde Macht bemächtigen; das Leben hat aber sein Anderes an ihm selbst, es ist *eine* abgerundete Totalität in sich, – oder es ist *Selbstzweck*. War der erste Teil der Naturphilosophie Mechanismus, das Zweite in seiner Spitze Chemismus, so ist dies Dritte Teleologie (s. § 194 Zus. 2). Das Leben ist Mittel, aber nicht für ein Anderes, sondern für diesen Begriff; es bringt seine unendliche Form immer hervor. Schon *Kant* bestimmte das Lebendige als Zweck für sich selbst. Die Veränderung ist nur zum Behufe des

Begriffs vorhanden, ist nur Veränderung des Andersseins des Begriffs, und in dieser Negation des Negativen, in dieser absoluten Negativität allein ist es, daß er bei sich bleiben kann. Das Organische ist schon an sich das, was es wirklich ist; es ist die Bewegung seines Werdens. Aber was das Resultat ist, ist auch das Vorhergehende, – der Anfang ist dasselbe, was das Ende ist; dies, was bisher nur unser Erkennen war, ist jetzt in die Existenz getreten.

Weil das Leben, als Idee, die Bewegung seiner selbst ist, wodurch es sich erst zum Subjekte macht, so macht das Leben sich selbst zu seinem Anderen, zum Gegenwurfe seiner selbst; es gibt sich die Form, als Objekt zu sein, um zu sich zurückzukehren und zurückgekehrt zu sein. So ist erst im Dritten das Leben als solches vorhanden, da dessen Hauptbestimmung die Subjektivität ist; die früheren Stufen sind nur unvollkommene Wege dahin. Und daher haben wir die drei Reiche: das *Mineralreich*, das *Pflanzenreich* und das *Tierreich*.

Das Leben, das als das Andere seiner sich voraussetzt, ist erstens die geologische Natur, und so ist es nur der Grund und Boden des Lebens. Es soll zwar Leben sein, Individualität, Subjektivität, ist aber nicht wahrhafte Subjektivität, nicht Zurückführung der Gliederung in das Eins. Als im Leben müssen die Momente der Individualität und der Rückkehr oder Subjektivität zwar vorhanden sein, aber als unmittelbare müssen diese Seiten sich entfremdet sein, d. h. sie fallen auseinander. Einerseits steht die Individualität, andererseits der Prozeß derselben; die Individualität existiert noch nicht als das tätige, idealisierende Leben, hat sich noch nicht zur Einzelheit bestimmt, sondern ist das erstarrte Leben, dem tätigen gegenüber. Es enthält die Tätigkeit auch, aber teils nur an sich, teils außer ihm; der Prozeß der Subjektivität ist geschieden vom allgemeinen Subjekte selbst, da wir noch kein Individuum haben, das an sich schon in sich selbst tätig wäre. Das unmittelbare Leben ist also das sich entfremdete Leben, und so ist es die unorganische Natur des subjektiven Lebens. Denn unorganisch ist alle Äußerlichkeit, wie z. B. für das Individuum die Wissenschaften seine unorganische Natur sind, insofern es dieselben noch nicht kennt, sondern sie sich nur in ihm regen und an sich seine Vernünftigkeit sind, die es sich nur zu eigen machen muß. Die *Erde* ist ein Ganzes, das System des Lebens, aber als Kristall wie ein Knochengerüst, das als tot angesehen werden kann, weil seine Glieder noch formal für sich zu bestehen scheinen und sein Prozeß außer ihm fällt.

Das Zweite ist die Stufe der Reflexion, die beginnende, eigentlichere Lebendigkeit, worin das Individuum an ihm selbst seine Tätigkeit, der Lebensprozeß ist, aber nur als Subjekt der Reflexion. Diese formelle Subjektivität ist noch nicht die mit der Objektivität, dem Systeme der Gliederung, identische Subjektivität. Diese Subjektivität ist noch abstrakt, weil sie nur aus jener Entfremdung herkommt; es ist die spröde, punktuelle, nur individuelle Subjektivität. Das Subjekt besondert sich zwar, erhält sich als Subjektivität in seinem Beziehen auf Anderes, macht sich Glieder und durchdringt sie; aber das Formelle besteht darin, daß es sich noch nicht wahrhaft in diesem Beziehen erhält, sondern ebenso noch außer sich gerissen wird. Die Pflanze ist darum noch nicht wahrhafte Subjektivität, weil das Subjekt, indem es sich von sich unterscheidet und sich zu seinem Gegenstande macht, sich noch nicht den wahrhaft gegliederten Unterschieden vertrauen kann, die Rückkehr aus diesen aber erst die wahre Selbsterhaltung ist. Der Standpunkt der Pflanze ist also, sich nur formell von sich selbst zu unterscheiden und nur so bei sich selbst bleiben zu können. Sie entfaltet ihre Teile; da diese ihre Glieder aber wesentlich das ganze Subjekt sind, so kommt sie zu keinen anderen Unterschieden, sondern Blätter, Wurzeln, Stamm sind auch nur Individuen. Da hiermit das Reale, was die Pflanze produziert, um sich zu erhalten, nur das vollkommen Gleiche ihrer selbst ist, so kommt es auch nicht zu eigentlichen Gliedern. Jede Pflanze ist daher nur eine unendliche Menge von Subjekten, und der Zusammenhang, wodurch sie als *ein* Subjekt erscheinen, ist nur oberflächlich. Die Pflanze ist so die Ohnmacht, ihre Gliederung nicht in ihrer Macht zu erhalten, da ihre Glieder ihr als selbständige entfliehen, und die Unschuld der Pflanze ist dieselbe Ohnmacht des Sich-auf-das-Unorganische-Beziehens, worin ihre Glieder zugleich andere Individuen werden. Dieses zweite Reich ist das *Wasserreich*, das Reich der Neutralität.

Das dritte Reich ist das *Feuerreich*, die individuelle Subjektivität als vollkommene Lebendigkeit, – die Einheit der Pflanze und der Unterschiede. Diese Subjektivität ist Gestalt, wie das erste System von Formen; die Glieder sind aber zugleich nicht Teile, wie noch bei der Pflanze. Das Animalische erhält sich in seinem Anderssein, aber dieses ist ein wirklicher Unterschied; und zugleich ist das System dieser seiner Glieder ideell gesetzt. So erst ist das Lebendige Subjekt, Seele, das Ätherische, der wesentliche Prozeß der Gliederung und Ausbreitung, aber so, daß dieses Gestalten unmittelbar zeitlich gesetzt, der Unterschied ewig zurückgenommen wird. Das Feuer entläßt sich zu Gliedern, es wird immer ins Produkt übergegangen, und dieses wird immer zur Einheit der Subjektivität zurückgeführt, indem die Selbständigkeit jener[1] unmit-

1 W: »indem jener Selbständigkeit«

telbar aufgezehrt wird. Das animalische Leben ist also der sich in Raum und Zeit auslegende Begriff. Jedes Glied hat die ganze Seele in sich, ist nicht selbständig, sondern nur als mit dem Ganzen verbunden. Die Empfindung, das Sich-selbst-in-sich-Finden ist das Höchste, was erst hier vorhanden ist; das ist das Einsbleiben mit sich in der Bestimmtheit, in der Bestimmtheit frei bei sich selbst zu sein. Die Pflanze findet sich nicht in sich, weil ihre Glieder selbständige Individuen gegen sie sind. Der ausgelegte Begriff des Lebens ist die animalische Natur; erst hier ist wahrhafte Lebendigkeit vorhanden. – Diese drei Formen machen das Leben aus.

A
Die geologische Natur

§ 338

Der erste Organismus, schon insofern er zunächst als unmittelbarer oder *an sich* seiender bestimmt ist, existiert nicht als *Lebendiges*; das Leben ist als Subjekt und Prozeß wesentlich sich mit sich *vermittelnde* Tätigkeit. Vom subjektiven Leben aus betrachtet, ist das erste Moment der *Besonderung*, sich zu seiner *Voraussetzung* zu machen, sich so die Weise der *Unmittelbarkeit* zu geben und in ihr seine Bedingung und sein äußeres Bestehen *gegenüber*zustellen. Die *Erinnerung* der Naturidee in sich zur subjektiven und noch mehr zur geistigen Lebendigkeit ist das *Urteil* in sich und in jene prozeßlose Unmittelbarkeit. Diese von der *subjektiven* Totalität sich vorausgesetzte, unmittelbare Totalität ist nur die *Gestalt* des Organismus, – der *Erdkörper* als das *allgemeine System* der individuellen Körper.

Zusatz. Im chemischen Prozeß ist die Erde schon als diese Totalität vorhanden; in die besonderen Körperlichkeiten derselben gehen die allgemeinen Elemente ein und sind teils Ursachen, teils Wirkungen des Prozesses (§ 328 Zus. S. 295 f.). Diese Bewegung ist aber nur abstrakt, weil die Körperlichkeiten nur besondere sind. Die Erde ist nun zwar Totalität; weil sie aber nur an sich der Prozeß dieser Körper ist, so fällt der Prozeß außerhalb seines Produktes, das perenniert. Es kann dem Inhalt nach keine Bestimmung fehlen, die zum Leben gehört; aber da sie in der Weise des Außereinander sind, so fehlt die unendliche Form der Subjektivität. So vom Leben als sein Boden vorausgesetzt, ist die Erde gesetzt als nicht gesetzt, denn das Setzen wird durch die Unmittelbarkeit verdeckt. Das Andere ist dann, daß diese Voraussetzung sich selbst auflöst.

§ 339

Die Glieder dieses nur an sich seienden Organismus enthalten daher nicht den Lebensprozeß in sich selbst und machen ein äußerliches *System* aus, dessen Gebilde die Entfaltung einer zum Grunde liegenden Idee darstellen, dessen *Bildungsprozeß* aber ein *vergangener* ist. – Die Mächte dieses Prozesses, welche die Natur jenseits der Erde als Selbständigkeiten zurückläßt, sind der Zusammenhang und die Stellung der Erde im Sonnensystem, ihr solarisches, lunarisches und kometarisches Leben, die Neigung ihrer Achse auf die Bahn und die magnetische Achse. Zu diesen Achsen und deren Polarisation steht in näherer Beziehung die Verteilung des Meers und des Landes, dessen zusammenhängende Ausbreitung im Norden, die Teilung und zugespitzte Verengerung der Teile gegen Süden, die weitere Absonderung in eine alte und in eine neue Welt und die fernere Verteilung von jener in die durch ihren physikalischen, organischen und anthropologischen Charakter untereinander und gegen die neue Welt verschiedenen Weltteile, an welche sich ein noch jüngerer und unreifer anschließt; – die Gebirgszüge usf.

Zusatz. a) Während die Mächte dieses Prozesses als selbständig gegen ihr Produkt erscheinen, hat das Tier, als Prozeß in ihm selbst, seine Mächte in sich selbst; seine Glieder sind die Potenzen seines Prozesses. Die Erde ist dagegen nur dies, daß sie diesen Ort im Sonnensystem hat, diese Stelle in der Reihe der Planeten einnimmt. Weil aber beim Tierischen jedes Glied das Ganze in sich hat, so ist in der Seele das Außereinander des Raumes aufgehoben; sie ist allenthalben in ihrem Körper. Sprechen wir so, so setzen wir jedoch wieder ein räumliches Verhältnis, das aber nicht das wahrhafte für die Seele ist; sie ist zwar allenthalben, aber unzertrennt, nicht als ein Außereinander. Die Glieder des geologischen Organismus sind aber in der Tat außereinander und daher seelenlos. Die Erde ist unter allen Planeten der vortrefflichste, der mittlere, das Individuelle; diese ihre Existenz verdankt sie nur jenem fortdauernden Zusammenhange; fehlte eines der Momente, so hörte die Erde auf, zu sein, was sie ist. Die Erde erscheint als das tote Produkt; sie wird aber durch alle diese Bedingungen erhalten, die *eine* Kette, *ein* Ganzes ausmachen. Weil die Erde das allgemeine Individuum ist, so treten solche Momente wie Magnetismus, Elektrizität und Chemismus im meteorologischen Prozeß für sich frei heraus; das Tier ist dagegen kein Magnetismus mehr, und die Elektrizität ist etwas Untergeordnetes daran.

b) Der Bildungsprozeß ist dann nicht an der Erde selbst, eben weil sie kein lebendiges Subjekt ist. Die Erde entsteht also nicht durch diesen Prozeß wie das Lebendige; sie dauert, sie produziert sich nicht. Die Glieder der Erde beharren deswegen auch, und dies ist kein Vorzug; das Lebendige hat dagegen den Vorzug, zu entstehen und zu vergehen. Das Lebendige ist, als Einzelnes, Erscheinung der Gattung, aber auch in einem Konflikt mit der Gattung, welcher sich durch den Untergang des Einzelnen darstellt. Der Prozeß der Erde, insofern sie für sich als allgemeines Individuum ist, ist als solcher nur eine innere Notwendigkeit, da er nur an sich ist, nicht in den Gliedern des Organismus existiert, statt daß [wie] im Tier jedes Glied Produkt und produzierend ist. Insofern der Prozeß an dem Individuum der Erde *betrachtet* werden soll, so ist er als vergangener *anzusehen*, der seine Momente jenseits der Erde als Selbständigkeiten zurückläßt. Die *Geognosie* sucht diesen Prozeß darzustellen als einen Kampf der Elemente der Differenz: des Feuers und des Wassers. Das eine System, der *Vulkanismus*, behauptete, die Erde habe ihre Gestalt, Lagerungen, Gebirgsarten usf. dem Feuer zu danken. Das andere System, der *Neptunismus*, sagte ebenso einseitig, alles sei Resultat eines Wasserprozesses. Vor vierzig Jahren, zu *Werners* Zeiten[2], hat man darüber viel hin und her gestritten. Beide Prinzipien müssen als wesentliche anerkannt werden; aber sie sind für sich einseitig und formell. Am Kristall der Erde ist das Feuer noch ebenso wirksam wie das Wasser: in den Vulkanen, Quellen, dem meteorologischen Prozesse überhaupt.

Es müssen drei Seiten am Erdprozesse unterschieden werden: α) der allgemeine, absolute Prozeß ist der Prozeß der Idee, der an und für sich seiende Prozeß, durch welchen die Erde geschaffen und erhalten ist. Die Schöpfung ist aber ewig, sie ist nicht einmal gewesen, sondern sie bringt sich ewig hervor, da die unendliche Schöpferkraft der Idee perennierende Tätigkeit ist. In der Natur

---

2 Abraham Gottlob Werner, 1749–1817, Mineraloge und Geologe, trat als entschiedener »Neptunist« hervor; *Neue Theorie über die Entstehung der Gänge*, Freiberg 1791.

sehen wir also das Allgemeine nicht entstehen; d. i. das Allgemeine der Natur hat keine Geschichte. Wissenschaft, Verfassung usw. haben dagegen eine Geschichte, denn sie sind das Allgemeine im Geiste. β) An der Erde existiert der Prozeß auch, aber nur auf eine allgemeine Weise, indem sie sich nicht als Subjekt hervorbringt. Er ist ihre Belebung und Befruchtung überhaupt, d. h. die Möglichkeit, die das lebendige Subjekt sich aus diesem Belebten herausnimmt. Daß die Erde sich so zum belebten Grund und Boden des Lebendigen macht, ist der meteorologische Prozeß. γ) Die Erde muß allerdings als Entstandenes und Vergehendes *betrachtet werden*, wie es denn in der Schrift heißt: »Himmel und Erde werden vergehen.«[3] Die Erde und die ganze Natur ist als Produkt zu *betrachten*; *das ist nach dem Begriffe notwendig*. Das Zweite ist dann, daß man diese Bestimmung auch auf *empirische* Weise *aufweist* an der Beschaffenheit der Erde; das ist vornehmlich der Gegenstand der Geognosie. Daß die Erde eine *Geschichte* gehabt hat, d. h. daß ihre Beschaffenheit ein Resultat von sukzessiven Veränderungen ist, zeigt diese Beschaffenheit unmittelbar selbst. Sie weist auf eine Reihe ungeheurer Revolutionen hin, die einer fernen Vergangenheit angehören und wohl *auch* einen kosmischen Zusammenhang haben, indem die Stellung der Erde in Rücksicht auf den Winkel, den die Achse mit ihrer Bahn macht, konnte *verändert* worden sein. An der Oberfläche zeigt sich die Erde, eine vergangene Vegetation und Tierwelt an sich zu tragen, die darin begraben liegt: 1. in großer Tiefe, 2. in ungeheuren Lagerungen, 3. in Gegenden, wo diese Tier- und Pflanzengattungen nicht fortkommen.

Dieser Zustand der Erde ist, besonders nach *Ebels* Beschreibung (*Über den Bau der Erde*, Bd. II, S. 188 ff.)[4], etwa folgender: Schon in Flözgebirgen findet man versteinertes Holz, ja ganze Bäume, Abdrücke von Pflanzen usw., aber noch mehr im aufgeschwemmten Lande. Ungeheure Wälder liegen niedergestürzt, von den oberen Schuttlagern 40–100, ja bisweilen 600–900 Fuß bedeckt. Viele dieser Wälder sind in ihrem vegetabilischen Zustand, mit Rinde, Wurzeln, Ästen, unverwest und unzerstört, mit Harz erfüllt und brennen vortrefflich, andere in Kieselagat versteint. Die meisten dieser Holzarten lassen sich noch erkennen, z. B. Palmbäume, unter anderen ein fossiler Wald von Palmbaumstämmen im Neckartal, nicht weit von Cannstadt usw. In Holland, im Bremischen

3 Matth. 24, 35

4 Johann Gottfried Ebel, *Über den Bau der Erde in dem Alpengebirge nebst einigen Betrachtungen über die Gebirge und den Bau der Erde überhaupt*, 2 Bde., Zürich 1808

findet man gewöhnlich die Bäume der dortigen Wälder unzerbrochen mit ihren Wurzelstöcken fest vereint niedergestreckt, anderwärts die Stämme glatt abgebrochen und, von ihren Wurzelstöcken getrennt, bei ihnen, die noch fest im Boden stecken, liegend. Alle ihre Kopfenden liegen in Ostfriesland, Holland und im Bremischen nach Südost oder Nordost. Diese Wälder sind hier gewachsen, während man fossile Eichbäume (mit Palmbäumen darüber) an den Ufern des Arno in der Toscana findet, die mit vielen versteinerten Meermuscheln und ungeheuren Knochen durcheinandergeworfen liegen. Diese ungeheuren Wälder finden sich in allen aufgeschwemmten Ländern Europas, Nord- und Südamerikas und des nördlichen Asiens. Rücksichtlich der Tierwelt nehmen Meermuscheln, Schnecken und Zoophyten in betreff der Menge den ersten Platz ein, überall in Europa, wo Flözgebirge sind, daher in unzähligen Gegenden dieses Weltteils; ebenso in Asien, Anatolien, Syrien, Sibirien, Bengalen, China usw., in Ägypten, am Senegal, am Vorgebirge der guten Hoffnung, in Amerika; sowohl in den größeren Tiefen, in den ersten auf dem Urfels lagernden Flözen, als in den größten Höhen, z. B. auf dem Mont Perdu, dem höchsten Teil der Pyrenäen, 10 968 Fuß hoch (*Voltaire* erklärt dies so, daß Reisende Fische, Austern und dergleichen als Lebensmittel mit hinaufgenommen haben), auf der Jungfrau, der höchsten Kuppe der Kalkalpen, 13 872 Fuß hoch, auf den Anden in Südamerika 12 000 – 13 242 Fuß über dem Meer. Solche Überreste sind nicht ausgestreut durch die ganze Masse des Gebirges, sondern nur in einzelnen Schichten, häufig familienweise in größter Ordnung vorhanden und so wohl erhalten wie bei einer ruhigen Ansiedlung. In den allerältesten Flözgebilden, die unmittelbar auf den Urfels abgesetzt sind, zeigen sich im ganzen sehr wenige Meertiergehäuse und nur von gewissen Gattungen. Ihre Menge und Mannigfaltigkeit aber nimmt in den späteren Flözgebirgen zu, und da erscheinen auch, obwohl sehr selten, fossile Fische; fossile Pflanzen hingegen kommen erst in den jüngeren und Gebeine von Amphibien, Säugetieren und Vögeln nur in den allerjüngsten Flözgebirgen vor. Am merkwürdigsten sind die Knochen von vierfüßigen Tieren, Elefanten, Tigern, Löwen, Bären, und zwar in nicht mehr existierenden Arten. Alle diese Riesentiere liegen nur flach, unter Sand, Mergel oder Lehm, in Deutschland, Ungarn, Polen, Rußland, besonders im asiatischen Rußland, wo ein bedeutender Handel mit den ausgegrabenen Stoßzähnen getrieben wird. *Humboldt* fand Mammutsknochen in dem Tal von Mexiko, dann von Quito und Peru, stets in Höhen von 7086 – 8934 Fuß über dem Meere, das Skelett eines Riesentiers, 12 Fuß lang und 6 Fuß hoch, im La-Plata-Strom. – Aber nicht nur diese Reste der organischen Welt, ebenso der geognostische Bau der Erde, überhaupt die ganze Formation des aufgeschwemmten Landes zeigt den Charakter von gewaltsamer Revolution und äußerlicher Entstehung. Es gibt ganze Gebilde in den Gebirgszügen, selbst Formationen, die feste Berge, Züge von Bergen bilden, die ganz aus Geschieben, Trümmerstücken, zusammengesetzt und zusammengebacken sind. Die Nagelfluhe in der Schweiz ist eine Felsart, die aus gerollten Steinen, durch Sand- und Kalkstein wieder zusammengekittet, besteht. Die Schichtungen der Nagelfluhelager sind sehr regelmäßig: eine Schicht z. B. besteht aus fast lauter 1/2 Fuß großen Steinen, die nächst folgende aus kleineren und die dritte aus noch kleineren, auf welche nun wieder ein Lager mit größerem Geschiebe folgt. Die Bestandteile sind Trümmerstücke der mannigfaltigsten Art: der Granite, Gneise, Porphyre, Mandelsteine, Serpentine, Kieselschiefer, Hornsteine, Feuersteine, der salinischen und dichten Kalksteine, ton- und eisenschüssigen Steine, Alpensandsteine. In einer Nagelfluhe kommt mehr von einer, in einer anderen mehr von einer anderen Art vor. Eine solche Nagelfluhe bildet eine Gebirgskette, die 1 bis 3 1/2 Stunden Breite hält; sie steigt bis zu einer Höhe von 5000–6000 Fuß über dem Meer (der Rigi ist 5723 Fuß hoch), also über die Höhe des Baumwuchses in der Schweiz. Mit Ausnahme der Alpen und Pyrenäen übertreffen sie an Höhe alle übrigen Gebirge Frankreichs und Englands; und auch die höchste Kuppe des Riesengebirges in Schlesien ist nur 4949, der Brocken nur 3528 Fuß hoch. – Endlich tragen alle Urgebirgsganze, Granitzüge und Felsen die gräßlichen Spuren einer furchtbaren Zerreißung und Zerstörung an sich, sind von unzähligen stufenweise übereinanderliegenden Längen- und Quertälern und Klüften durchschnitten usw.

Dies dem Geschichtlichen Angehörige muß als Faktum aufgenommen werden; es gehört nicht der Philosophie an. Soll dies nun erklärt werden, so müssen wir uns über die Weise verständigen, wie dies behandelt und betrachtet werden muß. Die Geschichte ist früher in die Erde gefallen, jetzt aber ist sie zur Ruhe gekommen: ein Leben, das, in sich selbst gärend, die Zeit an ihm selbst hatte; der Erdgeist, der noch nicht zur Entgegensetzung gekommen, – die Bewegung und Träume eines Schlafenden, bis er erwacht und im Menschen sein Bewußtsein erhalten [hat] und sich also als ruhige Gestaltung gegenübergetreten [ist]. Was die empirische Seite dieses vergangenen Zustandes betrifft, so schließt man so, daß das Hauptinteresse in der geognostischen Wissenschaft auf die Zeitbestimmung geht, welche Lage der Gebirge die älteste sei usw. Den geologischen Organismus fassen heißt gewöhnlich, die Aufeinanderfolge dieser verschiedenen Formationen zur Hauptsache machen; das ist aber nur ein äußerliches Erklären. Zuerst, sagt man, seien die granitischen Urgebirge, die untersten Lagen, nacheinander in der Zeit entstanden, dann regenerierter, aufgelöster Granit, der sich wieder niedergeschlagen. Die höheren Lagerungen, z. B. die Flözgebirge, sollen sich später in der Zeit niedergeschlagen haben, in die Spalten sei der Brei hineingelaufen usf. Dies bloße Geschehen, das nur ein Unterschied der Zeit ist, das Nacheinander der Lagerungen macht durchaus nichts begreiflich oder vielmehr läßt die Notwendigkeit, das Begreifen ganz. Auflösung in Wasser oder Feuer sind ganz einzelne Seiten, welche die organische Gärung nicht ausdrücken, ebensowenig als wenn wir sie als Oxydations- und Desoxydationsprozeß begreifen oder sie ganz oberflächlich auf den Gegensatz der Kohlenstoff- und Stickstoffreihe zurückführen. Die ganze Erklärungsweise ist nichts als eine Verwandlung des Nebeneinander in Nacheinander, wie wenn ich ein Haus mit Parterre, erster, zweiter Etage und Dach sehe und nun mit großer Weisheit reflektiere und schließe: »Also ist das Parterre erst gebaut und dann erst die erste Etage« usw. Warum ist der Kalkstein später? Weil hier ein Kalkstein auf Sandstein liegt. Das ist eine leichte Einsicht. Jene Verwandlung hat eigentlich kein vernünftiges Interesse. Der Prozeß hat keinen anderen Inhalt als das Produkt. Es ist eine gleichgültige Neugierde, das auch in Form der Sukzession sehen zu wollen, was im Nebeneinander ist. Über die weiten Zwischenräume solcher Revolutionen, über die höheren Revolutionen durch Veränderung der Erdachse, ferner über die Meeresrevolutionen kann man interessante Gedanken haben. Aber es sind auf dem geschichtlichen Felde Hypothesen, und dieser Gesichtspunkt der bloßen Aufeinanderfolge geht die philosophische Betrachtung gar nichts an.

Aber in dieser Folge liegt etwas Tieferes. Der Sinn und Geist des Prozesses ist der innere Zusammenhang, die notwendige Beziehung dieser Gebilde, wozu das Nacheinander gar nichts tut. Das allgemeine Gesetz dieser Folge von Formationen ist zu erkennen, ohne daß man dazu der Form der Geschichte bedürfte; das ist das Wesentliche, – dies das Vernünftige, für den Begriff allein Interessante: die Züge des Begriffs darin zu erkennen. Es ist *Werners* großes Verdienst, auf diese Folge aufmerksam gemacht und sie im ganzen mit richtigem Auge eingesehen zu haben. Der innere Zusammenhang existiert in der Gegenwart als ein Nebeneinander, und er muß abhängen von der Beschaffenheit, vom Inhalt dieser Gebilde selbst. Die Geschichte der Erde ist also einerseits empirisch, andererseits ein Schließen aus empirischen Daten. Zu bestimmen, wie es vor Millionen Jahren gewesen ist (und da kann man mit Jahren freigebig sein), ist nicht das Interessante; sondern das Interessante beschränkt sich auf das, was da ist, – auf dieses

System der unterschiedenen Gebilde. Es ist eine sehr weitläufige empirische Wissenschaft. Alles kann man nicht begreifen in diesem Leichnam, denn die Zufälligkeit hat ihr Spiel dabei. Ebensowenig ist es das Interesse der Philosophie, das vernünftige System der Gesetzgebung in seinem trüben Zustande als Chaos kennenzulernen oder in welcher Zeitfolge und bei welchen äußerlichen Veranlassungen es zur Erscheinung gekommen ist.

Die Produktion des Lebendigen stellt man überhaupt als eine Revolution aus dem Chaos dar, wo das vegetabilische und animalische Leben, das Organische und Unorganische in *einer* Einheit gewesen seien. Oder man stellte sich vor, als ob ein Generell-Lebendiges existiert habe und als wenn dies zerfallen sei in die vielen Arten der Pflanzen, Tiere, in die Rassen der Menschen. Es ist aber kein in der Zeit erscheinendes sinnliches Zerfallen noch ein so zeitlich existierender General-Mensch anzunehmen. Das ist eine Vorstellung der leeren Einbildungskraft, solche Ungeheuer anzunehmen. Das Natürliche, Lebendige ist nicht gemengt, kein Vermischen aller Formen wie in Arabesken. Die Natur hat wesentlich *Verstand.* Die Gebilde der Natur sind bestimmt, beschränkt und treten als solche in die Existenz. *Wenn* also auch die Erde in einem Zustande war, wo sie kein Lebendiges hatte, nur den chemischen Prozeß usw., so ist doch, sobald der Blitz des Lebendigen in die Materie einschlägt, sogleich ein bestimmtes, vollständiges Gebilde da, wie Minerva aus Jupiters Haupte bewaffnet springt. Die Mosaische Schöpfungsgeschichte macht es insofern noch am besten, als sie ganz naiv sagt: Heute entstanden die Pflanzen, heute die Tiere und heute der Mensch. Der Mensch hat sich nicht aus dem Tiere herausgebildet, noch das Tier aus der Pflanze; jedes ist auf einmal ganz, was es ist. An solchem Individuum sind auch Evolutionen; als erst geboren, ist es noch nicht vollständig, aber schon die reale Möglichkeit von allem dem, was es werden soll. Das Lebendige ist der Punkt, diese Seele, Subjektivität, unendliche Form, und so unmittelbar an und für sich bestimmt. Auch schon im Kristall als Punkt ist sogleich die ganze Gestalt, die Totalität der Form da; daß er wachsen kann, ist nur quantitative Veränderung. Beim Lebendigen ist dies noch mehr der Fall.

c) Die besonderen Formationen der Erde gehören der *physischen Geographie* an. Das Selbst der Erde ist, als die Verschiedenheit der Gestaltung, eine ruhige Auslegung und Selbständigkeit aller Teile. Es ist das feste Gebäude der Erde, welches sein Leben noch nicht als Seele, sondern als allgemeines Leben hat. Es ist die unorganische Erde, die als unbegeistete Gestalt ihre Glieder auslegt wie einen starren Körper. Ihre Abscheidung in Wasser und Land, die sich erst im Subjektiven vereinen und durchdringen, in festes Land und Inseln und die Figuration und Kristallisation derselben in Täler und Gebirge gehört der reinen mechanischen Gestaltung. Es läßt sich hierbei wohl sagen, daß die Erde an einem Orte kontrahierter, am anderen expandierter sei; aber damit ist nichts gesagt. Die Konzentration im Norden bedingt Gemeinschaftlichkeit der Produkte, der Vegetabilien, der Tiere. In den Spitzen partikularisieren und individualisieren sich die Tiergebilde in verschiedene Gattungen und Arten, die jedem Weltteile eigentümlich sind. Dies erscheint zunächst als zufällig; aber die Tätigkeit des Begriffs ist, das als notwendig bestimmt zu fassen, was dem sinnlichen Bewußtsein als zufällig erscheint. Die Zufälligkeit hat wohl auch ihre Sphäre, aber nur im Unwesentlichen. Auch kann der Zug der Länder und Gebirge auf magnetische Achsen zurückgeführt werden von Nordwesten nach Südosten. Aber der Magnetismus ist überhaupt, als lineare Richtung, ein ganz formales Moment, dessen Kraft gerade schon in der Kugel und noch mehr im Subjekte unterdrückt ist. Die ganze Gestaltung zu begreifen, müßte die feste Lagerung, und nicht sowohl in Vergleichung mit dem Meere als mit dessen Strömungen, zusammengenommen werden, – dem Ausdrucke der freien Bewegung der Erde an ihr selbst. Im allgemeinen geht die der Kugel entgegen zur Bestimmung strebende Gestaltung auf das Pyramidalische, innerhalb jener also einen Grund bildend, eine Breite, die sich nach der anderen Seite zuspitzt, und daher kommt das Zerfallen des Landes nach Süden. Aber die unruhige, umdrehende Strömung höhlt diese Figur allenthalben in der Richtung von Westen nach Osten zu ein, treibt und drückt dies Feste gleichsam nach Osten und schwellt die Figur an nach der östlichen Seite wie einen gespannten Bogen, so daß sie westlich bauchig und eingerundet ist. Überhaupt ist aber das Land in zwei Teile zerrissen, die alte und die neue Welt. Jene ist wie ein Hufeisen gelagert, diese lang von Norden nach Süden gestreckt und nicht nur neu durch den Zufall der späteren Entdeckung, d. i. des Hereinziehens in das allgemeine Völkersystem (obgleich sie eben damit auch neuer ist, da ihre Existenz nur wirklich ist in diesem Zusammenhange), sondern alles ist an ihr neu: die Menschenbildung ist ohne die großen Bewaffnungen der Kultur gegeneinander, ohne Pferd und Eisen. Kein alter Weltteil ist von dem anderen bezwungen worden, dieser aber nur eine Beute Europas; die Tierwelt ist schwächer, dagegen eine ungeheure Vegetation darin vorhanden. In der alten Welt gehen die Gebirgszüge im ganzen von Westen nach Osten oder auch von Südwesten nach Nordosten, in Amerika hingegen, der Widerlage der alten Welt, von Süden nach Norden; die Ströme aber fließen, besonders in Südamerika, nach Osten. Überhaupt stellt die neue Welt die unausgebildete Entzweiung dar, einen nördlichen und einen südlichen Teil in der Weise des Magneten, die alte aber die vollkommene Entzweiung in drei Teile, deren einer, Afrika, das gediegene Metall, das Lunarische, starr vor Hitze ist, wo der Mensch in sich selbst verdumpft, – der nicht ins Bewußtsein tretende stumme Geist; der andere, Asien, ist die bacchantisch kometarische Ausschweifung, die wild nur aus sich ausgebärende Mitte, die formlose Erzeugung, ohne daß er über seine Mitte Meister werden könnte; der dritte aber, Europa, bildet das Bewußtsein, den vernünftigen Teil der Erde, das Gleichgewicht von Strömen und Tälern und Gebirgen, dessen Mitte Deutschland ist. Die Weltteile sind also nicht zufällig, der Bequemlichkeit wegen geteilt, sondern das sind wesentliche Unterschiede.

§ 340

Die physikalische Organisierung beginnt als unmittelbar nicht mit der einfachen, eingehüllten Form des Keimes, sondern mit einem Ausgang, der in einen gedoppelten zerfallen ist, in das konkrete *granitische* Prinzip, den die Dreiheit der Momente in sich schon entwickelt darstellenden Gebirgskern, und in das *Kalkige,* den zur *Neutralität* reduzierten Unterschied. Die Herausbildung der Momente des *ersteren* Prinzips zu Gestaltungen hat einen Stufengang, in welchem die weiteren Gebilde *teils* Übergänge sind, in denen das granitische Prinzip die Grundlage, nur als in sich ungleiche und unförmliche, bleibt; *teils* ein Auseinandertreten seiner Momente in bestimmtere Differenz und in abstraktere mineralische Momente, die Metalle und die oryktognostischen Gegenstände überhaupt, bis die Entwicklung sich in mechanischen Lagerungen und immanenter Gestaltung entbehrenden Aufschwemmungen verliert. Hiermit geht die Fortbildung des *anderen,* des neutralen Prinzips *teils* als schwächere Umbildung zur Seite, *teils* greifen dann beide Prinzipien in konkreszierenden Bildungen bis zur äußeren Vermischung ineinander ein.

Zusatz. In der Mineralogie unterschied man, nach Werner[5], *Gebirgsarten* und *Gangarten*: die *Geologie* behandelte das erste, die

5 siehe Fn. 2, S. 344

Oryktognosie das zweite. In gelehrten Mineralogien darf man sie nicht mehr nennen; nur die Bergleute halten diesen Unterschied noch fest. Die Gebirgsarten begreifen die konkrete Masse, und die Geologie betrachtet die weitere Formation einer Grundform von Gebirgsarten und ihre Modifikationen, worin sie konkrete Gebilde bleiben. Daraus bildet sich das Abstraktere heraus; und das ist das Andere, die Gangarten, die sich auch zu Bergen machen, wie sich überhaupt beides nicht genau abscheiden läßt. Solche abstrakte Gebilde sind Kristalle, Erze, Metalle, wo es zur Differenz gekommen ist. Sie haben sich dazu gemacht, Neutralitäten zu sein und konkrete Gestalten bilden zu können; denn in solchen Abstrakten wird eben die Gestalt frei. Die Gangarten sind Bergzüge von irgendeinem bestimmten Gemenge, einer Stein- und Erdart, woraus sie bestehen; sie haben einen bestimmten Strich oder Fall, d. h. einen Winkel mit dem Horizont. Diese Schichten werden nun unter verschiedenen Winkeln von den Gängen durchschnitten, und sie sind es, die für den Bergbau wichtig sind. Werner stellte sich diese Gänge als Spalten vor, die von einem ganz anderen Mineral ausgefüllt sind, als woraus der Berg besteht.

Die physische Bildung der Erde ist so beschaffen, daß ihre Oberfläche in organische Mittelpunkte ausbricht, in Punkte der Totalität, welche das Ganze in sich vereinigen und von da aus es zerfallen lassen und einzeln herausgeboren es darstellen. Jene Kontraktion, sich aufschließend, geht in das Auseinanderwerfen der Momente über. Diese Mittelpunkte sind eine Art von *Kernen*, welche in ihren *Schalen* und Rinden das Ganze darstellen und durch sie hindurch sich in den allgemeinen Boden, als ihr Element, verlaufen.

Der Kern und die Wurzel dieser Bildungen ist nicht ein einfaches Selbst, sondern die entwickelte Totalität der Bildung, welche die Momente schon auseinandergeschieden in sich enthält, – die Existenz der organischen Einheit, wie sie an dieser allgemeinen Individualität sein kann. Dieser Kern ist der *Granit*, der so gemengt, so hart, so fest ist, daß die einzelnen Teile nicht leicht rein heraus-erhalten werden. Es ist überall ein Beginn von *Kristallisation*. Der Granit ist am ganzen das Innerste, Mittlere, die Grundlage, an deren Zügen zu beiden Seiten sich erst die anderen anlegen. Er hat drei Bestandteile, obgleich er das Ursprüngliche ist; diese drei machen aber eine ganz harte Masse aus. Der Granit besteht bekanntlich α) aus *Kiesel, Quarz*, der absoluten Erde, der spröden Punktualität, β) dem *Glimmer*, der Fläche, welche sich zum Gegensatze entwickelt, der sich aufschließenden Punktualität, dem Momente der Brennbarkeit, das den Keim aller Abstraktionen enthält, endlich γ) dem *Feldspat*, der angedeuteten, noch unentwickelten Neutralität und Kristallisation des Kalks im Kieselgeschlecht, da zwei bis drei Prozent Kali darin gefunden wird. Es ist die einfache, irdische Dreieinigkeit, welche sich nun *nach ihren verschiedenen Seiten* entwickelt, und zwar bestimmter in den zwei Richtungen des Prozesses: das eine Mal, daß dieses Ganze die Unterschiede als seine Form an ihm hat und dasselbe, nur verschieden modifiziert, dem Inhalte nach bleibt, – das andere Mal, daß die Unterschiede die Substanz durchdringen und zu einfachen Abstraktionen werden; jenes die Gestaltung, wie sie hier erscheint, dies der Unterschied, der aber alle Bedeutung des Chemischen verloren und eben die Gestaltung der einfachen physikalischen Körper ist.

Näher haben wir: a) die äußerliche Formierung des Urgebirges; b) die Vertilgung der daseienden Momente der Totalität und die reine Ausscheidung derselben als Abstraktion, – das Flözgebirge; woran sich c) das Zerfallen in gleichgültiges Dasein schließt, – aufgeschwemmtes Land.

a) Im *Urgebirge,* wie durch alle weiteren Formationen hindurch, zeigen sich gleich die Gegensätze α) des *Kieseligen* und β) des *Tonigen* und was sich hieran anschließt, und γ) des *Kalkigen.* Dem Granit gegenüber steht der Urkalk; so machen die *Kieselreihe* und die *Kalkreihe* einen wesentlichen Gegensatz. *Steffens*[6] hat in früheren Schriften darauf aufmerksam gemacht, und es ist einer seiner besten Blicke unter sonst rohen und unausgebildeten Äußerungen einer wilden, begrifflosen Phantasie. Im Urgebirge ist der verschiedene Charakter beider Seiten ausgezeichnet und ein Bestimmendes. Die Kalkseite ist die totale Neutralität, und die Modifikationen derselben betreffen mehr die äußere Gestaltung als die innerlich sich spezifizierende Verschiedenheit. Bei der Kieselformation, wo der Granit zum Grunde liegt, ist dagegen mehr bestimmter Unterschied vorhanden.

α) Die Granitgebirge, die den Anfang machen, sind die höchsten; die anderen lehnen sich so an den Granit an, daß immer die höchsten die untersten sind und die anderen wieder an sie angelehnt sind. Die nächsten Gebirgsglieder sind Modifikationen des Granits, als weitere Herausbildungen einer Seite desselben, wo bald die eine, bald die andere das Übergewicht hat. Die Granitgebirge haben *Gneis, Sienit, Glimmerschiefer* usw. um sich her gelagert, lauter leichte Abänderungen desselben. »Eine Felsart«, sagt *Ebel*[7], »geht durch allmähliche Abänderung der Gemengteile in die Felsart einer anderen Tafel über. Auf diese Art geht der derbe Granit in adrigen Granit und Gneis, der härteste Gneis durch eine Reihe

6 siehe Fn. 10, S. 132
7 siehe Fn. 4, S. 345

von Verhältnissen der Gemengteile bis in den weichsten Glimmerschiefer, der Glimmerschiefer in *Urtonschiefer* über« usw. Letztere liegen einander ganz nah, so daß der Übergang leicht einzusehen ist. – In dem Studium der Geologie ist so zuerst auf die allgemeinen Massen und den Begriff der Momente zu sehen, statt daß ein gedankenloses Aufzählen, wo ein kleiner Unterschied sich vorfindet, gleich eine neue Gattung oder Art daraus macht. Das Wichtigste ist, der Natur, den Übergängen[8] der Lagerungen nachzugehen. Die Natur bindet sich nur im allgemeinen an diese Ordnung und bringt sie in mannigfaltiger Abwechslung hervor, worin ihre Grundzüge jedoch bleiben. Alsdann aber, indem sie sie als Teile im gleichgültigen Nebeneinander lagert, deutet sie die Notwendigkeit durch Übergehen des Verschiedenen ineinander an; aber nicht nur durch bloße Allmählichkeit des Abnehmens, sondern eben dem Begriffe nach unterschieden tritt für die bloße Anschauung die Verschiedenheit der Art hervor. Die Natur bezeichnet diese Übergänge als Vermischung des Qualitativen und Quantitativen oder zeigt, daß der Art nach beides voneinander verschieden sei. Es fangen in dem einen Gesteine an, sich Kugeln, Nester, Mittelpunkte des anderen zu bilden, die zum Teil eingemengt, zum Teil auch äußerlich abgeschnitten in jenem sich bilden. *Heim*[9] hat, mit wahrhaft philosophischer Ansicht, dieses Übergehen vorzüglich aufgezeigt, das Ausbrechen des einen im anderen. Der Sienit ist der Nebenbuhler des Granit, indem statt Glimmer nur *Hornblende*, ein Tonigeres als Glimmer, aber ihm ähnlich, darin enthalten ist. – Vom Glimmerschiefer geht es jetzt in bestimmte *Verflächung*; der Quarz verschwindet bis zur Unscheinbarkeit, der Ton wird mächtiger, bis die Fläche und Ton im Tonschiefer, der *Schieferformation* überhaupt, welche die nächste Formänderung ist, ganz überwiegend wird und die eigentümliche Natur der Quarz-, Feldspat-, Glimmer- und Hornblendebildungen sich auflöst und verliert. Weiter herunter erhält das Formlose das Übergewicht, indem von da die Umbildung des Granits fortgeht; da ist dann vieles, was noch dazu gehört, aber als eine Verkümmerung der Bestimmungen des Granits. – Glimmerschiefer wird zu *Porphyr* umgebildet, der vornehmlich aus Ton, auch anderer Masse (Hornstein) besteht, die noch mit *Feldspatkörnern*, ebenso *Quarzkörnern* durchsprengt ist. Alter Porphyr gehört noch zum Urgebirge. Schiefer wendet sich nach verschiedenen Seiten, wird härter, quarziger im *Kieselschiefer*, auf der andern Seite sandiger in dem *Grauwacken-*

8 W: »der Natur der Übergänge«. Verändert nach *Jenaer Realphilosophie* (ed. Hoffmeister, S. 112).
9 Johann Ludwig Heim, 1741–1819, Geologe

schiefer und der *Grauwacke*, so daß der Ton zurückgedrängt wird. Grauwacke, z. B. im Harz, ist eine niedrigere Reproduktion des Granit, sieht aus wie Sandstein und ist ein Gemenge von Quarz, Tonschiefer und Feldspat; noch mehr *Grünstein*, der aus Hornblende, Feldspat und Quarz besteht, wovon die Hornblende den Hauptbestandteil ausmacht. Hieran schließt sich dann die ganze weiter hinausgehende *Trappformation* an, nur daß hier alles gemengter ist. Das ist die Grenze dieser absoluten Gebirge.
So bildet es sich, wie gesagt, fort, vom Granit aus, bis zur Unscheinbarkeit seiner besonderen Bestandteile. Die Dreiheit liegt zum Grunde; diese Momente gehen aber auseinander, und das eine oder das andere tritt heraus. Der *Basalt* ist der Mittelpunkt, wo sich die Elemente wieder vollkommen durchdringen: er enthält 40 Teile Kiesel, 16 Ton, 9 Kali, 2 Talk, 2 Natron; das Übrige ist Braunsteinoxyd und Wasser. Die Behauptung seines vulkanischen Ursprungs hat diese Wahrheit, daß er dem Feuerprinzip angehört, aber sowenig durch Feuer als durch Wasser entstanden ist. Es zeigt sich in ihm eine innere Ungestalt, noch mehr im *Mandelstein*, *Olivin*, *Augit* usw., die abstrakte, in sich zur gänzlichen Partikularisation gekommene Gebilde sind. Von da aus ergibt sich nur eine formelle Vermischung oder formelle Ausscheidung jener Elemente. Nach diesem Prinzipe müssen die weiteren Einzelheiten gestellt werden: 1. der eine Weg der Fortbildung ist nur Modifikation des Granits, wo noch immer Spuren von der Grundlage dieser Dreiheit vorhanden sind: im Gneis, Glimmerschiefer, Porphyr, bis weit hinab zu Grünstein, Grauwacke, Basalt, Mandelstein, bis zu gemeinem Sandigen. 2. Der andere Weg ist das Auseinandertreten des Konkreten in abstrakte Formen. Hier tritt der Gegensatz der Kieselreihe und Kalkreihe besonders hervor: αα) in Gebirgszügen, ββ) innerhalb dieser in den vormals so genannten Gangarten.
β) Hatten wir bisher vornehmlich nur die Kieselformation dargestellt, so geht auf der andern Seite das Ganze in die *Talkform* der salzigen Erde, das zur Bitterkeit aufgeschlossene Brennliche, *Serpentin* und dergleichen, über, das unregelmäßig hier und da hervorkommt.
γ) Dieser brennlichen Form steht dann das Kalkige überhaupt gegenüber, das Neutrale, das aber, durchdrungen von der Metallität, die qualitative Einheit an ihm hat und daher ganz von organischer Bildung durchdrungen ist. Der *Urkalk* ist schon mit dem Granit vergesellschaftet und ebenso gediegen wie das granitische Geschlecht. So ziehen sich um die Urgebirge Kalkgebirgszüge herum; dieser Urkalkstein ist kleinkörnig, kristallinisch. Der dem Granit gegenüberstehende Urkalk geht, in dem *Übergangskalk*, einer mehr aufgeschlossenen Weise des Kalks zu. Man findet

auch Formationen, wo Granit und Kalk sehr ineinandergehäuft sind; so durchdringt Urkalkstein z. B. den Glimmer. »Urkalk ist Begleiter von Schiefergebirgen, mit denen er sich mengt, mit ihnen in dünnen Lagen, in Schichten, in mächtigen Lagern wechselt, bis er zuweilen Stücke Gebirge bildet, in welchen der Schiefer fast ganz unterdrückt ist.«*

b) Diese Hauptformationen gehen in sogenannte *Flöz-* und aufgeschwemmte *Gebirge* über, wo diese Momente, ausgeschieden fast als reine Erden, die ganz aufgelöste Totalität darstellen: in den *Sandsteinlagern,* den *Ton-* und *Lettenlagerungen, Steinkohlenflözen,* Torflagern, bituminösen Schiefern, Steinsalzlagerungen; endlich Kalklagern, der sich auch in die letzten Lagen mischt, *Gipslagern* und *Mergel.* Indem das Granitische mehr zu einem unbestimmten Gemenge wird, geschieht es, daß die besonderen Teile des Unterschiedenen jetzt abstrakter hervortreten; was eine Verwischung der Unterschiede ist, wie im Trapp und der Grauwacke, die zu den Übergangs- und Flözarten gehören. Aber indem der Granit, und was ihm angehört, sich zu der Abstraktion zusammennimmt, je mehr das Gediegene, die fest an sich haltende Totalität und Gedrungenheit des Granits sich verliert und verflächt, schließen sich ebenso dagegen die sich abscheidenden Erze und ihre begleitenden Kristalle auf, besonders früh *Eisen,* die allenthalben eingesprengt durch ganze Gebirgsmassen, Lagerungen, und vorzüglich in Gängen und Flözen sich finden. Das Innere ist eröffnet zum Hervortreten abstrakter Gebilde. Diese Gangarten sind Herausbildung partikularer Elemente aus den Gebirgsarten, die ein Konkreteres sind; und indem sie zur freieren Herausbildung kommen, geben sie diese mannigfaltigen kristallinischen Gebilde und reinen Gestaltungen. Im Granit treten sie noch gar nicht oder weniger auf, nur Zinn. Erst indem das Urgebirge sich weiter aufschließt zu dem mittleren Kalk (denn im Urkalk finden sich auch keine Metalle), tritt das Metall hervor. Erst solche Gebirge, die für sich abstrakter sind oder gemengt, lassen diese Abstraktionen zum Vorschein kommen. Es eröffnen sich Höhlen, wo die Bergkristallbildungen zu ihrer eigentümlichen Gestaltung gekommen sind und sich von ihrer innigen Verbindung abgelöst haben.

Die Gänge betrachtet man als Nester und Behälter dieser Steinarten, als etwas das Gebirge nur mechanisch Durchziehendes. Das Gebirge soll einen Sprung, eine Spalte bekommen haben, durch Austrocknung, so daß der aufgelöste Brei von Metallen usf. da hineingeflossen sei, vorzüglich nach dem Neptunismus. So wird es

* [Karl Georg] v. Raumer, *Geognostische Versuche* [Berlin 1816], S. 13

höchst begreiflich gemacht, daß solche Wunden dann zuheilten. Das ist aber gedankenlos, und so mechanisch ist das Verhältnis nicht; sondern es ist in Wahrheit ein physisches, worin die Teile der Totalität, die sich vereinfachen, das entwickelte Dasein aufheben und eben daher jetzt in abstrakter Form es heraustreiben. Der Lauf der Gänge ist dem des Gebirges meist entgegengesetzt, – gleichsam Bruchflächen, aber nicht nur der Raumgestalt, sondern in physischer Bedeutung. Nach *Trebras*[10] Beobachtung fallen die Gänge in die sanften Abhänge.

Diese Gänge dürfen nicht als zufällig für die Gebirgsarten angesehen werden; denn hat der Zufall auch notwendig hier sein großes Spiel, so ist doch wesentlicher Zusammenhang beider nicht zu verkennen. Die Bergleute machen hierüber vielerlei Erfahrungen. Einer der wichtigsten Gesichtspunkte ist dabei, den Kreis von Metallen und sonstigen Gebilden zu bestimmen, die miteinander brechen. Gold z. B. findet sich stets mit Quarz, entweder allein oder mit Kupfer und Blei, mit Silber und Zink usw., nicht mit Quecksilber, Zinn, Kobalt, Molybdän, Wolfram. Silber ist geselliger, findet sich viel häufiger mit anderen Metallen, am gewöhnlichsten mit Bleiglanz und von Zinkerzen begleitet. Quecksilber findet sich mit Quarz, Kalkspat, Eisen, also auch Spateisenstein; selten ist etwas Kupfer dabei. Die Quecksilbergeschlechter finden sich meist miteinander, alle vorzüglich im Tonigen. Kupfer mit seinen verschiedenen Erzen hat wenig Begleiter. Zinn bricht nicht mit Silber, Blei, Kobalt, Kalkspat, Gips usw. Es gibt Metalle, welche in allen Gebirgsbildungen vorkommen, wie z. B. das Eisen; andere sind mehr auf Urgebirge beschränkt: Molybdän, Titan, Tantalium, Wolfram, Uran, Zinn. Molybdän und Wolfram namentlich verschwinden mit den Urformationen. Gold findet sich am häufigsten unter dem Äquator. – Andere merkwürdige Beziehungen, die auf einen höheren Zusammenhang deuten, sind das Edel- und Unedelwerden der Gänge. Die Riegelsdorfer und Saalfelder Kobaltformationen im Thüringer Wald werden erst reichhaltig, wenn die Gänge in die alte (*totliegende*) Sandsteinformation herabgesetzt haben. Zu Andreasberg im Harz, wo die Gebirgsart Schiefer und Grauwacke ist, sind die Gänge unedel, wenn sie in Kieselschieferlager herabsetzen, zu Klausthal werden sie es durch herabsetzende Lettenklüfte, im Freiberger Revier durch Porphyr. Ebenso brechen die Metalle in bestimmten Teufen. Hornerz, Weiß-Spießglas-Erz kommt nur in den oberen Teufen vor. In einem Lager von Spateisenstein, Toneisenstein und Braunspat in Tirol brechen sie im ausgehenden Kupferkies. Zu Lagor-

10 Friedrich Wilhelm Heinrich Trebra, 1740–1819, Geologe

dette im Dauphiné liegt das gediegene Gold oben und besonders, wo Eisenocker enthaltende Klüfte durchsetzen. – Gangformationen unterscheiden sich auch nach der größeren Spalte. Zu Sayn-Altenkirchen, wo der Gang schmäler wird, bricht stets Eisenglanz, wo mächtiger, Braun-, Schwarz- und Spateisenstein. »Topase kommen in einem fettigen, in Steinmark modifizierten Glimmer vor und in zerreiblichem, teils reinem, teils mit vielem Eisenocker gemengtem Steinmarke, das auch dem Glimmer seine Bildung verdankt und von Quarz und Porzellanerde begleitet wird. Sowohl an Topasen als Euklasen sind sehr deutliche Eindrücke von sehr feinen Steinmarkschüppchen zu sehen, welche die gleichzeitige Ausbildung hinreichend erweisen dürften. Ebenso ist es mit den Smaragden im Salzburgischen. Im Gneis scheidet sich der Glimmer aus und bildet bis zu mehreren Fußen mächtige Gänge. Die Smaragde finden sich selten im Gneis, sondern immer im Glimmer, niemals derb, sondern die Kristalle im Glimmer zerstreut und unordentlich eingewachsen. Auch die Smaragdkristalle haben Eindrücke von den Schuppen des Glimmers, der sie umgibt.«*

c) Das Letzte, der Übergang vom Flözgebirge in *aufgeschwemmtes Land,* ist eine Vermischung und ebenso abstrakte Lagerung von *Ton, Sand, Kalk, Mergel,* das ganz Formlose. – Das sind die allgemeinen Außenlinien des Fortgangs, denen der bestimmende Begriff zugrunde liegt. Das Urgebirge bildet sich heraus, bis wo es seine mineralische Beschaffenheit verliert, und da schließt es sich an ein Vegetabilisches an. Das Tonige, Steinkohlenformationen bilden sich unverkennbar zum *Torfe* herab, wo man das Mineralische und Vegetabilische nicht mehr unterscheidet; denn Torf entsteht auf vegetabilische Weise, gehört aber ebenso auch noch dem Mineralogischen an. Auf der andern Seite ist es die Kalkformation, die sich in ihren letzten Formationen gegen das Knochenwesen des Tieres hin bildet. Der Kalk ist zuerst körnig, Marmor, durch und durch mineralisch; aber der weiter heraustretende Kalk, wie er teils von Flözgebirgen, teils dem aufgeschwemmten Lande angehört, geht zu Gestaltungen über, von denen man nicht sagen kann, ob sie mineralisch oder animalisch (*Muscheln*) sind. Es sind noch keine Muscheln, die man als Residuen einer untergegangenen Tierwelt ansehen könnte; das ist freilich die eine Weise, wie die Versteinerungen von animalischen Gebilden in Kalkbrüchen reichlich sich finden. Auf der andern Seite aber gibt es Kalkformationen, die nicht Residuen, sondern nur Anfänge animalischer Gestaltung sind, in welche die Kalkformation sich endet. Dies ist also zwi-

* Spix und Martius' *Reise* [siehe Fn. 30, S. 186], Bd. I, S. 332

schen Kalk und eigentlichen Petrifikationen eine Zwischenstufe, die man aber nur als weitere Fortbildung des Muscheligen, eines bloß Mineralischen ansehen muß, da solche Gebilde noch nicht zur animalischen Rundung gekommen sind. Der Gegensatz der Kiesel- und Kalkreihe spielt auf diese Weise an einen höheren organischen Unterschied an, indem ihre Grenzen sich einerseits an die vegetabilische, andererseits an die animalische Natur knüpfen. Auch diese Seite hat *Steffens* geltend gemacht, aber zu weit getrieben, in der näheren Bedeutung: α) als ob diese Formationen aus einem vegetabilischen und animalischen Prozeß der Erde entsprungen seien, β) jene die Kohlenstoffreihe, diese die Stickstoffreihe sei.
Was näher die organischen Gebilde betrifft, die im geologischen Organismus anfangen, so gehören sie vorzüglich den Tonschiefern und Kalklagerungen an, teils in einzelnen Tier- und Pflanzenformen zerstreut, aber vornehmlich in ganzen ungeheuren Massen, durch und durch organisch gebildet; ebenso findet man sie in Steinkohlenflözen, worin man sehr häufig bestimmt die Baumform erkennt, so daß wohl, wenn die *Breccien* dazu gerechnet werden, soviel organisch Gebildetes vorhanden ist als anderes. Hier ist man freilich gleich fertig, eine organische Welt dagewesen sein zu lassen, die im Wasser untergegangen. Aber woher denn diese? Sie ist aus der Erde aufgestanden, nicht geschichtlich, sondern geht daraus noch immer hervor und hat ihre Substanz darin. Jene organischen Formen sind, besonders wo sie sich einzeln finden und nicht die ganze Masse konstituieren, da vorhanden, wo Lager ineinander übergehen. Die *Grenze*, wo die Momente, welche die prozeßlose Natur auseinanderfallen läßt, in eins gesetzt sind, ist vorzüglich der Sitz organischer Gebilde, der Versteinerungen und solcher Gebilde, die weder Tierform noch Pflanzenform haben, sondern, über die Kristallform hinausgehend, Spiele und Versuche in organischer Formung sind. In dem Schiefrigen und Kalkigen schließt sich besonders das Unorganische auf. Denn jenes, indem es sich aus seinem Erdigen teils zum Schwefligen herausbildet, teils aber das metallische Prinzip an ihm erhält, hebt seine feste Subjektivität auf. Seine Punktualität, durch das Bitumen aufgeschlossen, die Differentiation überhaupt an ihm habend, empfängt an der Metallität die Kontinuität eines absoluten Subjekts und Prädikats, ist unendlich und gerät ins Schwanken zwischen Organischem und Unorganischem. Ebenso hat das Kalkige, als das Neutrale, das Moment der Realität, des Bestehens an seinen Seiten, und die einfache Metallität tritt durch die Einfachheit ihrer Kontinuität als die qualitative Einheit auf, welche die Gleichgültigkeit jener Seiten tilgt, – eine Einheit, welche Seiten des Neutralen, ein Neutrales, welches Einheit hat. So stellt

das Kalkige den Übergang zum Organischen dar: den Sprung einerseits in die tote Neutralität, andererseits in die tote Abstraktion und Einfachheit aufhaltend. *Diese* organischen Formen (einzelne freilich, von denen aber hier die Rede nicht ist) sind nicht zu betrachten, als ob sie einmal wirklich gelebt hätten und dann gestorben seien, sondern sie sind totgeborene; sowenig die Knochenfasern Adern oder Nerven gewesen und dann verhärtet sind, sowenig jene Formen. Es ist die organisch-plastische Natur, welche im Elemente des unmittelbaren Seins das Organische, und also als tote Gestalt, erzeugt und durch und durch kristallisiert, wie der Künstler die menschlichen und andere Bildungen im Steine, auf der flachen Leinwand darstellt. Er schlägt nicht Menschen tot, trocknet sie aus, durchzieht sie mit Steinmaterie oder drückt sie in Stein ein (er kann dies auch, er gießt Modelle ab), sondern bringt, nach seiner Idee, durch Werkzeuge solche das Leben darstellende, nicht selbst lebende Formen hervor; die Natur aber [tut es] unmittelbar, ohne dieser Vermittlung zu bedürfen. D. h. der Begriff ist nicht als Vorgestelltes und das Ding als dem Vorstellenden gegenüber und von ihm Bearbeitetes vorhanden; er hat nicht die Form des Bewußtseins, sondern ist unmittelbar im Elemente des Seins, unabgelöst von diesem. Der Begriff hat zu seiner Arbeit da das Material, wo die Momente des Organischen in ihrer Totalität vorhanden sind; es ist nicht die Rede von einem allgemeinen Leben der Natur, daß die Natur allenthalben lebendig [sei], sondern vom Wesen des Lebens: es ist zu begreifen, es ist auszulegen in die Momente seiner Wirklichkeit oder Totalität, und diese [sind] aufzuzeigen.

§ 341

Dieser Kristall des Lebens, der totliegende Organismus der Erde, der seinen *Begriff* im siderischen Zusammenhang außer sich, seinen eigentümlichen Prozeß aber als eine vorausgesetzte Vergangenheit hat, ist das *unmittelbare Subjekt* des meteorologischen Prozesses, durch welchen es, als die *an sich* seiende Totalität des Lebens, nicht mehr nur zur individuellen Gestaltung (s. § 287), sondern zur *Lebendigkeit* befruchtet wird. – Land und insbesondere das Meer, so als reale Möglichkeit des Lebens, schlägt unendlich auf jedem Punkte in *punktuelle* und *vorübergehende* Lebendigkeit aus; – Flechten, Infusorien, unermeßliche Mengen phosphoreszierender Lebenspunkte im Meere. Die *generatio aequivoca* ist aber, als jenen objektiven Organismus außer ihr habend, eben dies, auf solches punktuelle, nicht sich in sich zur bestimmten Gliederung entwickelnde, noch sich selbst reproduzierende (*ex ovo*) Organisieren beschränkt zu sein.

Zusatz. Während der geologische Organismus der Erde erst Produkt war, im Bildungsprozeß ihrer Gestalt, so hebt sie jetzt, als produzierend zugrunde liegende Individualität, ihre Starrheit auf und schließt sich zu subjektiver Lebendigkeit auf, die sie aber von sich ausschließt und an andere Individuen übergibt. Weil der geologische Organismus nämlich nur an sich Lebendigkeit ist, so ist das wahrhaft Lebendige ein Anderes als er. Indem er aber an sich die Negativität seiner, das Aufheben seiner Unmittelbarkeit ist, so setzt er das Innere seiner, aber als solches, das das Andere seiner ist; d. h. die Erde ist fruchtbar, – eben als der Grund und Boden der individuellen Lebendigkeit, welche auf ihr ist. Die Erde ist aber nur auf unbestimmte Weise Lebendigkeit, die zwar allenthalben, aber nur kümmerlich an ihr ausschlägt. Dies allgemeine Leben der Erde hat lebendige Teile, welche die Elemente sind, d. h. sein Allgemeines, seine unorganische Natur. Indem die Erde aber auch ein besonderer Körper gegen ihren Trabanten, die Sonne und die Kometen ist, so ist die perennierende Erzeugung, d. i. die Erhaltung dieses Systems von Differenzen, der absolut allgemeine chemische Prozeß. Da jedoch die Riesenglieder dieser Diremtion freie selbständige Individuen sind, so existiert deren Beziehung darum rein als der freie Prozeß der Bewegung, während die Kometen selbst eine neue fortwährende Erzeugung desselben sind. Daß dann dieser Prozeß zu seiner Realität, zum Untergange selbständig scheinender Gestalten kommt, also die reale individuelle Einheit zustande kommt, findet erst im individuellen chemischen Prozesse statt, der eben darum tiefer und gründlicher als jener allgemeine ist. Weil aber der allgemeine Prozeß der Elemente der der Materien ist, so kann der individuelle Prozeß nicht ohne ihn sein. Die freien selbständigen Glieder des allgemeinen Prozesses, Sonne, Komet und Mond, sind nun in ihrer Wahrheit die Elemente – der Luft als Atmosphäre, des Wassers als Meer, des Feuers aber als eines Irdischen, das in der befruchteten, aufgelösten Erde enthalten und als befruchtende Sonne abgesondert ist. Das Leben der Erde ist der atmosphärische und Meerprozeß, worin sie diese Elemente erzeugt, jedes derselben ein eigenes Leben für sich ist und alle ebenso nur diesen Prozeß konstituieren. Es hat hier das Chemische seine absolute Bedeutung verloren und ist nur noch Moment; es ist in die Selbständigkeit reflektiert, wird unter dem Subjekt gebunden und darin getötet festgehalten. Jedes Element ist durch seine Substanz selbst als freies Subjekt auf das andere bezogen, und die Gestaltung der organischen Erde enthält die Weisen des Daseins ihres organischen Lebens.

a) Ihr erstes bestimmtes Leben ist nun die *Atmosphäre*. Der meteorologische Prozeß ist aber nicht der Lebensprozeß der Erde, wiewohl die Erde durch ihn belebt wird, denn diese Belebung ist nur die reale Möglichkeit, daß die Subjektivität an ihr als Lebendiges hervorgeht. Als reine Bewegung, als ideelle Substanz hat die Atmosphäre zwar das Leben der himmlischen Sphären an ihr, da ihre Veränderungen mit der himmlischen Bewegung zusammenhängen, aber sie materialisiert dieselbe zugleich in ihrem Elemente. Sie ist die aufgelöste, rein gespannte Erde, das Verhältnis von Schwere und Wärme; sie durchläuft ebenso die Periode des Jahres als des Monats und des Tages und drückt sie als Veränderungen der Wärme und Schwere aus. Dieser periodische Wechsel tritt wieder so auseinander, daß, wo die Achsendrehung das Überwiegende ist, die Periode des Tages das Übergewicht hat, unter dem Äquator also tägliche Veränderung des Barometerstandes, tägliche *Ebbe* und *Flut* desselben vorhanden ist, im Jahre aber dies Verhältnis nicht auseinandertritt, – wohingegen bei uns die tägliche Ebbe und Flut wenig bemerklich ist und alle Zeit der Veränderung mit dem Monde mehr zusammenhängt.

Die Schwere ist innere Schwere, Elastizität als Druck, aber wesentlich Veränderung der spezifischen Schwere: Bewegung, Wogen der Atmosphäre, das mit *Temperatur*veränderung zusammenhängt, aber so, daß diese die entgegengesetzte Bedeutung hat, gemeine und Lichttemperatur zu sein, – jene ausgeschiedene Wärme, diese frei durchs Licht hinzutretende. Die letztere ist überhaupt Klarheit der Luft, reine Elastizität derselben, hoher Barometerstand, während jene der Gestaltung angehört und da ist, wenn das Elastische in Regen oder Schnee übergeht. Diese abstrakten Momente gehen eben in der Luft in sich zurück.

Wie sich die himmlische Bewegung in der Luft materialisiert, so greift ebenso auf der anderen Seite Meer und Erde in sie ein und verflüchtigt sich in sie, – ein prozeßloser, unmittelbarer Übergang. Die Luft individualisiert beides in ihr, teils zu dem allgemeinen atmosphärischen Prozesse, worin eben ihre höchste Selbständigkeit und das Auflösen des Wassers und der Erde in Gerüche sowie ihre eigene Entladung und Übergang in Wasser wird; teils verwandelt sie sich in Meteore als vergängliche Kometen, in Erden, die sie erzeugt, d. h. Atmosphärilien, teils in giftige Winde, *Miasmen* für den tierischen Körper, teils in *Honig*- und *Mehltaue*, tierische und vegetabilische Lüfte.

b) Die neutrale Erde aber, das *Meer*, ist ebenso die Bewegung der *Ebbe* und *Flut*, eine aus der veränderten Stellung von Sonne und Mond sowie aus der Gestalt der Erde zusammengesetzte. Wie die Luft sich als allgemeines Element ihre Spannung aus der Erde nimmt, so das Meer seine Neutralität. Die Erde dünstet gegen die Luft aus, als Meer; gegen das Meer aber ist die Erde der Kristall, der das überflüssige Wasser aus sich abscheidet, in Quellen, die sich zu Flüssen sammeln. Aber dies ist, als süßes Wasser, nur die abstrakte Neutralität, das Meer dagegen die physische, in die der Kristall der Erde übergeht. Der Ursprung der unversiegbaren Quellen darf also nicht auf mechanische und ganz oberflächliche Weise als ein Durchsickern dargestellt werden, sowenig als nach der andern Seite das Entstehen der Vulkane und heißen Quellen; sondern wie die Quellen die *Lungen* und Absonderungsgefäße für die Ausdünstung der Erde sind, so sind die Vulkane ihre *Leber*, indem sie dies Sich-an-ihnen-selbst-Erhitzen darstellen. Allenthalben sehen wir Gegenden, besonders Sandsteinlager, welche immer Feuchtigkeit abscheiden. Ich sehe die Berge also nicht als Sammler von Regenwasser an, das in sie eindringt. Sondern die echten Quellen, die solche Ströme wie Ganges, Rhône, Rhein erzeugen, haben ein innerliches Leben, Streben, Treiben, wie Najaden; die Erde schließt ihr abstrakt süßes Wasser aus, das in diesen Ergießungen seiner konkreten Lebendigkeit, dem Meere, zueilt.

Das Meer selbst ist diese höhere Lebendigkeit als die Luft, das Subjekt der Bitterkeit und Neutralität und Auflösung, – ein lebendiger Prozeß, der immer auf dem Sprunge steht, in Leben auszubrechen, das aber immer wieder ins Wasser zurückfällt, weil dieses alle Momente jenes Prozesses enthält: den Punkt des Subjekts, die Neutralität und die Auflösung jenes Subjekts in diese. So fruchtbar die feste Erde ist, ebenso ist es das Meer, und dieses noch in einem höheren Grade. Die allgemeine Weise der Belebung, welche Meer und Land zeigen, ist die *generatio aequivoca*, während die eigentliche Lebendigkeit zur Existenz eines Individuums ein anderes seiner Gattung voraussetzt (*generatio univoca*). Man nahm den Satz an: *omne vivum ex ovo*; und wußte man nun nicht, wo gewisse Tierchen herkamen, so nahm man zu Erdichtungen seine Zuflucht. Es entsteht aber unmittelbar Organismus und prokreiert nicht weiter; Infusionstierchen fallen zusammen und werden eine andere Gestaltung, so daß sie nur zum Übergang dienen. Diese allgemeine Lebendigkeit ist ein organisches Leben, das sich an ihm selbst erregt, als Reiz auf sich selbst wirkt. Das Meer, welches etwas anderes als Quell- und Salzwasser ist, nicht bloßes Kochsalz, sondern auch Bittersalz enthält, ist die konkrete

Salzigkeit als ein Organisches, das sich überall als gebärend zeigt, wie das Wasser überhaupt immer den Trieb hat, zu vergehen und sich zu verwandeln, da nur der atmosphärische Druck es in der Form des Wassers erhält. Das Meer hat diesen eigentümlich faulen Geruch, – ein Leben, das gleichsam immer in Verwesung aufgelöst ist. Die Schiffer sprechen im Sommer vom *Blühen* des Meers. Im Juli, August und September wird das Meer unrein, trübe, schleimartig, gegen Westen im Atlantischen Ozean einen Monat früher als in der Ostsee. Das Meer ist mit unendlich viel vegetabilischen Punkten, Fäden, Flächenartigem erfüllt; es ist eine Tendenz zum Ausschlagen ins Vegetabilische. Erhöhter erregt, schlägt das Meer auf ungeheuren Strecken in phosphoreszierendes Licht aus, – ein oberflächliches Leben, das sich in die einfache Einheit zusammennimmt, aber auch ebenso in vollkommen in sich reflektierte Einheit. Denn dieses Leuchten kommt oft Fischen zu und andern Tieren, die schon der lebendigen Subjektivität angehören. Aber auch die ganze Oberfläche des Meers ist teils ein unendliches Scheinen, teils ein unermeßliches, unübersehbares Lichtmeer, das aus lauter lebendigen Punkten besteht, die sich nicht weiter organisieren. Nimmt man Wasser davon, so erstirbt diese Lebendigkeit sogleich, und es bleibt ein *gallertartiger Schleim*, der Beginn vegetabilischen Lebens, womit das Meer von oben bis unten erfüllt ist. Schon in jeder Gärung zeigen sich sogleich Tierchen. Vollends geht das Meer aber dann auch weiter zu bestimmten Gebilden herauf, zu Infusionstierchen und sonstigen Weichtierchen, die durchsichtig sind und ein längeres Leben, aber einen Organismus haben, der noch ganz unvollkommen ist. So machte, unter anderen Salpen, Herr von *Chamisso*[11] die schöne Entdeckung einer Salpe, die so fruchtbar war, daß ihre Erzeugnisse, wie die freien Blumenblätter einer Pflanze am Stiele zusammenhängen, in großer Anzahl aufeinandergeschichtet einen Kranz oder Kreis bildeten, wo viele *ein* Leben haben, wie beim Polypen, und dann wieder in ein Individuum zusammengehen. Indem diese niedere Tierwelt, deren es eine Menge leuchtender Arten gibt, nur bis zu einem momentan existierenden Gallert kommt, so kann die Subjektivität des Animalischen es hier bloß zum Leuchten, dem äußerlichen Scheine der Identität mit sich bringen. Diese Tierwelt kann ihr Licht nicht als innerliches Selbst in sich halten, sondern es schlägt nur als physikalisches Licht nach außen, ohne zu bleiben, und die Millionen von Lebendigkeiten zerschwimmen schnell wieder in das Element. Das Meer zeigt auf diese Weise ein Heer von

11 Adalbert von Chamisso, *De animalibus quibusdam e classe vermium Linaei*, Berlin 1819 (1. Heft: »De Salpa«)

Sternen, in Milchstraßen dicht zusammengedrängt, die so gut als die Sterne am Himmel sind; denn diese sind nur abstrakte Lichtpunkte, jene aus organischen Gebilden. Dort ist das Licht in seiner ersten unverarbeiteten Roheit, hier aus dem Animalischen und als Animalisches herausbrechend, wie das Leuchten des faulen Holzes, – eine Verglimmung der Lebendigkeit und Heraustreten der Seele. Man hat in der Stadt herumgetragen, ich habe die Sterne mit einem Ausschlag am organischen Körper verglichen, wo die Haut in unendlich viel rote Punkte ausschlägt, oder mit einem Ameisenhaufen (s. oben § 268 Zus. S. 81 f.), worin auch Verstand und Notwendigkeit ist. In der Tat mache ich aus einem Konkreten mehr als aus einem Abstrakten, aus einer auch nur Gallerte bringenden Animalität mehr als aus dem Sternenheer. Und die Fische abgerechnet, enthält auch sonst die Meerwelt Polypen, Korallen, Steinpflanzen, Steintiere, Pflanzentiere usw.; jeder Tropfen ist ein lebendiger Erdball von Infusionstierchen usw. Das Meer enthält insofern die Lebendigkeit immanenter in ihm selbst als das Land, als seine Flüssigkeit der Punktualisierung der Lebendigkeit zum Lebendigen nicht zugibt, sich von demselben abzustoßen und in sich gegen dasselbe zu halten. Die Neutralität des Meers reißt diese beginnende Subjektivität in dessen gleichgültigen Schoß zurück und macht so seine lebendige Kraft, die jene für sich genommen hat, in das Allgemeine wieder zerfließen. Aus dem Meer hat die älteste Vorstellung zwar alles Lebendige hervorgehen lassen, aber eben dies *Hervorgehen* ist ein sich von demselben Abstoßen, und das Lebendige ist nur als von ihm sich losreißend und gegen die Neutralität sich für sich erhaltend. In seiner Flüssigkeit bleibt das Meer daher beim elementarischen Leben, und das subjektive Leben, in dasselbe wieder zurückgeworfen und zurückgezogen, wie bei Walfischen, die doch Säugetiere sind, fühlt auch bei ausgebildeterer Organisation diese Erhaltung der unentwickelten Dumpfheit.

c) Das *Land* ist, als der Riesenleichnam des vorher immanenten, nun entflohenen Lebens, diese individuelle, der Neutralität sich entwindende Konsistenz, der feste Kristall des lunarischen Elements, während das Meer das Kometarische ist. Indem sich im subjektiven Lebendigen aber diese beiden Momente durchdringen, so werden die Gallerte, der Schleim zum Gehäuse des innerlich bleibenden Lichts. Die Erde zeigt, wie das Wasser, die unendliche allgemeine Fruchtbarkeit; während aber jenes vornehmlich in Animalisches ausschlägt, so die Erde eher in Vegetabilisches. Das Meer ist darum mehr tierisch, weil die Neutralität ein Ausbreiten in sich selbst ist, die Erde zunächst vegetabilisch, als sich in Punktualisierung haltend. Überall bedeckt sich die Erde mit grüner Vegetation, – unbestimmten Gebilden, die man ebenso der animalischen Seite zuschreiben kann. Die individuelle Vegatation muß freilich aus Samen derselben Gattung erzeugt sein; aber die allgemeine Vegetation ist nicht so individuell. Das sind die Flechten, das *Moos*, worin jeder Stein ausschlägt. Wo Erde, Luft, Feuchtigkeit ist, da zeigt sich ein Vegetabilisches. Wo etwas verwittert, kommt sogleich ein vegetabilisches Gebilde, *Schimmel*, zum Vorschein; auch *Pilze* entstehen überall. Diese Vegetation, als noch nicht Bildung der Individualität, sind unorganisch-organische Gebilde, wie die Flechten und Pilze, von denen man nicht recht weiß, was man daraus machen soll, – eigentümliche, dem Animalischen sich nähernde derbe Substanzen. [Karl Asmund] *Rudolphi* sagt (*Anatomie der Pflanzen* [Berlin 1807], § 14 u. § 17): »Bei den Flechten ist nichts von dem anzutreffen, was man bei dem Bau der Pflanzen als charakteristisch annehmen möchte; ein wahres Zellgewebe, Röhren oder Gefäße haben sie bestimmt nicht, worüber alle Schriftsteller einig sind. Daß ihre sogenannten Fruktifikationsteile dies wirklich sind, finde ich nirgend erwiesen, und es ist vielleicht wahrscheinlicher, daß es Knospenkeime sind, wodurch die Flechten auf ähnliche Art wie auch mehrere wahre Vegetabilien sich fortpflanzen, so daß dieses nichts beweist. Ihre Farbstoffe, ihre gummösen und harzigen Bestandteile, der Zuckerschleim und Gerbstoff sprechen bei mehreren für die vegetabilische Natur. – Die Pilze weichen in ihrem Bau ganz von den Gewächsen ab. Ich habe viele untersucht und finde ihre Substanz von der Art, daß man sie mit Recht tierisch nennen kann. Bei den weicheren Pilzen sieht man ein fadiges Schleimgewebe, das dem der Tiere sehr nahekommt, von dem starren zelligen Bau der Pflanzen aber durchaus verschieden ist. Bei dem *Boletus cetatophorus* findet sich ein wolliges Gewebe, das keinesweges pflanzenartig ist, sondern von den weichen Pilzen einen deutlichen Übergang zu den holzartigen macht, deren Substanz ich mit dem Stamm der Gorgonien vergleichen möchte.« – »Betrachtet man die tierische Mischung der Pilze und ihr Verhalten beim Galvanisieren«, sagt der Freiherr Alexander von *Humboldt**, »so wird man noch leichter die Meinung fahren lassen, daß die Pilze zum Gewächsreich gehören und wahre Pflanzen sind. Vollends auf ihre Entstehungsart gesehen, wenn tierische oder Pflanzenteile verderben oder zergehen, so bringt eben diese Verderbnis neue Gestaltungen hervor, wie denn die *Clavaria militaris* bloß auf toten Raupen entsteht.« Diese unendliche Menge Gebilde bringt es nicht zum Punkte eines Keimes oder Samens, der nur ist, wo die Subjektivität erreicht ist.

* *Über die gereizten Muskel- und Nervenfasern* (Berlin 1797), S. 171–180

Pilze wachsen sozusagen nicht, sondern schießen plötzlich an, wie kristallinisch. An Samen ist bei Entstehung solcher Vegetationen nicht zu denken, ebensowenig als bei der Menge unvollkommener animalischer Gebilde: Infusorien, Eingeweidewürmern, Finnen der Schweine usf. Nicht nur so an Meer und Land, sondern ebenso an der selbständigen lebendigen Subjektivität findet sich diese allgemeine Lebendigkeit. Bei der Bestimmung dessen, was die Pflanze, das Tier sei, wird aus Induktionen Zellgewebe, Samen, Ei, Wachstum, was es sei, angegeben. Solche Bestimmtheit läßt sich aber nicht festsetzen, und es gibt keine, denn Pilze, Flechten und dergleichen sind im allgemeinen vegetabilisch, obgleich ihnen jene Bestimmtheit fehlt, weil die Natur in ihren Darstellungen nicht am Begriffe festhält. Der Reichtum ihrer Formen ist die Unbestimmtheit und das Spiel in denselben; nicht der Begriff ist aus ihr zu nehmen, sondern sie an dem Begriffe zu messen. So verschwemmte Mittelwesen, die nicht Fisch, nicht Fleisch sind, sind Momente einer totalen Form, aber isolierte.

§ 342

Diese Trennung des allgemeinen, sich äußerlichen Organismus und dieser nur punktuellen, vorübergehenden Subjektivität hebt sich vermöge der an sich seienden Identität ihres Begriffs zur *Existenz* dieser Identität, zum *belebten Organismus,* der an ihr selbst sich gliedernden Subjektivität auf, welche den nur *an sich* seienden Organismus, die physische allgemeine und individuelle Natur von sich ausschließt und ihr gegenübertritt, aber zugleich an diesen Mächten die Bedingung ihrer Existenz, die Erregung wie das Material ihres Prozesses, hat.

Zusatz. Was dieser Darstellung des Organischen, überhaupt dem unmittelbar Organischen fehlt, ist, daß der Begriff hier noch unmittelbar ist, nur als innerer Zweck im Elemente der Gleichgültigkeit, seine Momente aber physische Realitäten sind, die nicht in sich selbst reflektiert sind, nicht ein jener Gleichgültigkeit gegenübertretendes Eins bilden. Das Allgemeine, der Zweck aber, sich in sie ausbreitend, kehrt in sich zurück; ihre Gleichgültigkeit ist das einseitige Moment, das sich in die Negativität zusammennimmt und Individuum ist. Die Substanz teilt sich nicht nur in Verschiedene, sondern in absolut Entgegengesetzte und solche, deren jedes die Totalität, ein in sich Reflektiertes ist, gleichgültig gegen das andere, dem Wesen nach Eins und nicht nur diesem nach, – sondern in solche, deren Realität selbst dieses Einssein, diese Negativität ist, d. h. deren Dasein der Prozeß an ihm selbst ist.

Das Leben ist somit wesentlich diese vollkommen flüssige Durchdringung aller *Teile* desselben, d. h. solcher, die gleichgültig gegen das Ganze sind. Sie sind keine chemischen Abstraktionen, sondern haben substantielles, eigenes, ganzes Leben, – ein Leben der Teile, welches in sich unruhig sich auflöst und nur das Ganze hervorbringt. Das Ganze ist die allgemeine Substanz, der Grund sowohl, als es die resultierende Totalität ist, und es ist diese als Wirklichkeit. Es ist das Eins, das die Teile in ihrer Freiheit gebunden in sich enthält; es entzweit sich in sie, gibt ihnen sein allgemeines Leben und hält sie als ihr Negatives, ihre Kraft in sich. Dies ist so gesetzt, daß sie an ihnen ihren selbständigen Kreislauf haben, der aber das Aufheben ihrer Besonderheit und das Werden des Allgemeinen ist. Dies ist der allgemeine Kreis der Bewegung am einzelnen Wirklichen, der näher die Totalität dreier Kreise, die Einheit der Allgemeinheit und der Wirklichkeit, ist: die beiden Kreise ihres Gegensatzes und der Kreis der Reflexion ihrer in sich selbst.

Erstens. Das Organische ist das Wirkliche, das sich selbst erhält und den Prozeß an ihm selbst verläuft; es ist sich sein Allgemeines, das sich in seine Teile entzweit, welche sich aufheben, indem sie das Ganze hervorbringen. Die Gattung steht hier auf seiten des Organischen. Der Schlußsatz ist, daß die Gattung mit dem Unorganischen unmittelbar vereinigt wird; das Organische entzweit sich also in zwei allgemeine Extreme, die unorganische Natur und die Gattung, deren *Mitte* es ist (A — E — B[12]) und mit deren jedem es hier noch unmittelbar eins ist, selbst Gattung und unorganische Natur ist. Das Individuum hat also seine unorganische Natur noch an ihm selbst und ernährt sich aus sich selbst, indem es sich selbst, als seine eigene Anorganität, aufzehrt. Damit aber *gliedert es sich in sich selbst,* d. h. es dirimiert seine Allgemeinheit in seine Unterschiede; [dies ist] der Verlauf des Prozesses in ihm selbst, als die nicht ausschließende Diremtion und Beziehung des Organischen auf sich selbst. Das Allgemeine hat sich an ihm selbst zu verwirklichen; es gibt sich sein Selbstgefühl eben durch diese Bewegung, wodurch es für sich wird. Das Organische ist gegen sich selbst als dies unmittelbar Allgemeine, als diese organische Gattung gekehrt. Dies ist sein Individualisierungsprozeß; es tritt sich in sich selbst gegenüber, wie nachher gegen das Äußere. Das Andere ist noch unter dem Begriff gehalten. Insofern das Einzelne indessen schon vorausgesetzt ist, so schließt es hier

---

12 A (Allgemeines), E (Einzelnes), B (Besonderes)

die Gattung, die seine Allgemeinheit ist, mit dem besonderten Allgemeinen zusammen. Dies letztere ist das eine Extrem, das, aufgenommen in die absolute Gattung, absolute Besonderheit und Einzelheit wird. Es ist dies die besondere Ausgebärung des Moments der Individualität, das Werden derselben, die schon in den Prozeß als seiend eintritt. Es kommt nichts heraus, als was schon da ist. Es ist der Verdauungsprozeß seiner selbst und die Gliederung, *Gestaltung* der Momente; die Glieder werden ebenso aufgezehrt als erzeugt, und in dieser allgemeinen Unruhe ist das bleibende Einfache die Seele. Das Individuelle kommt darin durch die Gattung zum Losreißen von ihr; der Prozeß in ihr macht sie eben zu einem, das die Negativität an ihm hat und so ihr als dem Allgemeinen entgegengesetzt ist.

Zweitens. Das Allgemeine ist Daseiendes und das organische Eins die Kraft über dieses Negative seiner selbst, dieses Äußerliche, und zehrt es auf, so daß dieses nur als Aufgehobenes ist. Das Organische ist unmittelbar Einheit der Individualität und Allgemeinheit, organische Gattung; es ist ausschließendes Eins, schließt das Allgemeine von sich aus, – die Gattung als von der Macht der Negativität, vom Leben verlassen; oder das Organische setzt sich sein Unorganisches. Die Gattung ist das absolut Allgemeine, das sich das abstrakt Allgemeine gegenübersetzt; aber dadurch hat es auch das Moment der Einzelheit freigelassen, das das negative Verhalten gegen dies Unorganische ist. Wie vorher das Individuelle die Mitte war und die Seiten die allgemeinen Extreme, so ist jetzt die Gattung das Element; das Organische ist hier also durch die Gattung mit dem Unorganischen vermittelt (B — A — E). Ersteres ist die Macht über das letztere, weil es das absolut Allgemeine ist; – der *Ernährungsprozeß.* Das Unorganische ist die Allgemeinheit als die unwirkliche Gattung, in welche die Übermacht teils der Individualität überhaupt, der Erde, fällt, teils der Einzelheit, die sich davon befreit; diese Allgemeinheit ist die bloße Passivität. In ihrer Wirklichkeit aber, wie sie an ihr selbst ist, ist die Allgemeinheit das Auseinandertreten der organischen und ihrer unorganischen Natur, – jene die Form der Einzelheit, diese der Allgemeinheit. Beides sind Abstraktionen; die Substanz ist in den Arten, als die sie sich bestimmt hat, dieselbe.

α) Die Bestimmtheit bleibt Allgemeinheit, gehört ins Element und Prinzip; *es ist nichts für das Organische, was es nicht selbst ist.* Es ist in der Reflexion dies zurückgenommen, daß seine unorganische Welt an sich ist; sie ist nur als aufgehobene und das Organische das Setzen und Tragen derselben. Aber diese Tätigkeit allein zu nehmen, wäre ebenso einseitig. Die Erde macht vielmehr die Sonne und ihre Elemente, wie jedes Organische, weil sie dies allgemeine

Organische ist; aber ebenso ist sie an sich beides. Dies Gesetztsein des Unorganischen ist sein Aufgehobensein; es ist nicht an sich. Das Organische ist das Selbständige; aber jenes ist für dieses als Ansich zunächst das gleichgültige Dasein beider, geht aber dann in gespanntes Dasein über, in die Form des Fürsichseins, die dem Organischen zukommt.

β) Jenes unmittelbare Sein des Organischen als Gattung ist ebenso ein schlechthin durch das Unorganische Vermitteltes: es ist nur durch dies Anderssein, diesen Gegensatz gegen sich als abstrakte Allgemeinheit; es ist die der Individualität entbundene Gattung. Weil jene aber auch Leben an ihr selbst ist, geht sie durch sich selbst in der *generatio aequivoca* zum Organischen über; überhaupt das Dasein des Organischen ist das sich vereinzelnde, kontrahierende Tun der ganzen Erde, das Sich-in-sich-Reflektieren des Allgemeinen. Aber sie wird ebenso zum beruhigten Insichreflektiertsein, und edlere Pflanzen und Tiere sind dies befestigte Insichreflektiertsein, das nicht wie Pilze aus der Erde aufschießt, wie individualitätslose Gallerte oder Flechten, die nur organisches Leben überhaupt in dürftiger Gliederung sind. In ihrem Dasein kommt sie aber nur zur allgemeinen Reflexion, und hier bricht ihr unmittelbares Werden an. Das in sich Reflektierte steht nun für sich fixiert und seinen eigenen Kreis durchlaufend da und ist ein eigenes Dasein, das jenem gegenüberbleibt und an seinem negativen Wesen festhält, seinen Ursprung verleugnet und für sich sein Werden darstellt.

Drittens. Dies hervorgebrachte Wirkliche ist die Gattung, die Macht gegen das Einzelne und der Prozeß derselben; sie hebt dieses Einzelne auf, bringt ein Anderes hervor, das die Wirklichkeit der Gattung ist, eben daher aber auch Entzweiung gegen die unorganische Natur, zu der die Gattung herabsinkt. Das Organische so durch das Unorganische mit der Gattung vermittelt (E – B – A) ist das *Geschlechtsverhältnis.* Der Schlußsatz ist die Beziehung der beiden Seiten, die das ganze Organische sind oder die Diremtion dieses Ganzen in entgegengesetzte, selbständige Geschlechter, – Aufhebung des Einzelnen und Gewordensein der Gattung, aber als eines einzelnen Wirklichen, das den Kreislauf wieder anfängt. Das Resultat ist also, daß aus der Gattung das Einzelne sich abgesondert hat. Dieses Selbständige ist darum auf ein solches bezogen, das ihm als Gattung gleich ist; die Gattung hat sich in Selbständige entzweit, deren jedes sich als dieses Ganze Gegenstand ist, aber außer ihm. Im ersten Prozesse haben wir Fürsichsein, im zweiten Vorstellen und Erkennen eines Anderen, im dritten die Einheit beider, Anderes und es selbst. Es ist die wahre Verwirklichung des Begriffs, die vollständige Selbständig-

keit beider, worin jedes zugleich sich im Anderen als es selbst weiß; es ist die rein ideell gewordene Beziehung, so daß jedes *sich* ideell ist, ein an sich Allgemeines, – die reine Ungegenständlichkeit ist hergestellt im Selbst als solchem.
Das Organische fängt mit der Einzelheit an und erhebt sich zur Gattung. Dieser Verlauf ist aber ebenso unmittelbar der entgegengesetzte: die einfache Gattung steigt zur Einzelheit herunter, denn die Vollendung der Individuen zur Gattung durch ihr Aufgehobenwerden ist ebenso das Werden der unmittelbaren Einzelheit des Kindes. – Das Andere zum allgemeinen Leben der Erde ist so das eigentlich organische Lebendige, das sich in seiner Gattung fortsetzt. Das ist zunächst die vegetabilische Natur, die erste Stufe des Fürsichseins, der Reflexion-in-sich, aber nur das unmittelbare formelle Fürsichsein, noch nicht die wahrhafte Unendlichkeit; die Pflanze entläßt ihre Momente als Glieder frei aus sich und ist nur der subjektive Punkt des Lebens. Das Vegetabilische fängt also da an, wo die Lebendigkeit sich in einen Punkt zusammennimmt und dieser Punkt sich erhält und sich produziert, sich von sich abstößt und neue erzeugt.

B
Die vegetabilische Natur

§ 343

Die Subjektivität, nach welcher das Organische als *Einzelnes* ist, entwickelt sich in einen *objektiven* Organismus, die *Gestalt,* als einen sich in Teile, die *voneinander unterschieden* sind, gliedernden Leib. In der Pflanze, der *nur erst unmittelbaren* subjektiven Lebendigkeit, ist der objektive Organismus und die Subjektivität desselben noch unmittelbar identisch, wodurch der Prozeß der Gliederung und der Selbsterhaltung des vegetabilischen Subjekts ein Außersichkommen und Zerfallen in mehrere Individuen ist, für welche das eine ganze Individuum mehr nur der Boden als subjektive Einheit von Gliedern ist; der Teil – die Knospe, Zweig usf. – ist auch die ganze Pflanze. Ferner ist deswegen die *Differenz der organischen Teile* nur eine oberflächliche *Metamorphose,* und der eine kann leicht in die Funktion des anderen übergehen.

Zusatz. Während der geologische Organismus das bloße System des Gestaltens ohne *Idealität* ist, so tritt diese mit der Subjektivität des Pflanzenlebens nun herein. Als die in allen seinen Gliedern gegenwärtige Idealität ist aber das Leben wesentlich *Lebendiges,* und dieses wird durch Äußeres nur erregt. Das ursächliche Verhältnis fällt hier also weg, wie überhaupt alle Verstandesbestimmungen im Leben nicht mehr gelten. Sollen diese Kategorien nun dennoch gebraucht werden, so muß ihre Natur verkehrt werden, und so kann man denn sagen, das Lebendige sei Ursache seiner selbst. – Man kann den Satz aufstellen: »Alles lebt in der Natur«; das ist erhaben und soll spekulativ sein. Ein anderes ist aber der Begriff des Lebens, d. h. das Leben *an sich,* das freilich allenthalben ist, ein anderes das reale Leben, die Subjektivität des Lebendigen, worin jeder Teil als belebter *existiert.* So ist der geologische Organismus nicht im Einzelnen, sondern nur im Ganzen lebendig, – nur an sich lebendig, nicht in der Gegenwart der Existenz. Aber auch das Lebendige selbst unterscheidet sich in Subjektives und Totes: es macht sich einerseits in der Verholzung, in den Knochen die Voraussetzung seines Gerüstes im Einzelnen, wie es im geologischen Organismus im Ganzen der Fall ist; das Lebendige ist aber andererseits die Gestalt, welche die substantielle Form in sich wohnen hat, die nicht nur in Ansehung der räumlichen Verhältnisse der einzelnen Teile bestimmend ist, sondern ebenso die Unruhe ist, die Prozesse der physikalischen Eigenschaften aus sich zu bestimmen, um aus ihr die Gestalt hervorzubringen.

Die Pflanze, als das erste für sich seiende Subjekt, das aus der Unmittelbarkeit noch herkommt, ist jedoch das schwache kindische Leben, das *in ihm selbst noch nicht zum Unterschiede aufgegangen ist.* Denn wie jedes Lebendige ist zwar auch die Natur einer Pflanze partikularisiert; während aber beim Tiere die Partikularität zugleich eine solche ist, gegen welche die Subjektivität als die Seele auch ein Allgemeines ist, so ist bei der Pflanze das Partikulare ganz unmittelbar identisch mit ihrer Lebendigkeit überhaupt. Es ist nicht in der Weise eines Zustands, von dem ihr inneres Leben unterschieden wäre, sondern ihre Qualität durchdringt ihre allgemeine vegetative Natur ganz, statt daß [wie] im Tiere dieses unterschieden ist. Bei der Pflanze also sind die Glieder nur Besondere gegeneinander, nicht zum Ganzen; die Glieder sind selbst wieder Ganze, wie beim toten Organismus, wo sie auch in Lagerungen noch außereinander sind. Indem sich die Pflanze nun dennoch als das Andere ihrer selbst setzt, um ewig diesen Widerspruch zu idealisieren, so ist dies nur eine formelle Unterscheidung; was sie als das Andere setzt, ist kein wahrhaft Anderes, sondern dasselbe Individuum als das Subjekt.

Das im Vegetabilischen herrschende *Wachstum* ist daher *Vermehrung* seiner selbst, als *Veränderung der Form*, während das animalische Wachstum nur Veränderung der Größe ist, aber zugleich *eine* Gestalt bleibt, weil die Totalität der Glieder in die Subjektivität aufgenommen ist. Das Wachstum der Pflanze ist Assimilieren des Anderen zu sich; aber als Vervielfältigung seiner ist diese Assimilation auch Außersichkommen. Es ist nicht Zusichkommen als Individuelles, sondern eine *Vervielfältigung der Individualität*, so daß die eine Individualität nur die oberflächliche Einheit der vielen ist. Die Einzelnen bleiben eine ausgeschiedene, gegeneinander gleichgültige Menge, die nicht aus ihrer Substanz als einem Gemeinwesen hervorgehen. »Das Wachstum der Pflanzen«, sagt daher Schultz (*Die Natur der lebendigen Pflanze*, Bd. I, S. 617)[13], »ist ein ewiges *Hinzubilden* neuer, vorher nicht vorhandener Teile.« Mit der *Homogeneität* der Teile der Pflanze ist also das *Auseinanderfallen* derselben verbunden, weil sie nicht als innere qualitative Differenzen zueinander sich verhalten, – mit andern Worten, der Organismus nicht zugleich in *Eingeweide* systematisiert ist. Es ist ein in der Äußerlichkeit sich Produzieren, aber dennoch Wachstum überhaupt aus sich, nicht etwa ein äußerliches Ankristallisieren.

§ 344

Der Prozeß der Gestaltung und der Reproduktion des *einzelnen* Individuums fällt auf diese Weise mit dem Gattungsprozesse zusammen und ist ein perennierendes Produzieren neuer Individuen. Die selbstische Allgemeinheit, das subjektive Eins der Individualität trennt sich nicht von der reellen Besonderung, sondern ist in sie nur versenkt. Die Pflanze, als gegen ihren *an sich* seienden Organismus (§ 342) noch nicht für sich seiende Subjektivität, determiniert weder aus sich sich ihren Ort, hat keine Bewegung vom Platze, noch ist sie für sich gegen die physikalische Besonderung und *Individualisierung* desselben, hat daher keine sich unterbrechende Intussuszeption, sondern eine kontinuierlich strömende Ernährung und verhält sich nicht zu individualisiertem Unorganischen, sondern zu den allgemeinen Elementen.

13 Carl Heinrich Schultz, *Die Natur der lebendigen Pflanze. Erweiterung und Bereicherung der Entdeckungen des Kreislaufs im Zusammenhange mit dem ganzen Pflanzenleben*, 2 Bde., 1823/28

Animalischer Wärme und des Gefühls ist sie noch weniger fähig, da sie nicht der Prozeß ist, ihre Glieder, die mehr nur Teile und selbst Individuen sind, zur negativen, einfachen Einheit zurückzuführen.

Zusatz. Alles Organische ist das in sich selbst sich Unterscheidende, das die Mannigfaltigkeit in der Einheit erhält. Das animalische Leben, als die Wahrheit des Organischen, geht aber zu diesem höher bestimmten Unterschiede fort, daß der von der substantiellen Form durchdrungene Unterschied nur die eine Seite ist und die substantielle Form für sich die andere Seite gegen dieses Versenktsein ausmacht; das Tier ist daher empfindend. Die Pflanze aber geht noch nicht zu diesem Unterschiede in sich fort, daß der selbstische Einheitspunkt und der organische Kristall schon die beiden Seiten ihres Lebens wären. Das Belebende, was beim Tier die Seele ist, ist daher bei der Pflanze noch ins prozessualische Außereinander versenkt. Beim Tier ist dagegen das eine Beseelende auf eine doppelte Weise vorhanden: α) als inwohnend und belebend, β) als selbstische Einheit, die als einfach existiert. Beide Momente und ihre Beziehung müssen zwar auch an der Pflanze vorhanden sein, aber ein Teil dieses Unterschiedes fällt außerhalb ihrer Existenz, während im Animalischen die absolute Rückkehr des Lebendigen als *Selbstgefühl* vorhanden ist. Die existierende Pflanze ist hingegen nur der eine leibliche Organismus, innerhalb dessen die reine selbstische Einheit mit sich noch nicht reell, sondern nur im Begriffe vorhanden ist, weil sie noch nicht objektiv geworden. Der gegliederte Leib ist bei der Pflanze also noch nicht die Objektivität der Seele; die Pflanze ist *sich noch nicht selbst objektiv.* Die Einheit ist mithin ein Äußeres für die Pflanze, wie außer der Erde der Prozeß ihres Organismus fällt, und dieses äußere physikalische Selbst der Pflanze ist das Licht, dem sie entgegenstrebt, wie der Mensch den Menschen sucht. Die Pflanze hat ein wesentliches, unendliches Verhältnis zum Lichte; aber sie ist erst ein Suchen dieses ihres Selbsts, wie die schwere Materie. Diese einfache Selbstischkeit, die außer der Pflanze ist, ist die höchste Macht derselben; *Schelling* sagt daher: hätte die Pflanze Bewußtsein, so würde sie das Licht als ihren Gott verehren. Der Selbsterhaltungsprozeß ist, das Selbst zu gewinnen, sich zu sättigen, zum Selbstgefühl zu kommen; weil aber das Selbst außer der Pflanze ist, so ist ihr Streben nach dem Selbst vielmehr Außer-sich-gerissen-Werden, also ihre Rückkehr-in-sich immer Hinausgehen und umgekehrt. So ist die Pflanze, als Selbsterhaltung, Vervielfältigung ihrer selbst (§ 343). Die Äußerlichkeit der subjektiven selbstischen Einheit der Pflanze ist in ihrem Verhältnis zum Lichte objektiv, wie das Licht an den gallertartigen Meergebilden (s. § 341 Zus. S. 364), auch an den Farben der Vögel der mittleren Zone (s. Zus. zu § 303) äußerlich erscheint, so daß hier sogar am Animalischen die Macht des Lichtes sichtbar ist. Der Mensch bildet das Selbst mehr in sich hinein; der südliche Mensch kommt aber auch nicht dazu, sein Selbst, seine Freiheit objektiv zu gewahren. Die Pflanzen bekommen am Licht erst Saft und überhaupt eine kräftige Individualisierung; ohne Licht werden sie wohl größer, aber bleiben geschmack-, farb- und geruchlos. Sie kehren sich daher dem Lichte zu: Kartoffelpflanzen, die in einem Keller ausschlagen, kriechen von entfernten Punkten viele Ellen weit auf dem Boden nach der Seite zu, wo ein Lichtloch ist, und ranken sich, als ob sie den Weg wüßten, an der Mauer hinauf, um die Öffnung zu erreichen, wo sie des Lichts genießen können. Die Sonnenblumen und eine Menge anderer Blumen richten sich nach der Bewegung der Sonne am Himmel und drehen sich nach ihr hin. Abends, wenn man von der Morgenseite auf eine blumenreiche Wiese tritt, sieht man wenige, vielleicht keine Blume, weil alle der Sonne zugewendet sind; von der Abendseite prangt dann alles voller Blüten. Auch am Morgen auf der Wiese, wenn es früh ist, sieht man, von Morgen kommend, keine Blumen; erst wenn die Sonne wirkt, kehren sie sich gegen Morgen. »Einige«, sagt *Willdenow**, »öffnen sich der Sonne erst um 12 Uhr des Mittags, wie *Portulaca oleracea, Drosera rotundifolia,* einige nur bei Nacht«, wie die prächtige Fackeldistel *(Cactus grandiflorus),* die nur wenige Stunden blüht.

α) Weil nun, wie gesagt, bei der Pflanze das subjektive Eins in ihre Qualität und Besonderung selbst hineinfällt, die negative Selbstischkeit der Pflanze sich mithin noch nicht zu sich selbst verhält, so existiert dieses Selbst auch noch nicht als ein schlechthin Unsinnliches, welches eben Seele heißt, sondern ist noch sinnlich, zwar nicht mehr als materielle Menge, aber doch als sinnliche Einheit des Materiellen. Das Sinnliche nun, was für die Einheit bleibt, ist der Raum. Indem die Pflanze so das Sinnliche noch nicht ganz vernichten kann, ist sie noch nicht reine Zeit in sich; darum ist die Pflanze an einem bestimmten Ort und kann ihn nicht vernichten, wiewohl sie sich in demselben entfaltet. Das Tier verhält sich aber als Prozeß gegen den Ort, vernichtet ihn, wenn es ihn dann auch wieder setzt. Ebenso will das Ich sich, den Punkt, bewegen, d. h. seinen Ort, d. i. sein sinnliches unmittelbares Beste-

* [Karl Ludwig Willdenow] *Grundriß der Kräuterkunde* [Berlin 1792], herausgegeben von [Heinrich Friedrich] Link (6. Aufl., 1821), S. 473

hen, als des Punktes, ändern; oder Ich will sich, als Idealität des Eins, von sich selbst, als sinnlichem Eins, unterscheiden. In der himmlischen Bewegung haben die Körper eines Systems zwar auch eine freie Bewegung, aber keine zufällige; ihr Ort ist nicht ihr Setzen als Besonderer, sondern die Zeit des Systems, die durchs Gesetz in der Sonne wurzelt, setzt ihn. Ebenso im Magnetismus sind die entgegengesetzten Qualitäten das Bestimmende. Aber im subjektiv Lebendigen, als der Zeit für sich, ist Negation des Orts, und zwar auf absolut gleichgültige Weise gesetzt, oder als innere Gleichgültigkeit. Die Pflanze jedoch ist noch nicht diese Herrschaft über das gleichgültige Außereinanderbestehen des Raums, ihr Raum daher noch ein abstrakter. Bewegung der Pistille und Antheren gegeneinander, Oszillationen der Konferven usw. sind nur als einfaches Wachstum zu fassen, ohne zufällige Determination des Orts. Die Bewegung der Pflanzen wird durch Licht, Wärme und Luft bestimmt. Dies zeigt *Treviranus** z. B. an dem *Hedysarum girans*: »Jeder Stiel dieser Pflanze hat am Ende ein größeres elliptisch-lanzettenförmiges Blatt, und neben diesem sitzen auf demselben Hauptstiel zwei kleinere, gestielte Nebenblätter. Die Bewegungen der Hauptstiele und Hauptblätter sind verschieden von denen der Nebenblätter. Die Bewegung der Hauptstiele und Hauptblätter besteht in einem Aufrichten beim Licht und in einem Niedersinken bei der Dunkelheit; sie geschieht in den Gelenken, wodurch das Blatt mit dem Stiel und dieser mit dem Zweig verbunden ist. Schon der Wiederschein der Sonne von einer zwanzig Schritt entfernten Mauer bewirkte ein deutliches Aufrichten, so wie das Abhalten des Sonnenlichts durch einen undurchsichtigen Körper oder eine vor der Sonne vorüberziehende Wolke ein Niedersinken der Blätter hervorbrachte. Bei voller Mittagssonne und bei dem durch ein Brennglas konzentrierten Sonnenlicht bemerkte Hufeland eine zitternde Bewegung der Hauptblätter und der ganzen Pflanze. Das Mondlicht, ein künstliches Licht hatten keinen Einfluß auf jene Bewegung. Die zweite Bewegung, welche bloß von den kleinen Seitenblättern ausgeübt wird, äußert sich durch ein abwechselndes Aufsteigen und Senken jedes Paars dieser Blättchen, die an einerlei Zweig sich gegenüberstehen; sie hört erst mit dem Tode der Pflanze auf. Es gibt keine äußeren Ursachen, die unmittelbar darauf wirken; am stärksten ist sie indessen in der Zeit der Befruchtung.« Den Körnern der Konferven schreibt Treviranus aber nach ihrem Ausfluß aus diesen Pflanzen noch will-

* [Gottfried Reinhold Treviranus] *Biologie oder Philosophie der lebenden Natur* [*für Naturforscher und Ärzte*, 6 Bde., Göttingen 1802–22], Bd. V, S. 202 f.

kürliche Bewegung zu.* Die Bewegung der Konferven soll zum Teil pendelförmig sein: »Die einzelnen Fäden derselben beugten sich mit den freien Enden stoßweise von der Rechten zur Linken und von der Linken zur Rechten; oft drehten sie sich so, daß ihr freies Ende wie einen Zirkel beschrieb.« Dergleichen ist aber noch keine freiwillige Bewegung.

β) Sollten die Pflanzen sich im Verhalten nach außen unterbrechen, so müßten sie als Subjektive existieren, sich als Selbst zu ihrem Selbst verhalten. Der Grund der nicht unterbrochenen Intussuszeption der Pflanze ist also eben diese ihre Natur, daß sie nicht wahrhafte Subjektivität ist, sondern ihre Individualität immer in ihre Besonderheit zerfällt und so nicht als unendliches Fürsichsein an sich hält. Erst das Selbst als Selbst ist das ausschließende nach außen, eben damit die Seele dieses Verhalten als Beziehung auf sich selbst; und da in ihr das Selbst beide Seiten des Verhältnisses bildet, so ist dieses ein innerer Kreis der Seele, der sich von der unorganischen Natur abhält. Indem die Pflanze aber dieses noch nicht ist, so fehlt ihr die Innerlichkeit, die von dem Verhalten nach außen frei wäre. Luft und Wasser wirken so immer auf die Pflanze; sie nimmt nicht einen Schluck Wasser. Lichteinwirkung wird zwar äußerlich durch die Nacht oder den Winter unterbrochen oder geschwächt; aber das ist nicht ein Unterschied der Pflanze selbst, sondern ein ihr Äußerliches. Man kann daher nach und nach ihre Tätigkeiten verwandeln, wenn man sie des Nachts in erleuchtete Zimmer stellt und des Tags in dunkle. *De Candolle*[14] änderte so bei Mimosen und mehreren anderen Pflanzen schon nach etlichen Nächten ihre Schlafzeit durch Brennenlassen von Lampen. Das übrige Verhalten hängt von Jahreszeiten, Klimaten ab; nördliche Pflanzen, die Winterschlaf haben, ändern dies nach und nach in südlichen Gegenden. – Die Pflanze verhält sich ebenso noch nicht zu Individuellem, auch weil sie nicht das Verhalten des Selbsts zum Selbst ist, ihr Anderes also nicht ein Individuelles, sondern das elementarisch Unorganische ist.

γ) Über die Wärme der Pflanzen sind viele Untersuchungen angestellt und viel Streit geführt worden; besonders hat sich auch *Hermbstädt*[15] viel damit beschäftigt.* Man will wohl etwa in den Pflanzen ein bißchen höhere spezifische Wärme als in ihren Umgebungen gefunden haben; aber das macht es nicht aus. Die Wärme ist ein Konflikt der veränderten Kohäsion; die Pflanzen sind aber

* vgl. Treviranus, a. a. O., Bd. V, S. 4 ff.; Willdenow, a. a. O., S. 422–428

14 Augustin Pyrame De Candolle, 1778–1841, Botaniker

15 Siegmund Friedrich Hermbstädt, 1760–1833, Chemiker und Pharmazeut

ohne diese Änderung der Kohäsion in sich, ohne dieses Entzünden, dieses Feuer in sich, welches das animalische Leben ist. Man hat zwar einen Thermometer ins Innere der Bäume getan, die man durchbohrte, und einen bedeutenden Unterschied zwischen der äußeren und innern Temperatur gefunden, z. B. von – 5° Reaumur und + 2°, von — 10° und + 1° usw. Dies kommt aber daher, weil das Holz ein schlechter Wärmeleiter ist und dann der Stamm seine Wärme von der Erde mitgeteilt erhält. Sonst, sagt *Treviranus* (a. a. O., Bd. V, S. 16), hat man »mehr als 4600 Erfahrungen von Fontana, daß die Wärme der Gewächse ganz abhängig von der Temperatur des Mediums ist, worin sie sich befinden«. Treviranus fährt S. 19 fort: »Einzelne Pflanzengattungen sind wohl unter gewissen Umständen imstande, Wärme und Kälte hervorzubringen und so der Einwirkung der äußeren Temperatur zu *widerstehen*. Mehrere beobachteten an der Oberfläche des Blütenkolbens *(spadix)* vom *Arum maculatum* und anderer Arten um die Zeit, wenn derselbe anfängt, aus der Scheide hervorzubrechen, eine Hitze, die vier bis fünf Stunden zunahm, und zwar beim *Arum maculatum* zwischen drei und vier Uhr nachmittags, in derselben Zeit sich wieder verminderte und in ihrer größten Höhe die Temperatur der äußeren Luft – beim *Arum maculatum* um 15 — 16° F, beim *Arum cordifolium* um 60 — 70° F – übertraf.* Eiskraut *(Mesembryanthemum crystallinum)* entwickelt Kälte, ohne Zweifel vom Salpetergehalt. Jene Wärme dient aber wohl ebensowenig, die Pflanze zur Befruchtungszeit gegen die Kälte, als diese Kälte, sie gegen die Hitze zu schützen.« Die Pflanze bleibt also nichtsdestoweniger ohne diesen inneren Prozeß, indem sie im Hinausgehen nur erstarrt, wogegen das Tier dieser flüssige Magnet ist, dessen unterschiedene Teile ineinander übergehen und so die Wärme entwickeln, deren Prinzip eben nur im Blute liegt.

δ. Daß die Pflanze kein Gefühl hat, liegt wieder darin, daß das subjektive Eins in ihre Qualität, Besonderheit selbst hineinfällt, das Insichsein noch nicht als Nervensystem selbständig gegen das Äußere ist wie beim Tiere. Erst was Empfindung in sich hat, kann sich selbst als Anderes ertragen, kann es mit der Härte der Individualität aufnehmen und sich in den Kampf mit anderen Individualitäten wagen. Die Pflanze ist die unmittelbare organische Individualität, worin die Gattung das Übergewicht hat und die Reflexion nicht individuell ist, das Individuelle nicht als solches in

* [Heinrich Friedrich] Link, *Grundlehren der Anatomie und Physiologie der Pflanzen* (Göttingen 1807), S. 229, bemerkt dazu: »Die Blüte stinkt sehr heftig; mir scheint die Entbindung und die Zersetzung des Öls oder gekohlten Wasserstoffgases, welches den Gestank verursacht, an der Luft allein der Grund der Erscheinung der Wärme zu sein.«

sich zurückgeht, sondern ein Anderes ist, also kein *Selbstgefühl* hat. Die Empfindlichkeit gewisser Pflanzen gehört nicht hierher und ist nur mechanische Elastizität, wie beim Pflanzenschlaf das Verhältnis zum Lichte wirksam ist. In dieser Rücksicht sagt Treviranus (a. a. O., Bd. V, S. 206–208): »Man hat Reizbarkeit für äußere, bloß örtliche Einflüsse und Äußerung von Bewegungen auf dieselben als Empfindung ansehen wollen, und allerdings hat dies unverkennbare Ähnlichkeit mit Zusammenziehungen der tierischen Muskelfaser« – die aber auch ohne Empfindung statthaben können. »Besonders die Befruchtungswerkzeuge zeigen eine solche Reizbarkeit, ein Ausstreuen des Samenstaubes aus den Antheren bei Berührung der Staubfäden, Bewegungen von Griffeln und Staubfäden nach mechanischen Reizungen, besonders der Filamente zum Griffel hin, wenn sie berührt werden.« Die Äußerlichkeit der Ursache dieser Reizbarkeit beweisen aber besonders die Beobachtungen von Medicus, die Treviranus (ebenda S. 210) anführt: »daß mehrere Pflanzen der kälteren Himmelsstriche nachmittags und bei heißer, trockner Witterung gar nicht, hingegen morgens nach starkem Tau und den ganzen Tag hindurch bei gelindem Regen sehr reizbar sind; daß Gewächse der wärmeren Klimate ihre Reizbarkeit nur bei heiterem Himmel äußern; und daß alle Pflanzen am reizbarsten sind, wenn der Samenstaub eben reift und das Pistill sich mit einem glänzenden Öle bedeckt«. Am berühmtesten sind, in Rücksicht auf Reizbarkeit der Blätter, mehrere Mimosenarten und andere Pflanzen, die wie diese zur Familie der Hülsenfrüchte gehören: »Die *Dionaea muscipula* hat zahlreiche in einem Kreis rund um den Stengel gestellte Blätter, die Blätter der *Oxalis sensitiva* bestehen aus zwölf Paar eiförmigen Blättchen; bei Berührungen legen sie ihre Blätter zusammen. Die Blätter der *Averrhoa Carambola* sind gefiedert und senken sich nieder, wenn man sie an ihrem Stiel berührt.«* Die anatomischen Beobachtungen von Rudolphi und Link beweisen dasselbe. [Karl Asmund] Rudolphi (*Anatomie der Pflanzen* [Berlin 1807], S. 239) sagt: »Es ist ihnen eine Artikulation des Blattstiels und der partiellen Blattstiele eigentümlich. An der Basis sind die Blätter zusammengezogen, während bei anderen gefiederten Blättern die Basis erweitert oder wenigstens nicht dünner ist. Dicht über dem Gelenk wird ferner der Blattstiel bei jenen Pflanzen viel dicker als an den übrigen Stellen, wodurch das zusammengezogene Gelenk noch sichtbarer wird. Übrigens besteht diese Verdickung nur aus Zellgewebe, das gewöhnlich bald verholzt. – Wenn man eine *Kassie, Lupine* usf. abschneidet, faltet sich sehr bald alles zusam-

* Treviranus, a. a. O., Bd. V, S. 217 ff.

men, wie beim Pflanzenschlaf, ohne sich wieder zu öffnen. Eine frische Mimose sinkt bei geringer Berührung zusammen, und schnell aufgerichtet, krank oder erschöpft, kann man sie lange vergebens reizen, und es dauert auch lange, ehe sie die gesenkten Teile erhebt. – Desfontaine, wie Mirbel erzählt, führte beim Fahren eine Mimose mit sich. Bei der ersten Bewegung des Wagens schloß sie alle ihre Blätter, die sich aber nachher unmerklich wieder öffneten und sich unterwegs nicht wieder schlossen, als ob sie sich gleichsam an das Schaukeln des Wagens gewöhnt hätten.« Link sagt (a. a. O., S. 258): »Im Winde fallen die Blätter zusammen, aber richten sich ungeachtet des Windes wieder auf und gewöhnen sich endlich so daran, daß dieser nicht mehr auf sie wirkt«; und in den *Nachträgen zu den Grundlehren* (I, S. 26): »Die Reizbarkeit geht nur so weit, als die Erschütterung sich erstreckt. Man kann auf ein Blättchen sehr heftige Wirkungen machen, ohne daß nahe Blätter dadurch affiziert würden; jeder Reiz scheint nur an der Stelle zu haften und zu wirken, wo er erregt wird.« So haben wir hier doch wohl nur das einfache Phänomen der Zusammenziehung und Ausdehnung, das hier schneller und plötzlich sich zeigt, während bei der Verwandlung der Tätigkeiten, von der wir oben (β) sprachen, die Wirkung langsamer war.

§ 345

Als Organisches gliedert sich aber die Pflanze wesentlich auch in eine Unterschiedenheit von abstrakten (Zellen, Fasern und dergleichen) und von konkreteren Gebilden, die jedoch in ihrer ursprünglichen Homogeneität bleiben. Die *Gestalt* der Pflanze, als aus der Individualität noch nicht zur Subjektivität befreit, bleibt auch den geometrischen Formen und kristallinischer Regelmäßigkeit nahe, wie die Produkte ihres Prozesses den chemischen noch näherstehen.

Goethes *Metamorphose der Pflanzen*[16] hat den Anfang eines vernünftigen Gedankens über die Natur der Pflanze gemacht, indem sie die Vorstellung aus der Bemühung um bloße Einzelheiten zum Erkennen der *Einheit* des Lebens gerissen hat. Die *Identität* der Organe ist in der Kategorie

16 *Versuch die Metamorphose der Pflanzen zu erklären*, Gotha 1790. Später unter dem Titel »Die Metamorphose der Pflanzen«, in *Zur Morphologie*, I. Bd., 1. Heft, 1817

der Metamorphose überwiegend; die bestimmte Differenz und die eigentümliche Funktion der Glieder, wodurch der Lebensprozeß gesetzt ist, ist aber die andere notwendige Seite zu jener substantiellen Einheit. Die *Physiologie* der Pflanze erscheint notwendig als dunkler als die des tierischen Körpers, weil sie einfacher ist, die Assimilation wenige Vermittlungen durchgeht und die Veränderung als *unmittelbare Infektion* geschieht. – Wie in allem natürlichen und geistigen Lebensprozeß ist die Hauptsache in der Assimilation, wie in der Sekretion, die *substantielle* Veränderung, d. i. die *unmittelbare* Verwandlung eines äußeren oder besonderen Stoffs überhaupt in einen anderen; es tritt ein Punkt ein, wo die Verfolgung der Vermittlung, es sei in chemischer oder in Weise mechanischer *Allmählichkeit*, abgebrochen und unmöglich wird. Dieser Punkt ist allenthalben und durchdringend, und die Nicht-Kenntnis oder vielmehr das Nichtanerkennen dieser einfachen Identifizierung sowie der einfachen Diremtion ist es, was eine Physiologie des Lebendigen unmöglich macht. – Interessante Aufschlüsse über die Physiologie der Pflanze gewährt das Werk meines Kollegen, des Herrn Prof. C. H. Schultz (*Die Natur der lebendigen Pflanze, oder die Pflanzen und das Pflanzenreich*, 2 Bde.)[17], das ich um so mehr hier anzuführen habe, als einige der in den folgenden Paragraphen angegebenen speziellen Grundzüge über den Lebensprozeß der Pflanze daraus geschöpft sind.

Zusatz. Die Objektivierung der Pflanze ist ganz formell, nicht wahrhafte Objektivität: die Pflanze geht nicht nur überhaupt nach außen, sondern das Erhalten ihres Selbsts als Individuums ist nur durch perennierendes Setzen eines neuen Individuums.

α) Der *Typus* der ganzen Pflanze ist einfach dieser: Es ist ein *Punkt* (Bläschen), ein Keim, Korn, Knoten, oder wie man es nennen möge, vorhanden. Dieser Punkt treibt Fäden, macht sich zu einer *Linie* (man kann dies, wenn man will, Magnetismus heißen, aber es ist ohne polarische Entgegensetzung), und dies Hinausgehen in die Länge hemmt sich wieder, macht ein neues Korn,

---

17 siehe Fn. 13, S. 373

einen neuen Knoten. Durch Abstoßen ihrer von sich selbst bilden sich diese Knoten immer weiter fort, indem sich innerhalb eines Fadens die Pflanze in eine Menge von Keimen dirimiert, die wieder ganze Pflanzen sind; so werden Glieder hervorgebracht, deren jedes das Ganze ist. Es ist zunächst gleichgültig, ob diese Verknotungen sich in einem Individuum halten oder ob sie gleich in mehrere Individuen zerfallen. Diese Reproduktion ist so unvermittelt durch Gegensatz, nicht ein Zusammengehen aus ihm, wiewohl die Pflanze sich auch zu diesem erhebt. Das wahrhafte Auseinandertreten des Gegensatzes im Geschlechtsverhältnis gehört aber der animalischen Kraft an, und was sich in der Pflanze davon findet, ist nur ein Oberflächliches, wovon nachher die Rede sein wird. Am einfachsten und ganz unmittelbar zeigt sich dieser Typus der Pflanze am Beispiel der *Konferven*, die sonst nichts anderes als solche grünen Fäden ohne alle weitere Gestaltung sind, – die ersten Anfänge der Vegetation im Wasser. So beschreibt sie Treviranus (a. a. O., Bd. III, S. 278–283): »Die Brunnenkonferve (*Conferva fontinalis* L.) vermehrt sich durch ein eiförmiges Knöpfchen, wozu die Spitze des zarten Fadens, aus welchem jenes Gewächs besteht, anschwillt. Dieser Knopf trennt sich nach einiger Zeit vom Faden, setzt sich am nächsten Orte fest und treibt bald eine Spitze, die sich zu einem vollkommenen Wasserfaden verlängert. Auf eine ähnliche einfache Art geschieht die Fortpflanzung aller von *Roth* zur Gattung *Ceramium* gerechneten Arten. An der Oberfläche ihres Stammes oder ihrer Zweige erzeugen sich zu gewissen Zeiten, und zwar meist im Frühling, beerenartige Körper, welche gewöhnlich einen oder zwei kleinere Körner enthalten und bei völliger Reife entweder abfallen oder sich öffnen und sich ihres Samens entledigen. Bei den eigentlichen Konferven (*Conferva* R.), dem Wassernetze (*Hydrodictyon* R.), den Rivularien und vielen Tremellen befinden sich die Organe der Fortpflanzung« (?) »in der Substanz des Gewächses; und zwar sind sie von doppelter Art. Sie bestehen entweder in kleineren, regelmäßig aneinandergereihten Körnern, die schon bei der ersten Bildung des Gewächses in demselben vorhanden sind, oder sie zeigen sich als größere, eierartige Körper, die mit dem inneren Schlauche der Konferven einen gleichen Durchmesser haben und erst in einer gewissen Lebensperiode dieser Phytozoen entstehen. Jene sind bei einigen in einem Zickzack oder in einer Spirallinie geordnet, bei anderen in sternförmigen Figuren, in rechtwinkligen Parallelogrammen usf., oder sie sind in ästiger Gestalt aneinandergereiht, und die Äste sitzen wirtelförmig um einen gemeinschaftlichen Stamm. Sie fließen aus und sind die Anfänge neuer Konferven. – Sehr verschieden von diesen kleineren Körnern ist eine größere

Art runder« (eier- und beerenartiger) »Körper, die sich in einigen gegliederten Konferven (*Conferva setiformis, spiralis* und *bipunctata* R.) und nur in einer gewissen Periode ihres Lebens (im Mai, Juni und Juli) erzeugen. Um diese Zeit verlassen die kleineren ursprünglichen Körner ihre regelmäßige Stellung und vereinigen sich zu größeren ovalen oder kugelförmigen Körpern. Mit der Bildung dieser letzteren verliert die Konferve ihre grüne Farbe, und es bleibt bloß eine durchsichtige, farbenlose Haut übrig, welche in jedem ihrer Glieder eine bräunliche Frucht enthält. Nachdem endlich jene Membran aufgelöst ist, sinken diese Früchte zu Boden und ruhen hier bis zum folgenden Frühjahr, wo sich aus jeder derselben eine Konferve von gleicher Art mit der vorigen auf eine Weise entwickelt, die mehr Ähnlichkeit mit dem Auskriechen des Tiers aus dem Ei als mit dem Keimen der Samenkörper zu haben scheint.« Ebenda (S. 314 ff.) schreibt Treviranus den Konferven eine *Kopulation* und Begattung zu.

β) Bei den höheren Pflanzen, besonders bei den Sträuchern, ist das unmittelbare Wachstum sogleich als ein Teilen in *Zweige* und *Äste* vorhanden. An der Pflanze unterscheiden wir Wurzeln, Stamm, Zweige und Blätter. Es ist aber nichts bekannter, als daß jeder Ast und Zweig ein vollständiges Gewächs ist, das seine Wurzel in der Pflanze wie im Boden hat, abgerissen davon und als *Absenker* in den Boden gesetzt, Wurzeln treibt und ganze Pflanze ist. Und die Sache geschieht auch durch zufälliges Losreißen eigener Individuen. Treviranus (a. a. O., Bd. III, S. 365) sagt: »Die Fortpflanzungsart der Pflanzen durch *Teilung* geschieht nie bei ihnen von freien Stücken, sondern immer durch Kunst oder Zufall. Das Vermögen, sich auf diesem Wege zu vermehren, besitzt vorzüglich die *Tillandsia usneoides*, eine parasitische Pflanze aus der Familie der *Bromelien*. Wird irgendein Teil dieses Gewächses vom Winde losgerissen und von den Zweigen der Bäume aufgefangen, so schlägt er sogleich Wurzeln und wächst so gut, als wenn er aus dem Samen aufgeschossen wäre.« Erdbeeren und eine Menge anderer Gewächse treiben bekanntlich *Stolonen*, d. h. kriechende, aus der Wurzel entspringende Stiele. Diese Fäden oder Blattstiele bilden Knoten (warum nicht aus »freien Stücken«?); berühren solche Punkte die Erde, so treiben sie wieder Wurzeln und bringen neue ganze Pflanzen hervor. Willdenow (a. a. O., S. 397) gibt an: »Der *Manglebaum* (*Rhizophora mangle*) beugt seine Äste senkrecht zur Erde herab und verwandelt sie in Stämme, so daß ein einziger Baum die feuchten Ufer unter den Wendezirkeln in Asien, Afrika und Amerika auf eine Meile weit und darüber mit einem Walde überzieht, der aus zahlreichen Stämmen besteht, die oben wie eine dicht geschorene Laube zugedeckt sind.«

γ) Die Zweige entstehen aus *Knospen (gemmulae)*. »Von jeder Knospe«, führt Willdenow (a. a. O., S. 393) aus *Aubert du Petit-Thouars*[18] an, »verlängern sich Gefäße und gehen abwärts durch die Pflanze, so daß das Holz eigentlich ein Gebilde der Wurzelfasern aller Knospen ist und die holzartige Pflanze ein Aggregat mehrerer Gewächse.« Willdenow fährt dann fort: »Wenn man einen gepfropften Baum an der Pfropfstelle öffnet, so zeigt sich allerdings auch, daß vom Pfropfreis Fasern in den Hauptstamm auf eine kurze Strecke sich verlaufen, wie auch Link beobachtet hat und ich ebenfalls sah.« Über dies *Okulieren* spricht er S. 486 f. weitläufiger: »Bekanntlich bildet sich die auf einen anderen Stamm gesetzte Knospe eines Strauchs oder Baums auf demselben aus und ist als eine besondere Pflanze anzusehen. Sie verändert ihre Natur gar nicht, sondern wächst, als wenn sie in der Erde befindlich wäre, fort. Agricola und Barnes waren noch glücklicher in dieser Art von Vermehrung; sie setzten die Knospe gerade in die Erde und erzogen daraus vollkommene Pflanzen. Bei dieser Art von künstlicher Vermehrung ist bemerkenswert, daß, wo die Zweige oder Augen *(gemmae)* auf irgendeine Art, sei es durch Stecken, Pfropfen oder Okulieren, zu neuen Pflanzen gemacht werden, sich nicht die Pflanze, von der sie genommen wurden, als Art« nur, »sondern auch als Spielart fortpflanzt. Der Same pflanzt nur die Art fort, die aus demselben unter mancherlei Ansehen als Spielart hervorwachsen kann. Daher muß der Borstorfer Apfel durch Pfropfen und Okulieren immer derselbe bleiben; aber aus dem Samen wird man ganz verschiedene Spielarten erhalten.« Solche Knospen behalten so sehr ihre Individualität, indem sie sich zum Zweige eines anderen Baumes machen, daß man auf einem Baume z. B. ein Dutzend Birnenarten ziehen kann.
Zwiebeln sind auch solche Knospen (nämlich bei den Monokotyledonen) und teilen sich ebenso in sich. Treviranus sagt (a. a. O., Bd. III, S. 363 f.): »Die Zwiebeln sind den Monokotyledonen eigen. Sie wachsen bald oben an der Wurzel, bald in dem Winkel zwischen dem Stengel und dem Blattstiele wie beim *Lilium bulbiferum* und der *Fritillaria regia*, bald in den Blumen wie bei mehreren Arten des *Allium* hervor. Diejenigen Pflanzen, deren Wurzeln Zwiebeln tragen« (d. h. sich einfach dirimieren), »erzeugen gewöhnlich unfruchtbare Samenkörner; diese werden aber fruchtbar, wenn die Zwiebelbrut gleich bei ihrem Entstehen zerstört wird. Bei der *Fritillaria regia* hat jedes Blatt das Vermögen, auch abgesondert vom Stamme Zwiebeln hervorzubringen. Ein solches, im Herbste dicht an der Zwiebel abgeschnitten,

18 Aubert du Petit-Thouars, 1758–1831, Botaniker

zwischen Löschpapier mäßig gedrückt und an einem warmen Orte aufbewahrt, treibt am untersten Ende, wo es mit der Wurzel vereinigt gewesen ist, neue Zwiebeln, und in eben dem Verhältnisse, wie diese sich entwickeln, stirbt dasselbe nach und nach ab. Bei manchen von den Pflanzen, deren Zwiebeln in den Winkeln der Blätter oder an den Stengeln hervorkommen, sondern sich dieselben zuweilen freiwillig von dem Mutterstamme ab und treiben, getrennt von diesem, Wurzeln und Blätter. Solche Gewächse verdienen vorzüglich den Namen der lebendig gebärenden. Bei dem *Lilium bulbiferum*, der *Poa bulbosa* und mehreren Arten des *Allium* erfolgt diese Erscheinung ohne Zutun der Kunst. Bei der *Tulipa gesneriana*, *Eucomis punctata* und mehreren anderen saftigen Monokotyledonen läßt sie sich mit Hilfe der Kunst hervorbringen, wenn man diesen Gewächsen die Blume vor der Befruchtung nimmt und den Stengel mit den Blättern an einen schattigen Ort setzt.« Willdenow bemerkt (a. a. O., S. 487) geradezu, »*Pothos* und *Plumiera* lassen sich sogar aus Blättern vermehren«; wozu Link hinzufügt: »Ausgezeichnet ist diese Eigenschaft am *Bryophyllum calycinum*.« Ein Blatt, horizontal auf die Erde gelegt, treibt am ganzen Rande herum Fasern und Würzelchen. Link sagt (*Grundlehren*, S. 181): »So hat man Beispiele von wurzelnden Gemmen, welche aus dem Blattstiele entsprangen; künstlich erzog Mandirola zuerst Bäume aus Blättern. Es ist möglich, daß aus jedem Teile, welcher nur Spiralgefäße und Zellgewebe enthält, eine Gemme entspringe.« Kurz, jeder Teil der Pflanze kann unmittelbar als das vollständige Individuum existieren, was bei den Tieren durchaus nicht der Fall ist, außer bei den Polypen und anderen ganz unvollständigen Tierarten. Eine Pflanze ist so eigentlich ein Aggregat einer Menge von Individuen, die ein Individuum ausmachen, dessen Teile aber vollkommen selbständig sind. Diese Selbständigkeit der Teile ist die *Ohnmacht* der Pflanze; das Tier hat dagegen Eingeweide, unselbständige Glieder, die durchaus nur in der Einheit mit dem Ganzen existieren können. Wird das Eingeweide verletzt (nämlich edle innere Teile), so ist das Leben des Individuums dahin. Bei dem animalischen Organismus können freilich auch Glieder abgenommen werden; bei der Pflanze sind aber nur solche vorhanden.

Daher hat *Goethe* mit großem Natursinn das Wachstum der Pflanzen als Metamorphose eines und desselben Gebildes bestimmt. Die Botaniker sind gegen dessen Schrift, *Die Metamorphose der Pflanzen*, die 1790 erschien[19], gleichgültig gewesen und wußten nicht, was sie damit machen sollten, eben weil ein Ganzes darin

19 siehe Fn. 16, S. 380

dargestellt wurde. Das Außersichgehen in mehrere Individuen ist zugleich eine ganze Gestalt, eine organische Totalität, die in ihrer Vollständigkeit Wurzel, Stamm, Äste, Blätter, Blüte, Frucht hat und allerdings auch eine Differenz an ihr setzt, die wir in der Folge entwickeln werden. Das Interesse bei Goethe aber geht darauf, zu zeigen, wie alle diese differenten Pflanzenteile ein einfaches, in sich geschlossen bleibendes Grundleben sind und alle Formen nur äußerliche Umbildungen eines und desselben identischen Grundwesens, nicht nur in der Idee, sondern auch in der Existenz bleiben, – jedes Glied deswegen sehr leicht in das andere übergehen kann; ein geistiger flüchtiger Hauch der Formen, welcher nicht zum qualitativen, gründlichen Unterschiede kommt, sondern nur eine ideelle Metamorphose an dem Materiellen der Pflanze ist. Die Teile existieren als an sich Gleiche, und Goethe faßt den Unterschied nur als ein *Ausdehnen* oder *Zusammenziehen*. Bekannt ist es z. B., daß man Bäume umgekehrt, die Wurzeln nach der Luft gewendet, Äste und Zweige aber in den Boden gesetzt hat; wobei es geschieht, daß jene Blätter, Knospen, Blüten usw. treiben, diese Wurzeln geworden sind. Gefüllte Blumen, z. B. bei Rosen, sind nichts anderes, als daß die Filamente (Staubfäden), die Antheren (Staubbeutel), auch die Pistille (Griffel) bei wilden Rosen, durch mehr Nahrung in Blumenblätter verwandelt werden, entweder gänzlich oder so, daß sich noch Spuren derselben finden. Die Natur des Filaments ist bei vielen dieser Blumenblätter noch erhalten, so daß sie auf der einen Seite Blumenblatt, auf der andern Filament sind; denn die Filamente sind eben nichts anderes als kontrahiertere Blätter. Tulpen, die man *Monstrosen* nennt, haben Blumenblätter, die zwischen Blumenblättern und Stengelblättern schwanken. Die Blumenblätter selbst sind nichts als Blätter der Pflanze, nur verfeinert. Auch das Pistill ist nur ein kontrahiertes Blatt; auch der Pollen (der Samenstaub), an Rosenstöcken z. B. ein gelbes Pulver, hat Blattnatur. Ebenso haben die Samenkapsel und die Frucht ganz die Natur des Blatts, wie man denn auf dem Rücken der Frucht manchmal noch Blätter sieht. Ebenso ist beim Stein der Frucht die Blattnatur zu erkennen. Der *Dorn* der wildwachsenden Pflanzen wird bei veredelten Pflanzen zum Blatt; Apfel-, Birnen-, Zitronenbäume haben im mageren Boden Dornen, die durch Kultur verschwinden und sich in Blätter verwandeln.*

Auf diese Weise zeigt sich in der ganzen Produktion der Pflanze dieselbe Gleichartigkeit und einfache Entwicklung; und diese *Einheit der Form* ist das *Blatt*. Eine Form kann so leicht in die

* vgl. Willdenow, a. a. O., S. 293

andere hineingespielt werden. Der *Keim* charakterisiert sich schon an sich selbst als eine Weise der Blätter, mit seinen *Kotyledonen* oder *Samenläppchen*, d. h. eben Blätter mit roherem Stoffe, die unausgearbeitet sind. Von da geht's in den *Stengel* über, an dem sich Blätter hervortreiben, die oft gefiedert sind und sich so den Blüten nähern. Hat das In-die-Länge-Gehen eine Zeitlang gedauert (wie bei den Konferven), so verknoten sich die Stengelblätter und an den *Knoten* entstehen Blätter, die unten am Stengel einfach sind, dann zerschnitten, auseinanderfallend, sich teilend; bei den ersten, unteren, ist die Peripherie, der Rand, noch nicht ausgebildet.* Goethe fährt in diesem Bilde einer *einjährigen Pflanze*, das er gibt, also fort[20]: »Doch breitet sich die fernere Ausbildung unaufhaltsam von Knoten zu Knoten durch das Blatt aus... Die Blätter erscheinen nunmehr eingekerbt, tief eingeschnitten, aus mehreren Blättchen zusammengesetzt, in welchem letzten Falle sie uns vollkommene kleine Zweige vorbilden. Von einer solchen sukzessiven höchsten Vermannigfaltigung der einfachsten Blattgestalt gibt uns die Dattelpalme ein auffallendes Beispiel. In einer Folge von mehreren Blättern schiebt sich die Mittelrippe vor, das fächerartige, einfache Blatt wird zerrissen, abgeteilt, und ein höchst zusammengesetztes, mit einem Zweige wetteiferndes Blatt wird entwickelt« (Goethe, a. a. O., S. 11 [Nr. 20]). Die Blätter sind so jetzt feiner ausgebildet als die Kotyledonen, indem sie ihre Säfte aus dem Stamme, als einem schon Organisierten, ziehen.

Ich mache hierbei die in Rücksicht auf den Unterschied der Spezies wichtige Bemerkung, daß dieser Fortgang, der sich an einer Art in der Blattentwicklung zeigen kann, es dann vornehmlich auch ist, der das Bestimmende bei den verschiedenen Arten selbst ist, so daß dann die Blätter aller Arten zusammen die vollständige Entwicklung eines Blattes zeigen, wie man dies z. B. in einer Reihe von *Pelargonien* sieht, in der sich die voneinander zunächst sehr verschiedenen Blätter durch Übergänge vermitteln. »Bekanntlich finden die Botaniker den spezifischen Unterschied der Gewächse

* vgl. Goethe, *Zur Morphologie*, I. Bd. [1. Heft], 1817, »Die Metamorphose der Pflanzen«, S. 7–10 [Nr. 10ff.]

---

20 Im Folgenden zitiert Hegel sehr ausgiebig aus Goethes Schrift, jedoch nicht immer in wortwörtlichem Zitat, sondern häufig in Form eines Resümees. Es wurden hier, entgegen der Ausgabe von Michelet, nur die wörtlichen Zitate in Anführungszeichen gesetzt; bei kleinen Abweichungen wurde der Goethesche Text stillschweigend wiederhergestellt; Auslassungen sind durch Punkte gekennzeichnet. Den Seitenangaben Hegels sind in eckigen Klammern die Nummern der Absätze hinzugefügt.

größtenteils in der Gestaltung der Blätter... Man betrachte die Blätter des *Sorbus hybrida*. Einige dieser Blätter sind noch beinah ganz anastomosiert, und nur die etwas tieferen Einschnitte des gezahnten Randes zwischen den Seitenrippen deuten uns an, daß die Natur von hier aus in eine tiefere Absonderung strebe. Bei anderen Blättern werden diese Einschnitte, vorzüglich am Grunde und der unteren Hälfte des Blattes, tiefer, und man sieht unverkennbar, daß jede Seitenrippe die Hauptrippe eines besonderen Blättchens werden soll. Andere Blätter haben schon die deutliche Absonderung der untersten Seitenrippen zu eigenen Blättchen. An den folgenden Seitenrippen sind die tiefsten Einschnitte bereits gelungen, und man erkennt, daß ein freierer Trieb in die Ramifikation auch hier die *Anastomose* überwunden hätte. Dies ist nun in anderen Blättern erreicht, wo von unten herauf zwei, drei bis vier Paare der Seitenrippen gelöst sind und die alte Mittelrippe durch schnelleres Wachstum die Blättchen auseinanderrückt. So ist das Blatt nun halb gefiedert und halb noch anastomosiert. Nachdem der Baum jünger oder älter ist und verschiedenen Stand hat, auch sogar nach Beschaffenheit des Jahres, sieht man bald das Auseinanderreißen der Ramifikation, bald die Anastomose in einem Mehr oder Weniger vorherrschen, und ich besitze Blätter, welche beinah ganz gefiedert sind. Gehen wir nun zu *Sorbus aucuparia* über..., so wird offenbar, daß diese Art nur eine fortgesetzte Evolutionsgeschichte von *Sorbus hybrida* sei, daß beide nur durch das Geschick unterschieden sind, welches den *Sorbus hybrida* in eine stärkere Innigkeit des Gewebes, den *Sorbus aucuparia* in eine größere Freiheit des Sprossens zu streben antreibt.«*

Von den Blättern geht Goethe (a. a. O., S. 15–20 [Nr. 29–38]) dann zum Kelch über: »Den Übergang zum *Blütenstande* sehen wir schneller oder langsamer geschehen. In dem letzten Falle bemerken wir gewöhnlich, daß die Stengelblätter von ihrer Peripherie herein sich wieder zusammenzuziehen anfangen, besonders ihre mannigfaltigen äußeren Einteilungen zu verlieren, sich dagegen an ihren unteren Teilen, wo sie mit dem Stengel zusammenhängen, mehr oder weniger auszudehnen; in gleicher Zeit sehen wir wo nicht die Räume des Stengels von Knoten zu Knoten merklich verlängert, doch wenigstens denselben gegen seinen vorigen Zustand viel feiner und schmächtiger gebildet. Man hat bemerkt, daß häufige Nahrung den Blütenstand einer Pflanze verhindere... Oft sehen wir diese Umwandlung schnell vor sich

* [Franz Joseph] Schelver, *Kritik der Lehre von den Geschlechtern der Pflanze* [1802], 1. Fortsetzung (1814), S. 38–40

gehen, und in diesem Falle rückt der Stengel, von dem Knoten des letzten ausgebildeten Blattes an, auf einmal verlängt und verfeinert, in die Höhe, und versammelt an seinem Ende mehrere Blätter um eine Achse« – der *Kelch*. Seine Blätter sind dieselben Organe als die Stengelblätter, nun aber um einen gemeinschaftlichen Mittelpunkt versammelt. »Ferner sehen wir bei mehreren Blumen unveränderte Stengelblätter gleich unter der Krone zu einer Art von Kelch zusammengerückt. Da sie ihre Gestalt noch vollkommen an sich tragen, so dürfen wir uns hier nur auf den Augenschein und auf die botanische Terminologie berufen, welche sie mit dem Namen Blütenblätter, Folia Floralia, bezeichnet hat.« Wo die Stengelblätter sich *nach und nach* zusammenziehen, verändern sie sich und schleichen sich gleichsam sachte in den Kelch ein. Diese Blätter sehen wir noch unkenntlicher gemacht, indem sie sich oft verbinden und an ihren Seiten zusammengewachsen hervorbringen. »Die so nahe aneinander gerückten und gedrängten Blätter ... stellen uns die glockenförmigen oder sogenannten einblättrigen Kelche dar, welche mehr oder weniger von oben herein eingeschnitten (sind) ... Auf diese Weise bildet also die Natur den Kelch, daß sie mehrere Blätter und folglich mehrere Knoten, welche sie sonst nacheinander und in einiger Entfernung voneinander hervorgebracht hätte, zusammen ... um einen Mittelpunkt verbindet ... Die Natur bildet also im Kelche kein neues Organ.« Sondern der Kelch ist nur ein Punkt, um den sich im Kreise sammelt, was vorher im ganzen Stengel verteilt war.
Die *Blume* selbst ist nur eine Verdoppelung des Kelchs; denn die Blumen- und Kelchblätter sind sich sehr nah. Auch hier, beim »Übergang des Kelchs zur Krone« (Korolle), ist bei Goethe der Gegensatz nicht ausgesprochen: »Obgleich die Farbe des Kelchs noch gewöhnlich grün und der Farbe der Stengelblätter ähnlich bleibt, so verändert sich dieselbe doch oft an einem oder dem andern seiner Teile, an den Spitzen, den Rändern, dem Rücken, oder gar an seiner inwendigen Seite, indessen die äußere noch grün bleibt; und wir sehen mit dieser Färbung jeder Zeit eine Verfeinerung verbunden. Dadurch entstehen zweideutige Kelche, die mit gleichem Rechte für Kronen gehalten werden können.« Die Krone wird nun abermals durch eine *Ausdehnung* hervorgebracht. »Die Kronenblätter sind gewöhnlich größer als die Kelchblätter, und es läßt sich bemerken, daß, wie die Organe im Kelch zusammengezogen werden, sie sich nunmehr als Kronenblätter ... in einem hohen Grade verfeint wieder ausdehnen ... Ihre feine Organisation, ihre Farbe, ihr Geruch würden uns ihren Ursprung ganz unkenntlich machen, wenn wir die Natur nicht in mehreren außerordentlichen Fällen belauschen könnten. So findet

sich z. B. innerhalb des Kelches einer Nelke manchmal ein zweiter Kelch, welcher, zum Teil vollkommen grün, die Anlage zu einem einblättrigen, eingeschnittenen Kelche zeigt; zum Teil zerrissen und an seinen Spitzen und Rändern zu zarten, ausgedehnten, gefärbten wirklichen Anfängen der Kronenblätter umgebildet wird ...« An mehreren Pflanzen erscheinen Stengelblätter »schon mehr oder weniger gefärbt, lange ehe sie sich dem Blütenstande nähern; andere färben sich vollkommen in der Nähe des Blütenstandes. Auch ... zeigt sich manchmal an den Tulpenstengeln ein beinahe völlig ausgebildetes und gefärbtes Kronenblatt. Ja noch merkwürdiger ist der Fall, wenn ein solches Blatt halb grün, mit seiner einen Hälfte zum Stengel gehörig, an demselben befestigt bleibt, indes sein anderer und gefärbter Teil mit der Krone emporgehoben und das Blatt in zwei Teile zerrissen wird. Es ist eine sehr wahrscheinliche Meinung, daß Farbe und Geruch der Kronenblätter der Gegenwart des männlichen Samens in denselben zuzuschreiben sei. Wahrscheinlich befindet er sich in ihnen noch nicht genugsam abgesondert, vielmehr mit anderen Säften verbunden und diluiert; und die schönen Erscheinungen der Farben führen uns auf den Gedanken, daß die Materie, womit die Blätter ausgefüllt sind, zwar in einem hohen Grad von Reinheit, aber noch nicht auf dem höchsten stehe, auf welchem sie uns weiß und ungefärbt erscheint« (Goethe, a. a. O., S. 21–23 [Nr. 40–45]).
Die *Fruktifikation* ist die höchste Entwicklung des Lichts in der Pflanze; und auch hier zeigt Goethe die nahe Verwandtschaft der Kronenblätter mit den *Staubwerkzeugen* auf. Dieser Übergang ist oft regelmäßig, z. B. bei der Canna. »Ein wahres, wenig verändertes Kronenblatt zieht sich am oberen Rande zusammen, und es zeigt sich ein Staubbeutel, bei welchem das übrige Blatt die Stelle des Staubfadens vertritt. An Blumen, welche öfters gefüllt erscheinen, können wir diesen Übergang in allen seinen Stufen beobachten. Bei mehreren Rosenarten zeigen sich innerhalb der vollkommen gebildeten und gefärbten Kronenblätter andere, welche teils in der Mitte, teils an der Seite zusammengezogen sind; diese Zusammenziehung wird von einer kleinen Schwiele bewirkt, welche sich mehr oder weniger als ein vollkommener Staubbeutel sehen läßt ... Bei einigen gefüllten Mohnen ruhen völlig ausgebildete Antheren auf wenig veränderten Blättern der stark gefüllten Kronen.« Die mit dem Namen *Nektarien* (besser *paracorolla)* bezeichneten Organe sind Annäherungen der Kronenblätter zu den Staubgefäßen. Verschiedene Kronenblätter tragen Grübchen oder *Glandeln* an sich, welche einen honigartigen Saft abscheiden, der eine noch unausgearbeitete Befruchtungsfeuchtigkeit ist. »Alle Ursachen, wodurch Stengel-, Kelch- und Blumen-

blätter sich in die Breite ausgedehnt haben, fallen hier völlig weg, und es entsteht ein schwacher, höchst einfacher Faden ... Eben jene Gefäße, welche sich sonst verlängerten, ausbreiteten und sich einander wieder aufsuchten, [sind] gegenwärtig in einem höchst zusammengezogenen Zustande.« – So wirkt der Samenstaub um desto kräftiger nach außen, auf das Pistill, das Goethe auch auf denselben Typus zurückführt: »In vielen Fällen sieht der Griffel fast einem Staubfaden ohne Anthere gleich ... Wenn die genaue Verwandtschaft desselben [des weiblichen Teils] mit dem männlichen uns durch diese Betrachtung recht anschaulich wird, so finden wir jenen Gedanken, die Begattung eine Anastomose zu nennen, passender und einleuchtender. Wir finden den Griffel sehr oft aus mehreren einzelnen Griffeln zusammengewachsen ... Das Pistill der Iris mit seiner Narbe (ist) in völliger Gestalt eines Blumenblattes vor unseren Augen. Die schirmförmige Narbe der Sarracenie zeigt sich zwar nicht so auffallend aus mehreren Blättern zusammengesetzt, doch verleugnet sie sogar die grüne Farbe nicht« (Goethe, a. a. O., S. 23–26; 30–34 [Nr. 47 f., 62 f., 69 ff.]). Von den Antheren sagt ein Physiologe: »Bei der Bildung der Antheren wickelten sich die Ränder der Kelchblättchen hineinwärts, so daß zuerst ein hohler Zylinder entstand, auf dessen Spitze ein Büschel von Härchen sich befand. Dieser fiel später hinab, wie die Anthere vollkommener und voller wurde. Eine ähnliche Verwandlung erschien beim Griffel (*stilus*), wo ein Kelchblatt, oft mehrere, vom Rand aus nach inwendig eine Einbeugung machten (*arcuarentur*); woraus zuerst eine einfache Höhlung, nachher der Eierstock entstand. Jener Büschel von Haaren, der auf der Spitze der Höhlung aufsaß, verdorrte nicht, wie bei den Antheren, sondern erreichte im Gegenteil die Natur einer vollkommenen Narbe (*stigma*).«*

Die *Früchte*, das *Gehäuse* lassen sich ebenso als Umbildungen des Blattes aufzeigen: »Wir reden hier eigentlich von solchen Gehäusen, welche ... die sogenannten bedeckten Samen einschließen.« Die *Samenkapseln* an den Nelken verändern sich oft wieder in kelchähnliche Blätter: »ja es finden sich Nelken, an denen sich das Fruchtbehältnis in einen wirklichen vollkommenen Kelch verwandelt hat, indes die Einschnitte desselben an der Spitze noch zarte Überbleibsel der Griffel und Narben tragen und sich aus dem Innersten dieses zweiten Kelches wieder eine mehr oder weniger vollständige Blätterkrone statt der Samen entwickelt. Ferner hat uns die Natur selbst durch regelmäßige und beständige

* Hermann Friedrich Autenrieth, [*Disquisitio quaestionis acad.*] *de discrimine sexuali* [*iam in seminibus plantarum dioïcarum apparente praemio regio ornata*], Tübingen 1821, p. 29 f.

Bildungen auf eine sehr mannigfaltige Weise die Fruchtbarkeit geoffenbart, welche in einem Blatt verborgen liegt. So bringt ein zwar verändertes, doch noch völlig kenntliches Blatt der Linde aus seiner Mittelrippe ein Stielchen und an demselben eine vollkommene Blüte und Frucht hervor... Noch stärker und gleichsam ungeheuer wird uns die unmittelbare Fruchtbarkeit der Stengelblätter in den Farrenkräutern vor Augen gelegt, welche... unzählige, des Wachstums fähige Samen... entwickeln und umherstreuen.« In den Samenbehältern »werden wir die Blattgestalt nicht verkennen. So wäre z. B. die Hülse ein einfaches, zusammengeschlagenes Blatt, die Schoten würden aus mehr übereinandergewachsenen Blättern bestehen... Am meisten rückt uns diese Blattähnlichkeit aus den Augen, indem sie saftige und weiche oder holzartige und feste Samenbehälter bildet... Die Verwandtschaft der Samenkapseln mit den vorhergehenden Teilen zeigt sich auch durch das Stigma, welches bei vielen unmittelbar aufsitzt und mit der Kapsel unzertrennlich verbunden ist. Wir haben die Verwandtschaft der Narbe mit der Blattgestalt schon oben gezeigt.« Es läßt sich bei verschiedenen Samen bemerken, daß er Blätter zu seinen nächsten Hüllen umbilde. »Die Spuren solcher nicht völlig den Samen angepaßten Blattgestalten sehen wir an vielen geflügelten Samen, z. B. des Ahorns... Um den einmal ergriffenen Faden nicht zu verlassen, haben wir die Pflanze durchgehend nur als einjährig betrachtet... Allein es wird, um diesem Versuch die nötige Vollständigkeit zu geben, nunmehr noch nötig, von den Augen zu sprechen... Das Auge bedarf keiner Kotyledonen« usw. (Goethe, a. a. O., S. 36 f. [Nr. 74–80, 83 f., 89]). Auf die Triebe und Tätigkeiten der *mehrjährigen* Pflanzen werden wir später noch zu sprechen kommen.

Das sind die Hauptgedanken der Goetheschen *Metamorphose der Pflanzen*. Goethe hat die Einheit auf eine sinnige Weise als geistige Leiter dargestellt. Die Metamorphose ist aber nur die eine Seite, welche das Ganze nicht erschöpft; man muß auch auf den Unterschied der Gebilde aufmerksam sein, mit dem erst der eigentliche Prozeß des Lebens hervortritt. Zweierlei muß also an der Pflanze unterschieden werden: α) diese Einheit ihrer ganzen Natur, die Gleichgültigkeit ihrer Glieder und Gebilde gegen ihre Formveränderung; β) die verschiedene Entwicklung, der Verlauf des Lebens selbst, – eine Organisation, die eine Ausbildung bis zum Sexualunterschiede ist, sollte dieselbe auch nur ein Gleichgültiges und Überflüssiges sein. Der *Lebensprozeß der Pflanze* ist Prozeß derselben für sich in jedem Teile; Äste, Zweige, Blatt haben jedes einen ganzen Prozeß für sich, weil jedes auch das ganze Individuum ist. Der Lebensprozeß der Pflanzen ist somit in jedem Teile ganz, indem die Pflanze durchaus partikularisiert ist, ohne daß der Prozeß sich schon in die unterschiedenen Tätigkeiten dirimierte. Der Prozeß der Pflanze, als das Unterscheiden derselben in ihr, erscheint daher in seinem Anfange wie in seinem letzten Produkt nur als Gestaltung. In Rücksicht auf dieselbe steht die Pflanze in der Mitte zwischen mineralogischem Kristall und freier animalischer Gestalt; denn das Animalische hat die ovale elliptische Form, das Kristallinische ist die Verstandesform in geraden Linien. Die Gestalt der Pflanze ist einfach. Der Verstand herrscht noch im geradlinigen Stiel, wie überhaupt bei der Pflanze die gerade Linie noch sehr überwiegend vorhanden ist. Im Innern sind Zellen, teils wie Bienenzellen, teils länglich gestreckt, und dann Fasern, die sich zwar auch in Spirallinien zusammenwinden, aber dann selbst wieder in die Länge gehen, ohne sich in sich zur Rundung zu resumieren. Im Blatt ist die Fläche herrschend; die verschiedenen Formen der Blätter, der Pflanze sowohl als der Blume, sind noch sehr regelmäßig, und in ihren bestimmten Einschnitten und Zuspitzungen ist eine mechanische Gleichförmigkeit bemerkbar. Die Blätter sind gezahnt, gezackt, spitzig, lanzettförmig, schildförmig, herzförmig, – aber doch nicht mehr abstrakt regelmäßig: die eine Seite des Blatts ist der anderen nicht gleich, die eine Hälfte mehr kontrahiert, die andere mehr expandiert und gerundet. In der Frucht endlich herrscht die Kugelung, aber eine kommensurable Rundung, noch nicht die höhere Form der animalischen Rundung.

Die verständige Bestimmung nach *Zahlen* ist bei den Pflanzen auch noch herrschend, z. B. Drei oder Sechs; die letzte bei den Zwiebeln. Beim Kelch der Blumen herrschen die Zahlen Sechs, Drei, Vier. Doch findet sich auch die Zahl Fünf, und zwar dergestalt, daß, wenn die Blume fünf Filamente und Antheren hat, auch fünf oder zehn Blumenblätter vorhanden sind; auch der Kelch hat dann fünf oder zehn Blätter usw. Link sagt (*Grundlehren*, S. 212): »Eigentlich scheinen nur fünf Blätter den vollständigen Wirtel auszumachen. Wenn sechs oder mehr vorhanden sind, wird man gewiß zwei oder mehr Wirtel, einen innerhalb des anderen, bemerken. Vier Blätter in einem Wirtel lassen eine Lücke für ein fünftes, drei zeigen eine weniger vollkommene Form an, und zwei oder gar nur eins lassen ebenfalls Lücken für zwei oder ein drittes.«

Wie ihre Gestalt, so schwanken auch die *Säfte* der Pflanze zwischen chemischem und organischem Stoffe. Auch der Prozeß selbst schwankt noch zwischen dem Chemischen und dem Animalischen. Die pflanzenhaften Produkte sind Säuren (z. B. Zitronensäure), – Stoffe, die zwar nicht mehr ganz chemisch, sondern schon mehr indifferent sind, aber noch nicht so als das Animalische. Mit bloßem Oxygenieren und Hydrogenieren kommt man nicht aus, noch weniger im Animalischen, z. B. beim Atmen. Das organische, lebensdurchdrungene, individualisierte Wasser entflieht den Händen der Chemie, – ein geistiges Band.

§ 346[21]

Der Prozeß, welcher die Lebendigkeit ist, muß ebensosehr, als er *einer* ist, in die Dreiheit der Prozesse sich auseinandertun (§ 217–220).

a) Der Gestaltungsprozeß, der *innere* Prozeß der *Beziehung* der Pflanze *auf sich selbst* ist nach der einfachen Natur des Vegetativen selbst sogleich Beziehung auf Äußeres und Entäußerung. Einerseits ist er *der substantielle*, die *unmittelbare* Verwandlung teils der Ernährungszuflüsse in die spezifische Natur der Pflanzenart, teils der innerlich umgebildeten Flüssigkeit (des *Lebenssaftes*) in Gebilde. Andererseits als *Vermittlung* mit sich selbst α) beginnt der Prozeß mit der zugleich nach *außen* gerichteten Diremtion in Wurzel und Blatt und der inneren abstrakten des allgemeinen Zellgewebes in die Holzfaser und in die *Lebensgefäße*, deren jene gleichfalls nach außen sich beziehen, diese den *inneren Kreislauf* enthalten. Die hierin sich mit sich selbst vermittelnde *Erhaltung* ist β) *Wachstum* als Produktion neuer Bildungen, Diremtion in die *abstrakte* Beziehung auf sich selbst, in die *Verhärtung* des Holzes (bis zur Versteinerung im Tabascher u. dgl.) und der andern Teile, und in die *Rinde* (das dauernde Blatt). γ) Das Zusammennehmen der Selbsterhaltung in die Einheit ist nicht ein Zusammenschließen des Individuums mit sich selbst, sondern die Produktion eines neuen Pflanzenindividuums, der *Knospe*.

Zusatz 1. In dem Prozeß der Pflanze, der in drei Schlüsse zerfällt, ist, wie schon (§ 342 Zus.) angegeben worden, der *erste* der allgemeine Prozeß, der Prozeß des vegetabilischen Organismus

---

21 Michelet hat in seiner Ausgabe diesen Paragraphen geteilt in § 346 (nur der erste Satz) und § 346 a. Die beiden Zusätze sind bei Michelet diesen beiden Paragraphen zugeteilt.

innerhalb seiner selbst, die Beziehung des Individuums auf sich selbst, in welcher das Individuum sich selbst aufzehrt, sich zu seiner unorganischen Natur macht und sich vermittels dieses Aufzehrens aus sich hervorbringt, – der Gestaltungsprozeß. Das Lebendige hat *zweitens* das Andere seiner nicht an ihm selbst, sondern als ein selbständiges Anderes; es ist nicht selbst seine unorganische Natur, sondern diese wird vorgefunden als Objekt, – angetroffen mit dem Scheine der Zufälligkeit. Das ist der spezifizierte Prozeß gegen eine äußere Natur. Das *Dritte* ist der Gattungsprozeß, die Vereinigung der beiden ersten; der Prozeß der Individuen mit sich als Gattung, das Hervorbringen und Erhalten der Gattung, – das Aufzehren der Individuen zur Erhaltung der Gattung, als Hervorbringung eines anderen Individuums. Die unorganische Natur ist hier das Individuum selbst, seine Natur dagegen seine Gattung; ebenso ist diese aber auch ein Anderes, seine objektive Natur. In der Pflanze sind diese Prozesse nicht so unterschieden wie im Tiere, sondern fallen ineinander, und das macht eben das Schwierige in der Darstellung des vegetabilischen Organismus.

Zusatz 2. Im Gestaltungsprozeß fangen wir mit dem Keime des Lebendigen als dem Unmittelbaren an. Diese Unmittelbarkeit ist aber nur eine gesetzte, d. h. der Keim ist auch Produkt, was indessen eine Bestimmung ist, die erst im dritten Prozesse vorkommt. Der Gestaltungsprozeß soll nur Prozeß der Innerlichkeit sein, als Produktion der Pflanze aus sich selbst. Weil aber im Vegetabilischen das Hervorbringen seiner selbst als Außersichkommen ist, so ist es Hervorbringen eines Anderen, – der Knospe. Auch berührt dies sogleich den Prozeß nach außen; der erste kann also nicht ohne den zweiten und den dritten aufgefaßt werden. Der Gestaltungsprozeß für sich, welcher der Prozeß der Eingeweide des Individuums mit sich wäre, fehlt so der Pflanze, weil sie eben keine Eingeweide hat, sondern nur Glieder, die ein Verhältnis nach außen haben. Der organische Prozeß überhaupt hat aber wesentlich auch diese Seite, daß er das, was von außen an ihn kommt, vernichtet, infiziert und zum Seinigen macht. Das Einsaugen ist sogleich Berührung des Wassers von der Kraft der Lebendigkeit, so daß es gleich als ein vom organischen Leben Durchdrungenes gesetzt wird. Geschieht dies unmittelbar oder ist eine Stufenfolge von Verwandlungen da? Bei der Pflanze ist die Hauptsache, daß diese Verwandlung unmittelbar geschieht. Bei höher organisierten Pflanzen kann man aber diesem Prozesse auch nachgehen, als einem durch viele Vermittlungen durchgehenden; ebenso im Animalischen. Doch ist auch hier das unmittelbare Infizieren zu Lymphe vorhanden, ohne durch Glieder der Tätigkeit vermittelt zu sein. Bei den Pflanzen, vorzüglich den niederen, ist keine Vermittlung durch Gegensatz vorhanden, – kein Zusammengehen aus ihm, sondern die Ernährung ist ein prozeßloses Verwandeln. Die innere physiologische Konstruktion der Pflanze ist daher auch sehr einfach; *Link* und *Rudolphi* zeigten, daß es nur einfache Zellen und dann Spiralgefäße und Röhren sind.

α) Der *Keim* ist das Unenthüllte, welches der ganze Begriff ist, – die Natur der Pflanze, die aber noch nicht als Idee ist, da sie noch ohne Realität ist. Die Pflanze tritt im *Samenkorn* als einfache unmittelbare Einheit des Selbsts und der Gattung auf. Das Samenkorn ist so, um der Unmittelbarkeit seiner Individualität willen, ein gleichgültiges Ding; es fällt in die Erde, welche für es die allgemeine Kraft ist. Eine gute Erde hat nur die Bedeutung, diese aufgeschlossene organische Kraft oder Möglichkeit zu sein, – wie ein guter Kopf bloß die Möglichkeit heißt. Der Same, als wesentlich Kraft dadurch, daß er in der Erde ist, hebt dies, daß er Erde ist, auf, verwirklicht sich. Aber dies ist nicht der Gegensatz des gleichgültigen Daseins, wie gegen seine unorganische Natur; sondern »er wird in die Erde gelegt« heißt: er ist Kraft. Dies Bergen des Samenkorns in die Erde ist daher eine mystische, magische Handlung, welche andeutet, daß geheime Kräfte in ihm sind, die noch schlummern, daß es in Wahrheit noch etwas anderes ist als dies, wie es so da ist; wie das Kind nicht nur diese hilflose, sich nicht als Vernunft ankündigende Menschengestalt ist, sondern an sich die Kraft der Vernunft, ein ganz anderes als dies, das nicht sprechen, nichts Vernünftiges tun kann und [wie] die Taufe eben diese feierliche Anerkennung des Genossen des Geisterreichs ist. Der Magier, der diesem Korn, das ich mit der Hand zerdrücke, einen ganz anderen Sinn gibt – er, welchem eine rostige Lampe ein mächtiger Geist ist –, ist der Begriff der Natur; das Korn ist die Macht, welche die Erde beschwört, daß ihre Kraft ihm diene.

1. Die Entwicklung des Keimes ist zuerst bloßes Wachstum, bloße Vermehrung; er ist schon an sich die ganze Pflanze, er ist der Baum usf. im Kleinen. Die Teile sind schon vollkommen gebildet, erhalten nur eine Vergrößerung, formale Wiederholung, Verhärtung usw. Denn was werden soll, ist schon; oder das Werden ist diese bloß oberflächliche Bewegung. Es ist aber ebensosehr eine qualitative Gliederung und Gestaltung, – damit aber wesentlicher Prozeß. »Das Keimen der Samen geschieht zuerst vermittels der Feuchtigkeit. An der künftigen Pflanze oder dem Embryo ist bei den vollkommenen Gewächsen der künftige *Stock* deutlich zu sehen und macht den *konischen Teil* aus, welchen wir *Würzelchen* (*radicula, rostillum*) zu nennen pflegen; der *spitze Teil* ist der untere, woraus die künftige Wurzel entspringt. Nach oben ist er

nur selten sehr verlängert; man pflegt diese Verlängerung *Schaft* (*scapus*) zu nennen. Zuweilen findet sich auch dort schon eine Gemme, das *Federchen* (*plumula*), vorgezeichnet. Aus den Seiten des Embryo entspringen oft die beiden Samenlappen oder *Kernstücke* (*cotyledones*), die nachher sich entwickeln und die *Samenblätter* darstellen. Mit Unrecht hält man das Würzelchen für die künftige wirkliche Wurzel; es ist nur der nach unten wachsende *Stock*. Man betrachte die größeren Samen der Pflanzen, z. B. von Weizen, Kürbis, Bohnen, genau, indem sie keimen, und man wird sehen, wie aus jenem Körper (im Weizen ist er dreifach geteilt) die wahren Wurzeln viel dünner und zarter hervorkommen.«* Dreht man den spitzen Teil nach oben, so keimt er, wächst aber in einem Bogen und kehrt seine Spitze nach unten. »Der Keim besteht aus dem *Schnäbelchen* (*rostellum*) und dem *Blattfederchen* (*plumula*). Aus dem ersteren entsteht die Wurzel, aus dem anderen der Teil des Gewächses über der Erde. Legt man den Samen verkehrt in die Erde, so daß das Schnäbelchen nach der Oberfläche zugekehrt ist, so wird es doch nie nach oben wachsen. Es verlängert sich, geht demungeachtet aber in die Erde und kehrt den Samen um, daß er in seine rechte Lage kommt.«** *Willdenow* hat hierbei folgende Entdeckung gemacht: »Die Wassernuß (*Trapa natans*) hat kein Schnäbelchen. Diese Nüsse treiben ein langes Blattfederchen, was in senkrechter Richtung der Oberfläche des Wassers zustrebt, an den Seiten haarförmige, ästige Blätter in großen Intervallen treibt; von diesen Blättern neigen sich einige nach unten und wurzeln sich in den Boden fest. Man sieht hieraus, daß das Schnäbelchen einigen Samen entbehrlich ist; aber ein fruchtbarer Same ohne Blattfederchen und Samenlappen ist gar nicht denkbar. Das Blattfederchen hat noch nie jemand bei irgendeinem Samen zu leugnen gewagt ... Bemerkenswert ist es, daß das Schnäbelchen bei den Gewächsen, welche Zwiebeln haben, sich in die Zwiebel, bei einigen, die einen *mittleren* Stock« (d. h. einen solchen, »der weder zum abwärtssteigenden noch zum aufwärtssteigenden Stock gehört, bald das Ansehen einer Wurzel, bald des Stengels hat, im ersten Falle knollig und dann entweder rübenartig oder zwiebelartig ist, z. B. bei *Ranunculus bulbosus*« usw.) »haben, in solchen verwandelt wird, z. B. bei den Zyklamen; endlich vergeht bei einigen Gewächsen bald nach dem Hervorkeimen das Schnäbelchen, und die wahre Wurzel entwickelt sich zur Seite.«*** Diese Diremtion des Einen nach zwei Seiten – nach

* Link, *Grundlehren*, S. 235 f.
** Willdenow, a. a. O., S. 367–369
*** ebenda, S. 370 f., 380 (S. 31)

der Erde als dem Boden, dem konkreten Allgemeinen, dem allgemeinen Individuum, und nach dem reinen, abstrakten Ideellen, dem Lichte – kann man Polarisieren nennen.
Zwischen Blatt und Wurzel, als der *ersten* Diremtion, ist der *Stengel*; wir sprechen hier nämlich von Pflanzen, die ein entwickeltes Dasein haben, denn Schwämme und dergleichen gehören nicht hierher. Der Stengel ist aber nicht gerade wesentlich; das Blatt kann unmittelbar aus der Wurzel hervorgehen, und viele Pflanzen sind auf jene beiden Hauptmomente (Blatt und Wurzel) beschränkt. Das ist der große Unterschied der *Monokotyledonen* und *Dikotyledonen*. Zu den ersten gehören Zwiebelgewächse, Gräser, Palmen, – die Hexandrien und Triandrien bei *Linné*, der noch nicht (sondern erst *Jussieu*[22]) auf diesen Unterschied aufmerksam gemacht hat und alle Pflanzen noch auf eine Linie stellte. Es fragt sich nämlich, ob das Blättchen (κοτυληδών), welches der Keim treibt, ein gedoppeltes oder einfaches ist. Bei Wurzel und Blatt ist, indem sie den ersten Gegensatz ausmachen, in den Monokotyledonen die erste gedrungene Natur vorhanden, die nicht in den Gegensatz ausgeht, daß zwischen Wurzel oder Zwiebel und Blatt ein Anderes, der Stengel, eintritt. Palmen haben zwar einen Stamm; aber er entsteht nur, indem die Blätter nach unten zu sich ansetzen, was auch noch ganz äußerlich zu sehen ist. »Die Palmen haben nirgends Äste als an der Spitze des Stamms, und dort nur Blütenzweige. Es scheint, als ob die übermäßige Größe der Blätter die Äste absorbiert habe. Eben dies ist auch bei den Farnkräutern der Fall. Selbst an unseren einheimischen Gräsern und vielen Zwiebelgewächsen sieht man selten andere als blühende Äste.«* Sie haben nur innerlich in der Substanz den Gegensatz von Zellen und Holzfasern, nicht Spiegelfasern. Die Blattrippen sind nicht oder weniger gekrümmt, in den Gräsern gerade fortlaufend. Sowenig es die Monokotyledonen zu einem eigentlichen Stamme bringen, ebensowenig zum fertigen flachen Blatte; sie sind immer diese eingewickelte Knospe, die aufbricht, aber nie fertig geworden ist. Daher bringen sie es auch nicht zum fruchtbaren Samen; ihre Wurzel und ihr ganzer Stamm ist Mark. Der Stamm ist eine fortgesetzte Wurzel, hat keine Knospen noch Zweige, sondern immer neue Wurzeln, die absterben und durch Holzfasern sich verbinden. Das übermächtige Licht läßt es nicht zur Innerlichkeit des Holzes kommen; das Blatt stirbt nicht ab, sondern treibt an ihm neue Blätter hervor. – Wie aber in der Palme die Blätter Stamm und Äste scheinen, so gibt es auch umgekehrt Stengelarten, wo der

* Link, *Grundlehren*, S. 185

22 siehe Fn. 11, S. 133

Stengel mit dem Blatt eins bleibt, wie z. B. bei den Kaktus, wo Stengel aus Stengel hervorgehen: »Die Gelenke, welche gemeinhin für Blätter gehalten werden, sind Teile des Stengels. Die Blätter dieser Pflanze sind pfriemförmige fleischige Spitzen, welche öfter an ihrer Basis mit kleinen Stacheln umgeben sind. Sie fallen gleich nach der Entwicklung des Gliedes ab« (d. h. wohl des Gelenks), »und ihre vormalige Stelle bezeichnet eine Narbe oder Büschel von Stacheln.«* Diese Pflanzen bleiben saftiges Blatt, das dem Lichte widersteht, und es kommt bei ihnen nur zu Stacheln statt des Holzes.

2. Den allgemeinen Zusammenhalt macht in der Pflanze das *Zellgewebe* aus, das, wie im Animalischen, aus kleinen Zellen besteht; es ist das allgemeine animalische und vegetabilische Produkt, – das fasrige Moment. »Jede Zelle ist von der andern getrennt, ohne Gemeinschaft mit den übrigen. Im Bast nehmen die Zellen eine ovale, spitzovale oder längliche Form an.« Bläschen und Längen unterscheiden sich sogleich in dieser Grundlage der Pflanze. α) »Das *regelmäßige* Zellgewebe ist αα) das *Parenchym*, das laxe oder lockere Zellgewebe, welches aus weiten Zellen besteht; man erkennt es sehr leicht, besonders findet es sich in der Rinde und dem Marke der Stämme. ββ) Der *Bast*, das fibrose, straffe, strikte Zellgewebe, findet sich besonders in den Staubfäden, dem Träger des Pistills und ähnlichen Teilen; es hat sehr lange, enge, aber noch deutliche Zellen. Allein die Struktur des Bastes oder des fasrigen Gewebes in der inneren Rinde, in dem Holze, in den Nerven der Blätter ist sehr schwer zu erkennen. Er besteht aus äußerst schmalen und engen Zellen, die eine längliche, spitzovale Form annehmen. – β) Das *unregelmäßige* Zellgewebe kommt an der Art von Gewächsen vor, an denen man äußerlich nur Fruchtbehälter (*sporangia*) und den übrigen unterstützenden Körper (*thallus*) unterscheidet. Die *Lichenen* haben entweder einen krustenartigen oder blattartigen *thallus*; die Kruste ist ganz und gar aus runden Bläschen oder Zellen *von sehr verschiedener Größe unordentlich zusammengehäuft*. Die *Algen* unterscheiden sich sehr von den vorigen Gewächsen. Zerschneidet man den *thallus*, wo er am dicksten ist, so bemerkt man darin sehr deutliche, aber gleichsam gallertartige Fäden, in mannigfaltiger, verwickelter Richtung. Die Grundlage einiger Algen ist eine Membran, oft schleimartig, oft gallertartig, aber nie in Wasser auflöslich. Das Gewebe der *Pilze* besteht aus Fasern, die man bald für Zellen erkennt. Zwischen diesem fasrigen Gewebe liegen überall Körner zerstreut, wie auch bei den Lichenen, wo sie für Gemmen gehalten werden können. Dies betraf die

* Willdenow, a. a. O., S. 398

äußere Form des Zellgewebes. – Wie entwickelt und verändert sich nun dieses Zellgewebe? Offenbar entsteht neues Zellgewebe zwischen den älteren Zellen. Die Körner in den Zellen möchten das *Stärkmehl* der Pflanzen sein.«*

Während die erste Diremtion sich sogleich auf den Prozeß nach außen bezog, indem die Wurzel mit der Erde, das Blatt mit Luft und Licht in Wechselbeziehung steht, so ist die *zweite*, nähere Diremtion das Sichscheiden der Pflanze selbst in die Holzfaser oder das tätige *Spiralgefäß* und in andere Gefäße, die Herr Professor *Schultz*[23] Lebensgefäße genannt hat; er ist so gründlich in seiner Empirie, als er die Sache philosophisch begründet, wenn man das letztere auch im einzelnen anders wenden könnte. Auch diese Abscheidung der Pflanze in ihre inneren Gebilde, die Erzeugung von Spiralen usw. ist unmittelbares Entstehen, überhaupt eine bloße Vervielfältigung. Die Markzellen vermehren sich, daran auch die Spiralgefäße, die Holzfäden usw. Das macht *Link* vorzüglich deutlich: »Die Spiralgefäße sind Bänder, die schraubenförmig zu einer Röhre gerollt sind ... Die Spiralgefäße verwandeln sich in *Treppengänge*, indem die Windungen der Spiralgefäße, zwei zusammen, miteinander verwachsen; die Treppengänge sind nicht abrollbar. Durch den Anwuchs benachbarter Teile werden die Spiralgefäße gespannt oder gedrückt; dies bringt die wellenförmigen Biegungen der *Querstreifen* hervor sowie die scheinbaren Spaltungen der Querstriche, indem zwei Windungen übereinandergeschoben wurden, – vielleicht auch wahre *Spalten*. Die Gefäße, welche solche Streifen oder Punkte haben, sind die *punktierten* und *getüpfelten* Gefäße, die ich für gleichartig mit den Treppengängen halte.« Es bleiben zunächst nur noch Querlinien, und ganz nah verwachsene Windungen der Spiralgefäße zeigen nur noch Tüpfelchen statt der Linien, Einschnitte und Querstriche. »Die *Ringgefäße* entstehen dadurch, daß beim schnellen Wachstum der anliegenden Teile die Windungen der Spiralgefäße voneinandergerissen werden und einzeln stehenbleiben. Es ist kein Wunder, daß in den schnell wachsenden Wurzeln und anderen Teilen, wo solche Spiralgefäße in Menge ihre Funktionen äußern müssen, auch mehr alte veränderte Gefäße zu finden sind als da, wo das Wachstum ruhiger vor sich geht ... Die Spiralgefäße verbreiten sich fast in alle Teile der Pflanze und machen das Skelett derselben. Wirklich nennt man auch die netzförmig verteilten Bündel von Spiralgefäßen in den Blättern, nachdem sie von allem dazwischenliegenden Zellgewebe befreit sind, das Blattskelett. *Nur in*

* Link, *Grundlehren*, S. 12 (*Nachträge* I, S. 7), 15–18; 20–26; 29–30, 32

23 siehe Fn. 13, S. 373

den Antheren und dem Pollen habe ich nie Spiralgefäße gefunden. Der Bast begleitet sie überall, und wir nennen die Gefäßbündel mit Bast vermengt *Holz*. Zellgewebe, welches das Holz rund umher umgibt, wird *Rinde* genannt, – welches von ihm rund umher umgeben wird, *Mark*.«*

»Vielen Pflanzen fehlen alle diese Gefäße: in den Pflanzen mit anomalem Zellgewebe, den Lichenen, Algen, Pilzen, hat man sie nie angetroffen. Die genuinen Pflanzen mit regelmäßigem Zellgewebe sind entweder die spiralführenden oder die spirallosen. Zu den letzteren gehören die Laubmoose, die Lebermoose und einige wenige Wassergewächse wie die *Chara*. Wie die Spiralgefäße ursprünglich entstehen, weiß ich nicht. Da sie später als Zellgewebe vorhanden sind, sagt Sprengel, so müssen sie wohl daraus entstehen. Dieses scheint mir nicht zu folgen, sondern ich glaube, daß sie zwischen den Zellen des Bastes aus dort ergossenem Safte sich erzeugen. Übrigens wachsen die Spiralgefäße, und es entstehen neue zwischen ihnen. Außer diesen Gefäßen, welche man mit dem allgemeinen Namen Spiralgefäße bezeichnen kann (*eigentliche* nenne ich sie im Gegensatze zu den Treppengängen und getüpfelten Gefäßen), habe ich in den Pflanzen keine Gefäße bemerkt.«** Aber wo bleiben die Lebensgefäße?

Nach dem, was Link in den *Nachträgen* (II, S. 14) sagt, könnte man schließen, daß die Spiralgefäße aus dem Linearen der Holzfaser entspringen: »Ich sehe mich genötigt, eine alte Meinung wieder aufzunehmen, daß einfache, lange *Fasern* in den Gewächsen vorhanden seien; ob dicht oder hohl, läßt sich nicht deutlich wahrnehmen. Die einfache Faser, ohne Spur von Ästen, erstreckt sich keineswegs durch die ganze Pflanze. Man sieht deutlich da, wo die Zweige in den Stamm treten, daß sich die Fasern derselben an die Fasern des Stammes *anlegen und gleichsam einen Keil im Stamme bilden*. Auch in demselben Stamme und Zweige scheinen sie nicht ohne Unterbrechung fortzugehen ... Die *Fasergefäße* liegen immer in Bündeln, die sich in den ältesten Stämmen nebst dem Baste zu Ringen zusammenhäufen. Gewöhnlich umgeben sie ein Bündel von Spiralgefäßen, doch gibt es in einigen Pflanzen auch bloße Fasergefäße ohne alle Spur von Spiralgefäßen. Die Richtung dieser Gefäße ist gerade und ziemlich parallel in diesen Bündeln. Mehr abweichend und gleichsam verflochten sieht man sie in den Stämmen der Bäume und in den Wurzeln. Sie finden sich in den meisten Pflanzen, allgemein in den Phanerogamen. In vielen Lichenen und Algen bemerkt man nur zusammengewundene

* Link, *Grundlehren*, S. 46–49; 51–58, 61; 64 f.

** ebenda, S. 65–68

Fäden, in den Pilzen oft deutlich. Doch gibt es Pilze, Lichenen und Algen, in denen *keine Spur von ihnen, sondern nur Bläschen und Zellen* anzutreffen sind.« So sehen wir den ursprünglichen Gegensatz von Korn oder Knoten und einfacher Länge in dem Gegensatz von Bläschen und Fasern, während die Spiralgefäße zur Rundung streben.

Oken[24] stellt diesen Übergang des Zellgewebes in die Spiralgefäße zwar den Prinzipien gemäß (s. oben § 344 Zus. S. 374), aber mit dem Schematismus der vormaligen Naturphilosophie ausstaffiert, also dar: »Die Spiralgefäße sind das Lichtsystem in der Pflanze. Ich weiß sehr wohl, wie sehr diese Lehre mit dem bis jetzt Angenommenen in Widerspruch steht; allein ich habe alles darüber zusammengetragen, alle Meinungen und Versuche abgewogen und darf mit Zuversicht angeben, daß sie alle für dieses Resultat der philosophischen Konstruktion sprechen.« Diese Konstruktion ist aber nur eine Versicherung. »Sind sie das Lichtsystem, so ist ihnen die *geistige* Funktion in der Pflanze übertragen oder die bloße Polarisierungsfunktion ... Die Spiralfaser entsteht aus dem Gegensatze des Lichts mit dem Zellgewebe oder aus dem Gegensatze der Sonne zum Planeten ... Ein Lichtstrahl fährt durch das Pflanzenbläschen oder durch den Keim ... Die Bläschen oder Zellen oder die Schleimpunkte« (ursprünglich ist die Pflanze dies im Samen) »ordnen sich allmählich nach dieser polaren Linie aneinander ... Im Kampf zwischen der Sphäre und der durch das Licht in sie gebrachten Linie legen sich die Schleimkügelchen zwar linear aneinander, allein sie werden durch die planetarischen Prozesse des Zellgewebes immer in den Kreis des Chemismus heruntergezogen, aus welchem Kampfe die Spiralform entsteht. Was der Umlauf der Sonne, wodurch in jedem Augenblick ein anderer Teil der Pflanze beschienen und ein anderer finster, also bald Stamm bald Wurzel wird, für einen Anteil hat, will ich nur berührt haben.«*

3. Die andere Seite hierzu ist endlich der Prozeß selbst, die Tätigkeit in der ersten Bestimmung, das allgemeine Leben; es ist dies der formelle Prozeß der bloß unmittelbaren Verwandlung, diese Infektion, als die unendliche Macht des Lebens. Das Lebendige ist ein an und für sich Festes und Bestimmtes. Was es chemisch von außen berührt, wird durch diese Berührung unmittelbar verwandelt. Die Anmaßung, chemisch zu wirken, überwindet das Lebendige daher unmittelbar und erhält sich in der Berührung durch ein Anderes.

* Oken, *Lehrbuch der Naturphilosophie* [3 Bde., Jena 1808–11], Bd. II, S. 52 ff.

24 Lorenz Oken, 1779–1851, Naturforscher und Naturphilosoph

Es vergiftet, verwandelt dies Andere unmittelbar; wie auch der Geist, indem er etwas anschaut, es verwandelt und zu dem Seinigen macht, denn es ist *seine* Vorstellung. Dieser Prozeß ist bei der Pflanze selbst wieder nach doppelter Seite zu fassen: αα) als die Tätigkeit der Holzfasern, welche das Einsaugen ist, und ββ) als die Tätigkeit, wodurch in den Lebensgefäßen der Saft die vegetabilische Natur erhält. Das Einsaugen und die Zirkulation des vegetabilisch-organisch gemachten Saftes sind die wesentlichen Momente des Begriffs, wenn es auch noch im einzelnen Veränderungen geben könnte. Das Blatt ist nun vornehmlich der Sitz der Tätigkeit des Lebenssaftes, aber es saugt ebensogut ein als die Wurzel und die Rinde, da es schon in Wechselbeziehung mit der Luft steht; denn bei der Pflanze hat jedes Glied nicht so besondere Funktionen als beim Tiere. »Eine der wichtigsten Funktionen der Blätter ist«, wie Link (*Nachträge* I, S. 54) sagt, »den Saft für andere Teile zu bereiten.« Das Geblätter ist der reine Prozeß, und so könnten nach *Linné* die Blätter die Lungen der Pflanzen genannt werden.

Link bemerkt über die *Funktionen* der Gefäße und des Zellgewebes im allgemeinen: »Unversehrte Wurzeln nehmen keine gefärbten Flüssigkeiten auf; auch können diese nicht durch die gefärbte Oberhaut dringen. Der Nahrungssaft geht also zuerst durch *unmerkliche* Öffnungen der Oberhaut und füllt die Zellen an der Spitze der Wurzeln, ehe er von den Gefäßen aufgenommen wird. Die Säfte gehen durch die verschiedenen Gefäße, besonders durch die Gänge in dem Zellgewebe, die von keiner besonderen Haut umschlossen sind, schwitzen durch die Spiralgefäße durch usw. Luft ist in den Spiralgefäßen und allen verwandten Gefäßen; Saft, der in den Fasergefäßen ist, schwitzt aus ihnen in die Zellen, verbreitet sich nach allen Richtungen. Die Fasergefäße begleiten die Luftgefäße allenthalben ... Die *Spaltöffnungen* auf der Oberhaut scheinen mir noch jetzt die Funktion von Ausleerungsdrüsen zu haben« (*Nachträge* II, S. 18, 35). Denn »Öle, Harz, Säuren sind Sekretionen und tote Absätze der Pflanzen«.* Auch sprechen Spix und Martius in ihrer *Reise in Brasilien* (Bd. I, S. 229)[25] von dem zwischen Rinde und Holz sich erzeugenden Gummi des Baumes *Hymenaea Courbaril* L., der dort *jatoba* oder *jatai* genannt werde: »Der bei weitem größte Teil des Harzes erscheint unter den Pfahlwurzeln des Baumes, wenn diese von der Erde entblößt werden, was meistens nur nach Fällung des Baums geschehen kann. Unter alten Bäumen findet man bisweilen blaßgelbe runde Kuchen

* Schultz, *Die Natur der lebendigen Pflanze*, Bd. I, S. 530

25 siehe Fn. 30, S. 186

von sechs bis acht Pfund Gewicht, welche durch allmähliches Zusammensickern des flüssigen Harzes gebildet werden. Diese Bildung der Harzmassen zwischen den Wurzeln scheint einiges Licht auf die Entstehung des *Bernsteins* zu werfen, der so gesammelt worden, ehe er vom Meere aufgenommen. Auch werden Insekten, besonders Ameisen, in den Stücken des Jataiharzes sowie im Bernstein gefunden.«

Haben nun die Spiralgefäße die erste Funktion, nämlich die Feuchtigkeit, wie sie *unmittelbar gegeben* ist, einzusaugen, so ist das Zweite der organisierte Saft. Diese Verorganisierung geschieht auf unmittelbare Weise, nach der Natur der Pflanze. Da ist kein Magen usw., wie bei dem Animalischen. Dieser Saft zirkuliert durch die ganze Pflanze. Dieses Zittern der Lebendigkeit in sich selbst kommt der Pflanze zu, weil sie lebendig ist, – die unruhige Zeit. Das ist der Blutumlauf in den Pflanzen. Schon 1774 hatte Abbé *Corti** eine Art von Kreislauf des Saftes in der Wasserfadenpflanze (Armleuchterpflanze, *Chara Lin.*) bemerkt. *Amici*** untersuchte ihn 1818 von neuem und machte mit Hilfe des Mikroskops folgende Entdeckungen: »In allen Teilen dieser Pflanze, in den zartesten Wurzelfäserchen sowohl als in den feinsten grünen Stamm- und Zweigfädchen bemerkt man einen regelmäßigen Kreislauf des enthaltenen Saftes. Weiße transparente Kügelchen von verschiedener Größe bewegen sich konstant und regelmäßig in ununterbrochenem Kreislaufe, mit einer vom Zentrum gegen die Seitenwände allmählich zunehmenden Geschwindigkeit, in zwei abwechselnd entgegengesetzten Strömungen, auf- und abwärts, und zwar in den beiden Hälften eines und desselben, durch keine Scheidewand getrennten, einfachen zylindrischen Kanals oder Gefäßes, welches der Länge nach durch die Pflanzenfaser läuft, aber streckenweise durch Knoten unterbrochen und durch eine Scheidewand geschlossen ist, die den Zyklus beschränkt ... Oft ist der Kreislauf auch spiralförmig. So geht der Kreislauf in der ganzen Pflanze und in allen deren Fasern von einem Knoten zum andern und in jeder solchergestalt beschränkten Strecke, für sich und unabhängig von den übrigen, vor sich. In den Wurzelfasern findet nur ein einfacher solcher Kreislauf statt; es zeigt sich nämlich nur ein einzelnes solches Zentralgefäß; in den grünen Fäden der Pflanze aber ist ein mehrfacher, indem das große Zentralgefäß von mehreren kleinen ähnlichen Gefäßen umgeben ist, die von jenem durch eigene Wände geschieden sind. Wenn solches Gefäß

* *Osservazioni microscopiche sulla Tremella e sulla circolazione del fluido in una pianta aquajuola*, Lucca 1774

** [Giovanni Battista Amici] *Osservazioni sulla circolazione del succhio nella Chara*, Modena 1818 sanft unterbunden oder in einen scharfen Winkel gebogen wird, so wird die Zirkulation wie durch einen natürlichen Knoten unterbrochen und geht dann über und unter dem Bande oder der Beugung, wie vorher nach der ganzen Strecke, fort; wird der alte Stand wiederhergestellt, so stellt sich auch die ursprüngliche Bewegung wieder her. Wenn ein solches Gefäß quer durchschnitten wird, so fließt der enthaltene Saft nicht zugleich und ganz aus, sondern nur jener der einen Hälfte, und zwar die gegen den Schnitt gerichtete Strömung, indes die andere den *gyrus* fortsetzt.«* Professor *Schultz* hat diese Strömung in einigen entwickelteren Pflanzen gesehen, z. B. am *Chelidonium majus* (Schellkraut), das einen gelben Saft hat, ebenso an der Euphorbie. Die Beschreibung, die Schultz davon gibt, ist nur die Regsamkeit des Begriffs; eine Anschauung des Gedankens stellt sich so äußerlich dar. Das Strömen ist eine Bewegung von dem Mittelpunkt nach den Wandungen und von den Wandungen wieder herein, und diese horizontale Strömung ist zusammen vorhanden mit dem Strömen nach oben und unten. Der Prozeß gegen die Wandungen ist der Art, daß diese auch nicht fest sind, sondern alles sich aus diesen produziert. Das Strömen wird so bemerkt, daß sich ein Kügelchen bilden will und dies immer wieder aufgelöst wird. Schneidet man die Pflanze entzwei und läßt man den Saft in Wasser laufen, so sieht man Kügelchen wie die Blutkügelchen im Tierischen. Dieses Strömen ist so zart, daß es sich nicht in allen Arten erkennen läßt. Bei den von Professor Schultz untersuchten Pflanzen ist die Strömung nicht in *einer* Röhre, wie bei der *Chara*, sondern es sind zwei Gefäße für das Auf- und Absteigen. Man müßte untersuchen, ob bei gepropften Bäumen diese Zirkulation unterbrochen wird oder nicht. Durch diese Zirkulation, die durch das Ganze hindurchgeht, ist es nun, daß die vielen Individuen, welche eine Pflanze bildet, zu *einem* Individuum verbunden werden.

αα) Schultz (a. a. O., Bd. I, S. 488, 500) stellt jenen doppelten Prozeß (s. oben S. 403) nun so vor: *Erstens* »der *Holzsaft* ist die noch unvollkommen assimilierte« (wenig partikularisierte) »Nahrung der Pflanze, welcher erst später höher organisiert und in das Kreislaufsystem übergeführt wird. Das Holz ist das *Assimilationssystem* der Luft wie des Wassers; diese Assimilation ist Lebenstätigkeit.« Das Holz, welches aus Zellgeweben und Spiralgefäßen besteht, saugt in den Holzfasern der Wurzeln das Wasser, von oben die Luft ein. »Die *Papillen,* deutlich an vielen Wurzelspitzen zu sehen, haben das Geschäft, den Nahrungssaft einzusaugen, und

* *Wiener Jahrbücher* 1819, Bd. V, S. 203 (Martius' Abhandlung über den Bau und die Natur der Charen in: *nova acta physico-medica* der Leopold. Karolin. Akademie der Naturforscher, Bd. I, Erlangen 1818)

aus ihnen nehmen ihn dann die Spiralgefäße auf, um ihn weiterzuführen.«* Haarröhrchen und ihr Gesetz, die Kapillaraktion, paßt nicht auf die Pflanzen; die Pflanze will Wasser, hat Durst, und so saugt sie.

ββ) Das *Andere* ist nun die ganz eigentümliche, höchst wichtige Entdeckung von Schultz, diese Bewegung von einem Safte, der jetzt assimiliert ist, obgleich man ihn nicht in allen Pflanzen nachweisen kann, weil die Bewegung schwer zu beobachten ist. Der Holzsaft hat noch wenigen Geschmack, ist nur etwas süßlich und noch nicht zur Eigentümlichkeit der Pflanze verarbeitet, die in Geruch, Geschmack usw. partikular ist. Über diesen *Lebenssaft* sagt nun Schultz (a. a. O., S. 507, 576, 564): »Der Kreislauf in den Pflanzen, der den ganzen Winter durch fortgeht, ist die Bewegung eines völlig organisierten Saftes, welche in einem abgeschlossenen System in allen äußeren Teilen der Pflanze vor sich geht: in der Wurzel, dem Stamme, den Blumen, Blättern und Früchten; ebenso wie alle diese Teile ihr Assimilationsgeschäft haben, was aber immer dem Kreislauf *polarisch* gegenübersteht und in welchem sich der Holzsaft auf eine ganz andere Weise bewegt *als in dem Kreislaufsystem.* Der Übergang des Holzsaftes in Lebenssaft geht auch nur in den Extremen der äußeren Pflanzenteile und namentlich, wo Blätter vorhanden sind, in den Blättern, ferner in den Blumen und Fruchtteilen vor sich. Dagegen geht aus keinem Holzfaserbündel unmittelbar Holzsaft in die Lebensgefäße über. Der Übergang von Holzsaft in die Rinde wird durch die Blätter vermittelt.« Daher stirbt die Rinde ab, die keinen Knospen- oder Blätterzusammenhang hat. Link führt in dieser Rücksicht folgende Versuche an: »Meier isolierte Stücke Rinde, indem er ringsumher Streifen von Rinde wegschnitt und sah, daß die Stücke, woran eine Knospe und dergleichen befindlich war, sich erhielten, diejenigen aber, woran dergleichen sich nicht befand, bald verdorrten. Ich habe diese Versuche an Aprikosenbäumen wiederholt und richtig befunden. Ein Stück Rinde, ohne Gemmen und Blätter auf diese Weise isoliert, schwand und trocknete bald, ließ auch kein Gummi fließen. Ein anderes Stück, mit drei abgerissenen Gemmen und Blättern isoliert, trocknete langsamer und ließ ebenfalls kein Gummi fließen. Noch ein anderes Stück, mit drei unversehrten Gemmen und Blättern isoliert, schwand nicht, blieb überall grün und ließ am unteren Teile Gummi fließen. Bei abgelöster Rinde entsteht zuerst eine Schicht von Parenchym, gleichsam als ein neues Mark; auf dieses folgte nun eine Bastschicht mit einzelnen Spiralgefäßen und Treppengängen; und alles bedeckte die neue

* Link, *Grundlehren*, S. 76

Rinde aus Parenchym, das sich also zuerst erzeugt, wie es auch die Grundlage des jungen Stammes und des Embryo macht. Es war gewissermaßen ein neues Mark, neues Holz und neue Rinde entstanden.«*

γγ) Der Lebenssaft der Pflanze geht dann *drittens* ins Produkt über: »Mit dem Ausbruche des Blatts ist in allen Teilen der Pflanze die Rinde vom Holz leicht abzulösen, und dies rührt von einer *zwischen* ihnen befindlichen, zarten, weichen Substanz her, dem *Kambium*, das erst mit dem Blatt entsteht. Der Lebenssaft ist dagegen nicht zwischen, sondern in der Rinde.« Jener dritte Saft ist das Neutrale: »Das Kambium bewegt sich nicht, und hat eine periodische Existenz in der Pflanze ... Das Kambium ist das Residuum des ganzen individuellen Lebens (wie die Fruchtbildung des generischen Lebens); es ist keine Flüssigkeit wie die übrigen Pflanzensäfte, sondern die zarte Embryonengestalt der ganzen, schon gebildeten Pflanzentotalität, die unentfaltete Totalität, wie eine holzlose Pflanze (oder wie die tierische Lymphe). Das Kambium wird nun aus dem Lebenssaft der Rinde durch den Kreislauf gebildet, und hieraus entsteht zugleich das Holz und die Rindenlage ... Auch das Zellgewebe entwickelt sich aus dem unterschiedslosen Kambium. Wie also in dem Gefäßsystem des Kreislaufs der Gegensatz von Lebensgefäßen und Lebenssaft, im Assimilationssystem der Gegensatz von Spiralgefäßen und Holzsaft, so tritt im Zellgewebe der Gegensatz von Zellen und seinem flüssigen Inhalt hervor ... Bei der Verlängerung der Wurzeln und Zweige lagern sich auf ihren Spitzen die neuen embryonischen Bildungen ab, die Bildungen aus der gleichförmigen Substanz nach oben, wie sie aus dem Kambium zur Seite gehen, ohne daß ein wesentlicher Unterschied stattfindet. Bei Farnkräutern, Gräsern und Palmen bildet sich ein Knoten auf den anderen; bei den Zwiebelgewächsen bilden sich die Knoten nebeneinander, aus denen auf einer Seite Wurzeln, auf der andern die Knospen hervorkommen. Diese äußere Verknotung ist bei den höheren Pflanzen nicht mehr so sichtbar, sondern es zeigt sich dafür die Bildung eines Holz- und Rindenkörpers auf den Spitzen der Knoten.«**

Fassen wir nun das Bisherige zusammen, so haben wir im Gestaltungsprozeß der Pflanze in sich selbst sogleich erstens diese drei Momente zu unterscheiden: αα) die Diremtion in Wurzel und Blatt, als selbst Verhältnis nach außen, ist der Ernährungsprozeß in sich, – der Holzsaft; ββ) das Verhältnis nach innen, der reine Prozeß in sich, ist der Lebenssaft; γγ) das allgemeine Produkt ist

* Link, *Nachträge* I, S. 49–51

** Schultz, a. a. O., Bd. I, S. 632, 636, 653, 659

(1) das Kambium der Botaniker, (2) die tote Sekretion in ätherische Öle und Salze, (3) die Diremtion der Pflanze in sich selbst in Holz und Rindensubstanz. – Damit haben wir zweitens das Verknoten, als generische Vervielfältigung, und endlich die Knospe, die den Prozeß der Geschlechtsdifferenz andeutet.

β) Jener vegetabilisch gemachte Saft und das Produkt desselben, die Teilung des vorher Indifferenten in *Rinde* und *Holz*, lassen sich mit der beim allgemeinen Lebensprozeß der Erde eintretenden Diremtion des Individuums in die vergangene, außer ihm fallende Lebenstätigkeit als solche und in das System der organischen Gebilde als das materielle Substrat und Residuum des Prozesses vergleichen. Die Pflanze, wie das Tier, tötet sich ewig selbst, indem sie sich das Sein entgegensetzt; das ist die Verholzung an der Pflanze und am Tiere das Knochensystem. Dieses ist der Träger des tierischen Organismus, aber, als das abstrakte ruhende Sein, das Ausgeschiedene, Kalkige. Ebenso setzt die Pflanze innerhalb ihrer selbst ihren unorganischen Boden, ihr Knochengerüst. Die unaufgeschlossene Kraft, das reine Selbst, das eben um seiner unmittelbaren Einfachheit willen in das Unorganische zurücksinkt, ist die Holzfaser; chemisch betrachtet ist es der Kohlenstoff, das abstrakte Subjekt, welches in der Wurzel als reines Holz ohne Rinde und Mark in der Erde bleibt. Das Holz ist die Brennbarkeit als Möglichkeit des Feuers, ohne selbst Wärme zu sein; es geht darum oft zur Schwefeligkeit fort. In einigen Wurzeln erzeugt sich völlig gebildeter Schwefel. Die Wurzel ist eine solche Verkrümmung und Vertilgung der Fläche und der Linie, eine solche Verknotung, daß jene Dimension aufgehoben und eine gediegene Kontinuität ist, die auf dem Sprunge steht, ganz unorganisch ohne den Unterschied der Gestaltung zu sein. Oken hält die Holzfasern für Nervenfäden: »Die Spiralfasern sind für die Pflanze das, was die Nerven für das Tier sind.«* Die Holzfasern sind aber nicht Nerven, sondern Knochen. Nur zu dieser Vereinfachung, als der abstrakten Beziehung auf sich selbst, bringt es die Pflanze; diese Reflexion-in-sich ist das Tote, weil sie nur abstrakte Allgemeinheit ist.

Der nähere *Verholzungsprozeß* ist sehr einfach in seinem Detail. Link beschreibt ihn in den *Grundlehren* (S. 142–146) folgendermaßen: »Der innere Bau des Stammes in den Monokotyledonen weicht sehr von dem in den Dikotyledonen ab. Jenen fehlen die *Holzringe*, wodurch das Mark und die Rinde voneinander unterschieden werden; die Holzbündel stehen zerstreut im Zellgewebe, gegen die Rinde in größerer, gegen die Mitte in geringerer Menge.

* Oken, a. a. O., Bd. II, S. 112

Bei den Dikotyledonen stehen alle Holzbündel im Kreise; doch weil die Natur nirgends scharfe Grenzen zieht, finden sich solche zerstreute Bündel bei den *Kukurbitazeen* und einigen wenigen anderen Pflanzen. Gewöhnlich begleitet zwar der Bast das Zellgewebe; doch gibt es einige Fälle, wo Bündel von sehr engem, langgestrecktem Zellgewebe oder Bast in dem Stamme ziemlich entfernt von den Gefäßbündeln liegen. So haben einige *Labiatae* in den vier Ecken des Stammes solche Bastbündel, viele *Umbellen*-Pflanzen in den hervorstehenden Kanten ... Das *Fortwachsen des Stammes* und die *Bildung der Holzschichten* geschieht nun in den Monokotyledonen auf eine einfache, gewöhnliche Weise. Die Teile verlängern und erweitern sich nicht allein, sondern es entstehen neue zwischen den alten, – Zellen zwischen Zellen, Gefäße zwischen Gefäßen. Der Querschnitt eines älteren Stammes ist dem eines jüngeren in allen Stücken ähnlich. In den baumartigen Gräsern verhärten sich die Teile auf eine außerordentliche Art.« – »Man hat in vielen Gräsern«, bemerkt Willdenow (a. a. O., S. 336), »Kieselerde gefunden, im Bambusrohr (*Bambusa arundinacea*) usw.; auch macht sie einen Bestandteil der Pflanzenfaser, z. B. beim Hanf und Flachs, aus. In dem Holze der *Alnus glutinosa* und *Betula alba* scheint sie auch zu sein, da dieses beim Drechseln öfter Funken sprüht.«

Link fährt fort: »Ganz anders verhält es sich mit den Dikotyledonen. *Im ersten Jahre.* Zuerst stehen die Holzbündel voneinander getrennt in einem Kreise und sind mit Parenchym umgeben. In diesem frühesten Alter enthalten sie nur Bast und nach innen ein Bündel Spiralgefäße. Der Bast ist es, welcher vorzüglich anwächst und sich zwischen das Parenchym einschiebt«, so daß abwechselnde Lagen von Fasern und Parenchym entstehen. »Die Holzbündel verbreiten sich seitwärts, drücken das Parenchym zusammen und bilden endlich einen zusammenhängenden Ring, der das Mark einschließt. Der Bast dieser Holzbündel ist nun abwechselnd dicht und locker; wahrscheinlich hat sich also ebenso neuer Bast zwischen dem alten eingeschoben. Gegen das Mark stehen noch einzelne Holzbündel inwendig am Holzringe im Kreise umher. Die sogenannten *Spiegelfasern* rühren sowohl von dem abwechselnden Bast als dem zusammengedrückten Parenchym her.« Sie sind also Verlängerungen des Marks und gehen von diesem nach außen, der Rinde, befinden sich zwischen den Längefasern, sind nicht in den Monokotyledonen. »Durch den Holzring wird nun erst Mark von Rinde geschieden ... Ferner verbreiten sich die Holzbündel nach innen; der Holzring wird breiter. Reihen von Treppengefäßen zeigen sich strahlenförmig gegen das Mark gerichtet« (aber ohne Zweifel vertikal). »An der inneren Seite des Ringes um das Mark stehen voneinander getrennte Bündel von Spiralgefäßen im Kreise. Aber die Zellen des Markes sind nicht kleiner, sondern größer geworden, obgleich die Menge desselben in Verhältnis zur Dicke des Stammes sich vermindert hat. Das Mark nimmt also ab, indem der äußere Teil davon vermindert und seitwärts in Strahlen gepreßt wird; aber es nimmt keinesweges so ab, daß es in der Mitte in einen kleineren Raum zusammengepreßt würde. Folglich wurden die ersten (innersten) Bündel von Spiralgefäßen nicht durch anwachsendes Holz nach innen geschoben, sondern die Bündel am Marke sind immer neu entstanden, die vorigen haben sich seitwärts erweitert und das Parenchym zusammengedrückt. Aus den Spiralgefäßen wurden Treppengänge, und da die Spiralbündel zuerst voneinander etwas abgesondert stehen, so liegen nun auch die Treppengefäße in Reihen, welche nach innen laufen. Aus diesem allen erhellt, daß sich die Holzschicht bildet, indem zerstreute Bündel von Spiralgefäßen und Bast seitwärts zusammentreffen und sich vereinigen, indem ferner beständig nach innen neue Bündel von Spiralgefäßen in einem Kreise anwachsen und gleichfalls seitwärts sich vereinigen.«*

»*In den folgenden Jahren.* Jährlich schiebt sich eine neue Holzlage zwischen Rinde und Holz. Wie im ersten Jahre Schichten an die Holzbündel anwachsen und sie dadurch vergrößern, so ist es höchst wahrscheinlich, daß eine solche neue Holzschicht sich in den folgenden Jahren um den Holzkörper anlege. Ebenso legen sich in der äußeren Rinde neue Schichten von Parenchym sowie in der inneren Rinde neue Schichten von Bast an. Aber der genaue, unverrückte Übergang einer Schicht in die andere zeigt, daß der Anwuchs auch in den Zwischenräumen der Gefäße und des Zellgewebes der älteren Schicht geschieht, auch im Mark, bis es ganz ausgefüllt ist. Überall werden Teile eingeschoben, nur in einer so großen Menge nach außen, daß dort die Vermehrung sehr merklich wird. Beim Anwachsen selbst findet kein Unterschied der Schichten statt, das Holz wächst überall gleichförmig und ununterbrochen an, und es gibt durchaus keinen Unterschied als in der Dichtigkeit und Lockerheit der Schichten. Aber die älteren Schichten behalten nicht ihre Dicke; sie werden immerfort dünner und endlich so sehr, daß man sie kaum mehr unterscheiden und zählen kann. Es geschieht also eine wahrhafte Zusammenziehung, welche die Zellen des Bastes verengert. Der Anwuchs im Innern des Holzes hört endlich auf, wenn alles Mark verzehrt ist. Ich habe vorjährige Zweige beinah täglich vom Mai bis an den Juli untersucht und lange keine Spur von einem zweiten Jahrringe gefunden. Zuletzt

* Link, *Grundlehren*, S. 146–151 (*Nachträge* I, S. 45 f.)

aber *erschien er plötzlich*, und zwar sogleich von einer ansehnlichen Größe. Mir scheint es daher, daß plötzlich eine Zusammenziehung des Holzes den Jahrring gemacht habe – eine Zusammenziehung, welche *um oder nach Johannis vorgehen muß* und mit dem jährlichen Anwuchse des Holzes in keiner Verbindung steht. Es müßte der Fall sein, daß man den Jahrring des vorigen Jahres im Frühling und Sommer erkennte, wenn ein neuer Ring nur zu äußerst umgelegt wäre.«* Auch das Werden zum Holzringe ist also bei der Pflanze immer ein neues Erzeugen, nicht wie beim Tier bloßes Erhalten.

γ) Mit diesem Produzieren ist zugleich die Resumtion der Individualität in sich verbunden, und das ist die Erzeugung der *Knospe*. Sie ist eine neue Pflanze auf der vorhergehenden, oder doch die einfache Resumtion zu der Anlage einer solchen: »Eine jede Knospe entfaltet einen Zweig mit Blättern, und an der Basis jedes Blattstiels steht wieder eine Knospe. Dieses ist die Art, wie das Wachstum überhaupt vonstatten geht. Das Entwickeln von Knospe zu Knospe würde aber ohne Grenze fortdauern, wenn nicht jede Knospe, sobald sie Blüten erzeugt, nach vollendeter Blüte und Frucht verginge. Das Entfalten der Blume und der darauf folgenden Frucht macht die unübersteigbare Grenze des Wachstums der Zweige aus.«** Die Blüte ist so eine einjährige Pflanze.*** Damit ist der Prozeß der Pflanze geschlossen; sie erhält sich durch die Reproduktion ihrer selbst, welche sogleich Produktion einer anderen ist. Der Prozeß ist so vermittelt durch die angegebenen Momente; er ist noch der formelle Prozeß in Ansehung der Produktion, als bloßes Ausschlagen dessen, was im ersten Haupttriebe eingehüllt war.

§ 347

b) Der Gestaltungsprozeß ist unmittelbar mit dem zweiten, dem *nach außen sich spezifizierenden Prozesse* verknüpft. Der Same keimt nur von außen erregt, und die Diremtion des Gestaltens in Wurzel und Blatt ist selbst Diremtion in die Richtung nach Erde und Wasser und in die nach Licht und Luft, in die Einsaugung des Wassers und in die durch Blatt und Rinde wie durch Licht und Luft vermittelte Assi-

* Link, *Nachträge* I, S. 46–48; II, S. 41 f. (*Grundlehren*, S. 151–153)
** Willdenow, a. a. O., S. 402 f.
*** Goethe, *Zur Morphologie*, [I. Bd., 1. Heft, »Die Metamorphose der Pflanze«], S. 54 [Nr. 110]

milation desselben. Die Rückkehr-in-sich, in welcher die Assimilation sich beschließt, hat das *Selbst* nicht in innerer subjektiver Allgemeinheit gegen die Äußerlichkeit, nicht ein Selbstgefühl zum Resultate. Die Pflanze wird vielmehr von dem Licht, als ihrem ihr äußerlichen Selbst, hinausgerissen, rankt demselben entgegen, sich zur Vielheit von Individuen verzweigend. *In sich* nimmt sie sich aus ihm die spezifische Befeuerung und Bekräftigung, die Gewürzhaftigkeit, Geistigkeit des Geruchs, des Geschmacks, Glanz und Tiefe der Farbe, Gedrungenheit und Kräftigkeit der Gestalt.

Zusatz. Indem der Prozeß nach außen mit dem ersten so zusammenfällt, daß der Prozeß der Wurzel und des Blattes in ihrer lebendigen Existenz nur ist als Prozeß nach außen, so sind beide Prozesse nur so unterschieden, daß teils diese Seite nach außen bestimmter bemerkt werden muß, teils aber hauptsächlich insofern die Rückkehr in sich als das Werden des Selbsts – das Selbstgefühl, die Befriedigung seiner aus der Überwindung der unorganischen Natur – hier die *eigentümliche* Gestaltung hat, eine Entwicklung gleichfalls nach außen zu sein, und so nicht in den Gestaltungsprozeß genommen werden kann. Das in der Gestalt vorhandene Selbst geht in den Prozeß nach außen ein, um sich durch diese Vermittlung mit sich selbst zu vermitteln, das Selbst zum Selbst hervorzubringen. Aber das Selbst bewährt nicht sich selbst; diese Befriedigung seiner wird in der Pflanze nicht ein Vereinen mit sich, sondern ein sich zur Lichtpflanze Ausbilden. Dies vertritt die Stelle des Sinnes. Das Selbst ist in seinem Dasein, in seiner Gestalt in sich reflektiert; das heißt hier: sein Dasein und Gestalten ist allenthalben ganzes Individuum, selbst ein Seiendes; es ist aber in seinem Dasein nicht selbst allgemeines Individuum, so daß es die Einheit seiner selbst und des Allgemeinen wäre, sondern das andere Einzelne, worauf es sich bezieht, ist nur ein Teil des Ganzen und selbst eine Pflanze. Das Selbst wird nicht Gegenstand des Selbsts, seines eigenen Selbsts; sondern das zweite Selbst, zu dem die Pflanze sich dem Begriffe nach verhalten muß, ist außer ihr. Das Selbst wird nicht für sie, sondern sie wird sich nur im Lichte ein Selbst; ihr Erleuchten, Lichtwerden ist nicht, daß sie sich selbst Licht wird, sondern nur am und im Licht wird sie produziert. Die Selbstischkeit des Lichts, als gegenständliche Gegenwart, wird daher nicht zum Sehen, sondern der Sinn des Sehens bleibt nur Licht, Farbe an der Pflanze, nicht das Licht wiedergeboren in der Mitternacht des Schlafs, in der Finsternis des reinen Ich, – nicht dies vergeistigte Licht als die existierende Negativität.

Dieser *geschlossene Kreis des Verhaltens nach außen ist einjährig*, wenn auch sonst die Pflanze, als Baum, perenniert; und nicht nur die Entfaltung der Blütenknospe ist einjährig, sondern auch alle die Teile und Glieder, die das sonstige Verhältnis nach außen enthalten, die Wurzeln und die Blätter. Die Blätter fallen ab – »in nördlichen Klimaten«, sagt *Willdenow* (a. a. O., S. 450 f.), »im Herbste; aber in anderen bleiben sie mehrere Jahre«. Während Willdenow aber das Entblättern dem Stocken der Säfte zuschreibt (S. 452), nimmt *Link* (*Nachträge* I, 55) eine entgegengesetzte Ursache an: »Dem Abfallen der Blätter scheint eher eine Überhäufung mit Saft voranzugehen als ein Mangel desselben. Einschnitte in die Rinde, die völlig geringelt waren, beförderten dies eben dadurch, daß die Zurückführung des Saftes in der Rinde aufhören muß ... Eine Schwächung der Rinde, teils durch das Anwachsen des Stamms, teils durch Kälte, scheint mir jetzt den ersten Grund zum Abfallen der Blätter zu legen.« Ebenso sterben die Wurzeln ab und produzieren sich neu: »Die Wurzel der Pflanzen ist in einer beständigen Veränderung. Immerfort sterben Zasern und Äste ab und andere wachsen zu. Die Menge Zasern und Haare, welche aus der Wurzel entstehen, werden durch die Feuchtigkeit hervorgelockt, verbreiten sich nach allen Richtungen; und auf diese Weise wird die Wurzel von feuchten Umgebungen fortgerissen. Auch schwitzen die Wurzeln Feuchtigkeiten aus, und das Anhängen des Sandes rührt wohl daher. Indem die älteren bald untauglich zu werden scheinen, vielleicht weil sich die Spiralgefäße zu sehr verschieben, so düngen und verderben sie das Erdreich. Selten dauert die Hauptwurzel mehrere Jahre; sie stirbt, nachdem sie Zweige und Stämme mit neuen Wurzeln getrieben hat. An den Bäumen wächst der Stamm in die Erde und ersetzt endlich die Wurzel. Denn nicht nur die Wurzel strebt nach unten, auch dem Stamm fehlt dies Bestreben keinesweges; man findet ihn einige Tage nach dem Keimen schon bedeutend in die Erde gedrungen.«*

Die *äußere Natur*, wozu sich die Pflanze verhält, sind die Elemente, nicht das Individualisierte. Die Pflanze verhält sich α) zum Licht, β) zur Luft, γ) zum Wasser.

α) Während der Prozeß der Pflanze mit den Elementen der Luft und des Wassers allgemein ist, so stellt sich das *Verhältnis zum Licht* besonders in der Entfaltung der *Blütenknospe* dar, die aber als Produktion einer neuen Gestalt auch dem ersten, sowie als

* Link, *Grundlehren*, S. 137 (*Nachträge* I, S. 39, 43), 140

Andeutung des Geschlechtsunterschiedes ebenso dem dritten Prozesse angehört, – zum Beweise, wie die verschiedenen Prozesse der Pflanze sich durchdringen und nur oberflächlich unterschieden sind. Am Lichte wird die Pflanze kräftig in jeder Rücksicht, aromatisch, farbig; das Licht ist der Grund dieser Qualifizierung und hält auch die Pflanze aufrecht. »Im Lichte werden die Blätter grün; doch gibt es auch grüne Pflanzenteile, die vor dem Lichte ganz verschlossen liegen, z. B. die innere Rinde. Junge Blätter, in der Dunkelheit erzogen, sind weiß; aber wenn sie größer und stärker werden, färben sie sich in derselben Dunkelheit grünlich. Die Blumen bekommen aber im Lichte schönere Farben; die wohlriechenden Öle und Harze nehmen zu. Im Dunkeln wird alles blasser, geruchloser, kraftloser. In heißen Gewächshäusern schießen die Pflanzen lange Schossen; aber diese sind schwach, ohne Farbe und Geruch, solange ihnen das Licht mangelt.«* Die Rinde und das Blatt, welche das Selbst des Prozesses sind, sind noch in ihrer Ungeschiedenheit und darum eben grün. Diese synthetische Farbe des Blau und Gelb wird mit der Neutralität des Wassers aufgehoben und in Blau und Gelb entzweit, und das Gelb geht späterhin in Rot über. Die künstliche Gärtnerei besteht darin, die Blumen durch alle diese Farben und ihre Vermischung durchzutreiben. In dem Verhältnis der Pflanze zu ihrem Selbst, das außer ihr ist, verhält sie sich aber zugleich nicht chemisch, sondern nimmt dasselbe in sich auf und hat es in sich, wie beim Sehen. Die Pflanze ist im Licht und im Verhältnis zu ihm für sich selbst; gegen seine absolute Macht, seine eigenste Identität, konstituiert die Pflanze sich für sich selbst. Wie ein menschliches Individuum im Verhältnis zum Staate als seiner sittlichen Substantialität, seiner absoluten Macht und seinem Wesen eben in dieser Identität selbständig und für sich wird, reift und wesentlich wird, so gibt sich die Pflanze im Verhältnis zum Licht ihre Partikularität, spezifische und kräftige Bestimmtheit in sich selbst. Besonders im Süden sind diese Arome vorhanden; eine Gewürzinsel riecht viele Meilen weit im Meere und entfaltet eine große Pracht der Blumen.

β) Daß in dem *Luftprozeß die Pflanze die Luft in sich bestimmt,* erscheint so, daß die Pflanze die Luft als ein bestimmtes Gas wieder von sich gibt, indem sie durch das Aneignen das Elementarische differenziert. Dieser Prozeß streift am meisten an das Chemische an. Die Pflanzen dünsten aus; sie verwandeln die Luft in Wasser und umgekehrt das Wasser in Luft. Dieser Prozeß ist *Ein- und Ausatmen*; bei Tage haucht die Pflanze Sauerstoffgas,

* Link, *Grundlehren*, S. 290 f.

bei Nacht Kohlenstoffgas aus.* Dieser Prozeß ist ein Dunkles, wegen des verschlossenen Ansichhaltens der Pflanze. Versteht man die Intussuszeption so, daß die Teile, die aufgenommen werden, schon fertig sind und nur das Heterogene davon abgeschieden wird, so sagt man, die Pflanze ziehe Kohlensäure aus der Luft an sich und das Übrige, das Sauerstoffgas usf., lasse sie heraus. Worauf sich diese philosophisch sein sollende Betrachtung gründet, sind Versuche, in welchen Pflanzen, unter Wasser und dem Lichte ausgesetzt, Sauerstoffgas von sich geben, – als ob dies nicht ebensogut ein Prozeß mit dem Wasser wäre, als ob sie nicht auch die Luft zersetzen und das Sauerstoffgas in sich aufnehmen. Es kommt überhaupt aber nicht zu diesem chemischen Dasein; denn dann wäre das organische Leben vertilgt. Bei der Verwandlung von Luft in Wasser hilft alle chemische Ansicht nichts, den Übergang von Stickstoff in Wasserstoff zu erklären; denn beide sind ihr unwandelbare Stoffe. Die Vermittlung geschieht aber durch das Sauerstoffgas, als das negative Selbst. Damit ist der Prozeß jedoch nicht geendigt: er geht zurück in Kohlenstoff, in das Feste; ebenso umgekehrt löst die Pflanze dies Punktuelle auf, durch den entgegengesetzten Weg in Luft und Wasser. Die Pflanze unterhält die Atmosphäre in Feuchtigkeit, und ebenso saugt sie das Wasser derselben ein; alles Negative ist ebenso positiv. An der Pflanze selbst aber ist dieser Prozeß ihr Gestalten, welches die drei Momente enthält: 1. daß sie zum festen Selbst wird, zum Holzigen, 2. zum Wassererfüllten, Neutralen, 3. zum luftigen, rein ideellen Prozesse (vgl. § 346 Zus. S. 407).

Diesen Prozeß der Pflanze mit der Luft stellt Link also dar: »Ich fand, daß Sauerstoffgas zum Leben der Pflanze unentbehrlich ist, daß sie aber darin durchaus nicht wächst, daß hingegen Kohlensäure, in dem Verhältnisse von etwa 1/12 dem Sauerstoffgase beigemengt, die Pflanze im Lichte vortrefflich wachsen macht; es wird Kohlensäure zersetzt und Sauerstoffgas entwickelt. Im Dunkeln schadet Kohlensäure. Nach Versuchen von *Saussure*[26] ziehen die Pflanzen Sauerstoffgas ein, *verwandeln es in Kohlensäure* und atmen nach Zersetzung derselben Sauerstoffgas aus. Nicht-grüne Teile ziehen Sauerstoffgas nicht ein; sie *verwandeln es geradezu in Kohlensäure.* Das Extrakt der fruchtbaren Erde dient zur Ernährung der Pflanzen. Sauerstoffgas zieht den Kohlenstoff daraus an, um Kohlensäure zu bilden. Erde aus der Tiefe taugt nicht für die Ernährung der Pflanzen, wohl aber, wenn sie

* Link, *Grundlehren*, S. 283

26 siehe Fn. 14, S. 147

lange an der Luft gelegen hat.« Ein Regen macht da alles wieder gut. – »Saussure sah entblößte, mit der Spitze in Wasser getauchte und irrespirablen Luftarten ausgesetzte Wurzeln verwelken, in Sauerstoffgas fortleben. *Sie verwandelten dieses in Kohlensäure*; war aber der Stamm noch an ihnen befindlich, so saugten sie diese ein und entwickelten Sauerstoffgas aus den Blättern.«* Der Prozeß mit der Luft ist also gar nicht so zu verstehen, als nähme die Pflanze ein schon Fertiges in sich auf und vermehrte sich so nur mechanisch. Eine solche mechanische Vorstellung ist überhaupt ganz zu verwerfen; es findet eine vollkommene Verwandlung statt, – ein Fertigmachen durch die Majestät des Lebendigen, da das organische Leben eben diese Macht über das Unorganische ist, es zu verwandeln. Woher sollte auch sonst das Kali kommen, das sich besonders in unreifen Pflanzen, z. B. Trauben, so häufig findet.**

Die *Organe* dieses Prozesses der Pflanze mit der Luft beschreibt Willdenow (a. a. O., S. 354 f.) folgendermaßen: »Die Spaltöffnungen (*pori, stomata*) zeigen sich auf der Oberhaut der Pflanzen; es sind längliche Spalten von außerordentlicher Zartheit, die sich öffnen und schließen. Sie sind in der Regel des Morgens offen und bei der heißen Mittagssonne geschlossen. Man sieht sie an allen Teilen der Pflanze, welche der Luft ausgesetzt sind und welche eine grüne Farbe haben, häufiger auf der Unterfläche der Blätter als auf der oberen. Sie fehlen den unter Wasser befindlichen Blättern sowie der Fläche derselben, welche auf dem Wasser schwimmt; sie fehlen den Wasseralgen, Moosen, Lichenen, Pilzen und verwandten Gewächsen ... Von dieser Hautöffnung geht aber kein Kanal nach innen, so daß man Röhren, die mit derselben in Verbindung wären, antreffen könnte; sie endigt sich ohne alle weitere Vorrichtung in der verschlossenen Zelle.«

γ) Neben dem Luftprozeß ist der *Wasserprozeß* die Hauptsache, da die Pflanze erst aus der Feuchtigkeit befruchtet wird; es ist kein Trieb für sich in ihr, sondern ohne Wasser ruht der Keim tot. »Da liegt das Samenkorn – vielleicht unzählige Jahre – ohne Lebenstrieb, regungslos und verschlossen! Ein glücklicher Zufall ist ihm die Erweckung, ohne welche es noch länger in der Gleichgültigkeit beharren oder endlich verderben würde.« – »Dieses Wachstum vom irdischen Einflusse zu befreien und aus der gewachsenen (eigenen) Nahrung zu wachsen, ist der Trieb des sprossenden Stammes. Das Wachstum aus der gewachsenen Nahrung« (der Wurzel) »vom Zufall des Gewachsenen zu befreien

* Link, *Nachträge* I, S. 62 f.; *Grundlehren*, S. 284 f.

** vgl. Link, *Nachträge* I, S. 61

und das eigene Maß, die umschriebene Form gegen die Fülle des irdischen Einflusses zu erreichen, ist das Leben des Blatts.«*
Die meisten Pflanzen brauchen zu ihrer Ernährung keine Erde; man kann sie in gestoßenes Glas, in Kieselsteine setzen, die unangegriffen bleiben, d. h. aus denen die Pflanze keine Nahrung ziehen kann. So kommt die Pflanze ebensogut mit Wasser fort; doch muß womöglich etwas Öliges darin sein. »Zuerst fand Helmont, daß ein Baum, in einem Topfe mit Erde gefüllt, weit mehr an Gewicht zugenommen, als diese abgenommen habe, und er schloß daraus, Wasser sei das eigentliche Nahrungsmittel der Pflanzen. Duhamel zog einen Eichenbaum in bloßem Wasser, welcher acht Jahre lang fortvegetierte. Vorzüglich hat Schrader genaue Versuche über das Wachsen der Pflanzen in Schwefelblumen, mit reinem Wasser begossen, angestellt; aber sie tragen keinen reifen Samen. Es ist kein Wunder, daß Pflanzen, nicht in ihrem gehörigen Boden, sondern entweder in bloßem Wasser oder Sande oder Schwefel erzogen, auch nicht die gehörige Vollkommenheit erreichen. Ein Gewächs vom Kalkboden gerät nie in bloßem Sande, und umgekehrt tragen die Sandpflanzen im fetten Boden in der Regel keinen reifen Samen ... Es mögen wohl die *Salze* wirklich düngen und nicht bloß als Reizmittel dienen; in größerer Menge schaden sie aber. Die unauflösliche Grundlage des Bodens ist nicht gleichgültig beim Wachstume der Pflanzen oder nur insofern wirkend, als sie Wasser durchlasse oder aufhalte. Schwefel beschleunigt das Keimen der Samen an der Luft, so auch Bleioxyde ohne eine Spur von Desoxydation.«** – »Bei eintretendem Mangel an Feuchtigkeit zehren die Pflanzen öfters aus sich selbst, wie trocken gestellte Zwiebeln beweisen, welche Blätter und Blüten entfalten, aber dabei die ganze Zwiebel aufzehren.«***
Der Prozeß nach außen ist einerseits durch die Wurzel, andererseits durch das Blatt eingeleitet und ist das hinausgerissene Verdauungsleben, wie ja auch jener Kreislauf an dem *Chelidonium* und anderen Pflanzen von der Wurzel bis zum Blatte geht. Das Produkt dieses Prozesses ist das *Verknoten* der Pflanze in ihr selbst. Dies Entwickeln und Herausgehen aus ihr, was zum Produkte kommt, kann so ausgedrückt werden, daß die Pflanze in ihr selbst *reift*. Damit hemmt sie aber auch dieses Herausgehen, und das ist eben das Vervielfältigen ihrer selbst in Knospen. Während der erste Trieb das bloß formelle Vermehren dessen, was schon vorhanden, das bloße Fortsprossen ist (wie denn die Knospe auch oft Blätter erzeugt, diese wieder eine Knospe, und so fort ins

* Schelver, a. a. O., 1. Fortsetzung, S. 23; a. a. O., S. 78
** Link, *Grundlehren*, S. 272–274; 278 f.
*** Willdenow, a. a. O., S. 434 f.

Unendliche), so ist die Blütenknospe zugleich ein *Hemmen* und Zurücknehmen des Herausgehens, des *Wachstums* überhaupt, und zwar sobald der Blütenstand eintritt. »Jeder Strauch oder Baum macht bei uns jährlich zwei Triebe; der eine, welcher der Haupttrieb ist, entfaltet sich im Frühjahr; er wird von der Menge von Säften gebildet, welche die Wurzel den Winter über eingesogen hat. Erst um den Tag Fabian Sebastian, den 20. Januar, findet man bei uns Saft in den Bäumen, wenn man sie anbohrt; folgen hierauf gelinde Tage, so fließt er nicht, sondern nur, wenn wieder kalte Witterung eintritt. Im späten Herbst bis Mitte Januar wird gar kein Saft fließen.« Später, wenn die Blätter ausgeschlagen haben, fließt auch keiner mehr; also nur einmal mit dem Anfang der Tätigkeit der Wurzel im Januar und dann, solange die Blätter noch tätig sind, die Rinde zu ernähren. »Der zweite Trieb ist nicht so stark und kommt gegen den längsten Tag, also um Johannis, woher er auch Johannistrieb genannt wird. Er wird durch die im Frühjahr eingesogenen Feuchtigkeiten hervorgebracht. In der warmen Zone sind beide Triebe gleich stark, daher dort die Gewächse üppiger wachsen.«* Also sind dort auch zwei verschiedene Triebe da; aber in solchen südlichen Pflanzen geht Wachstum und Suspendieren desselben zugleich vor sich, während bei uns das eine zu einer anderen Zeit als das andere da ist. Indem die Reproduktion des Lebendigen sich als die Wiederholung des Ganzen darstellt, so ist mit dem Entstehen neuer Knospen auch das Entstehen eines neuen Holzringes verbunden oder eine neue Diremtion in sich selbst; denn wie um Johannis die Knospen des folgenden Jahres entstehen, so auch das neue Holz, wie wir dies bereits oben (§ 346 Zus. S. 411) sahen.

Wie nun durch Hemmung des Hinausgehens überhaupt, so wird auch insbesondere durch Okulieren die Fruchtbarkeit der Bäume vermehrt, eben weil der fremde Zweig mehr vom Leben der ganzen Pflanze, das gerade im Hinausgehen besteht, gesondert bleibt. Das Geimpfte trägt also α) mehr Früchte, weil es als selbständig dem bloßen Sprossen entnommen ist und sich in einem eigentümlichen Leben mehr in der Fruktifikation ergehen kann, β) ferner edlere und feinere Früchte, weil »immer die Wurzel des Wildlings vorausgesetzt ist, welche dem edleren Gewächse dient und von diesem edleren Gewächse das Organ, welches geimpft wird, gleichfalls schon vorausgesetzt ist«.** Auch durch Einschneiden von Ringen in die Rinde (bei Ölbäumen) wird der Trieb des Wachstums gehemmt und der Baum damit fruchtbarer gemacht;

* Willdenow, a. a. O., S. 448 f. (S. 419–421)

** Schelver, a. a. O., S. 46

ebenso wird die Entstehung von Wurzeln durch Einschnitte befördert.
Überhaupt aber ist die *Bestimmung* dieses Prozesses nicht ein endloses Hinausgehen, sondern vielmehr dies, sich zu fassen, sich in sich zurückzunehmen; die Blüte ist eben selbst dies Moment der Rückkehr, des Fürsichseins, wiewohl die Pflanze nie eigentlich zum Selbst kommen kann. Die Blume ist dieser Knoten, der nicht die Knospe ist, die nur wächst; sondern als Verknoten, das das Wachstum hemmt, ist sie die Versammlung von Blättern (*petala*), die feiner ausgebildet sind. Aus der punktuellen Grundlage des Zellgewebes oder dem ersten Keime, durch das Lineare der Holzfaser und die Fläche des Blattes hindurch, ist die Pflanze in der Blume und der Frucht zur Gestalt der Rundung gekommen; das Vielfache der Blätter nimmt sich wieder in einen Punkt zusammen. Als die ins Licht, ins Selbst erhobene Gestalt ist es dann vornehmlich die Blume, der die Farbe zukommt; schon im Kelche, noch mehr in der Blume ist das bloß neutrale Grün gefärbt. Ferner riecht die Blume nicht bloß, wie die Baumblätter, wenn sie gerieben wird, sondern sie duftet von selbst. In der Blüte tritt endlich die Differenzierung in Organe ein, die man mit den Sexualteilen des Animalischen verglichen hat, und diese sind ein an der Pflanze selbst erzeugtes Bild des Selbsts, das sich zum Selbst verhält. Die Blume ist das sich einhüllende vegetabilische Leben, das einen Kranz um den Keim, als inneres Produkt, erzeugt, während sie vorher nur nach außen ging.

§ 348

c) Die Pflanze gebiert aber auch ihr Licht aus sich als *ihr eigenes* Selbst, in der *Blüte*, in welcher zunächst die neutrale, grüne Farbe zu einer spezifischen bestimmt wird. Der *Gattungsprozeß*, als das Verhältnis des individuellen Selbsts zum Selbst, *hemmt* als Rückkehr-in-sich das Wachstum als das für sich ungemessene Hinaussprossen von Knospe zu Knospe. Die Pflanze bringt es aber nicht zum Verhältnis der Individuen als solcher, sondern nur zu einem Unterschiede, dessen Seiten nicht zugleich an ihnen die ganzen Individuen sind, nicht die ganze Individualität determinieren, der hiermit auch zu mehr nicht als zu einem Beginn und Andeutung des Gattungsprozesses kommt. Der *Keim* ist hier für das eine und dasselbe Individuum anzusehen, dessen Lebendigkeit diesen Prozeß durchläuft und durch Rückkehr-in-sich ebenso sich erhalten hat, als zur Reife eines Samens gediehen ist; dieser Verlauf ist aber im ganzen ein Überfluß, da der Gestaltungs- und der Assimilationsprozeß schon selbst Reproduktion, Produktion neuer Individuen ist.

Zusatz. Der letzte Akt bei der Pflanze ist das Hervorbrechen der Blüte, wodurch die Pflanze sich objektiv macht, sich das Licht assimiliert und dies Äußerliche als ihr Eigenes produziert. Oken sagt daher (a. a. O., Bd. II, S. 113), die Blüte sei das Hirn der Pflanze; andere dagegen aus derselben Schule meinten, die Pflanze habe ihr Hirn, die Wurzel, im Boden, die Geschlechtsteile aber gegen den Himmel gekehrt. Die Blüte ist die höchste Subjektivität der Pflanze, die Kontraktion des Ganzen wie im einzelnen, ihr Gegensatz in ihr selbst und zu sich selbst, – aber zugleich als zu einem Äußeren, wie diese Entfaltung des Blütenstandes selbst wieder eine Sukzession ist: »Der Stamm blüht früher als die Äste, der Ast früher als die Nebenäste und so fort. Auf einem und demselben Aste blühen die unteren Blüten früher als die oberen.«* Da aber näher die Pflanze zugleich sich selbst erhält, indem sie andere Individuen hervorbringt, so hat diese Fruchtbarkeit nicht bloß den Sinn, daß die Pflanze durch stetes Verknoten über sich hinausgeht, sondern vielmehr ist das Aufhören des Wachstums und die Hemmung dieses Hinaussprossens die Bedingung jener Fruchtbarkeit. Soll nun diese Negation des Außersichkommens an der Pflanze zur *Existenz* kommen, so heißt dies nichts anderes, als daß die für sich selbständige Individualität der Pflanze, die substantielle Form, die ihren Begriff ausmacht und für sich der ganzen Pflanze beiwohnt, die *idea matrix* derselben *isoliert* wird. Durch dieses Isolieren ist freilich wieder nur ein neues Individuum hervorgebracht, das aber, als Hemmung der Vervielfältigung, eben darum nur eine Differenzierung in sich selbst ist; und das ist es, was in der Pflanze vorgeht, wenn man das Schicksal der Sexualteile betrachtet. Es hilft da nicht, wie bei der Zeugung überhaupt, zu untersuchen, was im unbefruchteten Samen ist und was durch die Befruchtung hinzukommt. Die Betrachtung entgeht den groben Händen der Chemie, die das Lebendige tötet und nur zu sehen bekommt, was das Tote ist, nicht das Lebendige. Die Befruchtung der Pflanze besteht allein darin, daß sie ihre Momente in dieser Abstraktion aufstellt, in getrenntem Dasein, und sie durch die Berührung wieder in eins setzt. Diese Bewegung, als eine Bewegung zwischen Abstrakten,

* Link, *Nachträge* I, S. 52

Differenten, Begeisteten, aber Daseienden, da sie Abstrakte sind, ist die Verwirklichung der Pflanze, welche sie an ihr selbst darstellt.

α) Diese Darstellung ist seit *Linné* allgemein als Geschlechtsprozeß angesehen worden; allein daß er dies wäre, müßte er nicht nur zu seinen Momenten Teile der Pflanzen haben, sondern ganze Pflanzen. Es ist daher eine berühmte Streitfrage in der Botanik, ob wirklich bei der Pflanze erstens Sexualunterschied, zweitens Befruchtung wie bei den Tieren vorhanden sei.

1. Auf die *erste* Frage müssen wir antworten: Die Differenz, zu der es die Pflanze bringt, von einem vegetativen Selbst zu einem vegetativen Selbst, so daß jedes den Trieb habe, sich mit dem anderen zu identifizieren, – diese Bestimmung ist nur wie ein Analogon des Geschlechtsverhältnisses vorhanden. Denn das, was sich verhält, sind nicht zwei Individuen. Nur an einzelnen Gebilden kommt der *Geschlechtsunterschied* in der Art vor, daß die getrennten Geschlechter an zwei selbständige Pflanzen verteilt sind, – die *Diözisten*: die wichtigsten Pflanzen wie Palmen, Hanf, Hopfen usw. Die Diözisten machen so einen Hauptbeweis der Befruchtung aus. In den *Monözisten* aber, wie Melonen, Kürbisse, Haselnüsse, Tannen, Eichen, ist die männliche und weibliche Blume in derselben Pflanze vorhanden; d. h. solche Pflanzen sind Hermaphroditen. Hierzu kommen noch die *Polygamen*, welche Blumen von getrenntem Geschlecht und Zwitterblumen zugleich tragen.* Diese Unterschiede sind aber bei den Pflanzen während ihres Wachstums oft sehr wandelbar: bei den Diözisten, wie Hanf, *Mercurialis* usw., zeigt z. B. eine Pflanze früher Anlage, weiblich zu sein, nachher wird sie aber dennoch männlich; der Unterschied ist so nur ganz partiell. Die verschiedenen Individuen können also nicht als verschiedene Geschlechter angesehen werden, weil sie nicht in das *Prinzip* ihrer Entgegensetzung ganz eingetaucht sind, – weil es sie nicht ganz durchdringt, nicht allgemeines Moment des ganzen Individuums, sondern ein abgeschiedener Teil desselben ist und beide nur nach diesem Teile sich aufeinander beziehen. Das eigentliche Geschlechtsverhältnis muß zu seinen entgegengesetzten Momenten ganze Individuen haben, deren Bestimmtheit, in sich vollkommen reflektiert, sich über das Ganze verbreitet. Der ganze Habitus des Individuums muß mit seinem Geschlecht verbunden sein. Erst wenn die inneren Zeugungskräfte die ganze Durchdringung und Sättigung erreicht haben, ist der Trieb des Individuums vorhanden und das Geschlechtsverhältnis erwacht. Was am Tiere von Haus aus geschlechtlich ist, nur sich entwickelt, zur Kraft

* Willdenow, a. a. O., S. 235 f.

kommt, zum Triebe wird, aber nicht das Bildende seiner Organe ist, das ist in der Pflanze ein äußerliches Erzeugnis.

Die Pflanze ist also geschlechtslos, selbst die Diözisten, weil die *Geschlechtsteile*, außer ihrer Individualität, einen abgeschlossenen, besonderen Kreis bilden. Wir haben auf der einen Seite *Filamente* und *Antheren* als männliche Geschlechtsteile, auf der anderen *Fruchtknoten* und *Pistill*, als weibliche Geschlechtsteile, die Link (*Grundlehren*, S. 215–218, 220) folgendergestalt beschreibt: »Ich habe nie Gefäße in der Anthere gefunden; sie besteht größtenteils aus großen, runden und eckigen Zellen: nur wo man Nerven« (?) »bemerkt, sind diese länger und schmaler. In der Anthere befindet sich der Blütenstaub, meistens lose in kleinen Kugeln. Nur selten ist er an kleinen Fädchen befestigt; in einigen Pflanzen ist er ein Harziges, in anderen von einem tierischen Stoffe, phosphorsaurem Kalk und phosphorsaurer Talkerde. Die Antheren der Moose haben in der äußeren Form, in der Umgebung mit regelmäßig geordneten Blättern, viel Ähnlichkeit mit den Staubfäden ... Nie laufen die Gefäßbündel aus dem Blütenstiele oder der Mitte des Fruchtknotens gerade in das Pistill; sondern aus den äußeren Umhüllungen der Frucht oder aus den umherliegenden Früchten stoßen die Gefäßbündel in dem Pistill zusammen. Daher scheint die Basis des Pistills zuweilen hohl, und eine starke und zarte Streife von Zellgewebe läuft durch die Mitte des Staubweges. Einen anderen Kanal von der Narbe zu den Samen, um sie zu befruchten, gibt es nicht.« (Geht denn dies Zellgewebe nicht wirklich zu den Samen?) »Die Gefäße laufen oft nicht bis zur Narbe, oder sie gehen von derselben in die äußere Frucht an den Samen vorbei und von dort zum Blütenstiele.«

2. Der ersten Frage, ob wahre Geschlechtsteile vorhanden seien, reiht sich nun die *zweite* an: *ob Begattung* als solche stattfinde. Daß wirklich Fruktifikation vorhanden sei, beweist die bekannte Geschichte in Berlin, »daß Gleditsch im botanischen Garten, 1749, den *Chaemerops humilis*, der weiblich ist und schon dreißig Jahre geblüht, allein nie reife Früchte getragen hatte, mit Blütenstaub des männlichen, der ihm aus dem Bosischen Garten zu Leipzig zugeschickt wurde, befruchtete und reife Samen erzielte. Im Frühjahr 1767 schickte Kölreuter von dem im Karlsruher botanischen Garten gesammelten Blumenstaube des *Chaemerops humilis* einen Teil an Gleditsch in Berlin und den anderen Teil an den Obergärtner Eckleben in St. Petersburg. An beiden Orten geschah die Bestäubung der weiblichen Palme mit glücklichem Erfolge. Die Palme in St. Petersburg war schon hundert Jahre alt und hatte immer vergeblich geblüht.«*

* Willdenow, a. a. O., S. 483; Schelver, a. a. O., S. 12 f.

3. Müssen wir also hiernach eine wirkliche Befruchtung zugeben, so fragt sich immer noch *drittens*, ob sie *notwendig* sei. Da die Knospen ganze Individuen sind, die Pflanzen sich durch Stolonen fortbilden, Blätter, Zweige nur die Erde zu berühren brauchen, um für sich als selbständige Individuen fruchtbar zu sein (§ 345 Zus. S. 384), so ist bei der Pflanze das Hervorgehen eines neuen Individuums aus der vermittelnden Synthese beider Geschlechter – die Zeugung – ein Spiel, ein Luxus, etwas Überflüssiges für die Fortpflanzung; denn die Erhaltung der Pflanze ist selbst nur Vervielfältigung ihrer selbst. Die Befruchtung durch Verbindung zweier Geschlechter ist nicht notwendig, da das Pflanzengebilde schon für sich befruchtet ist, weil es die ganze Individualität ist, auch ohne von einem Anderen berührt zu werden. Viele Pflanzen haben so Befruchtungswerkzeuge, aber nur unfruchtbaren Samen: »Manche Moose können Staubfäden haben, ohne ihrer zur Vermehrung zu bedürfen, da sie durch Gemmen sich hinreichend fortpflanzen. Sollten aber nicht auch die Pflanzen unbefruchtet, wenigstens einige Generationen hindurch, keimende Samen, wie die Blattläuse, tragen können? *Spallanzanis* Versuche[27] scheinen dieses zu beweisen.«*
Fragen wir nun, ob eine Pflanze reifen Samen tragen kann, ohne daß das Pistill Samenstaub von den Filamenten und Antheren aufnehme, so lautet die Antwort: Bei manchen Pflanzen trägt sie keinen reifen Samen, bei anderen ist dies aber allerdings der Fall. Die Sache ist also überhaupt, daß bei den meisten Pflanzen die Befruchtung zu ihrer Bedingung hat die *Berührung* des Pistills und des Antherenstaubes, aber daß bei vielen Pflanzen doch Befruchtung eintritt, ohne daß die Berührung nötig sei. Weil nämlich das schwache Pflanzenleben allerdings den Versuch zeigt, zum Sexualunterschied überzugehen, aber es auch nicht völlig dazu bringt, sondern im ganzen die Natur der Pflanze gleichgültig dagegen ist, so reifen einige Pflanzen und brechen für sich auf, wenn auch die Antheren, die Narbe abgeknickt, mithin das Leben der Pflanzen verletzt worden ist; sie vollenden sich also für sich, und der Same hat auf diese Weise keinen Vorzug vor der Knospe. Beide Teile sind in Hermaphroditen, wie Melonen, Kürbissen, auch nicht zugleich reif oder in solcher Entfernung und Stellung, daß sie einander nicht berühren können. So sieht man in vielen Blumen, namentlich den *Asklepiaden*, nicht ein, wie der

* Link, *Grundlehren*, S. 228

27 Lazzaro Spallanzani, 1729–1799, einer der Begründer der modernen Biologie; siehe auch Fn. 42, S. 481

Pollen auf das Pistill kommen kann.* Bei einigen müssen Insekten, der Wind usw. dies verrichten.

β) Wo nun die Geschlechtsdifferenz und der Gattungsprozeß vorhanden sind, entsteht die weitere Frage, wie er gefaßt werden soll, da er für das Reifen des Samens nicht notwendig ist, und ob er ganz nach Analogie des Tierischen zu nehmen sei.

1. Der Gattungsprozeß ist bei den Pflanzen *formell*; erst im animalischen Organismus hat er seinen wahrhaften Sinn. Während im Gattungsprozeß des Animalischen die Gattung, als die negative Macht des Individuums, sich durch die Aufopferung dieses Individuums realisiert, an dessen Stelle sie ein anderes setzt, so ist diese positive Seite des Prozesses bei der Pflanze bereits in den zwei ersten Prozessen vorhanden, indem das Verhalten zur Außenwelt schon eine Reproduktion der Pflanze selber ist, also mit dem Gattungsprozeß zusammenfällt. Es ist deswegen eigentlich das Geschlechtsverhältnis ebensosehr oder vielmehr als *Verdauungsprozeß* anzusehen; Verdauung und Zeugung sind hier dasselbe. Die Verdauung bringt das Individuum selbst hervor; aber in der Pflanze ist es ein anderes Individuum, das hier wird, wie in der unmittelbaren Verdauung des Wachstums eben dies ein Verknoten ist. Zum Hervorbringen und Reifen der Knospen gehört nur die Hemmung des wuchernden Wachstums; das Ganze resumiert sich dadurch zum Knoten, zur Frucht, und zerfällt in viele Körner, die für sich zu existieren fähig sind. Der Gattungsprozeß hat also für die Natur der Pflanze keine Wichtigkeit. Er stellt dar, daß die Reproduktion des Individuums auf eine *vermittelte* Weise geschieht, selbst als ein ganzer Prozeß, obgleich dennoch alles dieses wieder bei der Pflanze ebenso unmittelbares Entstehen von Individuen ist, – sowohl die Geschlechtsdifferenz als die Produktion des Samens.

2. Wo aber wirklich Berührung vorhanden ist, *was geschieht*? Die Anthere springt auf, der Samenstaub verfliegt und berührt die Narbe am Pistill. Auf dieses *Verfliegen* folgt das *Verwelken* des Pistills und das Aufschwellen des Fruchtknotens, des Samens und seiner Hülle. Dazu, daß Individuen erzeugt werden, ist aber nur die Negation des Wachsens nötig; selbst das *Schicksal der Geschlechtsteile* ist nur Hemmung, Negation, Zerstäuben, Verwelken. Beim animalischen Leben ist auch Hemmung, Negation nötig. Jedes Geschlecht negiert sein Fürsichsein, setzt sich mit dem anderen identisch. Diese Negation ist es aber nicht allein, durch welche im Tiere diese lebendige Einheit gesetzt wird, sondern das affirmative Gesetztwerden der Identität beider, das durch jene Nega-

* vgl. Link, *Grundlehren*, S. 219

tion vermittelt ist, gehört auch hierher. Dieses ist das Befruchtetwerden, der Keim, das Erzeugte. Bei der Pflanze ist aber *nur* die Negation nötig, weil die affirmative Identität der Individualität, der Keim, die *idea matrix* in der Pflanze selbst schon sogleich an sich allenthalben vorhanden ist, denn sie ist das ursprünglich Identische, da jeder Teil sogleich Individuum ist. Beim Tier wird dagegen die Negation der Selbständigkeit der Individuen auch Affirmation als Empfindung der Einheit. Diese bei der Pflanze allein nötige Seite der Negation ist nun aber eben vorhanden im Zerstäuben des Pollens, mit dem das Verwelken des Pistills zusammenhängt.

3. *Schelver* hat diese negative Seite noch näher als eine *Vergiftung* des Pistills angesehen. Er sagt: »Nimmt man Tulpen die Antheren, so bekommen sie keine Samenkapsel und keinen Samen, sondern bleiben unfruchtbar. Daraus, daß die Anthere zur Vollendung der Frucht am Gewächse notwendig sei und nicht beschnitten werden dürfe« (was ja selber, wie wir sahen, nicht allgemein ist), »folgt aber noch nicht, daß sie das befruchtende Geschlecht sei. Wenn sie auch nicht zur Befruchtung diente, so würde sie doch darum nicht ein überflüssiger Teil sein, welchen man, ohne dem Pflanzenleben zu schaden, wegnehmen oder verletzen kann. Auch das Abschneiden der Blumenblätter und anderer Teile kann der Entwicklung der Frucht schaden; und darum sagen wir doch nicht von ihnen, daß, wenn sie abgeschnitten werden, das befruchtende Geschlecht der Frucht genommen sei. Könnte nicht auch der Blütenstaub eine der Reife des Germens notwendig vorhergehende Exkretion sein? Wer ohne Vorurteil den Fall bedenkt, wird vielmehr wahrscheinlich finden, daß es auch Gewächse gebe, welchen in ihren Klimaten das Beschneiden der *stamina* ebenso wohltätig zur Befruchtung sein kann, als es anderen und im allgemeinen schädlich ist. Auch das Beschneiden der Wurzeln und Zweige, das Schröpfen der Rinde, die Entziehung des Nahrungsstoffs usw. macht oft unfruchtbare Gewächse fruchtbar. Spallanzani hat aber auch ohne Nachteil die männlichen Blumen in der Monözie abgebrochen und von den nicht bestäubten Früchten reife, wieder keimende Samen erhalten, z. B. an der Schildmelone und Wassermelone.«* Dasselbe fand man bei Diözisten, deren weibliche Blumen in gläserne Gefäße verschlossen wurden. Ein solches Beschneiden der Bäume, Wurzeln usw., um mehr Früchte zu gewinnen, ist ein Entziehen der zu vielen Nahrung, das als ein Aderlassen der Bäume angesehen werden kann. Eine Menge Versuche und Gegenversuche wurde nun gemacht; dem einen sind sie

* Schelver, a. a. O., S. 4–7 (14–15)

gelungen, dem anderen nicht. »Soll die Frucht *reifen,* so muß *das Wachsen und Sprossen des Gewächses beendet sein*; denn wenn die Vegetation immer wieder von innen heraus mit neuer Jugendkraft zu treiben anfängt, so kann notwendig nicht zugleich die Beendigung der Vegetation bestehen oder die Reife, die Ausbildung der Frucht, zur Ruhe gelangen. Daher tragen überhaupt junge Pflanzen und alle saftreichen, stark genährten Gewächse seltener reife Früchte. Die Ansätze der Frucht werden selbst oft wieder abgestoßen oder in Triebe verwandelt, nachdem die Frucht bereits zum Teil schon ausgebildet war, wie in den sogenannten durchwachsenen Blumen und Früchten. Als ein solches das Wachstum *beschränkendes, tötendes Gift wirkt der Blumenstaub auf die Narbe.* Der Griffel welkt nämlich immer, sobald das Germen zu schwellen und zu reifen anfängt. Geschieht nun dieser Tod nicht aus innerer Wendung des Vegetationsprozesses, so wird das Germen ohne äußere Hilfe nicht reif. Diese ist aber im Pollen, weil er selbst der Ausbruch und die Erscheinung der auf ihre Spitze gelangenden Triebe, das auseinandergerissene Wachsen (Verwachsensein) ist. Die das Wachstum tötende Macht im Pollen ist vorzüglich das *Öl* in ihm.« Denn die Pflanze erzeugt sich ein verbrennliches Fürsichsein. »In allen Pflanzenteilen ist das Öl, das Wachs, das Harz der äußere, begrenzende, glänzende Überzug. Und ist nicht an sich schon das Öl die Grenze der vegetabilischen Materie, das höchste, letzte Erzeugnis, welches, beinah über die Pflanzennatur hinausstrebend, der tierischen Materie, dem Fette, ähnlich ist? Mit dem Übergange in das Öl stirbt das Pflanzenwesen ab, und darum ist in ihm die das frische Sprossen des Germens bändigende Macht ... Daß auch der Pollen andere Pflanzen fruchtbar mache, zeigen die sogenannten Bastarde.«* Die Befruchtung, als das Berühren der Narbe durch das Ölige, ist so nur die Negation, welche das Außereinander der Geschlechtsteile aufhebt, aber nicht als positive Einheit. Im neuen Hefte seiner Zeitschrift geht *Schelver* das Ungründliche der Experimente hierüber durch.**

γ) Das Resultat dieses Vernichtungsprozesses ist die Ausbildung der *Frucht,* – einer Knospe, die nicht unmittelbar ist, sondern durch den entwickelten Prozeß gesetzt ist, während jene nur die formale Wiederholung des Ganzen ist. Die Frucht aber ist dies ausdrücklich, einen Samen hervorzubringen, und in ihr rundet sich daher die Pflanze auch vollends zusammen.

1. Der *Same,* der in der Frucht erzeugt wird, ist etwas Überflüssiges. Als Same hat der Same keinen Vorzug vor der Knospe,

* Schelver, a. a. O., S. 15–17

** *Kritik der Lehre von den Geschlechtern der Pflanzen,* 2. Fortsetzung (1823) insofern nur ein Neues erzeugt werden soll. Dieser aber ist die unverdaute[28] Pflanze; und in der Frucht stellt sich die Pflanze dar, ihre eigene organische Natur aus ihr selbst und durch sie hervorgebracht zu haben, statt daß [wie] in vielen Pflanzen, die keinen Samen haben, die Gattung sich nicht auf diese Weise erhält, sondern der Gattungsprozeß schon mit dem Prozeß der Individualität zusammengefallen ist.

2. Der Same ist Same als solcher und das Perikarpium seine *Umhüllung*, – *Schote* oder *Obst* oder holzigeres *Gehäuse*, worin endlich das Ganze der Natur der Pflanze in die Rundung überhaupt zusammengefaßt ist. Das Blatt, das aus dem Samen, dem einfachen Begriff des Individuums, in Linie und Fläche auseinandergegangen ist, hat sich als würziges, kräftiges Blatt zusammengefaßt, um Hülle dieses Samens zu sein. Die Pflanze hat im Samen und in der Frucht zwei organische Wesen hervorgebracht, die aber gleichgültig sind und auseinanderfallen. Die den Samen gebärende Kraft wird die Erde, und nicht die Frucht ist sein Mutterleib.

3. Die *Reife* der Frucht ist auch ihr Verderben; denn ihre Verletzung hilft, sie reifen machen. Man sagt zwar, wo Insekten den Samenstaub auf die weiblichen Teile übertragen, da entstehen keine Früchte. Aber Schelver zeigt bei Feigen, daß gerade die Verletzung die Frucht reifen läßt. Er führt (a. a. O., S. 20 f.) aus Julius *Pontedera* (*Anthologia*, Patavii 1720, c. XXXII) über die Kaprifikation an: »Wie bei uns bei den meisten Pflanzen die Früchte, durch äußerliche Beschädigung verletzt, bald reif abfallen, so hat man den Äpfel tragenden und anderen Stämmen, deren Früchte unreif abfallen, dadurch geholfen, daß man ihnen Steine auflegte (*induntur*), indem man die Wurzel festmachte (*fixa radice*). Hierdurch wird oft verhütet, daß die Frucht verlorengeht. Bei den Mandelbäumen bewirken die Landleute dasselbe durch einen eichenen Keil, den sie hineintreiben. Bei anderen werden Prügel (*caulices*) bis ins Mark hineingebohrt oder Rinde eingeschnitten. Daher glaube ich, daß eine besondere Art von Mücken (*culicum*) erschaffen ist, welche sich auf den Blüten der unfruchtbaren« (d. i. männlichen) »Palmen erzeugen; diese dringt zu den Embryonen der fruchtbaren und bohrt sie an und affiziert sie durch einen gleichsam hilfreichen Biß (*medico morsu*), so daß alle Früchte bleiben und zur Reife gelangen.«

Schelver fährt fort (S. 21–24): »Bei der Feige, die durch den *Cynips Psenes* befruchtet werden soll und wovon die erste Zelebrität der Insekten in dieser Kunst ausgegangen zu sein scheint, fällt

28 W: »verdaute«. Verändert nach *Jenaer Realphilosophie* (ed. Hoffmeister, S. 137).

um so mehr jeder Verdacht auf den übertragenen Pollen weg, da diese Kaprifikation nur gegen das Klima notwendig ist.« Kaprifikation heißt dies nämlich, weil das Insekt, welches jenen guten Feigenbaum stechen muß, damit er reife Früchte bekomme, sich nur an einer anderen, schlechten Art Feigenbaum (*caprificus*) findet, der deshalb in der Nähe gepflanzt wird. »Johann Bauhin sagt: Die aus der faulenden Frucht des wilden Feigenbaums erzeugten Mücken fliegen auf die Früchte des edlen (*urbanae*), und indem sie dieselben durch einen Biß öffnen, *entziehen sie denselben die überflüssige Feuchtigkeit* und befördern und beschleunigen damit die Reife. *Plinius* ([*Historia naturalis*] XV, 19) sagt, daß ein dürrer Boden, worauf die Feigen bald trocknen und aufspringen, dasselbe bewirke, was die Insekten zu ihrer Befruchtung beitragen, – daß in den Gegenden, wo von den Landwegen viel trockener Staub auf die Bäume kommt und der überflüssige Saft absorbiert wird, die Kaprifikation unnötig sei. In unseren Gegenden, wo der männliche Baum und das Insekt fehlen, werden die Samen der Feigen nicht vollendet, weil die Feigen unvollkommen reifen. Daß aber die in heißen Ländern ohne Kaprifikation reifenden Feigen nur ein reifes Rezeptakulum waren, das keine vollendete Samen enthielt, ist eine bloße Versicherung.« Es kommt also viel auf die Wärme des Klimas und die Natur des Bodens an. Die Kaprifikation ist eine Hemmung in der Natur der Früchte, und dieses Fremdartige, Tötende bildet die Reproduktion der Pflanzen selbst heraus und vollendet sie. Das Insekt sticht die Frucht und bringt sie dadurch zur Reife, nicht durch hinübergebrachten Pollen; wie überhaupt gestochene Früchte abfallen und früher reifen.

»Die Blume, die Verstäubung, die Frucht ruhen aber, solange das niedere Leben regiert. Gelangt die Blume zur Entfaltung, so herrscht überall die höchste Entfaltung des Geheimnisses; Wachsen und Keimen sind eingehalten, die Färbung, der Duft, welche die Blume hat, werden dann oft in allen Teilen entwickelt. Wenn die Verstäubung herrscht, das Entfaltete als vollendet abstirbt, so beginnt dieses Welken in allen Teilen, die Blätter fallen bald nach, die äußere Rinde trocknet und wird gelöst, das Holz wird hart. Wenn endlich die Frucht herrscht, so tritt derselbe Lebensgeist in alle Teile, die Wurzel macht Ableger, in der Rinde quellen die Augen, die Knospen; in den Achseln der Blätter keimt ihre Vermehrung. Die Verstäubung ist für sich selbst Zweck der Vegetation, – ein Moment des ganzen vegetativen Lebens, welches durch alle Teile geht und endlich, für sich selbst durchbrechend, nur die Absonderung seiner Erscheinung in den Antheren erreicht.«*

* Schelver, a. a. O., S. 56 f., 69

§ 349

Was aber im Begriffe gesetzt worden, ist, daß der Prozeß die mit sich selbst zusammengegangene Individualität darstellt und die Teile, die zunächst als Individuen sind, auch als der Vermittlung angehörige und in ihr vorübergehende Momente, somit die *unmittelbare Einzelheit* und das *Außereinander* des vegetabilischen Lebens als aufgehoben zeigt. Dies Moment der negativen Bestimmung begründet den *Übergang* in den wahrhaften Organismus, worin die äußere Gestaltung mit dem Begriffe übereinstimmt, daß die Teile wesentlich Glieder und die Subjektivität als die durchdringende *eine* des Ganzen existiert.

Zusatz. Die Pflanze ist ein untergeordneter Organismus, dessen Bestimmung ist, sich dem höheren Organismus darzubieten, um von ihm genossen zu werden. Wie das Licht an ihr Farbe als Sein für Anderes und sie ebenso als Luftform ein Geruch für Anderes ist, so nimmt sich die Frucht, als ätherisches Öl, in das brennbare Salz des Zuckers zusammen und wird weinige Flüssigkeit. Hier zeigt sich nun die Pflanze als der Begriff, der das Lichtprinzip materialisiert und das Wäßrige zum Feuerwesen gemacht hat. Die Pflanze ist selbst die Bewegung des Feurigen in sich selbst, sie geht in Gärung über; aber die Wärme, welche sie sich aus sich gibt, ist nicht ihr Blut, sondern ihre Zerstörung. Dieser höhere, als sie als Pflanze ist, dieser tierische Prozeß ist ihr Untergang. – Indem die Stufe des Blumenlebens nur ein Verhältnis zu Anderem ist, das Leben aber darin besteht, sich als unterschieden zu sich selbst zu verhalten, so ist diese Berührung in der Blume, wodurch die Pflanze für sich wird, ihr Tod; denn es ist nicht mehr das Prinzip der Pflanze. Diese Berührung ist Setzen des Individuellen, Einzelnen als identisch mit dem Allgemeinen. Damit ist aber das Einzelne herabgesetzt, nicht mehr unmittelbar, sondern nur durch Negation seiner Unmittelbarkeit für sich, aber so sich aufhebend in die Gattung, die nun an ihm zur Existenz kommt. Damit haben wir aber den höheren Begriff des tierischen Organismus erreicht.

C
Der tierische Organismus

§ 350

Die organische Individualität existiert als *Subjektivität*, insofern die eigene Äußerlichkeit der Gestalt zu Gliedern *idealisiert* ist, der Organismus in seinem Prozesse nach außen die selbstische Einheit in sich erhält. Dies ist die *animalische* Natur, welche in der Wirklichkeit und Äußerlichkeit der unmittelbaren Einzelheit ebenso dagegen *in sich reflektiertes* Selbst der *Einzelheit, in sich* seiende *subjektive* Allgemeinheit (§ 163) ist.

Zusatz. Im Tiere hat das Licht sich selbst gefunden, denn das Tier hemmt seine Beziehung auf Anderes; es ist das Selbst, das für das Selbst ist, – die existierende Einheit Unterschiedener, welche durch beide hindurchgeht. Indem die Pflanze zum Fürsichsein fortgehen will, so sind es zwei selbständige Individuen, Pflanze und Knospe, die nicht als ideell sind; dies beides in eins gesetzt, ist das Animalische. Der animalische Organismus ist also diese Verdoppelung der Subjektivität, die nicht mehr, wie bei der Pflanze, verschieden existiert, sondern so, daß nur die Einheit dieser Verdoppelung zur Existenz kommt. So existiert im Tier die wahrhaft subjektive Einheit, eine einfache Seele, die Unendlichkeit der Form in sich selbst, die in die Äußerlichkeit des Leibes ausgelegt ist, und diese steht wieder in Zusammenhang mit einer unorganischen Natur, mit einer äußerlichen Welt. Die animalische Subjektivität ist aber dieses, in ihrer Leiblichkeit und dem Berührtwerden von einer äußeren Welt sich selbst zu erhalten und als das Allgemeine bei sich selbst zu bleiben. Das Leben des Tiers ist so, als dieser höchste Punkt der Natur, der absolute Idealismus, die Bestimmtheit seiner Leiblichkeit zugleich auf eine vollkommen flüssige Weise in sich zu haben, – dies Unmittelbare dem Subjektiven einzuverleiben und einverleibt zu haben.

Die Schwere ist so hier erst wahrhaft überwunden; das Zentrum ist erfülltes Zentrum geworden, das sich zum Vorwurf hat und erst so wahrhaftes für sich seiendes Zentrum ist. Im Sonnensystem haben wir Sonne und Glieder, die selbständig sind und sich nur nach Raum und Zeit, nicht nach ihrer physikalischen Natur zueinander verhalten. Ist das Animalische nun auch eine Sonne, so verhalten sich doch die Gestirne darin nach ihrer physikalischen Natur zusammen und sind in die Sonne zurückgenommen, die sie in *einer* Individualität in sich enthält. Das Tier ist die existierende Idee, insofern die Glieder schlechthin nur Momente der Form sind, ihre Selbständigkeit immer negieren und sich in die Einheit resumieren, welche die Realität des Begriffs und für den Begriff ist. Haut man einen Finger ab, so ist er kein Finger mehr, sondern geht im chemischen Prozeß zur Auflösung fort. Die hervorgebrachte Einheit ist im Tier für die an sich seiende Einheit, und diese an sich seiende Einheit ist die Seele, der Begriff, der sich in der Körperlichkeit findet, insofern diese der Prozeß des Idealisierens ist. Das Außereinanderbestehen der Räumlichkeit hat für die Seele keine Wahrheit; sie ist einfach, feiner als ein Punkt. Man hat sich Mühe gegeben, die Seele zu finden; dies ist aber ein Widerspruch. Es sind Millionen Punkte, in denen überall die Seele gegenwärtig ist; aber doch ist sie nicht an einem Punkte, weil das Außereinander des Raums eben keine Wahrheit für sie hat. Dieser Punkt der Subjektivität ist festzuhalten; die anderen sind nur Prädikate des Lebens. Diese Subjektivität ist aber noch nicht für sich selbst, als reine, allgemeine Subjektivität; sie denkt sich nicht, sie fühlt sich, schaut sich nur an. D. h. sie ist nur im Einzelnen zugleich in sich reflektiert, das, zur einfachen Bestimmtheit reduziert, ideell gesetzt ist; sie ist sich nur in einem bestimmten, besonderen Zustand gegenständlich und Negation jeder solchen Bestimmtheit, aber nicht darüber hinaus, – wie auch der sinnliche Mensch sich in allen Begierden herumwerfen kann, aber nicht daraus heraus ist, um sich als Allgemeines denkend zu fassen.

§ 351

Das Tier hat zufällige *Selbstbewegung*, weil seine Subjektivität, wie das Licht die der Schwere entrissene Idealität, eine freie Zeit ist, die, als der reellen Äußerlichkeit entnommen, sich nach innerem Zufall aus sich *selbst zum Orte bestimmt.* Damit verbunden ist, daß das Tier *Stimme* hat, indem seine *Subjektivität* als *wirkliche* Idealität (Seele) die Herrschaft über die abstrakte Idealität von Zeit und Raum ist und seine Selbstbewegung als ein freies Erzittern *in sich selbst* darstellt; – es hat animalische *Wärme,* als fortdauernden *Auflösungsprozeß* der Kohäsion und des selbständigen Bestehens der Teile in der fortdauernden Erhaltung der Gestalt, – ferner *unterbrochene Intussuszeption,* als sich individualisierendes Verhalten zu einer individuellen unorganischen Natur, – vornehmlich aber *Gefühl,* als die in der Bestimmtheit sich unmittelbar *allgemeine, einfach* bei sich bleibende und erhaltende Individualität: die *existierende* Idealität des Bestimmtseins.

Zusatz. Darin, daß beim Tiere das Selbst für das Selbst ist, liegt sogleich, als das ganz Allgemeine der Subjektivität, die Bestimmung der *Empfindung,* welche die *differentia specifica,* das absolut Auszeichnende des Tiers ist. Das Selbst ist ideell, nicht ausgegossen und versenkt in die Materialität, sondern in ihr nur tätig und präsent, aber zugleich sich in sich selbst findend. Diese Idealität, welche die Empfindung ausmacht, ist in der Natur der höchste Reichtum der Existenz, weil darin alles zusammengedrängt ist. Freude, Schmerz usw. bilden sich zwar auch körperlich aus, aber alle diese körperliche Existenz ist noch verschieden von dem, daß sie als Gefühl, d. h. in die einfache, für sich seiende Existenz zurückgenommen sind. Ich bin beim Sehen, Hören einfach bei mir selbst, und es ist nur eine Form meiner reinen Durchsichtigkeit und Klarheit in mir selbst. Dieses Punktuelle und doch unendlich Bestimmbare, das so ungetrübt in seiner Einfachheit bleibt, ist, indem es sich selbst zum Gegenstande hat, das Subjekt als Selbst-Selbst, als Selbstgefühl. Das Tier, indem es Empfindung hat, hat theoretisches Verhalten zu Anderem, während die Pflanze sich entweder gleichgültig oder praktisch gegen das Äußere verhält und im letzteren Falle es nicht bestehen läßt, sondern sich assimiliert. Das Tier verhält sich zwar auch, wie die Pflanze, zum Äußeren als zu einem Ideellen; aber zugleich wird das Andere auch freigelassen, bleibt bestehen und hat dabei doch ein Verhältnis zum Subjekt, ohne demselben gleichgültig zu bleiben. Das ist ein begierdeloses Verhalten. Das Tier, als empfindend, ist in sich befriedigt, indem es durch Anderes modifiziert wird, und diese Befriedigung in sich selbst begründet eben das theoretische Verhältnis. Was sich praktisch verhält, ist nicht in sich befriedigt, indem ein Anderes in ihm gesetzt wird, sondern muß gegen diese in ihm gesetzte Modifikation reagieren, sie aufheben und mit sich identifizieren; denn sie war eine Störung. Das Tier aber ist in dem Verhältnis zu anderem doch in sich befriedigt, weil es die Modifikation durch das Äußere ertragen kann, indem es dieselbe zugleich als eine ideelle setzt. – Das andere sind nur Folgen der Empfindung.

α) Als sinnlich ist das Tier zwar schwer, bleibt ans Zentrum gebunden; aber die Einzelheit des Orts ist der Schwere entnommen, das Tier nicht an das Diese der Schwere gebunden. Die

Schwere ist die allgemeine Bestimmung der Materie, die aber auch den einzelnen Ort bestimmt; das mechanische Verhältnis der Schwere besteht eben darin, daß, indem etwas im Raume bestimmt ist, es hier seine Bestimmung nur in einem Äußeren hat. Das Tier, als die sich auf sich beziehende Einzelheit, hat diese Einzelheit des Orts aber nicht als eine ihm von außen bestimmte; sondern als in sich zurückgekehrte Einzelheit ist es gleichgültig gegen die unorganische Natur und steht in der freien Bewegung bloß durch Raum und Zeit überhaupt in Beziehung auf sie. Die Vereinzelung des Orts liegt also in der eigenen Macht des Tieres und ist nicht durch Anderes gesetzt, sondern das Tier setzt sich selbst diesen Ort. Bei allem anderen ist diese Vereinzelung fest, weil es nicht ein für sich seiendes Selbst ist. Das Tier kommt zwar nicht aus der allgemeinen Bestimmung des einzelnen Orts heraus, aber *dieser* Ort wird durch es gesetzt. Eben damit ist die Subjektivität des Tiers nicht bloß von der äußeren Natur unterschieden, sondern sie unterscheidet sich selbst davon, und das ist ein höchst wichtiger Unterschied, das Sichsetzen als die reine eigene Negativität *dieses* Orts und *dieses* Orts usf. Die ganze Physik ist die sich im Unterschied von der Schwere entwickelnde Form; sie kommt dort aber nicht zu dieser Freiheit gegen die Dumpfheit der Schwere, sondern erst in der Subjektivität des Tiers ist dies Fürsichsein gegen die Schwere gesetzt. Auch die physikalische Individualität kommt nicht aus der Schwere heraus, da selbst ihr Prozeß Orts- und Schwerebestimmungen hat.

β) Die Stimme ist ein hohes Vorrecht des Tiers, das wunderbar erscheinen kann; sie ist die Äußerung der Empfindung, des Selbstgefühls. Daß das Tier in sich für sich selbst ist, stellt es dar, und diese Darstellung ist die Stimme. Nur das Empfindende kann aber darstellen, daß es empfindend ist. Der Vogel in der Luft und andere Tiere geben eine Stimme von sich aus Schmerz, Bedürfnis, Hunger, Sattheit, Lust, Freudigkeit, Brunst: das Pferd wiehert, wenn es zur Schlacht geht; Insekten summen; Katzen, wenn es ihnen wohl geht, schnurren. Das theoretische Sich-Ergehen des Vogels, der singt, ist aber eine höhere Art der Stimme; und daß es so weit beim Vogel kommt, ist schon ein Besonderes dagegen, daß die Tiere überhaupt Stimme haben. Denn während die Fische im Wasser stumm sind, so schweben die Vögel frei in der Luft, als ihrem Elemente; von der objektiven Schwere der Erde getrennt, erfüllen sie die Luft mit sich und äußern ihr Selbstgefühl im besonderen Elemente. Metalle haben Klang, aber noch nicht Stimme; Stimme ist der geistig gewordene Mechanismus, der sich so selbst äußert. Das Unorganische zeigt seine spezifische Bestimmtheit erst, wenn es dazu sollizitiert, wenn es angeschlagen wird; das Animalische klingt aber aus sich selbst. Das Subjektive gibt sich als dies Seelenhafte kund, indem es in sich erzittert und die Luft nur erzittern macht. Diese Subjektivität für sich ist, ganz abstrakt, der reine Prozeß der Zeit, der im konkreten Körper, als die sich realisierende Zeit, das Erzittern und der Ton ist. Der Ton kommt dem Tiere so zu, daß dessen Tätigkeit selbst das Erzitternmachen des leiblichen Organismus ist. Es wird aber dadurch äußerlich nichts verändert, es wird nur bewegt; und die hervorgebrachte Bewegung ist nur die abstrakte reine Erzitterung, wodurch nur Ortsveränderung hervorgebracht wird, die aber ebenso wieder aufgehoben ist, – Negation der spezifischen Schwere und Kohäsion, die aber ebenso wiederhergestellt werden. Die Stimme ist das Nächste zum Denken; denn hier wird die reine Subjektivität gegenständlich, nicht als eine besondere Wirklichkeit, als ein Zustand oder eine Empfindung, sondern im abstrakten Elemente von Raum und Zeit.

γ) Mit der Stimme hängt die animalische Wärme zusammen. Der chemische Prozeß gibt auch Wärme, die sich bis zum Feuer steigern kann; aber sie ist vorübergehend. Das Tier dagegen, als der bleibende Prozeß des Sichbewegens, des Sich-selbst-Verzehrens und -Hervorbringens, negiert beständig das Materielle und produziert es wieder, muß also stets Wärme erzeugen. Besonders tun es die warmblütigen Tiere, wo der Gegensatz von Sensibilität und Irritabilität zu höherer Eigentümlichkeit gekommen (s. u. § 370 Zus.) und die Irritabilität für sich im Blute konstituiert ist, das man einen flüssigen Magneten nennen kann.

δ) Weil das Tier ein wahres, für sich seiendes Selbst ist, das zur Individualität gelangt, so schließt und sondert es sich aus, trennt sich von der allgemeinen Substanz der Erde ab, und diese hat ein äußerliches Dasein für es. Das Äußerliche, was nicht unter die Herrschaft seines Selbst gekommen ist, ist für es ein Negatives seiner selbst, ein Gleichgültiges; und damit hängt unmittelbar zusammen, daß seine unorganische Natur sich ihm vereinzelt hat, denn vom Elemente findet keine Entfernung statt. *Dies* Verhältnis zur unorganischen Natur ist der allgemeine Begriff des Tiers; es ist ein individuelles Subjekt, das sich zu Individuellem als solchem verhält, nicht, wie die Pflanze, nur zu Elementarischem, auch nicht zu Subjektivem, außer im Gattungsprozeß. Das Tier hat auch die vegetabilische Natur, ein Verhältnis zum Licht, zur Luft, zum Wasser; weiter aber die Empfindung, wozu im Menschen noch das Denken kommt. *Aristoteles* spricht so von drei Seelen, der vegetabilischen, tierischen und menschlichen, als den drei Bestimmungen der Entwicklung des Begriffs. Als in sich reflektierte Einheit verschiedener Einzelheiten, existiert das Tier als Zweck, der sich selbst hervorbringt, – ist eine Bewegung, welche in *dieses* Individuum zurückgeht. Der Prozeß der Individualität ist ein geschlossener Kreislauf, überhaupt im Organischen die Sphäre des Fürsichseins; und weil dies sein Begriff ist, ist sein *Wesen*, seine unorganische Natur, vereinzelt für es. Weil es sich aber ebenso als für sich seiendes Selbst zu sich selbst verhält, so setzt es sein Fürsichselbstsein als unterschieden davon, im Verhältnisse zur unorganischen Natur zu sein. Dieses Verhältnis nach außen unterbricht es, weil es befriedigt, weil es satt ist, – weil es empfindet, für sich seiendes Selbst ist. Im Schlafe versenkt das Tier sich in die Identität mit der allgemeinen Natur, im Wachsein verhält es sich zu individuellem Organischen, unterbricht aber auch dies Verhältnis; und das Leben des Tiers ist das abwechselnde Wogen zwischen diesen beiden Bestimmungen.

§ 352

Der tierische Organismus ist als lebendige Allgemeinheit der Begriff, welcher sich durch seine drei Bestimmungen als Schlüsse verläuft, deren jeder *an sich* dieselbe *Totalität* der substantiellen Einheit und zugleich nach der Formbestimmung das *Übergehen* in die anderen ist, so daß aus diesem Prozesse sich die Totalität als existierend *resultiert*; nur als dieses sich Reproduzierende, nicht als Seiendes, *ist* und *erhält sich* das Lebendige; es ist nur, indem es sich zu dem macht, was es ist; es ist vorausgehender Zweck, der selbst nur das Resultat ist. – Der Organismus ist daher zu betrachten a) als die individuelle Idee, die in ihrem Prozesse sich nur *auf sich selbst* bezieht und innerhalb ihrer selbst sich mit sich zusammenschließt, – die *Gestalt*; b) als Idee, die sich zu ihrem *Anderen*, ihrer unorganischen Natur verhält und sie ideell in sich setzt, – die *Assimilation*; c) die Idee, als sich zum Anderen, das selbst lebendiges Individuum ist, und damit im Anderen zu sich selbst verhaltend, – *Gattungsprozeß*.

Zusatz. Der tierische Organismus ist der Mikrokosmos, das für sich gewordene Zentrum der Natur, worin sich die ganze unorganische Natur zusammengefaßt hat und idealisiert ist; dies hat die nähere Darstellung auszuführen. Indem der animalische Organismus der Prozeß der Subjektivität ist, in der Äußerlichkeit sich auf sich selbst zu beziehen, so ist erst hier die übrige Natur als eine

äußere vorhanden, weil das Animalische sich in diesem Verhältnis zum Äußeren erhält. Da die Pflanze aber nach außen gezogen wird, ohne sich wahrhaft in der Beziehung auf Anderes zu erhalten, so ist für sie die übrige Natur noch nicht als eine äußere vorhanden. – Das tierische Leben ist, als sein eigenes Produkt, als Selbstzweck, Zweck und Mittel zugleich. Der Zweck ist eine ideelle Bestimmung, die vorher schon vorhanden ist, und indem dann die Tätigkeit der Realisierung eintritt, die der vorhandenen Bestimmung gemäß sein muß, so kommt nichts anderes heraus. Die Realisierung ist ebenso das Zurückgehen in sich. Der erreichte Zweck hat denselben Inhalt, der im Tätigen schon vorhanden ist; das Lebendige bringt es also mit allen seinen Tätigkeiten nicht weiter. Wie die Organisation sich selbst Zweck ist, so ist sie ebenso sich selbst Mittel, indem sie nichts Bestehendes ist. Die Eingeweide, die Glieder überhaupt werden immer ideell gesetzt, indem sie gegeneinander tätig sind; und wie jedes sich, als Mittelpunkt, auf Kosten aller anderen hervorbringt, so existiert es nur durch den Prozeß; d. h. was als aufgehoben zum Mittel heruntergesetzt wird, ist selbst der Zweck, das Produkt. – Als das den Begriff Entwickelnde ist der tierische Organismus die Idee, welche nur die Unterschiede des Begriffs offenbart, und so enthält jedes Moment des Begriffs die anderen, ist selbst System und Ganzes. Diese Totalitäten bringen, als bestimmte, in ihrem Übergehen das Ganze, das jedes System an sich ist, als *eines*, als Subjekt hervor.
Der erste Prozeß ist der des sich auf sich beziehenden, sich verleiblichenden Organismus, der das Andere an ihm selbst hat, während der zweite, der gegen die unorganische Natur, d. h. gegen sein Ansich als ein Anderes gerichtete, das Urteil des Lebendigen, der tätige Begriff desselben ist; der dritte ist der höhere, nämlich der der Einzelheit und der Allgemeinheit, des Individuums gegen sich als Gattung, mit der es an sich identisch ist. – Im vollkommenen Tier, im menschlichen Organismus, sind diese Prozesse am vollständigsten und deutlichsten ausgebildet; an diesem höchsten Organismus ist also überhaupt ein *allgemeiner Typus* vorhanden, in dem und aus dem die Bedeutung des unentwickelten Organismus erst erkennbar ist und an ihm entwickelt werden kann.

a. Die Gestalt

§ 353

Gestalt ist das animalische Subjekt als ein Ganzes *nur in Beziehung auf sich selbst.* Es stellt an ihm den *Begriff* in seinen entwickelten und in ihm existierenden[29] *Bestimmungen* dar. Diese sind, obgleich in sich als in der Subjektivität konkret, α) als dessen einfache Elemente. Das animalische Subjekt ist daher 1. sein einfaches, *allgemeines Insichsein* in seiner Äußerlichkeit, wodurch die wirkliche Bestimmtheit *unmittelbar* als Besonderheit in das *Allgemeine* aufgenommen und dieses in ihr ungetrennte Identität des Subjekts mit sich selbst ist, – *Sensibilität*; 2. *Besonderheit* als Reizbarkeit von außen und aus dem aufnehmenden Subjekte kommende Rückwirkung dagegen nach außen, – *Irritabilität*; 3. die Einheit dieser Momente, die *negative* Rückkehr zu sich selbst aus dem Verhältnisse der Äußerlichkeit und dadurch Erzeugung und Setzen seiner als eines *Einzelnen*, – *Reproduktion;* die Realität und Grundlage der ersteren Momente.

Zusatz. Die Pflanze läßt ihr Holz, ihre Rinde tot werden und die Blätter abfallen; das Tier ist aber diese Negativität selbst. Jene weiß sich gegen ihr Anderswerden nicht anders zu retten, als es gleichgültig liegen zu lassen. Das Tier aber ist die Negativität seiner selbst, die über seine Gestalt übergreift und das Aufhören des Wachstums nicht in seinem Verdauungs- und Geschlechtsprozeß unterbringt; sondern als die Negativität seiner selbst ist sein eigener innerer Prozeß dies, daß es sich zu Eingeweiden gestaltet. Indem es sich so selbst als Individuum gestaltet, ist es Einheit der Gestalt und Individualität. – Die einfache Identität der allgemeinen Subjektivität des Begriffs mit sich selbst, das Empfindende, was im Geiste das Ich, ist die Sensibilität; wird sie durch Anderes berührt, so verkehrt sie dasselbe unmittelbar zu sich. Die zuerst ideell gesetzte Besonderheit kommt in der Irritabilität zu ihrem Rechte; die Tätigkeit des Subjekts besteht darin, das Andere, zu dem es sich verhält, zu repellieren. Irritabilität ist auch Empfindung, Subjektivität, aber in der Form des Verhältnisses. Da die Empfindung dies aber nur ist als negiertes Verhalten zu Anderem, so ist die Reproduktion diese unendliche Negativität, die Äußerlichkeit zu mir und mich zum Äußerlichen zu machen. Das ist erst die reale, nicht die abstrakte Allgemeinheit, – die entwickelte Sensibilität. Die Reproduktion geht durch die Sensibilität und Irritabilität hindurch und absorbiert sie; so ist sie entspringende,

29 C: »und in ihm als existierenden« – W: »und so in ihm nun existierenden«

gesetzte Allgemeinheit, die aber, als das Sichproduzieren, zugleich konkrete Einzelheit ist. Die Reproduktion ist erst das Ganze, – die unmittelbare Einheit mit sich, in der es zugleich zum Verhältnisse gekommen ist. Der animalische Organismus ist reproduktiv; dies ist er wesentlich, oder dies ist seine Wirklichkeit. Die höheren Naturen des Lebendigen sind die, wo die abstrakten Momente, Sensibilität und Irritabilität, für sich hervortreten; das niedere Lebendige bleibt Reproduktion, das Höhere hat die tieferen Unterschiede in sich und erhält sich in dieser stärkeren Diremtion. Es gibt so Tiere, die nichts sind als Reproduktion, – ein gestaltloser Gallert, ein tätiger Schleim, der in sich reflektiert ist, wo Sensibilität und Irritabilität noch nicht getrennt sind. Dies sind die allgemeinen animalischen Momente; sie sind indessen nicht als Eigenschaften zu nehmen, so daß jede gleichsam besonders wirkte, wie Farbe besonders aufs Gesicht, Geschmack auf die Zunge usf. Die Natur legt freilich auch die Momente so gleichgültig auseinander, aber ganz allein in der Gestalt, d. h. im toten Sein des Organismus. – Das Tier ist das Deutlichste an ihm selbst in der Natur; es ist aber am schwersten zu fassen, weil seine Natur der spekulative Begriff ist. Denn obgleich diese Natur als sinnliches Dasein ist, so muß sie doch im Begriffe aufgefaßt werden. Hat das Lebendige in der Empfindung auch die höchste Einfachheit, während alles andere ein Außereinander von Qualitäten ist, so ist es doch zugleich das Konkreteste, weil es den Momenten des Begriffs, die an einem Subjekte real sind, erlaubt, sich Dasein zu geben, wogegen das Tote abstrakt ist. – Am Sonnensystem entspricht die Sensibilität der Sonne, die Differenten sind Komet und Mond, die Reproduktion ist der Planet. Während jedes da aber ein selbständiges Glied ist, sind sie jetzt in Einem gehalten. Dieser Idealismus, in der ganzen Natur die Idee zu erkennen, ist zugleich Realismus, indem der Begriff des Lebendigen die Idee als Realität ist, wenn auch sonst die Individuen nur einem Momente des Begriffs entsprechen. Überhaupt erkennt die Philosophie den Begriff im Realen, Sinnlichen. Vom Begriff muß man ausgehen; und ist er auch vielleicht noch nicht mit der »reichen Mannigfaltigkeit« der Natur, wie man sagt, fertig, so muß man doch dem Begriff trauen, wenn auch vieles Besondere noch nicht erklärt ist. Das ist überhaupt eine unbestimmte Forderung, und daß sie nicht erfüllt ist, tut dem Begriff keinen Eintrag, während ganz im Gegenteil die Theorien der empirischen Physiker alles erklären müssen, da ihre Bewährung nur auf den einzelnen Fällen beruht. Der Begriff aber gilt für sich; das Einzelne wird sich dann schon geben (s. § 270 Zus. S. 106).

§ 354

Diese drei Momente des *Begriffs* sind β) nicht nur an sich konkrete Elemente, sondern haben ihre Realität in drei Systemen, dem *Nerven-*, *Blut-* und *Verdauungssystem*, deren jedes als Totalität sich nach denselben Begriffsbestimmungen in sich unterscheidet.

1. Das System der *Sensibilität* bestimmt sich so αα) zu dem Extreme der *abstrakten* Beziehung ihrer selbst auf sich selbst, die hiermit ein Übergehen in die *Unmittelbarkeit*, in das unorganische Sein und in Empfindungslosigkeit, aber nicht ein darein Übergegangensein ist, – das *Knochen*system, das gegen das *Innere* zu Umhüllung, nach *außen* der feste Halt des Innern gegen das Äußere ist; ββ) zu dem Moment der *Irritabilität*, dem Systeme des Gehirns und dessen weiterem Auseinandergehen in den Nerven, die ebenso nach innen Nerven der Empfindung, nach außen des Bewegens sind; γγ) zu dem der *Reproduktion* angehörenden System, dem sympathetischen Nerv mit den Ganglien, worein nur dumpfes, unbestimmtes und willenloses Selbstgefühl fällt.

2. Die *Irritabilität* ist ebensosehr Reizbarkeit durch Anderes und Rückwirkung der Selbsterhaltung dagegen als umgekehrt aktives Selbsterhalten und darin sich Anderem Preisgeben. Ihr System ist αα) *abstrakte* (*sensible*) Irritabilität, die *einfache* Veränderung der Rezeptivität in Reaktivität, – *Muskel* überhaupt; welcher, an dem Knochengerüste den äußerlichen Halt (unmittelbare Beziehung auf sich für seine Entzweiung) gewinnend, sich zum Streck- und Beugemuskel zunächst differenziert und dann ferner zum eigentümlichen Systeme der Extremitäten ausbildet. ββ) Die Irritabilität, für sich und different gegen andere sich konkret auf sich beziehend und sich *in sich* haltend, ist die Aktivität in sich, *Pulsieren*, lebendige Selbstbewegung, deren Materielles nur eine *Flüssigkeit*, das lebendige *Blut*, – und die nur Kreislauf sein kann, welcher zunächst zur *Besonderheit*, von der er herkommt, spezifiziert, an ihm selbst ein gedoppelter und hierin zugleich nach *außen* gerichteter ist, – als Lungen- und Pfort-

adersystem, in deren jenem das Blut sich in sich selbst, in diesem anderen gegen Anderes *befeuert.* γγ) Das *Pulsieren* als irritable sich mit sich zusammenschließende Totalität ist der von ihrem Mittelpunkte, *dem Herzen,* aus in der Differenz der Arterien und Venen in sich zurückkehrende Kreislauf, der ebenso *immanenter* Prozeß als ein allgemeines Preisgeben an die *Reproduktion* der übrigen Glieder, daß sie aus dem Blute sich ihre Nahrung nehmen, ist.

3. Das Verdauungssystem ist als Drüsensystem mit Haut und Zellgewebe die *unmittelbare,* vegetative, in dem eigentlichen Systeme der Eingeweide aber die *vermittelnde* Reproduktion.

Zusatz. Indem die Sensibilität als Nervensystem, die Irritabilität als Blutsystem, die Reproduktion als Verdauungssystem auch für sich existieren, so läßt sich der Körper aller Tiere in drei verschiedene Bestandteile zerlegen, woraus alle Organe zusammengesetzt sind: in Zellgewebe, Muskelfasern und Nervenmark, – die einfachen, abstrakten Elemente der drei Systeme. Da aber diese Systeme ebenso ungeteilt sind und jeder Punkt alle drei in unmittelbarer Einheit enthält, so sind sie nicht die abstrakten Begriffsmomente, Allgemeinheit, Besonderheit und Einzelheit. Sondern jedes dieser Momente stellt die Totalität des Begriffs in seiner Bestimmtheit dar, so daß die anderen Systeme an jedem als existierend vorhanden sind: überall ist Blut und Nerven, überall auch ein Drüsenhaftes, Lymphatisches, was die Reproduktion ausmacht, vorhanden. Die Einheit dieser abstrakten Momente ist die animalische Lymphe, aus der sich das Innere gliedert; wie sie sich aber in sich unterscheidet, so umschließt sie sich auch mit der Haut als ihrer Oberfläche oder dem allgemeinen Verhalten des vegetabilischen Organismus zur unorganischen Natur. Hat nun aber auch jedes System, als das entwickelte Ganze, die Momente der anderen Systeme ebenso an ihm, so bleibt in einem jeden doch die eine Form des Begriffs die herrschende. – Die unmittelbare Gestalt ist der tote, ruhende Organismus, der für die Individualität seine unorganische Natur ist. Weil er dies Ruhende ist, so ist der Begriff, das Selbst noch nicht wirklich, noch nicht sein Erzeugen gesetzt; oder dieses ist nur ein inneres, und wir sind es, die ihn aufzufassen haben. Dieser äußere Organismus ist in seiner Bestimmung ein Verhalten gegen ebenso gleichgültige Gestalten; er ist der Mechanismus des Ganzen, das in seine bestehenden Teile gegliedert ist.

1. Die *Sensibilität,* αα) als Identität der Empfindung mit sich, zur

abstrakten Identität reduziert, ist das Insensible, das bewegungslose Tote, das Ertöten seiner selbst, das aber immer noch innerhalb der Sphäre der Lebendigkeit fällt; und das ist das Erzeugen der *Knochen*, wodurch der Organismus sich seinen Grund voraussetzt. So hat selbst noch das Knochensystem am Leben des Organismus teil: »Die Knochen werden kleiner im hohen Alter, die Schädelknochen, die zylindrischen Knochen dünner; ihre Markhöhle scheint sich« gleichsam »auf Unkosten der Knochensubstanz zu vergrößern. Das ganze trockene Knochenskelett eines Alten wird verhältnismäßig leichter; daher alte Leute kleiner werden, auch ohne die Krümmung ihres Rückens zu rechnen ... Knochen verhalten sich im allgemeinen, schon wegen der größeren Menge ihrer Blutgefäße, als belebtere Teile« (im Vergleich zu den Knorpeln); »was ihre leichtere Entzündung und krankhafte Veränderung, ihre Reproduktion, – was ferner das leichte Aufsaugen scharfer Knochenspitzen, das *leichtere Erwecken von Empfindung in ihnen* und selbst ihr zusammengesetzter Bau noch weiter erweist.«* Der Knochen, d. h. die der Gestalt als solcher angehörige Sensibilität, ist, wie das Holz der Pflanze, die einfache und darum tote Kraft, die noch nicht Prozeß, sondern abstrakte Reflexion-in-sich ist. Es ist aber zugleich das in sich reflektierte Tote; oder es ist das vegetabilische Knospen, das sich selbst so hervorbringt, daß das Hervorgebrachte ein Anderes wird.

(1) Seine Gestalt ist, *zuerst Knochenkern* zu sein; denn so fangen alle Knochen an. Die Knochenkerne vermehren sich und ziehen sich in die Länge, wie der vegetabilische Knoten zur Holzfaser wird. An den Extremitäten der Glieder bleiben die Knochenkerne; sie haben das *Mark* in sich als ihren noch nicht eigens herausgeborenen Nerv. Das Mark der Knochen ist das Fett, und darum ist wenig oder flüssiges Mark in mageren, viel in fetten Menschen. Die *Beinhaut* ist das eigentliche Leben der Knochen, eine ganz nach außen gehende Produktion, die deswegen in sich erstirbt und nur an der Oberfläche des Knochens lebt, – die dumpfe Kraft in sich selbst; das Knochensystem fällt insofern mit dem Hautsystem in der Reproduktion zusammen. Fortgehend zur Totalität, aus Kern und Linie, bricht der Knochen auf, wo dann an die Stelle des Marks der Nerv tritt, welcher ein Kern ist, der seine Längen aus seinem Mittelpunkte aussprossen läßt. Aber mit dieser Totalität hört der Knochen auf, der Gestalt als solcher anzugehören; sein Mark wird lebendige Sensibilität, ein Punkt, der sich in Linien verbreitet und von dem, als der Totalität, die Dimensionen aus-

* Johann Heinrich Ferdinand von Autenrieth, *Handbuch der [empirischen menschlichen] Physiologie* [Tübingen 1801/02], Teil II, § 767, 772

gehen. Als Kern ist der Knochen das unmittelbar Sensible der Gestalt; näher aber als Knochenskelett hat er zu seiner ersten Bestimmung dies, sich zum Äußeren als das Ruhende, nur Feste, Harte zu verhalten, sich nur in sich fest zu machen, zu mechanischer Objektivität zu kommen und so einen Anhalt gegen die Erde, als das Feste überhaupt, zu gewinnen.

(2) Die Verlängerung des Knochens ist die *Mitte*, der Übergang, daß die Gestalt zum Äußeren herabsinkt, das ein anderes Inneres hat. Der Knochen ist in den Gliedern das Innere, das unmittelbar Feste; aber fernerhin hört er auf, das Innere zu sein. Wie das Holz der Pflanze das Innere der Pflanze und die Rinde das Äußere ist (im Samen hingegen ist das Holz überwunden, es ist nur dessen äußerliche Schale), so wird der Knochen für die Eingeweide äußerliche Schale, die keinen eigenen Mittelpunkt mehr hat, zunächst aber noch unterbrochen ist und [weder] durch eine eigene Linie (*sternum*) zusammenhängt noch eine eigene Gliederung hat. Aber zuletzt wird sie wieder reine Fläche ohne eigene Innerlichkeit, – ein Umschlagen in den Punkt oder die Linie, von wo Linien ausgehen, bis zur Verflächung, welche bloße umschließende Oberfläche ist. Dies ist die Totalität, die sich noch nicht völlig gerundet hat, noch dies an ihr hat, sich nach außen zu kehren. Die Bestimmung des Knochens ist so *zweitens*, von einem Anderen regiert zu sein, ein Anderes als Subjekt in sich zu haben und nach außen in feste Anhaltspunkte, wie Hörner, Krallen usw., auszulaufen. Die Haut verlängert sich zu Nägeln, Hacken usw.; sie ist das Unzerstörbare am Organismus, da, nachdem alles an einem Leichnam in Staub zerfallen, noch die Haut oft an einigen Teilen sichtbar ist.

(3) Zugleich ist, indem im *Rückenwirbel* der Knoten der Mitte durchbrochen, der Knochen, nun in sich zurückkehrend, *drittens* der hohle *Schädel*. Den Schädelknochen liegt die Form der Rückenwirbel zugrunde, und sie können darin auseinandergelegt werden. Das *os sphenoideum* geht aber darauf, den Mittelpunkt ganz zu überwinden und die Schädelknochen ganz zu verflächen ohne eigenen Mittelpunkt. Zugleich geht aber dieses völlige Aufheben der Kernigkeit in die Wiederherstellung der Kerne über: die *Zähne* sind nun diese Rückkehr der Kerne in sich, die den Prozeß durchlaufen, d. h. Negative, Tätige, Wirksame sind, also aufhören, nur passive Absonderung zu sein, – die unmittelbare Sensibilität, die zur Irritabilität geworden. Die Beinhaut ist bei ihnen nicht mehr äußere, sondern nur innere Membran. Die Knochen sowie die Beinhaut sind ohne Empfindung; aber in den (syphilitischen) Lymphenkrankheiten gewinnen sie solche.

Der Grundorganismus des Knochens ist der Rückenwirbel und alles nur Metamorphose desselben, nämlich nach inwendig eine

Röhre und deren Fortsätze nach außen. Daß dies die Grundform der Knochenbildung sei, hat besonders *Goethe** mit seinem organischen Natursinn gesehen und die Übergänge vollkommen verfolgt, in einer schon 1784 verfaßten Abhandlung, die er in seiner *Morphologie* herausgab. *Oken*, dem er die Abhandlung mitteilte, hat ihre Gedanken in einem Programm, das er darüber schrieb, geradezu als sein Eigentum ausgekramt und so den Ruhm davongetragen.[30] Goethe zeigt (und es ist eine der schönsten Anschauungen, die er gehabt hat), daß die Kopfknochen ganz nur aus dieser Form herausgebildet sind: das *os sphenoideum*, das *os zygomaticum* (das Jochbein), bis zum *os bregmatis*, dem Stirnbein, welches der Hüftknochen im Kopfe ist. Aber für solche Umbildung der Knochen, daß sie, statt innere Mitte zu sein, jetzt umschließend werden und nun die Bestimmung haben, nach außen für die Extremitäten, Arme, Beine usw., Anhaltspunkte zu werden, miteinander sich zu verbinden und zugleich beweglich zu sein, – für diese Umkehrung reicht die Identität der Form nicht hin, wie auch nicht beim Vegetabilischen. Diese andere Seite, das Hereinwerfen des Rückenwirbels zu den einzelnen Knochen, hat Goethe nicht verfolgt, wohl aber Oken. Der Rückenwirbel ist der Mittelpunkt des Knochensystems, der sich in die Extreme des Schädelknochens und der Extremitäten dirimiert und sie zugleich verbindet: dort die Höhlung, die sich durch Vereinigung der Flächen zur Rundung nach außen schließt, hier das in die Länge gestreckte Hinausgehen, das in die Mitte tritt und sich wesentlich durch Kohäsion an die Längen der Muskeln befestigt.

ββ) Das Moment der Differenz in der Sensibilität ist das nach außen gerichtete, in Zusammenhang mit Anderem stehende *Nervensystem*: die Empfindung als bestimmte, – es sei nun unmittelbar äußerlich gesetztes Fühlen oder Selbstbestimmung. Vom Rückenmark gehen mehr die Nerven der Bewegung aus, von dem Gehirn vornehmlich die der Empfindung; jene sind das Nervensystem, insofern es praktisch ist, – diese dasselbe als Bestimmtwerden, wozu die Sinneswerkzeuge gehören. Überhaupt aber konzentrieren sich die Nerven im Gehirn und dirimieren sich auch wieder von ihm aus, indem sie sich in alle Teile des Körpers verteilen. Der Nerv ist die Bedingung dazu, daß Empfindung

* vgl. *Zur Morphologie* [I. Bd., 2. Heft, 1820], S. 162 [»Erster Entwurf einer allgemeinen Einleitung in die vergleichende Anatomie, ausgehend von der Osteologie«, 1795], S. 248, 250 f. [»Dem Menschen wie den Tieren ist ein Zwischenknochen der oberen Kinnlade zuzuschreiben«, 1786]

30 vgl. Okens Jenaer Antrittsrede (1807), »Über die Bedeutung der Schädelknochen«

vorhanden ist, wo der Körper berührt wird; ebenso ist er die Bedingung des Willens, überhaupt jedes selbstbestimmenden Zwecks. Sonst versteht man aber noch sehr wenig von der Organisation des Gehirns. »Die Erfahrung lehrt, daß Bewegung der bestimmten Organe, um willkürliche Handlungen zu vollbringen, und Erregung von Empfindung von diesen Organen aus leidet oder ganz aufhört, wenn die aus diesen Teilen ausgehenden Nerven oder das Rückenmark, das kleine Gehirn oder das große Hirn, welche mit jenen Nerven zusammenhängen, verletzt oder zerstört werden ... Die einzelnen Nervenfasern mit ihren Scheiden werden durch Zellgewebe in Bündel, und diese in einen größeren fühlbaren Strang lockerer oder fester vereinigt ... Schon die einzelnen Markfasern der Nerven hängen überall durch kleine mit Mark gefüllte Nebenkanäle, die bei ihrem Zusammenstoßen sehr feine Knötchen zu bilden scheinen, vielfach unter sich zusammen, und in dieser Hinsicht gleicht ein Nervenbündel einem sehr gedehnten Netze, das strickartig in die Länge gezogen ist und dessen Fäden nun beinahe parallel liegen.«* Die *Kommunikation* mit einem äußeren Teile vom Gehirn aus ist nicht so vorzustellen, als ob, nachdem der bestimmte Teil in seinem Nerven affiziert worden, jetzt diese bestimmte Nervenfaser die Affektion für sich forttrüge, oder als ob vom Hirn aus schon auf eine bestimmte Nervenfaser eingewirkt würde, nach der äußeren Verbindung der Nerven, sondern die Mitteilung geschieht durch den gemeinschaftlichen Stamm und ist doch determiniert wegen der allgemeinen Gegenwart des Willens und Bewußtseins. Die Nervenfaser steht mit vielen anderen in Verbindung, ihr Affiziertwerden affiziert auch diese, ohne daß dadurch mehrere Empfindungen hervorgebracht würden, noch umgekehrt der vom Gehirn ausgehende allgemeine Stamm sämtliche Nerven in Bewegung setzte.

γγ) Die in sich gegangene Sensibilität, das Innerlichste des Sensiblen, wonach es nicht mehr abstrakt ist, das noch unausgeschiedene, nicht zum bestimmten Empfinden herausgebildete System der *Ganglien* überhaupt und insbesondere des sogenannten *sympathetischen Nervs* bildet Nervenknoten, die man als kleine Gehirne im Unterleibe betrachten kann, welche aber nicht absolut unabhängig für sich, d. h. außer Verbindung mit den Nerven sind, die unmittelbar mit dem Gehirn und den Rückenmarksnerven zusammenhängen; aber zugleich sind sie selbständig und unterscheiden sich von diesen in Funktion und Struktur.** Wegen dieser Teilung in das Gehirn des Kopfes und des Unterleibes entspringt

* Autenrieth, a. a. O., Teil III, § 824, 866, 868
** vgl. Autenrieth, a. a. O., Teil III, § 869

Kopfweh aus dem Unterleibe. »Es ist merkwürdig, daß im Magen, fast könnte man sagen an seiner oberen Öffnung, die Ausbreitung des vom Hirne unmittelbar abstammenden achten Nervs aufhört, dieser dem sympathetischen Nerv den übrigen Teil überläßt und gleichsam hier die *Grenze eines deutlicheren Gefühls* ist. Diese obere Öffnung spielt in vielen Krankheiten eine ausgezeichnete, bedeutende Rolle. Entzündungen zeigen nach dem Tode in ihrer Nähe sich häufiger als an irgendeiner anderen Stelle des Magens. Das eigentliche Verdauungsgeschäft entzog die Natur der Willkür, der sie die Auswahl der Speisen, das Kauen, das Hinabschlingen sowie am Ende die Ausleerung des Untauglichen großenteils überließ.«* Im Zustande des Somnambulismus, wo die äußeren Sinne kataleptisch erstarrt sind und das Selbstbewußtsein innerlich ist, fällt diese innere Lebendigkeit in die Ganglien und in das Gehirn dieses dunklen, unabhängigen Selbstbewußtseins. *Richerand*** sagt daher: »Durch den sympathetischen Nerv sind die inneren Organe der Herrschaft des Willens entzogen.« Das System dieser Nervenknoten ist unregelmäßig.*** »Man kann«, sagt *Bichat*†, »das System der Ganglien einteilen in die des Kopfes, des Halses, des Thorax, des Abdomen und des Beckens.« Sie befinden sich also im ganzen Körper, vorzüglich jedoch in den Teilen, die zur inneren Gestaltung gehören, vornehmlich im Unterleibe. »Eine Reihe von diesen Nervenknoten liegt auf beiden Seiten in den Öffnungen zwischen den Wirbelbeinen, wo die hinteren Wurzeln der Rückenmarksnerven diese Knoten bilden.«†† Durch Zusammenhänge unter sich bilden sie den sogenannten sympathetischen Nerv, ferner den *plexus semilunaris, solaris, splanchnicus*, endlich die Kommunikation des *ganglion semilunare* durch Zweige mit den Ganglien des Thorax. »Man findet den sogenannten sympathetischen Nerv bei vielen Subjekten unterbrochen, nämlich den Teil im Thorax von dem im Bauche (*pars lumbaris*) durch einen Zwischenraum getrennt. Oft, nachdem er viele Fäden am Halse abgegeben, ist er dicker als vorher ... Die Nervenfäden dieser Systeme sind sehr verschieden von den eigentlichen Gehirn- und Rückenmarksnerven. Diese sind dicker, weniger zahlreich, weißer, dichter in ihrem Gewebe, haben wenig Varietät in ihrer Bildung. Im Gegenteil, äußerste Dünne (*ténuité*), sehr große

* Autenrieth, a. a. O., Teil II, § 587

** [Authelm Balthasar Richerand] *Nouveaux éléments de physiologie* [Paris 1801], Vol. I, Prolegom. CIII

*** Autenrieth, a. a. O., Teil III, § 871

† [Marie François Xavier Bichat] *Recherches physiologiques sur la vie et la mort* [Paris 1800], (4. Aufl., Paris 1822), S. 91

†† Autenrieth, a. a. O., Teil III, § 870

Menge von Fäden, besonders gegen den Plexus, gräuliche Farbe, bedeutende Weichheit des Gewebes, äußerst gewöhnliche Varietäten in den verschiedenen Subjekten, – das sind die Kennzeichen der Ganglien.«* Es ist hier ein Streit, ob diese unabhängig seien oder aus dem Gehirn und Rückenmark *entspringen*. Dies Entspringen ist eine Hauptvorstellung im Verhältnis der Nerven zum Gehirn und Rückenmarke, heißt aber nichts Bestimmtes. Daß die Nerven aus dem Gehirn entspringen, gilt für eine ausgemachte Wahrheit. Aber wie sie hier in Identität mit dem Gehirn sind, so ist dort Trennung, jedoch nicht so, daß das Gehirn vorher und die Nerven nachher, – sowenig als die Finger aus der flachen Hand oder die Nerven aus dem Herzen entspringen. Man kann einzelne Nerven abschneiden, das Gehirn bleibt lebendig, so wie Stücke vom Gehirn wegnehmen, und die Nerven bleiben.

2. Indem die Sensibilität des äußeren Organismus in *Irritabilität*, in Differenz übergeht, so geht seine überwundene Einfachheit αα) in den Gegensatz des *Muskelsystems* über. Das Knospen des Knochens ist in die einfache Differenz des Muskels zurückgenommen, dessen Tätigkeit das reale materielle Verhalten zur unorganischen Natur, der Prozeß des Mechanismus nach außen ist. Die organische Elastizität ist die Weichheit, die auf einen Reiz sich in sich zurücknimmt und ebenso dieses Nachgeben aufhebt und sich wiederherstellt, als Linie sich anstemmend. Der Muskel ist die Einheit dieses Gedoppelten, und beide Momente existieren auch als Arten der Bewegung. *Treviranus*** stellt den Satz auf, »daß mit der Zusammenziehung eine wirkliche Zunahme der Kohäsion verbunden ist«. Dies beweist besonders folgender Versuch. »*Erman*[31] (Gilberts *Annalen der Physik*, Jahrg. 1812, St. I, S. 1) verschloß einen an beiden Enden offenen Glaszylinder unten mit einem Kork, durch welchen ein Platindraht ging, und füllte ihn mit Wasser. In dieses brachte er ein Stück von dem Schwanze eines lebenden Aals und verstopfte dann die obere Öffnung des Zylinders ebenfalls durch einen Kork, durch welchen auch ein Platindraht und außerdem noch eine an beiden Enden offene, enge Glasröhre ging. Bei dem Eindrücken des letzteren Korks trat etwas Wasser in die Röhre, dessen Stand genau bezeichnet wurde. Als hierauf Erman das Rückenmark mit dem einen, die Muskeln mit dem anderen Draht verband und beide Drähte mit den Polen einer Voltaischen Säule in Berührung setzte, fiel jedesmal das

* Bichat, a. a. O., S. 90, 92

** a. a. O., Bd. V, S. 238

31 siehe Fn. 38, S. 214

Wasser in der kleinen Röhre bei der Zusammenziehung der Muskeln um vier bis fünf Linien, und zwar stoßweise.«* Die Muskeln sind übrigens für sich reizbar, z. B. die des Herzens, auch ohne dessen Nerven zu reizen; ebenso werden die Muskeln in der galvanischen Kette in Bewegung gesetzt, auch ohne Nerven zu berühren.** Treviranus behauptet auch (Bd. V, S. 346), seine »Hypothese, daß die Fortpflanzung der Willensreize zu den Muskeln und die Überbringung der äußeren Eindrücke zum Gehirn Wirkungen verschiedener Bestandteile der Nerven seien, daß jene durch die Nervenhäute, diese durch das Nervenmark geschehe«, sei noch nicht widerlegt.

ββ) Die Bewegung der Muskeln ist die elastische Irritabilität, welche, Moment des Ganzen, eine eigentümliche sich trennende, das Einströmen hemmende Bewegung setzt und, als Bewegung an sich selbst, einen Feuerprozeß, der jenes träge Bestehen aufhebt, aus sich setzt und erzeugt. Diese Auflösung des Bestehens ist das *Lungensystem,* der wahre ideelle Prozeß nach außen mit der unorganischen Natur, mit dem Elemente der Luft; er ist das eigene Sichbewegen des Organismus, der als Elastizität ein- und ausstößt. Das *Blut* ist das Resultat, der in sich an sich selbst durch sich selbst zurückkehrende äußere Organismus, die lebendige Individualität, welche die Glieder zu Eingeweiden erzeugt. Das Blut, als die achsendrehende, sich um sich selbst jagende Bewegung, dies absolute In-sich-Erzittern ist das individuelle Leben des Ganzen, in welchem nichts unterschieden ist, – die animalische Zeit. Alsdann entzweit sich diese achsendrehende Bewegung in den kometarischen oder atmosphärischen und in den vulkanischen Prozeß. Die *Lunge* ist das animalische Blatt, welches sich zur Atmosphäre verhält und diesen sich unterbrechenden und herstellenden, aus- und einatmenden Prozeß macht. Die *Leber* dagegen ist das aus dem Kometarischen in das Fürsichsein, in das Lunarische Zurückkehren; es ist das seinen Mittelpunkt suchende Fürsichsein, die Hitze des Fürsichseins, der Zorn gegen das Anderssein und das Verbrennen desselben. Lungen- und Leberprozeß stehen in der engsten Verbindung miteinander; – der flüchtige, ausschweifende Lungenprozeß mildert die Hitze der Leber, diese belebt jenen. Die Lunge ist in Gefahr, in Leber überzugehen, sich zu verknoten, um dann sich selbst zu verzehren, wenn sie die Hitze des Fürsichseins in sich empfängt. In diese zwei Prozesse dirimiert sich das Blut. Sein realer Kreislauf ist also, dieser dreifache Kreislauf zu sein: einer für sich selbst, der andere der Kreislauf der Lunge, der dritte der

* Treviranus, a. a. O., Bd. V, S. 243
** ebenda, Bd. V, S. 291

Leber. In jedem ist ein eigener Kreislauf, indem das, was im Lungenkreislauf als Arterie erscheint, im Pfortadersystem als Vene erscheint, und umgekehrt im Pfortadersystem die eintretenden Venen als Arterien. Dieses System der lebendigen Bewegung ist das dem äußeren Organismus entgegengesetzte; es ist die *Kraft* der Verdauung, – die Kraft, den äußeren Organismus zu überwinden. Diese unorganische Natur ist hier notwendig die dreifache: (1) die äußere, allgemeine Lunge; (2) die besonderte, das Allgemeine herabgesetzt in das organische Moment, die Lymphe und der ganze seiende Organismus; (3) das Vereinzelte. Das Blut bereitet sich aus der Luft, der Lymphe und der Verdauung und ist die Verwandlung dieser drei Momente. Aus der Luft nimmt es sich die reine Auflösung, das Licht derselben, Oxygen, aus der Lymphe die neutrale Flüssigkeit, aus der Verdauung die Einzelheit, das Substantielle. Und so setzt es die ganze Individualität sich wieder selbst entgegen und erzeugt die Gestalt.

(1) Das Blut im Lungenkreislauf, eine eigene Bewegung habend, ist dies rein negative immaterielle Leben, für welches die Natur Luft ist und das hier die reine Überwindung derselben hat. Der erste Atemzug ist das eigene individuelle Leben des Kindes, das vorher in der Lymphe schwamm und sich vegetabilisch einsaugend verhielt. Aus dem Ei oder Mutterschoße hervortretend, atmet es; es verhält sich zur Natur als einer zu Luft gewordenen und ist nicht dieser kontinuierliche Strom, sondern die Unterbrechung desselben, – die einfache organische Irritabilität und Tätigkeit, wodurch das Blut sich als reines Feuer beweist und wird.

(2) Das Blut ist das Aufhebende der Neutralität, des Schwimmens in der Lymphe; es überwindet diese, indem es den ganzen äußeren Organismus erregt, bewegt, ihn zu seinem Rückgehen in sich disponiert. Diese Bewegung ist gleichfalls ein Verdauungssystem, ein Kreislauf unterschiedener Momente. Die lymphatischen Gefäße bilden sich allenthalben eigene Knoten, Mägen, worin die Lymphe sich verdaut und endlich sich im *ductus thoracicus* zusammenführt. Das Blut gibt sich darin seine Flüssigkeit überhaupt; denn es kann nichts Starres sein. Die Lymphe wird aus ihrer wäßrigen Neutralität zum Fette (das Mark der Knochen ist dieses selbe Fett), also zu keiner höheren Animalisation, sondern zu vegetabilischem Öle, und dient zur Nahrung. Die Tiere, die einen Winterschlaf haben, werden daher im Sommer sehr fett und zehren im Winter aus sich, so daß sie im Frühjahr ganz mager sind.

(3) Endlich ist das Blut eigentlicher Verdauungsprozeß des Einzelnen, und das ist die *peristaltische Bewegung* überhaupt. Als dieser Prozeß der Einzelheit teilt es sich in die drei Momente: (αα) des stumpfen, innerlichen Fürsichseins, – das Hypochondrisch-melan-

cholisch-Werden, sein Schlaf, das venöse Blut überhaupt, das in der Milz diese mitternächtige Kraft wird. Man sagt, es werde darin gekohlenstofft; diese Karbonisation ist eben sein Erde-, d. h. absolut Subjekt-Werden. (ββ) Von hier ist seine Mitte das Pfortadersystem, wo seine Subjektivität Bewegung ist und zur Tätigkeit wird, zum verzehrenden Vulkan. So betätigt in der Leber, verhält es sich gegen den im Magen gekochten Speisenbrei. Die Verdauung fängt vom Verkauen und Durchdringen mit der Lymphe des Speichels an, im Magen. Der Magen- und der pankreatische Saft sind gleichsam die auflösenden, die Speisen in Gärung versetzenden Säuren; es ist dies das Lymphieren und Wärmen, – das chemisch-organische Moment. (γγ) Im Zwölffingerdarm (*duodenum*) geht die eigentliche völlige Überwindung durch das Feuer, die Galle, vor, welche durch das Venenblut der Pfortader hervorgebracht wird. Der nach außen gekehrte, noch in die Lymphe fallende Prozeß wird zum Fürsichsein und nun ins animalische Selbst verwandelt. Der Chylus, dies Produkt des Bluts, kehrt ins Blut zurück; es hat sich selbst erzeugt.

Dies ist der große innere Kreislauf der Individualität, dessen Mitte das Blut selbst ist; denn es ist das individuelle Leben selbst. Das Blut ist überhaupt, als die allgemeine Substanz aller Teile, das irritable Zusammenfassen von allem in die innere Einheit, diese Wärme, dieses Umschlagen der Kohäsion und spezifischen Schwere, – aber nicht nur nach dieser Seite des Auflösens, sondern das reale animalische Auflösen von allem. Wie alle Nahrungsmittel sich in Blut verwandeln, so ist es auch das Preisgegebene, aus dem alles seine Nahrung nimmt. Das ist das Pulsieren nach dieser ganz realen Seite. Es ist davon die Rede gewesen, daß die Säfte, weil sie das Ausgeschiedene seien, unorganisch seien und das Leben allein den festen Teilen angehöre. Allein teils sind solche Unterscheidungen an sich etwas Sinnloses, teils ist das Blut, nicht das Leben, sondern das lebendige Subjekt als solches, im Gegensatze gegen die Gattung, das Allgemeine. Das schwache Blumenvolk, die Inder, verzehren kein Tier und lassen es ganz leben; der jüdische Gesetzgeber verbot nur, das Blut der Tiere zu verzehren, weil, heißt der Grund, das Leben des Tieres in dem Blute ist. Das Blut ist diese unendliche, ungeteilte Unruhe des Aus-sich-Heraustreibens, während der Nerv das Ruhige, Beisichbleibende ist. Die unendliche Verteilung und dieses Auflösen des Teilens und dieses Wieder-Teilen ist der unmittelbare Ausdruck des Begriffs, den man hier sozusagen mit Augen sieht. Er stellt sich in der Beschreibung, die Herr Professor *Schultz*[32] davon macht, unmittelbar sinnlich dar:

32 siehe Fn. 13, S. 373

Kügelchen wollen sich bilden, sie entstehen aber auch nicht. Läßt man das Blut in Wasser laufen, so ballt es sich in Kügelchen, aber das Blut selbst, in seiner Lebendigkeit, nicht. Die Blutkügelchen kommen so nur bei seinem Sterben zum Vorschein, wenn das Blut an die Atmosphäre kommt. Ihr *Bestehen* ist also eine Erdichtung, wie die Atomistik, und ist auf falsche Erscheinungen gegründet, wenn man nämlich das Blut gewaltsam hervorlockt. Dies Pulsieren des Bluts bleibt die Hauptbestimmung; dieser Kreislauf ist der Lebenspunkt, wo keine mechanischen Erklärungen des Verstandes helfen. Mit der feinsten Anatomie und Mikroskopen bleibt man zurück. Befeuert das Blut sich an der Luft in sich selbst, so werde, heißt es, Atmosphäre eingeatmet und Stick- und Kohlenstoff ausgeatmet. Aber durch diese Chemie ist nichts zu fassen; es ist kein chemischer Prozeß, sondern das Leben, das ihn immerfort unterbricht.

γγ) Das Zusammenfassen dieser innerlichen Differenzierung in *ein* System ist das *Herz*, die lebendige Muskulosität, – ein System, das überall mit der Reproduktion zusammenhängt. Man findet im Herzen keine Nerven, sondern es ist die reine Lebendigkeit der Irritabilität im Zentrum, als Muskel, der pulsiert. Als die absolute Bewegung, das natürliche lebendige Selbst, der Prozeß selbst, wird das Blut nicht bewegt, sondern *ist* die Bewegung. Daß es bewegt werde, dazu suchen die Physiologen allerhand Kräfte auf: »Der Herzmuskel stößt es zunächst aus, und da helfen die Wandungen der Arterien und Venen und der Druck der festen Teile, die es treiben; bei den Venen freilich hilft der Herzstoß nicht mehr, da muß es der Druck der Wandungen allein tun.« Alle diese mechanischen Erklärungen der Physiologen sind aber unzureichend. Denn wo kommt dieser elastische Druck der Wandungen und des Herzens her? »Von dem Reiz des Bluts«, antworten sie. Das Herz also bewegt hiernach das Blut, und die Blutbewegung ist wieder das Bewegende des Herzens. Das ist aber ein Kreis, ein *perpetuum mobile*, das sogleich stillstehen müßte, weil die Kräfte in Gleichgewicht sind. Ebendarum ist vielmehr das Blut selbst das Prinzip der Bewegung; es ist der springende Punkt, durch den die Zusammenziehung der Arterien mit dem Nachlassen der Herzventrikel zusammenfällt. Diese *Selbstbewegung* ist nichts Unbegreifliches, Unbekanntes, außer wenn Begreifen in dem Sinne genommen wird, daß etwas anderes, die Ursache aufgezeigt werde, von der es bewirkt wird. Dies ist aber nur die äußere, d. h. gar keine Notwendigkeit. Die Ursache ist selbst wieder ein Ding, nach dessen Ursache zu fragen ist, und so fort immer zu etwas anderem, in die schlechte Unendlichkeit, welche die Unfähigkeit ist, das Allgemeine, den Grund, das Einfache, welches die Einheit Entgegengesetzter ist, und daher das Unbewegbare, das aber bewegt, zu denken und vorzustellen. Dies ist das Blut, das Subjekt, das, sogut als der Wille, eine Bewegung anfängt. Als die ganze Bewegung ist das Blut der Grund und die Bewegung selbst. Es tritt aber ebenso auf die Seite, als ein Moment; denn es ist die Unterscheidung seiner von sich selbst. Die Bewegung ist eben dieses Auf-die-Seite-Treten ihrer selbst, wodurch sie Subjekt, Ding ist und das Aufheben ihres Auf-der-Seite-Stehens als das Übergreifen über sich und das Entgegengesetzte. Sie erscheint aber als ein Teil und Resultat, weil eben das Entgegengesetzte an sich selbst sich aufhebt und der Rückgang von seiner Seite geschieht. So wird die lebendige und belebende Kraft des Bluts aus der Gestalt, und seine innere Bewegung erfordert auch die eigentliche mechanische, äußere Bewegung. Es bewegt, hält die Teile in ihrem negativen qualitativen Unterschiede, aber bedarf des einfachen Negativen der äußeren Bewegung. Ein Kranker, der sich lange nicht bewegt, z. B. bei Amputationen, bekommt Ankylosen; das Gelenkwasser vermindert sich, die Knorpel verhärten sich zu Knochen, die Muskeln werden weiß durch diese äußere Ruhe.

Der Blutlauf selbst ist einesteils als dieser allgemeine Kreislauf zu nehmen, wodurch jeder Teil diesen Zirkellauf nimmt; allein er ist ebenso etwas ganz in sich Elastisches, das nicht nur jener Zirkellauf ist. Schon ist der Lauf in verschiedenen Teilen überhaupt etwas Verschiedenes: im Pfortadersystem ist er langsamer, innerhalb des Schädels ebenso als in den übrigen Teilen, in der Lunge hingegen beschleunigter. Bei einem *panaricium* hat die Arterie (*radialis*) hundert Pulsschläge in einer Minute, während die auf der gesunden Seite nur siebzig, gleichzeitig mit dem Pulse des Herzens, hat. Ferner geschieht der Übergang der Arterien und Venen ineinander durch die feinsten Kanäle (Haargefäße), die zum Teil so fein sind, daß sie keine roten Blutkügelchen enthalten, sondern nur gelbliches Blutwasser. »Im Auge«, sagt *Sömmerring* (§ 72)[33], »scheint der Fall zu sein, daß die Arterien in feinere, kein rotes Blut mehr enthaltende Zweigchen fortgesetzt werden, die anfangs in eine gleiche Vene, endlich aber in rotes Blut führende Venchen übergehen.« Hier geht also das Ding, das eigentlich Blut heißt, nicht über; sondern es ist eine Bewegung gesetzt, worin es verschwindet und wieder hervortritt, oder ein elastisches Erzittern, das nicht ein Fortgang ist. So ist der Übergang nicht oder selten unmittelbar bemerklich. Ferner anastomosieren die

33 Samuel Thomas von Sömmerring, *Abbildungen des menschlichen Auges*, Frankfurt 1801

Arterien besonders, auch die Venen, so häufig, teils in größeren Ästen, teils bilden sie ganze große Gewebe, wo also gar keine eigentliche *Zirkulation* mehr denkbar ist. In den anastomosierenden Zweig treibt sich das Blut von beiden Seiten herein; es ist ein Gleichgewicht, das nicht ein Laufen nach einer Seite, sondern nur ein Erzittern in sich selbst ist. Bei einem Zweige könnte man etwa denken, daß hier die eine Richtung ein Übergewicht hat; allein bei mehreren ganzen Kränzen, Geweben von Anastomosen hebt eine Richtung die andere auf und macht die Bewegung zu einem allgemeinen Pulsieren in sich selbst. »Bei jeder geöffneten Schlagader spritzt das Blut im Augenblicke der Zusammenziehung des Herzens viel weiter als in dem Zeitpunkte der Erschlaffung desselben. Der Zeitpunkt der Zusammenziehung dauert in den Arterien etwas länger als der Zeitpunkt der Ausdehnung; umgekehrt verhält sich das Herz. Man muß sich das belebte *Schlagadersystem* aber nicht so vorstellen, als ob eine rundliche Blutwelle nach der andern sich fortbewegte oder als stellte eine ihrer ganzen Länge nach entblößte Schlagader gleichsam eine Rosenkranzschnur vor. Sondern das Schlagadersystem erscheint in seiner ganzen Länge und in allen seinen Ästen immer zylindrisch, bei jedem Stoß des Herzens fein oszillierend, gleichförmig, doch kaum und nur in größeren Stämmen etwas merklich seitwärts erweitert, während des Zusammenziehens aber gleichsam verkürzt.«* So ist wohl Zirkulation, aber als *oszillatorische* vorhanden.

Die Unterscheidung des arteriellen und venösen Bluts kommt zu ihrer Realität in Lunge und Leber; es ist der Gegensatz des Streck- und Beugemuskels. Das arterielle Blut ist die hinausgehende, auflösende Tätigkeit, das venöse das Insichgehen; Lunge und Leber sind, als System, ihr eigentümliches Leben. Die Chemie zeigt den Unterschied so auf, daß das arterielle Blut mehr Sauerstoff enthalte und dadurch heller rot ist, venöses Blut gekohlenstoffter, das auch, in Sauerstoffgas geschüttelt, heller rot wird, – ein Unterschied, der nur das Ding, nicht ihre Natur und ihr Verhältnis im ganzen Systeme ausdrückt.

Der allgemeine Prozeß ist diese Rückkehr des Selbsts aus seiner kometarischen, lunarischen und irdischen Laufbahn zu sich selbst, aus seinen Eingeweiden zu seiner Einheit. Diese Rückkehr ist dann seine allgemeine Verdauung, und so zurückgekehrt ist sein Dasein die Ruhe; d. h. es kehrt zur Gestalt überhaupt zurück, die sein Resultat ist. Jener die Gestalt aufhebende Prozeß, der sich nur in Eingeweide entzweit, damit sich aber eben selbst gestaltet, ist der Ernährungsprozeß, dessen Produkt ebenso die Gestalt ist. Diese

* Autenrieth, a. a. O., Teil I, § 367–369

Ernährung besteht nun nicht darin, daß das arterielle Blut seinen gesauerstofften Faserstoff absetze. Sondern die aushauchenden Gefäße der Arterien sind mehr Dunst, der verarbeitet ist, – ein ganz allgemeines Nahrungsmittel, aus dem jeder einzelne Teil sich das Seine nimmt und das daraus macht, was er im Ganzen ist. Diese aus dem Blute geborene Lymphe ist das belebende Nahrungsmittel, oder vielmehr es ist die allgemeine Belebung, das Fürsichsein eines jeden Gliedes, um die unorganische Natur, den allgemeinen Organismus in sich zu verwandeln. Das Blut führt nicht Materien zu, sondern ist die Belebung eines jeden Gliedes, dessen Form die Hauptsache ist; und dies tut nicht nur die Arterie, sondern eben das Blut als dieses Gedoppelte: als Vene und Arterie. So ist das Herz allenthalben und jeder Teil des Organismus nur die spezifizierte Kraft des Herzens selbst.

3. Die *Reproduktion* oder das *Verdauungssystem* ist nicht eigentlich als ausgebildete Gegliederung vorhanden. Denn während die Systeme der Sensibilität und Irritabilität dem Unterschiedenen der Entwicklung angehören, so macht die Reproduktion keine Gestalt, ist auch nicht die ganze Gestalt, außer nur formell, und kommt daher zu keinem Auseinandergehen in Formbestimmungen. Das Reproduktionssystem kann hier nur abstrakt genannt werden, da seine Funktion der Assimilation angehört.

αα) Die dumpfe *unmittelbare Reproduktion* ist das Zellgewebe und Drüsenartige, die Haut, einfache animalische *Gallerte,* Röhren; in den Tieren, die nur dies sind, ist die Ausbildung der Unterschiede noch nicht vorhanden. Die Gestalt hat die Haut zu ihrer organischen Tätigkeit; damit hängt die *Lymphe* zusammen, deren Berührung des Äußeren der ganze Prozeß der Ernährung ist. Die unmittelbare Rückkehr des äußeren Organismus in sich ist die Haut, worin er ein Verhalten zu sich selbst wird; sie ist nur erst noch der Begriff des inneren Organismus und darum das Äußere der Gestalt. Die Haut kann alles sein und werden, Nerven, Blutgefäße usw.; sie ist, als *einsaugend,* das allgemeine Verdauungsorgan des vegetativen Organismus.

ββ) Die Haut, die sich in den Klauen, Knochen und Muskeln ein differentes Verhältnis gegeben hat, unterbricht nun aber das Einsaugen und verhält sich als Einzelnes zur Luft und zum Wasser. Der Organismus verhält sich nicht nur zum Äußeren als allgemeinem Elemente, sondern [auch] zu ihm als vereinzeltem, wenn es auch nur der einzelne Schluck Wasser ist. Die Haut schlägt sich so nach innen zurück; sie bildet, wie sie sonst ganz Öffnung ist, jetzt eine einzelne Öffnung, den *Mund,* und das Unorganische wird als Einzelnes erfaßt und aufgenommen. Das Individuum bemächtigt sich desselben, zermalmt es nach der reinen

Äußerlichkeit als Gestalt und verwandelt es in sich, nicht durch die unmittelbare Infektion, sondern vermöge einer vermittelnden Bewegung, welche dasselbe die verschiedenen Momente durchlaufen läßt; – die *Reproduktion im Gegensatze.* Die unmittelbare einfache Verdauung expliziert sich in den höheren Tierarten in ein System der Eingeweide: die Galle, das Lebersystem, das Pankreas oder die Magendrüse, den pankreatischen Saft. Die animalische Wärme ist überhaupt dadurch gesetzt, daß es einzelne Gestalten überhaupt sind, welche durch sie aufgehoben werden. Diese Wärme ist die absolut vermittelnde Bewegung des in sich reflektierten Organismus, der die Elemente an ihm selbst hat und durch diese sich tätig verhält, indem er das Einzelne mit der Bewegung aller angreift: (1) mit der organischen Lymphe, als *Speichel,* es infiziert; (2) mit der Neutralität des Kalischen und Sauren, dem animalischen Magen- und pankreatischen Safte; (3) endlich mit der Galle, dem Angriff des Feurigen auf die empfangene Nahrung.

γγ) Die *in sich gekehrte* oder die Eingeweidereproduktion ist der Magen und Darmkanal. Unmittelbar ist der Magen diese verdauende Wärme überhaupt und der Darmkanal die Entzweiung des Verdauten (1) in ganz Unorganisches, Auszuscheidendes und (2) in vollkommen Animalisiertes, welches ebenso die Einheit der bestehenden Gestalt als der Wärme des Auflösens ist, – das Blut. Die einfachsten Tiere sind nur ein Darmkanal.

§ 355

γ) Aber für die Gestalt vereinigen sich die Unterschiede der Elemente und deren Systeme ebensowohl zu allgemeiner konkreter Durchdringung, so daß jedes Gebilde der Gestalt sie an ihm verknüpft enthält, als sie selbst sich 1. in die *Centra von den drei Systemen* abteilt (*insectum*), Kopf, Brust und Unterleib, wozu die Extremitäten zur mechanischen Bewegung und Ergreifung das Moment der sich *nach außen* unterschieden setzenden Einzelheit ausmachen. 2. Die Gestalt unterscheidet sich nach der abstrakten Differenz in die *zwei Richtungen, nach innen* und *nach außen.* Jeder [Gestalt] ist aus jedem der Systeme die eine nach innen, die andere nach außen gehende Seite zugeteilt, wovon diese als die *differente* an ihr selbst diese Differenz durch die symmetrische Zweiheit ihrer Organe und Glieder darstellt

(*Bichats* »vie organique et animale«[34]). 3. Das Ganze als zum selbständigen Individuum vollendete Gestalt ist in dieser sich auf sich beziehenden Allgemeinheit zugleich an ihr *besondert* zum *Geschlechts*verhältnisse, zu einem Verhältnisse mit einem anderen Individuum nach außen gekehrt. Die Gestalt weist an ihr, indem sie beschlossen in sich ist, auf ihre beiden Richtungen nach außen hin.

Zusatz. Sensibilität, Irritabilität und Reproduktion, konkret zusammengefaßt zur ganzen Gestalt, bilden die äußere Gestaltung des Organismus, den Kristall der Lebendigkeit.

1. Diese Bestimmungen sind *zunächst* bloß Formen, wie sie bei den Insekten auseinandergeschnitten sind; jedes Moment ist ein totales System als dieser Bestimmtheit oder unter dieser einen Form. Der Kopf ist so das Zentrum der Sensibilität, die Brust der Irritabilität, der Unterleib der Reproduktion, welche die edlen Eingeweide, das Innere enthalten, während die Extremitäten, Hände, Füße, Flügel, Flossen usw., das Verhalten des Organismus zur Außenwelt bezeichnen.

2. Diese Centra sind *zweitens* auch entwickelte Totalitäten, so daß die anderen Bestimmungen nicht bloß als Formen bestimmt, sondern in jeder dieser Totalitäten dargestellt und enthalten sind. Jedes abstrakte System geht durch alle hindurch und hängt mit ihnen zusammen, jedes stellt die ganze Gestalt dar; also das System der Nerven, Adern, des Bluts, der Knochen, Muskeln, der Haut, der Drüsen usw. ist jedes ein ganzes Skelett, und das macht die Verschränkung des Organismus aus, indem jedes, in das andere herrschende verschränkt, zugleich innerhalb seiner selbst den Zusammenhang erhält. Der Kopf, das Gehirn hat Eingeweide der Sensibilität, Knochen, Nerven; aber ebenso gehören dazu alle Teile der anderen Systeme, Blut, Adern, Drüsen, Haut. Ebenso hat die Brust Nerven, Drüsen, Haut usw.

3. Zu diesen zwei unterschiedenen Formen dieser Totalitäten kommt die *dritte* Form der Totalität, welche der Empfindung als solcher angehört, wo also das Seelenhafte die Hauptsache ausmacht. Diese höheren Einheiten, welche Organe aller Totalitäten um sich versammeln und ihren Vereinigungspunkt im empfindenden Subjekte haben, machen noch große Schwierigkeiten. Es sind Zusammenhänge besonderer Teile eines Systems mit besonderen [Teilen] des oder der anderen, die aber in Ansehung ihrer

---

34 Bichat, a. a. O., S. 7 f.

Funktionen zusammenhängen, indem sie teils einen konkreten Mittelpunkt bilden, teils das Ansich ihrer Vereinigungen, ihre tiefere Bestimmung, im Empfindenden haben, – sozusagen seelenhafte Knoten sind. Überhaupt ist die Seele als für sich bestimmend im Leibe gegenwärtig, ohne dem spezifischen Zusammenhang des Körperlichen bloß nachzugehen.

αα) So gehört z. B. der Mund einem einzelnen Systeme, der Sensibilität, an, insofern sich in ihm die Zunge, das Organ des Geschmacksinns, als ein Moment des Theoretischen befindet; ferner hat der Mund Zähne, die zu den Extremitäten gehören, indem sie zur Ergreifung nach außen und zum Zermalmen bestimmt sind; außerdem ist für Stimme, Rede, der Mund das Organ; andere verwandte Empfindungen, z. B. die des Durstes, finden sich auch dort; Lachen, dann auch Küssen, geschieht gleichfalls mit dem Munde, so daß die Ausdrücke vieler Empfindungen sich in ihm vereinigen. Ein anderes Beispiel ist das Auge, das Organ des Sehens, das zugleich Tränen vergießt, wie denn auch Tiere weinen. Sehen und Weinen, die in *einem* Organe sind, wieweit sie auch auseinander zu liegen scheinen, haben den inneren Grund ihres Zusammenhanges in der empfindenden Natur, finden also einen höheren Zusammenhang, von dem man nicht sagen kann, daß er in dem Prozeß des lebendigen Organismus liegt.

ββ) Noch gibt es Zusammenhänge anderer Art, wo Erscheinungen im Organischen an voneinander entfernten Teilen hervortreten, die nicht physisch, sondern nur an sich zusammenhängen, so daß man sagt, es gebe eine Sympathie zwischen solchen Teilen, die man durch die Nerven erklären wollte. Diesen Zusammenhang haben aber alle Teile des Organischen; solche Erklärung ist daher ungenügend. Der Zusammenhang ist in der Bestimmtheit der Empfindung gegründet und beim Menschen im Geistigen. Die Entwicklung der Stimme und der Pubertät ist ein solcher Zusammenhang, der im Innern der empfindenden Natur liegt; ebenso das Schwellen der Brüste während der Schwangerschaft.

γγ) Wie das Empfindende hier Zusammenhänge hervorbringt, die nicht physikalisch sind, so isoliert es auch wieder Teile, die physikalisch zusammenhängen. Man will z. B. an irgendeinem Teile des Körpers tätig sein, diese Tätigkeit ist durch die Nerven vermittelt; allein diese sind selbst Nervenäste, die mit vielen anderen zusammenhängen, mit denen sie sich in einen Stamm vereinigen, der dann mit dem Gehirn in Verbindung steht. Hier ist das Empfindende dann allerdings in allem diesem wirkend, aber die Empfindung isoliert diesen Punkt der Tätigkeit, so daß sie durch diesen Nerv erfolgt oder vermittelt wird, ohne daß der übrige körperliche Zusammenhang dabei beteiligt ist. *Autenrieth*

(a. a. O., Teil III, § 937) gibt hiervon folgendes Beispiel an: »Schwerer erklärlich ist Weinen von inneren Ursachen; denn die Nerven, welche zur Tränendrüse gelangen, sind vom fünften Paar, das zugleich so viele andere Teile versieht, in welchen traurige Leidenschaften keine Veränderungen wie in den Tränendrüsen hervorbringen. Die Seele besitzt aber die Fähigkeit, nach gewissen Richtungen hin von innen aus zu wirken, ohne daß diese Richtung durch die anatomische Verbindung der Nerven bestimmt würde. So können wir nach einer gewissen Richtung einzelne Teile durch einzelne Muskeln bewegen, wenn diese gleich mit vielen anderen Muskeln durch gemeinschaftliche Nervenstämme in Verbindung stehen, ohne daß alle diese Muskeln jetzt auch mitwirkten. Und doch wirkt ja der Wille in einem solchen Falle so deutlich bloß durch den ihnen allen gemeinschaftlichen Nervenstamm, dessen einzelne Fäden so vielfach untereinander konfluieren, daß, wenn der Nerv durchschnitten oder unterbunden ist, die Seele gar keinen Einfluß mehr auf die Muskeln, zu denen er geht, besitzt, wenngleich sonst alle übrigen Verbindungsarten dieser Muskeln mit dem übrigen Körper, z. B. durch Gefäße, Zellstoff usf., unverletzt bleiben.« Über dem organischen Zusammenhang und der Wirksamkeit der Systeme steht also, als das Höchste, das Ansich des Empfindenden, welches Zusammenhänge knüpft, die physikalisch nicht da sind, oder umgekehrt solche unterbricht, die es sind.

Die *Symmetrie* in dieser Gestalt ist auch vorhanden, aber nur nach einer Seite: nach der Seite, die nach außen geht*; denn im Verhältnis zu anderen stellt sich die Identität mit sich nur als Gleichheit dar. Die unterschiedenen Momente der Gestalt, welche nach innen gehen, sind nicht nur nicht symmetrisch gedoppelt, sondern die Anatomen treffen auch sonst noch »häufige Verschiedenheiten in Form, Größe, Lage und Richtung der inneren Organe, der Milz, Leber, des Magens, der Nieren, Speicheldrüsen, der Lymphgefäße insbesondere an, indem diese letzteren selten bei zwei Subjekten auf die gleiche Weise an Anzahl und Volumen sich befinden«.** Im Systeme der Sensibilität, bemerkt *Bichat* (a. a. O., S. 15 f.) sehr richtig, sind symmetrisch die Empfindungs- und Bewegungsnerven, indem sie zwei auf jeder Seite gleiche Paare haben; ebenso die Sinnesorgane, da wir zwei Augen, zwei Ohren haben, auch die Nase doppelt ist usw.; auch das Knochensystem ist höchst symmetrisch. Im Systeme der Irritabilität sind die Muskeln, die Brüste der Frauen usw. symmetrisch. Ebenso sind

* Bichat, a. a. O., S. 14

** ebenda, S. 22

die Gliedmaßen der Extremitäten, die zur Lokomotion, Stimme und mechanischen Bemächtigung dienen, zwei Gleiche, wie Arme, Hände, Beine. Das Unsymmetrische des Larynx, was sich öfters findet, bezeichnet Bichat (a. a. O., S. 41) als eine Ausnahme: »Die meisten Physiologen, besonders Haller, haben als Ursache vom Mangel an harmonischer Stimme die Diskordanz beider symmetrischen Seiten des Kehlkopfs (*du larynx*) angegeben, die Ungleichheit in der Stärke seiner Muskeln und Nerven« usw. Hingegen das Gehirn, das Herz, auch die Lunge, die Ganglien, das innere Adersystem der Reproduktion, die Muskeln des Unterleibes, die Leber, der Magen sind ohne Symmetrie. Die Ganglien namentlich haben das Ausgezeichnete, ganz unregelmäßig zu gehen, d. h. gar nicht die Teilung in zwei Seiten zu haben: »Der sympathetische Nerv, der durchaus dem inneren Leben bestimmt ist, zeigt in den meisten seiner Zweige eine unregelmäßige Verteilung; der *plexus solaris, mesentericus, hypogastricus, splenicus, stomachicus* usf. sind Beispiele davon.«*

Doch auch das gleichförmig Gedoppelte ist nicht vollkommen gleich. Beim Menschen namentlich wird diese Gleichheit der Gestaltung durch Beschäftigung, Gewohnheit, Tätigkeit, Geistigkeit überhaupt wieder zur Ungleichheit modifiziert. Als Geistiges konzentriert er vornehmlich seine Tätigkeit auf *einen* Punkt, spitzt sich sozusagen zu, nicht bloß zum Munde für die tierische Nahrung, wie der tierische Mund von Natur zugespitzt ist, sondern bildet seine Form, indem er seine Einzelheit nach außen setzt, also auf einzelne Weise seine leibliche Kraft in *einen* leiblichen Punkt bringt und somit auf *eine* Seite legt – nach Zwecken, z. B. des Schreibens – und nicht sowohl im Gleichgewicht hält. So ist beim Menschen der rechte Arm geübter als der linke, ebenso die rechte Hand; dies hat natürlich seinen Grund in einem Zusammenhang mit dem Ganzen, weil das Herz auf der linken Seite ist und man diese immer zurückhält und sie mit der rechten verteidigt. Ebenso hören die Menschen selten mit beiden Ohren gleich gut; auch die Augen sind oft ungleich scharf, auch die Seiten der Gesichtsbacken selten bei Menschen ganz gleich. Bei den Tieren bleibt diese Symmetrie viel bestimmter. Die Gleichheit ist also in den Gliedern und der Stärke vorhanden, aber die Agilität ist eine unterschiedene. Weniger durch geistige Tätigkeit bestimmte Übungen erhalten indessen die Symmetrie in den Bewegungen. »Tiere springen mit so vieler Geschicklichkeit von Klippe zu Klippe, wo die allergeringste Abweichung sie in den Abgrund stürzen würde, und gehen mit bewundernswürdiger Präzision auf Flächen, die

* Bichat, a. a. O., S. 17 f.

kaum mit den Extremitäten ihrer Glieder von gleicher Breite sind. Selbst diejenigen Tiere, welche sehr unbeholfen sind, machen nicht soviel Fehltritte als der Mensch. Bei ihnen ist das Gleichgewicht in den ortsbewegenden Organen beider Seiten« noch viel strenger erhalten als beim Menschen, der durch seinen Willen Ungleichheit hineinbringt. Wenn Menschen geistige und besondere Geschicklichkeiten erwerben, z. B. viel schreiben, Musik, schöne Künste, technische Kunstfertigkeiten, Fechten usw. treiben, so geht das Gleichgewicht verloren.* Hingegen rohere, bloß körperliche Übungen, wie Exerzieren, Turnen, Laufen, Klettern, auf schmalen Flächen Gehen, Springen, Voltigieren, erhalten dies Gleichgewicht, sind aber jenen Übungen entgegen und widerstreiten damit überhaupt der geistigen Sammlung, indem sie der Gedankenlosigkeit angehören.
Während dieser Paragraph die Gestalt *zuerst* als ruhend betrachtete, *zweitens* in ihrer Beziehung auf Anderes nach außen, so ist das *Dritte* an der Gestalt die Beziehung auch auf Anderes, aber auf Anderes, das zugleich zu derselben Gattung gehört und worin das Individuum zur Empfindung seiner selbst kommt, indem es sich im Anderen empfindet. Durch das Männliche und Weibliche kommt eine Determination der ganzen Gestalt heraus, ein verschiedener Habitus, der bei Menschen sich auch aufs Geistige erstreckt und zu einem unterschiedenen Naturell wird.

§ 356

δ. Sie [die Gestalt] ist als lebendig wesentlich Prozeß, und zwar ist sie als solche der *abstrakte*, der *Gestaltungsprozeß innerhalb ihrer selbst*, in welchem der Organismus seine eigenen Glieder zu seiner unorganischen Natur, zu Mitteln macht, aus sich zehrt und sich, d. i. eben diese Totalität der Gliederung, selbst produziert, so daß jedes Glied, wechselseitig Zweck und Mittel, aus den anderen und gegen sie sich erhält; – der Prozeß, der das einfache unmittelbare *Selbstgefühl* zum Resultate hat.

Zusatz. Der Gestaltungsprozeß ist, als der erste Prozeß, der Begriff des Prozesses, die Gestaltung als Unruhe, aber nur als allgemeine Tätigkeit, als allgemeiner animalischer Prozeß. Als dieser abstrakte Prozeß ist er zwar wie der vegetabilische Prozeß mit der Außenwelt zu fassen, insofern die Kraft des Lebendigen

* vgl. Bichat, a. a. O., S. 35–40

die unmittelbare Verwandlung des Äußerlichen in Animalität ist. Indem das Organische aber als ein Entwickeltes sich in seiner besonderen Gliederung äußert, die nicht selbständige Teile enthält, sondern nur Momente in der lebendigen Subjektivität, so sind sie aufgehoben, negiert und durch die Lebendigkeit des Organismus gesetzt. Dieser Widerspruch, daß sie sind und nicht sind, herausgeboren und doch in der Subjektivität gehalten, stellt sich als dieser fortdauernde Prozeß dar. Der Organismus ist die Einheit des Inneren und Äußeren, so daß er: 1. als innerer der Prozeß des Gestaltens und die Gestalt ein Aufgehobenes ist, das im Selbst eingeschlossen bleibt; oder dieses Äußere, Andere, das Produkt ist in das Hervorbringende zurückgekehrt. Das organische Eins bringt sich selbst hervor, ohne daß es, wie bei der Pflanze, ein anderes Individuum würde; es ist ein in sich zurückkehrender Kreislauf. 2. Das Anderssein des Organismus, oder er als äußerer, ist freie seiende Gestalt, die Ruhe, die dem Prozesse entgegengesetzt ist. 3. Der Organismus selbst ist die höhere Ruhe, als Einheit beider, – der unruhige Begriff, der sich selbst gleich ist. Die allgemeine Gestaltung ist nun, daß das Blut in seinem Aushauchen sich in die Lymphe herabsinken läßt, aber die träge unbestimmte Flüssigkeit der Lymphe sich befestigt und gliedert, indem sie sich einerseits in den Gegensatz des Muskels entzweit, der eine der Gestalt immanente Bewegung ist, und auf der andern Seite sich in die Ruhe des Knochens zurücknimmt. Das Fett, das Mark des Knochens ist jenes Vegetabilische, das bis zum Öle fortgeht und die Neutralität von sich abscheidet, nicht als Wasser, sondern als eine erdige Neutralität, als Kalk, wie die Pflanze bis zur Produktion von Kiesel fortgeht. Der Knochen ist diese tote Neutralität zwischen der Lymphe und dem Mark.

Das Individuum macht sich aber nicht nur so zum Objekte, sondern idealisiert ebenso diese Realität. Jeder Teil ist feindlich gegen den anderen, erhält sich auf Unkosten desselben, gibt sich aber ebenso auch auf. Es ist nichts Bleibendes; alles wird reproduziert, selbst die Knochen sind davon nicht ausgeschlossen. Über die Knochenbildung sagt daher *Richerand* (a. a. O., Teil II, S. 256): »Wenn das innere *periostium* durch ein Stilett zerstört wird, so trennt sich das äußere von dem Knochen, den es bedeckte, eignet sich den Phosphorkalk zu, den die Gefäße, die in sein Gewebe verbreitet sind, führen, und bildet einen neuen Knochen um den anderen.« Die Bestimmtheit des Organs ist selbst nur, daß es sich zum allgemeinen Zwecke, das ganze Lebendige herauszubilden, macht. Jedes Glied reißt aus dem anderen an sich, indem jedes animalische Lymphe sezerniert, die, in die Gefäße gesendet, zum Blut zurückgeführt wird; aus dieser Sekretion nimmt jedes seine

Restauration. Der Gestaltungsprozeß ist so durch Aufzehren der Gebilde bedingt. Ist der Organismus auf diesen Prozeß beschränkt, wie z. B. in der Krankheit, wo die Tätigkeit nach außen unterbrochen ist, so zehrt der Mensch sich dann selbst auf, macht sich zum Lebensmittel. Daher kommt das Abmagern in der Krankheit, indem der Organismus nicht mehr die Kraft hat, das Unorganische zu assimilieren, sondern nur noch die, sich selbst zu verdauen. In der Blumauerschen *Aeneis*[35] verzehren so die Gefährten des Aeneas ihren Magen, und bei verhungerten Hunden hat man wirklich den Magen angefressen und teilweise von den lymphatischen Gefäßen absorbiert gefunden. Dieser Prozeß des Sichauslegens seiner selbst und des Sichzusammenfassens in sich ist ein immer fortgehender Prozeß. Nach fünf, zehn oder zwanzig Jahren, sagt man, hat der Organismus nichts mehr von sich an ihm; alles Materielle ist aufgezehrt, nur die substantielle Form beharrt.

Die höhere Einheit ist überhaupt die, daß die Tätigkeit des einen Systems durch die des anderen bedingt ist. Hier sind nun viele Versuche und Untersuchungen angestellt worden, inwiefern z. B. die Verdauung, der Blutumlauf usw. von der Nerventätigkeit, die Respiration vom Gehirn usf. unabhängig sei und umgekehrt, folglich das Leben noch bestehen könne, wenn das eine oder das andere gehemmt ist; ferner, was für einen Einfluß das Atemholen auf den Blutumlauf ausübe usw. In dieser Hinsicht führt *Treviranus* (a. a. O., Bd. IV, S. 264) den Fall eines Kindes an, »welches ohne Herz und Lungen geboren wurde, dennoch aber Arterien und Venen hatte«. Im Mutterleibe konnte es so freilich wohl gelebt haben, aber nicht außer demselben. Aus diesem Beispiel schloß man nun, *Hallers*[36] Behauptung, »daß das Herz die einzige Triebfeder des Blutumlaufs« sei, sei falsch; und das war eine Hauptfrage. Es fragt sich aber, ob, wenn das Herz ausgeschnitten worden, das Blut noch umlaufe. Besonders Herzen von Fröschen hat Treviranus (a. a. O., Bd. IV, S. 645 ff.) vielfach untersucht, wobei aber nichts herauskommt, als wie er diese Tiere torquierte. Im Gegensatze zu Hallers Meinung, daß bloß der Herzschlag den Kreislauf des Bluts bewirke, stellte Treviranus nun auf, »daß das Blut eine eigene bewegende Kraft hat, die von dem Nervensystem abhängt und zu deren Fortdauer der ungestörte Einfluß dieses Systems, besonders des Rückenmarks, notwendig ist.« Denn indem der Nervenstamm und das Rückenmark eines Gliedes durchschnitten

35 Johann Aloys Blumauer, *Virgils Aeneis travestiert*, 3 Bde., Wien 1784 ff.
36 Albrecht von Haller, 1708–1777, Anatom, Begründer der modernen Physiologie; Dichter der »Alpen«.

werden, so höre der Blutumlauf in diesem Teile auf; woraus also folge, daß »jeder Teil des Rückenmarks und jeder daraus entspringende Nervenstamm den Blutumlauf in denjenigen Organen unterhält, die er mit Nervenzweigen versorgt«. Gegen Treviranus stellt *Legallois*[37], der »gar nicht scheint geahnt zu haben, daß eine andere Theorie der Bewegung des Bluts möglich wäre als die Hallersche«, die Hypothese auf, daß »der Blutumlauf bloß von den Zusammenziehungen des Herzens abhängt und partielle Zerstörungen des Nervensystems ihn nur durch ihre Einwirkung auf dieses Organ schwächen oder ganz aufheben«; überhaupt behauptet er, daß das Herz seine Kraft vom ganzen Rückenmark erhalte.* Die Versuche, die Legallois an Kaninchen, auch an Tieren mit kaltem Blute machte, brachten ihn nun zu folgendem Resultate: Eine Portion Rückenmark, z. B. die des Nackens oder der Brust oder der Lenden, stehe mit der Zirkulation des ihr entsprechenden Teils des Körpers, der die Bewegungsnerven von derselben erhält, allerdings in der genausten Verbindung. Die Zerstörung einer solchen Portion habe nun aber die doppelte Wirkung auf die Zirkulation des Bluts: 1. daß sie die allgemeine Zirkulation schwächt, indem sie das Herz des Kontingents von Kräften beraubt, die es von dieser zerstörten Markportion erhielt; 2. daß sie zunächst die Zirkulation in dem entsprechenden Teile schwächt und dann das Herz, das nicht mehr die Kraft des ganzen Marks hat, nötigt, doch für den ganzen Bereich der Zirkulation noch dasselbe zu leisten. Wenn hingegen an dem Teile, z. B. der Lende, wo das Mark zerstört ist, die Arterien unterbunden worden, so habe er keine Zirkulation nötig; und da in dem überbleibenden Teile des Körpers Rückenmark sei, so bleibe das Herz und die Zirkulation darin im Gleichgewicht. Ja, dieser übrige Teil lebte dann sogar länger, oder wenn Legallois das Hirn und das Zervikalrückenmark zerstörte, so dauerte die Zirkulation durch die Jugulararterien fort. So lebte ein Kaninchen noch länger als 3/4 Stunden, nachdem ihm der Kopf ganz abgeschnitten und die Verblutung verhindert wurde, weil dann ein Gleichgewicht eintrat; diese Versuche wurden an Kaninchen von drei, zehn bis höchstens vierzehn Tagen gemacht, während bei älteren der Tod schneller erfolgte.** Nämlich hier hat das Leben eine intensivere Einheit; dort ist es noch mehr polypenartig. Treviranus widerlegt die Schlüsse von Legallois nun hauptsächlich mit der Erfahrung, daß,

* Treviranus, a. a. O., Bd. IV, S. 653, 272, 266 f., 269 f., 273, 644

** *Moniteur universel*, 1811, no. 312 (vgl. Treviranus, a. a. O., Bd. IV, S. 273–275)

37 Julien Jean César Legallois, 1770–1814, Arzt und Physiologe

auch wenn der Blutumlauf durch Zerstörung des Rückenmarks schon aufgehört habe, doch der Herzschlag noch eine Zeitlang fortdauere, woraus er dann, die Untersuchung endend, gegen Legallois das Resultat zieht: »Hallers Lehre, daß der Schlag des Herzens in keiner *unmittelbaren* Abhängigkeit von dem Einfluß des Nervensystems steht, ist also unwiderlegt.«* Für so wichtig dergleichen Bestimmungen und Resultate gehalten werden, so kann man es nie weiter bringen als zu einigem Unterschiede, daß z. B., wenn das Herz exstirpiert ist, doch noch Verdauung bestehe usw. Dies Bestehen ist aber von so kurzer Dauer, daß beides gar nicht als unabhängig voneinander angesehen werden kann. Je vollkommener die Organisation, d. i. je mehr auseinandergetreten die Funktionen, gerade desto abhängiger sind sie voneinander; in unvollkommenen Tieren haben diese daher stärkere Lebenstenazität. Treviranus (a. a. O., Bd. V, S. 267) führt hier Amphibien als Beispiele an, nämlich »Kröten und Eidechsen, die man in völlig verschlossenen Höhlungen von Steinen lebend antraf« – die also wohl bei der Schöpfung der Welt mochten gegenwärtig gewesen sein! »Neuerlich beobachtete man in England zwei Eidechsen, die in einem Kreidefelsen fünfzehn Fuß tief unter der Oberfläche zu Eldon in Suffolk entdeckt wurden. Sie schienen anfangs völlig leblos zu sein; nach und nach fingen sie an, Zeichen von Leben zu äußern, besonders nachdem sie in die Sonne gelegt waren. Beiden war der Mund durch eine klebrige Materie verschlossen; wodurch sie am Atemholen verhindert wurden. Die eine Eidechse wurde in Wasser gesetzt, die andere auf dem Trocknen gelassen. Jener gelang es, sich von der klebrigen Substanz zu befreien; worauf sie mehrere Wochen lebte, endlich aber entkam. Die andere starb in der folgenden Nacht.« Noch weit auffallendere Tatsachen bieten Mollusken, Insekten, Würmer dar, sie können viele Monate und Jahre lang fasten. Schnecken können ohne Kopf über ein Jahr lang leben. Manche Insekten können ohne Nachteil für ihr Leben lange eingefroren sein, andere Tiere längere Zeit die atmosphärische Luft entbehren, noch andere in sehr heißem Wasser leben. Rädertiere hat man nach vier Jahren wieder ins Leben zurückgerufen usw.**

* Treviranus, a. a. O., Bd. IV, S. 651–653

** ebenda, Bd. V, S. 269–273 (Bd. II, S. 16)

b. Die Assimilation

§ 357[38]

Das Selbstgefühl der Einzelnheit ist aber ebenso unmittelbar *ausschließend* und gegen eine unorganische Natur als gegen seine *äußerliche* Bedingung und Material sich spannend. Indem

α) die tierische Organisation in dieser äußerlichen Beziehung *unmittelbar* in sich reflektiert ist, so ist dies ideelle Verhalten der *theoretische* Prozeß, die Sensibilität als äußerer Prozeß, und zwar als *bestimmtes Gefühl*, welches sich in die *Vielsinnigkeit* der unorganischen Natur unterscheidet.

Zusatz 1. Der Prozeß nach außen ist der *reale* Prozeß, worin das Tier nicht mehr, wie in der Krankheit, seine eigene Natur zu seinem Unorganischen macht; sondern das Andere, welches im Organismus Moment ist, muß er auch zu dieser Abstraktion entlassen, daß es als unmittelbar vorhandene Außenwelt, zu der er in Verhältnis tritt, dasei. Der Standpunkt der Lebendigkeit ist eben dies Urteil, Sonne und alles so aus sich herauszuwerfen. Die Idee des Lebens ist an ihr dies bewußtlose Schöpferische, – eine Naturexpansion, die in dem Lebendigen in ihre Wahrheit zurückgegangen ist. Aber für das Individuum wird die unorganische Natur eine vorausgesetzte, vorgefundene, und darin besteht die Endlichkeit des Lebendigen. Das Individuum ist für sich dagegen, aber so, daß dieser Zusammenhang beider schlechthin ein absoluter, untrennbarer, innerlicher, wesentlicher ist, denn das Organische hat diese Negativität in sich selbst. Das Äußerliche hat nur die Bestimmung, für das Organische zu sein, und dieses ist das sich dagegen Erhaltende. Indem das Organische aber ebensosehr auf das Äußere gerichtet ist, als es sich innerlich dagegen spannt, so ist damit der Widerspruch gesetzt, daß in diesem Verhältnisse zwei Selbständige gegeneinander auftreten und das Äußerliche zugleich aufgehoben werden muß. Der Organismus muß also das Äußerliche als subjektiv setzen, es sich erst zu eigen machen, mit sich identifizieren, und das ist das *Assimilieren.* Die Formen dieses Prozesses sind dreifach: *erstens* der theoretische Prozeß; *zweitens*

---

38 Michelet hat in seiner Ausgabe diesen Paragraphen geteilt in § 357 (nur der erste Satz) und § 357 a. Die beiden Zusätze sind bei Michelet diesen beiden Paragraphen zugeteilt.

der reale praktische Prozeß; *drittens* die Einheit beider, der ideell-reelle Prozeß, die Umbildung des Unorganischen zum Zweck des Lebendigen, – d. i. der Instinkt und der Bildungstrieb.

Zusatz 2. Das Selbst des Organismus, als die Einheit seines Blutes oder des reinen Prozesses und seiner Gestalt, weil diese in jener Flüssigkeit vollkommen aufgehoben ist, hat das Sein als ein Aufgehobenes an ihm. Hierdurch ist der Organismus in die reine Idealität erhoben, die vollkommen durchsichtige Allgemeinheit ist; er ist Raum und Zeit, und zugleich nicht räumlich oder zeitlich: er schaut etwas an, das räumlich und zeitlich ist, d. h. das von ihm unterschieden, ein Anderes, und es unmittelbar nicht ist. Diese Bewegung des Anschauens ist das allgemeine Element des *Sinnes.* Die Sensibilität war eben dies Verschwinden der Bestimmtheit in die reine Idealität, welche als Seele oder Ich im Anderen bei sich selbst bleibt; das Empfindende ist also das Selbst, das für das Selbst ist. Indem das Tier aber empfindet, empfindet es nicht nur sich selbst, sondern sich als auf besondere Weise bestimmt; es empfindet eine Partikularität seiner. Daß es Partikularität seiner wird, das unterscheidet das Empfindende vom Nicht-Empfindenden; im Empfindenden ist also ein Verhältnis zu einem Anderen, das unmittelbar als das Meinige gesetzt ist. Das Harte, Warme usw. ist ein Selbständiges, das draußen ist; aber ebenso ist es unmittelbar verwandelt, ideell gemacht, eine Bestimmtheit meines Gefühls; der Inhalt in mir ist derselbe, als er draußen ist, nur die Form ist verschieden. So hat der Geist nur Bewußtsein als Selbstbewußtsein, d. h. ich bin zugleich für mich, indem ich auf einen äußerlichen Gegenstand bezogen bin. Der theoretische Prozeß ist das Freie, Begierdelose der Empfindung, der das Äußere auch bestehen läßt. Die unterschiedenen Bestimmungen, die wir an der unorganischen Natur gesehen haben, sind auch ein verschiedenes Verhalten des Organischen zu ihr, als Modifikationen des Empfindens, und so heißen sie eben die Sinne.

§ 358

Die Sinne und die theoretischen Prozesse sind daher 1. der Sinn der mechanischen Sphäre, – der *Schwere,* der Kohäsion und ihrer Veränderung, der Wärme, – das *Gefühl* als solches; 2. die Sinne des *Gegensatzes,* der besonderten *Luftigkeit* und der gleichfalls realisierten *Neutralität* des konkreten Wassers und der Gegensätze der Auflösung der konkreten Neutralität, – *Geruch* und *Geschmack.* 3. Der

Sinn der *Idealität* ist ebenfalls ein gedoppelter, insofern in ihr als abstrakter Beziehung auf sich die Besonderung, die ihr nicht fehlen kann, in zwei gleichgültige Bestimmungen auseinanderfällt: αα) der Sinn der Idealität als Manifestation des *Äußerlichen* für Äußerliches, des *Lichtes* überhaupt und näher des in der konkreten Äußerlichkeit bestimmt werdenden Lichtes, der *Farbe*; und ββ) der Sinn der Manifestation der *Innerlichkeit*, die sich als solche in ihrer Äußerung kundgibt, des *Tones*; – *Gesicht* und *Gehör*.

Es ist hier die Art angegeben, wie die *Dreiheit* der Begriffsmomente in eine *Fünfheit* der Zahl nach übergeht; der allgemeinere Grund, daß dieser Übergang hier stattfindet, ist, daß der tierische Organismus die Reduktion der außereinandergefallenen unorganischen Natur in die unendliche Einheit der *Subjektivität*, aber in dieser zugleich ihre entwickelte Totalität ist, deren Momente, weil sie noch *natürliche* Subjektivität ist, besonders existieren.

Zusatz. Die unmittelbare Einheit des Seins und des Seinen – der Sinn – ist zuerst das Gefühl, die ungegenständliche Einheit mit dem Gegenstande, worin dieser aber ebenso auch für sich zurückgetreten ist. Diese Einheit ist darum das Gedoppelte: Sinn der Gestalt als Gestalt und Sinn der Wärme. Es findet hier nur die dumpfe Unterscheidung statt, indem das Andere nur Anderes überhaupt ist, ohne daß es zu einem in sich Unterschiedenen käme. Der Unterschied – das Positive und Negative – fällt daher auseinander, als Figur und Wärme. Das Gefühl ist so der Sinn des Irdischen, der Materie, des Widerstandleistenden, nach welchem ich unmittelbar als Einzelner existiere und das Andere auch als Einzelnes an mich kommt, als Materielles, das für sich ist, wie ich es auch empfinde. Das Materielle hat Sehnsucht nach einem Mittelpunkt, die erst im Tiere, das seinen Mittelpunkt in sich hat, gestillt wird. Dies Getriebenwerden der Materie, als eines Selbstlosen, nach einem Anderen, ist es eben, was ich empfinde. Ferner gehören hierher die besonderen Weisen des Widerstandleistens: die Weiche, Härte, Elastizität, Glätte oder Rauhigkeit der Oberfläche; und auch Figur und Gestalt sind eben nichts anderes als die Art, wie dieser Widerstand in Ansehung des Raums begrenzt ist. Im Gefühle sind diese Bestimmungen, die wir in verschiedenen Sphären abhandelten, wie in einen Strauß zusammengebunden; denn wie wir oben (Zusatz zu § 355, S. 456) sahen, hat die empfindende

Natur eben die Kraft, mehrere entfernt liegende Sphären zusammenzubinden.
Geruch und Geschmack haben nahe Verwandtschaft, auch in Ansehung der Organe; denn Nase und Mund hängen aufs innigste zusammen. Während das Gefühl der Sinn des gleichgültigen Daseins der Dinge ist, so sind Geruch und Geschmack die praktischen Sinne, deren Gegenstand das reale Sein der Dinge für Anderes ist, wodurch sie verzehrt werden.
Im Licht manifestiert etwas sich nur unmittelbar als unmittelbares Dasein. Aber die Manifestation der Innerlichkeit, welche der Klang ist, ist die gesetzte, hervorgebrachte Manifestation der Innerlichkeit als Innerlichkeit. Im Sehen manifestiert sich das physische Selbst als räumliches, im Hören als zeitliches. Im Gehör hört der Gegenstand auf, ein Ding zu sein. Wir sehen mit zwei Augen dasselbe, weil sie dasselbe sehen, ihr Sehen am Gegenstande zu *einem* Sehen machen, wie viele Pfeile nur *einen* Punkt treffen; eben durch die Einheit der Richtung ist die Verschiedenheit des Empfindens aufgehoben. Ebensogut kann ich aber auch machen, daß ich einen Gegenstand doppelt sehe, wenn er im Gesichtskreise der Augen ist, aber diese auf etwas anderes aufmerksam sind. Wenn ich z. B. einen entfernten Gegenstand fixiere und zugleich auf den Finger achtgebe, so weiß ich vom Finger, ohne die Richtung des Auges zu verändern, und sehe beides auf einmal; dies Bewußtwerden des ganzen Gesichtskreises ist das Zerstreut-Sehen. Es findet sich hierüber ein interessanter Aufsatz vom Regierungsbevollmächtigten *Schultz*[39] in Schweiggers *Journal* [*für Physik und Chemie*] (Jahrgang 1816)[40].
Die Vierheit, als die entwickelte Totalität des Begriffs in der Natur, geht auch zur Fünfheit fort, insofern die Differenz nicht nur gedoppelt, sondern selbst als Dreiheit erscheint. Wir hätten auch mit dem Sinne der Idealität anfangen können; er erscheint darum als gedoppelt, weil er das Abstrakte ist, aber zugleich die Totalität sein soll. Wie wir also in der Natur überhaupt mit dem ideellen Außereinander anfingen, das Raum und Zeit war, welche zwei sind, weil der Begriff konkret ist (seine Momente sind vollständig vorhanden; sie erscheinen aber im Abstrakten auseinandergeworfen, weil der Inhalt noch nicht in seiner Konkretion gesetzt war), so haben wir jetzt einerseits den Sinn des physisch bestimmten Raums und andererseits den der Zeit, die physisch ist; der Raum ist hier nach der physikalischen Abstraktion des Lichts

---

39 siehe Fn. 42, S. 227
40 siehe Fn. 80, S. 312

und der Finsternis bestimmt, die Zeit ist das Erzittern in sich, die Negativität des Insichseins. Das zweite Einteilungsglied in der Totalität der Sinne, Geruch und Geschmack, behält seine Stelle; und das Gefühl ist dann das Dritte. Die Stellung ist mehr oder weniger gleichgültig; die Hauptsache ist, daß die Sinne als vernünftig eine Totalität machen. Weil also der Kreis des theoretischen Verhaltens durch den Begriff bestimmt ist, so kann es zwar nicht mehr Sinne geben, doch können in niederen Tieren welche fehlen.

Die *Sinneswerkzeuge* als Gefühl sind der allgemeine Sinn der Haut: der Geschmack ist der Muskel der Zunge, die sich mit dem Munde verbindende Neutralität, d. h. mit der innerlich zu werden beginnenden Haut oder mit der Zurücknahme der vegetabilischen Allgemeinheit der ganzen Oberfläche; die Nase, als das Sinneswerkzeug des Geruchs, hängt mit der Luftigkeit und dem Atmen zusammen. Während das Gefühl der Sinn der Gestalt überhaupt ist, so ist der Geschmack der Sinn des Verdauens als des Insichgehens des Äußeren; der Geruch gehört dem inneren Organismus als Luftigkeit an. Das Gesicht ist nicht der Sinn einer früheren Funktion, sondern wie das Gehör der Sinn des Gehirns; im Auge und Ohr bezieht sich der Sinn auf sich selbst, – dort aber ist die gegenständliche Wirklichkeit als gleichgültiges Selbst, hier als sich aufhebendes. Die Stimme, als das tätige Gehör, ist das reine Selbst, das sich als Allgemeines setzt, Schmerz, Begierde, Freude, Zufriedenheit ausdrückt. Jedes Tier hat im gewaltsamen Tode eine Stimme, spricht sich als aufgehobenes Selbst aus. In der Stimme kehrt der Sinn in sein Inneres zurück und ist negatives Selbst oder Begierde, – Gefühl der Substanzlosigkeit an ihm selbst als bloßer Raum, während die Sinne der satte, erfüllte Raum sind.

§ 359

β. Der *reelle Prozeß* oder das *praktische* Verhältnis zu der unorganischen Natur beginnt mit der Diremtion in sich selbst, dem Gefühle der Äußerlichkeit als der *Negation* des Subjekts, welches zugleich die positive Beziehung auf sich selbst und deren *Gewißheit* gegen diese seine Negation ist, – mit dem Gefühl *des Mangels* und dem *Trieb*, ihn aufzuheben, an welchem die Bedingung eines *Erregtwerdens* von außen und die darin gesetzte Negation des Subjekts in der Weise eines *Objekts*, gegen das jenes gespannt ist, erscheint.

Nur ein Lebendiges fühlt *Mangel*; denn nur es ist in der Natur der *Begriff*, der die Einheit *seiner selbst* und *seines bestimmten Entgegengesetzten* ist. Wo eine *Schranke* ist, ist sie eine Negation nur *für ein Drittes*, für eine äußerliche Vergleichung. *Mangel* aber ist sie, insofern in *einem* ebenso das *Darüberhinaussein* vorhanden, der *Widerspruch* als solcher immanent und in ihm gesetzt ist. Ein solches, das den Widerspruch seiner selbst in sich zu haben und zu *ertragen* fähig ist, ist das *Subjekt*; dies macht seine *Unendlichkeit* aus. – Auch wenn von *endlicher* Vernunft gesprochen wird, so beweist sie, daß sie unendlich ist, eben darin, indem sie sich als *endlich* bestimmt; denn die Negation ist Endlichkeit, Mangel nur für das, welches das *Aufgehobensein* derselben, die *unendliche* Beziehung auf sich selbst, ist. (Vgl. § 60 Anm.) – Die Gedankenlosigkeit bleibt bei der Abstraktion der *Schranke* stehen und faßt im Leben, wo der *Begriff* selbst in die *Existenz* tritt, ihn ebenfalls nicht auf; sie hält sich an die Bestimmungen der Vorstellung, wie *Trieb, Instinkt, Bedürfnis* usf., ohne zu fragen, was denn diese Bestimmungen selbst in sich sind; die Analyse ihrer Vorstellung wird ergeben, daß sie Negationen sind, gesetzt als in der Affirmation des Subjekts selbst enthalten.
Daß für den Organismus die Bestimmung von *Erregtwerden* durch *äußerliche Potenzen* an die Stelle des *Einwirkens äußerlicher Ursachen* gekommen ist, ist ein wichtiger Schritt in der wahrhaften Vorstellung desselben. Es beginnt darin der Idealismus, daß überhaupt nichts eine positive Beziehung zum Lebendigen haben kann, deren Möglichkeit dieses nicht an und für sich selbst, d. h. die nicht durch den Begriff bestimmt, somit dem Subjekte schlechthin immanent wäre. Aber so unphilosophisch wie irgendein wissenschaftliches Gebraue von Reflexionsbestimmungen ist die Einführung solcher formellen und materiellen Verhältnisse in der *Erregungstheorie*, als lange für philosophisch gegolten haben; z. B. der ganz abstrakte

Gegensatz von *Rezeptivität* und *Wirkungsvermögen*, die als Faktoren in umgekehrtem Verhältnisse der Größe miteinander stehen sollen, wodurch aller in dem Organismus zu fassende Unterschied in den *Formalismus* bloß *quantitativer* Verschiedenheit, *Erhöhung* und *Verminderung*, *Stärkung* und *Schwächung*, d. h. in die höchstmögliche *Begrifflosigkeit* gefallen ist. Eine Theorie der Medizin, die auf diese dürren Verstandesbestimmungen gebaut ist, ist mit einem halben Dutzend Sätze vollendet, und es ist kein Wunder, wenn sie eine schnelle Ausbreitung und viele Anhänger fand. Die Veranlassung zu dieser Verwirrung lag in dem Grundirrtum, daß, nachdem das Absolute als die absolute Indifferenz des Subjektiven und Objektiven bestimmt worden war, alle Bestimmung nun nur ein *quantitativer* Unterschied sein sollte. Die absolute Form, der *Begriff* und die Lebendigkeit hat vielmehr allein die qualitative, sich an sich selbst aufhebende Differenz, die Dialektik der absoluten Entgegensetzung, zu ihrer Seele. Insofern diese wahrhafte unendliche Negativität nicht erkannt ist, kann man meinen, die absolute Identität des Lebens, wie bei *Spinoza* die Attribute und Modi in einem *äußeren* Verstand vorkommen, nicht festhalten zu können, ohne den Unterschied zu einem bloß Äußerlichen der Reflexion zu machen; womit es dem Leben an dem *springenden Punkt* der Selbstheit, dem Prinzipe der Selbstbewegung, Diremtion seiner selbst in sich überhaupt fehlt.

Für völlig unphilosophisch und roh-sinnlich ist ferner das Verfahren zu halten, welches an die Stelle von Begriffsbestimmungen geradezu gar den *Kohlenstoff* und *Stickstoff*, Sauer- und Wasserstoff setzte und den vorhin intensiven Unterschied nun näher zu dem *Mehr* oder *Weniger* des einen oder des anderen Stoffes, das wirksame und positive Verhältnis der äußeren Reize aber als ein *Zusetzen* eines mangelnden Stoffes bestimmte. In einer *Asthenie* z. B., einem Nervenfieber, habe im Organismus der *Stick-*

stoff die Oberhand, weil das Gehirn und der Nerv überhaupt der *potenzierte* Stickstoff sei, indem die *chemische* Analyse denselben als *Hauptbestandteil* dieser organischen Gebilde zeigt; die Hinzusetzung des *Kohlenstoffs* sei hiermit indiziert, um das Gleichgewicht dieser *Stoffe*, die Gesundheit, wiederherzustellen. Die Mittel, welche sich gegen Nervenfieber empirischerweise wirksam gezeigt haben, werden aus eben diesem Grunde als auf die Seite des *Kohlenstoffs* gehörig angesehen und ein solches oberflächliches Zusammenstellen und Meinen für *Konstruktion* und *Beweisen* ausgegeben. – Das Rohe besteht darin, daß das äußerste *caput mortuum*, der tote Stoff, in dem die Chemie ein erstorbenes Leben zum zweiten Mal getötet hat, für das *Wesen* eines lebendigen Organs, ja für seinen *Begriff* genommen wird.

Die Unkenntnis und Mißachtung des Begriffs begründet überhaupt den bequemen Formalismus, sinnliche Materialien wie die chemischen Stoffe, ferner Verhältnisse, die der Sphäre der unorganischen Natur angehören, wie die Nord- und Südpolarität des Magnetismus oder auch den Unterschied des Magnetismus selbst und der Elektrizität, statt der Begriffsbestimmungen zu gebrauchen und das natürliche Universum auf die Weise zu begreifen und zu entwickeln, daß auf seine Sphären und Unterschiede ein aus solchem Material fertig gemachtes Schema äußerlich angeheftet wird. Es ist hierüber eine große Mannigfaltigkeit von Formen möglich, da es beliebig bleibt, die Bestimmungen, wie sie in der *chemischen* Sphäre z. B. erscheinen, Sauerstoff, Wasserstoff usf. für das Schema anzunehmen und sie auf Magnetismus, Mechanismus, Vegetation, Animalität usf. zu übertragen oder aber den Magnetismus, die Elektrizität, das Männliche und Weibliche, Kontraktion und Expansion usf. zu nehmen, überhaupt zu Gegensätzen jeder anderen Sphäre zu greifen und sie dann in den übrigen zu verwenden.

Zusatz. Der praktische Prozeß ist zwar Veränderung und Aufheben der äußeren unorganischen Natur nach ihrem selbständigen materiellen Bestehen, dennoch aber ein Prozeß der Unfreiheit, weil der Organismus in der tierischen Begierde nach außen gekehrt ist. Als Wille erst, meinen die Menschen, seien sie frei; aber gerade da sind sie zu einem Realen, Äußerlichen in Verhältnis; erst im vernünftigen Willen, der das Theoretische ist, wie im theoretischen Prozesse der Sinne ist der Mensch frei. Das Erste ist hier also das Gefühl der Abhängigkeit des Subjekts, daß es nicht für sich ist, sondern ihm ein anderes Negatives notwendig, nicht zufällig sei; das ist das unangenehme Gefühl des Bedürfnisses. Der Mangel am Stuhl, wenn er drei Beine hat, ist in uns; aber im Leben ist selbst der Mangel, doch ist er ebenso auch aufgehoben, weil es die Schranke als Mangel weiß. Es ist so ein Vorrecht höherer Naturen, Schmerz zu empfinden; je höher die Natur ist, desto mehr Unglück empfindet sie. Der große Mensch hat ein großes Bedürfnis und den Trieb, es aufzuheben. Große Handlungen kommen nur aus tiefem Schmerze des Gemütes her; der Ursprung des Übels usw. hat hier seine Auflösung. Im Negativen ist so das Tier zugleich positiv bei sich; und auch das ist das Vorrecht der höheren Naturen, als dieser Widerspruch zu existieren. Ebenso stellt das Tier aber auch den Frieden wieder her und befriedigt sich in sich; die tierische Begierde ist der Idealismus der Gegenständlichkeit, wonach diese kein Fremdes ist.
Die äußerliche Manier des Auffassens, von der im Paragraphen die Rede war, treibt schon in *Schellings* Philosophie ihr Spiel, indem er oft im Parallelisieren zu weit geht. *Oken, Troxler*[41] und andere fallen vollends in einen leeren Formalismus, wie wenn Oken, wie wir oben (§ 346 Zus. S. 408) sahen, die Holzfasern der Pflanzen ihre Nerven nennt, oder die Wurzeln ihr Gehirn genannt worden (s. oben § 348 Zus. S. 420), ebenso das Gehirn die Sonne des Menschen sein sollte. Um die Gedankenbestimmung eines Organs des vegetabilischen oder animalischen Lebens auszudrükken, wird nicht aus der Sphäre des Gedankens, sondern aus einer anderen Sphäre der Name genommen. Man darf die Formen aber nicht wieder aus der Anschauung nehmen, um andere dadurch bestimmen zu wollen, sondern sie müssen aus dem Begriffe geschöpft werden.

§ 360

Das Bedürfnis ist ein *bestimmtes* und seine *Bestimmtheit* ein Moment seines allgemeinen Begriffs, obschon auf unend-

---

41 Ignaz Paul Vital Troxler, 1780–1866, Arzt und Philosoph

lich mannigfaltige Weise partikularisiert. Der Trieb ist die Tätigkeit, den Mangel solcher Bestimmtheit, d. i. ihre *Form*, zunächst nur ein *Subjektives* zu sein, aufzuheben. Indem der Inhalt der Bestimmtheit ursprünglich ist, in der Tätigkeit sich *erhält* und durch sie nur ausgeführt wird, ist er *Zweck* (§ 204), und der Trieb als nur im Lebendigen ist *Instinkt*. Jener formelle Mangel ist die innere *Erregung*, deren dem Inhalte nach spezifische Bestimmtheit zugleich als eine Beziehung des Tieres auf die besonderen Individualisierungen der Natursphären erscheint.

Das Geheimnisvolle, das die Schwierigkeit, den Instinkt zu fassen, ausmachen soll, liegt allein darin, daß der Zweck nur als der innere *Begriff* aufgefaßt werden kann, daher bloß verständige Erklärungen und Verhältnisse sich dem Instinkte bald als unangemessen zeigen. Die gründliche Bestimmung, welche *Aristoteles* vom Lebendigen gefaßt hat, daß es als nach dem Zwecke wirkend zu betrachten sei, ist in neueren Zeiten beinahe verloren gewesen, bis *Kant* in der *inneren* Zweckmäßigkeit, daß das Lebendige als *Selbstzweck* zu betrachten sei, auf seine Weise diesen Begriff wieder erweckte. Was vornehmlich die Schwierigkeit hierüber macht, ist, daß die Zweckbeziehung gewöhnlich als *äußere* vorgestellt wird und die Meinung obwaltet, als ob der Zweck *nur* auf *bewußte* Weise existiere. Der Instinkt ist die auf bewußtlose Weise wirkende Zwecktätigkeit.

Zusatz. Da der Trieb nur durch ganz bestimmte Handlungen erfüllt werden kann, so erscheint dies als Instinkt, indem es eine Wahl nach Zweckbestimmung zu sein scheint. Weil der Trieb aber nicht gewußter Zweck ist, so weiß das Tier seine Zwecke noch nicht als Zwecke, und dieses so bewußtlos nach Zwecken Handelnde nennt *Aristoteles* φύσις.

§ 361

Insofern das Bedürfnis ein Zusammenhang mit dem *allgemeinen* Mechanismus und den abstrakten Mächten der Natur ist, ist der Instinkt nur als *innere,* nicht einmal sympathetische, Erregung (wie im Schlafen und Wachen, den klimatischen und anderen Wanderungen usf.). Aber als Verhältnis des Tiers zu *seiner* unorganischen, *vereinzelten* Natur ist er überhaupt *bestimmt,* und nach weiterer Partikularität ist nur ein beschränkter Umkreis der allgemeinen unorganischen Natur der seinige. Der Instinkt ist gegen sie ein *praktisches* Verhalten, innere Erregung mit dem Scheine einer äußerlichen Erregung verbunden, und seine Tätigkeit teils *formelle* teils *reelle Assimilation* der unorganischen Natur.

Zusatz. Wachen und Schlaf ist nicht Erregtwerden von einem Äußerlichen, sondern ein unvermitteltes Mitgehen mit der Natur und ihren Veränderungen, als Ruhe in sich und Dirimieren gegen die Außenwelt. Ebenso sind die Migrationen der Tiere, z. B. der Fische nach anderen Meeren, ein solches Mitleben, ein Zug innerhalb der Natur selbst. Es geht dem Schlaf nicht ein Bedürfnis, die Empfindung eines Mangels vorher; man fällt in Schlaf, ohne daß man tätig wäre, um zu schlafen. Man sagt wohl, die Tiere schlafen aus Instinkt, sammeln Nahrung für den Winter; das ist auch nur ein solcher Zug wie das Erwachen. Je niedriger der Organismus ist, desto mehr lebt er dieses Naturleben mit. Natürliche Völker empfinden den Gang der Natur, der Geist aber macht aus Nacht Tag; und so sind auch die Stimmungen der Jahreszeiten in höheren Organisationen schwächer. Eingeweidewürmer, die man in der Leber, dem Gehirne der Hasen oder Rehe in gewissen Jahreszeiten findet, sind eine Schwäche des Organismus, in welcher ein Teil sich zu eigener Lebendigkeit absondert. – Weil das Tier nun den allgemeinen Gang der Natur sympathetisch mitlebt, so ist es so ungereimt nicht, vom Zusammenhang mit dem Mond, dem terrestrischen und siderischen Leben zu sprechen und Prophezeiungen aus Vogelflug (z. B. bei Erdbeben) anzunehmen. So haben bestimmte Tiere Vorempfindungen des Wetters, wie denn namentlich Spinnen und Frösche Wetterpropheten sind. Auch der Mensch empfindet an einem schwachen Teile, z. B. einer Narbe, eine solche Veränderung; sie ist schon da und zeigt sich am Menschen, wenn sie auch erst später als Änderung des Wetters in die Existenz tritt.

Der Trieb im besonderen Tiere ist ein ganz bestimmter Trieb; jedes Tier hat nur einen beschränkten Kreis zu seiner eigenen unorganischen Natur, die allein für es ist und die es sich aus vielem, und zwar vermöge des Instinkts, heraussuchen muß. Im

Löwen erweckt nicht bloß der Anblick eines Rehes, im Adler der eines Hasen, bei anderen Tieren diese Körner, Reis, Gras, Hafer usf., ein Verlangen danach, noch ist es eine Wahl; sondern der Trieb ist so immanent, daß in dem Tiere selbst diese spezifische Bestimmtheit des Grases, und zwar dieses Grases, dieser Körner usw., alles Übrige aber für es gar nicht vorhanden ist. Der Mensch, als das allgemeine, denkende Tier, hat einen viel ausgedehnteren Kreis und macht sich alle Gegenstände zu seiner unorganischen Natur, auch für sein Wissen. Unentwickelte Tiere haben nur Elementarisches – Wasser – zu ihrer unorganischen Natur. Die Lilien, Weidenbäume, Feigen haben eigene Insekten, deren ganze unorganische Natur auf solches Gewächs beschränkt ist. Das Tier kann nur durch *seine* unorganische Natur erregt werden, denn das Entgegengesetzte ist nur *sein* Entgegengesetztes; nicht das Andere überhaupt soll erkannt werden, sondern eines jeden *sein* Anderes, das eben ein wesentliches Moment der eigenen Natur eines jeden ist.

§ 362

Insofern er [der Instinkt] auf formelle Assimilation geht, bildet er seine Bestimmung in die Äußerlichkeiten ein, gibt ihnen als dem Material eine *äußere* dem Zwecke gemäße *Form* und läßt die Objektivität dieser Dinge *bestehen* (wie im Bauen von Nestern und anderen Lagerstätten). Aber *reeller* Prozeß ist er, insofern er die unorganischen Dinge vereinzelt oder sich zu den bereits vereinzelten verhält und sie mit Verzehrung derselben, Vernichtung ihrer eigentümlichen Qualitäten, assimiliert; – der Prozeß mit der *Luft* (Atmen und Hautprozeß), mit dem *Wasser* (Durst) und mit der individualisierten *Erde*, nämlich besonderen Gebilden derselben (Hunger). Das Leben, das Subjekt dieser Momente der Totalität, spannt sich in sich als Begriff und in die Momente als ihm äußerliche Realität und ist der fortdauernde Konflikt, in welchem es diese Äußerlichkeit überwindet. Weil das Tier, das sich hier als unmittelbar Einzelnes verhält, dies nur im einzelnen nach allen Bestimmungen der Einzelheit (dieses Orts, dieser Zeit usf.) vermag, so ist diese Realisierung seiner seinem Begriffe nicht angemessen, und es geht aus der Befriedigung fortdauernd in den Zustand des Bedürfnisses zurück.

Zusatz. Das Tier bestimmt sich selbst seinen Platz zum Ruhen, Schlafen, um Junge zu gebären; es verändert nicht nur seinen Platz, sondern es macht sich denselben. Das Tier ist darin praktisch, und diese zweckmäßige Weise des Bestimmens ist der in Tätigkeit gesetzte innere Trieb.

Der reelle Prozeß ist zuerst Prozeß mit den Elementen; denn das Äußerliche ist selbst zuerst allgemein. Die Pflanze bleibt beim elementarischen Prozesse stehen; das Tier geht aber zu dem Prozesse der Einzelheit fort. Unter jenen elementarischen Prozessen könnte auch das *Verhältnis zum Lichte* genannt werden; denn dieses ist auch eine äußere, elementarische Potenz. Das Licht aber als solches ist für das Tier und den Menschen nicht diese Macht, welche es für die vegetabilische Natur ist; sondern weil der Mensch, das Tier sieht, so haben sie das Licht, dies Sichmanifestieren der objektiven Form äußerlich, verhalten sich aber im theoretischen Prozesse ideell dazu. Das Licht hat nur auf die Farbe der gefiederten Tiere, dann auf die Farbe des Pelzes Einfluß; auch das schwarze Haar des Negers hängt vom Klima, von der Wärme und dem Lichte ab; auch das Blut der Tiere und ihre farbigen Säfte gehören hierher. Über die Farbe der Federn hat *Goethe* die Beobachtung gemacht, daß sowohl die Einwirkung des Lichts, als auch die innere Organisation dieselbe bestimmt. Von den Farben des Organischen überhaupt sprechend, sagt er: »Weiß und Schwarz, Gelb, Gelbrot und Braun wechseln auf mannigfaltige Weise, doch erscheinen sie niemals auf eine solche Art, daß sie uns an die Elementarfarben erinnerten. Sie sind alle vielmehr gemischte, durch organische Kochung bezwungene Farben und bezeichnen mehr oder weniger die Stufenhöhe des Wesens, dem sie angehören.« Die Flecken auf der Haut haben einen Bezug auf die inneren Teile, über welche sie gezogen sind. Muscheln und Fische haben mehr elementarische Farben. Heißere Himmelsstriche, auch schon im Wasser wirksam, bringen die Farben der Fische hervor, verschönern und erhöhen sie. »Auf Otahiti bemerkte Forster Fische, deren Oberflächen sehr schön spielten, besonders im Augenblick, da der Fisch starb.« – Der Saft in den Muscheln »hat das Eigene, daß er, dem Licht und der Luft ausgesetzt, erst gelblich, dann grünlich erscheint, dann ins Blaue, von da ins Violette übergeht, weiter aber ein höheres Rot annimmt und zuletzt durch Einwirkung der Sonne, besonders wenn er auf Batist aufgetragen worden, eine reine hohe rote Farbe annimmt.« – »Die Einwirkung des Lichts auf die Federn der Vögel und ihre Farben ist durchaus bemerklich. So ist z. B. auf der Brust gewisser Papageien die Feder eigentlich gelb. Der schuppenartig hervortretende Teil, den das Licht bescheint, ist aus dem Gelben ins Rote gesteigert. So sieht

die Brust eines solchen Tieres hochrot aus; wenn man aber in die Federn bläst, erscheint das Gelbe. So ist durchaus der unbedeckte Teil der Federn von dem im ruhigen Zustand bedeckten höchlich unterschieden, so daß sogar nur der unbedeckte Teil, z. B. bei Raben, bunte Farben spielt ..., nach welcher Anleitung man die Schwanzfedern ... sogleich wieder zurechtlegen kann.«*
Während der Prozeß mit dem Licht dieser ideelle Prozeß bleibt, so ist der Prozeß mit der Luft und dem Wasser ein Prozeß mit dem Materiellen. Der Hautprozeß ist der fortgehende vegetative Prozeß, der in Haare und Gefieder ausschlägt. Die menschliche Haut hat weniger Haare als die tierische; besonders aber sind die Federn der Vögel ein Heraufnehmen des Vegetabilischen ins Animalische. »Die Kiele ... sind durchaus geästet, wodurch sie eigentlich zu Federn werden, und manche dieser Ausästungen und Befiederungen sind wieder subdividiert, wodurch sie überall an die Pflanze erinnern.« – »Die Oberfläche des Menschen (ist) glatt und rein und läßt, bei den vollkommensten, außer wenigen mit Haar mehr gezierten als bedeckten Stellen, die schöne Form sehen: ... ein Überfluß der Haare an Brust, Armen, Schenkeln deutet eher auf Schwäche als auf Stärke, wie denn wahrscheinlich nur die Poeten, durch den Anlaß einer übrigens starken Tiernatur verführt, mitunter solche haarige Helden zu Ehren gebracht haben.«**
Der Atmungsprozeß ist die als unterbrochen sich darstellende Kontinuität. Das Aus- und Einatmen ist ein Verdunsten des Bluts, die verdunstende Irritabilität (§ 354 Zus. S. 452 f.); das Übergehen in die Luft wird begonnen und zurückgenommen. »Die Schlammpeitzger (*Cobitis fossilis*) atmen durch den Mund und geben die Luft aus dem After wieder von sich.«*** Die Kiemen, womit die Fische das Wasser zersetzen, ist auch ein sekundäres, den Lungen analoges Respirationsorgan. Insekten haben Luftröhren durch den ganzen Leib verbreitet, mit Öffnungen zu beiden Seiten des Bauches; einige, die unter Wasser leben, holen sich einen Vorrat, heben ihn unter den Flügeldecken auf oder in den feinen Haaren am Unterleib.† Warum bezieht sich nun das Blut auf diese ideelle Verdauung des abstrakten Elements? Das Blut ist dieser absolute Durst, seine Unruhe in sich und gegen sich selbst; das Blut hat Hunger nach Befeuerung, will differenziert werden. Näher ist dies

* Goethe, *Zur Farbenlehre*, Bd. I [Erster, Didaktischer Teil], Nr. 664, [645], 641, 660 f.
** Goethe, a. a. O., Nr. 655, 669
*** Treviranus, a. a. O., Bd. IV, S. 146
† ebenda, S. 150

Verdauen zugleich ein vermittelter Prozeß mit der Luft, nämlich eine Umbildung der Luft in Kohlensäure und das venöse (dunkle, kohlenstoffhaltige) Blut und in arterielles, gesauerstofftes. Die Tätigkeit und Belebung des arteriellen Bluts schreibe ich nicht sowohl der materiellen Veränderung zu als seiner Sättigung, d. i. daß, wie in anderer Verdauung, es seinen Hunger oder Durst (wie man es nennen will) immer stillt und durch Negativität seines Andersseins zum Fürsichsein kommt. Die Luft ist das an sich Feurige und Negative; das Blut ist dasselbe als entwickelte Unruhe, – das brennende Feuer des tierischen Organismus, das sich nicht nur verzehrt, sondern sich als flüssig auch erhält und an der Luft das *pabulum vitae* findet. Venenblut, an die Stelle des arteriellen eingespritzt, lähmt daher die Aktion. Bei Toten trifft man an der Stelle des roten Blutes fast nur lauter venöses; bei Schlagflüssen findet es sich im Gehirn. Das kommt nicht von dem bißchen Sauerstoff oder Kohlenstoff mehr oder weniger her.* In Scharlachfiebern hat dagegen auch das venöse Blut Scharlachröte. Das wahre Leben des Bluts ist nun aber die stete Umwandlung des arteriellen und venösen Bluts ineinander, – wobei die kleinen Gefäße die größte Tätigkeit entwickeln.** »In verschiedenen Organen zeigt sich eine schnellere Umwandlung des Arterienbluts in venöses, und zwar oft in ein solches, dessen charakteristische Eigenschaften (Schwärze, geringere Dichtigkeit beim Gestehen) in höherem Grade als sonst vorhanden sind, wie z. B. bei der Milz, ohne daß hier die Wandungen der Gefäße den gewöhnlichen Einfluß des Sauerstoffs des arteriellen Blutes in höherem Grade zeigen, sondern sie im Gegenteil weicher, oft fast breiartig sind... Die Schilddrüse besitzt zusammengenommen größere Schlagadern als irgendein anderer Teil des menschlichen Körpers. Diese Drüse verwandelt auf einem kurzen Wege viel Schlagaderblut in venöses.«*** Da die Gefäße derselben nicht, wie sie sollten, härter werden, wohin kommt der Sauerstoff des arteriellen Bluts? Er wirkt eben nicht chemisch äußerlich.

Der Prozeß mit dem Wasser ist das Verlangen nach dem Neutralen: einerseits gegen die abstrakte Hitze in sich selbst, andererseits gegen den bestimmten Geschmack, den man wegbringen will; denn deswegen trinkt man. – Der Trieb ist nur dann Instinkt, wenn er sich zu Individualisiertem verhält. Während sich damit aber das momentan befriedigte Bedürfnis immer wieder erzeugt, befriedigt sich der Geist in der Erkenntnis allgemeiner Wahrheiten vielmehr auf allgemeine Weise.

* vgl. Bichat, a. a. O., S. 329 ff.
** Autenrieth, a. a. O., Teil III, Index S. 370
*** ebenda, Teil I, § 512 (391); § 458 f.

§ 363

Die *mechanische Bemächtigung* des äußeren Objekts ist der Anfang; die *Assimilation* selbst ist das Umschlagen der Äußerlichkeit in die selbstische Einheit. Da das Tier Subjekt, einfache Negativität, ist, kann diese Assimilation weder mechanischer noch chemischer Natur sein, da in diesen Prozessen sowohl die Stoffe als die Bedingungen und die Tätigkeit *äußerliche* gegeneinander *bleiben* und der lebendigen absoluten Einheit entbehren.

Zusatz. Das begehrende Organische, das sich als die Einheit seiner und des Gegenständlichen weiß und so das Dasein des Anderen durchschaut, ist die nach außen gekehrte, bewaffnete Gestalt, deren Knochen zu Zähnen und deren Haut zu Klauen sich gemacht haben. Der Prozeß mit den Klauen und den Zähnen ist noch mechanisch; der Speichel macht aber schon den Prozeß zu einem organischen. Es ist lange Zeit Mode gewesen, den Assimilationsprozeß mechanisch zu erklären, wie auch den Blutumlauf oder die Wirkung der Nerven, als seien diese gespannte Saiten, die erzittern; aber ein Nerv ist ganz schlaff. Auch sollen sie eine Reihe Kügelchen sein, die beim Druck sich stoßen und schieben; und das letzte Kügelchen stoße die Seele an. Die Seele ist aber allenthalben im Körper, und für ihren Idealismus hat das Außereinander der Gebeine, Nerven, Adern keine Bedeutung. Auf das Leben endliche Verhältnisse zu übertragen fällt also noch mehr auf, als wenn man, wie wir bei der Elektrizität sahen, meint, es solle im Himmel so zugehen wie bei uns zu Hause. Das Verdauen hat man nun ebenso auf Stoßen, auch Pumpen usf. zurückführen wollen; darin läge aber ein äußerliches Verhältnis des Innerlichen und Äußerlichen, da doch das Tier das absolut mit sich Eine der Lebendigkeit, nichts Zusammengesetztes ist. In neuerer Zeit sind chemische Verhältnisse gebraucht worden; doch auch chemisch kann die Assimilation nicht sein, weil wir im Lebendigen ein Subjekt haben, das sich erhält und die Eigentümlichkeit des Anderen negiert, während im Chemischen das im Prozeß Seiende, Säure und Kaustisches, seine Qualität verliert und in dem neutralen Produkte des Salzes zugrunde geht oder zu einem abstrakten Radikal zurückkehrt. Die Tätigkeit ist da erloschen, statt daß das Tier die bleibende Unruhe in der Beziehung auf sich selbst ist. Das Verdauen kann freilich als Neutralisieren von Säure und Kali gefaßt werden; es ist richtig, daß solche endliche Verhältnisse im Leben beginnen; dieses unterbricht sie aber und bringt ein anderes Produkt als den Chemismus heraus. So ist im Auge Feuchtigkeit, die das Licht bricht; bis zu einem gewissen Punkte kann man also diese endlichen Verhältnisse verfolgen, aber dann fängt eine ganz andere Ordnung an. Chemisch analysiert, kann man ferner im Gehirn viel Stickstoff finden; ebenso, wenn man die ausgeatmete Luft analysiert, findet man andere Bestandteile als in der eingeatmeten. Man kann so dem chemischen Prozesse nachgehen, selbst die einzelnen Teile des Lebendigen chemisch zerlegen. Dennoch dürfen die Prozesse selbst nicht chemisch genommen werden, da das Chemische nur dem Toten zukommt, die animalischen Prozesse aber immer die Natur des Chemischen aufheben. Die Vermittlungen, die beim Lebendigen wie beim meteorologischen Prozeß vorkommen, kann man weit verfolgen und aufzeigen; aber diese Vermittlung ist nicht nachzumachen.

§ 364

Die Assimilation ist erstlich, weil das Lebendige die *allgemeine* Macht seiner äußerlichen, ihm entgegengesetzten Natur ist, das *unmittelbare* Zusammengehen des inwendig Aufgenommenen mit der Animalität; eine Infektion mit dieser und *einfache Verwandlung* (§ 345 Anm., § 346). Zweitens als *Vermittlung* ist die Assimilation *Verdauung*, – Entgegensetzung des Subjekts gegen das Äußere, und nach dem weiteren Unterschiede als Prozeß des animalischen *Wassers* (des Magen- und pankreatischen Safts, animalischer Lymphe überhaupt) und des animalischen *Feuers* (der Galle, in welcher das *Insichgekehrtsein* des Organismus von seiner Konzentration aus, die es in der Milz hat, zum *Fürsichsein* und zur tätigen Verzehrung bestimmt ist); – Prozesse, die ebenso aber partikularisierte Infektionen sind.

§ 365

Dieses *Einlassen* mit dem Äußeren, die Erregung und der Prozeß selbst, hat aber *gegen die Allgemeinheit* und *einfache* Beziehung des Lebendigen auf sich gleichfalls die Bestimmung der *Äußerlichkeit*; dies Einlassen selbst macht also eigentlich das Objekt und das Negative gegen die Subjektivität des Organismus aus, das er zu überwinden und zu verdauen hat. Diese Verkehrung der Ansicht ist das Prinzip der

Reflexion des Organismus in sich; die Rückkehr in sich ist die Negation seiner nach außen gerichteten Tätigkeit. Sie hat die doppelte Bestimmung, daß er seine mit der Äußerlichkeit des Objekts in Konflikt gesetzte Tätigkeit von sich einerseits exzerniert, andererseits, als unmittelbar identisch mit dieser Tätigkeit *für sich* geworden, in diesem Mittel sich reproduziert hat. Der nach außen gehende Prozeß wird so in den ersten formellen der einfachen Reproduktion aus sich selbst, in das Zusammenschließen seiner mit sich, verwandelt.

Das Hauptmoment in der Verdauung ist die *unmittelbare* Wirkung des Lebens, als der *Macht* über sein unorganisches Objekt, das es sich nur insofern als seinen erregenden Reiz voraussetzt, als es *an sich* identisch mit ihm, aber zugleich dessen Idealität und Fürsichsein ist. Diese Wirkung ist *Infektion* und unmittelbare Verwandlung; ihr entspricht die in der Exposition der Zwecktätigkeit aufgezeigte *unmittelbare* Bemächtigung des Objekts (§ 208). – *Spallanzanis*[42] und anderer Versuche und die neuere Physiologie haben diese Unmittelbarkeit, mit der das Lebendige als *Allgemeines ohne weitere Vermittlung*, durch seine bloße Berührung und durch Aufnehmen des Nahrungsmittels in seine Wärme und Sphäre überhaupt, *sich in dasselbe kontinuiert*, auch empirisch erwiesen und dem Begriffe gemäß aufgezeigt, – gegen die Vorstellung eines bloß mechanischen, erdichteten *Aus-* und *Absonderns* schon fertiger, brauchbarer Teile sowie eines *chemischen* Prozesses. Die Untersuchungen der *vermittelnden* Aktionen aber haben *bestimmtere* Momente dieser Verwandlung (wie sich z. B. bei vegetabilischen Stoffen eine Reihe von *Gärungen* darstellt) nicht ergeben. Es ist im Gegenteil z. B. gezeigt worden, daß schon vom Magen aus vieles in die Masse der Säfte übergeht, ohne die übrigen

42 Lazzaro Spallanzani, *Expériences sur la digestion de l'homme et de différentes espèces d'animaux*, avec des considérations par Jean Senebier, Genf 1783

Stufen der Vermittlung durchzugehen zu haben, daß der pankreatische Saft weiter nichts als Speichel ist und die *Pankreas* wohl entbehrt werden könne, usf. Das letzte Produkt, der Chylus, den der *Brustgang* aufnimmt und ins Blut *ergießt*, ist dieselbe Lymphe, welche von jedem einzelnen Eingeweide und Organe exzerniert, von der Haut und dem lymphatischen Systeme im unmittelbaren Prozesse der Verwandlung allenthalben gewonnen wird und die allenthalben schon bereitet ist. Die niedrigen Tierorganisationen, die ohnehin nichts als eine zum häutigen Punkte oder Röhrchen – einem einfachen Darmkanal – geronnene Lymphe sind, gehen nicht über diese unmittelbare Verwandlung hinaus. Der *vermittelte* Verdauungsprozeß, in den höheren Tierorganisationen[43], ist in Rücksicht auf sein *eigentümliches Produkt* ein ebensolcher *Überfluß* als bei Pflanzen ihre durch sogenannte Geschlechtsdifferenz vermittelte Samenerzeugung. – Die *faeces* zeigen, besonders bei Kindern, bei denen die Vermehrung der Materie doch am meisten hervorsticht, häufig den größten Teil der Nahrungsmittel unverändert, vornehmlich mit *tierischen* Stoffen, der *Galle,* Phosphor und dergleichen vermischt, und als die Hauptwirkung des Organismus, diese seine eigenen Produktionen zu überwinden und wegzuschaffen. – Der Schluß des Organismus ist darum nicht der Schluß der *äußeren Zweckmäßigkeit,* weil er nicht dabei stehenbleibt, seine Tätigkeit und Form gegen das äußere Objekt zu richten, sondern diesen Prozeß, der wegen seiner Äußerlichkeit auf dem Sprunge steht, mechanisch und chemisch zu werden, selbst zum Objekt macht. Dies Verhalten ist als die zweite Prämisse im allgemeinen Schlusse der Zwecktätigkeit exponiert worden (§ 209). – Der Organismus ist ein Zusammengehen seiner mit sich selbst in seinem äußeren Prozeß; er nimmt und gewinnt aus ihm nichts als den Chylus, jene

---

43 AB: »höheren Tierorganisationen« – C: »Tierorganisationen«

seine allgemeine Animalisation, und ist so als fürsichseiender lebendiger Begriff ebensosehr disjunktive Tätigkeit, welche diesen Prozeß von sich wegschafft, von seinem *Zorne* gegen das Objekt, dieser einseitigen Subjektivität abstrahiert und dadurch das *für sich* wird, was er an sich ist – subjektive, nicht neutrale, Identität seines Begriffs und seiner Realität –, so das Ende und Produkt seiner Tätigkeit als das findet, was er schon von Anfang und ursprünglich ist. Hierdurch ist die *Befriedigung vernünftig*; der in die äußere Differenz gehende Prozeß schlägt in den Prozeß des Organismus mit sich selbst um, und das Resultat ist nicht die bloße Hervorbringung eines Mittels, sondern des Zwecks, Zusammenschließen mit sich.

Zusatz. Der *Ernährungsprozeß* ist hier die Hauptsache; das Organische ist mit der unorganischen Natur gespannt, negiert sie und setzt sie mit sich identisch. In diesem unmittelbaren Verhältnis des Organischen zum Unorganischen ist das Organische gleichsam das unmittelbare Schmelzen des Unorganischen zur organischen Flüssigkeit. Der Grund aller Beziehung beider aufeinander ist eben diese absolute Einheit der Substanz, wodurch das Unorganische für das Organische schlechthin durchsichtig, ideell und ungegenständlich ist. Der Ernährungsprozeß ist nur diese Verwandlung der unorganischen Natur in eine Leiblichkeit, die dem Subjekte angehört, nur daß er dann auch als ein durch viele Momente hindurchgehender Prozeß erscheint, der nicht mehr unmittelbare Verwandlung ist, sondern Mittel zu gebrauchen scheint. Die tierische Natur ist das Allgemeine gegen die besonderen Naturen, die darin in ihrer Wahrheit und Idealität sind; denn sie ist das wirklich, was jene Gebilde an sich sind. Ebenso weil alle Menschen an sich vernünftig sind, so hat *der* Mensch Macht über sie, welcher an ihren Instinkt der Vernunft appelliert, da, was er ihnen offenbart, gleich an diesem Instinkt ein Entsprechendes hat, was mit der expliziten Vernunft zusammengehen kann; indem das Volk unmittelbar aufnimmt, was an es kommt, so erscheint die Vernunft in demselben als Verbreitung und Infektion, und damit verschwindet die Rinde, der Schein der Trennung, der noch vorhanden war. Diese Macht der Animalität ist das substantielle Verhältnis, die Hauptsache in der Verdauung. Ist der tierische Organismus daher die Substanz, so ist das Unorganische nur Akzidenz, dessen Eigentümlichkeit nur eine Form ist, die es unmittelbar aufgibt.

»Man weiß aus Erfahrung, daß Zucker, Pflanzengummi, Pflanzenöle, Körper also nähren, welche wenig oder gar keinen Stickstoff enthalten, und daß sie dessen ungeachtet in tierische Substanz verwandelt werden, welche vielen Stickstoff enthält. Denn ganze Völker leben bloß von Pflanzen, wie andere bloß von Fleisch leben. Die Mäßigkeit der ersteren aber beweist, daß ihr Körper von ihren Speisen nicht bloß den kleinen, in jeder Pflanze vorhandenen, dem tierischen Stoffe ähnlichen Bestandteil behält und alles übrige wieder auswirft, sondern daß er einen großen Teil dieser Pflanzenspeise zu einem seinen Organen angemessenen Nahrungsmittel verarbeitet.«* Die Tiere und Pflanzen, die das Tier verzehrt, sind zwar schon Organisierte, aber für dieses Tier sind sie relativ sein Unorganisches. Das Besondere, Äußerliche hat kein Bestehen für sich, sondern ist ein Nichtiges, sobald es vom Lebendigen berührt wird, und diese Verwandlung ist nur die Offenbarung dieses Verhältnisses.

Dieses unmittelbare Übergehen und Verwandeln ist es, woran alle Chemie, alle Mechanik scheitert und ihre Grenze findet, da sie eben nur ein Begreifen aus solchem Vorhandenen sind, das schon die äußere Gleichheit hat. Beide Seiten sind aber vielmehr in ihrem Dasein gegeneinander vollkommen frei. Brot z. B. hat an ihm selbst keine Beziehung auf den Körper, oder der Chylus, das Blut ist etwas ganz anderes. Die Veränderung der Nahrungsmittel empirisch bis zum Blut verfolgen kann weder die Chemie noch der Mechanismus, sie mögen's anstellen, wie sie wollen. Die Chemie kriegt aus beiden zwar etwas Ähnliches heraus, etwa Eiweißstoff, auch wohl Eisen und dergleichen, dann Sauer-, Wasser-, Stickstoff usf., oder aus der Pflanze ebenso Stoffe, die auch im Wasser sind. Allein weil beide Seiten schlechthin zugleich etwas anderes sind, so bleiben Holz, Blut, Fleisch nicht dasselbe Ding als jene Stoffe; und das ist kein lebendiges Blut mehr, was man so in jene Bestandteile zerlegt hat. Die Verfolgung des Gleichen und das Fortlaufen in demselben hört völlig auf, denn die daseiende Substanz verschwindet gänzlich. Löse ich ein Salz auf, so erhalte ich wieder die beiden Stoffe, aus deren Verbindung es entstanden ist; das Salz ist also damit begriffen, und die Stoffe sind darin nichts anderes geworden, sondern dieselben geblieben. Aber im Organischen ist dies Anderswerden der seienden Substanzen gesetzt. Weil das unorganische Sein ein im organischen Selbst nur Aufgehobenes ist, so kommt es gar nicht nach seinem Dasein in Betracht, sondern nach seinem Begriffe; nach diesem ist es aber dasselbe, was das Organische ist.

* Autenrieth, a. a. O., Teil II, § 557

Dies stellt die organische Assimilation dar. Das Nahrungsmittel, das in die Sphäre des organischen Lebens tritt, wird in diese Flüssigkeit getaucht und [wird] selbst diese aufgelöste Flüssigkeit. Wie ein Ding zum Geruche wird, zum Aufgelösten, zu einer einfachen Atmosphäre, so wird es dort einfache organische Flüssigkeit, worin dann nichts mehr von ihm oder seinen Bestandteilen zu entdecken ist. Diese sich selbst gleichbleibende organische Flüssigkeit ist das Feuerwesen des Unorganischen, das darin unmittelbar in seinen Begriff zurückkehrt; denn Essen und Trinken macht die unorganischen Dinge zu dem, was sie an sich sind. Es ist das bewußtlose Begreifen derselben, und sie werden darum so Aufgehobene, weil sie es an sich sind. Dieser Übergang muß sich gleichfalls als vermittelter Prozeß darstellen und die Gliederung seines Gegensatzes entfalten. Aber die Grundlage ist, daß das Organische das Unorganische unmittelbar in seine organische Materie reißt, weil es die Gattung als einfaches Selbst und damit die Kraft des Unorganischen ist. Wenn das Organische durch die einzelnen Momente hindurch das Unorganische allmählich zur Identität mit sich bringt, so sind diese weitläufigen Anstalten der Verdauung durch Vermittlung mehrerer Organe zwar *für das Unorganische* überflüssig, aber doch der Verlauf des Organischen in sich selbst, der *um seiner selbst willen geschieht*, um die Bewegung und somit die Wirklichkeit zu sein; wie der Geist nur um so stärker ist, je größer der Gegensatz war, den er überwunden hat. Das Grundverhältnis des Organismus aber ist diese einfache Berührung, worin unmittelbar das Andere auf einmal verwandelt wird.

Niedere Tiere haben noch gar keine besonderen Organe, wie Galle, Magensaft, für die besonderen Tätigkeiten, welche auf die Nahrungsmittel gehen. Das Wasser wird schon von der Haut im Luftprozeß eingesogen, wie sich dies bei vielen Würmern und Zoophyten zeigt; so wird das Wasser, von dem z. B. die Polypen sich ernähren, unmittelbar in Lymphe, Gallert verwandelt. »Die einfachste Ernährungsart durch einen einzigen Mund finden wir bei den Hydern, Afterpolypen (*Brachionus*) und Vortizellen an. Der Armpolyp nährt sich von kleinen Wassertieren, die er mit seinen Fangarmen ergreift. Der sackförmige Behälter, woraus sein Körper größtenteils besteht, öffnet sich und nimmt die Beute auf. Kaum ist sie verschlungen, so wird sie schon verändert; sie verwandelt sich in eine homogene Masse und verliert dabei immer mehr von ihrem Volumen; endlich öffnet sich der Mund des Polypen wieder und ein Teil der aufgenommenen Speise wird auf eben dem Wege, worauf er in den Magen der Hyder gekommen ist, ausgeleert. Diese schnelle Auflösung dessen, was in den letzteren gelangt ist, geht sogar dann vor sich, wenn, wie nicht selten der Fall ist, die verschlungenen Tiere lange Würmer sind, die der Magen nur zur Hälfte fassen kann. Die eine Hälfte sucht dann oft noch zu entfliehen, indem die andere schon verdaut ist. Ja, der Polyp ist auch imstande, mit seiner äußeren Fläche zu verdauen. Man kann ihn umstreifen«, wie einen Handschuh, »und die innere Fläche seines Magens zur äußeren machen, und doch erfolgen die erwähnten Phänomene noch ebenso wie zuvor.«* Solcher Darm ist ein bloßer Kanal von so einfachem Bau, daß sich kein Unterschied zwischen Schlund, Magen und Gedärme angeben läßt. Aber »es gibt nächst dem Nahrungskanal kein Eingeweide, welches so allgemein im ganzen Tierreich verbreitet ist als die Leber. Sie findet sich bei allen Säugetieren, Vögeln, Amphibien, Fischen und Mollusken. Selbst in der Klasse der Würmer scheinen die Aphroditen an den einen dunkelgrünen bitteren Saft enthaltenden Säcken, womit ihr Darmkanal auf beiden Seiten besetzt ist, gallenabsondernde Organe zu besitzen. Ähnliche Säcke gibt es an dem Nahrungskanal der Holothurien; und eine wirkliche Leber zeigt sich wieder bei den Asterien. Bei den Insekten scheinen die Gefäße, die als Gallengefäße angesehen werden können, die Stelle der Leber zu vertreten.«** Andere sehen diese Gefäße für etwas anderes an. »Wenn auch bei vielen Zoophyten keine sichtbaren Exkretionen vorhanden sind, so ist doch nicht zu zweifeln, daß bei allen eine mit der Nutrition in Beziehung stehende Ausleerung gasförmiger Stoffe durch die Haut und die Respirationswerkzeuge stattfindet. Ernährung und Atemholen stehen so in enger Verbindung.«***

Weiter herauf bei höher gebildeten Tieren findet sich ebenfalls diese unmittelbare Verdauung. Es ist eine bekannte Erfahrung beim Drosseln- und Krammetsvögelfang, daß, wenn sie ganz mager sind, sie nach einem nebligen Morgen in der Zeit von einigen Stunden ganz fett werden; das ist eine unmittelbare Verwandlung dieser Feuchtigkeit in animalischen Stoff, die ohne weitere Abscheidung und Durchgang durch die vereinzelten Momente des Assimilationsprozesses geschieht. Auch der Mensch verdaut unmittelbar, wie die Geschichte des englischen Schiffes auf der See beweist, dessen Matrosen, nachdem ihnen das Wasser ausgegangen und auch das sehr mühsam in Segeln aufgefangene Regenwasser nicht ausreichte, ihre Hemden naß werden ließen, auch sich selbst ins Meer getaucht und so den Durst gestillt haben, so daß die Haut also aus dem Meer das bloße Wasser ohne das Salz ein-

* Treviranus, a. a. O., Bd. IV, S. 291 f.
** ebenda, S. 415 f.
*** ebenda, S. 293 f.

gesogen hat. Bei den mit vermittelnden Verdauungswerkzeugen versehenen Tieren ist teils diese allgemeine Verdauung überhaupt vorhanden, teils ist die besondere für sich, und hier ist die organische Wärme das, was die Assimilation einleitet. Aber der Magen und der Darmkanal sind selbst nichts anderes als die äußere Haut, nur umgeschlagen und zu eigentümlicher Form aus- und umgebildet. Die ausführlichere Vergleichung dieser verschiedenen Membranen findet sich bei Treviranus (a. a. O., Bd. IV, S. 333 f.). Ipekakuanha, Opium, auf den Magen äußerlich eingerieben, hat dieselbe Wirkung wie eingenommen; aber auch auf die Achsel hat man Ipekakuanha eingerieben, und es ist ebensogut verdaut worden. »Man hat gesehen, daß Stückchen von Fleisch, in kleinen Beuteln von Leinwand eingeschlossen und in die Bauchhöhle einer lebenden Katze gebracht, sich auf ähnliche Art wie im Magen bis auf kleine Knochenstückchen in einen Brei auflösten. Eben dieses geschah, wenn solches Fleisch unter die Haut lebendiger Tiere auf die bloßen Muskeln gebracht und eine Zeitlang daselbst gelassen wurde. Hierher scheint auch zu gehören, daß bei Beinbrüchen die Natur, während sie eine Menge Feuchtigkeit um den Ort des Bruchs ergießt, die scharfen Knochenenden erweicht und ganz auflöst; daß ferner das geronnene Blut in geschlossenen gequetschten Stellen des Körpers nach und nach wieder aufgelöst, flüssig und zuletzt wieder eingesogen wird. Der Magensaft wirkt also nicht als eine Flüssigkeit ganz eigener, von jeder anderen tierischen verschiedener Art, sondern wohl nur, insofern er eine tierische wäßrige, von aushauchenden Schlagadern in den Behälter des Magens in Menge abgesetzte Flüssigkeit ist. Er wird aus Pulsaderblut abgesondert, das kurz vorher in den Lungen der Einwirkung der Sauerstoffluft ausgesetzt gewesen war.«* Ebenso bemerkt Treviranus (a. a. O., Bd. IV, S. 348 f.): »Knochen, Fleisch und andere tierische Teile, die P. *Smith* in die Bauchhöhle oder unter das Fell lebender Tiere brachte, wurden hier völlig aufgelöst (Pfaffs und Scheels *Nordisches Archiv [für die Natur- und Arzneiwissenschaften und Chirurgie]*, Bd. III, St. 3, [1803] S. 134). Hieraus läßt sich eine merkwürdige Beobachtung erklären, die *Cuvier* an der *Salpa octofora* machte. Er fand bei mehreren dieser Tiere im Innern derselben, aber außerhalb ihrer Mägen, Teile einer *Anatifera*, woran alles bis auf die äußere Haut zerschmolzen und verschwunden war und die vermutlich durch die Öffnung, wodurch die Salpen Wasser einziehen, hereingekommen waren (*Annales du Museum d'histoire naturelle*, T. IV, p. 380). Diese Tiere haben zwar einen Magen. Vielleicht aber verdauen sie ebensoviel außerhalb als innerhalb

* Autenrieth, a. a. O., Teil II, § 597 f.

desselben und machen den Übergang zu denjenigen Organismen, bei welchen das Atemholen, die Verdauung und mehrere andere Funktionen durch einerlei Organe geschehen.«

Spallanzanis Versuche gingen davon aus, die Frage zu beantworten, ob die Verdauung durch auflösende Säfte oder durch Zerreibungen vermittels der Muskeln des Magens vor sich gehe – oder durch beides. Um dies zu entscheiden, brachte er Puten, Enten, Hühnern usw. Speisen in Röhren oder Kugeln von Blech mit Gittern oder kleinen Löchern bei, so daß der Magensaft zukonnte; indem die Körner so nie verdaut, sondern nur bitterer wurden, so schloß er, daß heftiges Drücken und Stoßen der inneren Wandungen des Magens die Verdauung hervorbringe. Da nun hier die härtesten Körper wie Blechröhren und Glaskugeln, selbst spitzige und schneidende Körper vom Magen dieser Tiere zerrieben wurden, so glaubte man, daß die vielen kleinen Steine, selbst bis zu zweihundert, die man oft im Magen solcher Tiere findet, zum Zerreiben der Speisen helfen. Um nun diese Hypothese zu widerlegen, nahm Spallanzani junge Tauben, die noch keine Steine vom Schnabel ihrer Eltern hatten bekommen können; ebenso sah er im Futter darauf, daß sie keine erhalten könnten; auch sperrte er sie ein, damit sie sich nicht dergleichen suchten. Dennoch haben sie auch ohne Steine verdaut. »Ich fing an, ihrer Nahrung harte Körper beizumischen, einige Röhren von Eisenblech, einige Glaskugeln, kleine Glasstücke, ohne daß im Magen dieser Tauben ein Steinchen gefunden worden. Dennoch waren die Blechröhren angerieben (froissés), die Glaskügelchen und Glasstücke zerbrochen und abgeschliffen (*émoussés*), ohne die geringste Verletzung auf den Wandungen, die den Magen bedeckten, zurückzulassen.«*

Besonders bei Getränken werden zwei Verdauungen unterschieden. Das Getränk schwitzt durch die Magenwandungen und das Zellgewebe nach den Uringefäßen und geht so aus. Hierüber hat man viele Erfahrungen. Bier treibt auf Urin. Spargelpflanzen teilen dem Urin einen besonderen Geruch mit, und zwar schon einige Minuten nach dem Essen; dies ist die Wirkung der unmittelbaren Verdauung durchs Zellgewebe. Nachher fällt der Geruch fort und erscheint dann erst wieder nach acht bis zwölf Stunden, wo die eigentliche Verdauung und der Abgang der Exkremente vollendet ist. Zu dieser unmittelbaren Verdauung gehört auch, was Treviranus (a. a. O., Bd. IV, S. 404) angibt: »Von fünf Unzen Wasser, welche man einem Hunde eingespritzt hatte, waren zwei wieder ausgebrochen worden; eine war noch im Magen übrig, zwei mußten also durch die Wände des Magens einen Ausweg gefunden haben.«

* Spallanzani, a. a. O., S. 1–27

Die unmittelbare Verdauung ist leichter, je homogener die Nahrung ist, z. B. Fleischspeisen. Die animalische Lymphe, als das Allgemeine der Animalität, ist dasjenige, worin das Unorganische unmittelbar umgewandelt wird. Das Tier verdaut die äußeren Nahrungsmittel so gut als seine eigenen Eingeweide, Muskeln, Nerven usf., wie es denn sogar die Knochen, die phosphorsaurer Kalk sind, absorbiert, z. B. die Splitter bei einem Bruche. Es tilgt die spezifische Besonderheit dieser Gebilde zur allgemeinen Lymphe, dem Blut und spezifiziert diese wieder in die besonderen Gebilde.

Das *andere* ist die vermittelte Verdauung, die erst in den höheren Organisationen stattfindet. Ihre nächsten Momente sind allerdings auch Wirkungen des Organismus gegen das Äußere; es ist aber nicht mehr ein allgemeines, sondern ein partikulares Wirken partikularer animalischer Gebilde, wie der Galle, des pankreatischen Saftes usf. Die Tätigkeit dieser Vermittlung ist indessen nicht bloß ein Wandern, wie z. B. durch die vier Magen der Wiederkäuer; auch nicht, daß unterschiedene Operationen und Veränderungen eintreten, die Speisen verschiedene Stadien der Kochung hindurchgehen, als wenn sie erweicht oder gewürzt würden; auch ist sie nicht Veränderung, als Einwirken eines spezifischen Stoffes auf einen anderen. Denn dann wäre das Verhältnis nur ein chemisches und die Wirkung nichts als Neutralisieren. Das Höchste, wozu man es in den chemischen Untersuchungen über Magensaft und Galle gebracht hat, ist, daß der Speisenbrei im Magen etwas gesäuert wird (nicht faul, vielmehr der Fäulnis widerstehend) und durch die Galle wieder entsäuert wird. Bei der Vermischung der Galle mit Speisenbrei »bildet sich ein weißer, einem verdickten Schleim ähnlicher Niederschlag«, der keine Säuerung mehr enthält, während doch im Magen Milch gerinnt.* Doch das ist noch nicht einmal sicher, auch gar nicht das Spezifische; denn wieder entsäuert, wäre jener Niederschlag nach wie vor dasselbe. So ist die Galle dem aus der großen Drüse Pankreas, unter dem Magen, kommenden pankreatischen Safte entgegengesetzt, der bei höheren Tieren an die Stelle der in den Drüsen befindlichen Lymphe tritt, ohne wesentlich von ihr verschieden zu sein.

Das Ganze der Verdauung besteht nun darin, daß, indem der Organismus sich gegen das Äußere in Zorn setzt, er sich in sich entzweit. Das letzte Produkt der Verdauung ist der Milchsaft, und das ist dasselbe, was die animalische Lymphe [ist], zu welcher der Organismus, als unmittelbar affizierend, das sich Darbietende oder was er sich selbst darbietet, verwandelt. Wie im niedrigen Tier-

* Treviranus, a. a. O., Bd. IV, S. 467–469

geschlecht die unmittelbare Verwandlung herrscht, so besteht die Verdauung im entwickelten Tiere darin, daß der Organismus sich nicht mit seiner unmittelbaren, sondern mit seiner spezifizierten Tätigkeit zu dem Äußeren verhält. Da ist nun weiter kein großer Stufengang: zuerst wird die Speise mit Speichel, der allgemeinen Animalität, vermischt; im Magen kommt der pankreatische Saft hinzu, endlich die Galle, welche die Hauptrolle spielt und ein Harziges, Brennbares ist. Die chemische Analyse der Galle ergibt nichts Spezifisches weiter, als daß sie nach der Seite der Befeuerung liegt. Wir wissen sonst von der Galle, daß im Zorn Galle sich in den Magen ergießt, und der Zusammenhang von Galle, Magen und Leber ist also bekannt. Diese Art der Physiologie, solche Zusammenhänge zu verfolgen, wäre sehr interessant: z. B. warum der Mensch bei der Scham im Gesicht und in der Brust errötet. Wie der Zorn das Gefühl des Fürsichseins bei einer Verletzung ist, die den Menschen in sich entbrennen läßt, so ist die Galle das Fürsichsein, welches der animalische Organismus gegen diese äußerlich in ihn gesetzte Potenz kehrt; denn der pankreatische Saft und die Galle greifen den Speisenbrei an. Diese tätige Verzehrung, dieses Insichgekehrtsein des Organismus, welches die Galle ist, bestimmt sich aus der Milz. Sie ist ein schweres Organ für die Physiologen; sie ist dieses dumpfe, dem venösen System angehörige Organ, das mit der Leber in Beziehung steht und dessen Bestimmung keine andere zu sein scheint, als daß die venöse Trägheit zu einem Mittelpunkte gegen die Lunge komme. Dieses träge Insichsein nun, was in der Milz seinen Sitz hat, ist, wenn es befeuert wird, die Galle. Sobald Tiere sich ausbilden, nicht bloß die unmittelbare Verdauung haben, nicht bloß auf dem lymphatischen Standpunkt stehen, so haben sie gleich Leber und Galle.

Die Hauptsache aber ist, daß der Organismus, obgleich er auf vermittelnde, unterschiedene Weise tätig ist, dennoch in seiner Allgemeinheit bleibt, während er zugleich chemisch nach außen gekehrt ist; wie Kristalle beim Brechen ihre eigentümliche innere Gestaltung als eine besondere Weise ihres Daseins zeigen. Das Tier, weil es sich different verhält, wird damit *in sich selbst* different. Indem das Tier nämlich in den Kampf mit Äußerlichem verwickelt wird, ist sein Verhältnis zu demselben unwahr, da die Umwendung desselben schon an sich durch die Macht der animalischen Lymphe geschehen ist; das Tier verkennt also sich selbst, wenn es sich gegen diese Nahrungsmittel wendet. Das nächste Resultat hiervon ist aber eben, daß, indem das Tier zu sich selbst kommt und sich als diese Macht erkennt, es sich selbst darüber Feind wird, daß es sich mit den äußerlichen Mächten eingelassen hat, und sich nun gegen sich selbst und seine falsche Meinung kehrt, damit aber sein Nach-außen-Gekehrtsein abwirft und zu sich selbst zurückkehrt. Die Überwindung der unorganischen Potenz ist nicht eine Überwindung derselben als einer unorganischen Potenz, sondern die Überwindung des Animalischen selbst. Die wahrhafte Äußerlichkeit des Animalischen ist nicht das äußerliche Ding, sondern dies, daß es sich selbst im Zorne gegen das Äußere wendet. Von diesem Mißtrauen gegen sich selbst, wonach die Bekämpfung des Objekts als das Tun des Subjekts erscheint, muß dieses ablassen und diese falsche Richtung entfernen. Durch den Kampf mit dem Äußeren ist das Organische im Begriff, im Verlust zu sein; es vergibt sich etwas gegen dies Unorganische. Was der Organismus zu überwinden hat, ist also dieser sein eigener Prozeß, dies Verwickeltsein mit dem Äußeren. Seine Tätigkeit ist daher gegen die Richtung nach außen gerichtet, und sie ist das Mittel, zu dem der Organismus sich herabsetzt, um durch Entfernung und Wegwerfen desselben zu sich selbst zurückzukehren. Wäre er gegen das Unorganische tätig, so käme er nicht zu seinem Rechte; aber er ist eben die Vermittlung, daß er sich einläßt und doch in sich zurückkehrt. Diese Negation der Tätigkeit nach außen hat die doppelte Bestimmung, daß der Organismus seine Tätigkeit gegen das Unorganische von sich exzerniert und sich unmittelbar identisch mit sich setzt, in dieser Erhaltung seiner aber sich reproduziert.

Der Begriff der Verdauung ist also, daß, nachdem die Vermittlung derselben nur gesetzt hat, was an sich vorhanden ist – das Überwundensein der in den Dunstkreis des Lebendigen gekommenen Lebensmittel –, nun im Schluß das Organische, aus dem Gegensatze in sich zurückkehrend, sich selbst erfaßt; die Erscheinungen, die diesem Begriffe entsprechen, sind schon oben vorgekommen. Durch diesen Assimilationsprozeß wird also das Tier auf eine reelle Weise für sich; denn dadurch, daß es sich in seinem Verhalten zu Individuellem selbst in die Hauptunterschiede der animalischen Lymphe und der Galle besondert, hat es sich als animalisches Individuum bewährt und durch Negation seines Anderen als Subjektivität, als reales Fürsichsein gesetzt. Indem das Animalische real für sich, d. h. individuell geworden ist, so ist diese Beziehung auf sich unmittelbar Diremtion und Teilung seiner, die Konstituierung der Subjektivität unmittelbar Abstoßen des Organismus von sich selbst. So findet die Differenzierung nicht nur innerhalb des Organischen selbst statt, sondern es ist dies, sich als ein sich Äußerliches zu produzieren. Wie die Pflanze in ihrem Differenzieren dies Zerfallen ist, so unterscheidet sich das Animalische zwar auch, aber so, daß das Selbständige, wovon es sich unterscheidet, nicht nur als ein Äußerliches, sondern zugleich identisch mit ihm gesetzt ist. Diese reale Produktion, worin das Tier sich von sich selbst abstoßend sich verdoppelt, ist die letzte Stufe der Animalität überhaupt. Dieser reale Prozeß hat wiederum drei Formen: α) die Form des abstrakten formellen Abstoßens, β) den Bildungstrieb, und γ) die Fortpflanzung der Gattung. Diese drei heterogen scheinenden Prozesse sind in der Natur im wesentlichen Zusammenhange miteinander. Die Organe der Exkretion und die Genitalien, das Höchste und das Niedrigste der tierischen Organisation, hängen bei vielen Tieren aufs innigste zusammen, wie Sprache und Küssen auf der einen Seite, auf der andern Essen, Trinken und Ausspucken im Munde verbunden sind.

Das abstrakte Abstoßen seiner von sich selbst, wodurch sich das Tier sich selbst äußerlich macht, ist die *Exkretion*, der Beschluß des Assimilationsprozesses. Indem es sich nur zu einem Äußerlichen macht, so ist dies ein Unorganisches, ein abstrakt Anderes, worin das Tier nicht seine Identität hat. Indem der Organismus sich so von sich trennt, ekelt er sich selbst an, daß er nicht mehr Zuversicht zu sich hatte; dies ist es, was er tut, wenn er seinen Kampf, seine Galle, die er ausgeschickt hat, von sich abtut. Die Exkremente sind also nichts anderes als dies, daß der Organismus, seinen Irrtum erkennend, seine Verwicklung mit den Außendingen wegwirft; und die chemische Beschaffenheit der Exkremente bestätigt dies. Gewöhnlich wird das Moment der Exkretion nur so betrachtet, als wenn nur das Unnütze, Unbrauchbare weggeschafft werden sollte; das Tier brauchte aber nichts Unnützes oder Überflüssiges aufzunehmen. Und gibt es auch Unverdauliches, so ist doch vornehmlich das in den Exkrementen Fortgeschaffte die assimilierte Materie oder das, was der Organismus selbst dem empfangenen Stoffe hinzutut: die Galle, die dazu dienen sollte, sich mit den Speisen zu verbinden. »Je gesünder das Tier ist und je verdaulicher die genossenen Nahrungsmittel sind, desto weniger unzersetztes Futter geht durch den Mastdarm ab und eine desto homogenere Materie sind die Exkremente. Doch enthält der Kot selbst bei den gesündesten Tieren immer ein fasriges Überbleibsel der genossenen Speisen. Die *Hauptbestandteile* des Kots sind aber Substanzen, die von den *gastrischen Säften*, besonders von der Galle, herrühren. Berzelius fand in den menschlichen Exkrementen unzersetzte Galle, Eiweißstoff, Gallenharz und zwei eigentümliche Substanzen, deren eine dem Leim ähnlich sieht; der andere Stoff bilde sich erst an der Luft aus dem Gallenharz und dem Eiweißstoff der Galle ... Es werden aus dem menschlichen Körper durch den Mastdarm exzerniert: Galle, Eiweißstoff, zwei eigentümliche tierische Materien, Gallenstoff, kohlensaures, salzsaures und phosphorsaures Natrum, phosphorsaure Bittererde und phosphorsaurer Kalk; durch die Harnwerkzeuge: Schleim, Milchsäure, Harnsäure,

Benzoesäure, salzsaures Natrum, salzsaures Ammonium, phosphorsaurer und flußsaurer Kalk usw. Diese sämtlichen Stoffe sind nicht bloß fremdartige, zur Assimilation unfähige Substanzen; es sind dieselben Teile, woraus die tierischen Organe bestehen. Die Bestandteile des Harns treffen wir vorzüglich in den Knochen wieder an. Mehrere von jenen Stoffen machen auch Bestandteile der Haare aus, andere der Muskeln und des Gehirns. Diese Vergleichung scheint, obenhin betrachtet, auf den Schluß zu führen, daß bei der Verdauung eine größere Menge Materie assimiliert wird, als die zu ernährenden Organe sich anzueignen imstande sind, und daß dieser Überschuß unverändert durch die Exkretionsorgane ausgeschieden wird. Allein bei näherer Untersuchung ergeben sich Mißverhältnisse zwischen den Bestandteilen der Nahrungsmittel, den assimilierten Materien und den Auswurfsstoffen, die sich mit jener Annahme nicht vereinigen lassen.« Das Folgende zeigt wohl Mißverhältnisse zwischen den Nahrungsmitteln und den assimilierten Materien, aber nicht sowohl zwischen den assimilierten Materien und den Auswurfsstoffen. »Besonders zeigen sich diese Mißverhältnisse an der Phosphorsäure und der Kalkerde. *Fourcroy*[44] und *Vauquelin*[45] fanden im Mist der Pferde mehr phosphorsauren Kalk, sowie im Kot der Vögel mehr kohlensauren und phosphorsauren Kalk, als sich aus dem Futter abscheiden ließ. Bei den Vögeln verschwindet dagegen eine gewisse Quantität im Futter befindlicher Kieselerde. An dem Schwefel«, den man auch in den Exkrementen findet, »würde sich vielleicht dasselbe zeigen. Das Natrum aber findet sich auch in dem Körper pflanzenfressender Tiere, in deren Nahrungsmitteln keine bedeutende Quantität dieses Salzes enthalten ist. Hingegen liefert der Urin des Löwen und Tigers statt Natron eine große Menge Kali. So ist es mehr als wahrscheinlich, daß überhaupt in allen lebenden Körpern Trennungen und Verbindungen vor sich gehen, welche die Kräfte der *bis jetzt bekannten* chemischen Agentien übersteigen.«* Also sollen sie doch immer chemisch sein und nicht darüber hinausgehen! In Wahrheit aber ist die Tätigkeit des Organismus eine zweckmäßige; denn diese besteht eben darin, nach erreichtem Zwecke das Mittel wegzuwerfen. Galle, pankreatischer Saft usw. sind also nichts anderes als der eigene Prozeß des Organismus, den er in materieller Gestalt wegschafft. Das Resultat des Prozesses ist die Sättigung, das Selbstgefühl, das gegen den vorigen Mangel die

* Treviranus, a. a. O., Bd. IV, S. 480–482; 614–618

44 siehe Fn. 12, S. 105
45 Nicolas Louis Vauquelin, 1763–1829, Chemiker

Vollständigkeit empfindet. – Der Verstand wird sich immer an die Vermittlungen als solche halten und sie als äußerliche Verhältnisse ansehen, mechanisch und chemisch vergleichend, was doch ganz untergeordnet ist gegen die freie Lebendigkeit und das Selbstgefühl. Der Verstand will mehr wissen als die Spekulation und sieht hoch auf sie herab; aber er bleibt immer in der endlichen Vermittlung und kann die Lebendigkeit als solche nicht erfassen.

Der Bildungstrieb. Der Bildungstrieb ist hier nicht im Sinne *Blumenbachs*[46] zu nehmen, der vornehmlich Reproduktion darunter versteht. Der *Kunsttrieb* als Instinkt ist das Dritte, – die Einheit des ideellen theoretischen und des realen Prozesses der Verdauung, zunächst aber nur die relative Totalität, da die wahrhaft innige Totalität das Dritte im Ganzen, der Gattungsprozeß ist. Ein Äußerliches, was zur unorganischen Natur des Tiers gehört, wird hier assimiliert, aber so, daß es zugleich als äußerlicher Gegenstand gelassen wird. Der Bildungstrieb ist so auch, wie die Exkretion, ein Sich-selbst-sich-äußerlich-Machen, aber als Einbildung der Form des Organismus in die Außenwelt. Der Gegenstand wird auf eine Weise formiert, in der er das subjektive Bedürfnis des Tiers befriedigen kann; es findet hier aber nicht bloßes feindliches Verhalten der Begierde zur Außenwelt, sondern eine Ruhe gegen die äußere Existenz statt. Die Begierde ist also zugleich befriedigt und gehemmt, und der Organismus macht sich nur objektiv, indem er die unorganische Materie für sich zurechtlegt. Praktisches und theoretisches Verhältnis sind so hier vereinigt. Durch die Form kann sich der Trieb befriedigen, ohne daß der Gegenstand aufgehoben würde; das ist aber nur die eine Seite des Bildungstriebes. Die andere Seite ist, daß das Tier aus sich selbst Gebilde exzerniert, aber nicht aus Ekel, zum Vonsichschaffen, sondern die Exkremente, äußerlich gemacht, werden geformt, als das Bedürfnis des Tiers befriedigend.

Dieser Kunsttrieb erscheint als ein zweckmäßiges Tun, als Weisheit der Natur, und diese Bestimmung der Zweckmäßigkeit macht das Auffassen desselben schwierig. Sie erschien von jeher am verwundersamsten, weil man Vernünftigkeit nur als äußerliche Zweckmäßigkeit zu fassen gewohnt war und für die Lebendigkeit überhaupt bei sinnlicher Anschauungsweise stehenblieb. Der Bildungstrieb ist in der Tat dem Verstande, als dem seiner selbst Bewußten, *analog*; beim zweckmäßigen Tun der Natur muß man aber darum nicht an selbstbewußten Verstand denken. Man kann

---

46 Johann Friedrich Blumenbach, 1752–1840, Anatom und Anthropologe (Kraniologie), schuf die Lehre vom »Bildungstrieb«.

keinen Schritt in der Betrachtung der Natur tun, wenn man nicht den Zweck aufgefaßt hat, d. h. eben das Vorherbestimmte, welches tätig ist, sich zu Anderem verhält und darin sich selbst erhält, indem es das Andere assimiliert. Der Begriff ist die Beziehung dieser Momente: eine Formation des Äußeren oder der Sekrete, welche eine Beziehung auf das Bedürfnis haben. Als Kunsttrieb ist dieser Begriff aber nur das innere Ansich des Tiers, nur der bewußtlose Werkmeister; erst im Denken, beim menschlichen Künstler, ist der Begriff für sich selbst. Cuvier sagt daher, je höher hinauf die Tiere stehen, desto weniger haben sie Instinkt, die Insekten am meisten. Diesem inneren Begriff zufolge ist alles Mittel, d. h. bezogen auf eine Einheit, so daß die Einheit (hier das Lebendige) nicht wäre ohne dieses Ding, das zugleich nur ein Moment im Ganzen ist, ein Aufgehobenes, kein Selbständiges, Anundfürsichseiendes, wie selbst schon die Sonne Mittel für die Erde oder jede Linie am Kristall Mittel für seine immanente Form ist. Im Lebendigen liegt dieses Höhere, die Tätigkeit zu sein, welche die äußerlichen Dinge formiert und sie zugleich in ihrer Äußerlichkeit läßt, weil sie schlechthin, als zweckmäßige Mittel, eine Beziehung auf den Begriff haben.
Die *erste* Form des Kunsttriebs, die schon früher berührt worden, ist das instinktartige Bauen von Nestern, Höhlen, Lagern, damit die allgemeine Totalität der Umgebung des Tiers, wenn auch nur der Form nach, die seinige sei (s. oben § 362), ferner das Wandern der Vögel und Fische, als ihr klimatisches Gefühl, das Vorratsammeln für den Winter, damit das vom Tier zu Verzehrende ein vorher seinem Hause Angehöriges sei (s. oben § 361). Die Tiere haben so Verhältnisse zum Boden, worauf sie liegen, wollen ihn bequemer machen; also, indem sie ihr Bedürfnis zu liegen befriedigen, wird das Ding nicht, wie die Nahrungsmittel, aufgezehrt, sondern erhalten, indem es bloß formiert wird. Die Nahrungsmittel werden zwar auch formiert, verschwinden aber ganz. Diese theoretische Seite des Bildungstriebes, nach welcher die Begierde gehemmt ist, fehlt den Pflanzen, die nicht wie das Tier ihre Triebe hemmen können, weil sie nicht empfindend, theoretisch sind.
Die *andere* Seite des Kunsttriebes ist, daß viele Tiere sich ihre *Waffen* erst bereiten, z. B. die Spinne ihr Netz, als Vermittlung des Fangs ihrer Nahrung, wie andere Tiere mit ihren Klauen, Füßen, der Polyp mit seinen Armen, sich eine größere Ausdehnung geben, um ihre Beute zu fühlen und zu ergreifen. Solche Tiere, die sich ihre Waffen selbst aus sich bereiten, exzernieren damit aus sich, und zwar Produktionen ihrer selbst, die zugleich sich von ihnen abtrennen, die sie von sich abtrennen. »Bei den Krebsen und

Kiemenfüßlern vertreten blinde Anhänge (Zotten, *villi*) am Darmkanal die Stelle der Leber, des Pankreas und überhaupt des ganzen Apparats von drüsigen Organen, der bei den höheren Tierklassen die Verdauung und Ernährung bewirken hilft.« (Schlund, Magen, Darmkanal ist *eine* lange Röhre, doch durch Verengerungen und Schließmuskeln in mehrere Abschnitte von verschiedener Länge, Weite und Textur geteilt.) »Bei den Insekten findet nicht nur das nämliche statt, sondern hier ist überhaupt auch von Drüsen gar keine Spur vorhanden. Solche« (innerliche) »darmähnliche blinde Gefäße liefern bei den Spinnen die Materie zum Gewebe, bei den Raupen und Afterraupen den Stoff zum Gespinnste«, zur Verpuppung: »bei der Gabelschwanzraupe den Saft, den dieses Tier, wenn es gereizt wird, von sich spritzt, und bei den Bienen das Gift, das der Stachel dieses Insekts mitteilt. Solche Gefäße sind es ferner, wodurch alle zur Zeugung erforderlichen Säfte bei den Insekten zubereitet werden. Zu beiden Seiten des Leibes liegt bei den Männchen ein Körper, der aus einem sehr langen, zugleich aber sehr zarten und engen, in sich verschlungenen Kanale besteht, und dieser Körper ist es, der mit dem Nebenhoden der Säugetiere übereinstimmt. Aus ihm geht eine weitere Röhre zur männlichen Rute. Bei dem Weibchen findet sich ein gedoppelter Eierstock usw ... Die völlige Abwesenheit der Zeugungsteile ist allen Insekten in ihrem Larvenzustande und einigen, z. B. den Arbeitsbienen, ihr ganzes Leben hindurch eigen.« Die Bereitung von Zellen, die Exkretion des Honigs ist die einzige Art, wie diese geschlechtslosen Bienen sich produzieren, – gewissermaßen taube Blüten, die nicht bis zur Fortpflanzung des Geschlechts kommen. »In betreff dieses Punkts findet ein merkwürdiges Gesetz statt: alle geschlechtslosen Tiere unter den Insekten haben statt der Zeugungsteile gewisse andere Organe, welche einen Stoff zur Hervorbringung von Kunstwerken liefern. Indes läßt sich dieser Satz nicht umkehren: die Spinnen z. B. verfertigen aus einem durch eigene Organe zubereiteten Stoffe Kunstwerke, ohne darum geschlechtlos zu sein.«* Raupen fressen nur und exzernieren, ohne daß äußerliche Genitalien vorhanden wären; das zweite, was die Einspinnung der Puppe ist, gehört zum Bildungstrieb, und das Leben als Begatten ist das des Schmetterlings. »Es gibt einige Insekten, die ihr ganzes Leben hindurch die nämliche Gestalt behalten, womit sie aus dem Ei hervorgehen. Diese Insekten sind die sämtlichen Geschlechter aus der Familie der Spinnen und mehrere aus den Ordnungen der Asseln und Milben. Alle übrigen Tiere dieser Klasse erleiden während

* Treviranus, a. a. O., Bd. I, S. 366 (364)–367; 369 f.

ihres Lebens eine partielle oder totale Verwandlung. Wo die Metamorphose nur partiell ist, unterscheidet sich die Larve von der Puppe und diese von dem vollkommenen Insekt größtenteils nur in der geringeren Anzahl oder in der geringeren Ausbildung ihrer Organe. Hingegen bei der totalen Verwandlung ist in dem vollkommenen Insekt keine Spur mehr von dem übrig, was das Tier in seinem Larvenzustande war. Die unsägliche Menge Muskeln der Larve ist verschwunden und ganz andere sind an die Stelle getreten; ebenso sind Kopf, Herz, Luftröhre usw. von ganz anderer Struktur.«*

Indem im Bildungstriebe das Tier sich selbst hervorgebracht hat und doch noch dasselbe Unmittelbare ist, so kommt es erst hier zum Genusse seiner selbst, zum bestimmten Selbstgefühl. Früher war es nur Genuß der Außendinge, die unmittelbare Empfindung nur abstraktes Insichsein, worin das Tier nur dies empfindet, wie es bestimmt ist. Das Tier *ist* befriedigt, indem es Hunger und Durst stillt; es *hat* aber noch nicht *sich* befriedigt, dies erlangt es erst jetzt. Indem es das Äußere sich angemessen macht, hat es sich selbst in äußerer Gegenwart und genießt sich. Zum Kunsttrieb gehört auch die *Stimme,* sich in die Luft, diese ideelle Subjektivität, hineinzubilden, sich in der Außenwelt zu vernehmen. Die Vögel vorzüglich bringen es zu diesem fröhlichen Selbstgenuß; die Stimme ist bei ihnen nicht bloßes Kundtun des Bedürfnisses, kein bloßer Schrei, sondern der Gesang ist die begierdelose Äußerung, deren letzte Bestimmung der unmittelbare Genuß seiner selbst ist.

§ 366

Durch den Prozeß mit der äußeren Natur gibt das Tier der Gewißheit seiner selbst, seinem subjektiven Begriff, die Wahrheit, Objektivität, als *einzelnes* Individuum. Diese *Produktion* seiner ist so Selbsterhaltung oder *Reproduktion*; aber ferner *an sich* ist die Subjektivität, Produkt geworden, zugleich als *unmittelbare* aufgehoben; der Begriff, so mit sich selbst zusammengegangen, ist bestimmt als *konkretes Allgemeines, Gattung,* die in Verhältnis und Prozeß mit der Einzelheit der Subjektivität tritt.

Zusatz. Die gesättigte Begierde hat hier nicht die Bedeutung des sich als dieses Einzelne hervorbringenden Individuums, sondern als Allgemeines, als Grund der Individualität, an dem sie nur

* ebenda, S. 372–374

Form ist. Die befriedigte Begierde ist daher das zu sich zurückgekehrte Allgemeine, das unmittelbar die Individualität an ihm hat. Die theoretische Rückkehr (des Sinnes) in sich bringt nur den Mangel im allgemeinen hervor, die der Individualität aber dasselbe als Positives. Dieses Mangelnde ist mit sich selbst erfüllt; es ist ein gedoppeltes Individuum. – Das Tier ist zunächst auf sich eingeschränkt; dann bringt es sich auf Kosten der unorganischen Natur hervor, indem es sich dieselbe assimiliert. Das dritte Verhältnis, die Vereinigung beider, ist das des Gattungsprozesses, worin das Tier sich auf sich selbst als auf ein Gleiches seiner Art bezieht; es verhält sich zum Lebendigen wie im ersten Prozeß und zugleich, wie im zweiten Prozeß, zu einem solchen, das ein Vorgefundenes ist.

c. Der Gattungsprozeß

§ 367

Die Gattung ist in *ansichseiender* einfacher Einheit mit der Einzelheit des Subjekts, dessen konkrete Substanz sie ist. Aber das Allgemeine ist Urteil, um aus dieser seiner Diremtion an ihm selbst *für sich seiende Einheit* zu werden, um als *subjektive* Allgemeinheit sich in Existenz zu setzen. Dieser Prozeß ihres sich mit sich selbst Zusammenschließens enthält wie die Negation der nur innerlichen Allgemeinheit der Gattung, so die Negation der nur unmittelbaren Einzelheit, in welcher das Lebendige als noch natürliches ist; die im vorhergehenden Prozesse (vorherg. §) aufgezeigte Negation derselben ist nur die erste, nur die unmittelbare. In diesem Prozesse der Gattung geht das nur Lebendige nur unter, denn es tritt als solches nicht über die Natürlichkeit hinaus. Die Momente des Prozesses der Gattung aber, da sie das noch nicht subjektive Allgemeine, noch nicht *ein* Subjekt, zur Grundlage haben, fallen auseinander und existieren als mehrere besondere Prozesse, welche in Weisen des *Todes* des Lebendigen ausgehen.

Zusatz. Das durch das Selbstgefühl bestätigte Individuum ist das Harte und sozusagen ein Breites geworden; seine unmittelbare Einzelheit ist aufgehoben, und das Einzelne braucht kein Verhältnis mehr zur unorganischen Natur zu haben. Indem die Bestimmung seiner ausschließenden Einzelheit verschwunden ist, erhält der Begriff die weitere Bestimmung, daß das Subjekt sich als Allgemeines bestimmt. Diese Bestimmung ist wieder urteilend, wieder Anderes ausschließend, hat aber die Bestimmung, für dasselbe identisch zu sein und als identisch für dasselbe zu existieren. So haben wir die Gattung, deren Bestimmung ist, im Unterschiede gegen die Einzelheit zur Existenz zu kommen, und das ist der Gattungsprozeß überhaupt. Die Gattung kommt im Individuum zwar noch nicht zur freien Existenz, nicht zur Allgemeinheit; wenn sie aber hier auch noch einerseits mit dem Individuum nur unmittelbar identisch ist, so kommt es doch auch andererseits schon zum Unterschiede der einzelnen Subjektivität von der Gattung. Dieser Unterschied ist ein Prozeß, dessen Resultat ist, daß die Gattung als das Allgemeine zu sich selbst kommt und die unmittelbare Einzelheit negiert wird. Dieses Untergehen ist der Tod des Individuums; die organische Natur endet damit, daß, indem das Einzelne stirbt, die Gattung zu sich selber kommt und so *sich* Gegenstand wird, was das Hervorgehen des Geistes ist. Dies Untergehen der Einzelheit in die Gattung haben wir noch zu betrachten. Weil aber das Verhältnis der Gattung zum Einzelnen verschiedener Art ist, so haben wir auch die besonderen Prozesse, welche verschiedene Weisen des Todes der lebendigen Individuen sind, zu unterscheiden. Der Gattungsprozeß hat so wiederum drei Formen. Das *Erste* ist das Geschlechtsverhältnis: das Hervorbringen des Geschlechts ist das Erzeugen von Individuen durch den Tod anderer Individuen desselben Geschlechts; nachdem das Individuum sich als ein anderes reproduziert hat, stirbt es ab. *Zweitens* besondert sich die Gattung, teilt sich in ihre Arten ein, und diese Arten sind, als Individuen gegen andere Individuen sich verhaltend, zugleich gegenseitig die unorganische Natur als Gattung gegen die Individualität, – der gewaltsame Tod. Das *Dritte* ist das Verhältnis des Individuums zu sich selbst als Gattung innerhalb einer Subjektivität, teils als transitorisches Mißverhältnis in der Krankheit, teils endend damit, daß die Gattung als solche sich erhält, indem das Individuum in die Existenz als Allgemeines übergeht, was der natürliche Tod ist.

α. Die Gattung und die Arten

§ 368[47]

In ihrer ansichseienden Allgemeinheit *besondert* sich die Gattung zunächst in *Arten* überhaupt. Die *unterschiedenen Gebilde* und *Ordnungen der Tiere* haben den allgemeinen, durch den Begriff bestimmten *Typus des Tiers* zum Grunde liegen, welchen die Natur teils in den verschiedenen *Stufen seiner Entwicklung* von der einfachsten Organisation an bis zu der vollendetsten, in welcher sie Werkzeug des Geistes ist, teils unter den verschiedenen *Umständen* und *Bedingungen* der *elementarischen Natur* darstellt. Zur Einzelheit fortgebildet ist die Art des Tieres sich an und durch sich selbst von den anderen unterscheidend und durch die Negation derselben *für sich.* So in feindlichem Verhalten andere zur unorganischen Natur herabsetzend, ist der *gewaltsame Tod* das natürliche Schicksal der Individuen.

Es ist in der *Zoologie,* wie in den Naturwissenschaften überhaupt, mehr darum zu tun gewesen, für das subjektive Erkennen sichere und einfache *Merkmale* der Klassen, Ordnungen usf. aufzufinden. Erst seitdem man diesen Zweck sogenannter künstlicher Systeme bei der Erkenntnis der Tiere mehr aus den Augen gesetzt hat, hat sich eine größere Ansicht eröffnet, welche auf die *objektive Natur* der Gebilde selbst geht; unter den empirischen Wissenschaften ist schwerlich eine, welche in neueren Zeiten so große Erweiterungen, nicht vorzugsweise in der Masse von Beobachtungen, denn daran hat es in keiner Wissenschaft gefehlt, sondern nach der Seite erlangt hat, daß ihr Material sich gegen den Begriff hingearbeitet hat, als die Zoologie durch ihre Hilfswissenschaft, *die vergleichende Anatomie.* Wie die sinnige Naturbetrachtung (der französischen Naturforscher vornehmlich) die Einteilung der Pflanzen in Monokotyledonen und Dikotyledonen,

47 Michelet hat in seiner Ausgabe die folgenden Paragraphen umgestellt: § 368 ist in W § 370, § 369 ist § 368, § 370 ist § 369.

ebenso hat sie den schlagenden Unterschied aufgenommen, den in der Tierwelt die Abwesenheit oder das Dasein der *Rückenwirbel* macht; die Grundeinteilung der Tiere ist auf diese Weise zu derjenigen im wesentlichen zurückgeführt worden, welche schon *Aristoteles* gesehen hat.

Näher ist alsdann teils an den einzelnen Gebilden der *Habitus*, als ein die Konstruktion *aller Teile* bestimmender Zusammenhang, zur Hauptsache gemacht worden, so daß der große Stifter der vergleichenden Anatomie, *Cuvier*[48], sich rühmen konnte, aus einem einzelnen Knochen die wesentliche Natur des ganzen Tieres erkennen zu können. Teils ist der allgemeine Typus des Tiers durch die verschiedenen, noch so unvollkommen und disparat erscheinenden Gebilde verfolgt und in der kaum beginnenden Andeutung – so wie in der Vermischung der Organe und Funktionen ihre Bedeutung – erkannt und eben dadurch über und aus der Besonderheit in seine Allgemeinheit erhoben worden. – Eine Hauptseite dieser Betrachtung ist die Erkenntnis, wie die Natur diesen Organismus an das besondere Element, in das sie ihn wirft, an Klima, Kreis der Ernährung, überhaupt an die Welt, in der er aufgeht (die auch eine einzelne Pflanzen- oder andere Tiergattung sein kann), anbildet und anschmiegt. Aber für die spezielle Bestimmung ist ein richtiger Instinkt darauf gefallen, die Unterscheidungsbestimmungen auch aus den Zähnen, Klauen und dergleichen, – aus *den Waffen* zu nehmen, denn sie sind es, wodurch das Tier selbst sich gegen die anderen als ein Fürsichseiendes setzt und erhält, d. i. sich selbst unterscheidet.

Die *Unmittelbarkeit* der Idee des Lebens ist es, daß der Begriff nicht als solcher im *Leben existiert*, sein Dasein sich daher den vielfachen Bedingungen und Umständen der äußeren Natur unterwirft und in den ärmlichsten

48 Georges Cuvier, *Recherches sur les ossements fossiles des quadrupèdes*, Paris 1812

Formen erscheinen kann; die *Fruchtbarkeit* der Erde läßt Leben *allenthalben* und auf alle Weisen ausschlagen. Die Tierwelt kann fast noch weniger als die anderen Sphären der Natur ein in sich unabhängiges vernünftiges System von Organisation darstellen, an den *Formen*, die durch den Begriff bestimmt wären, festhalten und sie gegen die Unvollkommenheit und Vermischung der Bedingungen vor Vermengung, Verkümmerung und Übergängen bewahren. – Diese Schwäche des Begriffs in der Natur überhaupt unterwirft nicht nur die Bildung der Individuen äußerlichen Zufälligkeiten – das entwickelte Tier (und der Mensch am meisten) ist Monstrositäten ausgesetzt –, sondern auch die Gattungen ganz den Veränderungen des äußeren allgemeinen Naturlebens, dessen Wechsel das Tier mit durchlebt (vgl. Anm. § 392) und damit nur ein Wechsel von Gesundheit und Krankheit ist. Die Umgebung der äußerlichen Zufälligkeit enthält fast nur Fremdartiges; sie übt eine fortdauernde Gewaltsamkeit und Drohung von Gefahren auf sein Gefühl aus, das ein *unsicheres, angstvolles, unglückliches* ist.

Zusatz. Das Tier ist, als ein der Natur angehöriges Leben, wesentlich noch ein unmittelbares Dasein und damit ein Bestimmtes, Endliches, Partikulares. Die Lebendigkeit, an die unendlich vielen Partikularisationen der unorganischen und dann der vegetabilischen Natur gebunden, existiert immer als eine beschränkte Art, und diese Beschränktheiten kann das Lebendige nicht überwinden. Der besondere Charakter hat nicht die Allgemeinheit der Existenz (das wäre das Denken) zu seiner Bestimmung, sondern das Lebendige kommt in seinem Verhältnisse zur Natur nur bis zur Besonderheit. Das Leben, das diese Naturpotenzen aufnimmt, ist der mannigfaltigsten Modifikationen seiner Bildung fähig; es kann mit allen Bedingungen vorlieb nehmen und noch unter ihnen pulsieren, wiewohl die allgemeinen Naturmächte darin immer das durchaus Herrschende bleiben.

Bei dem Erforschen nun der Einteilung der Tiere wird so verfahren, daß man das Gemeinschaftliche, worauf die konkreten Gebilde reduziert werden, und zwar in einer einfachen, sinnlichen Bestimmtheit aufsucht, die damit auch eine äußerliche ist. Aber solche einfache Bestimmungen gibt es nicht. Hat man z. B. die allgemeine Vorstellung »Fisch« als das Gemeinschaftliche dessen, was man in der Vorstellung unter diesem Namen zusammenstellt, und fragt man jetzt: Was ist die einfache Bestimmtheit an den Fischen, ihre eine objektive Eigenschaft?, so ist die Antwort »im Wasser zu schwimmen« ungenügend, da auch eine Menge Landtiere dies tun. Schwimmen ist ohnehin nicht ein Organ, noch Gebilde, überhaupt kein bestimmter Teil der Gestalt der Fische, sondern eine Weise ihrer Tätigkeit. So ein Allgemeines wie »Fisch« ist eben als Allgemeines an keine besondere Weise seiner äußerlichen Existenz geknüpft. Indem man nun annimmt, daß so ein Gemeinschaftliches in einer einfachen Bestimmtheit, z. B. Flossen, bestimmt dasein müsse, und solches sich nicht findet, so wird es schwer, Einteilungen zu machen. Es wird dabei die Art und Weise der einzelnen Gattungen und Arten zugrunde gelegt, sie als Regel aufgestellt; ihre Mannigfaltigkeit, die Ungebundenheit des Lebens läßt aber nichts Allgemeines zu. Die Unendlichkeit von Formen des Animalischen ist daher nicht so genau zu nehmen, als ob die Notwendigkeit der Ordnungen absolut festgehalten wäre. Man muß deshalb umgekehrt die allgemeinen Bestimmungen zur Regel machen und die Naturgebilde damit vergleichen. Entsprechen sie ihr nicht, spielen sie aber an sie an, gehören sie ihr nach einer Seite, nach einer andern aber nicht, so ist nicht die Regel, die Gattungs- oder Klassenbestimmtheit usf., zu ändern, als ob diese jenen Existenzen angemessen sein müßte, sondern umgekehrt, diese sollen jenen angemessen sein, und insofern diese Wirklichkeit es nicht ist, so ist es *ihr* Mangel. Die Amphibien z. B. bringen zum Teil lebende Junge zur Welt und atmen mit Lungen wie die Säugetiere und Vögel, haben aber, gleich den Fischen, keine Brüste und ein Herz mit einer einzigen Kammer. Gibt man nun schon beim Menschen zu, daß es auch schlechte Werke gebe, so muß es bei der Natur deren noch mehr geben, da sie die Idee in der Weise der Äußerlichkeit ist. Bei dem Menschen liegt der Grund davon in seinen Einfällen, seiner Willkür, Nachlässigkeit; wenn man z. B. Malerei in die Musik bringt, oder mit Steinen malt in Mosaik, oder das Epos ins Drama überträgt. Bei der Natur sind es die äußeren Bedingungen, welche das Gebilde des Lebendigen verkümmern; diese Bedingungen haben aber diese Wirkungen, weil das Leben unbestimmt ist und seine besonderen Bestimmungen auch von diesen Äußerlichkeiten erhält. Die Formen der Natur sind also nicht in ein absolutes System zu bringen und die Arten der Tiere damit der Zufälligkeit ausgesetzt.

Die andere Seite hierzu ist die, daß dann allerdings der Begriff sich auch geltend macht, aber nur bis zu einem gewissen Grade. Es gibt nur einen Typus des Tiers (§ 352 Zus. S. 436), und alles

Verschiedene ist nur Modifikation desselben. Die Hauptverschiedenheiten haben zur Grundlage dieselben Bestimmungen, die wir früher an der unorganischen Natur als die Elemente sahen. Diese Stufen sind dann auch Stufen der Ausbildung des tierischen Typus überhaupt, so daß die Stufen der Tiergeschlechter an jenen Bestimmungen erkennbar sind. Es sind so zweierlei Prinzipien vorhanden, die den Unterschied der Tiergattungen bestimmen. Das eine Prinzip der Einteilung, welches der Idee näher liegt, ist dies, daß die weitere Stufe nur eine weitere Entwicklung des einen Typus des Tiers ist; das andere ist, daß die Leiter der Entwicklung des organischen Typus wesentlich mit den Elementen, in welche das Tierleben geworfen ist, zusammenhängt. Solcher Zusammenhang findet jedoch nur bei dem höher entwickelten Tierleben statt; das niedere hat wenig Bezug auf die Elemente und ist gleichgültig gegen diese großen Unterschiede. – Außer diesen Hauptmomenten in der Ordnung der Tierklassen sind die weiteren Bestimmtheiten im Klimatischen enthalten, wie wir denn schon oben (§ 339 Zus. S. 350) bemerkten, daß, weil im Norden die Weltteile mehr zusammenhängen, auch die vegetabilische und animalische Natur daselbst mehr verbunden ist; wogegen, je mehr es in Afrika und Amerika zum Süden geht, wo sich die Weltteile teilen, auch die Tiergattungen desto mehr in Arten auseinandertreten. Während so klimatische Unterschiede das Tier bestimmen, lebt der Mensch überall; aber auch hier sind die Eskimos und andere Extreme verschieden von der Ausbildung der gemäßigten Zone. Noch weit mehr aber unterliegt das Tier solchen Bestimmungen und Lokalitäten, dem Gebirge, Walde, der Ebene usw. Da muß man also nicht überall Begriffsbestimmungen suchen, obwohl die Spuren davon überall vorhanden sind.
In dem Stufengange der Entwicklung, den die Gattungen und Arten bilden, kann man nun mit den unentwickelten Tieren beginnen, in denen die Unterschiede noch nicht so bestimmt in den drei Systemen der Sensibilität, Irritabilität und Reproduktion existieren. Der Mensch ist dann, als der vollkommenste Organismus der Lebendigkeit, die höchste Entwicklungsstufe. Diese Form der Einteilung nach den Entwicklungsstufen ist besonders neuerlich in der Zoologie geltend gemacht worden, denn es sei natürlich, vom unentwickelten zum höheren Organismus fortzuschreiten. Aber um die unteren Stufen zu verstehen, muß man den entwickelten Organismus erkennen, da er der Maßstab oder das Urtier für die weniger entwickelten ist; denn weil in ihm alles zu seiner entwickelten Tätigkeit gekommen ist, so ist klar, daß man aus ihm erst das Unentwickelte erkennt. Infusorien kann man nicht zugrunde legen, denn in diesem dumpfen Leben sind die Beginne

des Organismus noch so schwach, daß man sie erst aus dem entwickelteren Tierleben fassen kann. Wenn aber gesagt wird, das Tier sei vollkommener als der Mensch, so ist das eine Ungeschicklichkeit. Eine Seite kann am Tier wohl besser ausgebildet sein, aber die Vollkommenheit besteht eben in der Harmonie der Organisation. Der allgemeine Typus, der zugrunde liegt, kann dann aber allerdings nicht als solcher existieren; sondern das Allgemeine, weil es *existiert*, existiert in einer *Partikularität*. Ebenso muß die vollkommene Kunstschönheit immer individualisiert werden. Nur im Geiste hat das Allgemeine, als Ideal oder Idee, sein allgemeines Dasein.

Diese Partikularitäten sind nun zu erkennen, wie der Organismus sich dafür bestimmt. Der Organismus ist lebendiger Organismus, dessen Eingeweide durch den Begriff bestimmt sind; dann bildet er sich aber auch ganz dieser Partikularität an. Diese besondere Bestimmung durchdringt alle Teile der Gestalt und setzt sie in Harmonie miteinander. Diese Harmonie ist vornehmlich in den Gliedern (nicht Eingeweiden) vorhanden, denn die Partikularität ist eben die Richtung nach außen, nach einer bestimmten unorganischen Natur. Um so markierter ist aber diese Durchgängigkeit der Partikularisation, je höher und ausgebildeter die Tiere sind. Diese Seite hat nun *Cuvier* ausgebildet, welcher durch seine Beschäftigung mit fossilen Knochen darauf geleitet wurde; denn um herauszubekommen, zu welchem Tiere sie gehören, mußte er ihre Bildung studieren. Er wurde so zur Betrachtung der Zweckmäßigkeit der einzelnen Glieder gegeneinander geführt. In seinem »Discours préliminaire« zu den *Recherches sur les ossements fossiles des quadrupèdes* (Paris 1812) sagt er (S. 58 ff.):

»Jedes organisierte Wesen bildet ein Ganzes, ein einiges und geschlossenes System, dessen sämtliche Teile einander entsprechen und durch Wechselwirkung aufeinander zu derselben Endtätigkeit beitragen. Keiner dieser Teile kann sich verändern, ohne daß es auch die anderen tun, und folglich wird jeder derselben, für sich genommen, alle anderen andeuten und ergeben.«

»Wenn also die Eingeweide eines Tiers so organisiert sind, daß sie nur frisches Fleisch verdauen können, so müssen auch die Kinnladen danach eingerichtet sein, die Beute zu verschlingen, die Klauen zum Packen und Zerreißen, die Zähne zum Abbeißen und Zerteilen des Fleisches. Ferner muß das ganze System der Bewegungsorgane geschickt sein, um die Tiere zu verfolgen und zu erreichen, ebenso die Augen, um sie von weitem zu erblicken. Die Natur muß selbst in das Gehirn des Tiers den nötigen Instinkt gelegt haben, sich zu verbergen und seinen Opfern Schlingen zu legen. Dies sind die allgemeinen Bedingungen der *fleischfressenden*

Tiere; jedes derselben muß sie unfehlbar in sich vereinen. Die besonderen Bedingungen aber, wie Größe, Art und Aufenthalt der Beute, entspringen auch aus besonderen Umständen innerhalb der allgemeinen Formen, so daß nicht nur die Klasse, sondern auch die Ordnung, die Gattung und selbst die Art in der Form jedes Teils ausgedrückt ist.«

»In der Tat, damit die Kinnlade ergreifen könne, muß der Knochenkopf (*condyle*)«, das Organ, welches die Kinnlade bewegt und woran die Muskeln befestigt sind, »eine besondere Gestalt haben. Die Schläfenmuskeln müssen einen gewissen Umfang haben; sie erfordern damit eine gewisse Vertiefung des Knochens, in den sie eingefügt sind, und des Jochbogens (*arcade zygomatique*), worunter sie hindurchgehen. Dieser Jochbogen muß auch eine gewisse Stärke haben, um dem Kaumuskel (*masseter*) eine hinlängliche Stütze zu gewähren.«

So geht es weiter durch den ganzen Organismus: »Damit das Tier seine Beute davontragen könne, müssen die Muskeln, die den Kopf heben« (die Nackenmuskeln), »eine besondere Stärke haben; hiermit hängt wieder die Form der Rückenwirbel zusammen, woran die Muskeln befestigt sind, und die Form des Hinterhaupts, worin sie eingefügt sind. Die Zähne müssen scharf sein, um das Fleisch schneiden, und eine feste Basis haben, um Knochen zermalmen zu können. Die Klauen müssen eine gewisse Beweglichkeit haben« – ihre Muskeln und Knochen daher ausgebildet sein; ebenso ist es mit den Füßen usw.

Diese Harmonie führt dann übrigens auch auf Punkte einer Zusammenstimmung, welche einen sonstigen inneren Zusammenhang haben, der nicht immer so leicht zu erkennen ist: »Wir sehen wohl z. B. ein, daß die Tiere, welche Hufe haben, *Vegetabilien fressen* müssen, da ihnen die Klauen zum Ergreifen anderer Beute fehlen. Auch sehen wir, daß, weil sie ihre Vorderfüße zu nichts anderem gebrauchen können, als ihren Körper zu stützen, sie keines so großen Schulterblatts bedürfen. Ihre vegetabilische Nahrung wird Zähne verlangen mit platter Krone, um die Körner und Gräser zu zermalmen. Indem diese Krone horizontaler Bewegungen zum Zermalmen bedarf, so wird der Knochenkopf der Kinnlade nicht eine so straffe Angel sein wie bei den fleischfressenden Tieren.« Treviranus (a. a. O., Bd. I, S. 198 f.) sagt: »Bei den Rindern stehen in der unteren Kinnlade gewöhnlich acht Schneidezähne; die obere hingegen hat statt der Schneidezähne einen knorpelartigen Wulst. Die Eckzähne fehlen bei den meisten; die Backenzähne sind bei allen wie mit sägeförmigen Querfurchen ausgeschnitten, und die Kronen derselben liegen nicht horizontal, sondern sie sind schräg ausgezähnelt, so daß an denen im Oberkiefer die Außenseite, an denen im Unterkiefer aber die nach der Zunge hin gerichtete innere Seite die höchste ist.«

Auch das Folgende, was Cuvier anführt, läßt sich noch leicht erklären: »Ein zusammengesetzteres Verdauungssystem gehört sich für die Tierarten, wo die Zähne unvollkommner sind«; das sind eben die *wiederkäuenden* Tiere, die ein solches zusammengesetzteres Verdauungssystem auch schon hauptsächlich darum brauchen, weil das vegetabilische Futter schwerer zu verdauen ist. »Aber ich zweifle, ob man, ohne durch die Beobachtung belehrt worden zu sein, herausgebracht hätte, daß die wiederkäuenden Tiere alle gespaltene Hufe haben, daß also das Zahnsystem vollkommener [ist] bei Huftieren, die eben nicht wiederkäuend sind, als bei den Tieren mit gespaltenen Hufen oder eben den wiederkäuenden. Ebenso bemerkt man, daß die Ausbildung der Zähne in durchgängiger Sympathie mit der größeren Ausbildung in der Osteologie der Füße steht.« Den meisten Rindern fehlen, nach Treviranus (a. a. O., Bd. I, S. 200), die Wadenbeine ([Volcher] Coiter, *De quadrupedum sceletis* [1573] c. 2; [Peter] Campers *Naturgeschichte des Orang-Utan* [Düsseldorf 1791], S. 103). Cuvier setzt im Verfolg der angezogenen Stelle noch hinzu: »Es ist unmöglich, Gründe für diese Beziehungen anzugeben; aber daß sie nicht zufällig sind, erhellt daraus, daß, sooft ein Tier mit gespaltenen Hufen in der Einrichtung seiner Zähne eine Annäherung zu den nicht wiederkäuenden zeigt, auch die Einrichtung seiner Füße sich ihnen annähert. So zeigen die Kamele, welche Augenzähne (*canines*) und sogar zwei oder vier Schneidezähne an der oberen Kinnlade haben, an der Fußwurzel (*tarse*) einen Knochen mehr« als andere Tiere, deren Zahnsystem unausgebildeter ist. Ebenso tritt bei den Kindern die Entwicklung der Zähne und des Gehens, auch der Sprache, zu gleicher Zeit, mit dem zweiten Jahre, ein.

Die Partikularität der Bestimmung bringt also eine Harmonie in alle Gebilde des Tiers: »Die kleinste Knochenfacette, der geringste Knochenfortsatz (*apophyse*) hat einen bestimmten Charakter in bezug auf die Klasse, die Ordnung, die Gattung und die Art, denen er angehört, so daß, sooft man nur eine gut erhaltene Knochenspitze besitzt, man mit Hilfe der Analogie und Vergleichung alles übrige mit solcher Sicherheit bestimmen kann, als hätte man das ganze Tier vor sich« – also, wie das Sprichwort sagt, *ex ungue leonem*. »Ich habe oft die Erfahrung dieser Methode an Teilen bekannter Tiere gemacht, bevor ich mein ganzes Zutrauen in dieselbe für fossile Knochen setzte; immer hat sie aber einen so unfehlbaren Erfolg gehabt, daß ich nicht mehr den mindesten Zweifel in die Gewißheit der Resultate setze, die sie mir geliefert hat.«

Liegt aber auch ein allgemeiner Typus zugrunde, den die Natur in den Tieren ausführt, so daß diese Ausführung der Partikularität gemäß ist, so muß man doch nicht alles, was sich beim Tiere findet, für zweckmäßig halten. In vielen Tieren finden sich Anfänge von Organen, die nur dem allgemeinen Typus angehören, nicht der Partikularität dieser Tiere, also nicht zur Entwicklung gekommen sind, weil die Partikularität dieser Tiere sie nicht braucht; man versteht sie daher auch nicht in diesen niederen Organismen, sondern sie können nur aus den höheren erkannt werden. So findet man bei Reptilien, Schlangen, Fischen Anfänge von Füßen, die keinen Sinn haben; so sind beim Walfisch Zähne nicht zur Entwicklung gekommen und ohne Bedeutung, indem nur Zahnansätze in den Kinnladen verborgen liegen. So ist umgekehrt beim Menschen manches vorhanden, was nur niedere Tiere nötig haben: er hat z. B. eine Drüse am Halse, die sogenannte Schilddrüse, deren Funktion nicht einzusehen, sondern eigentlich obliteriert und vorüber ist; aber am Fötus im Mutterleibe, noch mehr in untergeordneten Tierarten, ist dies Organ tätig.

Was nun näher die Stufenleiter der Ausbildung betrifft, welche den Haupteinteilungsgrund für die allgemeine Unterscheidung der Tiere abgibt, so beruht, indem das Tier einmal unvermittelte Produktion seiner selbst (in der inneren Ausbildung), dann eine durch die unorganische Natur vermittelte Produktion (in der Artikulation nach außen) ist, der Unterschied der Gebilde der Tierwelt darauf, daß entweder diese beiden wesentlichen Seiten in Gleichgewicht sind oder das Tier entweder mehr nach der einen oder mehr nach der andern Seite existiert, so daß, während die eine Seite mehr ausgebildet ist, die andere zurücksteht. Durch diese Einseitigkeit steht das eine Tier tiefer als das andere; doch kann bei keinem eine Seite ganz fehlen. Im Menschen, als dem Haupttypus des Organismus, da er zum Werkzeug des Geistes gebraucht wird, sind alle Seiten zur vollkommensten Entwicklung gekommen.

Die alte Einteilung der Tiere kommt dem *Aristoteles* zu, welcher alle Tiere in zwei Hauptgruppen teilt, in solche mit Blut (ἔναιμα) und ohne Blut (ἄναιμα), und er stellt dabei als einen allgemeinen Satz der Beobachtung auf, daß »alle Tiere, die Blut haben, ein knöchernes oder gratiges Rückgrat haben«*. Das ist dieser große wahrhafte Unterschied. Freilich hat dagegen viel eingewendet werden können, z. B. daß auch nach ihrem Habitus blutlose Tiere doch Blut haben, wie Blutegel und Regenwürmer einen roten Saft. Im allgemeinen fragt sich: was ist Blut; und so ist es denn zuletzt

* Aristoteles, *Historia animalium*, I, 4; III, 7

die Farbe, die den Unterschied macht. Als unbestimmt ist diese Einteilung daher verlassen worden, und *Linné* hat dagegen die bekannten sechs Klassen aufgestellt. Wie die Franzosen aber gegen das bloß steife, verständige Linnésche Pflanzensystem die *Jussieusche* Einteilung[49] in Monokotyledonen und Dikotyledonen angenommen haben, so sind sie durch *Lamarck*, einen geistreichen Franzosen, dennoch wieder auf jene Aristotelische Einteilung zurückgekommen, und zwar in dieser Form, statt des Bluts die Tiere zu unterscheiden in Tiere mit Rückenwirbel und ohne Rückenwirbel (*animaux avec vertèbres, animaux sans vertèbres*). *Cuvier* verband beide Einteilungsgründe, da in der Tat die Tiere mit Rückenwirbel rotes Blut haben, die anderen weißes Blut und kein innerliches Skelett oder wenigstens nur ein ungegliedertes oder auch ein artikuliertes, aber äußerliches. Bei der Lamprete tritt zum ersten Male eine Rückenwirbelsäule ein, die aber immer noch lederartig ist und wo die Wirbel nur durch Furchen angedeutet sind. Tiere mit Rückenwirbel sind Säugetiere, Vögel, Fische und Amphibien, denen dann die Weichtiere (Mollusken), die Schalentiere (Krustazeen), bei denen sich von der fleischigen Haut eine Kalkkruste absondert, die Insekten und Würmer zusammen gegenübergestellt sind. Der allgemeine Anblick der Tierwelt bietet sogleich diesen ungeheuren Unterschied dar, der zwischen den zwei Gruppen herrscht, in die sie geteilt wird.
Auch entspricht dieser Unterschied der vorhin angegebenen Einteilung nach dem Verhältnis des Organismus der Eingeweide zu der organischen Gliederung nach außen, das wieder auf dem schönen Unterschiede der *vie organique* und *vie animale* beruht. »In den Tieren ohne Rückenwirbelsäule fehlt damit auch die Grundlage eines ordentlichen Skeletts. Auch haben sie keine eigentlichen Lungen, die aus Zellen bestehen; sie haben daher auch keine Stimme und kein Organ dafür.«* Die Einteilung nach dem Blute durch Aristoteles bestätigt sich im ganzen auch dabei: »Die Tiere ohne Rückenwirbel«, fährt Lamarck am angeführten Orte fort, »haben kein eigentliches Blut, das rot« und warm wäre; sondern es ist mehr Lymphe. »Das Blut verdankt seine Farbe der Intensität der Animalisation«, die ihnen also gleichfalls fehlt. »Auch wahrhafte Zirkulation des Bluts fehlt im ganzen solchen Tieren; auch haben sie keine Iris im Auge, keine Nieren. Sie haben auch kein Rückenmark, auch nicht den großen sympathetischen Nerv.« Die Tiere mit Rückenwirbel haben also eine größere Ausbildung,

* Lamarck, *Eléments de zoologie*, T. I, p. 159 [vgl. *Philosophie zoologique*, 2 Bde., Paris 1809, chap. VI]

49 siehe Fn. 11, S. 133

ein Gleichgewicht des Inneren und Äußeren; bei der anderen Gruppe ist dagegen das eine auf Kosten des anderen ausgebildet. Von den Tieren ohne Rückenwirbel sind daher besonders zwei Klassen, Würmer (Mollusken) und Insekten, anzuführen; jene haben eine größere Ausbildung der Eingeweide als die Insekten, diese sind dagegen äußerlich zierlicher. Dazu kommen dann noch Polypen, Infusorien usw., die sich als ganz unausgebildet zeigen, indem sie bloße Haut und Gallerte sind. Polypen sind, wie Pflanzen, eine Sammlung mehrerer Individuen und können zerschnitten werden; auch bei der Gartenschnecke wächst der Kopf wieder. Diese Stärke der Reproduktion ist aber eine Schwäche der Substantialität des Organismus. Bei den Tieren ohne Rückenwirbel sieht man nach und nach Herz, Gehirn, Kiemen, Zirkulationsgefäße, Gehör-, Gesichts-, Sexualorgane, zuletzt die Empfindung überhaupt, ja selbst die Bewegung verschwinden.* Wo die Innerlichkeit für sich herrscht, sind die Verdauung, die Reproduktionswerkzeuge, als das konkrete Allgemeine, worin noch keine Differenz liegt, ausgebildet. Erst wo die Tierwelt in die Äußerlichkeit fällt, findet, mit dem Heraustreten der Sensibilität und Irritabilität, eine Differenzierung statt. Während also in den Tieren ohne Rückenwirbel das organische und das animalische Leben im Gegensatz stehen, muß bei denen mit Rückenwirbel, wo beide Momente in einer Einheit sind, dann der andere wesentliche Bestimmungsgrund nach dem Elemente eintreten, für welches das Tier ist, ob es nämlich ein Landtier, Wassertier oder Lufttier ist; die Tiere ohne Rückenwirbel zeigen dagegen diese Beziehung ihrer Entwicklung zu den Elementen darum nicht, weil sie schon dem ersten Einteilungsgrunde unterworfen sind. Es gibt aber natürlich auch Tiere, die Mitteldinge sind, was seinen Grund in der Ohnmacht der Natur hat, dem Begriff nicht treu bleiben und die Gedankenbestimmungen nicht rein festhalten zu können.

a) Bei den *Würmern, Mollusken, Konchylien* usw. ist der innere Organismus ausgebildeter, aber nach außen sind sie formlos: »Der äußeren Verschiedenheit der Mollusken von den höheren Tierklassen ungeachtet, finden wir dennoch in ihrem Innern zum Teil die Organisation der letzteren wieder. Wir sehen ein Gehirn, das auf dem Schlunde ruht, ein Herz mit Arterien und Venen, aber keine Milz und Pankreas. Das Blut ist von weißer oder bläulicher Farbe, und der Faserstoff bildet sich nicht im Cruor, sondern seine Fäden schwimmen frei in dem Serum. Die männlichen und weiblichen Geschlechtsorgane sind nur bei wenigen an verschiedene Individuen verteilt, und bei diesen ist der Bau jener Organe so

* Lamarck, a. a. O., S. 214

eigen, daß sich ihre Bestimmung oft nicht einmal mutmaßen läßt.«* – »Sie atmen durch Kiemen, haben ein Nervensystem, aber nicht geknotete Nerven, d. h. keine solchen, die eine Reihe Ganglien vorstellen, und ein oder mehrere Herzen, die einkammerig, aber doch ausgebildet sind.«** Das Sytem der äußeren Artikulation ist dagegen bei den Mollusken viel unausgebildeter als bei den Insekten: »Der Unterschied von Kopf, Brust und Unterleib, wovon bei Fischen und Amphibien immer noch Spuren sind, verschwindet hier ganz. Die Mollusken haben auch keine Nase; den meisten fehlen alle äußeren Gliedmaßen, und sie bewegen sich entweder durch eine abwechselnde Zusammenziehung und Erschlaffung ihrer Bauchmuskeln, oder sie sind einer fortschreitenden Bewegung ganz unfähig.«***

b) Die *Insekten* stehen in den Bewegungswerkzeugen viel höher als die Mollusken, die überhaupt nur wenige Bewegungsmuskeln haben; denn die Insekten haben Füße, Flügel, ferner den bestimmten Unterschied von Kopf, Brust und Bauch. Im Innern dagegen sieht es um so unentwickelter bei ihnen aus. Das System des Atmens geht durch den ganzen Körper hindurch und fällt mit dem Verdauungssystem zusammen, wie bei einigen Fischen. Ebenso hat das Blutsystem wenig gebildete Organe, und auch diese sind kaum vom Verdauungssystem zu unterscheiden, während die äußere Artikulation, z. B. der Freßwerkzeuge usw., um so bestimmter formiert ist. »Bei den Insekten und anderen niederen Tierklassen scheint ohne Kreislauf eine Bewegung der Säfte auf die Art stattzuhaben, daß immer nur von der Fläche des Speisekanals aus Säfte in den Körper aufgenommen werden, welche zum Wachstum der Teile angewandt und dann nach und nach wieder durch die Oberfläche oder andere Wege als Auswurfstoffe aus dem Körper geschafft werden.«† – Das sind die Hauptklassen der Tiere ohne Rückenwirbel; nach Lamarck (a. a. O., S. 128) haben sie vierzehn Einteilungen.

c) Was die weitere Unterscheidung betrifft, so teilen sich die *Tiere mit Rückenwirbel* einfacher nach einem Elemente der unorganischen Natur, der Erde, der Luft und dem Wasser ein, indem sie entweder Landtiere oder Vögel oder Fische sind. Dieser Unterschied ist hier schlagend und gibt sich unmittelbar dem unbefangenen Natursinn zu erkennen, während er vorher zu etwas Gleichgültigem wurde. Denn viele Käfer z. B. haben Schwimmfüße, leben

* Treviranus, a. a. O., Bd. I, S. 306 f.

** Lamarck, a. a. O., S. 165

*** Treviranus, a. a. O., Bd. I, S. 305 f.

† Autenrieth, a. a. O., Teil I, S. 346

aber ebenso auf dem Lande, und haben auch Flügel zum Fliegen. Es gibt nun allerdings auch bei den höheren Tieren Übergänge von einer Klasse in die andere, welche jenen Unterschied vernichten. Das Leben in verschiedenen Elementen vereinigt sich, eben weil es nicht gelingen kann, an der Vorstellung des Landtiers die einzelne Bestimmtheit herauszufinden, welche den einfachen wesentlichen Charakter desselben enthalten soll. Nur der Gedanke, der Verstand kann feste Unterschiede machen, nur der Geist, weil er Geist ist, Werke produzieren, die diesen strengen Unterschieden gemäß sind. Werke der Kunst oder der Wissenschaft sind so abstrakt und wesentlich individualisiert, daß sie ihrer individuellen Bestimmung getreu bleiben und nicht wesentliche Unterschiede vermischen. Vermischt man auch in der Kunst, wie bei der poetischen Prosa und der prosaischen Poesie, bei der dramatisierten Historie, oder wenn man Malerei in die Musik oder in die Dichtkunst bringt, oder steinern malt und z. B. Locken in der Bildhauerkunst darstellt (auch das Basrelief ist ein statuarisches Malen), so ist damit die Eigentümlichkeit verletzt; denn nur durch eine bestimmte Individualität sich ausdrückend kann der Genius ein echtes Kunstwerk hervorbringen. Will *ein* Mensch Dichter, Maler, Philosoph sein, so ist es dann auch danach. In der Natur ist dies nicht der Fall: ein Gebilde kann nach zwei Seiten hin gehen. Daß nun aber auch das Landtier, in den Zetazeen, wieder ins Wasser fällt, der Fisch auch wieder in den Amphibien und Schlangen aufs Land steigt und da ein jämmerliches Gebilde macht, indem in den Schlangen z. B. Ansätze von Füßen vorhanden sind, die aber bedeutungslos sind, daß der Vogel Schwimmvogel wird, bis ein *Ornithorynchus*, das Schnabeltier, gegen das Landtier herübergeht oder im Strauß der Vogel ein kamelartiges Landtier wird, das mehr mit Haaren als mit Federn bedeckt ist, daß das Landtier, auch der Fisch, dort in den Vampyren und Fledermäusen, hier im fliegenden Fisch, es auch zum Fliegen bringen, – alles dies hebt jenen Grundunterschied dennoch nicht auf, der nicht ein gemeinschaftlicher sein soll, sondern ein an und für sich bestimmter ist. Gegen jene unvollkommenen Naturproduktionen, die nur Vermischungen solcher Bestimmungen sind, so gut als eine feuchte Luft oder eine feuchte Erde (d. i. Dreck), müssen die großen Unterschiede festgehalten und die Übergänge als Vermischungen der Unterschiede eingeschoben werden. Die eigentlichen Landtiere, die Säugetiere, sind das Vollkommenste; darauf folgen die Vögel, und die Fische sind das Unvollkommenste.

α) Die *Fische* fallen dem Wasser anheim, wie ihr ganzer Bau zeigt; die Artikulation ist durch das Element beschränkt und daher in sich gedrungen. Ihr Blut hat wenig Wärme; denn sie ist von der

Temperatur des Mediums, in dem sie leben, nicht viel unterschieden. Die Fische haben ein Herz mit einer einzigen Kammer oder mit mehreren, die dann aber untereinander in unmittelbarer Verbindung stehen. Lamarck, am angeführten Orte (von S. 140 an) die vier höheren Tierklassen beschreibend, sagt von den Fischen: »Sie haben Respiration durch Kiemen, eine glatte oder schuppige Haut, Flossen, keine Luftröhre (*trachée*), keinen Kehlkopf, keinen Tastsinn, wahrscheinlich auch keinen Geruch.« Fische und andere Tiere stoßen ihre Jungen geradezu ab, ihre Erzeugnisse gehen sie sogleich ganz und gar nichts mehr an; solche Tiere kommen daher noch nicht zur Empfindung der Einheit mit ihren Jungen.

β) *Reptilien* oder *Amphibien* sind Mittelgebilde, die teils der Erde, teils dem Wasser angehören, und als solche etwas Widriges. Sie haben nur eine Herzkammer, unvollkommene Lungenrespiration, eine glatte Haut oder sind mit Schuppen bedeckt. Frösche haben in ihrer Jugend noch keine Lunge, sondern Kiemen.

γ) *Vögel* haben, wie die Säugetiere, Empfindung für ihre Jungen. Sie geben ihnen ihre Nahrung im Ei mit: »Ihr Fötus ist in einer unorganischen Hülle (der Eierschale) enthalten und hat bald mit der Mutter keine Verbindung mehr, sondern kann sich darin entwickeln, ohne sich von ihrer Substanz zu ernähren.«* Die Vögel wärmen ihre Jungen durch ihre eigene Wärme, geben ihnen von ihrem Fressen, füttern auch ihre Weibchen; sie geben aber nicht ihre eigene Person hin, während die Insekten vor ihren Jungen sterben. Die Vögel beweisen durch ihren Nesterbau den Kunst- und Bildungstrieb, kommen so zur positiven Selbstempfindung, indem sie sich für ein Anderes zur unorganischen Natur machen; und das Dritte, die Jungen, sind ein von ihnen unmittelbar Exzerniertes. Lamarck (a. a. O., S. 150) will folgende Rangordnung unter den Vögeln in dieser Beziehung machen: »Bedenkt man, daß die Wasservögel (wie z. B. die plattfüßigen Vögel), daß die Strandläufer und das Hühnergeschlecht den Vorteil vor allen übrigen Vögeln haben, daß ihre Jungen, nachdem sie aus dem Ei gekrochen sind, sogleich gehen und sich ernähren können, so wird man einsehen, daß sie die drei ersten Ordnungen bilden müssen und daß die Taubenarten, die Sperlingsarten, die Raubvögel und die Kletterer die vier letzten Ordnungen dieser Klasse bilden müssen, denn ihre Jungen, nachdem sie aus dem Ei gekrochen sind, können weder gehen noch sich von selbst ernähren.« Gerade diesen Umstand aber kann man dafür ansehen, daß er sie vor jene setzt, wie denn ohnehin die plattfüßigen Vögel Zwitter sind. – Die Vögel unterscheiden sich durch das Positive der Verbindung, worin ihre

* Lamarck, a. a. O., S. 146

Lungen mit häutigen Luftbehältern und den großen markleeren Höhlen ihrer Knochen stehen. Sie sind ohne Brüste, indem sie nicht säugen, haben zwei Füße; und die zwei Arme, oder Vorderfüße, sind zu Flügeln umgebildet. Weil das Tierleben hier in die Luft geworfen ist und in den Vögeln so das abstrakte Element lebt, so gehen sie zum Übergewicht der Vegetation hinüber und zurück, die sich auf ihrer Haut zu Federn ausbildet. Da die Vögel der Luft angehören, ist ferner auch ihr Brustsystem besonders ausgebildet. Viele Vögel haben daher nicht nur, wie die Säugetiere, eine Stimme, sondern auch Gesang, indem das Erzittern in sich selbst sich so in der Luft als seinem Elemente ausbildet. Während das Pferd wiehert und der Ochse brüllt, setzt der Vogel diesen Schrei als ideellen Genuß seiner selbst fort. Das Herumwälzen auf dem Boden, als plumpes Selbstgefühl, fehlt dagegen dem Vogel; er schmiegt sich nur an die Luft und kommt in ihr zum Selbstgefühl.

δ) Die *Säugetiere* haben Brüste, vier artikulierte Extreme und alle Organe ausgebildet. Weil sie Brüste haben, säugen und nähren sie ihre Jungen aus sich selbst. Diese Tiere kommen so zum Gefühl der Einheit des einen Individuums mit einem anderen, zum Gefühl der Gattung, die im Erzeugten, worin eben beide Individuen Gattung sind, zur Existenz gelangt, wenn auch diese Einheit des Individuums mit der Gattung in der Natur wieder zur Einzelheit herunterfällt. Die vollkommenen Tiere verhalten sich aber noch zu dieser Existenz als Gattung, indem sie darin ihr Allgemeines empfinden; das sind die Säugetiere und unter den Vögeln die, welche noch brüten. Die Affen sind am bildsamsten und lieben ihre Jungen am meisten; der befriedigte Geschlechtstrieb wird ihnen noch objektiv, indem sie selbst in ein Anderes übergegangen sind und in der Sorge für die Mitteilung von dem Ihrigen die höhere begierdelose Anschauung dieser Einheit haben. – Bei den Säugetieren geht die Haut zwar auch ins Vegetative, aber das vegetative Leben ist darin lange nicht so mächtig als bei den Vögeln. Bei den Säugetieren geht die Haut in Wolle, Haare, Borsten, Stacheln (beim Igel), ja bis zu Schuppen und Panzern (im Armadill) fort. Der Mensch hingegen hat eine glatte, reine, viel mehr animalisierte Haut; auch legt die Haut hier alles Knochenartige ab. Starker Haarwuchs kommt dem weiblichen Geschlechte zu. Starkes Haar auf der Brust und sonst wird beim Manne als Stärke angesehen; es ist aber eine relative Schwäche der Hautorganisation (s. oben § 362 Zus. S. 477).

Für die weiteren wesentlichen Einteilungen hat man das Verhalten der Tiere als Individuen gegen andere zugrunde gelegt, also ihre Zähne, Füße, Klauen, ihren Schnabel. Daß man diese Teile genommen hat, ist durch einen richtigen Instinkt geschehen, denn die Tiere unterscheiden sich dadurch selbst von anderen; soll der Unterschied aber wahrhaft sein, so darf er nicht unsere Unterscheidung durch Merkmale, sondern muß ein Unterschied des Tieres selbst sein. Dadurch, daß es sich durch seine Waffen gegen seine unorganische Natur individuell setzt, beweist es sich als für sich seiendes Subjekt. Bei den Säugetieren unterscheiden sich die Klassen sehr genau danach: 1. in Tiere, deren Füße *Hände* sind, – der *Mensch* und der *Affe* (der Affe ist eine Satire auf den Menschen, die dieser gern sehen muß, wenn er es nicht so ernsthaft mit sich nehmen, sondern sich über sich selbst lustig machen will); 2. in Tiere, deren Extremitäten *Krallen* sind, – *Hunde, reißende Tiere*, wie der *Löwe*, der König der Tiere; 3. in *Nagetiere*, wo die *Zähne* besonders ausgebildet sind; 4. in *Fledermäuse* mit ausgespannter Haut zwischen den Zehen, wie sie schon bei einigen Nagetieren vorkommt (sie grenzen mehr an Hunde und Affen); 5. in *Faultiere*, wo die Zehen zum Teil ganz fehlen und in Krallen übergegangen sind; 6. in Tiere mit *flossenartigen* Gliedmaßen, die *Cetacea*; 7. in Tiere mit *Hufen*, wie *Schweine, Elefanten*, die einen Rüssel haben, *Rinder* mit *Hörnern, Pferde* usw. Die Kraft dieser Tiere liegt nach oben, sie sind meist zahm zur Arbeit; und die Ausbildung der Extremitäten zeigt ein besonderes Verhältnis zur unorganischen Natur. Faßt man die Tiere unter 2, 3, 4, 5 als *Krallentiere* zusammen, so hat man vier Klassen: αα) *Tiere mit Händen*, ββ) *mit Krallen*, γγ) *mit Hufen* zur Arbeit, δδ) *mit Flossen*. Lamarck (a. a. O., S. 142) gibt hiernach folgende Abstufung (*dégradation*) der Säugetiere: »Die *klauigen* Säugetiere (*mammifères onguiculés*) haben vier Glieder, platte oder spitze Krallen an den Extremitäten ihrer Zehen, die nicht davon eingehüllt werden. Diese Glieder sind im allgemeinen geeignet, die Gegenstände zu ergreifen oder wenigstens sich daran anzuhängen. Unter ihnen befinden sich die am vollkommensten organisierten Tiere. Die *hufigen* (*ongulés*) Säugetiere haben vier Glieder, deren Zehen an ihren Extremitäten gänzlich von einem gerundeten hornartigen Körper (*corne*) eingehüllt sind, den man Huf (*sabot*) nennt. Ihre Füße dienen nur dazu, auf der Erde zu gehen oder zu laufen, und können nicht gebraucht werden, sei es um auf die Bäume zu klettern, sei es irgendeinen Gegenstand oder Beute zu ergreifen, sei es andere Tiere anzufallen und zu zerreißen. Sie nähren sich nur von Vegetabilien. Die *unbehuften* (*exongulés*) Säugetiere haben nur zwei Extremitäten, und diese sind sehr kurz und platt und wie *Flossen* gebildet. Ihre Zehen, von der Haut eingehüllt, haben weder Krallen noch Hufe (*corne*); sie sind von allen Säugetieren die am unvollkommensten organisierten. Sie haben weder ein

Becken noch Hinterfüße; sie schlucken herunter, ohne vorher zu kauen; endlich leben sie gewöhnlich im Wasser, kommen aber, die Luft an der Oberfläche zu atmen.« – Was die weiteren Unterabteilungen betrifft, so muß man hier der Natur das Recht des Spiels und Zufalls, d. h. des Bestimmtseins von außen, lassen. Doch machen die Klimate noch das große Bestimmende. Weil sich im Süden die Tierwelt mehr nach klimatischen und Länderunterschieden partikularisiert als im Norden, so sind der asiatische und afrikanische Elefant wesentlich voneinander unterschieden, während Amerika keine hat; ebenso sind Löwen und Tiger usf. unterschieden.

β. Das Geschlechtsverhältnis

§ 369

Diese erste Diremtion der Gattung in Arten und die Fortbestimmung derselben zum unmittelbaren ausschließenden Fürsichsein der Einzelheit ist nur ein negatives und feindliches Verhalten gegen andere. Aber die Gattung ist ebenso wesentlich affirmative Beziehung der Einzelheit auf sich in ihr, so daß sie, indem sie, ausschließend, ein Individuum gegen ein anderes Individuum ist, in dieses *andere* sich kontinuiert und sich selbst in diesem *anderen* empfindet. Dies Verhältnis ist *Prozeß*, der mit dem *Bedürfnisse* beginnt, indem das Individuum als *Einzelnes* der immanenten Gattung nicht angemessen und zugleich deren identische Beziehung auf sich in *einer* Einheit ist; es hat so das *Gefühl* dieses Mangels. Die Gattung in ihm ist daher als Spannung gegen die Unangemessenheit ihrer einzelnen Wirklichkeit der Trieb, im Anderen seiner Gattung sein Selbstgefühl zu erlangen, sich durch die Einung mit ihm zu integrieren und durch diese Vermittlung die Gattung mit sich zusammenzuschließen und zur Existenz zu bringen, – die *Begattung*.

Zusatz. Indem durch den Prozeß mit der unorganischen Natur die Idealität derselben gesetzt ist, hat sich das Selbstgefühl des Tiers und seine Objektivität an ihm selbst bewährt. Es ist nicht bloß an sich seiendes Selbstgefühl, sondern das existierende Selbstgefühl, die Lebendigkeit im Selbstgefühl. Die Trennung beider Geschlechter ist eine solche, worin die Extreme Totalitäten des Selbstgefühls sind; der Trieb des Tiers ist die Produktion seiner als eines

Selbstgefühls, als Totalität. Statt daß aber, wie im Bildungstriebe, das Organische ein totes Produkt wurde, das zwar frei vom Organischen entlassen, aber nur oberflächliche Form an einer äußerlichen Materie und diese darum nicht als freies gleichgültiges Subjekt sich gegenständlich war, so sind jetzt beide Seiten selbständige Individuen wie im Assimilationsprozesse, verhalten sich aber nicht als Organisches und Unorganisches zueinander, sondern beide sind Organische und gehören der Gattung an, so daß sie nur als *ein* Geschlecht existieren. Ihre Vereinigung ist das Verschwinden der Geschlechter, worin die einfache Gattung geworden ist. Das Tier hat ein Objekt, mit dem es in unmittelbarer Identität nach seinem Gefühle ist; diese Identität ist das Moment des ersten Prozesses (der Gestaltung), das zur Bestimmung des zweiten (der Assimilation) hinzukommt. Dies Verhalten eines Individuums zu einem anderen seiner Art ist das substantielle Verhältnis der Gattung. Die Natur eines jeden geht durch beide hindurch, und beide befinden sich innerhalb der Sphäre dieser Allgemeinheit. Der Prozeß ist, daß sie das, was sie an sich sind, *eine* Gattung, dieselbe subjektive Lebendigkeit, auch als solches setzen. Die Idee der Natur ist hier wirklich in dem Paare eines Männchens und Weibchens; ihre Identität wie ihr Fürsichsein, die bisher nur für uns in unserer Reflexion waren, sind jetzt in der unendlichen Reflexion der beiden Geschlechter in sich von ihnen selbst empfunden. Dies Gefühl der Allgemeinheit ist das Höchste, wozu es das Tier bringen kann; theoretischer Gegenstand der Anschauung aber wird ihm darin seine konkrete Allgemeinheit immer nicht, sonst wäre es Denken, Bewußtsein, worin allein die Gattung zur freien Existenz kommt. Der Widerspruch ist also der, daß die Allgemeinheit der Gattung, die Identität der Individuen, von ihrer besonderen Individualität verschieden ist; das Individuum ist nur eines von beiden und existiert nicht als die Einheit, sondern nur als Einzelheit. Die Tätigkeit des Tiers ist, diesen Unterschied aufzuheben. Die zugrunde liegende Gattung ist das eine Extrem des Schlusses, wie denn jeder Prozeß die Form des Schlusses hat. Die Gattung ist die treibende Subjektivität, in die die Lebendigkeit gelegt ist, die sich hervorbringen will. Die Vermittlung, die Mitte des Schlusses ist die Spannung dieses Wesens der Individuen gegen die Unangemessenheit ihrer einzelnen Wirklichkeit, wodurch sie eben getrieben werden, nur im Anderen ihr Selbstgefühl zu haben. Die Gattung, indem sie sich Wirklichkeit gibt, die aber freilich wegen ihrer Form der unmittelbaren Existenz nur eine einzelne ist, schließt sich dadurch mit dem anderen Extrem, der Einzelheit, zusammen.

Die *Bildung der unterschiedenen Geschlechter* muß verschieden sein, ihre Bestimmtheit gegeneinander als durch den Begriff gesetzt existieren, weil sie als Differente Trieb sind. Beide Seiten sind aber nicht bloß, wie im Chemismus, an sich das Neutrale, sondern wegen der ursprünglichen Identität der Formation liegt den männlichen und weiblichen Geschlechtsteilen derselbe Typus zugrunde, nur daß in den einen oder den anderen der eine oder der andere Teil das Wesentliche ausmacht: bei dem Weibe notwendig das Indifferente, bei dem Manne das Entzweite, der Gegensatz. Bei niederen Tieren ist diese Identität am auffallendsten: »In einigen Heuschrecken (z. B. *Gryllus verruccivorus*) sind die großen Testikel, aus bündelweise zusammengerollten Gefäßen, den ebenso großen Ovarien, aus ähnlichen bündelweise gerollten Eileitern bestehend, ähnlich ... Auch bei dem Männchen der Breme sind die Hoden nicht nur in ihrem Umriß ganz ebenso gestaltet als die gröberen, größeren Eierstöcke, sondern sie bestehen auch aus fast eiförmigen, länglichen, zarten Bläschen, die mit ihrer Basis auf der Substanz der Hoden aufstehen wie Eier an einem Eierstock.«* Den weiblichen Uterus an den männlichen Teilen zu entdecken, hat die meiste Schwierigkeit gemacht. Ungeschickterweise hat man den Hodensack dafür genommen**, da doch eben die Testikel sich bestimmt als das dem weiblichen Eierstock Entsprechende ankündigen. Dem weiblichen Uterus entspricht vielmehr im Manne die Prostata; der Uterus sinkt im Manne zur Drüse, zur gleichgültigen Allgemeinheit herunter. Dies hat *Ackermann*[50] sehr gut an seinem Hermaphroditen gezeigt, der einen Uterus bei sonstigen männlichen Formationen hat; aber dieser Uterus ist nicht nur an der Stelle der Prostata, sondern die Ausführungsgänge des Samens (*conduits éjaculateurs*) gehen auch durch seine Substanz und öffnen sich an der *crista galli* in die Harnröhre (*urethra*). Die weiblichen Schamlefzen sind ferner die zusammengegangenen Hodensäcke, daher in Ackermanns Hermaphroditen die weiblichen Schamlippen mit einem testikelartigen Gebilde erfüllt waren. Die Mittellinie des *scrotum* endlich ist beim Weibe gespalten und bildet die *vagina*. Man versteht auf diese Weise die Umbildung des einen Geschlechts in das andere vollkommen. Wie im Manne der Uterus zur bloßen Drüse herabsinkt, so bleibt dagegen der männliche Testikel beim Weibe im Eierstocke eingeschlossen, tritt

* [Gotthilf Heinrich von] Schubert, *Ahnungen einer allgemeinen Geschichte des Lebens* [2 Bde., Leipzig 1806/20], Teil I, S. 185
** ebenda, S. 205 f.

50 Jakob Fidelis Ackermann, 1765–1815, Prof. der gerichtlichen Medizin, Botanik und Anatomie; *Darstellung der Lebenskräfte*, 2 Bde., Frankfurt 1797/1800

nicht heraus in den Gegensatz, wird nicht für sich, zum tätigen Gehirn, und der Kitzler ist das untätige Gefühl überhaupt. Im Manne hingegen haben wir dafür das tätige Gefühl, das aufschwellende Herz, die Bluterfüllung der *corpora cavernosa* und der Maschen des schwammigen Gewebes der Urethra; dieser männlichen Bluterfüllung entsprechen dann die weiblichen Blutergüsse. Das Empfangen des Uterus, als einfaches Verhalten, ist auf diese Weise beim Manne entzweit in das produzierende Gehirn und das äußerliche Herz. Der Mann ist also durch diesen Unterschied das Tätige; das Weib aber ist das Empfangende, weil sie in ihrer unentwickelten Einheit bleibt.
Die *Zeugung* muß man nicht auf den Eierstock und den männlichen Samen reduzieren, als sei das neue Gebilde nur eine Zusammensetzung aus den Formen oder Teilen beider Seiten, sondern im Weiblichen ist wohl das materielle Element, im Manne aber die Subjektivität enthalten. Die *Empfängnis* ist die Kontraktion des ganzen Individuums in die einfache, sich hingebende Einheit, in seine Vorstellung, der Same diese einfache Vorstellung selbst, – ganz *ein* Punkt, wie der Name und das ganze Selbst. Die Empfängnis ist also nichts anderes als dies, daß das Entgegengesetzte, diese abstrakten Vorstellungen zu *einer* werden.

§ 370

Das *Produkt* ist die *negative Identität* der differenten Einzelheiten, als *gewordene Gattung* ein geschlechtsloses Leben. Aber nach der *natürlichen* Seite ist es nur *an sich* diese Gattung, verschieden von den Einzelnen, deren Differenz in ihm untergegangen ist, jedoch selbst ein unmittelbar *Einzelnes*, welches die Bestimmung hat, sich zu derselben natürlichen Individualität, der gleichen Differenz und Vergänglichkeit zu entwickeln. Dieser Prozeß der Fortpflanzung geht hiermit in die schlechte Unendlichkeit des Progresses aus. Die Gattung erhält sich nur durch den Untergang der Individuen, die im Prozesse der Begattung ihre Bestimmung erfüllt [haben] und, insofern sie keine höhere haben, damit dem Tode zugehen.

Zusatz. So hat der tierische Organismus seinen Kreis durchlaufen und ist nun das geschlechtslose Allgemeine, das befruchtet ist; er ist zur absoluten Gattung geworden, welche aber der Tod dieses Individuums ist. Niedrige tierische Organismen, z. B. Schmetterlinge, sterben daher unmittelbar nach der Begattung, denn sie haben ihre Einzelheit in der Gattung aufgehoben, und ihre Einzelheit ist ihr Leben. Höhere Organismen erhalten sich noch, indem sie höhere Selbständigkeit haben, und ihr Tod ist der entwickelte Verlauf an ihrer Gestalt, den wir später als Krankheit sehen werden. Die Gattung, die sich durch Negation ihrer Differenzen hervorbringt, existiert aber nicht an und für sich, sondern nur in einer Reihe von einzelnen Lebendigen, und so ist das Aufheben des Widerspruchs immer der Anfang eines neuen. Im Gattungsprozeß gehen die Unterschiedenen zugrunde, denn sie sind nur außer dieser Einheit desselben, welche die wahrhafte Wirklichkeit ist, verschieden. Die Liebe dagegen ist die Empfindung, worin die Selbstsucht der Einzelnen und ihr abgesondertes Bestehen negiert wird, die einzelne Gestalt also zugrunde geht und sich nicht erhalten kann. Denn nur das erhält sich, was, als absolut, mit sich identisch ist, und das ist das Allgemeine, was für das Allgemeine ist. Im Tiere existiert die Gattung aber nicht, sondern ist nur an sich; erst im Geiste ist sie an und für sich in seiner Ewigkeit. An sich, in der Idee, im Begriffe geschieht der Übergang zur existierenden Gattung, nämlich in der ewigen Schöpfung; da ist aber die Natur geschlossen.

γ. Die Krankheit des Individuums

§ 371

In den zwei betrachteten Verhältnissen geht der Prozeß der Selbstvermittlung der Gattung mit sich durch ihre Diremtion in Individuen und das Aufheben ihres Unterschiedes vor. Aber indem sie ferner (§ 357) die Gestalt äußerer Allgemeinheit, der unorganischen Natur gegen das Individuum annimmt, bringt sie auf abstrakte negative Weise sich an ihm zur Existenz. Der einzelne Organismus kann in jenem Verhältnisse der Äußerlichkeit seines Daseins seiner Gattung ebensowohl auch nicht entsprechend sein, als in ihr sich in sich zurückkehrend erhalten (§ 366). – Er befindet sich im Zustande der *Krankheit*, insofern eines seiner Systeme oder Organe, im Konflikt mit der unorganischen Potenz *erregt*, sich für sich festsetzt und in seiner besonderen Tätigkeit gegen die Tätigkeit des Ganzen beharrt, dessen Flüssigkeit und durch alle Momente hindurchgehender Prozeß hiermit gehemmt ist.

Zusatz. Während die Einteilung der Tierwelt der sich partikularisierende Typus des Tiers ist, so ist jetzt in der Krankheit auch der einzelne Organismus einer Partikularisation fähig, welche seinem Begriffe, d. h. seiner totalen Partikularität, nicht angemessen ist. Auch hier ist also der Mangel des einzelnen Subjekts gegen die Gattung noch nicht gehoben, aber das Individuum ist an ihm selbst gegen sich selbst die Gattung; es ist sich allein die Gattung und hat sie innerhalb seiner selbst. Das ist der Zwiespalt, dem das Tier jetzt unterworfen ist und mit dem es schließt.

Die *Gesundheit* ist die *Proportion* des organischen Selbsts zu seinem Dasein, daß alle Organe in dem Allgemeinen flüssig sind; sie besteht im gleichmäßigen Verhältnisse des Organischen zum Unorganischen, so daß nicht ein Unorganisches für den Organismus ist, welches er nicht überwinden kann. Die Krankheit liegt nicht darin, daß ein Reiz zu groß oder zu klein für die Reizempfänglichkeit des Organismus ist, sondern ihr *Begriff* ist eine *Disproportion* seines Seins und seines Selbsts – keine Disproportion zwischen Faktoren, die innerhalb seiner auseinandertreten. Denn Faktoren sind abstrakte Momente und können nicht auseinandertreten. Wenn von Erhöhung der Erregung und Verminderung der Erregbarkeit gesprochen wird – so daß um so größer das eine, um so geringer das andere, und wie das eine steige, das andere falle –, so muß dieser Gegensatz der Größe sogleich verdächtig sein. Auch ist sich nicht mit der *Disposition* herumzustreiten, als ob man an sich krank sein könne, ohne wirklich angesteckt zu sein, ohne Übelsein; denn der Organismus macht diese Reflexion selbst, daß, was an sich, auch wirklich ist. Die Krankheit entsteht, wenn der Organismus als seiender sich trennt von inneren – nicht Faktoren, sondern – ganz realen Seiten. Die Ursache der Krankheit liegt teils im Organismus selbst, wie Alter, Sterben, angeborener Fehler, teils ist der seiende Organismus äußerer Einflüsse fähig, so daß eine Seite vermehrt wird, der die Kraft der inneren nicht angemessen ist. Der Organismus ist dann in den entgegengesetzten Formen des Seins und des Selbsts, und das Selbst ist eben dieses, für welches das Negative seiner selbst ist. Der Stein kann nicht krank werden, weil er im Negativen seiner selbst untergeht, chemisch aufgelöst wird, seine Form nicht bleibt, er nicht das Negative seiner selbst ist, das über sein Gegenteil übergreift, wie im Übelsein und im Selbstgefühl. Auch die Begierde, das Gefühl des Mangels, ist sich selbst das Negative, bezieht sich auf sich als Negatives, – ist es selbst und ist sich als Mangelndes; nur daß bei der Begierde dieser Mangel ein Äußeres ist oder das Selbst nicht gegen seine Gestalt als solche gerichtet ist; in der Krankheit aber ist das negative Ding die Gestalt selbst.

Die Krankheit ist also eine *Disproportion zwischen Reizen und Wirkungsvermögen.* Weil der Organismus ein einzelner ist, so kann er an einer äußerlichen Seite festgehalten werden, nach einer besonderen Seite sein Maß überschreiten. *Heraklit* sagt: »Das Übermaß des Warmen ist Fieber, das Übermaß des Kalten Lähmung, das Übermaß der Luft Erstickung.«* Der Organismus kann über seine Möglichkeit gereizt werden, weil er, ebensosehr ganze Einheit der Möglichkeit und Wirklichkeit (der Substanz und des Selbsts), ganz unter der einen und der anderen Form ist. Der Geschlechtsgegensatz trennt Wirksamkeit und Reize und verteilt sie an zwei organische Individuen. Das organische Individuum ist aber selbst beides, und dies ist die Möglichkeit seines Todes an ihm selbst, daß es selbst unter diesen Formen auseinandertritt. Die Möglichkeit der Krankheit liegt also darin, daß das Individuum dieses beides ist. Im Geschlechtsverhältnisse hat es seine wesentliche Bestimmtheit nach außen aufgegeben, insofern sie im Verhältnisse ist; jetzt hat es dieselbe an sich selbst, sich gleichsam mit sich selbst begattend. Die Einung ist in der Gattung nicht vollbracht, weil die Lebendigkeit an eine Einzelheit gebunden ist, wie denn auch bei vielen Tieren die Begattung letzter Punkt der Existenz ist. Überleben aber auch andere die Begattung, so daß das Tier die unorganische Natur und seine Gattung überwindet, so bleibt diese doch ebenso auch Herr über dasselbe. In diese Umkehrung fällt die Krankheit hinein. Während in der Gesundheit alle Funktionen des Lebens in dieser Idealität gehalten sind, so ist in der Krankheit z. B. das Blut erhitzt, entzündet, und dann ist es für sich tätig. Ebenso kann die Gallentätigkeit wuchernd werden und z. B. Gallensteine erzeugen. Ist der Magen überladen, so ist die Tätigkeit des Verdauens für sich isoliert, macht sich zum Mittelpunkt, ist nicht mehr Moment des Ganzen, sondern überwiegend. Diese Isolierung kann so weit gehen, daß in den Gedärmen Tiere entstehen; alle Tiere haben zu gewissen Zeiten Würmer im Herzen, in der Lunge, im Gehirn (s. § 361 Zus.). Überhaupt ist das Tier schwächer als der Mensch, der das stärkste Tier ist; es ist aber eine unwahre Hypothese, daß Bandwürmer im Menschen vom Verschlucken der Eier solcher Tiere entstehen. Die Wiederherstellung der Gesundheit kann nur darin bestehen, daß diese Partikularisation aufgehoben wird.

Ein Herr Dr. Göde in der *Isis* (Bd. VII, 1819, S. 1127) hat hiergegen ein Geschwätze erhoben, das tief philosophisch sogar »die Einheit der Idee, das *Wesen*, das Erfassen des Lebens und der Krankheit im Wesen retten« soll. Es ist eine große Prätention, so

* Heraklit, 144 b

gegen ein Auffassen der bloßen *Erscheinung und Äußerlichkeit*, mit der gewöhnlichen Anmaßung und Parrhesie der Wahrheit, kämpfen zu wollen: »Diese Bestimmung der Krankheit ist verfehlt, vom Fieber nur seine äußere Erscheinung, nur sein Symptom aufgefaßt.« Er fährt S. 1134 fort: »Was im Leben eins und verschmolzen ist und innerlich verborgen, das tritt in der Erscheinung als Besonderheit hervor, d. h. auf eigentümliche Weise das Wesen des einen Organismus und seiner Idee ausbildend und darstellend. So erscheint das innere Wesen des Lebens äußerlich als Charakter desselben. Wo alles ist, aus *einer* Idee, aus *einem* Wesen lebt, da ist alle Entgegensetzung nur scheinbar und äußerlich, für die Erscheinung und Reflexion, nicht innerlich für das Leben und die Idee.« Eben das Lebendige ist vielmehr selbst die Reflexion, das Unterscheiden. Die Naturphilosophen meinen nur eine äußerliche Reflexion; das Leben ist aber dies, zu erscheinen. Sie kommen nicht zum Leben, weil sie nicht zu seiner Erscheinung gelangen, sondern bei der toten Schwere stehenbleiben. Herr Göde scheint besonders zu meinen, daß das kranke Gebilde nicht mit dem Organismus in Konflikt komme, sondern zuerst mit *seinem eigenen Wesen*: »Die gesamte Tätigkeit des Ganzen ist erst Folge und Reflex von der Hemmung der freien Bewegung im Einzelnen.« Hiermit meint er, was recht Spekulatives gesagt zu haben. Was ist denn aber das Wesen? Eben die Lebendigkeit. Und was ist die wirkliche Lebendigkeit? Eben der ganze Organismus. Das Organ in Konflikt mit seinem Wesen, mit sich, heißt also, in Konflikt mit der Totalität, welche in ihm als Lebendigkeit überhaupt, als Allgemeines ist. Aber die Realität dieses Allgemeinen ist der Organismus selbst. Das sind die rechten Philosophen, die meinen, am Wesen haben sie das Wahre, und wenn sie immer Wesen sagen, so sei dies das Innere und Rechte! Ich habe gar keinen Respekt vor ihrem Wesen-Sagen, denn es ist eben nur eine abstrakte Reflexion. Das Wesen aber explizieren, ist, es als Dasein erscheinend machen.

Die Arten, wie durch Fehlen der Idealität der Tätigkeiten die Subjektivität gestört werden kann, sind verschieden. Einerseits Luft und Feuchtigkeit, andererseits der Magen und Hautprozeß sind die wesentlichen Gründe, wovon die Krankheit herkommt. Näher können die *Arten der Krankheit* auf folgende reduziert werden.

1. Die *Schädlichkeit*, die eine Art der Störung ist, ist *zunächst* eine *allgemeine* Bestimmtheit, die in der unorganischen Natur überhaupt liegt. Ein solches Schädliches ist eine einfache Bestimmtheit, welche zwar als von außen kommend und dem Organismus angetan betrachtet werden muß; ebenso kann sie aber auch zugleich sogut in ihm selbst als im äußeren Umkreis der Natur gesetzt

erscheinen. Denn solche Krankheiten, die *Epidemien* oder *Seuchen* sind, sind nicht als ein Besonderes zu fassen, sondern als Ganzes der Bestimmtheit der äußeren Natur, zu der der Organismus eben auch gehört; man kann sie eine Infektion des Organismus nennen. Zu solchen schädlichen Bestimmungen gehören verschiedene Umstände, die elementarischer, klimatischer Natur sind und deshalb auch ihren Sitz – nämlich den ersten Anfang – in der elementarischen Bestimmtheit des Organismus haben; sie sind also zuerst in der dumpfen Weise allgemeiner Grundlagen des Organismus vorhanden, die noch nicht ein entwickeltes, ausgebildetes System sind, vornehmlich in der Haut, in der Lymphe und in den Knochen. Solche Krankheiten sind nicht nur klimatisch, sondern auch geschichtlich, indem sie gewissen Perioden der Geschichte angehören und dann wieder verschwinden. Sie können auch dadurch entstehen, daß ein an ein Klima gewöhnter Organismus in ein anderes versetzt wird. Die historischen Untersuchungen haben nicht auf gründliche Resultate geführt, z. B. über die Syphilis oder Lustseuche. Ein Zusammenkommen des europäischen und amerikanischen Organismus war beim Entstehen vorhanden; es ist aber nicht erwiesen, ob die Krankheit herübergekommen ist, sondern dies ist mehr nur eine Vorstellung. Die Franzosen nennen sie *mal de Naples*, weil, als sie Neapel eroberten, die Krankheit entstand, ohne daß man wußte, woher sie kam. Bei *Herodot* kommt vor, daß eine Nation vom Kaspischen Meere nach Medien ging und dort eine Krankheit bekam; es war die bloße Veränderung des Wohnsitzes, welche die Krankheit hervorbrachte. Ebenso ist bei uns Vieh von der Ukraine nach Süddeutschland gekommen, und obgleich alles gesund war, entstand nur durch die Veränderung des Aufenthalts eine Pestseuche. Viele Nervenkrankheiten kamen daher, daß deutsche Organismen mit russischen Ausdünstungen zusammenkamen; so entstand ein schrecklicher Typhus durch tausend russische Gefangene, die sonst gesund waren. Das gelbe Fieber ist in Amerika und einigen Seeplätzen, in Spanien z. B., einheimisch und geht nicht weiter, denn die Einwohner sichern sich davor, indem sie einige Meilen ins Land gehen. Es sind dies Dispositionen der elementarischen Natur, an denen der menschliche Organismus teilnimmt, ohne daß man sagen kann, er werde angesteckt, da die Veränderung auch in ihm ist; dann ist freilich aber auch Ansteckung vorhanden. Es ist daher ein leerer Streit, ob die Krankheiten für sich entstehen oder durch Ansteckung. Beides ist vorhanden; ist sie für sich entstanden, so entsteht sie auch durch Ansteckung, nachdem sie ins lymphatische System gedrungen ist.

2. Eine *andere* allgemeine Art der Krankheit ist die, welche durch *besondere* äußere *Schädlichkeiten* hervorgebracht wird, mit denen

sich der Organismus einläßt, so daß ein besonderes System desselben darin verwickelt wird – z. B. die Haut oder der Magen –, welches dann besonders beschäftigt ist und sich dadurch für sich isoliert. Hier sind nun zwei Weisen der Krankheiten zu unterscheiden, die akuten und die chronischen, von denen die Medizin die ersten am besten zu behandeln weiß.

αα) Ist ein System des Organismus krank, so ist die Hauptsache für die Heilung, daß der ganze Organismus krank werden kann, weil dann auch die ganze Tätigkeit des Organismus für sich noch frei zu werden vermag, die Heilung der Krankheit damit aber auch leichter ist; und das ist die *akute Krankheit.* Der Organismus ist hier nach außen abgeschlossen, hat keinen Appetit, keine Muskelbewegung, und insofern er lebt, zehrt er aus sich selbst. Weil die akuten Krankheiten nun eben auf diese Weise im Ganzen liegen, nicht außerhalb desselben in *einem* Systeme, sondern in den sogenannten Säften, so kann sich der Organismus von ihnen befreien.

ββ) Kann die Krankheit aber nicht so zur Krankheit des Ganzen werden, so sehe ich sie für *chronisch* an, z. B. eine Leberverhärtung oder eine Lungenschwindsucht usw. Bei dergleichen Krankheiten ist ein sehr guter Appetit und Verdauung vorhanden; auch der Geschlechtstrieb bleibt in seiner Kraft. Weil hier *ein* System sich für sich zum Mittelpunkt der Tätigkeit gemacht hat und der Organismus nicht mehr über diese besondere Tätigkeit erhoben werden kann, so bleibt die Krankheit in einem Organe fest, indem der Organismus auch nicht mehr als Ganzes für sich zu sich kommen kann. Die Heilung ist damit aber schwer, und zwar um so mehr, je mehr dies Organ oder System schon angegriffen und alteriert ist.

3. Eine *dritte* Art der Krankheiten ist die, welche vom allgemeinen Subjekte ausgeht, besonders bei Menschen. Das sind *Krankheiten der Seele,* die aus Schreck, Kummer usw. entspringen und woraus auch der Tod erfolgen kann.

§ 372

Die eigentümliche *Erscheinung* der Krankheit ist daher, daß die Identität des ganzen organischen Prozesses sich als *sukzessiver* Verlauf der Lebensbewegung durch seine unterschiedenen Momente, die Sensibilität, Irritabilität und Reproduktion, d. i. als *Fieber* darstellt, welches aber als Verlauf der *Totalität* gegen die *vereinzelte* Tätigkeit ebensosehr der Versuch und Beginn der *Heilung* ist.

Zusatz. War nun der Begriff der Krankheit dies, daß der Organismus an sich selbst so auseinandertritt, so haben wir sie jetzt in ihrem *näheren Verlaufe* zu betrachten.

1. Das *erste Stadium* der Krankheit ist, daß sie *an sich* vorhanden sei, ohne Übelsein.

2. Das *zweite Stadium* ist, daß die Krankheit für das Selbst wird; d. h. gegen das Selbst als Allgemeines setzt sich eine Bestimmtheit in ihm fest, die sich selbst zum fixen Selbst macht, oder das Selbst des Organismus wird ein fixes Dasein, ein bestimmter Teil des Ganzen. Hatten die Systeme des Organismus also bisher ein selbstloses Bestehen, so ist jetzt der *wirkliche Anfang* der Krankheit, daß, indem der Organismus über sein Wirkungsvermögen gereizt ist, nun von irgendeiner Seite der Teil, das einzelne System, Bestehen gegen das Selbst gewinnt. Die Krankheit kann im Ganzen anfangen, Unverdaulichkeit überhaupt sein (denn aufs Verdauen kommt es doch an), oder an einer einzelnen Seite, die sich befestigt, wie der Gallen- oder Lungenprozeß. Die seiende Bestimmtheit ist eine einzelne, die sich, statt des Selbsts, des Ganzen bemächtigt. So unmittelbar als isoliert ist die Krankheit, wie die Ärzte sagen, noch in den *ersten Wegen*; es ist noch ganz nur der erste Konflikt, das Wuchern des einzelnen Systems. Aber sofern die Bestimmtheit Mittelpunkt, Selbst des Ganzen geworden, statt des freien Selbsts ein bestimmtes Selbst herrscht, ist die eigentliche Krankheit gesetzt. Solange dagegen die Krankheit noch einem besonderen System eigen und auf die Entwicklung desselben beschränkt ist, indem nur *ein* Organ erregt oder deprimiert ist, so ist die Krankheit leichter zu heben. Das System ist nur aus seiner Beschäftigung mit dem Unorganischen herauszureißen und zu mäßigen; so helfen dort auch äußerliche Mittel. Überhaupt kann sich das Mittel in diesem Falle auf diese besondere Erregung beschränken; hierher gehören z. B. Vomitive, Abführungen, Aderlässe und dergleichen.

3. Aber die Krankheit geht auch ins allgemeine Leben des Organismus über; denn indem ein besonderes Organ leidet, wird vielmehr der allgemeine Organismus infiziert. Der ganze Organismus ist also dabei beteiligt und seine Tätigkeit gestört, indem *ein* Rad in ihm sich zum Mittelpunkte macht. Zugleich wendet sich nun aber auch die ganze Lebendigkeit dagegen, so daß die isolierte Tätigkeit nicht ein Auswuchs bleiben, sondern Moment des Ganzen werden soll. Denn isoliert sich z. B. das Verdauen, so gehört dazu auch Blutumlauf, Muskelkraft usw.; in der Gelbsucht sondert der ganze Körper Galle ab, ist durch und durch Leber usf. Das *dritte Stadium* der Krankheit ist so die *Koktion*, daß das Angegriffensein eines Systems zur Sache des ganzen Organismus wird; hier ist sie nicht

mehr im Einzelnen dem Ganzen äußerlich, sondern das ganze Leben ist darin konzentriert. Auch hier ist die Heilung der Krankheit, wie wir oben bei den akuten Krankheiten sahen, immer noch leichter, als wenn, wie bei den chronischen Krankheiten, z. B. die Lunge nicht mehr fähig ist, zur Krankheit des Ganzen zu werden. – Indem so der ganze Organismus mit einer Besonderheit affiziert ist, so fängt ein *gedoppeltes Leben* an, gesetzt zu werden. Dem ruhigen allgemeinen Selbst gegenüber wird das Ganze als *unterscheidende Bewegung*. Der Organismus setzt sich als Ganzes gegen die Bestimmtheit; hier tut der Arzt nichts, wie denn überhaupt die ganze Arzneikunde nur Unterstützung der Kräfte der Natur ist. Sondern indem die einzelne krankhafte Affektion sich in das Ganze verwandelt, so ist diese Krankheit des Ganzen selbst zugleich Heilung; denn es ist das Ganze, das in Bewegung gerät und sich in den Kreis der Notwendigkeit auseinanderschlägt. Die eigentliche Konstitution der Krankheit ist also, daß der organische Prozeß sich nun in dieser befestigten Gestalt verläuft, in diesem Bestehen, d. h. daß die harmonischen Prozesse des Organismus jetzt eine *Aufeinanderfolge* bilden, und zwar die allgemeinen Systeme, auseinandergerissen, nicht mehr unmittelbar eins sind, sondern diese Einheit durch das Übergehen des einen in das andere darstellen. Die Gesundheit, die zugleich im Organismus, aber gehemmt ist, kann auf keine andere Weise sein als durch Sukzession der Tätigkeiten. Der ganze Prozeß, die Gesundheit, ist nicht an sich, der Art oder dem Systeme nach abnorm, sondern nur durch diese Sukzession. Diese Bewegung ist nun das Fieber. Dies ist dann die eigentliche reine Krankheit oder der kranke individuelle Organismus, der sich von seiner bestimmten Krankheit befreit, wie der gesunde von seinen bestimmten Prozessen. Wie das Fieber also das reine Leben des kranken Organismus ist, so erkennt man eigentlich auch erst, wenn es vorhanden ist, eine förmliche Krankheit. Zugleich als diese Sukzession der Funktionen ist das Fieber die Fluidisation derselben, so daß durch diese Bewegung zugleich die Krankheit aufgehoben, verdaut wird; es ist ein gegen seine unorganische Natur gekehrter Verlauf in sich, eine Verdauung von Arzneimitteln. Wenn das Fieber also auch einerseits krankhaft und Krankheit, so ist es doch andererseits die Art, wie der Organismus sich selbst kuriert. Dies gilt indessen nur von einem tüchtigen, kräftigen Fieber, das den ganzen Organismus durch und durch ergreift; ein schleichendes, zehrendes Fieber, wo es zu keinem rechten Fieber kommt, ist dagegen in chronischen Krankheiten ein sehr gefährliches Zeichen. Chronische Übel sind also durchs Fieber nicht überwindliche Bestimmtheiten; im schleichenden Fieber hat dieser Verlauf nämlich nicht die Übermacht, sondern alle einzelnen Prozesse des verdauenden Organismus erzeugen sich nur ungebunden, und jeder operiert für sich. Hier ist das Fieber also nur der oberflächliche Verlauf, der diese Teile nicht unterkriegt. Bei hitzigen, heftigen Fiebern fällt die Hauptmacht ins Gefäßsystem, bei asthenischem Fieber ins Nervensystem. Beim eigentlichen Fieber fällt nun der ganze Organismus erstlich in das Nervensystem, in den allgemeinen Organismus, dann in den inneren, endlich in die Gestalt.

αα) Das Fieber ist *zuerst Frost,* Schwere im Kopfe, Kopfweh, Ziehen im Rückgrate, Hautkrampf und Schauder. In dieser Tätigkeit des Nervensystems sind die Muskeln freigelassen, die damit in ihrer eigenen Irritabilität ein ungebändigtes Zittern sind und Kraftlosigkeit haben. Es tritt Schwere der Knochen, Müdigkeit der Glieder, Rückgehen des Bluts aus der Haut ein, Gefühl der Kälte. Das einfache, ganz in sich reflektierte Bestehen des Organismus isoliert sich, hat das Ganze in seiner Gewalt. Der Organismus löst in sich selbst alle seine Teile in der Einfachheit des Nervs auf und fühlt sich in die einfache Substanz zurückgehen.

ββ) Aber eben dies ist vielmehr *zweitens,* als Auflösung des Ganzen, die negative Kraft; durch diesen Begriff geht dieser nervige Organismus in den hitzigen Blutorganismus über, – das Phantasieren. Eben jenes Zurückziehen ist die Verwandlung in *Hitze,* Negativität, wo das Blut jetzt das Herrschende ist.

γγ) Diese Auflösung geht endlich *drittens* in das Gestalten, ins Produkt über. Der Organismus fällt in die Lymphe herab in der Reproduktion; das ist der *Schweiß,* das flüssige Bestehen. Dies Produkt hat die Bedeutung, daß darin das Isolieren, das Einzelne, die Bestimmtheit aufhört, indem der Organismus sich als Ganzes hervorgebracht, überhaupt sich verdaut hat; er ist *gekochte Krankheitsmaterie,* wie die älteren Ärzte sich ausdrückten – ein sehr guter Begriff. Der Schweiß ist die *kritische Ausscheidung*; der Organismus kommt darin zu einer Exkretion seiner selbst, wodurch er seine Abnormität aus sich herausbringt, seine krankhafte Tätigkeit exzerniert. Die *Krise* ist der über sich Meister gewordene Organismus, der sich reproduziert und diese Kraft durch das Exzernieren bewirkt. Es ist freilich nicht der *Krankheitsstoff,* der ausgeschieden wird, so daß, wenn diese Materie nicht im Körper gewesen wäre oder mit Löffeln hätte herausgeschöpft werden können, er gesund gewesen wäre. Sondern die Krise ist, wie die Verdauung überhaupt, zugleich ein Ausscheiden. Das Produkt ist aber gedoppelt. Die kritischen Ausscheidungen sind daher sehr verschieden von Ausscheidungen der Kraftlosigkeit, die keine Ausscheidungen eigentlich sind, sondern Auflösungen des Organismus und also gerade die entgegengesetzte Bedeutung haben.

Das Gesundwerden, was im Fieber liegt, ist, daß es die Totalität des Organismus ist, welche tätig ist. Damit erhebt sich der Organismus über sein Versenktsein in eine Partikularität; er ist als ganzer Organismus lebendig. Die partikulare Tätigkeit läßt er unter sich liegen und exzerniert dann auch dieselbe. Er, so zustandekommend, ist als Allgemeines geworden, nicht als dieser kranke. Die Bestimmtheit verwandelt sich zuerst in Bewegung, Notwendigkeit, ganzen Verlauf und dieser in ganzes Produkt und dadurch ebenso in ganzes Selbst, da das Produkt einfache Negativität ist.

§ 373

Das Heilmittel erregt den Organismus dazu, die *besondere* Erregung, in der die formelle Tätigkeit des *Ganzen* fixiert ist, aufzuheben und die Flüssigkeit des besonderen Organs oder Systems in das Ganze herzustellen. Dies bewirkt das Mittel dadurch, daß es ein Reiz, aber ein schwer zu Assimilierendes und zu Überwindendes ist und daß damit dem Organismus ein Äußerliches dargeboten wird, gegen welches er seine Kraft aufzubieten genötigt ist. Gegen ein Äußerliches sich richtend, tritt er aus der mit ihm identisch gewordenen Beschränktheit, in welcher er befangen war und gegen welche er nicht reagieren kann, insofern es ihm nicht als Objekt ist.

Der Hauptgesichtspunkt, unter welchem die Arzneimittel betrachtet werden müssen, ist, daß sie ein *Unverdauliches* sind. Aber die Bestimmung von Unverdaulichkeit ist relativ, jedoch nicht in dem unbestimmten Sinne, daß dasjenige nur leicht verdaulich heißt, was schwächere Konstitutionen vertragen können; dergleichen ist für die kräftigere Individualität vielmehr unverdaulich. Die immanente *Relativität* des *Begriffes,* welche im Leben ihre Wirklichkeit hat, ist qualitativer Natur und besteht – in quantitativer Rücksicht ausgedrückt, insofern sie hier gilt – in einer um so höheren *Homogeneität,* je *selbständiger* in sich die Entgegengesetzten sind. Für die niedrigeren, zu keiner *Differenz in sich* gekommenen animalischen Gebilde ist nur das individualitätslose *Neutrale,* das Wasser (wie für die Pflanze) das Verdauliche; für Kinder ist das

Verdauliche teils die ganz *homogene* animalische Lymphe, die Muttermilch, ein schon Verdautes oder vielmehr nur in Animalität unmittelbar und überhaupt Umgewandeltes und in ihm selbst weiter nicht Differenziertes, – teils von differenten Substanzen solche, die noch am wenigsten zur Individualität gereift sind. Substanzen dieser Art sind hingegen unverdaulich für die erstarkten Naturen. Diesen sind dagegen tierische Substanzen als das Individualisierte oder die vom Lichte zu einem kräftigeren Selbst gezeitigten und deswegen *geistig* genannten vegetabilischen Säfte ein Verdaulicheres als z. B. die noch in der neutralen Farbe – und dem eigentümlichen Chemismus näher – stehenden vegetabilischen Produktionen. Durch ihre intensivere Selbstigkeit machen jene Substanzen einen um so stärkeren Gegensatz; aber eben dadurch sind sie homogenere Reize. – Die Arzneimittel sind insofern *negative* Reize, Gifte; ein Erregendes und zugleich Unverdauliches wird dem in der Krankheit sich entfremdeten Organismus als ein ihm *äußerliches* Fremdes dargeboten, gegen welches er sich zusammennehmen und in Prozeß treten muß, durch den er zum Selbstgefühl und zu seiner Subjektivität wieder gelange. – So ein leerer Formalismus der *Brownianismus*[51] war, wenn er das ganze System der Medizin sein sollte und wenn die Bestimmung der Krankheiten auf Sthenie und Asthenie und etwa noch auf direkte und indirekte Asthenie, und die Wirksamkeit der Mittel auf Stärken und Schwächen, und wenn diese Unterschiede ferner auf Kohlen- und Stickstoff mit Sauer- und Wasserstoff oder magnetisches, elektrisches und chemisches Moment und dergleichen ihn naturphilosophisch machen sollende Formeln reduziert wurden, so hat er doch wohl mit dazu beigetragen, die Ansicht des bloß Partikularen und Spezifischen sowohl der Krankheiten als der Mittel zu erweitern und in beiden vielmehr das *Allgemeine* als das Wesentliche

51 vgl. John Brown, *Elementa medicinae*, 1780

zu erkennen. Durch seinen Gegensatz gegen die vorherige, im ganzen mehr *asthenisierende* Methode hat sich auch gezeigt, daß der Organismus gegen die entgegengesetzteste Behandlungsart nicht auf eine so entgegengesetzte, sondern häufig auf eine wenigstens in den Endresultaten gleiche und daher *allgemeine* Weise reagiert und daß seine *einfache Identität* mit sich als die substantielle und wahrhaft wirksame Tätigkeit gegen eine partikuläre Befangenheit einzelner seiner Systeme in spezifischen Reizen sich beweist. – So allgemein und daher im Vergleich mit den so mannigfachen Krankheitserscheinungen ungenügend die im § und in der Anm. vorgetragenen Bestimmungen sind, so sehr ist es nur die feste Grundlage des Begriffs, welche sowohl durch das Besondere hindurchzuführen als vollends das, was der in die Äußerlichkeiten des Spezifischen versenkten Gewohnheit als extravagant und bizarr sowohl in Krankheitserscheinungen als in Heilweisen vorkommt, verständlich zu machen vermag.

Zusatz. Die Heilung ist so vorzustellen, wie wir die Verdauung betrachtet haben. Der Organismus will nicht ein Äußerliches bezwingen, sondern die Heilung ist, daß der Organismus seine Verwicklung mit einem Partikularen, die er unter seiner Würde ansehen muß, verläßt und zu sich selbst kommt. Das kann auf verschiedene Weise geschehen.

1. Die eine Weise ist, daß dem Organismus die in ihm mächtige Bestimmtheit als eine unorganische, als eine selbstlose Sache angeboten wird, mit der er sich einläßt; so dargeboten als eine der Gesundheit entgegenstehende Bestimmtheit ist sie ihm die *Arznei.* Der Instinkt des Tieres fühlt die Bestimmtheit in ihm gesetzt; der Selbsterhaltungstrieb, eben der ganze sich auf sich beziehende Organismus, hat das bestimmte Gefühl seines Mangels. Er geht also darauf, diese Bestimmtheit aufzuzehren, er sucht sie als zu verzehrende, als unorganische Natur auf; so ist sie in minder mächtiger Form für ihn vorhanden, in einfacher seiender. Besonders in der *homöopathischen* Theorie gibt man ein Mittel, das fähig ist, dieselbe Krankheit im gesunden Körper hervorzubringen. Durch dieses Gift, überhaupt etwas dem Organismus Widriges, was in ihn gebracht wird, geschieht es, daß diese Besonderheit, in der er gesetzt ist, für ihn etwas Äußerliches wird, während als Krankheit die Besonderheit noch eine Eigenschaft des Organismus selbst ist.

Indem also die Arznei zwar dieselbe Besonderheit ist, aber mit dem Unterschiede, daß sie den Organismus jetzt mit seiner Bestimmtheit als einem Äußerlichen in Konflikt bringt, so wird die gesunde Kraft jetzt als eine nach außen tätige erregt und gezwungen, sich aufzuraffen, aus ihrem Versenktsein in sich herauszutreten und nicht bloß sich in sich zu konzentrieren, sondern jenes Äußerliche zu verdauen. Denn jede Krankheit (besonders aber die akute) ist eine Hypochondrie des Organismus, worin er die Außenwelt verschmäht, die ihn anekelt, weil er, auf sich beschränkt, das Negative seiner selbst an ihm selbst hat. Indem aber die Arznei ihn nun reizt, sie zu verdauen, so ist er dadurch wieder vielmehr in die allgemeine Tätigkeit der Assimilation versetzt, was eben dadurch erreicht wird, daß dem Organismus ein noch viel stärkeres Unverdauliches, als seine Krankheit ist, geboten wird, zu dessen Überwindung er sich zusammennehmen muß. Hiermit wird dann der Organismus in sich entzweit; denn indem die zuerst immanente Befangenheit jetzt zu einer äußerlichen wird, so ist der Organismus dadurch in sich selbst zu einem doppelten gemacht, als Lebenskraft und kranker Organismus. Man kann dies eine *magische* Wirkung der Arznei nennen, wie im tierischen Magnetismus der Organismus unter die Gewalt eines anderen Menschen gebracht wird; denn durch das Arzneimittel ist der Organismus im ganzen unter diese spezifische Bestimmung gesetzt, er erliegt also unter der Gewalt eines Zauberers. Ist aber auch der Organismus vermöge seines krankhaften Zustandes unter der Gewalt eines anderen, so hat er doch zugleich, wie beim tierischen Magnetismus, auch eine Welt jenseits, frei von seinem krankhaften Zustande, durch welche die Lebenskraft wieder zu sich kommen kann. Das ist, daß der Organismus in sich schlafen kann; denn im *Schlaf* bleibt der Organismus bei sich. Indem also der Organismus sich so in sich selbst entzweit hat, so ist er nach der Kraft seiner Lebendigkeit für sich gesetzt, und kommt er hierzu, so hat er damit seine allgemeine Lebendigkeit überhaupt gerettet und seine Befangenheit in diese Besonderheit abgestreift, die keine Gediegenheit mehr gegen sein inneres Leben hat, das sich durch diese Abscheidung wiederhergestellt hat, wie im Magnetismus das innere Leben gegen die Befangenheit lebendig ist. Gerade dies Hinausreißen erlaubt und bewerkstelligt also zugleich die verdauende Rückkehr des Organismus in sich, und das Genesen ist eben, daß er in dieser Zurückgezogenheit in sich sich verdaut.

Zu sagen, welches nun die rechten Mittel seien, ist schwer. Über diesen Zusammenhang einer Krankheit mit ihrem Mittel hat die *Materia medica* noch kein einziges vernünftiges Wort vorgebracht, sondern die Erfahrung soll hier allein entscheiden. Da ist die

Erfahrung über Hühnerkot so gut als jede andere über die verschiedenen offizinellen Pflanzen; denn damit die Arznei zum Ekel werde, nahm man sonst Menschenurin, Hühnerkot, Pfauenkot. Für jede besondere Krankheit ist nicht so ein spezifisches Mittel. Es käme darauf an, den Zusammenhang zu finden, d. h. die Form, wie im Organismus eine Bestimmtheit ist und wie sie in der vegetabilischen Natur oder überhaupt als totes äußerlich Erregendes ist. China[rinde], Blätter, Grünes scheinen so erfrischend zu sein gegen das Blut. Zu großer Irritabilität scheint als Gegenteil auflösendes Salz, Salpeter angeboten werden zu müssen. Da der Organismus in der Krankheit noch lebendig, nur gehindert ist, so können auch leicht verdauliche Speisen zur Unterhaltung dieser Lebendigkeit, also oft selbst zur Kur hinlänglich sein. Wenn die Krankheit nicht in einem bestimmten Systeme, sondern in der Verdauung überhaupt liegt, so kann sich Erbrechen von selbst einstellen, wie denn vornehmlich die Kinder sehr leicht brechen. Gegen unorganische Mittel, wie z. B. Quecksilber, steigert sich eine partielle Tätigkeit ungeheuer; die Wirkung ist einerseits spezifisch, aber ebenso allgemeine Erregung des Organismus. Das Verhältnis der Krankheit zur Arznei ist überhaupt ein magisches. – Den angebotenen Reiz, das Gift, kann man, wie Brown, einen *positiven Reiz* nennen.

2. Das Mittel kann aber auch mehr die Weise eines *negativen Reizes* haben, wie z. B. Salzsäure. Es hat dann den Zweck, die Tätigkeit des Organismus zu deprimieren, so daß, indem ihm alle Tätigkeit genommen wird, auch die, welche er als krankhafter hat, fortfällt. Einmal soll also der Organismus seine Tätigkeit anspannen, indem er sich nach außen richten muß, das andere Mal wird die Tätigkeit des Konflikts geschwächt, z. B. durch Aderlassen oder Eis bei Entzündungen oder Paralysieren der Verdauung durch Salze; dadurch wird der innerlichen Lebendigkeit Raum gegeben hervorzutreten, indem kein äußerliches Objekt mehr da ist. So ist als schwächende Methode die *Hungerkur* aufgekommen, und insofern die Homöopathie hauptsächlich auf *Diät* sieht, gehört sie auch hierher. Die einfachste Nahrung, wie das Kind sie im Mutterleibe bekommt, soll machen, daß der Organismus aus sich zehrt und so das Abnorme überwindet. Überhaupt haben die Arzneimittel eine allgemeine Richtung genommen. In vielen Fällen ist nur eine allgemeine Erschütterung nötig, und Ärzte selbst haben eingestanden, daß ein Mittel so gut wirke als sein Gegenteil. Beide Methoden, die schwächende und die stärkende, haben also, obgleich entgegengesetzt, sich auf diese Weise wirksam bewiesen; und was man seit Brown mit Opium, Naphtha und Branntwein kurierte, hat man früher mit Brechmitteln und Laxieren kuriert.

3. Eine *dritte* Weise der Heilung, der dritten Art der Krankheiten (s. § 371 Zus. S. 525) entsprechend, ist die, welche auch auf das Allgemeine des Organismus wirkt. Dahin gehört der *Magnetismus*. Indem der Organismus, als in sich allgemein, über sich erhoben und zu sich selbst gebracht werden soll, so kann dies äußerlich an ihn kommen. Indem also das Selbst als Einfaches außer dem kranken Organismus fällt, so sind es die Fingerspitzen des Magnetiseurs, die dieser allenthalben durch den Organismus herumführt, welche denselben auf diese Weise fluidisieren. Nur die Kranken sind des Magnetismus fähig, so äußerlich in den Schlaf gebracht zu werden, der eben die Sammlung des Organismus zu seiner Einfachheit ist, wodurch er zum Gefühl der Allgemeinheit in sich gebracht wird. Ebenso kann aber, statt daß der Magnetiseur diesen Schlaf hervorbringt, auch ein gesunder Schlaf bei einer Krankheit dieses Umschlagen hervorbringen, d. h. der Organismus sich rein von selbst in seine Substantialität sammeln.

§ 374

In der Krankheit ist das Tier mit einer unorganischen Potenz verwickelt und in einem seiner besonderen Systeme oder Organe gegen die Einheit seiner Lebendigkeit festgehalten. Sein Organismus ist als Dasein von einer quantitativen Stärke, und zwar seine Entzweiung zu überwinden, aber ebensowohl ihr zu unterliegen und darin eine *Weise seines Todes* zu haben fähig. Überhaupt hebt die Überwindung und das Vorübergehen einzelner Unangemessenheit die allgemeine Unangemessenheit nicht auf, welche das Individuum darin hat, daß seine Idee die *unmittelbare* ist, als Tier *innerhalb der Natur* steht und dessen Subjektivität nur *an sich* der Begriff, aber nicht *für sich selbst ist*. Die innere Allgemeinheit bleibt daher gegen die natürliche Einzelheit des Lebendigen die *negative* Macht, von welcher es Gewalt leidet und untergeht, weil sein Dasein als solches nicht selbst diese Allgemeinheit in sich hat, somit nicht deren entsprechende Realität ist.

Zusatz. Der Organismus, der vom Selbst verlassen ist, stirbt aus sich an sich selbst. Eigentliche Krankheit aber, insofern sie nicht Absterben ist, ist der äußerliche, existierende Verlauf dieser Bewegung vom Einzelnen zum Allgemeinen. Die Notwendigkeit des

Todes besteht nicht in einzelnen Ursachen, wie überhaupt nichts im Organischen; denn daß das Äußere Ursache sei, liegt selbst im Organismus. Gegen Einzelnes gibt es immer Hilfe; es ist schwach und kann nicht der Grund sein. Dieser ist die Notwendigkeit des Übergangs der Individualität in die Allgemeinheit; denn das Lebendige ist als lebendig die Einseitigkeit des Daseins als Selbsts, die Gattung aber die Bewegung, die sich aus dem Aufheben des einzelnen seienden Selbsts wird und in dasselbe zurückfällt, – ein Prozeß, worin das seiende Einzelne zugrunde geht. Der Tod aus Alter überhaupt ist Kraftlosigkeit, ein allgemeiner einfacher Zustand des Abnehmens. Die äußeren Erscheinungen desselben sind Zunahme der Verknöcherung und die Nachlassung der Straffheit der Muskeln und Sehnen, schlechte Verdauung, schwache Sensation, Rückgang aus dem individuellen zum bloß vegetativen Leben. »Nimmt die Festigkeit des Herzens im Alter auf einen gewissen Grad zu, so nimmt die Reizbarkeit ab und hört zuletzt ganz auf.«* Auch bemerkt man ein »Schwinden an Masse im höheren Alter«.** Dieses bloß quantitative Verhalten aber als qualitatives, als bestimmter Prozeß, war die eigentliche Krankheit, – nicht Schwäche oder übergroße Stärke, was eine vollkommene Oberflächlichkeit ist.

δ. Der Tod des Individuums aus sich selbst

§ 375

Die Allgemeinheit, nach welcher das Tier als einzelnes eine *endliche* Existenz ist, zeigt sich an ihm als die abstrakte Macht in dem Ausgang des selbst abstrakten, innerhalb seiner vorgehenden Prozesses (§ 356). Seine Unangemessenheit zur Allgemeinheit ist seine *ursprüngliche Krankheit* und [der] angeborene *Keim des Todes*. Das Aufheben dieser Unangemessenheit ist selbst das Vollstrecken dieses Schicksals. Das Individuum hebt sie auf, indem es der Allgemeinheit seine Einzelheit einbildet, aber hiermit, insofern sie abstrakt und unmittelbar ist, nur eine *abstrakte Objektivität* erreicht, worin seine Tätigkeit sich abgestumpft [hat], verknöchert und das Leben zur prozeßlosen *Gewohnheit* geworden ist, so daß es sich so aus sich selbst tötet.

* Autenrieth, a. a. O., Teil I, § 157
** ebenda, Teil II, § 767

Zusatz. Der Organismus kann von der Krankheit genesen; aber weil er von Haus aus krank ist, so liegt darin die Notwendigkeit des Todes, d. h. dieser Auflösung, daß die Reihe der Prozesse zum leeren, nicht in sich zurückkehrenden Prozesse wird. Im Geschlechtsgegensatze sterben unmittelbar nur die ausgesonderten Geschlechtsglieder, – die Pflanzenteile; sie sterben hier durch ihre Einseitigkeit, nicht als Ganze; als Ganze sterben sie durch den Gegensatz der Männlichkeit und Weiblichkeit, den jedes an ihm selbst hat. Wie bei der Pflanze die Staubgefäße (*stamina*) zum passiven Fruchtboden aufschwellen, die passive Seite des Pistills zum Gebärenden, so ist nun jedes Individuum selbst die Einheit beider Geschlechter. Dieses aber ist sein Tod; denn es ist nur Individualität, und diese ist seine wesentliche Bestimmtheit. Nur die Gattung ist in einer Einheit die Einheit vollständiger Ganzer. Wie also zuerst der Gegensatz von Männlichkeit und Weiblichkeit unüberwunden in den Organismus fiel, so jetzt bestimmter der Gegensatz der abstrakten Formen des Ganzen, die im Fieber auftreten und mit dem Ganzen erfüllt sind. Die Individualität kann ihr Selbst nicht so verteilen, weil es nicht ein Allgemeines ist. In dieser allgemeinen Unangemessenheit liegt die Trennbarkeit der Seele und des Leibes, während der Geist ewig, unsterblich ist; denn weil er, als die Wahrheit, selbst sein Gegenstand ist, so ist er von seiner Realität untrennbar, – das Allgemeine, das sich selbst als Allgemeines darstellt. In der Natur dagegen kommt die Allgemeinheit nur auf diese negative Weise zur Erscheinung, daß die Subjektivität darin aufgehoben ist. Die Form, in welcher jene Scheidung sich vollbringt, ist eben die Vollendung des Einzelnen, das sich zum Allgemeinen macht, diese Allgemeinheit aber nicht ertragen kann. Das Tier erhält sich im Leben zwar gegen seine unorganische Natur und seine Gattung, aber diese behält, als das Allgemeine, zuletzt die Oberhand. Das Lebendige als Einzelnes stirbt an der Gewohnheit des Lebens, indem es sich in seinen Körper, seine Realität hineinlebt. Die Lebendigkeit macht sich für sich zum Allgemeinen, indem die Tätigkeiten allgemeine werden, und in dieser Allgemeinheit stirbt eben die Lebendigkeit, die des Gegensatzes bedarf, da sie Prozeß ist, nun aber das Andere, was sie zu überwinden hätte, ihr kein Anderes mehr ist. Wie im Geistigen alte Menschen sich immer mehr in sich und in ihre Gattung einhausen, ihre allgemeinen Vorstellungen ihnen immer geläufiger werden, das Besondere immer mehr verschwindet, damit aber auch die Spannung, das *Interesse* (das *Zwischensein*) fortfällt und sie in dieser prozeßlosen Gewohnheit befriedigt sind, ebenso ist es im Physischen. Die Gegensatzlosigkeit, zu der der Organismus fortgeht, ist die Ruhe des Toten, und diese Ruhe des Todes überwindet die Unangemessenheit der Krankheit, welche darum der erste Ursprung des Todes war.

§ 376

Aber diese erreichte Identität mit dem Allgemeinen ist das Aufheben des *formellen Gegensatzes,* der *unmittelbaren* Einzelheit und der *Allgemeinheit* der Individualität, und dies [ist] nur die eine, und zwar die abstrakte Seite, der *Tod des Natürlichen.* Die Subjektivität ist aber in der Idee des Lebens der Begriff, sie ist so *an sich* das absolute *Insichsein* der *Wirklichkeit* und die konkrete Allgemeinheit; durch das aufgezeigte Aufheben der *Unmittelbarkeit* ihrer Realität ist sie mit sich selbst zusammengegangen; das letzte *Außersichsein* der Natur ist aufgehoben, und der in ihr nur *an sich* seiende Begriff ist damit *für sich* geworden. – Die Natur ist damit in ihre Wahrheit übergegangen, in die Subjektivität des Begriffs, deren *Objektivität* selbst die aufgehobene Unmittelbarkeit der Einzelheit, die *konkrete Allgemeinheit* ist, so daß der Begriff gesetzt ist, welcher die ihm entsprechende Realität, den Begriff zu seinem *Dasein* hat, – der *Geist.*

Zusatz. Über diesem Tode der Natur, aus dieser toten Hülle geht eine schönere Natur, *geht der Geist hervor.* Das Lebendige endet mit dieser Trennung und diesem abstrakten Zusammengehen in sich. Aber eins widerspricht dem andern; α) was zusammengegangen, ist darum identisch, – Begriff oder Gattung und Realität, oder Subjekt und Objekt nicht mehr getrennt; β) und was sich abstößt und getrennt hat, ist eben darum nicht abstrakt identisch. Die Wahrheit ist ihre Einheit als Unterschiedener, so daß in diesem Zusammengehen und in dieser Trennung eben damit nur der formelle Gegensatz sich aufgehoben hat wegen der an sich seienden Identität und ebenso wegen der Trennung nur die formelle Identität sich negiert hat. Konkreter ausgedrückt heißt dies: der Begriff des Lebens, die Gattung, das Leben in seiner Allgemeinheit stößt seine in sich total gewordene Realität von sich ab, aber ist an sich identisch mit derselben, ist Idee, erhält sich absolut, ist das Göttliche, Ewige, bleibt also in derselben, und es ist nur aufgehoben worden die Form, die natürliche Unangemessenheit, die nur noch abstrakte Äußerlichkeit der Zeit und des Raumes. Das

Lebendige ist zwar die höchste Weise der Existenz des Begriffs in der Natur, aber auch hier ist der Begriff nur an sich, weil die Idee in der Natur nur als Einzelnes existiert. In der Ortsbewegung hat das Tier sich zwar vollends von der Schwere entbunden, in der Empfindung fühlt es sich, in der Stimme hört es sich; im Gattungsprozeß existiert die Gattung, aber auch nur als Einzelnes. Da diese Existenz nun der Allgemeinheit der Idee immer noch unangemessen ist, so muß die Idee diesen Kreis durchbrechen und sich durch Zerbrechen dieser Unangemessenheit Luft machen. Statt daß also das Dritte im Gattungsprozeß wieder zur Einzelheit herabfällt, ist die andere Seite, der Tod, das Aufheben des Einzelnen und damit das Hervorgehen der Gattung, des Geistes; denn die Negation des Natürlichen, d. h. der unmittelbaren Einzelheit, ist dies, daß das Allgemeine, die Gattung gesetzt wird, und zwar in Form der Gattung. An der *Individualität* ist diese Bewegung beider der Verlauf, der sich aufhebt und *dessen Resultat das Bewußtsein* ist, die Einheit, die an und für sich selbst Einheit beider ist als Selbst, nicht nur als Gattung im inneren Begriff des Einzelnen. Die Idee existiert hiermit *in dem* selbständigen Subjekte, für welches, als Organ des Begriffs, alles ideell und flüssig ist; d. h. es *denkt,* macht alles Räumliche und Zeitliche zu dem Seinigen, hat so in ihm die Allgemeinheit, d. h. sich selbst. Indem so jetzt das Allgemeine für das Allgemeine ist, ist der Begriff für sich; dies kommt erst im Geiste zum Vorschein, worin der Begriff sich gegenständlich macht, damit aber die Existenz des Begriffs als Begriffs gesetzt ist. Das Denken, als dies für sich selbst seiende Allgemeine, ist das *Unsterbliche*; das Sterbliche ist, daß die Idee, das Allgemeine sich nicht angemessen ist.
Dies ist der *Übergang des Natürlichen in den Geist*; im Lebendigen hat die Natur sich vollendet und ihren Frieden geschlossen, indem sie in ein Höheres umschlägt. Der Geist ist so aus der Natur hervorgegangen. Das Ziel der Natur ist, sich selbst zu töten und ihre Rinde des Unmittelbaren, Sinnlichen zu durchbrechen, sich als Phönix zu verbrennen, um aus dieser Äußerlichkeit verjüngt als Geist hervorzutreten. Die Natur ist sich ein Anderes geworden, um sich als Idee wieder zu erkennen und sich mit sich zu versöhnen. Aber es ist einseitig, den Geist so als *Werden* aus dem Ansich nur zum Fürsichsein kommen zu lassen. Die Natur ist zwar das Unmittelbare, – aber ebenso, als das dem Geiste Andere, nur ein Relatives und damit, als das Negative, nur ein Gesetztes. Es ist die Macht des freien Geistes, der diese Negativität aufhebt; er ist ebenso vor als nach der Natur, nicht bloß die metaphysische Idee derselben. Als der Zweck der Natur ist er eben darum *vor* ihr, sie ist aus ihm hervorgegangen, jedoch nicht empirisch, sondern

so, daß er in ihr, die er sich voraussetzt, immer schon enthalten ist. Aber seine unendliche Freiheit läßt sie frei und stellt das Tun der Idee gegen sie als eine innere Notwendigkeit an ihr vor, wie ein freier Mensch der Welt sicher ist, daß sein Tun ihre Tätigkeit ist. Der Geist also, *zunächst* selbst aus dem Unmittelbaren herkommend, *dann* aber abstrakt sich erfassend, will sich selbst befreien, als die Natur aus sich herausbildend; dies Tun des Geistes ist die Philosophie.

Hiermit haben wir unsere Naturbetrachtung bis an ihre Grenze geführt. Der Geist, der sich erfaßt hat, will sich auch in der Natur erkennen, den Verlust seiner wieder aufheben. Diese Versöhnung des Geistes mit der Natur und der Wirklichkeit ist allein seine wahrhafte Befreiung, worin er seine besondere Denk- und Anschauungsweise abtut. Diese Befreiung von der Natur und ihrer Notwendigkeit ist der Begriff der Naturphilosophie. Die Gestalten der Natur sind nur Gestalten des Begriffs, jedoch im Elemente der Äußerlichkeit, deren Formen zwar, als die Stufen der Natur, im Begriffe gegründet sind; aber auch wo dieser sich in der Empfindung sammelt, ist er immer noch nicht das Beisichsein des Begriffes als Begriffes. Die Schwierigkeit der Naturphilosophie liegt eben darin, einmal, daß das Materielle so widerspenstig gegen die Einheit des Begriffes ist, und dann, daß ein Detail den Geist in Anspruch nimmt, das sich immer mehr häuft. Aber dessenungeachtet muß die Vernunft das Zutrauen zu sich selbst haben, daß in der Natur der Begriff zum Begriffe spricht und die wahrhafte Gestalt des Begriffes, die unter dem Außereinander der unendlich vielen Gestalten verborgen liegt, sich ihr zeigen wird. – Übersehen wir kurz das Feld, das wir durchmessen haben, so war die Idee zuerst in der Schwere frei zu einem Leibe entlassen, dessen Glieder die freien Himmelskörper sind; dann bildete sich die Äußerlichkeit zu Eigenschaften und Qualitäten herein, die, einer individuellen Einheit angehörend, im chemischen Prozeß eine immanente und physikalische Bewegung hatten; in der Lebendigkeit endlich ist die Schwere zu Gliedern entlassen, in denen die subjektive Einheit bleibt. Der Zweck dieser Vorlesungen ist, ein Bild der Natur zu geben, um diesen Proteus zu bezwingen, in dieser Äußerlichkeit nur den Spiegel unserer selbst zu finden, in der Natur einen freien Reflex des Geistes zu sehen, – Gott zu erkennen, nicht in der Betrachtung des Geistes, sondern in diesem seinem unmittelbaren Dasein.